GAUME et Cⁱᵉ, éditeurs, 3, rue de l'Abbaye, a Paris.

# ATLAS HISTORIQUE
## DE
# LA FRANCE

### Par A.-H. DUFOUR

ACCOMPAGNÉ D'UN PLANISPHÈRE
ET D'UNE CARTE DE L'EUROPE ACTUELLE

| 1 volume in-8 relié en toile rouge, seul................ 5 fr. | Avec la *Géographie de d'Arsac*, 1 vol. in-12.......... 6 fr. |
|---|---|
| 1. Gaule avant la conquête romaine. | 6. La France à l'avènement des Valois. |
| 2. Gaule au moment de la grande invasion des Francs. | 7. La France sous Henri IV. |
|  | 8. La France sous Louis XIV. |
|  | 9. France et Italie septentrionale en 1789. |
| 3. Empire de Charlemagne. | 10. France en 1813. |
| 4. La France et l'Europe occidentale après le partage de Verdun. | 11. France en 1815. |
|  | 12. France en 1877. |
| 5. La France féodale sous Philippe-Auguste. | 13. Europe actuelle. |
|  | 14. Planisphère. |

Cet atlas, petit in-8, est élégamment cartonné. Il a été gravé par Dufour et ne laisse rien à désirer sous le rapport de l'exécution, il a l'avantage d'être l'indispensable *complément de tous les cours d'histoire de France* mis entre les mains de la jeunesse. Les cartes de l'Europe, en 1877, et du planisphère, en font de plus un atlas de géographie général, propre à l'enseignement de cette science dans les lycées et collèges.

Corbeil. Imprimerie Crété.

# LES
# CARACTÈRES
## DE
# LA BRUYÈRE

GAUME et Cⁱᵉ, Éditeurs, 3, rue de l'Abbaye, à Paris.

Frédéric GODEFROY

# HISTOIRE
## DE LA
# LITTÉRATURE FRANÇAISE
### DEPUIS LE XVIᵉ SIÈCLE JUSQU'A NOS JOURS

Ouvrage couronné par l'Académie française

10 vol. In-8. 2ᵉ édition.......................... 65 fr.

Lettre de Mgʳ DUPANLOUP, Évêque d'Orléans, à l'auteur de l'*Histoire de la Littérature française* :

« ... Je voudrais pouvoir vous dire tout le bien que je pense de votre livre, et j'en pense beaucoup, soit que je le considère comme une histoire de la littérature française, soit que je l'envisage comme un recueil classique d'études et de modèles de style...

« Autant j'admire ce que vous avez déployé de méthode et de sagacité, autant je suis effrayé de ce qu'il vous a fallu de lecture, de mémoire et de persévérance pour faire une pareille œuvre. Tous les auteurs dont vous avez parlé, les innombrables ouvrages dont vous rendez compte, que vous analysez, discutez, rapprochez, comparez et jugez, on voit que vous les avez lus, comme on ne lit guère aujourd'hui, du commencement à la fin, avec la plus consciencieuse et la plus sévère attention. Et c'est là, à mes yeux, le premier mérite de votre ouvrage : votre érudition n'est pas de seconde ou de troisième main ; vous avez le courage d'aller aux sources. Votre critique y a gagné de l'ampleur, de la mesure, de la sûreté, et je ne sais quelle fraîcheur et quelle originalité de goût et de style dont j'ai été charmé.

« Quelques-uns disent que l'érudition tue le goût. Je ne saurais souscrire à cette opinion depuis que je vous ai lu ; et je n'admire pas moins, dans ce que j'ai vu de vos trois volumes, la pénétration critique et les fermes et saines appréciations, que la recherche et la connaissance des textes.

« Vous apportez, en effet, dans vos jugements, une mesure, une équité et une fermeté qu'on rencontre rarement dans la littérature courante. Vous discutez, avec autorité et sans pédantisme, les principaux oracles de la critique ; vous adoptez et confirmez leurs opinions quand elles vous paraissent justes, mais sans vous y attacher servilement. Vous savez unir ainsi le respect des maîtres à l'indépendance de jugement que doit garder tout homme qui pense par lui-même. Et vos jugements, quels qu'ils soient, nouveaux et personnels, ou conformes aux idées reçues, sont toujours fortement motivés. Sans rien sacrifier de la juste liberté de votre esprit, vous savez comprendre qu'il y a des traditions, une autorité, des principes en littérature comme en toute chose.

« Un autre mérite de votre livre, et qui le distingue de beaucoup d'autres analogues, c'est son originalité. J'y trouve des études vraiment neuves. Ce qui me fatigue dans plusieurs histoires littéraires que je connais, et ce qui me met en défiance contre celles que je ne connais pas, ce sont les jugements tout faits et les éternelles redites. Vous, mon ami, vous avez su, sans multiplier les pages, approfondir vos matières, et par là être aussi neuf que solide. Vos lecteurs puiseront dans chacune de vos études une science de bon aloi, et se déprendront de ces fausses idées qui courent pour ainsi dire la littérature, recueillies et répétées par des critiques sans portée et des écrivains sans valeur. Enfin, — et pour achever par là ce jugement d'ensemble sur votre œuvre, — votre manière d'écrire, la langue que vous parlez, plaira par sa fermeté, sa clarté, sa précision et son élégante correction... »

† FÉLIX, *évêque d'Orléans.*

# LES
# CARACTÈRES

DE

## LA BRUYÈRE

PRÉCÉDÉS DES CARACTÈRES DE THÉOPHRASTE

Et suivis du Discours à l'Académie française

**ÉDITION CLASSIQUE**

PUBLIÉE AVEC UNE ÉTUDE SUR LA BRUYÈRE, DES NOTES PHILOLOGIQUES
ET LITTÉRAIRES ET UNE TABLE ANALYTIQUE DÉTAILLÉE

PAR

**Frédéric GODEFROY**

Lauréat de l'Académie française et de l'Institut

3ᵉ ÉDITION

---

PARIS

GAUME ET Cⁱᵉ, ÉDITEURS

3, RUE DE L'ABBAYE, 3

1889

Droits de traduction et de reproduction réservés.

# PRÉFACE

Après tant d'éditions de la Bruyère, publiées depuis quelques années, il restait à en faire une dont le *texte* fût *rigoureusement approprié aux classes*, et éclairci par un commentaire, non point prolixe, mais suffisant à élucider les innombrables difficultés que présente, pour les jeunes gens, la lecture de l'auteur des *Caractères*.

Les *Caractères de Théophraste* précèdent les *Caractères de ce siècle;* nous en avons sévèrement retranché tout ce qui faisait dire à Delille que « dans cet ouvrage, le lecteur se trouve souvent en mauvaise compagnie. »

La *constitution* de notre texte est garantie par les personnes graves et expérimentées qui ont bien voulu nous éclairer de leur avis, toujours scrupuleusement suivi, d'un bout à l'autre de ce travail.

Nos notes n'omettent, nous l'espérons, rien d'important. Celles qui concernent la langue et le style ont été particulièrement soignées et nous semblent avoir un cachet de nouveauté. Sens des phrases, tournures et constructions, valeur exacte et étymologie des mots moins connus, règles grammaticales, différences entre la grammaire du dix-septième siècle et celle du dix-neuvième, enfin rapprochements et comparaisons, tous ces points ont été traités d'une manière aussi approfondie qu'il nous a paru nécessaire pour inculquer dans l'esprit des élèves des notions solides et durables, et les pousser à des investigations personnelles.

Ce n'est qu'à de telles conditions, croyons-nous, que la Bruyère, un des auteurs à tous égards les plus difficiles du dix-septième siècle, peut être utilement mis entre de jeunes mains.

Nous nous proposons d'éditer successivement, d'après la même méthode, et avec le même soin, les principaux classiques français.

# NOTICE

La Bruyère s'est donné, en riant, une très-ancienne et très-illustre descendance.

« Je le déclare nettement, dit-il quelque part, afin que l'on s'y prépare, et que personne un jour n'en soit surpris. S'il arrive jamais que quelque grand me trouve digne de ses soins, si je fais enfin une belle fortune, il y a un Geoffroy de la Bruyère que toutes les chroniques rangent au nombre des plus grands seigneurs de France qui suivirent GODEFROY DE BOUILLON à la conquête de la Terre-Sainte : voilà alors de qui je descends en ligne directe [1]. »

Pourquoi pas ? Il eût été assez embarrassé de prouver qu'il tirait son origine de cet illustre croisé ; beaucoup d'autres ne l'eussent pas été moins d'établir leur aristocratique filiation.

Quoi qu'il en soit de son extraction plus ou moins reculée et plus ou moins noble, Jean de la Bruyère avait, parmi ses aïeux, un ancien ligueur, qui joua un grand rôle à Paris dans la faction opiniâtrément opposée à Henri de Navarre. Longtemps on l'a fait naître en 1639, en 1644, ou en 1646, dans un village ignoré près de Dourdan. Aujourd'hui l'on sait, d'après des actes authentiques, qu'il naquit à Paris, au mois d'août 1645, et fut baptisé à la paroisse de Saint-Christophe, le 17 août de la même année [2]. Il eut pour père Louis de la Bruyère, et pour mère Élisabeth Hamonin, tous deux appartenant à une famille bourgeoise de Paris. Louis de la Bruyère était contrôleur des rentes de la ville. Il ne prend pas d'autre titre que celui de *bourgeois de Paris*, dans quelques pièces signées de lui ; dans d'autres, d'une date postérieure, il se qualifie *conseiller secrétaire du roi et de ses finances*. Nous avons peu de détails sur l'enfance et la jeunesse de celui qui couvrit d'un si brillant éclat son nom obscur. On sait seulement qu'il étudia le droit et se fit recevoir avocat au Parlement. A vingt-huit ans il abandonna le barreau et acheta un office de trésorier des finances dans la généralité de Caen. Pouvant s'exempter de la résidence, il revint à Paris aussitôt son serment prêté.

---

[1] *Caract. de ce siècle*, ch. I.
[2] *Ibid.*, ch. XV, De quelques usages.

Bientôt il fut présenté par Bossuet au grand Condé qui le chargea d'enseigner l'histoire à son petit-fils, le duc Louis de Bourbon, fils du prince de Condé (Henri-Jules). Pour prix de ses soins il obtint une pension de mille écus. Le reste de sa vie, il continua de vivre dans l'hôtel de Condé, à Versailles, attaché au prince en qualité d'homme de lettres [1].

L'emploi de ses loisirs fut très-studieux. Peu empressé de se produire, il essaya son talent par la traduction d'un ouvrage moral attribué au philosophe Tyrtame, surnommé Théophraste par son maître Aristote. Nous disons attribué, car on ne peut nullement affirmer que ces *Caractères*, évidemment puisés dans les *Éthiques* et dans les grandes *Morales* du chef des Péripatéticiens, soient l'œuvre du *parleur divin* (Θεόφραστος), dont les innombrables écrits ont presque tous péri, avec tant de chefs-d'œuvre de l'ancienne Grèce. La Bruyère cependant ne doutait nullement de leur authenticité, et il appelait ce livre « un reste précieux de l'antiquité et un monument de la vivacité de l'esprit, du jugement ferme et solide de ce philosophe dans un âge si avancé. » « En effet, ajoute-t-il, il a toujours été lu comme un chef-d'œuvre dans son genre : il ne se voit rien où le goût attique se fasse mieux remarquer, et où l'élégance grecque éclate davantage : on l'a appelé un livre d'or. Les savants, faisant attention à la diversité des mœurs qui y sont traitées, et à la manière naïve dont tous les caractères y sont exprimés, et la comparant d'ailleurs avec celle du poëte *Ménandre*, disciple de *Théophraste*, et qui servit ensuite de modèle à *Térence*, qu'on a, dans nos jours, si heureusement imité, ne peuvent s'empêcher de reconnaître dans ce petit ouvrage la première source de tout le comique : je dis de celui qui est épuré des pointes, des obscénités, des équivoques, qui est pris dans la nature, qui fait rire les sages et les vertueux [2]. »

Théophraste, dans ce qui nous reste de son ouvrage, composé à l'âge de quatre-vingt-dix-neuf ans, n'a tracé que des caractères ridicules, et paraît avoir voulu offrir moins des tableaux philosophiques que des portraits *mimiques*.

« Dans les *Caractères* de Théophraste, le lecteur se trouve souvent en mauvaise compagnie. En voyant passer devant soi les personnages qu'il décrit, on croit quelquefois être à la lisière des bois, au moment où les hommes encore sauvages sortaient de leurs forêts et de leurs cavernes. Il semble avoir choisi dans les dernières classes de la société les modèles de ses portraits : la volonté y paraît sans noblesse, le caprice sans esprit, la fantaisie sans grâce ; à chaque page on trouve des descriptions dégoûtantes des fonctions les plus

---

[1] Son acte de décès, retrouvé, signé de son frère, en 1826, porte que Jean de la Bruyère, écuyer, gentilhomme de monseigneur le Duc, est décédé le 11 du mois de mai 1696, à l'âge de cinquante ans environ.

[2] *Discours sur Théophraste.*

communes de la vie populaire, des marchés et des repas d'Athènes [1]. »

L'abbé d'Olivet, affectant de rabaisser le prix des *Caractères* de la Bruyère, donne la préférence à ceux de Théophraste :

« M. de la Bruyère, dit-il, montre beaucoup d'esprit dans ses *Caractères*, et peut-être qu'il y en montre trop : du moins en jugera-t-on ainsi lorsqu'on jugera de sa manière d'écrire par comparaison à celle de Théophraste, dont il a mis les *Caractères* à la tête des siens. »

Qu'on soit admirateur de la grande antiquité ; mais que cette juste admiration n'aveugle pas sur les mérites des modernes. Il y a dans cette préférence accordée aux *Caractères* peu authentiques de Théophraste sur ceux de la Bruyère un excès de prévention que n'a point partagé un grand écrivain de ce siècle, qui savait admirer les anciens sans déprécier les modernes. Après avoir parlé de ce qui manque au grand moraliste français :

« Quoi qu'il en soit, dit M. de Chateaubriand, la Bruyère est un des beaux écrivains du siècle de Louis XIV. Aucun homme n'a su donner plus de variété à son style, plus de formes diverses à sa langue, plus de mouvement à sa pensée. Il descend de la haute éloquence à la familiarité, et passe de la plaisanterie au raisonnement sans jamais blesser le goût ni le lecteur. L'ironie est son arme favorite : aussi philosophe que Théophraste, son coup d'œil embrasse un plus grand nombre d'objets, et ses remarques sont plus originales et plus profondes. Théophraste conjecture, la Rochefoucauld devine, et la Bruyère montre ce qui se passe au fond des cœurs [2]. »

La traduction des *Caractères* attribués à Théophraste a été fort vantée par plusieurs critiques. Ainsi Ménage qui, par ses notes et ses éclaircissements sur Diogène Laërce, s'était acquis une grande réputation d'helléniste, déclara que le traducteur de Théophraste lui avait appris, sur cet auteur, beaucoup de choses qu'il n'avait pas aperçues en les lisant dans l'original [3]. Mais cette même traduction, faite sur un texte fautif et incomplet, a été jugée très-faible par d'autres bons juges [4], et après la comparaison attentive que nous avons eu occasion de faire du texte grec et de la version française, nous nous rangeons sans hésiter à cet avis. Mais le *Discours sur Théophraste* qui précède la traduction est un beau morceau de littérature, et l'on y trouve déjà des peintures morales dignes des plus belles pages de la Bruyère; telle est cette description de Paris et des habitudes des Parisiens :

« Nous qui sommes si modernes, serons anciens dans quelques siècles. Alors l'histoire du nôtre fera goûter à la postérité la vénalité des charges, c'est-à-dire, le pouvoir de protéger l'innocence, de punir

---

[1] Delille, *la Conversation*, préface.
[2] *Génie du Christianisme*, 3ᵉ part., liv. II, ch. v.
[3] *Menagiana*, t. IV, p. 218.
[4] En particulier, par Dureau de la Malle, *Traduct. des Bienfaits de Sénèque*. Disc. sur la traduct., p. 3.

le crime et de faire justice à tout le monde, acheté à deniers comptants, comme une métairie ; la splendeur des partisans, gens si méprisés chez les Hébreux et chez les Grecs. L'on entendra parler d'une capitale d'un grand royaume, où il n'y avait ni places publiques, ni bains, ni fontaines, ni amphithéâtres, ni galeries, ni portiques, ni promenoirs, qui était pourtant une ville merveilleuse. L'on dira que tout le cours de la vie s'y passait presque à sortir de sa maison, pour aller se renfermer dans celle d'un autre ; que d'honnêtes femmes, qui n'étaient ni marchandes ni hôtelières, avaient leurs maisons ouvertes à ceux qui payaient pour y entrer ; que l'on y avait à choisir des dés, des cartes et de tous les jeux ; que l'on mangeait dans ces maisons et qu'elles étaient commodes à tout commerce. L'on saura que le peuple ne paraissait dans la ville que pour y passer avec précipitation ; nul entretien, nulle familiarité ; que tout y était farouche et comme alarmé par le bruit des chars qu'il fallait éviter, et qui s'abandonnaient au milieu des rues, comme on fait dans une lice pour remporter le prix de la course.

« L'on apprendra sans étonnement qu'en pleine paix, et dans une tranquillité publique, des citoyens entraient dans les temples, allaient voir des femmes, ou visitaient leurs amis avec des armes offensives, et qu'il n'y avait presque personne qui n'eût à son côté de quoi pouvoir d'un seul coup en tuer un autre [1]. »

En travaillant à la traduction de Théophraste, la Bruyère conçut le projet d'y joindre des caractères modernes, avec des réflexions et maximes du genre des réflexions ou proverbes dont Théophraste, suivant le récit de Diogène Laërce, avait fait suivre ses portraits.

Dans la première édition publiée en 1688, en un seul volume petit in-12, de trois cent soixante pages, imprimées fort gros, les *Caractères* de la Bruyère ne sont qu'une addition à ceux de Théophraste qui, avec le discours préliminaire, occupent cent quarante-neuf pages. Mais le succès de ce premier travail encouragea l'auteur à le perfectionner et à l'augmenter. A partir de la troisième édition, il l'enrichit successivement de beaucoup de nouveaux portraits, et surtout de pensées fines et profondes sur la morale, la religion, la littérature, etc.

La Bruyère s'explique ainsi lui-même sur l'objet qu'il a en vue. Après avoir parlé de celui que s'étaient proposé Pascal dans ses *Pensées*, et la Rochefoucauld dans ses *Maximes* :

« L'on ne suit, dit-il, aucune de ces routes dans l'ouvrage qui est joint à la traduction des *Caractères*. Il est tout différent des deux autres que je viens de toucher ; moins sublime que le premier, et moins délicat que le second, il ne tend qu'à rendre l'homme raisonnable, mais par des voies simples et communes, et en l'examinant

---

[1] *Disc. sur Théophraste.*

indifféremment, sans beaucoup de méthode, et selon que les divers chapitres y conduisent, par les âges, les sexes et les conditions, et par les vices, les faibles et le ridicule qui y sont attachés.

« L'on s'est plus appliqué aux vices de l'esprit, aux replis du cœur, et à tout l'intérieur de l'homme, que n'a fait Théophraste ; et l'on peut dire que comme ses *Caractères*, par mille choses extérieures qu'ils font remarquer dans l'homme, par ses actions, ses paroles et ses démarches, apprennent quel est son fond, et font remonter jusques à la source de son déréglement, tout au contraire les nouveaux *Caractères*, déployant d'abord les pensées, les sentiments et les mouvements des hommes, découvrent le principe de leur malice et de leurs faiblesses, font que l'on prévoit aisément tout ce qu'ils sont capables de dire ou de faire, et qu'on ne s'étonne plus de mille actions vicieuses ou frivoles dont leur vie est toute remplie [1]. »

Dès que ce livre d'un genre si nouveau et d'abord anonyme eut paru, il excita une sorte de rumeur à la cour et à la ville : tant chacun se reconnaissait et surtout croyait reconnaître son voisin dans ces portraits sans nom.

En vain avait il pris la précaution de protester, dans sa préface, contre des interprétations malignes que sa connaissance des hommes lui faisait prévoir au point d'avoir hésité quelque temps s'il rendrait son livre public, il ne manqua pas d'esprits superficiels ou malveillants qui voulurent voir uniquement dans ses *Caractères* des portraits satiriques du temps. On fit circuler à la cour et dans la ville des clefs [2], souvent contradictoires, qui donnaient les noms des personnages qu'on prétendait reconnaître dans les peintures de la Bruyère.

« Je suis presque disposé à croire, disait à ce sujet l'auteur, qu'il faut que mes peintures expriment bien l'homme en général, puisqu'elles ressemblent à tant de personnes, et que chacun croit y voir

---

[1] *Disc. sur Théophraste.*

[2] Voici ce que dit sur ces clefs M. Walckenaer, premier auteur d'une édition correcte et complète de la Bruyère, édition excellente malgré des distractions et des erreurs de fait assez graves:

« Comme plusieurs des noms auxquels correspondaient les peintures de notre auteur ne pouvaient être bien connus de la grande majorité des lecteurs, ceux qui, répandus dans le monde et à la cour, avaient le plus de facilité pour les deviner, les écrivaient en marge du livre des *Caractères*. On continua cette pratique à chaque édition. Nous avons réuni plusieurs exemplaires de chacune de ces éditions, depuis la première jusqu'à la dixième, où ces noms sont écrits en marge avec des notes explicatives sur chacun d'eux, en écriture du temps, et toutes conformes à l'orthographe de cette époque. Il est remarquable qu'à quelques légères variations près, ces noms sont les mêmes dans tous les exemplaires. Les particularités et les remarques qui les accompagnent sont aussi les mêmes. Quelquefois il y a, il est vrai, deux ou trois noms pour un même *caractère*; mais alors encore on retrouve ces mêmes noms sur plusieurs exemplaires d'éditions différentes. De cet accord, on peut conclure avec certitude que les personnes désignées étaient bien à cette époque les vrais originaux ou les types les

ceux de sa ville ou de sa province... J'ai peint, à la vérité, d'après nature, mais je n'ai pas songé à peindre celui-ci ou celle-là... J'ai pris un trait d'un côté, un trait de l'autre, et de ces divers traits qui pourraient convenir à une même personne, j'en ai fait des peintures vraisemblables. »

Rien de plus opposé au caractère de la Bruyère que le dessein de faire un livre de mœurs pour blesser des personnes vivantes. « Ceux qui nuisent à la réputation ou à la fortune des autres plutôt que de perdre un bon mot, a-t-il dit, méritent une peine infamante. » Il n'aurait point osé parler de cette sorte, s'il s'était proposé dans son livre de ridiculiser ou de décrier telles ou telles personnes en particulier.

« Sans doute, la Bruyère, en peignant les mœurs de son temps, a dit un excellent critique, a pris ses modèles dans le monde où il vivait; mais il peignit les hommes, non en peintre de portraits, qui copie servilement les objets et les formes qu'il a sous les yeux ; mais en peintre d'histoire, qui choisit et rassemble différents modèles, qui n'en imite que les traits de caractère et d'effet, et qui sait y ajouter ceux que lui fournit son imagination, pour en former cet ensemble de vérité idéale et de vérité de nature qui constitue la perfection des beaux-arts [1]. »

plus connus, les plus célèbres des caractères que la Bruyère a tracés, lors même que ce ne seraient pas toujours ceux qu'il a eus en vue lorsqu'il écrivait.

C'est d'après des exemplaires annotés tels que ceux dont je viens de parler, qu'a été rédigée la *clef* que l'on imprima en Hollande, à la suite d'une édition des *Caractères*. Ce qui le prouve, c'est que si l'on excepte un petit nombre d'additions faites par les éditeurs hollandais, dans l'intérêt de la politique de leur pays, la *clef* imprimée est presque entièrement semblable à celle que l'on trouve écrite en marge des éditions primitives. Cette *clef* fut ensuite reproduite dans toutes les nouvelles éditions, et elle était en quelque sorte un commentaire obligé du livre qu'elle accompagnait. Les courts éclaircissements donnés dans cette clef suffisaient aux contemporains, qui avaient besoin seulement qu'on leur rappelât les noms et les faits. Elle devint ensuite insuffisante et obscure, à mesure que les personnages dont elle faisait mention eurent cessé de vivre, ainsi que ceux qui les avaient connus. On finit donc par supprimer cette clef; et les derniers éditeurs, pour lesquels elle n'était plus intelligible, ont cru faire preuve de jugement et de force d'esprit, en repoussant d'un livre dont ils étaient en quelque sorte le complément, les faits curieux relatifs aux mœurs et à la vie privée du monde qu'avait peint la Bruyère. Les dénégations et les protestations sur ce sujet, consignées dans son livre, achevèrent de les confirmer dans l'erreur où ils étaient. Ils crurent, d'après ces assertions, qu'il y avait plusieurs de ces *clefs*, et qu'elles se contredisaient toutes entre elles. Ils ont ignoré qu'il n'y en eut jamais qu'une seule, souvent réimprimée, mais textuellement la même.

Quant à l'impression de cette *clef*, faite en Hollande, ce n'est pas contre elle que peuvent être dirigées les protestations de la Bruyère, puisque la première édition où se trouve cette *clef* n'a paru qu'après sa mort. » (*Étude sur la Bruyère*, p. 21-22, de l'édit. en 2 vol. in-12.)

[1] Suard, *Notice sur la personne et les écrits de la Bruyère*, in-18. Paris, 1781.

La Bruyère a mis en tête de son livre cette épigraphe empruntée à Érasme : *Admonere voluimus, non mordere ; prodesse, non lædere ; consulere moribus hominum, non officere ;* c'est-à-dire : Nous avons voulu avertir, non mordre ; être utile, non blesser ; servir les mœurs des hommes, non leur nuire.

Si la Bruyère s'est montré un caustique censeur des mœurs de son époque, l'innocence de sa vie et l'élévation de ses sentiments lui en donnaient le droit. Quelle belle idée ses *Caractères* seuls nous donnent de la noblesse de son âme ! « Partout y règne une haine implacable du vice et un amour déclaré de la vertu [1]. »

Les vices bas lui inspirent l'horreur et le dégoût. Voyez ce portrait de l'avarice sordide :

« Il y a, dit-il, des âmes sales, pétries de boue et d'ordures, éprises du gain et de l'intérêt, comme les belles âmes le sont de la gloire et de la vertu, capables d'une seule volupté, qui est celle d'acquérir ou de ne point perdre ; curieuses et avides du denier dix ; uniquement occupées de leurs débiteurs ; toujours inquiètes sur le rabais ou sur le décri des monnaies ; enfoncées et comme abîmées dans les contrats, les titres et les parchemins ; de telles gens ne sont ni parents, ni amis, ni citoyens, ni chrétiens, ni peut-être des hommes : ils ont de l'argent. »

Tout ce qui est vilain, tout ce qui est lâche, il le flagelle jusqu'au sang.

Son âme noble et indépendante ne sait pas descendre à la flatterie, et il a le courage de faire entendre aux plus grands comme aux plus petits de dures vérités. On connaît toutes ses libres remarques sur les *héros* et les *enfants des dieux*, dont il n'a pu dire que par ironie, dans son chapitre du *Mérite personnel*, qu'ils « se tirent des règles de la nature, et en sont comme l'exception. » Aucun prestige n'éblouissait celui qui a osé dire :

« Le peuple n'a guère d'esprit, et les grands n'ont point d'âme. Celui-là a un bon fond et n'a point de dehors ; ceux-ci n'ont que des dehors et qu'une simple superficie. Faut-il opter ? Je ne balance pas : *je veux être peuple.* »

La satire domine dans les *Caractères*. Cependant plusieurs chapitres, comme ceux du Cœur et des Femmes, sont semés de traits pleins de grâce, de tendresse touchante, de noblesse exquise.

Il y avait un grand fond de sensibilité dans l'âme de ce moraliste satirique. Il se montre vivement touché de misères qu'à peine alors savait-on apercevoir. Voici comment il parle des paysans, si malheureux à cette époque :

« L'on voit certains animaux farouches, des mâles et des femelles, répandus par la campagne, noirs, livides, et tout brûlés du soleil, attachés à la terre qu'ils fouillent et qu'ils remuent avec une opiniâ-

---

[1] Fleury, *Disc. de récept. à l'Académie.*

treté invincible. Ils ont comme une voix articulée, et quand ils se lèvent sur leurs pieds, ils montrent une face humaine ; et, en effet, ils sont des hommes. Ils se retirent la nuit dans des tanières où ils vivent de pain noir, d'eau et de racines. Ils épargnent aux autres hommes la peine de semer, de labourer et de recueillir pour vivre, et méritent ainsi de ne pas manquer de ce pain qu'ils ont semé [1]. »

Enfin on reconnait dans la Bruyère l'homme de bien peint par lui-même qui *n'est ni un saint, ni un dévot, mais qui s'est peiné à n'avoir que de la vertu.* Ce qui ne veut point dire qu'il ne fût pas en même temps religieux et chrétien.

A l'encontre de ce troupeau de critiques envieux qui s'acharnaient sur « un ouvrage si sérieux et si utile, » en répétant « ce continuel refrain : C'est médisance, c'est calomnie, » la Bruyère représente qu'en ménageant les particuliers avec toutes les précautions que la prudence peut suggérer, il a « essayé dans son *Livre des mœurs* de décrier, s'il est possible, tous les vices du cœur et de l'esprit, de rendre l'homme raisonnable et plus proche de devenir chrétien. » Violemment accusé d'impiété pour avoir peint de leurs couleurs la fausse dévotion et l'hypocrisie, il se prévaut avec justice de ce que ce sont les membres les plus édifiants et les plus éclairés du clergé, en particulier du clergé régulier, qui ont les premiers reconnu le plan et l'économie du livre des *Caractères*, et ont observé que de seize chapitres qui le composent, il y en a quinze qui, s'attachant à découvrir le faux et le ridicule qui se rencontrent dans les objets des passions et des attachements humains, ne tendent qu'à ruiner tous les obstacles qui affaiblissent d'abord, et qui éteignent ensuite dans tous les hommes la connaissance de Dieu ; qu'ainsi ils ne sont que des préparations au seizième et dernier chapitre, où l'athéisme est attaqué et peut être confondu, où les preuves de Dieu, une partie du moins de celles que les faibles hommes sont capables de recevoir dans leur esprit, sont rapportées, où la providence de Dieu est défendue contre l'insulte et les plaintes des libertins [2].

La Bruyère, en concevant son ouvrage, se proposa-t-il bien réellement un tel plan ? C'est douteux ; mais il est incontestable qu'un esprit de religion éclairée, mais sincère et profonde, respire réellement dans tout son livre, et paraît avoir animé toute sa conduite.

Quelques écrivains, comme la Harpe, n'ont pas rendu justice au caractère de la Bruyère. A la réserve d'un certain nombre de malveillants et d'envieux, les contemporains l'avaient jugé bien plus favorablement. Ils lui avaient appliqué ce qu'il a voulu dire en général de l'honnête homme, et se plaisaient à le reconnaitre dans ce beau portrait :

« ... Voulez-vous être rare, rendez service à ceux qui dépen-

---

[1] *Caract.*, ch. xi.
[2] Préface du *Discours prononcé à l'Académie française.*

dent de vous : vous le serez davantage par cette conduite que par ne pas vous laisser voir. O homme important et chargé d'affaires, qui à votre tour avez besoin de mes services, venez dans la solitude de mon cabinet ; le philosophe est toujours accessible ; je ne vous remettrai pas à un autre jour. Vous me trouverez sur les livres de Platon ;... car je cherche par la connaissance de la vérité à régler mon esprit et à devenir meilleur. Toutes les portes vous seront ouvertes ; mon antichambre n'est pas faite pour s'y ennuyer en m'attendant : passez jusqu'à moi sans me faire avertir. Vous m'apportez quelque chose de plus précieux que l'argent et que l'or, si c'est une occasion de vous obliger. Parlez : que voulez-vous que je fasse pour vous ? Faut-il quitter mes livres, mes études, mes ouvrages, cette ligne qui est commencée ?... Quelle interruption heureuse pour moi, que celle qui vous est utile !... »

Il connaissait trop les hommes, il avait trop calculé en combien de façons « ils peuvent être insupportables [1], » pour les rechercher beaucoup, pour se plaire beaucoup avec eux. Cependant il ne se montrait, par sa conduite, nullement misanthrope, mais au contraire civil, doux, complaisant et officieux. « On m'a dépeint la Bruyère, dit l'abbé d'Olivet, comme un philosophe qui ne songeait qu'à vivre tranquille avec des amis et des livres, faisant un bon choix des uns et des autres, ne cherchant ni ne fuyant le plaisir, toujours disposé à une joie modeste et ingénieuse, et à la faire naître, poli dans ses manières et sage dans ses discours, craignant toute sorte d'ambition, même celle de montrer de l'esprit. »

Malgré ce que l'historien de l'Académie française nous dit de la joie modeste que l'auteur des *Caractères* montrait en société, certaines expressions répandues dans son livre nous font voir en lui un homme atteint au fond de l'âme d'une tristesse désenchantée, d'une mélancolie incurable, d'un dégoût invincible des choses et des hommes. Entendez-le :

« Il faut rire avant d'être heureux, de peur de mourir sans avoir ri.... La vie est courte, ennuyeuse ; elle se passe toute à désirer, si l'on remet à l'avenir son repos, ses joies, à cet âge où souvent les meilleurs biens ont déjà disparu, la santé et la jeunesse. Ce temps arrive qui nous surprend encore dans les désirs ; on en est là quand la fièvre nous saisit et nous éteint ; si l'on eût guéri, ce n'était que pour désirer plus longtemps. »

Ne sent-on pas dans ces paroles, et dans mille autres semblables répandues dans le livre des *Caractères*, le cri d'une âme navrée ?

L'ambition tourmenta-t-elle la Bruyère ? Il ne paraît pas ; mais il semble avoir souffert dans son orgueil d'homme de lettres blessé par des grands seigneurs ou des parvenus dédaigneux du mérite sans titre et sans richesse.

[1] *Caract.*, ch. xi.

« Je ne sais, dites-vous avec un air froid et dédaigneux: Philante a du mérite, de l'esprit, de l'agrément, de l'exactitude sur son devoir, de la fidélité et de l'attachement pour son maître, et il en est médiocrement considéré, il ne plaît pas, il n'est pas goûté: expliquez-vous, est-ce Philante ou le grand qu'il sert que vous condamnez? »

Ce Philante ne serait-il pas la Bruyère? Ne pourrait-on pas encore le reconnaître dans cet autre personnage:

« Il est savant, dit un politique, il est donc incapable d'affaires. Je ne lui confierais pas l'état de ma garde-robe; et il a raison. Ossat, Ximénès, Richelieu étaient savants. Étaient-ils habiles? ont-ils passé pour de bons ministres? *Il sait le grec*, continue l'homme d'État; c'est un grimaud, c'est un philosophe. Et en effet, une fruitière à Athènes, selon les apparences, parlait grec, et par cette raison était philosophe. Les Bignon, les Lamoignon étaient de purs grimauds. Qui peut en douter? Ils savaient le grec. »

Il est très-remarquable que la Bruyère revienne peut-être vingt fois avec cette amertume sur le mépris attaché à la condition de subalterne et d'homme de lettres.

Qu'on ne l'accuse pas cependant d'avoir écrit, comme la Rochefoucauld, sous la dictée de ses ressentiments. Il savait se contenter de trop peu pour en avoir voulu à la société de la médiocrité de son sort.

Son désintéressement éclate d'une manière admirable et touchante dans la manière dont il agit avec le libraire qui édita son ouvrage. « Il venait presque journellement, dit Formey, s'asseoir chez un libraire nommé Michallet, où il feuilletait les nouveautés et s'amusait avec un enfant fort gentil, fille du libraire, qu'il avait pris en amitié. Un jour, il tira un manuscrit de sa poche et dit à Michallet: — Voulez-vous imprimer ceci? (C'étaient les *Caractères*.) Je ne sais si vous y trouverez votre compte; mais en cas de succès, le produit sera pour ma petite amie. — Le libraire entreprit l'édition. A peine l'eut-il mise en vente qu'elle fut enlevée, et qu'il fut obligé de réimprimer plusieurs fois ce livre, qui lui valut 2 ou 300,000 francs [1]. Telle fut la dot imprévue de sa fille, qui fit dans la suite le mariage le plus avantageux. »

L'homme qui faisait preuve de cette générosité vivait d'une modique pension de mille écus, et ne possédait à sa mort qu'un tiers dans un petit bien situé à Sceaux, et estimé 4,400 francs.

Non-seulement on publia coup sur coup des éditions multipliées des *Caractères*, mais on les traduisit dans toutes les langues, et on en fit des imitations de tous genres: *Ouvrage dans le goût des Caractères; Théophraste moderne ou Nouveaux Caractères de mœurs; Suite des Caractères de Théophraste et des Mœurs de ce siècle; Les différents Caractères des femmes du siècle; Caractères tirés de l'Écriture*

---

[1] Ce chiffre est certainement exagéré.

*sainte et appliqués aux mœurs de ce siècle; Caractères naturels des hommes, en forme de dialogues; Portraits sérieux et critiques; Caractères des vertus et des vices.* Enfin, comme le dit un journal littéraire du temps, tout le pays des lettres fut inondé de *Caractères* [1].

Ceux de la Bruyère ont seuls vécu, et c'est surtout le style qui les a fait vivre.

Quelles sont les qualités, quels sont les défauts du style de l'auteur des *Caractères?* C'est ce que nous devons maintenant rechercher.

Ce qui frappe tout d'abord dans le style de la Bruyère, c'est la vivacité, l'entrain, l'éloquence. « Il n'y a presque point de tour dans l'éloquence, dit Vauvenargues, qu'on ne trouve dans la Bruyère; et si on y désire quelque chose, ce ne sont pas certainement les expressions, qui sont d'une force infinie et toujours les plus propres et les plus précises qu'on puisse employer [2]. »

Ménage est d'accord avec Vauvenargues quand il loue l'auteur des *Caractères* de ce qu'il dit « en un mot ce qu'un autre ne dit pas auss parfaitement en six [3]. »

Cet écrivain original est un de ceux qui ont le plus imprimé leur forme à la langue. Il a créé nombre d'expressions, et la plupart non-seulement très-heureuses, mais nécessaires. Son invention brille surtout dans les tours vifs, saisissants, pittoresques, qui partout animent sa diction; elle brille aussi dans l'emploi ingénieux et détourné qu'il sait faire des mots de la langue générale.

Mais chez ce brillant écrivain les défauts côtoient les qualités. L'abbé d'Olivet a reproché à la Bruyère un style entortillé et guindé. C'est trop dire; toutefois il est incontestable que « pour vouloir être trop énergique il sort quelquefois du naturel. » On peut justement lui reprocher, avec Vauvenargues, d'avoir trop tourné et trop travaillé ses ouvrages; il est certain « qu'un peu plus de simplicité et de négligence auraient donné plus d'essor à son génie et un caractère plus haut à ses expressions fières et sublimes [4]. »

La recherche des traits spirituels, incisifs, scintillants, des chutes épigrammatiques, des surprises, est encore chez la Bruyère un caractère distinctif: il annonce ainsi Fontenelle, Lamotte et Marivaux. Chez l'auteur des *Caractères,* comme chez les imitateurs inférieurs de sa manière, le fond est loin d'égaler toujours le travail de l'expression; trop souvent il prend des tours et des détours, il emploie des tournures inattendues et singulières pour arriver à une pensée commune. De même il lui arrive trop fréquemment d'entas-

---

[1] *Mém. de Trévoux*, fev. 1701.
[2] *Réflexions critiques sur les poëtes et les orateurs.*
[3] *Menagiana*, t. IV, p. 213.
[4] Préf. des *Caractères* de Vauvenargues.

ser paroles sur paroles, et pensées sur pensées pour exprimer une idée très-claire par elle-même. Le chartreux Bonaventure d'Argonne, déguisé sous le pseudonyme de Vigneul-Marville, reprochant à la Bruyère, — et cette fois avec raison, — de dire des choses communes d'un air mystérieux, s'appuie d'un exemple d'un maniérisme incontestable. M. de la Bruyère, dit-il, prononce gravement cette sentence : « Après l'esprit de discernement, ce qu'il y a de plus rare au monde, ce sont les diamants et les perles. »

Enfin on noterait chez la Bruyère beaucoup de phrases embarrassées, de constructions vicieuses et de négligences graves.

Bien qu'on ne trouve pas toujours chez lui cette régularité exacte et scrupuleuse qui constitue la perfection classique, bien qu'on sente en maints endroits de son livre que, lorsqu'il l'écrivait, le dix-septième siècle penchait déjà vers le dix-huitième, la Bruyère est, avec Fénelon, un des auteurs du dix-septième siècle qui ont eu le plus le goût antique, le goût grec surtout, goût qu'il porta, comme l'auteur du *Télémaque*, jusqu'à méconnaître l'art du moyen âge.

« On a dû faire du style, dit-il, ce qu'on a fait de l'architecture. On a entièrement abandonné l'ordre gothique que la barbarie avait introduit pour les palais et pour les temples ; on a rappelé le dorique, l'ionique et le corinthien ; ce qu'on ne voyait plus que dans les ruines de l'ancienne Rome et de la vieille Grèce, devenu moderne, éclate dans nos portiques et dans nos péristyles. De même on ne saurait en écrivant rencontrer le parfait et, s'il se peut, surpasser les anciens que par leur imitation [1]. »

Il aurait voulu, on le sent, naître dans la Grèce ; il aurait souhaité vivre à Athènes bien plutôt qu'à Paris.

« Athènes était libre, dit-il dans le *Discours sur Théophraste*, c'était le centre d'une république ; ses citoyens étaient égaux ; ils ne rougissaient point l'un de l'autre, ils marchaient presque seuls et à pied dans une ville propre, paisible et spacieuse, entraient dans les boutiques et dans les marchés, achetaient eux-mêmes les choses nécessaires ; l'émulation d'une cour ne les faisait point sortir d'une vie commune ; ils réservaient leurs esclaves pour les bains, pour les repas, pour le service intérieur des maisons, pour les voyages ; ils passaient une partie de leur vie dans les places, dans les temples, aux amphithéâtres, sur un port, sous des portiques et au milieu d'une ville dont ils étaient également les maîtres. Là, le peuple s'assemblait pour délibérer des affaires publiques ; ici, il s'entretenait avec les étrangers ; ailleurs, les philosophes tantôt enseignaient leur doctrine, tantôt conféraient avec leurs disciples. Ces lieux étaient tout à la fois la scène des plaisirs et des affaires. Il y avait dans ces mœurs quelque chose de simple et de populaire, et qui ressemble peu aux nôtres, je l'avoue ; mais cependant, quels hommes, en général, que

---

[1] *Caract.*, ch I.

les Athéniens, et quelle ville qu'Athènes ! Quelles lois ! quelle police ! quelle valeur ! quelle discipline ! quelle perfection dans toutes les sciences et dans tous les arts ; mais quelle politesse dans le commerce ordinaire et dans le langage ! »

Cependant, ce Grec, cet Athénien, ou, si l'on aime mieux, ce Français tout moderne, a su comprendre et apprécier notre vieil idiome, et en regretter les richesses perdues. Il se plaint, au chapitre des *Ouvrages de l'esprit*, de l'appauvrissement de la langue. Comme Fénelon, il voudrait qu'on restituât au langage moderne quantité de termes anciens dès lors tombés en désuétude, et qui depuis n'ont pas été remplacés, ou l'ont été par des mots qui n'ont souvent de français que leur désinence.

Une autre particularité frappante du style de la Bruyère, cet auteur quelquefois si raffiné, c'est ce que nous appelons aujourd'hui le *réalisme*. Tandis que tous les autres écrivains classiques se font une loi de goût de ne se servir que des expressions nobles, de ne peindre les objets que par des traits généraux qui ont souvent le défaut d'être vagues, l'auteur des *Caractères* aime à employer le mot propre et les traits particuliers, les petits détails exacts, familiers, souvent même vulgaires. Quoi de plus *réaliste* que ce portrait d'un goulu malpropre :

« Gnathon ne se sert à table que de ses mains ; il manie les viandes, les remanie, démembre, déchire, et en use de manière que les conviés, s'ils veulent manger, mangent ses restes. Il ne leur épargne aucune de ces malpropretés dégoûtantes capables d'ôter l'appétit aux plus affamés. Le jus et les sauces lui dégouttent du menton et de la barbe. S'il enlève un ragoût de dessus un plat, il le répand en chemin dans un autre plat et sur la nappe ; on le suit à la trace. Il mange haut et avec grand bruit ; il roule les yeux en mangeant. La table est pour lui un râtelier ; il écure ses dents, et il continue à manger. »

Nos romanciers descriptifs sont devancés dans cet autre passage

« N*** est moins affaibli par l'âge que par la maladie ; car il ne passe pas soixante-huit ans. Mais il a la goutte, et il est sujet à une colique néphrétique, il a le visage décharné, *le teint verdâtre*, et qui menace ruine. Il fait marner sa terre, et il compte que de quinze ans entiers il ne sera obligé de la fumer. Il fait bâtir dans la rue *** une maison de pierre de taille, raffermie dans les encoignures par des mains de fer... »

Ce goût de descriptions tirées de la vie réelle, et tracées avec des expressions communes, ce dédain d'un idéal de convention, rendent-ils la Bruyère moins classique ? Au contraire, il se montre par là vraiment classique, classique tout simplement à la manière d'Homère et de Sophocle. Ces modèles en valent bien d'autres.

L'idéal ne se trouve pas moins chez la Bruyère que le réel. Ce puissant satirique avait dans l'esprit un tour rêveur, très-singulier en cela parmi ses contemporains. Il avait aussi un vif sentiment de la nature et un goût pour le pittoresque et les descriptions physiques qui font déjà penser à Jean-Jacques Rousseau et à Bernardin de Saint-Pierre, comme dans cette page :

« Quand vous voyez quelquefois un nombreux troupeau qui, répandu sur une colline vers le déclin d'un beau jour, paît tranquillement le thym et le serpolet, ou qui broute dans une prairie une herbe menue et tendre qui a échappé à la faux du moissonneur ; le berger soigneux et attentif est debout auprès de ses brebis ; il ne les perd pas de vue, il les suit, il les conduit, il les change de pâturage ; si elles se dispersent, il les rassemble ; si un loup avide paraît, il lâche son chien, qui le met en fuite ; il les nourrit, il les défend ; l'aurore le trouve déjà en pleine campagne, d'où il ne se retire qu'avec le soleil : quels soins ! quelle vigilance ! quelle servitude ! Quelle condition vous paraît la plus délicieuse et la plus libre, ou du berger, ou des brebis ? Le troupeau est-il fait pour le berger, ou le berger pour le troupeau ? Image naïve des peuples et du prince qui les gouverne, s'il est bon prince.

« Le faste et le luxe dans un souverain, c'est le berger habillé d'or et de pierreries, la houlette d'or en ses mains ; son chien a un collier d'or, il est attaché avec une laisse d'or et de soie : que sert tant d'or à son troupeau, ou contre les loups [1] ? »

Ces images de la nature embellissent très-souvent le style de la Bruyère, où abondent d'ailleurs tous les genres de métaphores, mais surtout celles qui peignent aux yeux les idées et les sentiments. « La véritable grandeur se laisse *toucher* et *manier*... Elle se *courbe* avec bonté vers ses inférieurs, et *revient* sans effort à son naturel. » « Il n'y a rien, dit-il ailleurs, qui mette plus subitement un homme à la mode et qui le *soulève* davantage que le grand jour. » Pour peindre ces hommes qui n'osent avoir un avis sur un ouvrage avant de savoir le jugement du public : « Ils ne hasardent point, dit-il, leurs suffrages. Ils semblent être *portés par la foule* et *entraînés par la multitude*. »

C'est ainsi que chez ce grand peintre tout fait tableau ; et quel art de disposer, de faire ressortir ses couleurs par les contrastes les plus savants !

Le style de la Bruyère offre toutes les sortes d'oppositions, de contrastes [2], avec l'art le plus merveilleux de donner de la saillie à ces contrastes et à ces oppositions, comme dans ce trait si habilement jeté : « Il s'est trouvé des filles qui avaient de la vertu, de la santé, de la ferveur et une bonne vocation, mais qui n'étaient *pas assez riches pour faire dans une riche abbaye vœu de pauvreté.* »

Le talent de mettre en peu de lignes ses personnages en scène et

---

[1] *Caract.*, ch. x.

[2] Voir ce que dit à ce sujet Suard, p. xxx-xxxv de sa Notice.

de les présenter toujours d'une manière différente ; la piquante variété de ses tournures où l'on voit successivement et souvent tout à la fois allusions, apologues, rapprochements, interrogations, doute simulé, indifférence affectée ; l'art de laisser dans la pensée une espèce de réticence qui produit le plaisir de deviner ; enfin un mouvement si dramatique qu'on voit ces portraits agir, parler, se mouvoir : voilà ce qui séduit tout d'abord chez la Bruyère. Combien auprès paraît monotone et froid Théophraste qui n'emploie, pour peindre ses caractères, que la forme d'énumération, de description !

Quelques-uns ont prétendu que l'auteur des *Caractères* eût été incapable d'un ouvrage suivi et méthodique ; et Boileau, à ce qu'on dit, lui reprochait l'absence des transitions, dont il s'était affranchi, au jugement de l'auteur de l'*Art poétique*, pour s'épargner ce qu'il y a de plus difficile dans un ouvrage. Malgré le décousu apparent de sa manière, avec un peu d'attention, on y reconnaît cet ordre insensible dont parlait la Bruyère lui-même, et qui consiste surtout dans le talent qu'il a de placer ses caractères ou ses réflexions dans l'ordre qui peut le mieux les faire ressortir, soit par le contraste, soit par la ressemblance.

On a souvent loué la Bruyère pour les expressions nouvelles, pour les tournures fortes et piquantes qu'il a créées ; on a surtout célébré en lui « l'écrivain plein de trait et de feu, qui, par un tour fin et singulier, donnait aux paroles plus de force qu'elles n'en avaient elles-mêmes [1]. » Éloges assurément bien mérités, mais qui doivent être accompagnés d'une réserve critique. Si la Bruyère a ajouté quelques qualités au français, il a contribué à lui en faire perdre d'autres. Félicitant quelque part la langue de ses progrès, il a dit :

« On écrit régulièrement *depuis vingt années* ; on est esclave de la construction ; on a enrichi la langue de nouveaux mots, secoué le joug du latinisme, et réduit le style à la phrase purement française. On a *presque* retrouvé le nombre que Malherbe et Balzac avaient les premiers rencontré, et que tant d'auteurs après eux ont laissé perdre ; on a mis enfin dans le discours tout l'ordre et toute la netteté dont il est capable : cela conduit insensiblement à y mettre de l'esprit. »

Les grands maîtres qui ont précédé la Bruyère, et qui lui sont supérieurs, Pascal, Molière, la Fontaine, Bossuet, sont ici, quoique tacitement, bien maltraités, et bien injustement jugés. Certes, ces écrivains de génie n'ont manqué ni de régularité dans le style, ni de nombre, ni d'esprit. Leurs écrits publiés avant la date de 1687 où l'auteur des *Caractères* disait les paroles précitées, sont remplis de ces latinismes qui tiennent au fond même de la langue ; leurs constructions ne sont pas régulières à la façon de la Bruyère, c'est-

---

[1] L'abbé Régnier, *Réponse au disc. de récept. de l'abbé Fleury.*

à-dire qu'elles sont plus variées et, grâce particulièrement à l'inversion, plus vives, plus expressives, et non moins claires.

Malgré tous les obstacles opposés par ses ennemis et ses envieux, l'auteur des *Caractères*, après un premier échec, fut reçu à l'Académie française en 1693, sans avoir fait aucune sollicitation ni avoir employé le crédit de personne pour obtenir cet honneur : ses *Caractères* en étaient déjà à la septième édition.

Son discours de réception, presque entièrement composé de portraits, est un des morceaux les mieux écrits, les mieux composés et les plus remplis d'idées qui aient jamais été prononcés dans le sein de l'Académie.

Bien qu'il eût fait entrer dans sa harangue les « louanges de chacun des hommes illustres qui composaient l'Académie française, » et que, ne pensant pas que « cette compagnie pût être une autre fois plus belle à peindre, ni prise dans un jour plus favorable, » il eût saisi cette occasion avec un empressement qui devait montrer à tous qu'il ne trouvait pas tout son plaisir à satiriser, il ne désarma pas les ennemis qu'il avait au dedans comme au dehors de l'Académie ; esprits étroits la plupart ; « vieux corbeaux » qui se plaisaient à « croasser autour de ceux qui, d'un vol libre et d'une plume légère, s'étaient élevés à quelque gloire par leurs écrits. » Il se vit l'objet d'une foule d'épigrammes et de chansons, ainsi que Racine, Régnier, et tous ceux qui s'étaient entremis pour le faire entrer à l'Académie ; il fut décrié et ridiculisé dans la ville, et calomnié à Marly et à Chantilly. On alla jusqu'à vouloir empêcher l'impression de cette harangue aussi innocente qu'éloquente. Mais toutes ces intrigues tournèrent à la honte de ceux qui les avaient machinées. Le discours fut imprimé, et « le jugement de la cour et de la ville, des grands et du peuple, lui fut favorable. » C'était justice : on reproche seulement à la Bruyère d'avoir accompagné son discours d'une préface démesurée, et de s'y être montré plus sensible à la critique qu'il ne convient à un philosophe.

Si la Bruyère, comme tous les grands hommes, rencontra des détracteurs et des envieux, il eut aussi, dès le premier moment, des admirateurs qui sentirent toute l'originalité de son mérite et lui rendirent hautement hommage.

Bussy-Rabutin écrit au comte de Termes, qui lui avait envoyé un exemplaire de la première édition, avant qu'elle fût mise en vente : « La Bruyère est entré plus avant que Théophraste dans le cœur de l'homme. Il y est même entré plus délicatement et par des expressions plus fines. Ce ne sont pas des portraits de fantaisie qu'il nous a donnés ; il a travaillé d'après nature, et il n'y a pas une description sur laquelle il n'ait eu quelqu'un en vue. Pour moi qui ai le malheur d'une grande expérience du monde, j'ai trouvé tous ses portraits parfaits de ressemblance [1]. »

[1] Lettre du 10 mars 1688.

Saint-Simon l'appelle « un homme illustre par son esprit, par son style et par la connaissance des hommes, » et le loue d'avoir surpassé Théophraste et d'avoir peint les hommes de son temps d'une manière inimitable.

Nicole, cet autre profond moraliste, faisait une très-haute estime de la Bruyère, qu'il cite plusieurs fois, en l'appelant *un grand esprit de ce siècle* [1].

Boileau n'a pas toujours été suffisamment juste à son égard. Il a dit de lui, en l'appelant, on ne sait pourquoi, du nom de Maximilien : « Maximilien m'est venu voir à Auteuil, et m'a lu quelque chose de son *Théophraste*. C'est un fort honnête homme, et à qui il ne manquerait rien si la nature l'avait fait aussi agréable qu'il a envie de l'être. Du reste, il a de l'esprit, du savoir et du mérite [2]. » Mais il le dédommagea bien de cette appréciation sévère, quand dans sa satire sur les femmes, qui, composée en 1692, ne parut qu'en 1694, la même année que fut publiée la huitième édition du livre des *Caractères*, il fit dire à un de ses interlocuteurs :

> « Voilà le sexe peint d'une noble manière ;
> Et Théophraste même, aidé de la Bruyère,
> Ne m'en pourrait pas faire un plus riche tableau. »

L'envie fut enfin obligée de se taire. Dès ce moment la gloire de la Bruyère ne cessa de grandir et de s'étendre, jusqu'à ce que, vingt-cinq ou trente ans après sa mort, l'intérêt des allusions ayant disparu, la société du dix-huitième siècle, entraînée par des goûts fort différents, ne sut plus, comme on l'avait su de son vivant, et comme on l'a su mieux encore de nos jours, admirer et étudier en lui l'émule et souvent l'égal des plus célèbres moralistes.

Nous ne dirons que quelques mots sur les rapports du génie de la Bruyère avec celui de ses illustres devanciers dans la peinture des mœurs des hommes. Ces parallèles ont été traités trop de fois pour que nous essayions de les refaire.

La Bruyère eut une idée très-heureuse en présentant d'abord au public de son époque la traduction des *Caractères* de Théophraste, suffisante pour initier agréablement les gens du monde à la société antique : l'opposition que présentait le tableau des mœurs de la fin du dix-septième siècle n'en devenait que plus piquante. La Bruyère fut aussitôt nommé le Théophraste moderne. Cependant il a moins imité Théophraste que Lucien, dont il reproduisit le talent de mettre les ridicules en action.

Sa manière est fort différente aussi de celle des autres moralistes auxquels on l'a si souvent comparé.

[1] *Traité sur la charité et l'amour-propre*, ch. IV et VI.
[2] Lettre à Racine, 19 mai 1687.

Montaigne et la Rochefoucauld, ainsi que ces autres grands moralistes, Nicole, Bourdaloue, Massillon, ont peint l'homme en général, l'homme abstrait et universel, l'homme de tous les temps et de tous les lieux. La Bruyère, circonscrivant davantage son objet, a plutôt peint le courtisan, l'homme de robe, le financier, le bourgeois du siècle de Louis XIV, avant tout le courtisan de Versailles.

On trouve néanmoins dans son livre une quantité de caractères qui appartiennent à tous les temps et à tous les lieux : tels sont, entre autres, le *Riche* et le *Pauvre*, le *Nouvelliste*, le *Pessimiste* et l'*Optimiste*, l'*Égoïste*, le *Fleuriste*, les *Hommes à manie*, etc.

Quels que soient son génie de peintre et son mérite d'observateur, la Bruyère n'enfonce pas dans la connaissance du cœur humain aussi avant que le font Pascal et la Rochefoucauld, et surtout il demeure bien au-dessous de l'énergie du premier.

« Il faut convenir, dit Châteaubriand, que la Bruyère, qui imite volontiers Pascal, affaiblit quelquefois les preuves et la manière de ce grand génie. Quand l'auteur des *Caractères*, voulant démontrer la petitesse de l'homme, dit : « Vous êtes placé, ô Lucile, quelque « part sur cet atome, etc., » il reste bien loin de ce morceau de l'auteur des *Pensées* : « Qu'est-ce qu'un homme dans l'infini ? qui le peut « comprendre ? »

« La Bruyère dit encore : « Il n'y a pour l'homme que trois événe- « ments : naître, vivre et mourir ; il ne se sent pas naître, il souffre à « mourir, et il oublie de vivre. » Pascal fait mieux sentir notre néant : « Le dernier acte est toujours sanglant, quelque belle que soit la « comédie en tout le reste. On jette enfin de la terre sur la tête, et « en voilà pour jamais. » Comme ce dernier mot est effrayant ! On voit d'abord la *comédie*, et puis la *terre*, et puis *l'éternité*. La négligence avec laquelle la phrase est jetée montre tout le peu de valeur de la vie. Quelle amère indifférence dans cette courte et froide histoire de l'homme [1] ! »

En la Bruyère il y a plus de sagacité que de profondeur, plus de sens que de philosophie, il est peu fait pour les vastes aperçus, pour les hautes abstractions. Il est essentiellement l'homme du temps, de l'heure et du milieu où il vit. Ses meilleures observations sont des observations actuelles et des observations de détail. Il ne peut guère peindre que ce qu'il a sous les yeux, mais sa peinture des passions et des singularités contemporaines est si naturelle, est tellement prise dans la réalité, qu'aujourd'hui encore chacun s'y aperçoit soi-même comme dans un miroir fidèle. Il démêle si bien et peint d'une touche si vive les faiblesses du cœur humain et les misères de l'amour-propre, qu'il faut y reconnaître, malgré qu'on en ait, son image et sa ressemblance ; bien plus, qu'il faut rougir de soi, et concevoir le désir

---

[1] *Génie du Christ.*, 3ᵉ part., liv. II, ch. v.

de se corriger de ses vices et de ses petitesses : tant, dans cet habile et agréable mélange de portraits et de réflexions, il a un art merveilleux d'insinuer et de faire recevoir les leçons.

L'immortel auteur des *Caractères de ce siècle* a composé un autre ouvrage qui n'a rien ajouté à sa gloire, mais qui mérite cependant de n'être point ici passé sous silence, comme il l'est habituellement, les *Dialogues sur le quiétisme*, au nombre de sept, qu'on trouva parmi ses papiers, et auxquels le docteur de Sorbonne du Pin, qui les publia trois ans après la mort de la Bruyère, en ajouta deux de sa façon, pour compléter le nombre des neuf dialogues que le célèbre moraliste s'était proposé de faire. Des critiques [1] ont cru que l'ébauche tracée par la Bruyère s'était perdue, et que les dialogues qui ont été donnés au public étaient tous l'œuvre de du Pin. Nous pensons que si l'on pesait attentivement les raisons qui peuvent faire attribuer à l'auteur des *Caractères* les dialogues en question, et celles qu'on a d'en contester l'authenticité, la balance ne tomberait pas du côté de la négative.

Dans ces *Dialogues sur le quiétisme* l'auteur des *Caractères* se montre solide et savant théologien. Il nous fait passer en revue toutes les variétés de quiétistes.

Il ridiculise ces disciples de Molinos qui soutiennent que l'oraison de simple regard dispense et tient lieu de toutes les autres prières, et même des bonnes œuvres [2], et prétendent donner « des règles invariables pour porter tout d'un coup les personnes de l'un et de l'autre sexe, un enfant, un valet, un paysan, un maçon, jusqu'à la sublimité de l'oraison ineffable [3]. »

M^me Guyon a nécessairement une place privilégiée dans les citations. Dès la première page l'auteur allègue en note le *Moyen court* de la pénitente du père Lacombe, de l'amie de l'archevêque de Cambrai. Mais, quoique ami de Bossuet, la Bruyère n'a garde de tirer parti des *Maximes des Saints* de Fénelon; délicatesse qui honore son caractère.

Les studieux amis de la belle littérature du dix-septième siècle ne devront pas négliger ces *Dialogues* trop peu connus. Ils n'y trouveront pas assurément toute la force, tout l'art, tout le sel et toute la variété des *Provinciales*, mais assez de qualités de style et de composition, pour ne point regretter le temps donné à cette lecture.

[1] En particulier M. Walckenaer.
[2] *Dialogues*, I. — [3] *Ibid.*, II.

# LES
# CARACTÈRES DE THÉOPHRASTE

TRADUITS DU GREC

## DISCOURS SUR THÉOPHRASTE

Je n'estime pas que l'homme soit capable de former dans son esprit un projet plus vain et plus chimérique que de prétendre, en écrivant de quelque art ou de quelque science que ce soit, échapper à toute sorte de critique et enlever les suffrages de tous ses lecteurs.

Car, sans m'étendre sur la différence des esprits des hommes, aussi prodigieuse en eux que celle de leurs visages, qui fait goûter aux uns les choses de spéculation et aux autres celles de pratique; qui fait que quelques-uns cherchent dans les livres à exercer leur imagination, quelques autres à former leur jugement; qu'entre ceux qui lisent, ceux-ci aiment à être forcés par la démonstration, et ceux-là veulent entendre délicatement, ou former des raisonnements et des conjectures; je me renferme seulement dans cette science qui décrit les mœurs, qui examine les hommes, et qui développe leurs caractères; et j'ose dire que sur les ouvrages qui traitent de choses qui les touchent de si près, et où il ne s'agit que d'eux-mêmes, ils sont encore extrêmement difficiles à contenter.

Quelques savants ne goûtent que les apophthegmes des anciens, et les exemples tirés des Romains, des Grecs, des Perses, des Égyptiens; l'histoire du monde présent leur est insipide; ils ne sont point touchés des hommes qui les environnent et avec qui ils vivent, et ne font nulle attention à leurs mœurs. Les femmes, au contraire, les gens de la cour, et tous ceux qui n'ont que beaucoup d'esprit sans érudition, indifférents pour toutes les choses qui les ont précédés, sont avides de celles qui se passent à leurs yeux, et qui sont comme sous leur main : ils les examinent, ils les discernent ; ils ne perdent pas de vue les personnes qui les entourent ; si charmés des descriptions et des peintures que l'on fait de leurs contemporains, de leurs concitoyens, de ceux enfin qui leur ressemblent, et à qui ils ne croient pas ressembler, que jusque dans la chaire l'on se croit obligé souvent de suspendre l'évangile pour les prendre par leur faible, et les ramener à leurs devoirs par des choses qui soient de leur goût et de leur portée [1].

La cour ou ne connaît pas la ville, ou, par le mépris qu'elle a pour elle, néglige d'en relever le ridicule, et n'est point frappée des images qu'il peut fournir ; et si au contraire l'on peint la cour, comme c'est toujours avec les ménagements qui lui sont dus, la ville ne tire pas de cette ébauche de quoi remplir sa curiosité et se faire une juste idée d'un pays où il faut même avoir vécu pour le connaître.

D'autre part, il est naturel aux hommes de ne point convenir de la beauté ou de la délicatesse d'un trait de morale qui les peint, qui les désigne, et où ils se reconnaissent eux-mêmes : ils se tirent d'embarras en le condamnant, et tels n'approuvent la satire que lorsque, commençant à lâcher prise et à s'éloigner de leurs personnes, elle va mordre quelque autre.

Enfin, quelle apparence de pouvoir remplir tous les goûts si différents des hommes par un seul ouvrage de morale ? Les uns cherchent des définitions, des divisions, des tables, et de la méthode : ils veulent qu'on leur explique ce que c'est que la vertu en général, et cette vertu en particulier ; quelle différence se trouve entre la valeur, la force et la magnanimité ; les vices extrêmes par le défaut ou par l'excès entre lesquels chaque vertu se trouve placée, et duquel de ces deux extrêmes elle emprunte davantage [2] : toute autre doctrine ne leur plaît pas. Les autres, contents que l'on réduise les mœurs aux passions, et que l'on explique celles-ci par le

---

1. Voyez, dans les *Caractères*, la quatrième réflexion du chapitre *De la chaire*. — 2. Telle est la méthode qu'a suivie Aristote.

mouvement du sang, par celui des fibres et des artères[1], quittent un auteur de tout le reste.

Il s'en trouve d'un troisième ordre qui, persuadés que toute doctrine des mœurs doit tendre à les réformer, à discerner les bonnes d'avec les mauvaises, et à démêler dans les hommes ce qu'il y a de vain, de faible et de ridicule, d'avec ce qu'ils peuvent avoir de bon, de sain et de louable, se plaisent infiniment dans la lecture des livres qui, supposant les principes physiques et moraux rebattus par les anciens et les modernes, se jettent d'abord dans leur application aux mœurs du temps, corrigent les hommes les uns par les autres, par ces images de choses qui leur sont si familières et dont néanmoins ils ne s'avisaient pas de tirer leur instruction.

Tel est le traité des *Caractères des mœurs* que nous a laissé Théophraste. Il l'a puisé dans les *Éthiques* et dans les *Grandes Morales* d'Aristote, dont il fut le disciple. Les excellentes définitions que l'on lit au commencement de chaque chapitre sont établies sur les idées et sur les principes de ce grand philosophe, et le fond des caractères qui y sont décrits est pris de la même source. Il est vrai qu'il se les rend propres par l'étendue qu'il leur donne, et par la satire ingénieuse qu'il en tire contre les vices des Grecs et surtout des Athéniens.

Ce livre ne peut guère passer que pour le commencement d'un plus long ouvrage que Théophraste avait entrepris. Le projet de ce philosophe, comme vous le remarquerez dans sa préface, était de traiter de toutes les vertus et de tous les vices. Et comme il assure lui-même dans cet endroit qu'il commence un si grand dessein à l'âge de quatre-vingt-dix-neuf ans, il y a apparence qu'une prompte mort l'empêcha de le conduire à sa perfection. J'avoue que l'opinion commune a toujours été qu'il avait poussé sa vie au delà de cent ans, et saint Jérôme, dans une lettre qu'il écrit à Népotien, assure qu'il est mort à cent sept ans accomplis : de sorte que je ne doute point qu'il n'y ait eu une ancienne erreur, ou dans les chiffres grecs qui ont servi de règle à Diogène Laërce[2], qui ne le fait vivre que quatre-vingt-quinze an-

---

1. Allusion à divers ouvrages de l'époque, parmi lesquels on peut placer le *Traité des passions de l'âme* de Descartes.

2. C'est à 85 ans et non à 95, comme le dit la Bruyère, que Diogène Laërce fait mourir Théophraste.

nées, ou dans les premiers manuscrits qui ont été faits de cet historien, s'il est vrai d'ailleurs que les quatre-vingt-dix-neuf ans que cet auteur se donne dans cette préface se lisent également dans quatre manuscrits de la bibliothèque Palatine, où [1] l'on a aussi trouvé les cinq derniers chapitres des *Caractères* de Théophraste qui manquaient aux anciennes impressions, et où l'on a vu deux titres, l'un : *Du goût qu'on a pour les vicieux*, et l'autre : *Du gain sordide*, qui sont seuls et dénués de leurs chapitres [2].

Ainsi cet ouvrage n'est peut-être même qu'un simple fragment, mais cependant un reste précieux de l'antiquité, et un monument de la vivacité de l'esprit et du jugement ferme et solide de ce philosophe dans un âge si avancé. En effet, il a toujours été lu comme un chef-d'œuvre dans son genre : il ne se voit rien où le goût attique se fasse mieux remarquer, et où l'élégance grecque éclate davantage ; on l'a appelé un livre d'or. Les savants, faisant attention à la diversité des mœurs qui y sont traitées et à la manière naïve dont tous les caractères y sont exprimés, et la comparant d'ailleurs avec celle du poëte Ménandre, disciple de Théophraste, et qui servit ensuite de modèle à Térence, qu'on a dans nos jours si heureusement imité, ne peuvent s'empêcher de reconnaître dans ce petit ouvrage la première source de tout le comique ; je dis de celui qui est épuré des pointes, des obscénités, des équivoques, qui est pris dans la nature, qui fait rire les sages et les vertueux.

Mais peut-être que pour relever le mérite de ce traité des *Caractères* et en inspirer la lecture, il ne sera pas inutile de dire quelque chose de celui de leur auteur. Il était d'Érèse, ville de Lesbos, fils d'un foulon ; il eut pour premier maître dans son pays un certain Leucippe [3], qui était de la même ville que lui ; de là il passa à l'école de Platon, et s'arrêta ensuite à celle d'Aristote, où il se distingua entre tous ses disciples. Ce nouveau maître, charmé de la facilité de son esprit et de la douceur de son élocution, lui changea son nom, qui était

1. *Où* se rapporte à la bibliothèque de l'électeur Palatin, et non aux quatre manuscrits de cette bibliothèque.
2. Les deux chapitres dont la Bruyère n'a connu que les titres ont été retrouvés au dix-huitième siècle.
3. Un autre que Leucippe, philosophe célèbre et disciple de Zénon. (*Note de la Bruyère.*)

Tyrtame, en celui d'Euphraste, qui signifie celui qui parle
bien ; et ce nom ne répondant point assez à la haute estime
qu'il avait de la beauté de son génie et de ses expressions, il
l'appela Théophraste, c'est-à-dire un homme dont le langage
est divin. Et il semble que Cicéron ait entré dans les sentiments de ce philosophe, lorsque, dans le livre qu'il intitule
*Brutus ou des Orateurs illustres*, il parle ainsi : « Qui est plus
fécond et plus abondant que Platon, plus solide et plus ferme
qu'Aristote, plus agréable et plus doux que Théophraste? » Et
dans quelques-unes de ses épîtres à Atticus, on voit que, parlant du même Théophraste, il l'appelle son ami, que la lecture de ses livres lui était familière, et qu'il en faisait ses
délices.

Aristote disait de lui et de Callisthène, un autre de ses disciples, ce que Platon avait dit la première fois d'Aristote
même et de Xénocrate, que Callisthène était lent à concevoir
et avait l'esprit tardif, et que Théophraste au contraire l'avait
si vif, si perçant, si pénétrant, qu'il comprenait d'abord d'une
chose tout ce qui en pouvait être connu ; que l'un avait besoin d'éperon pour être excité, et qu'il fallait à l'autre un
frein pour le retenir.

Il estimait en celui-ci, sur toutes choses, un caractère de
douceur qui régnait également dans ses mœurs et dans son
style. L'on raconte que les disciples d'Aristote, voyant leur
maître avancé en âge et d'une santé fort affaiblie, le prièrent
de leur nommer son successeur; que, comme il avait deux
hommes dans son école sur qui seuls ce choix pouvait tomber,
Ménédème[1], le Rhodien, et Théophraste d'Érèse, par un esprit de ménagement pour celui qu'il voulait exclure, il se
déclara de cette manière : il feignit, peu de temps après que
ses disciples lui eurent fait cette prière et en leur présence,
que le vin dont il faisait un usage ordinaire lui était nuisible, et il se fit apporter des vins de Rhodes et de Lesbos; il
goûta de tous les deux, dit qu'ils ne démentaient point leur
terroir, et que chacun dans son genre était excellent; que le
premier avait de la force, mais que celui de Lesbos avait plus
de douceur et qu'il lui donnait la préférence. Quoi qu'il en
soit de ce fait, qu'on lit dans Aulu-Gelle, il est certain que

---

1. Il y a deux auteurs du même nom, l'un philosophe cynique,
l'autre disciple de Platon. (*La Bruyère.*)

lorsque Aristote, accusé par Eurymédon, prêtre de Cérès, d'avoir mal parlé des dieux, craignant le destin de Socrate, voulut sortir d'Athènes et se retirer à Chalcis, ville d'Eubée, il abandonna son école au Lesbien, lui confia ses écrits à condition de les tenir secrets; et c'est par Théophraste que sont venus jusques à nous les ouvrages de ce grand homme.

Son nom devint si célèbre par toute la Grèce, que, successeur d'Aristote, il put compter bientôt dans l'école qu'il lui avait laissée jusques à deux mille disciples. Il excita l'envie de Sophocle[1], fils d'Amphiclide, et qui pour lors était préteur : celui-ci, en effet son ennemi, mais sous prétexte d'une exacte police et d'empêcher les assemblées, fit une loi qui défendait, sur peine de la vie, à aucun philosophe d'enseigner dans les écoles. Ils obéirent ; mais l'année suivante, Philon ayant succédé à Sophocle, qui était sorti de charge, le peuple d'Athènes abrogea cette loi odieuse que ce dernier avait faite, le condamna à une amende de cinq talents, rétablit Théophraste et le reste des philosophes.

Plus heureux qu'Aristote, qui avait été contraint de céder à Eurymédon, il fut sur le point de voir un certain Agnonide puni comme impie par les Athéniens, seulement à cause qu'il avait osé l'accuser d'impiété : tant était grande l'affection que ce peuple avait pour lui et qu'il méritait par sa vertu.

En effet, on lui rend ce témoignage qu'il avait une singulière prudence, qu'il était zélé pour le bien public, laborieux, officieux, affable, bienfaisant. Ainsi, au rapport de Plutarque, lorsque Érèse fut accablée de tyrans qui avaient usurpé la domination de leur pays, il se joignit à Phidias[2], son compatriote, contribua avec lui de ses biens pour armer les bannis, qui rentrèrent dans leur ville, en chassèrent les traîtres, et rendirent à toute l'île de Lesbos sa liberté.

Tant de rares qualités ne lui acquirent pas seulement la bienveillance du peuple, mais encore l'estime et la familiarité des rois. Il fut ami de Cassandre, qui avait succédé à Aridée, frère d'Alexandre le Grand, au royaume de Macédoine; et Ptolémée, fils de Lagus et premier roi d'Égypte, entretint toujours un commerce étroit avec ce philosophe. Il mourut enfin accablé d'années et de fatigues, et il cessa

---

1. Un autre que le poëte tragique. (*Note de la Bruyère.*)
2. Un autre que le fameux sculpteur. (*Note de la Bruyère.*)

tout à la fois de travailler et de vivre. Toute la Grèce le pleura, et tout le peuple athénien assista à ses funérailles.

L'on raconte de lui que, dans son extrême vieillesse, ne pouvant plus marcher à pied, il se faisait porter en litière par la ville, où il était vu du peuple, à qui il était si cher. L'on dit aussi que ses disciples, qui entouraient son lit lorsqu'il mourut, lui ayant demandé s'il n'avait rien à leur recommander, il leur tint ce discours : « La vie nous séduit, elle nous promet de grands plaisirs dans la possession de la gloire; mais à peine commence-t-on à vivre qu'il faut mourir. Il n'y a souvent rien de plus stérile que l'amour de la réputation. Cependant, mes disciples, contentez-vous : si vous négligez l'estime des hommes, vous vous épargnez à vous-mêmes de grands travaux ; s'ils ne rebutent point votre courage, il peut arriver que la gloire sera votre récompense. Souvenez-vous seulement qu'il y a dans la vie beaucoup de choses inutiles, et qu'il y en a peu qui mènent à une fin solide. Ce n'est point à moi à délibérer sur le parti que je dois prendre, il n'est plus temps : pour vous, qui avez à me survivre, vous ne sauriez peser trop mûrement ce que vous devez faire. » Et ce furent là ses dernières paroles.

Cicéron, dans le livre troisième des *Tusculanes*, dit que Théophraste mourant se plaignit de la nature, de ce qu'elle avait accordé aux cerfs et aux corneilles une vie si longue et qui leur est si inutile, lorsqu'elle n'avait donné aux hommes qu'une vie très-courte, bien qu'il leur importe si fort de vivre longtemps : que si l'âge des hommes eût pu s'étendre à un plus grand nombre d'années, il serait arrivé que leur vie aurait été cultivée par une doctrine universelle, et qu'il n'y aurait eu dans le monde ni art ni science qui n'eût atteint sa perfection. Et saint Jérôme, dans l'endroit déjà cité, assure que Théophraste, à l'âge de cent sept ans, frappé de la maladie dont il mourut, regretta de sortir de la vie dans un temps où il ne faisait que commencer à être sage.

Il avait coutume de dire qu'il ne faut pas aimer ses amis pour les éprouver, mais les éprouver pour les aimer; que les amis doivent être communs entre les frères, comme tout est commun entre les amis; que l'on devait plutôt se fier à un cheval sans frein qu'à celui qui parle sans jugement; que la plus forte dépense que l'on puisse faire est celle du temps. Il dit un jour à un homme qui se taisait à table dans un festin :

« Si tu es un habile homme, tu as tort de ne pas parler; mais s'il n'est pas ainsi, tu en sais beaucoup. » Voilà quelques-unes de ses maximes.

Mais si nous parlons de ses ouvrages, ils sont infinis, et nous n'apprenons pas que nul ancien ait plus écrit que Théophraste. Diogène Laërce fait l'énumération de plus de deux cents traités différents, et sur toutes sortes de sujets, qu'il a composés. La plus grande partie s'est perdue par le malheur des temps, et l'autre se réduit à vingt traités, qui sont recueillis dans le volume de ses œuvres. L'on y voit neuf livres de l'histoire des plantes, six livres de leurs causes. Il a écrit des vents, du feu, des pierres, du miel, des signes du beau temps, des signes de la pluie, des signes de la tempête, des odeurs, de la sueur, du vertige, de la lassitude, du relâchement des nerfs, de la défaillance, des poissons qui vivent hors de l'eau, des animaux qui changent de couleur, des animaux qui naissent subitement, des animaux sujets à l'envie, des caractères, des mœurs. Voilà ce qui nous reste de ses écrits, entre lesquels ce dernier seul, dont on donne la traduction, peut répondre non-seulement de la beauté de ceux que l'on vient de déduire, mais encore du mérite d'un nombre infini d'autres qui ne sont point venus jusqu'à nous.

Que si quelques-uns se refroidissaient pour cet ouvrage moral par les choses qu'ils y voient, qui sont du temps auquel il a été écrit et qui ne sont point selon leurs mœurs, que peuvent-ils faire de plus utile et de plus agréable pour eux, que de se défaire de cette prévention pour leurs coutumes et leurs manières, qui, sans autre discussion, non-seulement les leur fait trouver les meilleures de toutes, mais leur fait presque décider que tout ce qui n'y est pas conforme est méprisable, et qui les prive, dans la lecture des livres des anciens, du plaisir et de l'instruction qu'ils en doivent attendre?

Nous, qui sommes si modernes, serons anciens dans quelques siècles. Alors l'histoire du nôtre fera goûter à la postérité la vénalité des charges, c'est-à-dire le pouvoir de protéger l'innocence, de punir le crime, et de faire justice à tout le monde, acheté à deniers comptants comme une métairie; la splendeur des partisans, gens si méprisés chez les Hébreux et chez les Grecs. L'on entendra parler d'une capitale d'un grand royaume où il n'y avait ni places publiques, ni bains, ni fontaines, ni amphithéâtres, ni galeries, ni portiques, ni promenoirs, qui était pourtant une ville merveilleuse. L'on dira que tout le cours de la vie s'y passait presque à sortir de sa maison pour aller se renfermer dans celle d'un autre ; que d'honnêtes femmes, qui n'étaient ni marchandes ni hôtelières, avaient leurs maisons ouvertes à ceux qui payaient pour y entrer[1] ; que l'on avait à choisir des dés, des cartes et de tous les jeux ; que l'on mangeait dans ces maisons, et qu'elles étaient commodes à tout commerce.

L'on saura que le peuple ne paraissait dans la ville que pour y passer avec précipitation : nul entretien, nulle familiarité ; que tout y était farouche et comme alarmé par le bruit des chars qu'il fallait éviter, et qui s'abandonnaient au milieu des rues, comme on fait dans une lice pour remporter le prix de la course. L'on apprendra sans étonnement qu'en pleine paix, et dans une tranquillité publique, des citoyens entraient dans les temples, allaient voir des femmes ou visitaient leurs amis, avec des armes offensives, et qu'il n'y avait presque personne qui n'eût à son côté de quoi pouvoir d'un seul coup en tuer un autre. Ou si ceux qui viendront après nous, rebutés par des mœurs si étranges et si différentes des leurs, se dégoûtent par là de nos mémoires, de nos poésies, de notre comique et de nos satires, pouvons-nous ne pas les plaindre par avance de se priver eux-mêmes, par cette fausse délicatesse, de la lecture de si beaux ouvrages, si travaillés, si réguliers, et de la connaissance du plus beau règne dont jamais l'histoire ait été embellie ?

Ayons donc pour les livres des anciens cette même indulgence que nous espérons nous-mêmes de la postérité, persuadés que les hommes n'ont point d'usages ni de coutumes qui soient de tous les siècles ; qu'elles changent avec le temps ; que nous sommes trop éloignés de celles qui ont passé, et trop proches de celles qui règnent encore, pour être dans la distance qu'il faut pour faire des unes et des autres un juste discernement. Alors, ni ce que nous appelons la politesse de nos mœurs, ni la bienséance de nos coutumes, ni notre faste, ni notre magnificence, ne nous préviendront pas davantage contre la vie simple des Athéniens que

---

1. Jadis les joueurs laissaient sur les tables de jeu, quelque riche que fût leur hôte, une partie du gain pour payer les cartes. La Bruyère fait allusion à cet usage.

contre celle des premiers hommes, grands par eux-mêmes, et indépendamment de mille choses extérieures qui ont été depuis inventées pour suppléer peut-être à cette véritable grandeur qui n'est plus.

La nature se montrait en eux dans toute sa pureté et sa dignité, et n'était point encore souillée par la vanité, par le luxe et par la sotte ambition. Un homme n'était honoré sur la terre qu'à cause de sa force ou de sa vertu : il n'était point riche par des charges ou des pensions, mais par son champ, par ses troupeaux, par ses enfants et ses serviteurs ; sa nourriture était saine et naturelle, les fruits de la terre, le lait de ses animaux et de ses brebis ; ses vêtements simples et uniformes, leurs laines, leurs toisons ; ses plaisirs innocents, une grande récolte, le mariage de ses enfants, l'union avec ses voisins, la paix dans sa famille. Rien n'est plus opposé à nos mœurs que toutes ces choses ; mais l'éloignement des temps nous les fait goûter, ainsi que la distance des lieux nous fait recevoir tout ce que les diverses relations ou les livres de voyages nous apprennent des pays lointains et des nations étrangères.

Ils racontent une religion, une police, une manière de se nourrir, de s'habiller, de bâtir et de faire la guerre, qu'on ne savait point, des mœurs que l'on ignorait. Celles qui approchent des nôtres nous touchent, celles qui s'en éloignent nous étonnent ; mais toutes nous amusent. Moins rebutés par la barbarie des manières et des coutumes de peuples si éloignés, qu'instruits et même réjouis par leur nouveauté, il nous suffit que ceux dont il s'agit soient Siamois, Chinois, Nègres ou Abyssins.

Or ceux dont Théophraste nous peint les mœurs dans ses *Caractères* étaient Athéniens, et nous sommes Français ; et si nous joignons à la diversité des lieux et du climat le long intervalle des temps, et que nous considérions que ce livre a pu être écrit la dernière année de la cxv$^e$ olympiade, trois cent quatorze ans avant l'ère chrétienne, et qu'ainsi il y a deux mille ans accomplis que vivait ce peuple d'Athènes dont il fait la peinture, nous admirerons de nous y reconnaître nous-mêmes, nos amis, nos ennemis, ceux avec qui nous vivons, et que cette ressemblance avec des hommes séparés par tant de siècles soit si entière. En effet, les hommes n'ont point changé selon le cœur et selon les passions ; ils sont encore tels qu'ils étaient alors et qu'ils sont marqués dans Théophraste : vains, dissimulés, flatteurs, intéressés, effrontés, importuns, défiants, médisants, querelleux[1], superstitieux.

Il est vrai, Athènes était libre ; c'était le centre d'une république ; ses citoyens étaient égaux ; ils ne rougissaient point l'un de l'autre ; ils marchaient presque seuls et à pied dans une ville propre, paisible et spacieuse, entraient dans les boutiques et dans les marchés, achetaient eux-mêmes les choses nécessaires ; l'émulation d'une cour ne les faisait point sortir d'une vie commune ; ils réservaient leurs esclaves pour les bains, pour les repas, pour le service intérieur des maisons, pour les voyages ; ils passaient une partie de leur vie dans les places, dans les temples, aux amphithéâtres, sur un port, sous des portiques, et au milieu d'une ville dont ils étaient également les maîtres. Là, le peuple s'assemblait pour délibérer des affaires publiques ; ici, il s'entretenait avec les étrangers ; ailleurs, les philosophes tantôt enseignaient leur doctrine, tantôt conféraient avec leurs disciples : ces lieux étaient tout à la fois la scène des plaisirs et des affaires. Il y avait dans ces mœurs quelque chose de simple et de populaire, et qui ressemble peu aux nôtres, je l'avoue ; mais cependant quels hommes, en général, que les Athéniens, et quelle ville qu'Athènes ! quelles lois ! quelle police[2] ! quelle valeur ! quelle discipline ! quelle perfection dans toutes les sciences et dans tous les arts ! mais quelle politesse dans le commerce ordinaire et dans le langage ! Théophraste, le même Théophraste dont l'on vient de dire de si grandes choses, ce parleur agréable, cet homme qui s'exprimait divinement, fut reconnu étranger et appelé de ce nom par une simple femme de qui il achetait des herbes au marché, et qui reconnut, par je ne sais quoi d'attique qui lui manquait et que les Romains ont depuis appelé urbanité, qu'il n'était pas Athénien ; et Cicéron rapporte que ce grand personnage demeura étonné de voir qu'ayant vieilli dans Athènes, possédant si parfaitement le langage attique et en ayant acquis l'accent par une habitude de tant d'années, il ne s'était pu donner ce que le simple peuple avait naturellement et sans nulle peine. Que si l'on ne laisse pas de lire

---

1. *Querelleux* pour *querelleur* a vieilli.
2. *Police* signifie ici organisation politique.

quelquefois, dans ce traité des *Caractères*, de certaines mœurs qu'on ne peut excuser et qui nous paraissent ridicules, il faut se souvenir qu'elles ont paru telles à Théophraste, qui les a regardées comme des vices, dont il a fait une peinture naïve qui fit honte aux Athéniens et qui servit à les corriger.

Enfin, dans l'esprit de contenter ceux qui reçoivent froidement tout ce qui appartient aux étrangers et aux anciens, et qui n'estiment que leurs mœurs, on les ajoute à cet ouvrage. L'on a cru pouvoir se dispenser de suivre le projet de ce philosophe, soit parce qu'il est toujours pernicieux de poursuivre le travail d'autrui, surtout si c'est d'un ancien ou d'un auteur d'une grande réputation; soit encore parce que cette unique figure qu'on appelle description ou énumération, employée avec tant de succès dans ses vingt-huit chapitres des *Caractères*, pourrait en avoir un beaucoup moindre, si elle était traitée par un génie fort inférieur à celui de Théophraste.

Au contraire, se ressouvenant que, parmi le grand nombre des traités de ce philosophe rapportés par Diogène Laërce, il s'en trouve un sous le titre de *Proverbes*[1], c'est-à-dire de pièces détachées, comme des réflexions ou des remarques; que le premier et le plus grand livre de morale qui ait été fait porte ce même nom dans les divines Écritures, on s'est trouvé excité par de si grands modèles à suivre selon ses forces une semblable manière d'écrire des mœurs; et l'on n'a point été détourné de son entreprise par deux ouvrages de morale qui sont dans les mains de tout le monde[2], et d'où, faute d'attention ou par un esprit de critique, quelques-uns pourraient penser que ces remarques sont imitées.

L'un, par l'engagement de son auteur[3], fait servir la métaphysique à la religion, fait connaître l'âme, ses passions, ses vices, traite les grands et les sérieux motifs[4] pour conduire à la vertu, et veut rendre l'homme chrétien. L'autre, qui est la production d'un esprit instruit par le commerce du monde[5] et dont la délicatesse était égale à la pénétration, observant que l'amour-propre est dans l'homme la cause de tous ses faibles, l'attaque sans relâche, quelque part où il le trouve;

---

1. L'on entend cette manière coupée dont Salomon a écrit ses *Proverbes*, et nullement les choses qui sont divines et hors de toute comparaison. (*La Bruyère.*) — 2. Il s'agit des *Pensées* de Pascal et des *Réflexions* de la Rochefoucauld. — 3. Pascal. — 4. Grammaticalement : les grands et sérieux motifs. — 5. La Rochefoucauld.

et cette unique pensée, comme multipliée en mille manières différentes, a toujours, par le choix des mots et par la variété de l'expression, la grâce de la nouveauté.

L'on ne suit aucune de ces routes dans l'ouvrage qui est joint à la traduction des *Caractères*; il est tout différent des deux autres que je viens de toucher : moins sublime que le premier et moins délicat que le second, il ne tend qu'à rendre l'homme raisonnable, mais par des voies simples et communes, et en l'examinant indifféremment, sans beaucoup de méthode et selon que les divers chapitres y conduisent, par les âges, les sexes et les conditions, et par les vices, les faibles et le ridicule qui y sont attachés.

L'un s'est plus appliqué aux vices de l'esprit, aux replis du cœur et à tout l'intérieur de l'homme que n'a fait Théophraste; et l'on peut dire que, comme ses *Caractères*, par mille choses extérieures qu'ils font remarquer dans l'homme, par ses actions, ses paroles et ses démarches, apprennent quel est son fond, et font remonter jusques à la source de son déréglement; tout au contraire, les nouveaux Caractères, déployant d'abord les pensées, les sentiments et les mouvements des hommes, découvrent le principe de leur malice et de leurs faiblesses, font que l'on prévoit aisément tout ce qu'ils sont capables de dire ou de faire, et qu'on ne s'étonne plus de mille actions vicieuses ou frivoles dont leur vie est toute remplie.

Il faut avouer que sur les titres de ces deux ouvrages[1] l'embarras s'est trouvé presque égal. Pour ceux qui partagent le dernier, s'ils ne plaisent point assez, l'on permet d'en suppléer d'autres : mais à l'égard des titres des *Caractères* de Théophraste, la même liberté n'est pas accordée, parce qu'on n'est point maître du bien d'autrui. Il a fallu suivre l'esprit de l'auteur, et les traduire selon le sens le plus proche de la diction grecque, et en même temps selon la plus exacte conformité avec leurs chapitres, ce qui n'est pas une chose facile, parce que souvent la signification d'un terme grec, traduit en français mot pour mot, n'est plus la même dans notre langue : par exemple, ironie est chez nous une raille-

---

[1]. C'est-à-dire sur les titres des chapitres qui composent les deux ouvrages, les *Caractères* de Théophraste et les *Caractères ou les Mœurs de ce siècle*.

rie dans la conversation, ou une figure de rhétorique, et, chez Théophraste, c'est quelque chose entre la fourberie et la dissimulation, qui n'est pourtant ni l'un ni l'autre, mais précisément ce qui est décrit dans le premier chapitre.

Et d'ailleurs les Grecs ont quelquefois deux ou trois termes assez différents pour exprimer des choses qui le sont aussi, et que nous ne saurions guère rendre que par un seul mot : cette pauvreté embarrasse. En effet, l'on remarque dans cet ouvrage grec trois espèces d'avarice, deux sortes d'importuns, des flatteurs de deux manières, et autant de grands parleurs; de sorte que les caractères de ces personnes semblent rentrer les uns dans les autres, au désavantage du titre. Ils ne sont pas aussi toujours suivis et parfaitement conformes, parce que Théophraste, emporté quelquefois par le dessein qu'il a de faire des portraits, se trouve déterminé à ces changements par le caractère et les mœurs du personnage qu'il peint ou dont il fait la satire.

Les définitions qui sont au commencement de chaque chapitre ont eu leurs difficultés. Elles sont courtes et concises dans Théophraste, selon la force du grec et le style d'Aristote, qui lui en a fourni les premières idées : on les a étendues dans la traduction pour les rendre intelligibles. Il se lit aussi dans ce traité des phrases qui ne sont pas achevées et qui forment un sens imparfait, auquel il a été facile de suppléer le véritable; il s'y trouve de différentes leçons, quelques endroits tout à fait interrompus, et qui pouvaient recevoir diverses explications; et pour ne point s'égarer dans ces doutes, on a suivi les meilleurs interprètes.

Enfin, comme cet ouvrage n'est qu'une simple instruction sur les mœurs des hommes et qu'il vise moins à les rendre savants qu'à les rendre sages, l'on s'est trouvé exempt de le charger de longues et curieuses observations, ou de doctes commentaires qui rendissent un compte exact de l'antiquité. L'on s'est contenté de mettre de petites notes à côté de certains endroits que l'on a cru les mériter, afin que nuls de ceux qui ont de la justesse, de la vivacité, et à qui il ne manque que d'avoir lu beaucoup, ne se reprochent pas même ce petit défaut, ne puissent être arrêtés dans la lecture des *Caractères* et douter un moment du sens de Théophraste.

# AVANT-PROPOS DE THÉOPHRASTE

J'ai admiré souvent, et j'avoue que je ne puis encore comprendre, quelque sérieuse réflexion que je fasse, pourquoi, toute la Grèce étant placée sous un même ciel, et les Grecs nourris et élevés de la même manière [1], il se trouve néanmoins si peu de ressemblance dans leurs mœurs. Puis donc, mon cher Polyclès, qu'à l'âge de quatre-vingt-dix-neuf ans où je me trouve, j'ai assez vécu pour connaître les hommes; que j'ai vu d'ailleurs, pendant le cours de ma vie, toutes sortes de personnes et de divers tempéraments, et que je me suis toujours attaché à étudier les hommes vertueux, comme ceux qui n'étaient connus que par leurs vices; il semble que j'ai dû marquer les caractères des uns et des autres [2], et ne me pas contenter de peindre les Grecs en général, mais même de toucher ce qui est personnel, et ce que plusieurs d'entre eux paraissent avoir de familier. J'espère, mon cher Polyclès, que cet ouvrage sera utile à ceux qui viendront après nous; il leur tracera des modèles qu'ils pourront suivre; il leur apprendra à faire le discernement de ceux avec qui ils doivent lier quelque commerce et dont l'émulation les portera à imiter leurs vertus et leur sagesse. Ainsi, je vais entrer en matière; c'est à vous de pénétrer dans mon sens et d'examiner avec attention si la vérité se trouve dans mes paroles. Et sans faire une plus longue préface, je parlerai d'abord de la dissimulation; je définirai ce vice, et je dirai ce que c'est qu'un homme dissimulé, je décrirai ses mœurs, et je traiterai ensuite des autres passions, suivant le projet que j'en ai fait.

1. Par rapport aux barbares dont les mœurs étaient très-différentes de celles des Grecs. (*La Bruyère.*)
2 Théophraste avait dessein de traiter de toutes les vertus et de tous les vices. (*La Bruyère.*)

# LES
# CARACTÈRES DE THÉOPHRASTE

### I. — De la dissimulation [1].

La dissimulation [2] n'est pas aisée à bien définir : si l'on se contente d'en faire une simple description, l'on peut dire que c'est un certain art de composer ses paroles et ses actions pour une mauvaise fin. Un homme dissimulé se comporte de cette manière : il aborde ses ennemis, leur parle, et leur fait croire par cette démarche qu'il ne les hait point ; il loue ouvertement et en leur présence ceux à qui il dresse de secrètes embûches, et il s'afflige avec eux s'il leur est arrivé quelque disgrâce ; il semble pardonner les discours offensants que l'on lui tient ; il récite froidement les horribles choses que l'on aura dites contre sa réputation ; et il emploie les paroles les plus flatteuses pour adoucir ceux qui se plaignent de lui, et qui sont aigris par les injures qu'ils en ont reçues. S'il arrive que quelqu'un l'aborde avec empressement, il feint des affaires, et lui dit de revenir une autre fois ; il cache soigneusement tout ce qu'il fait ; et, à l'entendre parler, on croirait toujours qu'il délibère. Il ne parle point indifféremment ; il a ses raisons pour dire tantôt qu'il ne fait que revenir de la campagne, tantôt qu'il est arrivé à

---

1. Εἰρωνεία. La Bruyère dit lui-même, dans son Discours sur Théophraste, que c'est quelque chose entre la fourberie et la dissimulation, qui n'est pourtant ni l'une ni l'autre. Il traduit ce mot par *dissimulation*, Lévesque et Stiévenart ont préféré le mot *fausseté*.

2. L'auteur parle de la dissimulation qui ne vient pas de la prudence, et que les Grecs appelaient *ironie*. (*La Bruyère.*)

la ville fort tard, et quelquefois qu'il est languissant, ou qu'il a une mauvaise santé. Il dit à celui qui lui emprunte de l'argent à intérêt, ou qui le prie de contribuer de sa part à une somme que ses amis consentent de lui prêter[1], qu'il ne vend rien, qu'il ne s'est jamais vu si dénué d'argent ; pendant qu'il dit aux autres que le commerce va le mieux du monde, quoique en effet il ne vende rien. Souvent, après avoir écouté ce qu'on lui a dit, il veut faire croire qu'il n'y a pas eu la moindre attention : il feint de n'avoir pas aperçu les choses où il vient de jeter les yeux, ou s'il est convenu d'un fait, de ne s'en plus souvenir. Il n'a pour ceux qui lui parlent d'affaires que cette seule réponse : J'y penserai. Il sait de certaines choses, il en ignore d'autres ; il est saisi d'admiration ; d'autres fois il aura pensé comme vous sur cet événement, et cela selon ses différents intérêts. Son langage le plus ordinaire est celui-ci : Je n'en crois rien, je ne comprends pas que cela puisse être, je ne sais où j'en suis ; ou bien : Il me semble que je ne suis pas moi-même ; et ensuite : Ce n'est pas ainsi qu'il me l'a fait entendre ; voilà une chose merveilleuse, et qui passe toute créance ; contez cela à d'autres : dois-je vous croire? ou me persuaderai-je qu'il m'ait dit la vérité ? Paroles doubles et artificieuses, dont il faut se défier comme de ce qu'il y a au monde de plus pernicieux. Ces manières d'agir ne partent point d'une âme simple et droite, mais d'une mauvaise volonté, ou d'un homme qui veut nuire : le venin des aspics est moins à craindre.

## II. — De la flatterie.

La flatterie est un commerce honteux qui n'est utile qu'au flatteur. Si un flatteur se promène avec quelqu'un dans la place : Remarquez-vous, lui dit-il, comme tout le monde a les yeux sur vous? cela n'arrive qu'à vous seul. Hier il fut bien parlé de vous, et l'on ne tarissait point sur vos louanges. Nous nous trouvâmes plus de trente personnes dans un endroit

---

1. Cette sorte de contribution était fréquente à Athènes et autorisée par les lois. (*La Bruyère.*) Elle avait pour but le soulagement des citoyens tombés dans la gêne. Celui qui avait reçu ce secours, une fois ses affaires rétablies, devait venir en aide aux autres.

du Portique[1]; et comme par la suite du discours l'on vint à tomber sur celui que l'on devait estimer le plus homme de bien de la ville, tous d'une commune voix vous nommèrent, et il n'y en eut pas un seul qui vous refusât ses suffrages. Il lui dit mille choses de cette nature. Il affecte d'apercevoir le moindre duvet qui se sera attaché à votre habit, de le prendre, et de le souffler à terre : si par hasard le vent a fait voler quelques petites pailles sur votre barbe ou sur vos cheveux, il prend soin de vous les ôter; et vous souriant : Il est merveilleux, dit-il, combien vous êtes blanchi[2] depuis deux jours que je ne vous ai pas vu. Et il ajoute : Voilà encore, pour un homme de votre âge, assez de cheveux noirs. Si celui qu'il veut flatter prend la parole, il impose silence à tous ceux qui se trouvent présents, et il les force d'approuver aveuglément tout ce qu'il avance; et dès qu'il a cessé de parler, il se récrie : Cela est dit le mieux du monde, rien n'est plus heureusement rencontré. D'autres fois, s'il lui arrive de faire à quelqu'un une raillerie froide, il ne manque pas de lui applaudir, d'entrer dans cette mauvaise plaisanterie; et quoiqu'il n'ait nulle envie de rire, il porte à sa bouche l'un des bouts de son manteau, comme s'il ne pouvait se contenir et qu'il voulût s'empêcher d'éclater; et s'il l'accompagne lorsqu'il marche par la ville, il dit à ceux qu'il rencontre dans son chemin de s'arrêter jusqu'à ce qu'il soit passé. Il achète des fruits, et les porte chez ce citoyen; il les donne à ses enfants en sa présence, il les baise, il les caresse : Voilà, dit-il, de jolis enfants et dignes d'un tel père. S'il sort de sa maison, il le suit; s'il entre dans une boutique pour essayer des souliers, il lui dit : Votre pied est mieux fait que cela[3]. Il l'accompagne ensuite chez ses amis, ou plutôt il entre le premier dans leur maison, et leur dit :

1. Édifice public qui servit depuis à Zénon et à ses disciples de rendez-vous pour leurs disputes: ils en furent appelés stoïciens, car *stoa*, mot grec, signifie portique. (*La Bruyère*.)

2. Allusion à la nuance que de petites pailles font dans les cheveux. Et un peu plus bas : « Il parle à un jeune homme. » (*La Bruyère*.) Le texte grec ne suppose pas qu'il change d'interlocuteur. Le flatteur continue à s'adresser au vieillard, et tire son compliment du contraste qu'il remarque entre les cheveux et la barbe.

3. Il y a dans le grec: Τὸν πόδα φῆσαι εὐρυθμότερον εἶναι τοῦ ὑποδήματος.

Un tel me suit, et vient vous rendre visite ; et retournant sur ses pas : Je vous ai annoncé, dit-il, et l'on se fait grand honneur de vous recevoir. Le flatteur se met à tout sans hésiter, se mêle des choses les plus viles, et qui ne conviennent qu'à des femmes [1]. S'il est invité à souper, il est le premier des conviés à louer le vin ; assis à table le plus proche de celui qui fait le repas, il lui répète souvent : En vérité, vous faites une chère délicate ; et montrant aux autres l'un des mets qu'il soulève du plat : Cela s'appelle, dit-il, un morceau friand. Il a soin de lui demander s'il a froid, s'il ne voudrait point une autre robe, et il s'empresse de le mieux couvrir : il lui parle sans cesse à l'oreille, et si quelqu'un de la compagnie l'interroge, il répond négligemment et sans le regarder, n'ayant des yeux que pour un seul. Il ne faut pas croire qu'au théâtre il oublie d'arracher des carreaux [2] des mains du valet qui les distribue, pour les porter à sa place et l'y faire asseoir plus mollement. J'ai dû dire aussi qu'avant qu'il sorte de sa maison il en loue l'architecture, se récrie sur toutes choses, dit que les jardins sont bien plantés ; et s'il aperçoit quelque part le portrait du maître, où il soit extrêmement flatté, il est touché de voir combien il lui ressemble, et il l'admire comme un chef-d'œuvre. En un mot, le flatteur ne dit rien et ne fait rien au hasard, mais il rapporte toutes ses paroles et toutes ses actions au dessein qu'il a de plaire à quelqu'un et d'acquérir ses bonnes grâces.

### III. — De l'impertinent [3], ou du diseur de riens [4].

La sotte envie de discourir vient d'une habitude qu'on a

1. Plus littéralement : « Il est capable de vous présenter tout haletant ce qu'on achète au marché des femmes. » Les commentateurs sont partagés sur le sens précis de ce passage.
2. Des coussins.
3. La Bruyère prend *impertinent* dans la signification d'homme qui agit contre le bon sens, d'esprit futile, de sot. « Quelque *impertinent* glossateur. » (Boss., *Var.*, XIII, § 7.)

L'*impertinent* auteur, l'ennuyeux écrivain.
(Boil., *Sat.*, IX.)
Monsieur.... — L'*impertinent !* sans lui j'étais dehors !
(Rac., *Plaid.*, v. 562.)

4. Stiévenart a intitulé ce chapitre, *le Bavard* ; en grec, ἀδολεσχία.

## DE L'IMPERTINENT.

contractée de parler beaucoup et sans réflexion. Un homme qui veut parler, se trouvant assis proche d'une personne qu'il n'a jamais vue et qu'il ne connaît point, entre d'abord en matière, l'entretient de sa femme, et lui fait son éloge, lui conte son songe, lui fait un long détail d'un repas où il s'est trouvé, sans oublier le moindre mets ni un seul service ; il s'échauffe ensuite dans la conversation, déclame contre le temps présent, et soutient que les hommes qui vivent présentement ne valent point leurs pères ; de là il se jette sur ce qui se débite au marché, sur la cherté du blé, sur le grand nombre d'étrangers qui sont dans la ville : il dit qu'au printemps, où commencent les Bacchanales [1], la mer devient navigable ; qu'un peu de pluie serait utile aux biens de la terre, et ferait espérer une bonne récolte ; qu'il cultivera son champ l'année prochaine, et qu'il le mettra en valeur ; que le siècle est dur, et qu'on a bien de la peine à vivre. Il apprend à cet inconnu que c'est Damippe qui a fait brûler la plus belle torche devant l'autel de Cérès, à la fête des Mystères [2] : il lui demande combien de colonnes soutiennent le théâtre de la musique [3], quel est le quantième du mois : il lui dit qu'il a eu la veille une indigestion ; et si cet homme à qui il parle a la patience de l'écouter, il ne partira pas d'auprès de lui, il lui annoncera comme une chose nouvelle que les Mystères [4] se célèbrent dans le mois d'août, les *Apaturies* [5] au mois d'octobre ; et à la campagne, dans le mois de décembre, les Bacchanales [6]. Il n'y a, avec de si grands causeurs, qu'un parti à prendre, qui est de fuir, si l'on veut du

---

1. Premières Bacchanales qui se célébraient dans la ville. (*La Bruyère.*)
2. Les Mystères de Cérès se célébraient la nuit, et il y avait une émulation entre les Athéniens à qui apporterait une plus grande torche. (*La Bruyère.*)
3. L'Odéon.
4. Fête de Cérès. On célébrait ces mystères à Éleusis.
5. En français, la fête des Tromperies ; elle se faisait en l'honneur de Bacchus. Son origine ne fait rien aux mœurs de ce chapitre. (*La Bruyère.*) Pour les usages de cette fête, voyez le *Voyage d'Anacharsis*, chap. XXVI.
6. Les secondes Bacchanales, celles des champs, qui se célébraient au mois de décembre, et qui étaient pour cela beaucoup moins fréquentées.

moins éviter la fièvre ; car quel moyen de pouvoir tenir contre des gens qui ne savent pas discerner ni votre loisir, ni le temps de vos affaires ?

## IV. — De la rusticité.

Il semble que la rusticité n'est autre chose qu'une ignorance grossière des bienséances. L'on voit en effet des gens rustiques et sans réflexion sortir un jour de médecine [1], et se trouver en cet état dans un lieu public parmi le monde ; ne pas faire la différence de l'odeur forte du thym ou de la marjolaine d'avec les parfums les plus délicieux ; être chaussés large et grossièrement ; parler haut, et ne pouvoir se réduire à un ton de voix modéré ; ne se pas fier à leurs amis sur les moindres affaires, pendant qu'ils s'en entretiennent avec leurs domestiques, jusques à rendre compte à leurs moindres valets de ce qui aura été dit dans une assemblée publique. On les voit assis, leur robe relevée jusques aux genoux et d'une manière indécente. Il ne leur arrive pas en toute leur vie de rien admirer, ni de paraître surpris des choses les plus extraordinaires que l'on rencontre sur les chemins ; mais si c'est un bœuf, un âne ou un vieux bouc, alors ils s'arrêtent et ne se lassent point de les contempler. Si quelquefois ils entrent dans leur cuisine, ils mangent avidement tout ce qu'ils trouvent, boivent tout d'une haleine une grande tasse de vin pur ; ils se cachent pour cela de leur servante, avec qui d'ailleurs ils vont au moulin [2], et entrent dans les plus petits détails du domestique. Ils interrompent leur souper, et se lèvent pour donner une poignée d'herbes aux bêtes de charrue [3], qu'ils ont dans leurs étables. Heurte-

1. Le texte grec nomme une certaine drogue qui rendait l'haleine fort mauvaise le jour qu'on l'avait prise. (*La Bruyère.*) Il y a dans le grec : « Le jour qu'il a bu du *cycéon*. » C'était une potion qui variait selon la maladie et selon les goûts.

2. *Ils vont au moulin* ; cette expression du traducteur est un anachronisme. Les moulins à vent ne furent inventés que du temps d'Auguste : l'on se servait auparavant d'un pilon ou d'une espèce de moulin à bras. Le grec dit : « Ils tournent le moulin, » et mieux : « Ils l'aident à broyer le pain. »

3. Des bœufs. (*La Bruyere.*)

t-on à leur porte pendant qu'ils dînent, ils sont attentifs et curieux. Vous remarquez toujours proche de leur table un gros chien de cour qu'ils appellent à eux, qu'ils empoignent par la gueule, en disant : Voilà celui qui garde la place, qui prend soin de la maison et de ceux qui sont dedans. Ces gens épineux dans les payements qu'on leur fait, rebutent un grand nombre de pièces qu'ils croient légères, ou qui ne brillent pas assez à leurs yeux, et qu'on est obligé de leur changer. Ils sont occupés pendant la nuit d'une charrue, d'un sac, d'une faux, d'une corbeille, et ils rêvent à qui ils ont prêté ces ustensiles. Et lorsqu'ils marchent par la ville : Combien vaut, demandent-ils aux premiers qu'ils rencontrent, le poisson salé ? Les fourrures se vendent-elles bien [1] ? N'est-ce pas aujourd'hui que les jeux nous ramènent une nouvelle lune [2] ? D'autres fois, ne sachant que dire, ils vous apprennent qu'ils vont se faire raser, et qu'ils ne sortent que pour cela. Ce sont ces mêmes personnes que l'on entend chanter dans le bain, qui mettent des clous à leurs souliers, et qui, se trouvant tout portés devant la boutique d'Archias [3], achètent eux-mêmes des viandes salées, et les apportent à la main en pleine rue.

### V. — Du complaisant, ou de l'envie de plaire [4].

Pour faire une définition un peu exacte de cette affectation que quelques-uns ont de plaire à tout le monde, il faut dire que c'est une manière de vivre où l'on cherche beaucoup moins ce qui est vertueux et honnête, que ce qui est agréable. Celui qui a cette passion, d'aussi loin qu'il aperçoit un homme dans la place, le salue en s'écriant : Voilà ce qu'on appelle un homme de bien ! l'aborde, l'admire sur les moin-

---

1. Les fourrures, c'est-à-dire les habits de peau qui étaient le vêtement ordinaire des pâtres.

2. Cela est dit rustiquement ; un autre dirait : que la nouvelle lune ramène les jeux ; et d'ailleurs c'est comme si, le jour de Pâques, quelqu'un disait : N'est-ce pas aujourd'hui Pâques ? (*La Bruyère.*)

3. Fameux marchand de viandes salées, nourriture ordinaire du peuple. (*La Bruyère.*)

4. Ἀρεσκείας : le complaisant outré. Aristote distingue le *flatteur*, toujours intéressé, du *complaisant*, qui flatte uniquement pour flatter.

dres choses, le retient avec ses deux mains, de peur qu'il ne lui échappe ; et, après avoir fait quelques pas avec lui, il lui demande avec empressement quel jour on pourra le voir, et enfin ne s'en sépare qu'en lui donnant mille éloges. Si quelqu'un le choisit pour arbitre dans un procès, il ne doit pas attendre de lui qu'il lui soit plus favorable qu'à son adversaire : comme il veut plaire à tous deux, il les ménagera également. C'est dans cette vue que, pour se concilier tous les étrangers qui sont dans la ville, il leur dit quelquefois qu'il leur trouve plus de raison et d'équité que dans ses concitoyens. S'il est prié d'un repas, il demande en entrant à celui qui l'a convié où sont ses enfants ; et dès qu'ils paraissent, il se récrie sur la ressemblance qu'ils ont avec leur père, et que deux figures ne se ressemblent pas mieux : il les fait approcher de lui, il les baise ; et les ayant fait asseoir à ses côtés, il badine avec eux. A qui est, dit-il, la petite bouteille ? à qui est la jolie cognée [1] ? Il les prend ensuite sur lui et les laisse dormir sur son estomac, quoiqu'il en soit incommodé [2]. Celui enfin qui veut plaire se fait raser souvent, a un fort grand soin de ses dents, change tous les jours d'habits, et les quitte presque tout neufs : il ne sort point en public qu'il ne soit parfumé. On ne le voit guère dans les salles publiques qu'auprès des comptoirs des banquiers [3], et dans les écoles, qu'aux endroits seulement où s'exercent les jeunes gens [4], et au théâtre, les jours de spectacle, que dans les meilleures places et tout proche des préteurs [5]. Ces gens encore n'achètent jamais rien pour eux, mais ils envoient à Byzance toute sorte de bijoux précieux, des chiens de Sparte à Cyzique [6].

1. Petits jouets que les Grecs pendaient au cou de leurs enfants. (*La Bruyère.*)

2. Ceci se passe après le repas.

3. C'était l'endroit où s'assemblaient les honnêtes gens de la ville. (*Note de la Bruyère.*)

4. Pour être connu d'eux et en être regardé, ainsi que de tous ceux qui s'y trouvaient. (*La Bruyère.*)

5. Le texte grec dit *des stratéges*, ou généraux. Ils étaient au nombre de dix, et l'un d'eux devait commander les armées en temps de guerre ; mais, dès le temps de Démosthène, leur vraie fonction était de parader dans les cérémonies publiques.

6. Excellents chiens de chasse et de berger, qui ont conservé leur réputation.

et à Rhodes l'excellent miel du mont Hymette; et ils prennent soin que toute la ville soit informée qu'ils font ces emplettes. Leur maison est toujours remplie de mille choses curieuses qui font plaisir à voir, ou que l'on peut donner, comme des singes et des satyres[1] qu'ils savent nourrir, des pigeons de Sicile, des dés qu'ils font faire d'os de chèvre[2], des fioles pour des parfums[3], des cannes torses que l'on fait à Sparte, et des tapis de Perse à personnages. Ils ont chez eux jusques à un jeu de paume, et une arène pour s'exercer à la lutte; et s'ils se promènent par la ville, et qu'ils rencontrent en leur chemin des philosophes, des sophistes[4], des escrimeurs, ou des musiciens, ils leur offrent leur maison pour s'y exercer chacun dans son art indifféremment : ils se trouvent présents à ces exercices; et, se mêlant avec ceux qui viennent là pour regarder : A qui croyez-vous qu'appartienne une si belle maison et cette arène si commode[5] ? Vous voyez, ajoutent-ils en leur montrant quelque homme puissant de la ville, celui qui en est le maître, et qui en peut disposer.

## VI. — De l'image d'un coquin[6].

Un coquin est celui à qui les choses les plus honteuses ne coûtent rien à dire ou à faire; qui jure volontiers, et fait des serments en justice autant qu'on lui en demande; qui est perdu de réputation, que l'on outrage impunément; qui est un chicaneur[7] de profession, un effronté, et qui se

1. Grands singes anthropomorphes. Buffon dit : « Le *satyre* ou l'homme des bois, qui, par sa conformation, paraît moins différent de l'homme que du singe. »
2. Stiévenart traduit *des osselets de gazelle*.
3. Des flacons bombés de Tyr, ou de sable tyrien; c'est-à-dire des flacons de verre, qui étaient alors très-rares.
4. Une sorte de philosophes vains et intéressés. (*La Bruyère*.)
5. Ce passage altéré ou elliptique a beaucoup embarrassé les commentateurs. Schweighæuser propose de traduire : « Ensuite, dans les représentations, ils disent à leurs voisins en parlant des spectateurs : *la palestre est à eux*. »
6. Ce chapitre est intitulé, en grec, ἀπονοίας; Stiévenart l'intitule, *Le roué*.
7. Le mot grec ἀγοραῖος signifie un homme qui est toujours sur le marché.

c.

mêle de toutes sortes d'affaires. Un homme de ce caractère entre sans masque dans une danse comique[1], et même sans être ivre; mais de sang-froid il se distingue par des postures indécentes. C'est lui qui, dans ce lieu où l'on voit des prestiges[2], s'ingère de recueillir l'argent de chacun des spectateurs, et qui fait querelle à ceux qui, étant entrés par billets, croient ne devoir rien payer[3]. Il est d'ailleurs de tous métiers : tantôt il tient une taverne, tantôt il est partisan[4]; il n'y a point de si sale commerce où il ne soit capable d'entrer. Vous le verrez aujourd'hui crieur public, demain cuisinier ou brelandier[5] : tout lui est propre. S'il a une mère, il la laisse mourir de faim. Il est sujet au larcin, et à se voir traîner par la ville dans une prison, sa demeure ordinaire, et où il passe une partie de sa vie. Ce sont ces sortes de gens que l'on voit se faire entourer du peuple, appeler ceux qui passent, et se plaindre à eux avec une voix forte et enrouée, insulter ceux qui les contredisent. Les uns fendent la presse pour les voir, pendant que les autres, contents de les avoir vus, se dégagent et poursuivent leur chemin sans vouloir les écouter; mais ces effrontés continuent de parler : ils disent à celui-ci le commencement d'un fait, quelque mot à cet autre; à peine peut-on tirer d'eux la moindre partie de ce dont il s'agit[6]; et vous remarquerez qu'ils choisissent pour cela des jours d'assemblée publique, où il y a un grand concours de monde, qui se trouve le témoin de leur insolence. Toujours accablés de procès que l'on intente contre eux, ou qu'ils ont intentés à d'autres, de ceux dont ils se délivrent par de faux serments, comme de ceux qui les obligent de comparaître, ils n'oublient jamais de por-

---

1. Sur le théâtre avec des farceurs. (*La Bruyère.*)
2. Choses fort extraordinaires, telles qu'on en voit dans nos foires. (*La Bruyère.*)
3. Littéralement : « se querelle avec ceux qui sont porteurs d'un billet, et qui veulent voir *gratis.* »
4. La Bruyère désigne ainsi les publicains d'autrefois; en grec, τελώνης, τελωνέω.
5. Joueur de dés.
6. La paraphrase de la Bruyère ne rend pas parfaitement la pensée de Théophraste. L'auteur grec parle de l'impudence de ces discoureurs qui s'adressent dans la rue au public qui passe, de sorte que l'un entend le commencement de leur phrase et l'autre la fin, sans qu'on s'inquiète de ce qu'ils disent.

ter leur boîte¹ dans leur sein, et une liasse de papiers entre leurs mains : vous les voyez dominer parmi de vils praticiens² à qui ils prêtent à usure, retirant chaque jour une obole et demie de chaque drachme³ ; ensuite fréquenter les tavernes, parcourir les lieux où l'on débite le poisson frais ou salé, et consumer ainsi en bonne chère tout le profit qu'ils tirent de cette espèce de trafic⁴. En un mot, ils sont querelleurs et difficiles, ont sans cesse la bouche ouverte à la calomnie, ont une voix étourdissante, et qu'ils font retentir dans les marchés et dans les boutiques.

## VII. — Du grand parleur.

Ce que quelques-uns appellent *babil* est proprement une intempérance de langue qui ne permet pas à un homme de se taire. Vous ne contez pas la chose comme elle est, dira quelqu'un de ces grands parleurs à quiconque veut l'entretenir de quelque affaire que ce soit : j'ai tout su, et si vous vous donnez la patience de m'écouter, je vous apprendrai tout. Et si cet autre continue à parler : Vous avez déjà dit cela⁵ · songez, poursuit-il, à ne rien oublier. Fort bien ; cela est ainsi car vous m'avez heureusement remis dans le fait ; voyez ce que c'est que de s'entendre les uns les autres ! Et ensuite : Mais que veux-je dire ? Ah ! j'oubliais une chose : oui, c'est cela même, et je voulais voir si vous tomberiez juste dans tout ce que j'en ai appris. C'est par de telles ou semblables interruptions qu'il ne donne pas le loisir à celui qui lui parle de respirer ; et lorsqu'il a comme assassiné de son *babil* chacun de

1. Une petite boîte de cuivre fort légère, où les plaideurs mettaient leurs titres et les pièces de leurs procès. (*La Bruyère.*)

2. Des brocanteurs, des gens qui sont sur les halles et les marchés.

3. Une obole était la sixième partie d'une drachme. (*La Bruyère.*) Il ne leur fallait que quatre jours pour doubler leur capital.

4. Le traducteur fait un contre-sens. Théophraste dit : « Il met dans sa bouche la monnaie que lui rapporte ce trafic ; » ce qui ne signifie pas qu'il le mange. Aujourd'hui encore certains marchands mettent entre leurs dents l'argent qu'on leur donne.

5. Le texte porte : « Avez-vous fini ?.... n'oubliez pas votre propos... »

ceux qui ont voulu lier avec lui quelque entretien, il va se
jeter dans un cercle de personnes graves qui traitent ensemble de choses sérieuses, et les met en fuite. De là il entre dans
les écoles publiques et dans les lieux des exercices [1], où il
amuse les maîtres par de vains discours, et empêche la jeunesse de profiter de leurs leçons. S'il échappe à quelqu'un de
dire : Je m'en vais, celui-ci se met à le suivre, et il ne l'abandonne point qu'il ne l'ait remis jusque dans sa maison [2]. Si
par hasard il a appris ce qui aura été dit dans une assemblée
de ville, il court dans le même temps le divulguer. Il s'étend
merveilleusement sur la fameuse bataille qui s'est donnée
sous le gouvernement de l'orateur Aristophon [3], comme sur
le combat célèbre que ceux de Lacédémone ont livré aux
Athéniens sous la conduite de Lysandre [4]. Il raconte une autre fois quels applaudissements a eus un discours qu'il a fait
dans le public, en répète une grande partie, mêle dans ce
récit ennuyeux des invectives contre le peuple; pendant que
de ceux qui l'écoutent, les uns s'endorment, les autres le
quittent, et que nul ne se ressouvient d'un seul mot qu'il aura
dit. Un grand causeur, en un mot, s'il est sur les tribunaux,
ne laisse pas la liberté de juger; il ne permet pas que l'on
mange à table ; et s'il se trouve au théâtre, il empêche non-
seulement d'entendre, mais même de voir les acteurs. On
lui fait avouer ingénument qu'il ne lui est pas possible de se
taire, qu'il faut que sa langue se remue dans son palais
comme le poisson dans l'eau ; et que, quand on l'accuserait
d'être plus *babillard* qu'une hirondelle, il faut qu'il parle :

1. C'était un crime puni de mort à Athènes par une loi de Solon, à laquelle on avait un peu dérogé du temps de Théophraste. (*La Bruyère.*) Il paraît que cette loi n'était relative qu'au temps où l'on célébrait dans ces gymnases une fête à Mercure, pendant laquelle la jeunesse était moins surveillée qu'à l'ordinaire. (*Voyage du jeune Anacharsis*, chap. VIII.)

2. Voyez la satire IX du livre I$^{er}$ d'Horace, où une scène semblable est décrite.

3. C'est-à-dire sur la bataille d'Arbelles et la victoire d'Alexandre, suivies de la mort de Darius, dont les nouvelles vinrent à Athènes lorsque Aristophon, célèbre orateur, était premier magistrat. (*La Bruyère.*)

4. Il était plus ancien que la bataille d'Arbelles, mais trivial et su de tout le peuple. (*La Bruyère.*)

aussi écoute-t-il froidement toutes les railleries que l'on fait de lui sur ce sujet; et jusques à ses propres enfants, s'ils commencent à s'abandonner au sommeil, Faites-nous, lui disent-ils, un conte qui achève de nous endormir [1].

### VIII. — Du débit des nouvelles [2].

Un nouvelliste, ou un conteur de fables, est un homme qu. arrange selon son caprice des discours et des faits remplis de faussetés; qui, lorsqu'il rencontre un de ses amis, compose son visage, et lui souriant, D'où venez-vous ainsi? lui dit-il; que nous direz-vous de bon? n'y a-t-il rien de nouveau? Et continuant de l'interroger, Quoi donc! n'y a-t-il aucune nouvelle? Cependant il y a des choses étonnantes à raconter. Et sans lui donner le loisir de lui répondre, Que dites-vous donc? poursuit-il; n'avez-vous rien entendu par la ville? Je vois bien que vous ne savez rien, et que je vais vous régaler de grandes nouveautés. Alors, ou c'est un soldat, ou le fils d'Astée le joueur de flûte [3], ou Lycon l'ingénieur, tous gens qui arrivent fraîchement de l'armée, de qui il sait toutes choses; car il allègue pour témoins de ce qu'il avance des hommes obscurs qu'on ne peut trouver pour le convaincre de fausseté: il assure donc que ces personnes lui ont dit que le roi [4] et Polysperchon [5] ont gagné la bataille, et que Cassandre, leur ennemi, est tombé vif entre leurs mains [6]. Et lorsque quelqu'un lui dit, Mais, en vérité, cela est incroyable! il lui répond que cette nouvelle se crie et se répand par toute la ville, et que tous s'accordent à dire la même chose,

---

1. Littéralement: « Il entend raillerie même de la part de ses en-
« fants, lorsqu'ils lui disent, à l'instant où ils vont dormir: Papa,
« conte-nous quelque chose, pour que le sommeil nous gagne. »

2. En grec, λογοποιός, le fabricateur de nouvelles.

3. L'usage de la flûte est très-ancien dans les troupes. (*La Bruyère.*)

4. Aridée, frère d'Alexandre le Grand. (*La Bruyère.*) Le traducteur écrit toujours *Aridée* pour *Arrhidée*. On peut entendre aussi Alexandre II, le fils du conquérant, ou Hercule, un autre de ses fils, selon l'époque à laquelle on suppose que cette nouvelle a été imaginée.

5. Capitaine du même Alexandre. (*La Bruyère.*)

6. C'était un faux bruit; et Cassandre, fils d'Antipater, disputant à Aridée et à Polysperchon la tutelle des enfants d'Alexandre, avait eu de l'avantage sur eux. (*La Bruyère.*)

que c'est tout ce qui se raconte du combat, et qu'il y a eu un grand carnage. Il ajoute qu'il a lu cet événement sur le visage de ceux qui gouvernent ; qu'il y a un homme caché chez l'un de ces magistrats depuis cinq jours, qui revient de la Macédoine, qui a tout vu, et qui lui a tout dit. Ensuite, interrompant le fil de sa narration, Que pensez-vous de ce succès ? demande-t-il à ceux qui l'écoutent[1]. Pauvre Cassandre ! malheureux prince[2] ! s'écrie-t-il d'une manière touchante : voyez ce que c'est que la fortune ! car enfin Cassandre était puissant, et il avait avec lui de grandes forces. Ce que je vous dis, poursuit-il, est un secret qu'il faut garder pour vous seul, pendant qu'il court par toute la ville le débiter à qui le veut entendre. Je vous avoue que ces diseurs de nouvelles me donnent de l'admiration[3], et que je ne conçois pas quelle est la fin qu'ils se proposent : car, pour ne rien dire de la bassesse qu'il y a à toujours mentir, je ne vois pas qu'ils puissent recueillir le moindre fruit de cette pratique; au contraire, il est arrivé à quelques-uns de se laisser voler leurs habits dans un bain public, pendant qu'ils ne songeaient qu'à rassembler autour d'eux une foule de peuple, et à lui conter des nouvelles. Quelques autres, après avoir vaincu sur mer et sur terre dans le Portique, ont payé l'amende pour n'avoir point comparu à une cause appelée. Enfin il s'en est trouvé qui, le jour même qu'ils ont pris une ville, du moins par leurs beaux discours, ont manqué de dîner. Je ne crois pas qu'il y ait rien de si misérable que la condition de ces personnes : car quelle est la boutique, quel est le portique, quel est l'endroit d'un marché public où ils ne passent toute

1. Au lieu de *ensuite*, le grec porte : « En débitant cela, il pousse « les lamentations les plus naturelles et les plus persuasives. »

2. Cassandre, dont on annonce faussement la défaite, était, comme son père, l'appui de l'oligarchie. Polysperchon favorisait le pouvoir populaire. Le nouvelliste démocrate est content, au fond du cœur, d'un événement qu'il croit vrai, et la douleur qu'il feint est très-comique.

3. Au dix-septième siècle *admiration* se prenait souvent, comme ici, dans le sens d'étonnement : « Des inconvénients qui nous apportent de l'*admiration* nous donnent aussi plus de sentiment. » (MALHERBE, *Œuv.*, éd. Hach., II, 726.) « La reine eut la bonté de nous y voir avec quelque joie. Ce ne fut pas sans faire de grandes *admirations* de ce que j'étais enfin arrivée dans un lieu si éloigné du mien. » (M<sup>me</sup> DE MOTTEVILLE, *Mém.*, 1660.)

jour à rendre sourds ceux qui les écoutent, ou à les fatiguer par leurs mensonges [1] ?

## IX. — De l'effronterie causée par l'avarice [2].

Pour faire connaître ce vice, il faut dire que c'est un mépris de l'honneur dans la vue d'un vil intérêt. Un homme que l'avarice rend effronté ose emprunter une somme d'argent à celui à qui il en doit déjà, et qu'il lui retient avec injustice [3]. Le jour même qu'il aura sacrifié aux dieux, au lieu de manger religieusement chez soi une partie des viandes consacrées [4], il les fait saler pour lui servir dans plusieurs repas, et va souper chez l'un de ses amis; et là, à table, à la vue de tout le monde, il appelle son valet, qu'il veut encore nourrir aux dépens de son hôte ; et lui coupant un morceau de viande qu'il met sur un quartier de pain, Tenez, mon ami, lui dit-il, faites bonne chère [5]. Il va lui-même au marché acheter des viandes cuites [6] ; et avant que de convenir du prix, pour avoir une meilleure composition du marchand, il le fait ressouvenir qu'il lui a autrefois rendu service. Il fait ensuite peser ces viandes, et il en entasse le plus qu'il peut : s'il en est empêché par celui qui les lui vend, il jette du moins quelque os dans la balance : si elle peut tout contenir, il est satisfait; sinon, il ramasse sur la table des morceaux de rebut, comme pour se dédommager, sourit, et s'en va. Une autre fois, sur l'argent qu'il aura reçu de quelques étran-

1. Comparez à ce portrait de Théophraste le Nouvelliste de la Bruyère (chap. x, *Démocrite et Basilide*).
2. En grec, ἀναισχυντίας, que Stiévenart traduit par *l'homme sordide*.
3. Plus littéralement : « qu'il n'a pas l'intention de lui payer. »
4. C'était la coutume des Grecs. Voyez le chapitre du Contre-temps. (*La Bruyère.*) On consumait sur l'autel certaines parties de la victime ; on faisait ensuite la part du prêtre et celle des prytanes, et celui qui avait offert le sacrifice emportait le reste chez lui pour le manger avec ses amis.
5. Chez les Grecs les convives devaient apporter avec eux la plus grande partie des mets. Celui qui donnait le repas ne fournissait que le local, les ornements et les entremets.
6. Comme le menu peuple, qui achetait son souper chez le charcutier. (*La Bruyère.*)

gers pour leur louer des places au théâtre[1], il trouve le secret d'avoir sa part franche du spectacle, et d'y envoyer le lendemain ses enfants et leur précepteur[2]. Tout lui fait envie ; il veut profiter des bons marchés, et demande hardiment au premier venu une chose qu'il ne vient que d'acheter. Se trouve-t-il dans une maison étrangère, il emprunte jusques à l'orge et à la paille ; encore faut-il que celui qui les lui prête fasse les frais de les faire porter jusque chez lui. Cet effronté, en un mot, entre sans payer dans un bain public, et là, en présence du baigneur qui crie inutilement contre lui, prenant le premier vase qu'il rencontre, il le plonge dans une cuve d'airain qui est remplie d'eau, se la répand sur tout le corps[3]. Me voilà lavé, ajoute-t-il, autant que j'en ai besoin, et sans en avoir obligation à personne, remet sa robe, et disparaît.

## [X. — De l'épargne sordide [4].

Cette espèce d'avarice est dans les hommes une passion de vouloir ménager les plus petites choses sans aucune fin honnête. C'est dans cet esprit que quelques-uns, recevant tous les mois le loyer de leur maison, ne négligent pas d'aller eux-mêmes demander la moitié d'une obole qui manquait au dernier payement qu'on leur a fait ; que d'autres, faisant l'effort de donner à manger chez eux[5], ne sont occupés, pendant le repas, qu'à compter le nombre de fois que chacun des conviés demande à boire. Ce sont eux encore dont la portion

---

1. Les spectacles n'avaient lieu à Athènes qu'aux fêtes de Bacchus, principalement aux grandes Dionysiaques. Alors les curieux de toute la Grèce affluaient dans cette ville, et logeaient chez des citoyens avec lesquels ils avaient quelque liaison d'affaires ou d'amitié. (G. Schweighœuser.)
2. Leur *pédagogue*, esclave de confiance chargé de conduire l'enfant en tous lieux, surtout chez ses maîtres.
3. Les pauvres se lavaient ainsi, pour payer moins. (*La Bruyère.*)
4. En grec, μιχρολογίας. C'est une autre espèce d'avare que celui qui est dépeint dans le chapitre précédent.
5. Il ne s'agit pas dans le grec d'un repas que donne l'avare, mais d'un festin auquel il assiste. Le genre d'avare dont il est ici question ne devait pas donner à dîner.

des prémices [1] des viandes que l'on envoie sur l'autel de Diane est toujours la plus petite. Ils apprécient les choses au-dessous de ce qu'elles valent; et, de quelque bon marché qu'un autre, en leur rendant compte, veuille se prévaloir, ils lui soutiennent toujours qu'il a acheté trop cher. Implacables à l'égard d'un valet qui aura laissé tomber un pot de terre [2], ou cassé par malheur quelque vase d'argile, ils lui déduisent cette perte sur sa nourriture; mais si leurs femmes ont perdu seulement un denier, il faut alors renverser toute une maison, déranger les lits, transporter des coffres, et chercher dans les recoins les plus cachés. Lorsqu'ils vendent, ils n'ont que cette unique chose en vue, qu'il n'y ait qu'à perdre pour celui qui achète. Il n'est permis à personne de cueillir une figue dans leur jardin, de passer au travers de leur champ, de ramasser une petite branche de palmier, ou quelques olives qui seront tombées de l'arbre. Ils vont tous les jours se promener sur leurs terres, en remarquent les bornes, voient si l'on n'y a rien changé, et si elles sont toujours les mêmes. Ils tirent intérêt de l'intérêt même, et ce n'est qu'à cette condition qu'ils donnent du temps à leurs créanciers. S'ils ont invité à dîner quelques-uns de leurs amis [3], et qui ne sont que des personnes du peuple, ils ne feignent point [4] de leur faire servir un simple hachis; et on les a vus souvent aller eux-mêmes au marché pour ce repas, y trouver tout trop cher, et en revenir sans rien acheter. Ne prenez pas l'habitude, disent-ils à leurs femmes, de prêter votre sel, votre orge, votre farine, ni même du cumin [5], de la marjolaine [6], des gâteaux pour l'autel [7], du coton, de la laine; car

1. Les Grecs commençaient par ces offrandes leurs repas publics. (*La Bruyère.*)

2. En grec, τρίχαλκον, valeur de six centimes.

3. La traduction exacte serait : « S'il traite les citoyens de sa « bourgade, il coupera par petits morceaux les viandes qu'il leur « sert. » Il y avait dans l'Attique cent soixante-quatorze bourgades; les repas communs de ces associations étaient obligatoires, et la loi ordonnait des collectes pour en faire les frais.

4. Ils n'hésitent pas, ils ne craignent pas.

5. Une sorte d'herbe. (*La Bruyère.*)

6. Elle empêche les viandes de se corrompre, ainsi que le thym et le laurier. (*La Bruyère.*)

7. Faits de farine et de miel, et qui servaient aux sacrifices. (*La Bruyère.*)

ces petits détails ne laissent pas de monter, à la fin d'une année, à une grosse somme. Ces avares, en un mot, ont des trousseaux de clefs rouillées dont ils ne se servent point, des cassettes où leur argent est en dépôt, qu'ils n'ouvrent jamais, et qu'ils laissent moisir dans un coin de leur cabinet ; ils portent des habits qui leur sont trop courts et trop étroits ; les plus petites fioles contiennent plus d'huile qu'il n'en faut pour les oindre ; ils ont la tête rasée jusqu'au cuir [1], se déchaussent vers le milieu du jour [2] pour épargner leurs souliers, vont trouver les foulons pour obtenir d'eux de ne pas épargner la craie dans la laine qu'ils leur ont donnée à préparer, afin, disent-ils, que leur étoffe se tache moins [3].

### XI. — De l'impudent, ou de celui qui ne rougit de rien.

L'impudence [4] est facile à définir : il suffit de dire que c'est une profession ouverte d'une plaisanterie outrée, comme de ce qu'il y a de plus contraire à la bienséance. Celui-là, par exemple, est impudent, qui se plaît à battre des mains au théâtre lorsque tout le monde se tait, ou à siffler les acteurs que les autres voient et écoutent avec plaisir ; qui, couché sur le dos [5], pendant que toute l'assemblée garde un profond silence, fait entendre de sales hoquets qui obligent les spectateurs de tourner la tête et d'interrompre leur attention. Un homme de ce caractère achète en plein marché des

1. Coutume des esclaves, à qui la loi défendait de porter des cheveux. L'avare suivait cette coutume pour payer le plus rarement possible le barbier.
2. Parce que dans cette partie du jour le froid en toute saison était supportable. (*La Bruyère*.)
3. C'était aussi parce que cet apprêt avec de la craie, comme le pire de tous et qui rendait les étoffes dures et grossières, était celui qui coûtait le moins. (*La Bruyère*.)
4. En grec, βδελυρία ; c'est un mélange d'infamie dans les mœurs, de hardiesse choquante, d'avarice, de friponnerie, le tout assaisonné de mauvaises plaisanteries. Nous n'avons pas en français d'équivalent.
5. Il y a dans le grec : « la tête en arrière ; » il rote pour forcer ceux qui sont assis plus haut à se détourner.

noix, des pommes, toutes sortes de fruits, les mange, cause debout avec la fruitière, appelle par leurs noms ceux qui passent, sans presque les connaître, en arrête d'autres qui courent par la place et qui ont leurs affaires ; et s'il voit venir quelque plaideur, il l'aborde, le raille[1], et le félicite sur une cause importante qu'il vient de plaider. Il va lui-même choisir de la viande, et louer pour un souper des femmes qui jouent de la flûte ; et montrant à ceux qu'il rencontre ce qu'il vient d'acheter, il les convie en riant d'en venir manger. On le voit s'arrêter devant la boutique d'un barbier ou d'un parfumeur[2], et là annoncer qu'il va faire un grand repas et s'enivrer.

Si quelquefois il vend du vin, il le fait mêler pour ses amis comme pour les autres, sans distinction. Il ne permet pas à ses enfants d'aller à l'amphithéâtre avant que les jeux soient commencés, et lorsque l'on paye pour être placé, mais seulement sur la fin du spectacle, et quand l'architecte[3] néglige les places et les donne pour rien. Étant envoyé avec quelques autres citoyens en ambassade, il laisse chez soi la somme que le public lui a donnée pour faire les frais de son voyage, et emprunte de l'argent de ses collègues : sa coutume alors est de charger son valet de fardeaux au delà de ce qu'il en peut porter, et de lui retrancher cependant de son ordinaire ; et comme il arrive souvent que l'on fait dans les villes des présents aux ambassadeurs, il demande sa part pour la vendre. Vous m'achetez toujours, dit-il au jeune esclave qui le sert dans le bain, une mauvaise huile, et qu'on ne peut supporter : il se sert ensuite de l'huile d'un autre, et épargne la sienne. Il envie à ses propres valets, qui le suivent, la plus petite pièce de monnaie qu'ils auront ramassée dans les rues, et il ne manque point d'en retenir sa part avec ce mot, *Mercure est commun*[4]. Il fait pis : il distribue à ses domestiques leurs provisions dans une certaine mesure[5] dont le

---

1. *Le raille*, n'est pas dans le grec ; le texte porte seulement qu'il le félicite.

2. Il y avait des gens fainéants et désoccupés qui s'assemblaient devant leurs boutiques. (*La Bruyère.*)

3. L'architecte qui avait bâti l'amphithéâtre, et à qui la république donnait le louage des places en payement. (*La Bruyère.*)

4. Proverbe grec, qui revient à notre *Je retiens part*. (*La Bruyère.*)

5. La mesure de Phidon : Phidon, roi d'Argos, contemporain

fond, creux par-dessous, s'enfonce en dedans et s'élève comme en pyramide ; et quand elle est pleine, il la rase lui-même avec le rouleau le plus près qu'il peut [1]... De même, s'il paye à quelqu'un trente mines [2] qu'il lui doit, il fait si bien qu'il y manque quatre drachmes [3] dont il profite. Mais, dans ces grands repas où il faut traiter toute une tribu [4], il fait recueillir, par ceux de ses domestiques qui ont soin de la table, le reste des viandes qui ont été servies, pour lui en rendre compte : il serait fâché de leur laisser une rave à demi mangée.

## XII. — Du contre-temps [5].

Cette ignorance du temps et de l'occasion est une manière d'aborder les gens, ou d'agir avec eux, toujours incommode et embarrassante. Un importun est celui qui choisit le moment que son ami est accablé de ses propres affaires, pour lui parler des siennes ; qui, voyant que quelqu'un vient d'être condamné en justice de payer pour un autre pour qui il s'est obligé, le prie néanmoins de répondre pour lui [6] ; qui comparaît pour servir de témoin dans un procès que l'on vient de juger ; qui prend le temps des noces où il est invité, pour se déchaîner contre les femmes ; qui entraîne [7] à la promenade des gens à peine arrivés d'un long voyage, et qui n'aspirent qu'à se reposer ; fort capable d'amener des

d'Homère, passait pour l'inventeur des monnaies, des poids et des mesures.

1. Quelque chose manque ici dans le texte. (*La Bruyère.*) Le manuscrit du Vatican complète ainsi ce passage : « Il abuse de la complaisance de ses amis pour se faire céder à bon marché des objets qu'il revend ensuite avec profit. »

2. La mine était une monnaie grecque d'argent, contenant en poids 69 francs.

3. La drachme était une monnaie grecque d'argent valant 69 centimes.

4. Athènes était partagée en plusieurs tribus. Voyez le chapitre de la Médisance. (*La Bruyère.*)

5. En grec, ἀκαιρίας.

6. Il y a trop de *pour* dans cette phrase.

7. Le texte dit : « invite à la promenade. »

marchands pour offrir d'une chose plus qu'elle ne vaut[1], après qu'elle est vendue ; de se lever au milieu d'une assemblée, pour reprendre un fait dès ses commencements, et en instruire à fond ceux qui en ont les oreilles rebattues, et qui le savent mieux que lui ; souvent empressé pour engager dans une affaire des personnes qui, ne l'affectionnant point, n'osent pourtant refuser d'y entrer. S'il arrive que quelqu'un dans la ville doive faire un festin après avoir sacrifié[2], il va lui demander une portion des viandes qu'il a préparées. Une autre fois, s'il voit qu'un maître châtie devant lui son esclave : « J'ai perdu, dit-il, un des miens dans une « pareille occasion ; je le fis fouetter, il se désespéra, et « s'alla pendre. » Enfin il n'est propre qu'à commettre de nouveau deux personnes qui veulent s'accommoder, s'ils l'ont fait arbitre de leur différend. C'est encore une action qui lui convient fort que d'aller prendre, au milieu du repas, pour danser[3], un homme qui est de sang-froid et qui n'a bu que modérément.

## XIII. — De l'air empressé[4].

Il semble que le trop grand empressement est une recherche importune, ou une vaine affectation de marquer aux autres de la bienveillance par ses paroles et par toute sa conduite. Les manières d'un homme empressé sont de prendre sur soi l'événement d'une affaire qui est au-dessus de ses forces, et dont il ne saurait sortir avec honneur ; et, dans une chose que toute une assemblée juge raisonnable, et où il ne se trouve pas la moindre difficulté, d'insister longtemps sur une légère circonstance, pour être ensuite de l'avis

---

1. « Plus qu'elle n'a été vendue, » porte le texte.
2. Les Grecs, le jour même qu'ils avaient sacrifié, ou soupaient avec leurs amis, ou leur envoyaient à chacun une portion de la victime. C'était donc un contre-temps de demander sa part prématurément et lorsque le festin était résolu, auquel on pouvait même être invité. (*La Bruyère.*)
3. Cela ne se faisait chez les Grecs qu'après le repas, et lorsque les tables étaient enlevées. (*La Bruyère.*)
4. En grec, περιεργίας, que Stiévenart traduit par *officieux*.

des autres[1]; de faire beaucoup plus apporter de vin dans un repas qu'on n'en peut boire[2]; d'entrer dans une querelle où il se trouve présent, d'une manière à l'échauffer davantage[3]. Rien n'est aussi plus ordinaire que de le voir s'offrir à servir de guide dans un chemin détourné qu'il ne connaît pas, et dont il ne peut ensuite trouver l'issue; venir vers son général, et lui demander quand il doit ranger son armée en bataille, quel jour il faudra combattre, et s'il n'a point d'ordres à lui donner pour le lendemain; une autre fois s'approcher de son père : Ma mère, lui dit-il mystérieusement, vient de se coucher, et ne commence qu'à s'endormir; s'il entre enfin dans la chambre d'un malade à qui son médecin a défendu le vin, dire qu'on peut essayer s'il ne lui fera point de mal, et le soutenir doucement pour lui en faire prendre. S'il apprend qu'une femme soit morte dans la ville, il s'ingère de faire son épitaphe; il y fait graver son nom, celui de son mari, de son père, de sa mère, son pays, son origine, avec cet éloge : « Ils avaient tous de la vertu[4]. » S'il est quelquefois obligé de jurer devant des juges qui exigent son serment, Ce n'est pas, dit-il en perçant la foule pour paraître à l'audience, la première fois que cela m'est arrivé.

## XIV. — De la stupidité[5].

La stupidité est en nous une pesanteur d'esprit qui accompagne nos actions et nos discours. Un homme stupide,

1. Littéralement : « Dans une affaire dont tout le monde convient qu'elle est juste, il insiste encore sur un point insoutenable et sur lequel il est réfuté. »
2. Le texte porte : « de forcer son valet à mêler avec de l'eau plus de vin qu'on n'en pourra boire. » Les Grecs ne buvaient, jusque vers la fin du repas, que du vin mêlé d'eau ; les vases qui servaient à ce mélange étaient une principale décoration de leurs festins. Le vin qui n'était pas bu de suite se trouvait sans doute gâté par cette préparation. (*Schweighæuser.*)
3. Il y a dans le grec : « Voit-il des gens se battre ? il les sépare. »
4. Formule d'épitaphe. (*La Bruyère.*)
5. En grec, ἀναισθησίας, que la Bruyère aurait dû traduire par *distrait*.

ayant lui-même calculé avec des jetons une certaine somme, demande à ceux qui le regardent faire à quoi elle se monte. S'il est obligé de paraître dans un jour prescrit devant ses juges, pour se défendre dans un procès que l'on lui fait, il l'oublie entièrement, et part pour la campagne. Il s'endort à un spectacle, et ne se réveille que longtemps après qu'il est fini, et que le peuple s'est retiré. Après s'être rempli de viandes le soir, il se lève la nuit pour une indigestion, va dans la rue se soulager, où il est mordu d'un chien du voisinage. Il cherche ce qu'on vient de lui donner, et qu'il a mis lui-même dans quelque endroit où souvent il ne le peut retrouver. Lorsqu'on l'avertit de la mort de l'un de ses amis afin qu'il assiste à ses funérailles, il s'attriste, il pleure, il se désespère, et prenant une façon de parler pour une autre, A la bonne heure, ajoute-t-il; ou une pareille sottise. Cette précaution qu'ont les personnes sages de ne pas donner sans témoins [1] de l'argent à leurs créanciers, il l'a pour en recevoir de ses débiteurs. On le voit quereller son valet dans le plus grand froid de l'hiver, pour ne lui avoir pas acheté des concombres. S'il s'avise un jour de faire exercer ses enfants à la lutte ou à la course, il ne leur permet pas de se retirer qu'ils ne soient tout en sueur et hors d'haleine. Il va cueillir lui-même des lentilles, les fait cuire, et oubliant qu'il y a mis du sel, il les sale une seconde fois, de sorte que personne n'en peut goûter. Dans le temps d'une pluie incommode, et dont tout le monde se plaint, il lui échappera de dire que l'eau du ciel est une chose délicieuse; et si on lui demande par hasard combien il a vu emporter de morts par la porte Sacrée [2] : Autant, répond-il, pensant peut-être à de l'argent ou à des grains, que je voudrais que vous et moi en puissions voir.

## XV. — De la brutalité [3].

La brutalité est une certaine dureté, et j'ose dire une féro-

---

1. Les témoins étaient fort en usage chez les Grecs, dans les payements et dans tous les actes. (*La Bruyère.*)
2. Pour être enterrés hors de la ville, suivant la loi de Solon. (*La Bruyère.*) Il fallait mettre la *porte Sépulcrale*.
3. En grec, αὐθάδεια, que Stiévenart traduit par *arrogant*.

cité qui se rencontre dans nos manières d'agir, et qui passe même jusqu'à nos paroles. Si vous demandez à un homme brutal, Qu'est devenu un tel? il vous répond durement : Ne me rompez point la tête. Si vous le saluez, il ne vous fait pas l'honneur de vous rendre le salut : si quelquefois il met en vente une chose qui lui appartient, il est inutile de lui en demander le prix, il ne vous écoute pas, mais il dit fièrement à celui qui la marchande : Qu'y trouvez-vous à dire[1] ? Il se moque de la piété de ceux qui envoient leurs offrandes dans les temples aux jours d'une grande célébrité[2]. Si leurs prières, dit-il, vont jusques aux dieux, et s'ils en obtiennent les biens qu'ils souhaitent, l'on peut dire qu'ils les ont bien payés, et qu'ils ne leur sont pas donnés pour rien. Il est inexorable à celui qui, sans dessein, l'aura poussé légèrement, ou lui aura marché sur le pied : c'est une faute qu'il ne pardonne pas. La première chose qu'il dit à un ami qui lui emprunte quelque argent[3], c'est qu'il ne lui en prêtera point, et le lui donne de mauvaise grâce, ajoutant qu'il le compte perdu. Il ne lui arrive jamais de se heurter à une pierre qu'il rencontre en son chemin, sans lui donner de grandes malédictions. Il ne daigne pas attendre personne; et si l'on diffère un moment à se rendre au lieu dont l'on est convenu avec lui, il se retire. Il se distingue toujours par une grande singularité; ne veut ni chanter à son tour, ni réciter[4] dans un repas, ni même danser avec les autres. En un mot, on ne le voit guère dans les temples importuner les dieux, et leur faire des vœux ou des sacrifices.

### XVI. — De la superstition.

La superstition semble n'être autre chose qu'une crainte mal réglée de la Divinité. Un homme superstitieux, après

---

1. Le texte porte : « Il demande combien vous voulez en donner. »
2. On dirait aujourd'hui *solennité*.
3. Il ne s'agit pas ici d'un emprunteur, mais de quelqu'un qui fait une collecte. (Voy. p. xxxviii, not. 1.)
4. Les Grecs récitaient à table quelques beaux endroits de leurs poètes, et dansaient ensemble après le repas. Voyez le chap. du Contre-Temps. (*La Bruyère.*)

avoir lavé ses mains, s'être purifié avec de l'eau lustrale[1], sort du temple, et se promène une grande partie du jour avec une feuille de laurier dans sa bouche. S'il voit une belette, il s'arrête tout court; et il ne continue pas de marcher que quelqu'un n'ait passé avant lui par le même endroit que cet animal a traversé, ou qu'il n'ait jeté lui-même trois petites pierres dans le chemin, comme pour éloigner de lui ce mauvais présage. En quelque endroit de sa maison qu'il ait aperçu un serpent, il ne diffère pas d'y élever un autel; et dès qu'il remarque dans les carrefours de ces pierres que la dévotion du peuple y a consacrées, il s'en approche, verse dessus toute l'huile de sa fiole, plie les genoux devant elles, et les adore. Si un rat lui a rongé un sac de farine, il court au devin, qui ne manque pas de lui enjoindre d'y faire mettre une pièce; mais, bien loin d'être satisfait de sa réponse, effrayé d'une aventure si extraordinaire, il n'ose plus se servir de son sac, et s'en défait[2]. Son faible encore est de purifier sans fin la maison qu'il habite, d'éviter de s'asseoir sur un tombeau, comme d'assister à des funérailles, ou d'entrer dans la chambre d'une femme qui est en couches; et lorsqu'il lui arrive d'avoir, pendant son sommeil, quelque vision, il va trouver les interprètes des songes, les devins et les augures, pour savoir d'eux à quel dieu ou à quelle déesse il doit sacrifier. Il est fort exact à visiter, sur la fin de chaque mois, les prêtres d'Orphée, pour se faire initier dans ses mystères : il y mène sa femme, ou si elle s'en excuse par d'autres soins, il y fait conduire ses enfants par une nourrice. Lorsqu'il marche par la ville, il ne manque guère de se laver toute la tête avec l'eau des fontaines qui sont dans les places. Quelquefois il a recours à des prêtresses, qui le purifient d'une autre manière, en liant et étendant autour de son corps un petit chien, ou de la squille[3]. Enfin, s'il voit un homme frappé d'épilepsie, saisi d'horreur, il crache dans son propre sein, comme pour rejeter le malheur de cette rencontre.

1. Une eau où l'on avait éteint un tison ardent pris sur l'autel où l'on brûlait la victime : elle était dans une chaudière à la porte du temple; l'on s'en lavait soi-même, ou l'on s'en faisait laver par les prêtres. (*La Bruyère.*)

2. D'après une correction nouvelle : « il rejette le sac, et offre un sacrifice expiatoire. »

3. Espèce d'oignon marin. (*La Bruyère.*)

## XVII. — De l'esprit chagrin [1].

L'esprit chagrin fait que l'on n'est jamais content de personne, et que l'on fait aux autres mille plaintes sans fondement. Si quelqu'un fait un festin [2], et qu'il se souvienne d'envoyer un plat [3] à un homme de cette humeur, il ne reçoit de lui pour tout remerciment que le reproche d'avoir été oublié. Je n'étais pas digne, dit cet esprit querelleur, de boire de son vin ni de manger à sa table. Après une grande sécheresse, venant à pleuvoir, comme il ne peut se plaindre de la pluie, il s'en prend au ciel de ce qu'elle n'a pas commencé plus tôt. Si le hasard lui fait voir une bourse dans son chemin, il s'incline. Il y a des gens, ajoute-t-il, qui ont du bonheur ; pour moi, je n'ai jamais eu celui de trouver un trésor. Une autre fois, ayant envie d'un esclave, il prie instamment celui à qui il appartient d'y mettre le prix ; et dès que celui-ci, vaincu par ses importunités, le lui a vendu, il se repent de l'avoir acheté. Ne suis-je pas trompé? demande-t-il ; et exigerait-on si peu d'une chose qui serait sans défauts? A ceux qui lui font les compliments ordinaires sur la naissance d'un fils et sur l'augmentation de sa famille : Ajoutez, leur dit-il, pour ne rien oublier, sur ce que mon bien est diminué de la moitié. Un homme chagrin, après avoir eu de ses juges ce qu'il demandait, et l'avoir emporté tout d'une voix sur son adversaire, se plaint encore de celui qui a écrit ou parlé pour lui [4], de ce qu'il n'a pas touché les meilleurs moyens de sa cause ; ou lorsque ses amis ont fait ensemble une certaine somme pour le secourir dans un besoin pressant, si quelqu'un l'en félicite, et le convie à mieux espérer de la fortune : Comment, lui répond-il, puis-je être sensible à la moindre joie, quand je pense que je dois rendre cet argent à chacun de ceux qui

---

1. En grec, μεμψιμοιρίας, le *mécontent*, que Théophraste définit celui qui se plaint injustement de tout ce qu'il reçoit.
2. Il s'agit des repas donnés après les sacrifices.
3. Ç'a été la coutume des Juifs et d'autres peuples orientaux, des Grecs et des Romains. (*La Bruyère.*)
4. Le plaideur faisait rédiger son plaidoyer par un biographe, dont l'emploi consistait à composer ainsi des mémoires judiciaires.

me l'ont prêté, et n'être pas encore quitte envers eux de la reconnaissance de leur bienfait?

## XVIII. — De la défiance [1].

L'esprit de défiance nous fait croire que tout le monde est capable de nous tromper. Un homme défiant, par exemple, s'il envoie au marché l'un de ses domestiques pour y acheter des provisions, il le fait suivre par un autre, qui doit lui rapporter fidèlement combien elles ont coûté. Si quelquefois il porte de l'argent sur soi dans un voyage, il le calcule à chaque stade[2] qu'il fait, pour voir s'il a son compte. Une autre fois, étant couché, il demande à sa femme si elle a remarqué que son coffre-fort fût bien fermé, si sa cassette est toujours scellée, et si on a soin de fermer la porte du vestibule. Et bien qu'elle assure que tout est en bon état, l'inquiétude le prend, il se lève du lit, va en chemise et les pieds nus, avec la lampe qui brûle dans sa chambre, visiter lui-même tous les endroits de sa maison; et ce n'est qu'avec beaucoup de peine qu'il s'endort après cette recherche. Il mène avec lui des témoins quand il va demander ses arrérages, afin qu'il ne prenne pas envie un jour à ses débiteurs de lui dénier sa dette. Ce n'est pas chez le foulon qui passe pour le meilleur ouvrier qu'il envoie teindre sa robe, mais chez celui qui consent de ne point la recevoir sans donner caution. Si quelqu'un se hasarde de lui emprunter quelques vases[3], il les lui refuse souvent;* ou s'il les accorde, il ne les laisse pas enlever qu'ils ne soient pesés : il fait suivre celui qui les emporte, et envoie dès le lendemain prier qu'on les lui renvoie *[4]. A-t-il un esclave qu'il affectionne et qui l'accompagne dans la ville? il le fait marcher devant lui, de peur que, s'il le

1. En grec, ἀπιστίας.
2. Six cents pas. (*La Bruyère.*)
3. D'or et d'argent. (*La Bruyère.*)
4. Ce qui se lit entre les deux étoiles n'est pas dans le grec, où le sens est interrompu; mais il est suppléé par quelques interprètes. (*La Bruyère.*) C'est Casaubon qui avait ainsi rempli la lacune des manuscrits. Cette lacune n'existe pas dans le manuscrit du Vatican, où on lit : « Il les refuse la plupart du temps; mais s'ils « sont demandés par un ami ou par un parent, il est tenté de les

perdait de vue, il ne lui échappât et ne prît la fuite. A un homme qui, emportant de chez lui quelque chose que ce soit, lui dirait : Estimez cela, et mettez-le sur mon compte, il répondrait qu'il faut le laisser où on l'a pris, et qu'il a d'autres affaires que celle de courir après son argent.

## XIX. — D'un vilain homme [1].

Ce caractère suppose toujours dans un homme une extrême malpropreté, et une négligence pour sa personne qui passe dans l'excès, et qui blesse ceux qui s'en aperçoivent. Vous le verrez quelquefois tout couvert de lèpre, avec des ongles longs et malpropres, ne pas laisser de se mêler parmi le monde, et croire en être quitte pour dire que c'est une maladie de famille, et que son père et son aïeul y étaient sujets. Il a aux jambes des ulcères; on lui voit aux mains des poireaux et d'autres saletés, qu'il néglige de faire guérir; ou s'il pense à y remédier, c'est lorsque le mal, aigri par le temps, est devenu incurable. Il est hérissé de poils sous les aisselles et par tout le corps, comme une bête fauve; il a les dents noires, rongées, et telles que son abord ne se peut souffrir. Ce n'est pas tout : il crache ou il se mouche en mangeant, il parle la bouche pleine, fait en buvant des choses contre la bienséance, ne se sert jamais au bain que d'une huile qui sent mauvais, et ne paraît guère dans une assemblée publique qu'avec une vieille robe et toute tachée. S'il est obligé d'accompagner sa mère chez les devins, il n'ouvre la bouche que pour dire des choses de mauvais augure [2]. Une autre fois, dans le temple et en faisant des libations [3], il lui échappera des mains une coupe ou quelque autre vase; et il rira ensuite de cette aventure, comme s'il avait fait quelque chose de merveilleux. Un homme

« essayer et de les peser, et exige presque une caution avant de les « prêter. »

1. En grec, δυσχερείας.

2. Les anciens avaient un grand égard pour les paroles qui étaient proférées même par hasard, par ceux qui venaient consulter les devins et les augures, prier ou sacrifier dans les temples. (*La Bruyère.*)

3. Cérémonies où l'on répandait du vin ou du lait dans les sacrifices. (*La Bruyère.*)

si extraordinaire ne sait point écouter un concert ou d'excellents joueurs de flûte; il bat des mains avec violence comme pour leur applaudir, ou bien il suit d'une voix désagréable le même air qu'ils jouent : il s'ennuie de la symphonie, et demande si elle ne doit pas bientôt finir. Enfin si, étant assis à table, il veut cracher, c'est justement sur celui qui est derrière lui pour lui donner à boire.

## XX. — D'un homme incommode [1].

Ce qu'on appelle un fâcheux est celui qui, sans faire à quelqu'un un fort grand tort, ne laisse pas de l'embarrasser beaucoup; qui, entrant dans la chambre de son ami qui commence à s'endormir, le réveille pour l'entretenir de vains discours; qui, se trouvant sur le bord de la mer, sur le point qu'un homme est près de partir et de monter dans son vaisseau, l'arrête sans nul besoin, et l'engage insensiblement à se promener avec lui sur le rivage; qui, arrachant un petit enfant du sein de sa nourrice pendant qu'il tette, lui fait avaler quelque chose qu'il a mâché [2], bat des mains devant lui, le caresse, et lui parle d'une voix contrefaite; qui choisit le temps du repas, et que le potage est sur la table, pour dire qu'ayant pris médecine depuis deux jours, il est allé par haut et par bas, et qu'une bile noire et recuite était mêlée dans ses déjections [3]; qui, ne sachant que dire, apprend que l'eau de sa citerne est fraîche, qu'il croît dans son jardin de bons légumes, ou que sa maison est ouverte à tout le monde comme une hôtellerie; qui s'empresse de faire connaître à ses hôtes un parasite [4] qu'il a chez lui; qui l'invite, à table, à se mettre en bonne humeur et à réjouir la compagnie.

1. En grec, ἀηδίας, que Stiévenart traduit par le mot *fâcheur*.
2. C'était la manière ordinaire de donner à manger aux enfants.
3. Le texte porte : « que la bile qu'il a rendue était plus noire que « la sauce qui est sur la table. »
4. Mot grec, qui signifie celui qui ne mange que chez autrui. (*La Bruyère*.)

## XXI. — De la sotte vanité [1].

La sotte vanité semble être une passion inquiète de se faire valoir par les plus petites choses, ou de chercher dans les sujets les plus frivoles du nom et de la distinction. Ainsi un homme vain, s'il se trouve à un repas, affecte toujours de s'asseoir proche de celui qui l'a convié; il consacre à Apollon la chevelure d'un fils qui lui vient de naître; et dès qu'il est parvenu à l'âge de puberté, il le conduit lui-même à Delphes, lui coupe les cheveux, et les dépose dans le temple comme un monument d'un vœu solennel qu'il a accompli [2]. Il aime à se faire suivre par un Maure [3]. S'il fait un payement, il affecte que ce soit dans une monnaie toute neuve, et qui ne vienne que d'être frappée. Après qu'il a immolé un bœuf devant quelque autel, il se fait réserver la peau du front de cet animal, il l'orne de rubans et de fleurs, et l'attache à l'endroit de sa maison le plus exposé à la vue de ceux qui passent, afin que personne du peuple n'ignore qu'il a sacrifié un bœuf [4]. Une autre fois, au retour d'une cavalcade [5] qu'il aura faite avec d'autres citoyens, il renvoie chez soi par un valet tout son équipage, et ne garde qu'une riche robe dont il est habillé, et qu'il traîne le reste du jour dans la place publique. S'il lui meurt un petit chien, il l'enterre, lui dresse une épitaphe avec ces mots : « Il était de race de Malte [6]. » Il consacre un anneau à Esculape, qu'il use à force d'y pendre des

---

1. En grec, μικροφιλοτιμίας, littéralement l'ambition des petites choses. Stiévenart a intitulé ce chapitre, *Le glorieux*.

2. Le peuple d'Athènes, ou les personnes plus modestes, se contentaient d'assembler leurs parents, de couper en leur présence les cheveux de leur fils parvenu à l'âge de puberté, et de les consacrer ensuite à Hercule ou à quelque autre divinité qui avait un temple dans la ville. (*La Bruyère.*)

3. En grec, Αἰθίοψ, esclave nègre ou éthiopien qui coûtait fort cher.

4. Cet usage a donné lieu à l'ornement des frises des entablements des anciens, où l'on voit une suite de crânes de taureaux liés par des festons de laine.

5. Il s'agit de la cavalerie d'Athènes, composée de 1,200 hommes qui étaient les citoyens les plus riches de la ville.

6. Cette île portait de petits chiens fort estimés. (*La Bruyère.*)

couronnes de fleurs. Il se parfume tous les jours. Il remplit avec un grand faste tout le temps de sa magistrature; et, sortant de charge, il rend compte au peuple avec ostentation des sacrifices qu'il a faits, comme du nombre et de la qualité des victimes qu'il a immolées. Alors, revêtu d'une robe blanche et couronné de fleurs, il paraît dans l'assemblée du peuple. Nous pouvons, dit-il, vous assurer, ô Athéniens, que pendant le temps de notre gouvernement nous avons sacrifié à Cybèle, et que nous lui avons rendu des honneurs tels que les mérite de nous la mère des dieux : espérez donc toutes choses heureuses de cette déesse [1]. Après avoir parlé ainsi, il se retire dans sa maison, où il fait un long récit à sa femme de la manière dont tout lui a réussi, au delà même de ses souhaits.

## XXII. — De l'avarice.

Ce vice est dans l'homme un oubli de l'honneur et de la gloire, quand il s'agit d'éviter la moindre dépense. Si un tel homme a remporté le prix de la tragédie [2], il consacre à Bacchus des guirlandes ou des bandelettes faites d'écorce de bois [3], et il fait graver son nom sur un présent si magnifique. Quelquefois, dans les temps difficiles, le peuple est obligé de s'assembler pour régler une contribution capable de subvenir aux besoins de la république; alors il se lève et garde le silence [4], ou le plus souvent il fend la presse et se retire. Lorsqu'il marie sa fille, et qu'il sacrifie selon la coutume, il n'abandonne de la victime que les parties seules qui doivent être brûlées sur l'autel [5]; il réserve les autres pour les ven-

---

1. Le grec porte : « Il intrigue près des prytanes ; il leur offre son « ministère pour proclamer devant le peuple le résultat des sacri-« fices. Alors, drapé dans un magnifique costume et la tête couron-« née, il dit avec emphase : O Athéniens! nous, les chefs du sénat, « nous avons sacrifié à la mère des dieux ; la victime n'offre que « d'heureux présages. »
2. Qu'il a faite ou récitée. (*La Bruyère.*)
3. Ces bandelettes auraient dû être au moins de bronze.
4. Ceux qui voulaient donner se levaient, et offraient une somme : ceux qui ne voulaient rien donner se levaient, et se taisaient. (*La Bruyère.*)
5. C'étaient les cuisses et les intestins. (*La Bruyère.*)

dre ; et comme il manque de domestiques pour servir à table et être chargés du soin des noces, il loue des gens pour tout le temps de la fête, qui se nourrissent à leurs dépens, et à qui il donne une certaine somme. S'il est capitaine de galère, voulant ménager son lit, il se contente de coucher indifféremment avec les autres sur de la natte qu'il emprunte de son pilote [1]. Vous verrez une autre fois cet homme sordide acheter en plein marché des viandes cuites, toutes sortes d'herbes, et les porter hardiment dans son sein et sous sa robe : s'il l'a un jour envoyée chez un teinturier pour la détacher, comme il n'en a pas une seconde pour sortir, il est obligé de garder la chambre. Il sait éviter dans la place la rencontre d'un ami pauvre qui pourrait lui demander, comme aux autres, quelque secours [2]; il se détourne de lui, et reprend le chemin de sa maison. Il ne donne point de servantes à sa femme, content de lui en louer quelques-unes pour l'accompagner à la ville toutes les fois qu'elle sort. Enfin, ne pensez pas que ce soit un autre que lui qui balaye le matin sa chambre, qui fasse son lit et le nettoie. Il faut ajouter qu'il porte un manteau usé, sale, et tout couvert de taches; qu'en ayant honte lui-même, il le retourne quand il est obligé d'aller tenir sa place dans quelque assemblée [3].

### XXIII. — De l'ostentation.

Je n'estime pas que l'on puisse donner une idée plus juste de l'ostentation, qu'en disant que c'est dans l'homme une passion de faire montre d'un bien ou des avantages qu'il n'a pas.

1. Littéralement : « Il étend les couvertures du pilote sur le pont, « et met les siennes en réserve. » Le manuscrit du Vatican ajoute : « Il est capable de ne pas envoyer ses enfants à l'école vers le temps « où il est d'usage de donner quelque chose, et de dire qu'ils sont « malades pour s'épargner cette dépense. »

2. Par forme de contribution. Voyez les chapitres de la Dissimulation et de l'Esprit chagrin. (*La Bruyère.*)

3. Littéralement : « Pour s'asseoir, il roule le vieux manteau qu'il « porte lui-même ; » c'est-à-dire, d'après l'explication de M. Schweighæuser, au lieu de se faire suivre par un esclave qui porte un pliant, selon l'usage des riches, il épargne cette dépense en s'appuyant sur un vieux manteau.

## DE L'OSTENTATION.

Celui en qui elle domine s'arrête dans l'endroit du Pirée[1] où les marchands étalent, et où se trouvent un plus grand nombre d'étrangers; il entre en matière avec eux, il leur dit qu'il a beaucoup d'argent sur la mer; il discourt avec eux des avantages de ce commerce, des gains immenses qu'il y a à espérer pour ceux qui y entrent, et de ceux surtout que lui qui leur parle y a faits. Il aborde dans un voyage le premier qu'il trouve sur son chemin, lui fait compagnie, et lui dit bientôt qu'il a servi sous Alexandre[2], quels beaux vases et tout enrichis de pierreries il a rapportés de l'Asie, quels excellents ouvriers s'y rencontrent, et combien ceux de l'Europe leur sont inférieurs[3]. Il se vante dans une autre occasion d'une lettre qu'il a reçue d'Antipater[4], qui apprend que lui troisième est entré dans la Macédoine. Il dit une autre fois que, bien que les magistrats lui aient permis tels transports de bois[5] qu'il lui plairait sans payer de tribut, pour éviter néanmoins l'envie du peuple, il n'a point voulu user de ce privilège. Il ajoute que, pendant une grande cherté de vivres, il a distribué aux pauvres citoyens d'Athènes jusques à la somme de cinq talents[6]; et s'il parle à des gens qu'il ne connaît point et dont il n'est pas mieux connu, il leur fait prendre des jetons pour compter le nombre de ceux à qui il a fait ces largesses; et

1. Port à Athènes, fort célèbre. (*La Bruyère.*) En grec, δεῖγμα, ce qui signifie *montre, échantillon*. C'était un endroit du Pirée où l'on voyait étalées d'un côté les marchandises des négociants étrangers, et de l'autre les productions de l'Attique.
2. Tous les manuscrits portent le nom d'un *Évandre* absolument inconnu.
3. C'était contre l'opinion commune de toute la Grèce. (*La Bruyère.*)
4. L'un des capitaines d'Alexandre le Grand, dont la famille régna quelque temps en Macédoine. (*La Bruyère.*)
5. Parce que les pins, les cyprès, et tout autre bois propre à construire des vaisseaux, étaient rares dans le pays attique, l'on n'en permettait le transport en d'autres pays qu'en payant un fort gros tribut. (*La Bruyère.*) D'après le texte grec, le fanfaron dit en parlant d'Antipater: « Il m'a offert la franchise de l'importation des « bois de construction, mais je l'ai refusée pour éviter les calom- « nies. »
6. Le talent attique dont il s'agit valait soixante mines attiques; une drachme, six oboles. Le talent attique valait quelque six cents écus de notre monnaie. (*La Bruyère.*)

quoiqu'il monte à plus de six cents personnes, il leur donne à tous des noms convenables ; et, après avoir supputé les sommes particulières qu'il a données à chacun d'eux, il se trouve qu'il en résulte le double de ce qu'il pensait, et que dix talents y sont employés, sans compter, poursuit-il, les galères que j'ai armées à mes dépens, et les charges publiques que j'ai exercées à mes frais et sans récompense. Cet homme fastueux va chez un fameux marchand de chevaux, fait sortir de l'écurie les plus beaux et les meilleurs, fait ses offres, comme s'il voulait les acheter. De même il visite les foires les plus célèbres, entre sous les tentes des marchands, se fait déployer une riche robe, et qui vaut jusqu'à deux talents ; et il sort en querellant son valet de ce qu'il ose le suivre sans porter de l'or sur lui pour les besoins où l'on se trouve[1]. Enfin, s'il habite une maison dont il paye le loyer, il dit hardiment à quelqu'un qui l'ignore que c'est une maison de famille, et qu'il a héritée de son père ; mais qu'il veut s'en défaire, seulement parce qu'elle est trop petite pour le grand nombre d'étrangers qu'il retire chez lui[2].

## XXIV. — De l'orgueil.

Il faut définir l'orgueil une passion qui fait que de tout ce qui est au monde l'on n'estime que soi. Un homme fier et superbe n'écoute pas celui qui l'aborde dans la place pour lui parler de quelque affaire ; mais sans s'arrêter, et se faisant suivre quelque temps, il lui dit enfin qu'on peut le voir après son souper. Si l'on a reçu de lui le moindre bienfait, il ne veut pas qu'on en perde jamais le souvenir : il le reprochera en pleine rue, à la vue de tout le monde. N'attendez pas de lui qu'en quelque endroit qu'il vous rencontre il s'approche de vous et qu'il vous parle le premier : de même, au lieu d'expédier sur-le-champ des marchands ou des ouvriers, il ne feint point de les renvoyer au lendemain matin et à l'heure de son lever. Vous le voyez marcher dans les rues de la ville la tête baissée, sans daigner parler à personne de ceux qui vont et viennent. S'il se familiarise quelquefois jus-

1. Coutume des anciens. (*La Bruyère.*)
2. Par droit d'hospitalité. (*La Bruyère.*)

ques à inviter ses amis à un repas, il prétexte des raisons pour ne pas se mettre à table et manger avec eux, et il charge ses principaux domestiques du soin de les régaler. Il ne lui arrive point de rendre visite à personne sans prendre la précaution d'envoyer quelqu'un des siens pour avertir qu'il va venir [1]. On ne le voit point chez lui lorsqu'il mange ou qu'il se parfume [2]. Il ne se donne pas la peine de régler lui-même des parties; mais il dit négligemment à un valet de les calculer, de les arrêter, et de les passer à compte. Il ne sait point écrire dans une lettre : « Je vous prie de me faire ce plaisir, » ou « de me rendre ce service; » mais : « J'entends que cela « soit ainsi; j'envoie un homme vers vous pour recevoir une « telle chose; je ne veux pas que l'affaire se passe autrement; « faites ce que je vous dis promptement et sans différer. » Voilà son style.

## XXV. — De la peur, ou du défaut de courage [3].

Cette crainte est un mouvement de l'âme qui s'ébranle ou qui cède, en vue d'un péril vrai ou imaginaire; et l'homme timide est celui dont je vais faire la peinture. S'il lui arrive d'être sur la mer, et s'il aperçoit de loin des dunes ou des promontoires, la peur lui fait croire que c'est le débris de quelques vaisseaux qui ont fait naufrage sur cette côte [4]; aussi tremble-t-il au moindre flot qui s'élève, et il s'informe avec soin si tous ceux qui naviguent avec lui sont initiés [5]. S'il vient à remarquer que le pilote fait une nouvelle manœuvre, ou semble se détourner comme pour éviter un écueil, il l'interroge, il lui demande avec inquiétude s'il ne croit pas s'être écarté de sa route, s'il tient toujours la haute mer, et si les

---

1. Voyez le chapitre II, de la Flatterie. (*La Bruyère.*)
2. Avec des huiles de senteur. (*La Bruyère.*)
3. En grec δειλίας, ou de la poltronnerie.
4. Le texte porte : « Il prend des promontoires pour des vaisseaux de pirates. »
5. Les anciens naviguaient rarement avec ceux qui passaient pour impies, et ils se faisaient initier avant de partir, c'est-à-dire instruire des mystères de quelque divinité, pour se la rendre propice dans leurs voyages. (Voyez le chap. XVI, de la Superstition.) (*La Bruyère.*)

dieux sont propices[1]. Après cela il se met à raconter une vision qu'il a eue pendant la nuit, dont il est encore tout épouvanté, et qu'il prend pour un mauvais présage. Ensuite, ses frayeurs venant à croître, il se déshabille et ôte jusques à sa chemise, pour pouvoir mieux se sauver à la nage; et, après cette précaution, il ne laisse pas de prier les nautoniers de le mettre à terre. Que si cet homme faible, dans une expédition militaire où il s'est engagé, entend dire que les ennemis sont proches, il appelle ses compagnons de guerre, observe leur contenance sur ce bruit qui court, leur dit qu'il est sans fondement, et que les coureurs n'ont pu discerner si ce qu'ils ont découvert à la campagne sont amis ou ennemis ; mais si l'on n'en peut plus douter par les clameurs que l'on entend, et s'il a vu lui-même de loin le commencement du combat, et que quelques hommes aient paru tomber à ses yeux ; alors, feignant que la précipitation et le tumulte lui ont fait oublier ses armes, il court les quérir dans sa tente, où il cache son épée sous le chevet de son lit, et emploie beaucoup de temps à la chercher, pendant que, d'un autre côté, son valet va par ses ordres savoir des nouvelles des ennemis, observer quelle route ils ont prise, et où en sont les affaires ; et dès qu'il voit apporter au camp quelqu'un tout sanglant d'une blessure qu'il a reçue, il accourt vers lui, le console et l'encourage, étanche le sang qui coule de sa plaie, chasse les mouches qui l'importunent, ne lui refuse aucun secours, et se mêle de tout, excepté de combattre. Si, pendant le temps qu'il est dans la chambre du malade, qu'il ne perd pas de vue, il entend la trompette qui sonne la charge : Ah ! dit-il avec imprécation, puisses-tu être pendu, maudit sonneur qui cornes incessamment, et fais un bruit enragé[2] qui empêche ce pauvre homme de dormir ! Il arrive même que, tout plein d'un sang qui n'est pas le sien, mais qui a jailli sur lui de la plaie du blessé, il fait accroire à ceux qui reviennent du combat qu'il a couru

1. Ils consultaient les dieux par les sacrifices, ou par les augures, c'est-à-dire par le vol, le chant et le manger des oiseaux, et encore par les entrailles des bêtes. (*La Bruyère.*) Dans le texte le poltron se contente de demander au pilote ce qu'il pense de l'étoile du ciel.

2. Littéralement : « Puisses-tu devenir la proie des corbeaux : Avec tes fanfares redoublées, ne laisseras-tu pas sommeiller ce pauvre homme ? »

un grand risque de sa vie pour sauver celle de son ami ; il conduit vers lui ceux qui y prennent intérêt, ou comme ses parents, ou parce qu'ils sont d'un même pays ; et là il ne rougit pas de leur raconter quand et de quelle manière il a tiré cet homme des mains des ennemis, et l'a porté dans sa tente.

## Des grands d'une république [1].

La plus grande passion de ceux qui ont les premières places dans un État populaire n'est pas le désir du gain ou de l'accroissement de leurs revenus, mais une impatience de s'agrandir et de se fonder, s'il se pouvait, une souveraine puissance sur la ruine de celle du peuple [2]. S'il s'est assemblé pour délibérer à qui des citoyens il donnera la commission d'aider de ses soins le premier magistrat dans la conduite d'une fête ou d'un spectacle, cet homme ambitieux, et tel que je viens de le définir, se lève, demande cet emploi, et proteste que nul autre ne peut si bien s'en acquitter. Il n'approuve point la domination de plusieurs, et de tous les vers d'Homère il n'a retenu que celui-ci :

> Les peuples sont heureux quand un seul les gouverne [3].

Son langage le plus ordinaire est tel : Retirons-nous de cette multitude qui nous environne ; tenons ensemble un conseil particulier où le peuple ne soit point admis ; essayons même de lui fermer le chemin à la magistrature. Et s'il se laisse prévenir contre une personne d'une condition privée de qui il croit avoir reçu quelque injure : Cela, dit-il, ne se peut souffrir, et il faut que lui ou moi abandonnions la ville [4]. Vous le voyez se promener dans la place sur le milieu du jour, avec des ongles propres, la barbe et les cheveux en bon ordre, repousser fièrement ceux qui se trouvent sur ses pas ; dire avec chagrin aux premiers qu'il rencontre que la ville est un lieu où il n'y a plus moyen de vivre ; qu'il ne peut plus

---

1. En grec, ὀλιγαρχίας. Stiévenart a intitulé ce chapitre, *De l'aristocratie*, faute de mieux, dit-il.

2. Littéralement : « L'oligarchie est une ambition qui désire un « pouvoir fixe, c'est-à-dire qui soit à l'abri des caprices et de l'incons- « tance du peuple. »

3. *Iliade*, II, v. 204.

4. Dans les luttes entre les partis, l'exil était imposé au vaincu.

tenir contre l'horrible foule des plaideurs, ni supporter plus longtemps les longueurs, les criéries et les mensonges des avocats ; qu'il commence à avoir honte de se trouver, assis dans une assemblée publique, ou sur les tribunaux, auprès d'un homme mal habillé, sale, et qui dégoûte ; et qu'il n'y a pas un seul de ces orateurs dévoués au peuple qui ne lui soit insupportable. Il ajoute que c'est Thésée qu'on peut appeler le premier auteur de tous ces maux [1] ; et il fait de pareils discours aux étrangers qui arrivent dans la ville, comme à ceux avec qui il sympathise de mœurs et de sentiments.

### D'une tardive instruction [2].

Il s'agit de décrire quelques inconvénients où tombent ceux qui, ayant méprisé dans leur jeunesse les sciences et les exercices, veulent réparer cette négligence, dans un âge avancé, par un travail souvent inutile. Ainsi un vieillard de soixante ans s'avise d'apprendre des vers par cœur, et de les réciter à table dans un festin [3], où, la mémoire venant à lui manquer, il a la confusion de demeurer court. Une autre fois, il apprend de son propre fils les évolutions qu'il faut faire dans les rangs à droite ou à gauche, le maniement des armes, et quel est l'usage à la guerre de la lance et du bouclier. S'il monte un cheval que l'on lui a prêté, il le presse de l'éperon, veut le manier ; et, lui faisant faire des voltes ou des caracoles, il tombe lourdement et se casse la tête. On le voit tantôt, pour s'exercer au javelot, le lancer tout un jour contre l'homme de bois [4], tantôt tirer de l'arc et disputer avec son valet lequel des deux donnera mieux dans un blanc avec des flèches ; vouloir d'abord apprendre de lui, se mettre ensuite à l'instruire et à le corriger, comme s'il était le plus habile. Enfin, se voyant tout nu au sortir du bain, il imite les postures

---

1. Thésée avait jeté les fondements de la république d'Athènes en établissant l'égalité entre les citoyens. (*La Bruyère.*)

2. Ce caractère, intitulé en grec ὀψιμάθειας, est défini par Théophraste l'engouement qu'on a pour des exercices inconvenants à un certain âge.

3. Voyez le chapitre de la Brutalité. (*La Bruyère.*)

4. Une grande statue de bois qui était dans le lieu des exercices, pour apprendre à darder. (*La Bruyère.*)

d'un lutteur; et, par le défaut d'habitude, il les fait de mauvaise grâce, et il s'agite d'une manière ridicule.

## De la médisance.

Je définis ainsi la médisance, une pente secrète de l'âme à penser mal de tous les hommes, laquelle se manifeste par les paroles, et pour ce qui concerne le médisant, voici ses mœurs. Si on l'interroge sur quelque autre, et que l'on lui demande quel est cet homme, il fait d'abord sa généalogie. Son père, dit-il, s'appelait Sosie [1], que l'on a connu dans le service et parmi les troupes sous le nom de Sosistrate ; il a été affranchi depuis ce temps, et reçu dans l'une des tribus de la ville [2] : pour sa mère, c'était une noble Thracienne ; car les femmes de Thrace, ajoute-t-il, se piquent la plupart d'une ancienne noblesse [3] : celui-ci, né de si honnêtes gens, est un scélérat qui ne mérite que le gibet. Dans une compagnie où il se trouve quelqu'un qui parle mal d'une personne absente, il relève la conversation : Je suis, dit-il, de votre sentiment ; cet homme m'est odieux, et je ne puis le souffrir : qu'il est insupportable par sa physionomie ! y a-t-il un plus grand fripon et des manières plus extravagantes ? Savez-vous combien il donne à sa femme pour la dépense de chaque repas ? trois oboles [4], et rien davantage ; et croiriez-vous que, dans les rigueurs de l'hiver, et au mois de décembre, il l'oblige de se laver avec de l'eau froide ? Si alors quelqu'un de ceux qui l'écoutent se lève et se retire, il parle de lui presque dans les mêmes termes. Nul de ses plus familiers amis n'est épargné : les morts même dans le tombeau ne trouvent pas un asile contre sa mauvaise langue [5].

1. C'était, chez les Grecs, un nom de valet ou d'esclave. (*La Bruyère.*) — 2. Le peuple d'Athènes était partagé en diverses tribus. (*La Bruyère.*) Le service militaire était un moyen d'affranchissement pour les esclaves. — 3. Cela est dit par dérision des Thraciennes, qui venaient dans la Grèce pour être servantes et quelque chose de pis. (*La Bruyère.*) — 4. Il y avait au-dessous de cette monnaie d'autres encore de moindre valeur. (*La Bruyère.*) — 5. Il était défendu, chez les Athéniens, de parler mal des morts, par une loi de Solon, leur législateur. (*La Bruyère.*)

FIN DES CARACTÈRES DE THÉOPHRASTE.

# PRÉFACE

> Admonere voluimus, non mordere : prodesse,
> non lædere : consulere moribus hominum,
> non officere. ERASME [1].

Je rends au public ce qu'il m'a prêté ; j'ai emprunté de lui la matière de cet ouvrage : il est juste que, l'ayant achevé avec toute l'attention pour la vérité dont je suis capable, et qu'il mérite de moi, je lui en fasse la restitution. Il peut regarder avec loisir [2] ce portrait que j'ai fait de lui d'après nature ; et s'il se connaît quelques-uns des défauts que je touche, s'en corriger. C'est l'unique fin que l'on doit se proposer en écrivant, et le succès aussi que l'on doit moins [3] se promettre. Mais comme les hommes ne se dégoûtent point du vice, il ne faut pas aussi [4] se lasser de leur reprocher [5] : ils seraient peut-être pires, s'ils venaient à manquer de censeurs ou de critiques ; c'est ce qui fait que l'on prêche et que l'on écrit. L'orateur et l'écrivain ne sauraient vaincre la joie qu'ils ont d'être applaudis ; mais ils devraient rougir d'eux-mêmes s'ils n'avaient cherché par leurs discours ou par leurs écrits que des éloges ; outre que l'approbation la plus sûre et la moins équivoque est le changement de mœurs et la réformation de ceux qui les lisent ou qui les écoutent. On ne doit parler, on ne doit écrire que pour l'instruction ; et s'il arrive que l'on

---

1. ERASME, né à Rotterdam en 1467, mort en 1536, esprit moqueur et souvent téméraire, exerça sur les lettres au seizième siècle une prééminence presque égale à celle que Voltaire exerça au dix-huitième. Ses *Adages*, ses *Apophthegmes*, ses *Colloques*, son *Éloge de la folie* étaient fort lus sous Louis XIV.
2. *Avec loisir* pour *à loisir* est une manière de parler inusitée.
3. *Le moins* : comparatif pour superlatif. Ce latinisme se rencontre fréquemment dans les grands écrivains du dix-septième siècle.
4. *Aussi* s'employait très-bien alors avec une négation pour *non plus*.
5. *Reprocher* est ici pris au neutre pour signifier faire des reproches.

plaise, il ne faut pas néanmoins s'en repentir, si cela sert à insinuer et à faire recevoir les vérités qui doivent instruire. Quand donc il s'est glissé dans un livre quelques pensées ou quelques réflexions qui n'ont ni le feu, ni le tour, ni la vivacité des autres, bien qu'elles semblent y être admises pour la variété, pour délasser l'esprit, pour le rendre plus présent et plus attentif à ce qui va suivre, à moins que d'ailleurs elles ne soient sensibles [1], familières, instructives, accommodées au simple peuple, qu'il n'est pas permis de négliger, le lecteur peut les condamner, et l'auteur les doit proscrire : voilà la règle. Il y en a une autre, et que j'ai intérêt que l'on veuille suivre, qui est de ne pas perdre mon titre de vue et de penser toujours, et dans toute la lecture de cet ouvrage, que ce sont les caractères ou les mœurs de ce siècle que je décris : car, bien que je les tire souvent de la cour de France et des hommes de ma nation, on ne peut pas néanmoins les restreindre à une seule cour, ni les renfermer en un seul pays, sans que mon livre ne [2] perde beaucoup de son étendue et de son utilité, ne s'écarte du plan que je me suis fait d'y peindre les hommes en général, comme des raisons qui entrent dans l'ordre des chapitres et dans une certaine suite insensible des réflexions qui les composent [3]. Après cette précaution si nécessaire, et dont on pénètre assez les conséquences, je crois pouvoir protester contre tout chagrin, toute plainte, toute maligne interprétation, toute fausse application et toute censure, contre les froids plaisants et les lecteurs mal intentionnés [4]. Il faut savoir lire et ensuite se taire, ou pouvoir rapporter ce qu'on a lu, et ni plus ni moins que ce qu'on a lu, et si on le peut quelquefois, ce n'est pas assez, il faut encore le vouloir faire : sans ces conditions, qu'un auteur exact et scrupuleux est en droit d'exiger de certains esprits pour l'unique récompense de son travail, je doute qu'il doive continuer d'écrire,

---

1. A moins qu'elles ne soient présentées sous une forme qui les rende saisissantes.

2. Il y a beaucoup d'exemples de *sans que* avec *ne*, mais la grammaire condamne ce redoublement de négative.

3. C'est-à-dire ne s'écarte du plan que je me suis fait.... ainsi que des raisons qui ont déterminé l'ordre des chapitres, et même l'ordre des réflexions dans chacun des chapitres.

4. Les *lecteurs mal intentionnés* répandirent des clefs contre la malignité desquelles la Bruyère ne cessa, en toute occasion, de protester.

# PRÉFACE.

s'il préfère du moins sa propre satisfaction à l'utilité de plusieurs et au zèle de la vérité. J'avoue d'ailleurs que j'ai balancé dès l'année 1690, et avant la cinquième édition, entre l'impatience de donner à mon livre plus de rondeur et une meilleure forme par de nouveaux caractères, et la crainte de faire dire à quelques-uns : « Ne finiront-ils point, ces *Caractères*, et ne verrons-nous jamais autre chose de cet écrivain ? » Des gens sages me disaient, d'une part : « La matière est solide, utile, agréable, inépuisable ; vivez longtemps et traitez-la sans interruption pendant que vous vivrez[1] : que pourriez-vous faire de mieux ? Il n'y a point d'année que les folies des hommes ne puissent vous fournir un volume. » D'autres, avec beaucoup de raison, me faisaient redouter les caprices de la multitude et la légèreté du public, de qui j'ai néanmoins de si grands sujets d'être content, et ne manquaient pas de me suggérer que, personne presque depuis trente années ne lisant plus que pour lire, il fallait aux hommes, pour les amuser, de nouveaux chapitres et un nouveau titre ; que cette indolence avait rempli les boutiques et peuplé le monde, depuis tout ce temps, de livres froids et ennuyeux, d'un mauvais style et de nulle ressource, sans règles et sans la moindre justesse, contraires aux mœurs et aux bienséances, écrits avec précipitation et lus de même, seulement par leur nouveauté[2] ; et que, si je ne savais qu'augmenter un livre raisonnable, le mieux que je pouvais faire était de me reposer. Je pris alors quelque chose de ces deux avis si opposés, et je gardai un tempérament qui les rapprochait : je ne feignis point d'ajouter[3] quelques nouvelles remarques à celles qui avaient déjà grossi du double la première édition de mon ouvrage ; mais, afin que le public ne fût point obligé de par-

---

1. Aussi longtemps que vous vivrez, *quamdiu*. Signification vieillie.

2. *Par leur nouveauté.* Le dix-septième siècle employait souvent *par* dans des cas où nous mettrions plutôt *pour*, *à cause de* : « Si nous renonçons à nos passions, c'est plus *par* leur faiblesse que *par* notre force. » (LA ROCHEF., *Max.*, CXXII.) « Il n'était point un parti qui convînt à M<sup>lle</sup> de Chartres, *par* le peu de bien qu'il avait pour soutenir son rang. » (M<sup>me</sup> DE LA FAYETTE, *la Princesse de Clèves*, II.) « J'ai ouï condamner cette comédie par les mêmes choses que j'ai vu d'autres estimer le plus. » (MOLIÈRE, *Crit. de l'École des femmes.*)

3. Je n'hésitai point à ajouter. *Ne pas feindre de* valait mieux, et

courir ce qui était ancien pour passer à ce qu'il y avait de nouveau, et qu'il trouvât sous ses yeux ce qu'il avait seulement envie de lire, je pris soin de lui désigner cette seconde augmentation par une marque particulière ((¶)) : je crus aussi qu'il ne serait pas inutile de lui distinguer la première augmentation par une autre marque plus simple (¶) qui servît à lui montrer le progrès[1] de mes *Caractères*, et à aider son choix dans la lecture qu'il en voudrait faire ; et, comme il pouvait craindre que ce progrès n'allât à l'infini, j'ajoutais à toutes ces exactitudes[2] une promesse sincère de ne plus rien hasarder en ce genre. Que si quelqu'un m'accuse d'avoir manqué à ma parole, en insérant dans les trois éditions qui ont suivi un assez grand nombre de nouvelles remarques, il verra du moins qu'en les confondant avec les anciennes par la suppression entière de ces différences qui se voient par apostille, j'ai moins pensé à lui faire lire rien de nouveau qu'à laisser peut-être un ouvrage de mœurs plus complet, plus fini et plus régulier, à la postérité. Ce ne sont point, au reste, des maximes que j'ai voulu écrire : elles sont comme des lois dans la morale ; et j'avoue que je n'ai ni assez d'autorité, ni assez de génie pour faire le législateur; je sais même que j'aurais péché contre l'usage des maximes, qui veut qu'à la manière des oracles elles soient courtes et concises[3]. Quelques-unes de ces remarques le sont, quelques autres sont plus étendues : on pense les choses d'une manière différente, et on les explique par un tour aussi tout différent, par une sentence, par un raisonnement, par une métaphore ou quelque autre figure, par un parallèle, par une simple comparaison, par un fait tout entier, par un seul trait, par une description, par une peinture : de là procède la longueur ou la brièveté de mes réflexions. Ceux enfin qui font des maximes veulent être crus : je consens, au contraire, que l'on dise de moi que je n'ai pas quelquefois bien remarqué, pourvu que l'on remarque mieux.

quelques bons écrivains de nos jours ont eu raison d'essayer de rajeunir cette signification.

1. L'augmentation du nombre.

2. *Exactitude* au pluriel, dans ce sens, était d'un usage fréquent au dix-septième siècle. « Ne vous usez point en détails et en *exactitudes* superficielles. » (FÉNELON, *Lett.*, 23 juillet 1714.)

3. Comme celles de la Rochefoucauld.

# LES CARACTÈRES

ou

# LES MŒURS DE CE SIÈCLE

---

### CHAPITRE PREMIER

### DES OUVRAGES DE L'ESPRIT

Tout est dit, et l'on vient trop tard depuis plus de sept mille ans qu'il y a des hommes [1], et qui pensent [2]. Sur ce qui concerne les mœurs, le plus beau et le meilleur est enlevé ; l'on ne fait que glaner après les anciens et les habiles d'entre les modernes.

¶ Il faut chercher seulement à penser et à parler juste, sans vouloir amener les autres à notre goût et à nos sentiments: c'est une trop grande entreprise.

¶ C'est un métier que de faire un livre, comme de faire une pendule; il faut plus que de l'esprit pour être auteur. Un magistrat allait par son mérite à la première dignité, il

---

1. La Bruyère adopte ici la chronologie de Suidas, d'Onuphre Panvino et des *Tables Alphonsines* qui mettent la création du monde 6000 ans ou plus avant J.-C. Bossuet, dans son *Discours sur l'histoire universelle*, ne place la création que 4004 ans avant la naissance de Notre-Seigneur.

2. Latinisme. Les auteurs latins emploient ce tour lorsqu'ils veulent insister sur une pensée. La Bruyère a dit encore : « des princes de l'Église, *et qui* se disent les successeurs des apôtres. » (Chap. xiv.) Voici un exemple antérieur, entre plusieurs que nous pourrions citer : « Cela était pardonnable d'un jeune prince, *et qui* faisait de si grandes choses ! » (Vaug., *Quinte-Curce*, 1653, p. 739.)

était homme délié et pratique dans les affaires : il a fait imprimer un ouvrage moral, qui est rare par le ridicule [1].

¶ Il n'est pas si aisé de se faire un nom par un ouvrage parfait, que d'en faire valoir un médiocre par le nom qu'on s'est déjà acquis.

¶ Un ouvrage satirique ou qui contient des faits, qui est donné en feuilles sous le manteau aux conditions d'être rendu de même, s'il est médiocre, passe pour merveilleux ; l'impression est l'écueil.

¶ Si l'on ôte de beaucoup d'ouvrages de morale l'avertissement au lecteur, l'épître dédicatoire, la préface, la table, les approbations, il reste à peine assez de pages pour mériter le nom de livre.

¶ Il y a de certaines choses dont la médiocrité est insupportable : la poésie, la musique, la peinture, le discours public.

Quel supplice que celui d'entendre déclamer pompeusement un froid discours, ou prononcer de médiocres vers avec toute l'emphase d'un mauvais poëte !

¶ Certains poëtes sont sujets, dans le dramatique, à de longues suites de vers pompeux, qui semblent forts, élevés et remplis de grands sentiments. Le peuple écoute avidement, les yeux élevés et la bouche ouverte, croit que cela lui plaît, et, à mesure qu'il y comprend moins, l'admire davantage ; il n'a pas le temps de respirer, il a à peine celui de se récrier et d'applaudir. J'ai cru autrefois, et dans ma première jeunesse, que ces endroits étaient clairs et intelligibles pour les acteurs, pour le parterre et l'amphithéâtre, que leurs auteurs s'entendaient eux-mêmes, et qu'avec toute l'attention que je donnais à leur récit, j'avais tort de n'y rien entendre ; je suis détrompé.

¶ L'on n'a guère vu jusques à présent un chef-d'œuvre d'esprit qui soit l'ouvrage de plusieurs : Homère a fait l'Iliade,

---

1. Ce magistrat est, dit-on, Poncet de la Rivière, conseiller d'État. Il avait publié en 1677, sous le pseudonyme de baron de Prelle, un ouvrage moral, c'est-à-dire un livre sur les mœurs, qui avait pour titre : *Considérations sur les avantages de la vieillesse dans la vie chrétienne, politique, civile, économique et solitaire.* On prétend que s'il n'eût pas fait imprimer ce petit volume « qui est rare, » en effet, « par le ridicule, » Poncet eût été nommé chancelier, ou pour le moins premier président.

Virgile l'Énéide, Tite-Live ses Décades, et l'Orateur romain ses Oraisons.

¶ Il y a dans l'art un point de perfection, comme de bonté ou de maturité dans la nature; celui qui le sent et qui l'aime a le goût parfait; celui qui ne le sent pas, et qui aime en deçà ou au delà, a le goût défectueux. Il y a donc un bon et un mauvais goût, et l'on dispute des goûts avec fondement.

¶ Il y a beaucoup plus de vivacité que de goût parmi les hommes; ou, pour mieux dire, il y a peu d'hommes dont l'esprit soit accompagné d'un goût sûr et d'une critique judicieuse.

¶ La vie des héros a enrichi l'histoire, et l'histoire a embelli les actions des héros; ainsi je ne sais qui sont [1] plus redevables, ou ceux qui ont écrit l'histoire à ceux qui leur en ont fourni une si noble matière, ou ces grands hommes à leurs historiens [2].

¶ Amas d'épithètes, mauvaises louanges : ce sont les faits qui louent [3], et la manière de les raconter.

¶ Tout l'esprit d'un auteur consiste à bien définir et à bien peindre. Moïse [4], Homère, Platon, Virgile, Horace, ne sont au-dessus des autres écrivains que par leurs expressions et par leurs images : il faut exprimer le vrai pour écrire naturellement, fortement, délicatement.

¶ On a dû faire du style ce qu'on a fait de l'architecture; on a entièrement abandonné l'ordre gothique, que la barbarie avait introduit pour les palais et pour les temples [5]; on a rap-

---

1. Latinisme pur.
2. Horace, *Odes*, IV, 9 :
>            Vixere fortes ante Agamemnona
>            Multi ; sed omnes illacrymabiles
>            Urgentur ignotique longa
>            Nocte, carent quia vate sacro.

3. « .... Le sage a raison de dire que « leurs seules actions les « peuvent louer : » toute autre louange languit auprès des grands noms. » (Boss., *Oraison funèbre du prince de Condé*.)
4. Quand même on ne le considère que comme un homme qui a écrit. (*La Bruyère*.)
5. La Bruyère partage le préjugé de tout son siècle quand il ne voit que *barbarie* dans l'architecture appelée très-improprement gothique. Fénelon disait : « A peine sortons-nous de cette longue nuit, » et ailleurs : « La barbarie dont nous sortons à peine [a]. » Et

*a. Deuxième dialogue sur l'éloquence, Lettre sur les occupations de l'Académie française.*

pelé le dorique, l'ionique et le corinthien ; ce qu'on ne voyait plus que dans les ruines de l'ancienne Rome et de la vieille Grèce, devenu moderne, éclate dans nos portiques et dans nos péristyles. De même on ne saurait en écrivant rencontrer le parfait et, s'il se peut, surpasser les anciens que par leur imitation.

Combien de siècles se sont écoulés avant que les hommes, dans les sciences et dans les arts, aient pu revenir au goût des anciens et reprendre enfin le simple et le naturel!

On se nourrit des anciens et des habiles modernes; on les presse, on en tire le plus que l'on peut, on en renfle ses ouvrages; et quand enfin l'on est auteur et que l'on croit marcher tout seul, on s'élève contre eux, on les maltraite, semblable à ces enfants drus[1] et forts d'un bon lait qu'ils ont sucé, qui battent leur nourrice [2].

Un auteur moderne prouve ordinairement que les anciens nous sont inférieurs en deux manières, par raison et par exemple : il tire la raison de son goût particulier, et l'exemple de ses ouvrages.

Il avoue que les anciens, quelque inégaux et peu corrects

---

Fleury écrivait aussi : « Ces bâtiments gothiques chargés de petits ornements et si peu agreables en effet qu'aucun architecte ne voudrait les imiter [a]. » Le dix-huitième siècle ne devait pas juger plus équitablement les productions d'une époque pendant laquelle il croyait que tous les arts avaient été ensevelis dans un sommeil léthargique à peine interrompu par la prise de Constantinople [b]. Au commencement du dix-neuvième siècle la même erreur persistait encore, et l'auteur du *Génie du christianisme* lui-même, qui avait trop peu d'études spéciales et se laissait trop influencer par les opinions courantes, jugeait barbares les formes de nos églises. Dans les plus magnifiques monuments gothiques il ne voyait que des beautés morales, exceptionnelles et presque monstrueuses. Aujourd'hui la lumière est faite. On sait que l'art chrétien du moyen âge réunissait les beautés de tous les siècles. Les ennemis mêmes du catholicisme regardent le système de construction dit gothique comme le plus savant, le plus réfléchi, le plus audacieux, le plus vaste, le plus délicat que le génie humain ait encore inventé.

1. *Dru* se dit des petits oiseaux qui sont assez forts pour s'envoler du nid.

2. La Bruyère se montre ici un partisan déclaré des anciens dans la querelle qui agitait alors le monde littéraire.

a. *Histoire ecclésiastique,* V<sup>e</sup> discours.
b. Le cardinal de Bernis, *Discours à l'Académie.*

qu'ils soient, ont de beaux traits ; il les cite ; et ils sont si beaux qu'ils font lire sa critique.

Quelques habiles[1] prononcent en faveur des anciens contre les modernes ; mais ils sont suspects et semblent juger en leur propre cause, tant leurs ouvrages sont faits sur le goût de l'antiquité ; on les récuse.

¶ L'on devrait aimer à lire ses ouvrages à ceux qui en savent assez pour les corriger et les estimer[2].

Ne vouloir être ni conseillé ni corrigé sur son ouvrage est un pédantisme.

Il faut qu'un auteur reçoive avec une égale modestie[3] les éloges et la critique que l'on fait de ses ouvrages.

¶ Entre toutes les différentes expressions qui peuvent rendre une seule de nos pensées, il n'y en a qu'une qui soit la bonne : on ne la rencontre pas toujours en parlant ou en écrivant ; il est vrai néanmoins qu'elle existe, que tout ce qui ne l'est point[4] est faible, et ne satisfait point un homme d'esprit qui veut se faire entendre.

Un bon auteur, et qui écrit avec soin, éprouve souvent que l'expression qu'il cherchait depuis longtemps sans la connaître et qu'il a enfin trouvée est celle qui était la plus simple, la plus naturelle, qui semblait devoir se présenter d'abord et sans effort.

Ceux qui écrivent par humeur[5] sont sujets à retoucher à leurs ouvrages : comme elle n'est pas toujours fixe et qu'elle varie en eux selon les occasions, ils se refroidissent bientôt pour les expressions et les termes qu'ils ont le plus aimés.

¶ La même justesse d'esprit qui nous fait écrire de bonnes

---

1. Les *habiles* désignent les meilleurs écrivains. Cette signification avait déjà vieilli alors. Le P. Bouhours écrivait en 1671, dans ses *Entretiens d'Ariste et d'Eugène* : « *Habile* a presque changé de signification. On ne le dit plus guère pour docte et savant, et on entend par un homme habile un homme adroit et qui a de la conduite. » Les *habiles* dont parle la Bruyère, c'est Racine et Boileau.

2. Comme le latin *æstimare*, juger, apprécier.

3. Modération, comme le latin *modestia*.

4. Tout ce qui n'est pas cette expression que nous cherchons.

5. Écrire *par humeur*, expression que la Bruyère répète page 31, signifie avoir de l'inspiration et de l'originalité dans son style. Aujourd'hui, dans ce sens, on emploie surtout la forme anglaise *humour*.

choses nous fait appréhender qu'elles ne le soient pas assez pour mériter d'être lues.

Un esprit médiocre croit écrire divinement ; un bon esprit croit écrire raisonnablement.

¶ L'on m'a engagé, dit *Ariste*, à lire mes ouvrages à *Zoïle* : je l'ai fait. Ils l'ont saisi d'abord, et, avant qu'il ait eu le loisir de les trouver mauvais, il les a loués modestement en ma présence, et il ne les a pas loués depuis devant personne[1]. Je l'excuse, et je n'en demande pas davantage à un auteur ; je le plains même d'avoir écouté de belles choses qu'il n'a point faites.

Ceux qui, par leur condition, se trouvent exempts de la jalousie d'auteur, ont ou des passions, ou des besoins qui les distraient et les rendent froids sur les conceptions d'autrui ; personne presque, par la disposition de son esprit, de son cœur et de sa fortune, n'est en état de se livrer au plaisir que donne la perfection d'un ouvrage.

¶ Le plaisir de la critique nous ôte celui d'être vivement touchés de très-belles choses.

¶ Bien des gens vont jusques à sentir le mérite d'un manuscrit qu'on leur lit, qui ne peuvent se déclarer en sa faveur, jusques à ce qu'ils aient vu le cours qu'il aura dans le monde par l'impression, ou quel sera son sort parmi les habiles : ils ne hasardent point leurs suffrages, et ils veulent être portés par la foule et entraînés par la multitude. Ils disent alors qu'ils ont les premiers approuvé cet ouvrage, et que le public est de leur avis.

Ces gens laissent échapper les plus belles occasions de nous convaincre qu'ils ont de la capacité et des lumières, qu'ils savent juger, trouver bon ce qui est bon, et meilleur ce qui est meilleur. Un bel ouvrage tombe entre leurs mains : c'est un premier ouvrage, l'auteur ne s'est pas encore fait un grand nom, il n'a rien qui prévienne en sa faveur ; il ne s'agit point de faire sa cour ou de flatter les grands en applaudissant à ses écrits. On ne vous demande pas, *Zélotes*, de vous récrier : « *C'est un chef-d'œuvre de l'esprit ; l'humanité ne va pas plus loin ; c'est jusqu'où la parole humaine peut s'élever ; on ne jugera à l'avenir du goût de quelqu'un qu'à proportion qu'il en aura pour cette pièce ;* » phrases outrées, dégoû-

---

[1] Devant *aucun*, *rien*, *personne*, etc., on ne met aujourd'hui que *ne*.

tantes, qui sentent la pension ou l'abbaye[1], nuisibles à cela même qui est louable et qu'on veut louer. Que ne disiez-vous seulement : « Voilà un bon livre? » Vous le dites, il est vrai, avec toute la France, avec les étrangers comme avec vos compatriotes, quand il est imprimé par toute l'Europe et qu'il est traduit en plusieurs langues : il n'est plus temps.

¶ Quelques-uns de ceux qui ont lu un ouvrage en rapportent certains traits dont ils n'ont pas compris le sens, et qu'ils altèrent encore par tout ce qu'ils y mettent du leur; et ces traits ainsi corrompus et défigurés, qui ne sont autre chose que leurs propres pensées et leurs expressions, ils les exposent à la censure, soutiennent qu'ils sont mauvais, et tout le monde convient qu'ils sont mauvais; mais l'endroit de l'ouvrage que ces critiques croient citer, et qu'en effet ils ne citent point, n'en est pas pire.

¶ « Que dites-vous du livre d'*Hermodore*? — Qu'il est mauvais, répond *Anthime*. — Qu'il est mauvais? — Qu'il est tel, continue-t-il, que ce n'est pas un livre, ou qui mérite du moins que le monde en parle. — Mais l'avez-vous lu? — Non, » dit Anthime. Que n'ajoute-t-il que *Fulvie* et *Mélanie* l'ont condamné sans l'avoir lu, et qu'il est ami de Fulvie et de Mélanie[2]?

¶ *Arsène*, du plus haut de son esprit[3], contemple les hommes; et, dans l'éloignement d'où il les voit, il est comme

---

1. C'est-à-dire telles que les doivent faire ceux qui sollicitent une abbaye ou une pension.

2. Sous une forme nouvelle, c'est l'une des scènes de la *Critique de l'École des femmes* : « LE MARQUIS. Quoi! chevalier, est-ce que tu prétends soutenir cette pièce? — DORANTE. Oui, je prétends la soutenir. — LE MARQUIS. Parbleu, je la garantis détestable. — DORANTE. La caution n'est pas bourgeoise. Mais, marquis, par quelle raison, de grâce, cette comédie est-elle ce que tu dis? — LE MARQUIS. Pourquoi elle est détestable? — DORANTE. Oui. — LE MARQUIS. Elle est détestable parce qu'elle est détestable. — DORANTE. Après cela, il n'y a plus rien à dire; voilà son procès fait. Mais encore, instruis-nous, et nous dis les défauts qui y sont. — LE MARQUIS Que sais-je, moi? je ne me suis pas seulement donné la peine de l'écouter. Mais enfin je sais bien que je n'ai jamais rien vu de si méchant, Dieu me sauve! et Dorilas, contre qui j'étais, a été de mon avis. — DORANTE. L'autorité est belle, et te voilà bien appuyé. »   (G. SERVOIS.)

3. On peut rapprocher du caractère d'*Arsène* le portrait de Damis dans la cinquième scène du deuxième acte du *Misanthrope* :

effrayé de leur petitesse : loué, exalté et porté jusqu'aux cieux par de certaines gens qui se sont promis de s'admirer réciproquement, il croit, avec quelque mérite qu'il a, posséder tout celui qu'on peut avoir, et qu'il n'aura jamais ; occupé et rempli de ses sublimes idées, il se donne à peine le loisir de prononcer quelques oracles ; élevé par son caractère au-dessus des jugements humains, il abandonne aux âmes communes le mérite d'une vie suivie et uniforme, et il n'est responsable de ses inconstances qu'à ce cercle d'amis qui les idolâtrent. Eux seuls savent juger, savent penser, savent écrire, doivent écrire ; il n'y a point d'autre ouvrage d'esprit si bien reçu dans le monde et si universellement goûté des honnêtes gens [1], je ne dis pas qu'il veuille approuver, mais qu'il daigne lire : incapable d'être corrigé par cette peinture, qu'il ne lira point.

> Et les deux bras croisés, *du haut de son esprit*
> Il regarde en pitié tout ce que chacun dit....

et celui des personnages « qui s'en font extrêmement accroire » dans le quatrième chapitre des *Entretiens d'Ariste et d'Eugène* du P. Bouhours. — C'est, dit-on, le portrait du comte de Tréville, l'un des gentilshommes les plus instruits de la cour, qu'a voulu tracer la Bruyère. Bourdaloue, assure-t-on, s'était déjà proposé, en 1671, de peindre Tréville dans son *Sermon sur la sévérité évangélique*, lorsqu'il avait montré « ces dévots superbes qui se sont évanouis dans leur pensée.... ces esprits superbes qui se regardaient, et se faisaient un secret plaisir d'être regardés comme les *justes*, comme les *parfaits*, comme les *irrépréhensibles*.... qui de là prétendaient avoir le droit de mépriser tout le genre humain..., » chacun des auditeurs avait nommé Tréville. (G. Servois.)

1. Dans la langue du dix-septième siècle, les *honnêtes gens* sont les gens bien élevés, et surtout les hommes d'un esprit cultivé.

« L'*honnête homme* signifiait alors l'*homme de bonne compagnie* : c'était à la fois le *galant homme* et l'*homme du monde*. Cette qualification emportait l'idée d'une certaine élégance de mœurs qui ne se prend que dans les habitudes un peu relevées. Le bon ton, la facilité de l'esprit et des manières en faisaient une partie indispensable. » (Guizot, *Corneille et son temps*, III. Scarron.) « Quand nous disons de quelqu'un : *C'est un honnête homme, c'est un fort honnête homme*, qu'entendons-nous? Si nous prenons la peine d'examiner l'idée que nous avons dans l'esprit, il se trouvera que nous voulons dire : *un homme qui sent son bien, qui a de la politesse, de l'esprit, qui a même l'esprit cultivé, et qui joint à tout cela des mœurs*. (Gedoyn, *Œuv. div.* De l'urbanité romaine.)

¶ *Théocrine* sait des choses assez inutiles; il a des sentiments toujours singuliers : il est moins profond que méthodique; il n'exerce que sa mémoire; il est abstrait [1], dédaigneux, et il semble toujours rire en lui-même de ceux qu'il croit ne le valoir pas. Le hasard fait que je lui lis mon ouvrage, il l'écoute. Est-il lu, il me parle du sien. — Et du vôtre, me direz-vous, qu'en pense-t-il ? — Je vous l'ai déjà dit, il me parle du sien.

¶ Il n'y a point d'ouvrage si accompli qui ne fondît tout entier au milieu de la critique, si son auteur voulait en croire tous les censeurs qui ôtent chacun l'endroit qui leur plaît le moins.

¶ C'est une expérience faite que, s'il se trouve dix personnes qui effacent d'un livre une expression ou un sentiment, l'on en fournit aisément un pareil nombre qui les réclame. Ceux-ci s'écrient : « Pourquoi supprimer cette pensée ? Elle est neuve, elle est belle, et le tour en est admirable; » et ceux-là affirment, au contraire, ou qu'ils auraient négligé cette pensée, ou qu'ils lui auraient donné un autre tour. « Il y a un terme, disent les uns, dans votre ouvrage, qui est rencontré [2], et qui peint la chose au naturel. » — « Il y a un mot, disent les autres, qui est hasardé, et qui d'ailleurs ne signifie pas assez ce que vous voulez peut-être faire entendre. » Et c'est du même trait et du même mot que tous ces gens s'expliquent ainsi, et tous sont connaisseurs et passent pour tels. Quel autre parti pour un auteur, que d'oser pour lors être de l'avis de ceux qui l'approuvent ?

¶ Un auteur sérieux n'est pas obligé de remplir son es-

---

1. *Abstrait* se dit des personnes qu'une forte préoccupation détourne des objets qui les entourent et des discours qu'on tient devant elles. L'abbé Girard établit ainsi la différence entre *abstrait* et *distrait :* « On est *abstrait* lorsqu'on ne pense à aucun objet présent, ni à ce qu'on dit. On est *distrait* lorsqu'on regarde un autre objet que celui qu'on vous propose, ou qu'on écoute d'autres discours que ceux qu'on vous adresse. »

2. Heureux, bien trouvé. Le verbe *rencontrer* s'emploie ainsi tout seul pour dire rencontrer heureusement. « C'est un drôle (du Laurens) qui a quelque esprit, un peu d'érudition, et qui *rencontre* quelquefois. » (VOLT., *Lett.*, à M. de Bordes, 4 avril 1768.) « Quelquefois, en devinant au hasard, on *rencontre*. » (ID., *Dialog.*, XIX, 5.)

prit de toutes les extravagances, de toutes les saletés, de tous les mauvais mots que l'on peut dire, et de toutes les ineptes applications que l'on peut faire au sujet de quelques endroits de son ouvrage, et encore moins de les supprimer. Il est convaincu que, quelque scrupuleuse exactitude que l'on ait dans sa manière d'écrire, la raillerie froide des mauvais plaisants est un mal inévitable, et que les meilleures choses ne leur servent souvent qu'à leur faire rencontrer une sottise.

¶ Si certains esprits vifs et décisifs étaient crus, ce serait encore trop que les termes pour exprimer les sentiments; il faudrait leur parler par signes, ou sans parler se faire entendre. Quelque soin qu'on apporte à être serré et concis, et quelque réputation qu'on ait d'être tel, ils vous trouvent diffus. Il faut leur laisser tout à suppléer, et n'écrire que pour eux seuls : ils conçoivent une période par le mot qui la commence, et par une période tout un chapitre : leur avez-vous lu un seul endroit de l'ouvrage, c'est assez, ils sont dans le fait et entendent l'ouvrage. Un tissu d'énigmes leur serait une lecture divertissante ; et c'est une perte pour eux que ce style estropié qui les enlève soit rare [1], et que peu d'écrivains s'en accommodent. Les comparaisons tirées d'un fleuve dont le cours, quoique rapide, est égal et uniforme, ou d'un embrasement qui, poussé par les vents, s'épand au loin dans une forêt où il consume les chênes et les pins, ne leur fournissent aucune idée de l'éloquence. Montrez-leur un feu grégeois [2] qui les surprenne ou un éclair qui les éblouisse, ils vous quittent du bon et du beau [3].

---

1. C'est-à-dire : et il est regrettable pour eux que le genre de style qui les charme soit rare. — « N'avez-vous pas pris garde, dit le P. Bouhours, que l'obscurité des pensées vient encore de ce qu'elles sont *estropiées*, si j'ose m'exprimer de la sorte? je veux dire que le sens n'en est pas complet, et qu'elles ont quelque chose de monstrueux, comme ces statues imparfaites ou toutes mutilées..., etc. ? » (*Manière de penser*, 1687.)

2. Une fusée, un feu d'artifice.

3. *Quitter*, pour signifier *tenir quitte*, était une locution fort usuelle au dix-septième siècle : « Nous sommes tous insolvables, et si vous ne nous *quittez* tout, nous périssons tous également. » (Boss., *Médit. pour le jubilé*, II<sup>e</sup> Méd., 1,1.) « Les supplices affreux que l'énormité de mes crimes me préparait, et dont votre justice a bien voulu me

¶ Quelle prodigieuse distance entre un bel ouvrage et un ouvrage parfait ou régulier! Je ne sais s'il s'en est encore trouvé de ce dernier genre. Il est peut-être moins difficile aux rares génies de rencontrer le grand et le sublime, que d'éviter toute sorte de fautes. Le *Cid* n'a eu qu'une voix pour lui à sa naissance, qui a été celle de l'admiration ; il s'est vu plus fort que l'autorité et la politique [1], qui ont tenté vainement de le détruire ; il a réuni en sa faveur des esprits toujours partagés d'opinions et de sentiments, les grands et le peuple ; ils s'accordent tous à le savoir de mémoire, et à prévenir au théâtre les acteurs qui le récitent. Le *Cid* enfin est l'un des plus beaux poëmes que l'on puisse faire ; et l'une des meilleures critiques qui ait été faite [2] sur aucun sujet est celle du *Cid* [3].

¶ Quand une lecture vous élève l'esprit, et qu'elle vous inspire des sentiments nobles et courageux, ne cherchez pas une autre règle pour juger de l'ouvrage : il est bon et fait de main d'ouvrier [4].

*quitter* pour quelques violences passagères. » (Mass., *Paraph. mor. du Ps. XVII.*) « Les *quittant* de ces devoirs rigoureux. » (Id., *Orais. fun. du prince de Conti*, II.)

« Ne perdez point le temps que vous laisse leur fuite
A rendre à mon tombeau des soins dont je vous *quitte*. »
(Rac., *Mithr.*, V, v.)

Le dix-huitième siècle offre encore de bons exemples de cet emploi qu'on n'aurait pas dû laisser vieillir.

1. Boileau, satire ix, vers 231 :

En vain contre le Cid un ministre se ligue :
Tout Paris pour Chimène a les yeux de Rodrigue.
L'Académie en corps a beau le censurer,
Le public révolté s'obstine à l'admirer.

2. On écrirait aujourd'hui : l'une des meilleures critiques qui *aient été faites*. Mais les auteurs du dix-septième siècle affectionnaient l'emploi du singulier dans les constructions de ce genre.

3. Les *Sentiments de l'Académie sur le Cid* ont été beaucoup trop vantés.

4. On a dit excellemment, de nos jours, à l'exemple de la Bruyère : « Critique pleine, solide, lumineuse, entraînante, qui ne néglige rien, qui ne dit rien de trop, faite *de main d'ouvrier*. » (L. Veuillot, *Mélanges*, avril 1855.)

Au seizième et au dix-septième siècle, *ouvrier* s'employait souvent dans le style noble, pour dire auteur, artiste : « Peignit une ligne droicte si bien élaborée qu'elle n'eust peu estre faicte d'autre main

*Capys*, qui s'érige en juge du beau style et qui croit écrire comme Bouhours et Rabutin, résiste à la voix du peuple, et dit tout seul que *Damis* n'est pas un bon auteur. Damis cède à la multitude, et dit ingénument avec le public que Capys est froid écrivain [1].

que d'un excellent *ouvrier*. » (Gruget, *Div. leç.* II, xvii.) « Inimitable *ouvrier* de la terre et des cieux. » (Chassignet, *Ps.*, LXXXVIII.)

    « Que le seul Dieu qu'adorent les fidelles
    Est seul *ouvrier* des œuvres éternelles,
    Seul créateur, seul juge, et seul maistre de tout. »
                    (Racan, *Ps.*, XLVI.)

« Chanceliers de Bellièvre et de Sillery, fameux *ouvriers* de la mémorable paix de Vervins. » (Patru, *Éloge de Pomp. anc.*) « Qui n'admirera cet esprit céleste, qui fut l'*ouvrier* de tant de fictions ingénieuses ? » (Id., *Éloge de la Macarise.*)

    Même l'on dit que l'*ouvrier*
    Eut à peine achevé l'image,
    Qu'on le vit frémir le premier,
    Et redouter son propre ouvrage.
              (La Font., *Fables*, IX, vi.)

« Une personne que le ciel a composée avec tant de soin et avec tant d'art, doit faire honneur à son *ouvrier*. » (Id., *Psyché*, II.) « De quelle sorte pourrais-tu faire seulement un trait convenable dans une peinture si riche, s'il n'y avait en toi-même et dans quelque partie de ton être quelque art dérivé de ce premier art, quelques fécondes idées tirées de ces idées originales, en un mot quelque ressemblance, quelque écoulement, quelque portion de cet *ouvrier* qui a fait le monde ? » (Boss., *Serm. pour le vendr. de la 4ᵉ sem. de car.*, II.) « Qui ne l'admirera lui-même infiniment davantage, si par les voies plus secrètes, plus obscures et plus inconnues du gouvernement dont il est lui seul l'*ouvrier*, le conducteur et le maître, il a su corriger, surmonter et changer en mieux les mœurs, les inclinations et le génie de ses peuples ? » (Pellisson, *Panég. du roi.*)

Cet emploi se rencontre encore au dix-huitième siècle : « Apelle rendait justice avec joie au mérite des grands *ouvriers*, et ne rougissait point de se les préférer à lui-même pour de certaines qualités. » (Rollin, *Hist. anc.*, liv. XXII, c v, art. 2.) « Il est dangereux de vouloir tirer les habiles *ouvriers* de leur goût et de leur talent naturel. » (Id., *ibid.*) « Comme les plus grands *ouvriers* en ont fait quelquefois de médiocres, on ne connaît pas l'excellence d'un tableau, dès qu'on connaît son auteur. » (Du Bos, *Réflex. crit. sur la poés.*, t. II, p. 403, éd. 1770.)

1. Capys désigne Boursault et Damis Boileau. — Le jésuite Bouhours (1628-1702) a publié, entre autres ouvrages, la *Manière de bien*

¶ Le devoir du nouvelliste est de dire : « Il y a un tel livre qui court, et qui est imprimé chez Cramoisy [1], en tel caractère ; il est bien relié, et en beau papier ; il se vend tant. » Il doit savoir jusques à l'enseigne du libraire qui le débite : sa folie est d'en vouloir faire la critique [2].

Le sublime du nouvelliste est le raisonnement *creux* sur la politique.

Le nouvelliste se couche le soir tranquillement sur une nouvelle qui se corrompt la nuit, et qu'il est obligé d'abandonner le matin à son réveil.

¶ Le philosophe consume sa vie à observer les hommes, et il use ses esprits à en démêler les vices et le ridicule. S'il donne quelque tour à ses pensées, c'est moins par une vanité d'auteur que pour mettre une vérité, qu'il a trouvée, dans tout le jour nécessaire pour faire l'impression qui doit servir à son dessein. Quelques lecteurs croient néanmoins le payer avec usure, s'ils disent magistralement qu'ils ont lu son livre, et qu'il y a de l'esprit : mais il leur renvoie tous leurs éloges, qu'il n'a pas cherchés par son travail et par ses veilles. Il porte plus haut ses projets et agit pour une fin plus relevée : il demande des hommes un plus grand et un plus rare succès que les louanges, et même que les récompenses, qui est de les rendre meilleurs [3].

¶ Les sots lisent un livre, et ne l'entendent point ; les esprits médiocres croient l'entendre parfaitement. Les grands esprits ne l'entendent quelquefois pas tout entier ;

*penser dans les ouvrages d'esprit*, les *Entretiens d'Ariste et d'Eugène*, et un *Recueil de pensées ingénieuses* dans lequel il avait cité avec éloge la Bruyère. Voltaire a dit de lui : « La langue et le bon goût lui ont beaucoup d'obligations. » — Le comte Roger de Bussy-Rabutin (1618-1693), cousin de M$^{me}$ de Sévigné, a écrit la chronique scandaleuse de la cour, et laissé des lettres et des mémoires où la malignité et la vanité ne se font pas moins remarquer que l'esprit. Ses lettres, dont il avait fait faire des copies, couraient le monde. Il avait voulu faire entrer la Bruyère à l'Académie, et n'y put réussir. L'auteur des *Caractères* ne fut reçu que quelque temps après la mort de Bussy.

1. Nom d'une famille célèbre dans l'histoire de la librairie.
2. Cette boutade s'adresse aux fabricants et colporteurs de nouvelles, aux discoureurs des salons et des lieux publics.
3. L'auteur parle ici de lui-même ; c'est en 1689 qu'il a inséré cet alinéa dans les *Caractères*.

ils trouvent obscur ce qui est obscur, comme ils trouvent clair ce qui est clair. Les beaux esprits veulent trouver obscur ce qui ne l'est point, et ne pas entendre ce qui est fort intelligible.

¶ Un auteur cherche vainement à se faire admirer par son ouvrage. Les sots admirent quelquefois, mais ce sont des sots. Les personnes d'esprit ont en eux [1] les semences

---

1. Assez souvent, au dix-septième siècle, les pronoms et les adjectifs qui, dans le courant d'une phrase, se rapportaient au mot *personne*, étaient mis au masculin quand il s'agissait d'un homme. Vaugelas approuve cet usage, et cite avec éloge un passage de Malherbe, où *personne*, accompagné d'un adjectif féminin, reçoit élégamment, dit-il, le genre masculin dans le cours de la phrase : « J'ai eu cette consolation dans mes ennuis qu'une infinité de *personnes qualifiées* ont pris la peine de me témoigner le déplaisir qu'*ils* en ont eu. »

On a dit de même, au seizième et au dix-septième siècle :

« Et peu de *personnes* sont *morts auxquels* on ait diligemment pourveu. » (PARÉ, Œuv., XXIII, XVIII.) » J'ai été très-fortement persuadé que *cette personne* avait une obligation toute particulière de mener une vie si édifiante et si sainte, qu'*il* pût abondamment réparer par là ce qu'il peut y avoir dans son entrée de moins conforme à la sainteté des canons. *Il* n'ignore pas... » (ARNAULD, Œuv., I, 609.) « Je ne prétends point que cette *personne* s'y doive arrêter à ma pensée). C'est de Dieu qu'*il* doit attendre les lumières et les mouvements qui *le* détermineront dans une occasion si importante. »(ID., ib.) « On respirait un air embaumé, à cause des *personnes* qui venaient offrir des parfums à la déesse, et qui étaient *parfumés eux-mêmes*. » (LA FONT., *Psyché*, D. II.) « Jamais je n'ai vu deux *personnes* être si *contents l'un de l'autre*. » (MOL., *D. Juan*, I, II.) « Deux *personnes* qui disent les choses *d'eux-mêmes*. » (ID., *Mal. im.*, II, VI.) « On fait appeler des *personnes* qu'on ne voyait point depuis plusieurs années, et qu'on regardait comme *ennemis*. On se remet en grâce avec *eux* ; on leur pardonne, et on leur demande qu'*ils* nous accordent le même pardon. » (BOURD., *Pens.*, II, 46.) « Il y a telle *personne* qui n'a point vu de livres, qui avec son bon sens naturel est plus *savant* pour les choses du pur raisonnement, que certains docteurs consommés dans l'étude des livres. » (AMELOT DE LA HOUSS., *Réflex.*, 1714, p. 67.)

Girard fait à ce sujet cette remarque : « Aujourd'hui la régularité l'a emporté : le plus grand nombre regarde ce changement de genre comme une faute, du moins dans le style soutenu, et ne le souffre tout au plus que dans la vivacité de la conversation, où une nouvelle phrase a souvent plus de rapport à une idée simplement entendue et

de toutes les vérités et de tous les sentiments, rien ne leur est nouveau ; ils admirent peu, ils approuvent.

¶ Je ne sais si l'on pourra jamais mettre dans des lettres plus d'esprit, plus de tour, plus d'agrément et plus de style que l'on en voit dans celles de Balzac et de Voiture [1] ; elles sont vides de sentiments qui n'ont régné que depuis leur temps, et qui doivent aux femmes leur naissance. Ce sexe va plus loin que le nôtre dans ce genre d'écrire. Elles trouvent sous leur plume des tours et des expressions qui souvent en nous ne sont l'effet que d'un long travail et d'une pénible recherche ; elles sont heureuses dans le choix des termes, qu'elles placent si juste que, tout connus qu'ils sont, ils ont le charme de la nouveauté, et semblent être faits seulement pour l'usage où elles les mettent ; il n'appartient qu'à elles de faire lire dans un seul mot tout un sentiment, et de rendre délicatement une pensée qui est délicate ; elles ont un enchaînement de discours inimitable, qui se suit naturellement, et qui n'est lié que par le sens. Si les femmes étaient toujours correctes, j'oserais dire que les lettres de quelques-unes d'entre elles seraient peut-être ce que nous avons dans notre langue de mieux écrit [2].

¶ Il n'a manqué à Térence que d'être moins froid : quelle pureté, quelle exactitude, quelle politesse, quelle élégance, quels caractères ! Il n'a manqué à Molière que d'éviter le jargon et le barbarisme, et d'écrire purement [3] : quel feu, quelle naïveté, quelle source de la bonne plaisanterie, quelle imitation des mœurs, quelles images, et quel fléau du ridicule ! Mais quel homme on aurait pu faire de ces deux comiques !

¶ J'ai lu Malherbe et Théophile [1]. Ils ont tous deux connu

---

bon énoncée qu'à ce qui vient d'être exprimé par la parole. » (*Princ. de la lang. fr.*, 5ᵉ disc.)

1. Sur Balzac et Voiture, voir nos Morceaux choisis (*Cours sup.*).
2. La Bruyère paraît avoir connu quelques-unes des lettres de Mᵐᵉ de Sévigné.
3. La Bruyère s'exprime sur notre grand comique avec la même sévérité que Fénelon. Mais, en parlant de jargon et de barbarisme, il paraît faire allusion au langage paysanesque que Molière prête à Jacqueline, à Lucas, dans le *Médecin malgré lui*, et à divers personnages du *Festin de Pierre*, de *M. de Pourceaugnac*, etc.

1. Sur Malherbe, voir notre *Cours supérieur*. — Théophile de

la nature, avec cette différence que le premier, d'un style plein et uniforme ², montre tout à la fois ce qu'elle a de plus beau et de plus noble, de plus naïf et de plus simple : il en fait la peinture ou l'histoire. L'autre, sans choix, sans exactitude, d'une plume libre et inégale, tantôt charge ses descriptions, s'appesantit sur les détails; il fait une anatomie : tantôt il feint ³, il exagère, il passe le vrai dans la nature ; il en fait le roman.

¶ Ronsard ⁴ et Balzac ont eu chacun dans leur genre assez

Viau (1590-1626) fut un poète libertin et licencieux, inégal, excessif, souvent ridicule, mais parfois original. Ses œuvres eurent des éditions extrêmement multipliées. Il figura parmi les écrivains désignés par l'Académie pour faire autorité dans la rédaction du *Dictionnaire*. Doué d'un esprit vif et d'un caractère enjoué, il amusait la société par ses bons mots et ses piquantes saillies. Il était l'âme et le boute-en-train de toutes les parties de plaisir de la jeune noblesse débauchée. C'est là surtout que sa fantaisie poétique et sa verve audacieuse se donnaient carrière.

2. D'un style plein et toujours égal.
3. *Fingit*, il invente.
4. Pierre de Ronsard (1524-1585), né dans le Vendômois, voulut être le Pindare et le Callimaque de la France. Le premier, il essaya d'imiter les lyriques anciens ; mais ses odes prétendues pindariques, au nombre de quatorze ou quinze, toutes de sa jeunesse, sont ce qu'il y a de moins lisible et quelquefois de plus maussade dans Ronsard. Son recueil en contient une grande quantité d'autres d'une conception simple et franche, d'une facture aisée et naturelle, dont le mérite aurait dû désarmer la sévérité de Malherbe et de Boileau, et si ces poètes critiques avaient bien considéré d'autres productions de Ronsard, le *Bocage royal*, les *Hymnes*, les *Discours sur la misère du temps*, ils y auraient trouvé beaucoup de pièces, de passages ou de vers dignes de grands éloges. Célébré par ses contemporains enthousiasmés comme le Pindare, l'Horace et le Pétrarque de la France, Ronsard en voulut être l'Homère, le Virgile, l'Apollonius. Il tenta, en écrivant la *Franciade*, de donner à sa patrie son poëme héroïque. Ce fut un effort malheureux. Intérêt médiocre, point de vie, point d'animation, de fastidieux détails, des longueurs infinies, de maladroites imitations du merveilleux des anciens ; le tout d'un style prolixe, semé d'expressions familières jusqu'à la bassesse : telle est la *Franciade*.

Ronsard a écrit dans tous les genres de poésie. Parvenu à la vieillesse, il voulut faire une révision générale de ses œuvres : il les gâta. C'est alors surtout qu'il introduisit tant de vers ridiculement ampoulés qui lui ont fait longtemps une réputation grotesque.

¶ Marot [1], par son tour et par son style, semble avoir écrit depuis Ronsard : il n'y a guère, entre ce premier et nous, que la différence de quelques mots.

¶ Ronsard et les auteurs ses contemporains ont plus nui au style qu'ils ne lui ont servi : ils l'ont retardé dans le chemin de la perfection ; ils l'ont exposé à la manquer pour toujours et à n'y plus revenir. Il est étonnant que les ouvrages de Marot, si naturels et si faciles, n'aient su faire de Ronsard, d'ailleurs plein de verve et d'enthousiasme, un plus grand poëte que Ronsard et que Marot ; et, au contraire, que Belleau [2], Jodelle [3] et du Bar-

1. Clément Marot (1495-1544), admirable dans la poésie familière, dans les épîtres, les épigrammes et les élégies, est le seul entre nos anciens poëtes que cite Fénelon, dans sa *Lettre à l'Académie française*, quand il regrette ce que notre vieux langage avait de concis, de naturel, de vif, de hardi et de passionné. C'est que par le tour et par le style Clément Marot est presque un classique ; entre lui et les poëtes du dix-septième siècle, il n'y a guère, comme le dit justement ici la Bruyère, « que la différence de quelques mots. » Il est bien, comme l'appelle Henri Estienne, « le plus gentil des premiers poëtes françois ; » il est aussi un des premiers entre les mains duquel la langue française *s'est quelque peu limée*, suivant une de ses expressions à lui-même. Pour mériter d'être loué sans réserve, il ne lui manque que d'avoir été moins licencieux.

2. Rémy Belleau (1528-1577) naquit à Nogent-le-Rotrou. Il suivit en Italie le marquis d'Elbeuf, général des galères, comme professeur et gouverneur de son fils, Charles de Lorraine, qui fut depuis duc d'Elbeuf et grand écuyer de France. A son retour, il se lia avec les membres de la Pléiade, dont il fut bientôt l'une des gloires. A l'exemple de l'Italien Sannazar, l'auteur de l'*Arcadie*, il écrivit des *Bergeries* qui ravirent d'admiration les contemporains et lui attirèrent les éloges les plus enthousiastes. Le « gentil Belleau, » comme on l'appelait, est un poëte épris des beautés et des plaisirs simples des champs. Il se plaît à en reproduire les images ; les scènes champêtres abondent dans ses poésies ; c'est bien, comme l'a nommé Ronsard, un « peintre de la nature. »

3. Étienne Jodelle (1532-1573), auteur de deux tragédies imitées des anciens, *Cléopâtre* et *Didon*, et d'une comédie, *Eugèn ou la Rencontre*, n'a rien produit d'achevé et de vraiment durable. Celui que d'Aubigné appelait le « prince des poëtes tragiques » est à peine poëte par l'inspiration chez lui presque toujours glacée et empruntée, est

tas[1] aient été sitôt suivis d'un RACAN[2] et d'un MALHERBE, et que notre langue, à peine corrompue, se soit vue réparée[3].

¶ MAROT et RABELAIS[4] sont inexcusables d'avoir semé l'ordure dans leurs écrits : tous deux avaient assez de génie et

à peine écrivain par le style qu'il ne prenait aucun soin de châtier : il brochait ses pièces en quelques matinées.

1. Guillaume de Salluste, seigneur du BARTAS (1544-1590), eut l'honneur d'opposer une poésie sévère, morale et toute religieuse à la poésie païenne de Ronsard, et à la poésie molle, voluptueuse, épicurienne de Desportes. Lui, il ne s'inspire que de la muse céleste, *Uranie;* et il invite ardemment les autres poëtes à marcher dans la voie nouvelle qu'il leur ouvre. Son principal ouvrage est *la Semaine ou la Création* (1578). Le chantre biblique y étale successivement les merveilles de la nature, décrit tous les êtres et tous les objets de l'univers à mesure qu'ils sortent des mains du Créateur, et en faisant naître l'homme il nous raconte son histoire physique et morale, et parle de tous les arts dont il est l'inventeur. Dans ce poëme dont les circonstances firent en partie le succès, les morceaux supérieurs sont clair-semés, mais les vers bien frappés ne sont pas rares. Ce qui gâte tout et domine partout, ce sont des recherches pédantes de tournures grecques et latines, des affectations de mots nouveaux, des abus d'épithètes composées à la grecque et des entassements de mots étranges par lesquels il prétendait enrichir notre langue et lui procurer l'abondance et les ressources du grec et de l'allemand. Ce poëte gascon est un des écrivains les plus ampoulés, les plus guindés, les plus maniérés qu'on vit jamais.

2. Sur RACAN, voyez nos Morceaux choisis (*Cours supérieur*).

3. Boileau avait dit :

> Par ce sage écrivain la langue *réparée*
> N'offrit plus rien de rude à l'oreille épurée.

4. François RABELAIS (1483-1553), né à Seuilly, près de Chinon, fut tour à tour cordelier, bénédictin, médecin, bibliothécaire, secrétaire d'ambassade et curé. Ses trop célèbres *Faits et dicts du géant Gargantua et de son fils Pantagruel* sont un roman allégorique et satirique dirigé contre les moines, les princes, les rois et toute espèce d'autorité politique ou religieuse. Cet ouvrage rempli de tant de fatras et d'ordures qui faisaient souhaiter à Voltaire même qu'il fût réduit tout au plus à un demi-quart, restera cependant comme un des monuments de la langue française. Rabelais, rangé par Estienne Pasquier parmi les *pères de notre idiome*, est le seul qui ait observé dans la prose des règles invariables et en ait arrêté la syntaxe tout en lui laissant ses idiotismes. Peu d'écrivains ont importé dans notre langue tant de richesses durables.

de naturel pour pouvoir s'en passer, même à l'égard de ceux qui cherchent moins à admirer qu'à rire dans un auteur. Rabelais surtout est incompréhensible; son livre est une énigme, quoi qu'on veuille dire, inexplicable; c'est une chimère, c'est le visage d'une belle femme avec des pieds et une queue de serpent[1] ou de quelque autre bête plus difforme : c'est un monstrueux assemblage d'une morale fine et ingénieuse et d'une sale corruption. Où il est mauvais, il passe bien loin au delà du pire, c'est le charme de la canaille; où il est bon, il va jusques à l'exquis et à l'excellent, il peut être le mets des plus délicats.

¶ Deux écrivains, dans leurs ouvrages, ont blâmé Montaigne[2], que je ne crois pas, aussi bien qu'eux[3], exempt de toute sorte de blâme. Il paraît que tous deux ne l'ont estimé en nulle manière. L'un ne pensait pas assez pour goûter un auteur qui pense beaucoup; l'autre pense trop subtilement pour s'accommoder de pensées qui sont naturelles[4].

1. Horace, *Art poétique*, vers 3

.... ut turpiter atrum
Desinat in piscem mulier formosa superne.

2. Michel de Montaigne, ou Montagne, comme écrit la Bruyère, né en 1533, mort en 1592, était l'une des lectures favorites de l'auteur des *Caractères*. C'est un merveilleux écrivain. Dans son style primesautier, tout est image, tout est peinture; l'idée abstraite ne se présente jamais nue. Peu de poètes ont eu une imagination de style comparable à celle de cet étonnant prosateur. Il faut se défier de ses opinions; elles sont souvent trop hardies en fait de religion, et il a préludé au philosophisme en abandonnant son génie à tout risquer, bon sens, religion, conscience, doctrine, pour faire valoir une pensée forte et une expression hardie. Son indolence et sa légèreté se sont refusées à approfondir les sujets qu'il traitait, à rechercher les principes, à poursuivre les conséquences, à résoudre ses propres incertitudes. Cependant l'on a poussé trop loin l'interprétation du fameux *Que sais-je?* de Montaigne. Celui qui l'étudie sérieusement non-seulement dans ses écrits, mais dans sa vie, demeure convaincu que, sauf certaines réserves, il fut au moins un philosophe très-chrétien, et qu'on ne doit pas le compter parmi ceux qui s'appuient sur la raison pure de telle manière qu'ils excluent la foi et tout secours surnaturel.

3. Les grammaires modernes ne permettent pas de dire *aussi bien* pour *non plus* dans une phrase négative.

4. Le premier des écrivains dont parle ici la Bruyère est Guez de

¶ Un style grave, sérieux, scrupuleux, va fort loin. On lit Amyot [1] et Coeffeteau [2] : lequel lit-on de leurs contemporains ? Balzac, pour les termes et pour l'expression, est moins vieux que Voiture ; mais si ce dernier, pour le tour, pour l'esprit et pour le naturel, n'est pas moderne et ne ressemble en rien à nos écrivains, c'est qu'il leur a été plus

Balzac qui a critiqué Montaigne dans deux de ses *Entretiens*, et le second est le P. Malebranche qui a dit, dans la *Recherche de la vérité:* « Montaigne a bien travaillé à se faire l'air cavalier, mais il n'a pas travaillé à se faire l'esprit juste ou, pour le moins, il n'y a pas réussi. Ainsi, il s'est plutôt fait un pédant à la cavalière et d'une espèce toute singulière, qu'il ne s'est rendu raisonnable, judicieux et honnête homme. » (Livre II, IIIe part. De l'imagination.)

1. Jacques Amyot (1514-1593), d'une naissance obscure, d'abord réduit, pour gagner un peu d'argent, à se faire domestique de ses camarades du collège de Navarre, devint précepteur des enfants de Henri II, grand aumônier de France et évêque d'Auxerre. Il s'est placé au rang des plus distingués prédécesseurs des classiques par ses traductions des romans grecs d'Héliodore et de Longus, et surtout des œuvres de Plutarque. Ses versions offrent bien des fautes, des inadvertances, des infidélités de divers genres ; on peut même lui reprocher une infidélité générale, car il a dénaturé le caractère de Plutarque en prêtant une physionomie de simplicité à ce disciple raffiné de l'école d'Alexandrie. Mais si l'on considère ses traductions comme des œuvres originales, on ne pourra les louer assez pour leur admirable style. C'est un trésor de pur esprit français, de sens vraiment gaulois, lors même qu'il emprunte et dérobe aux Grecs des mots, des formes, des tournures. Le dix-septième siècle se forma sur Amyot et le plaça au premier rang des modèles pour la belle prose.

2. Nicolas Coeffeteau (1574-1623), évêque de Marseille, fut un savant théologien et un célèbre prédicateur. Il s'est fait une grande réputation d'écrivain par sa traduction de *Florus*, suivie d'une *Histoire romaine depuis Auguste jusqu'à Constantin*, 1621. « Vaugelas, dit Pellisson dans son *Histoire de l'Académie française*, s'était principalement formé sur Coëffeteau, et avait tant d'estime pour ses écrits, et surtout pour son *Histoire romaine*, qu'il ne pouvait presque recevoir de phrase qui n'y fût employée. M. de Balzac a dit sur ce sujet : *Qu'au jugement de M. Vaugelas il n'y avait point de salut hors de l'Histoire non plus que hors de l'Église romaine.* » En effet l'auteur des *Remarques* s'appuie sans cesse de l'autorité de M. Coëffeteau *qui écrit si nettement, de ce grand homme qui a fait paraître en tous ses écrits combien il était religieux et exact à ne point user d'aucun mot ni d'aucune phrase qui ne fût du temps et de la cour.* Vaugelas a dit encore : « Toute la France sait bien que ce grand personnage

facile de le négliger que de l'imiter, et que le petit nombre de ceux qui courent après lui ne peut l'atteindre [1].

¶ Le H*** G*** [2] est immédiatement au-dessous de rien. Il y a bien d'autres ouvrages qui lui ressemblent. Il y a autant d'invention à s'enrichir par un sot livre qu'il y a de sottise à l'acheter : c'est ignorer le goût du peuple que de ne pas hasarder quelquefois de grandes fadaises.

¶ L'on voit bien que l'*Opéra* est l'ébauche d'un grand spectacle ; il en donne l'idée [3].

exprimait les choses si nettement, que le galimatias n'était pas moins incompatible avec son esprit que les ténèbres avec la lumière. » Et ailleurs : « M. Coëffeteau, qui conserve toujours le rang glorieux qu'il s'est acquis par sa *Traduction de Florus*, et par son *Histoire romaine*, quoiqu'il y ait quelques mots et quelques façons de parler qui florissaient alors, et qui depuis sont tombés comme les feuilles des arbres. » Beaucoup plus tard, en 1695, Bossuet recommande la lecture de l'*Histoire romaine* de Coëffeteau (lettre à M<sup>me</sup> d'Albert de Luynes, 30 septembre 1695). M<sup>me</sup> de Maintenon voulait aussi que la duchesse de Bourgogne apprît l'histoire de l'empire romain dans cet auteur. Enfin le chancelier Daguesseau a écrit dans ses *Instructions sur l'étude et les exercices* : « L'*Histoire romaine* de Coëffeteau peut être lue sans aucun danger ; et elle mérite de l'être, pour apprendre, non-seulement la pureté, mais le caractère naturel et le véritable génie de notre langue. » Ce dernier témoignage prouve que la réputation du vieux traducteur s'est soutenue plus longtemps qu'on ne le croit généralement.

1. La Bruyère reproduit, sur Balzac et Voiture, les jugements de Bouhours.
2. Il s'agit du *Mercure galant*, journal politique et littéraire qui, depuis 1672, paraissait tous les mois et donnait les nouvelles de la cour, de l'armée et de la littérature. Il était rédigé par Donneau de Visé, qui eut parfois pour collaborateurs Thomas Corneille et Fontenelle. Dans les querelles d'alors il avait pris parti pour les modernes contre les anciens et pour Corneille contre Racine. Dans deux éditions, la 6<sup>e</sup> et la 7<sup>e</sup>, la Bruyère laissa imprimer les véritables initiales du *Mercure galant* ; dans les autres, à M. G., il substitua H. G., c'est-à-dire *Hermès galant*.
3. Cette critique est dirigée contre l'Académie de musique, qui avait été administrée par Lulli jusqu'à sa mort (1686), et qui le fut après lui par son gendre. Saint-Évremond, d'accord d'ailleurs avec Boileau, la Fontaine et Racine, ne pensait pas plus favorablement de l'Opéra. Il écrivait au duc de Buckingham : « Une sottise chargée de musique, de danses, de machines, de décorations, est une sottise magnifique, mais toujours sottise. Si vous voulez savoir ce que c'est

Je ne sais pas comment l'*Opéra*, avec une musique si parfaite et une dépense toute royale, a pu réussir à m'ennuyer.

Il y a des endroits dans l'*Opéra* qui laissent en désirer d'autres; il échappe quelquefois de souhaiter la fin de tout le spectacle : c'est faute de théâtre [1], d'action et de choses qui intéressent.

L'*Opéra*, jusques à ce jour, n'est pas un poëme, ce sont des vers; ni un spectacle, depuis que les machines ont disparu par le bon ménage d'*Amphion* et de sa race [2] : c'est un concert, ou ce sont des voix soutenues par des instruments. C'est prendre le change et cultiver un mauvais goût que de dire, comme l'on fait, que la machine n'est qu'un amusement d'enfants et qui ne convient qu'aux marionnettes : elle augmente et embellit la fiction, soutient dans les spectateurs cette douce illusion qui est tout le plaisir du théâtre, où elle jette encore le merveilleux. Il ne faut point de vols, ni de chars, ni de changements, aux *Bérénices* et à *Pénélope* [3]; il en faut aux *opéras;* et le propre de ce spectacle est de tenir les esprits, les yeux et les oreilles dans un égal enchantement.

¶ Ils ont fait le *théâtre* [4], ces empressés, les machines, les

---

qu'un opéra, je vous dirai que c'est un travail bizarre de poésie et de musique, où le poëte et le musicien, également gênés l'un par l'autre, se donnent bien de la peine à faire un méchant ouvrage. »

1. *Théâtre* désigne ici la scène, les décorations, les machines. Le même sens se montre dans les exemples suivants : « Le ciel s'ouvre et fait paraître le palais du Soleil.... Ces trois *théâtres* qu'on voit tout à la fois font un spectacle tout à fait agréable et majestueux. » (Corn., *la Toison d'or*, V, vi.) « Ce *théâtre* horrible fait place à un plus agréable. » (Id., *ibid.*, sc. iv.)

>  Quand le *théâtre* seul ne réussirait guère,
>  La comédie au moins, me diras-tu, doit plaire.
>  (La Fontaine, *Œuv. div.*, 1677.)

2. Lulli et sa famille. Le marquis de Sourdéac, qui dirigeait une académie de musique avec l'abbé de Perrin, et qui perfectionna singulièrement l'art du machiniste, avait fait sur son théâtre de très-belles décorations. Il se ruina. Mettant sa ruine à profit, Lulli obtint un privilége, fonda une nouvelle académie, et fit une part moins grande aux machines et aux décorations.

3. La *Bérénice* de Corneille et celle de Racine, représentées en 1670. — La *Pénélope* de l'abbé Genest, représentée en 1684.

4. Au mois d'août 1683, M. le Prince, fils du grand Condé et père

ballets, les vers, la musique, tout le spectacle, jusqu'à la salle où s'est donné le spectacle, j'entends le toit et les quatre murs dès leurs fondements. Qui doute que la chasse sur l'eau [1], l'enchantement de la Table [2], la merveille du labyrinthe [3], ne soient encore de leur invention ? J'en juge par le mouvement qu'ils se donnent, et par l'air content dont ils s'applaudissent sur tout le succès. Si je me trompe, et qu'ils n'aient contribué en rien à cette fête si superbe, si galante, si longtemps soutenue, et où un seul a suffi pour le projet et pour la dépense, j'admire deux choses : la tranquillité et le flegme de celui qui a tout remué, comme l'embarras et l'action de ceux qui n'ont rien fait.

¶ Les connaisseurs, ou ceux qui se croient tels, se don-

de l'élève de la Bruyère, avait offert au Dauphin, dans sa terre de Chantilly, une fête qui avait duré huit jours et coûté plus de cent mille écus. « M. le Prince était l'homme du monde qui avait le plus de talent pour imaginer tout ce qui pouvait rendre la fête galante et magnifique, » dit la Fare en ses *Mémoires*. « Personne, écrit Saint-Simon de son côté, n'a jamais porté si loin l'invention, l'exécution, l'industrie, les agréments ni les magnificences des fêtes dont il savait surprendre et enchanter. » Tel était aussi l'avis de la Bruyère, qui crut devoir mettre à profit la publication de la quatrième édition de ses *Caractères* (1689), pour y glisser, au milieu de ses considérations sur le théâtre, une flatterie à l'adresse de M. le Prince. On ne sait au juste quels sont les « empressés » qu'il raille. (G. SERVOIS.)

1. La chasse sur l'eau se fit le sixième jour de la fête (28 août). Après une chasse où l'on avait tué cinquante ou soixante cerfs, biches ou sangliers, on jeta dans l'étang de Comelle, au son des hautbois et des trompettes, les bêtes vivantes que l'on avait prises. Les dames, placées sur des bateaux couverts de feuillage, arrêtaient les cerfs au moyen de nœuds coulants et les faisaient attacher à la barque. Lorsque, les rames levées, on avait gagné la terre à la remorque des cerfs, elles coupaient la corde et leur rendaient la liberté.

2. Le dimanche 22 août, premier jour de la fête, le Dauphin, qui avait été reçu à l'extrémité de la forêt par M. le Duc, avait été amené par lui au carrefour de la *Table*, où les attendait M. le Prince. Au milieu de ce carrefour s'élevait sur une estrade un édifice de verdure, au milieu duquel une magnifique corbeille d'argent contenait la collation. Après le repas et le concert, on vit passer le cerf dans l'une des allées, et la chasse commença.

3. Collation très-ingénieuse, donnée dans le labyrinthe de Chantilly. (*Note de la Bruyère.*) La collation dans le labyrinthe eut lieu le 29 août.

nent voix délibérative et décisive sur les spectacles, se cantonnent aussi, et se divisent en des partis contraires, dont chacun, poussé par un tout autre intérêt que par celui du public ou de l'équité, admire un certain poëme ou une certaine musique, et siffle toute autre. Ils nuisent également, par cette chaleur à défendre leurs préventions, et à la faction opposée, et à leur propre cabale; ils découragent par mille contradictions les poëtes et les musiciens, retardent le progrès des sciences et des arts, en leur ôtant le fruit qu'ils pourraient tirer de l'émulation et de la liberté qu'auraient plusieurs excellents maîtres de faire chacun dans leur genre, et selon leur génie, de très-beaux ouvrages.

¶ D'où vient que l'on rit si librement au théâtre, et que l'on a honte d'y pleurer? Est-il moins dans la nature de s'attendrir sur le pitoyable [1] que d'éclater sur le ridicule? Est-ce l'altération des traits qui nous retient? Elle est plus grande dans un ris immodéré que dans la plus amère douleur; et l'on détourne son visage pour rire, comme pour pleurer, en la présence des grands et de tous ceux que l'on respecte. Est-ce une peine que l'on sent à laisser voir que l'on est tendre, et à marquer quelque faiblesse, surtout en un sujet faux, et dont il semble que l'on soit la dupe? Mais, sans citer les personnes graves ou les esprits forts qui trouvent du faible dans un ris excessif comme dans les pleurs, et qui se les défendent également, qu'attend-on d'une scène tragique? Qu'elle fasse rire? Et d'ailleurs, la vérité n'y règne-t-elle pas aussi vivement par ses images que dans le comique? L'âme ne va-t-elle pas jusqu'au vrai dans l'un et l'autre genre avant que de s'émouvoir? est-elle même si aisée à contenter? ne lui faut-il pas encore le vraisemblable? Comme donc ce n'est point une chose bizarre d'entendre s'élever de tout un amphithéâtre un ris universel sur quelque endroit d'une comédie, et que cela suppose au contraire qu'il est plaisant et très-naïvement exécuté, aussi l'extrême violence que chacun se fait à contraindre ses larmes, et le mauvais ris dont on veut les couvrir, prouvent clairement que l'effet naturel du grand tragique serait de pleurer tous franchement et de concert à la vue l'un de

---

1. *Pitoyable* est employé ici substantivement pour dire ce qui est digne de pitié. Cette signification a vieilli.

l'autre, et sans autre embarras que d'essuyer ses larmes : outre qu'après être convenu de s'y abandonner, on éprouverait encore qu'il y a souvent moins lieu de craindre de pleurer au théâtre que de s'y morfondre.

¶ Le poëme tragique vous serre le cœur dès son commencement, vous laisse à peine dans tout son *progrès* [1] la liberté de respirer et le temps de vous remettre ; ou, s'il vous donne quelque relâche, c'est pour vous replonger dans de nouveaux abîmes et dans de nouvelles alarmes ; il vous conduit à la terreur par la pitié, ou, réciproquement, à la pitié par le terrible ; vous mène par les larmes, par les sanglots, par l'incertitude, par l'espérance, par la crainte, par les surprises et par l'horreur, jusqu'à la catastrophe. Ce n'est donc pas un tissu de jolis sentiments, de déclarations tendres, d'entretiens galants, de portraits agréables, de mots *doucereux* [2], ou quelquefois assez plaisants pour faire rire, suivi à la vérité d'une dernière scène où les mutins n'entendent aucune raison [3], et où, pour la bienséance, il y a enfin du sang répandu, et quelque malheureux à qui il en coûte la vie.

¶ Ce n'est point assez que les mœurs du théâtre [4] ne soient point mauvaises, il faut encore qu'elles soient décentes et instructives. Il peut y avoir un ridicule si bas et si grossier, ou même si fade et si indifférent, qu'il n'est ni permis au poëte d'y faire attention, ni possible aux spectateurs de s'en divertir. Le paysan ou l'ivrogne fournit quelques scènes à

---

1. *Progrès* a ici le sens de développement, comme dans ces exemples : « Pour arrêter un peu le *progrès* des desseins de MM. de Savoye et de Cordoue. » (RICHELIEU, *Lettres*, III, 96.) « C'est ce que le *progrès* de notre recherche nous conduit à examiner. » (DAGUESS., *Lett. sur div. suj.*, III.) « Si j'ai paru quelquefois dans le *progrès* de mon raisonnement prendre un ton plus affirmatif. » (ID., *ibid.*)

2.     Peignez donc, j'y consens, les héros amoureux,
    Mais ne m'en formez pas des bergers *doucereux*,

dit Boileau en s'adressant aux auteurs dramatiques. (*Art poét.*, III, vers 97.) Dans l'ancien langage le mot *doucereux* n'était pas employé en mauvaise part ; Boileau, l'un des premiers, lui donna le sens avec lequel il est arrivé jusqu'à nous.

3. Sédition, dénoûment vulgaire des tragédies. (*Note de la Bruyère.*)

4. Les mœurs des personnages que les auteurs mettent en scène.

un farceur; il n'entre qu'à peine dans le vrai comique : comment pourrait-il faire le fond où l'action principale de la comédie ? Ces caractères, dit-on, sont naturels. Ainsi, par cette règle, on occupera bientôt tout l'amphithéâtre d'un laquais qui siffle, d'un malade dans sa garde-robe, d'un homme ivre qui dort ou qui vomit [1] : y a-t-il rien de plus naturel? C'est le propre d'un efféminé de se lever tard, de passer une partie du jour à sa toilette, de se voir au miroir, de se parfumer, de se mettre des mouches, de recevoir des billets et d'y faire réponse : mettez ce rôle sur la scène : plus longtemps vous le ferez durer, un acte, deux actes, plus il sera naturel et conforme à son original ; mais plus aussi il sera froid et insipide [2].

¶ Corneille ne peut être égalé dans les endroits où il excelle : il a pour lors un caractère original et inimitable; mais il est inégal. Ses premières comédies [3] sont sèches, languissantes, et ne laissaient pas espérer qu'il dût ensuite aller si loin; comme ses dernières font qu'on s'étonne qu'il ait pu tomber de si haut. Dans quelques-unes de ses meilleures pièces, il y a des fautes inexcusables contre les *mœurs* [4], un style de déclamateur qui arrête l'action et la fait languir, des négligences dans les vers et dans l'expression qu'on ne peut comprendre en un si grand homme. Ce qu'il y a eu en lui de plus éminent, c'est l'esprit, qu'il avait sublime, auquel il a été redevable de certains vers, les plus heureux qu'on ait jamais lus ailleurs, de la conduite de son

---

1. La Bruyère, sévère à l'excès, comme Boileau, à l'égard de Molière, fait ici allusion au personnage d'Argan, dans le *Malade imaginaire*. Plus haut, il reproche à notre grand comique les paysans qu'il a souvent mis en scène et le personnage de Sganarelle (*Médecin malgré lui*), dont l'ivrognerie, on doit le reconnaître, n'est montrée que très-discrètement.

2. Ce rôle est celui que l'acteur Baron avait mis sur la scène dans sa comédie de *l'Homme à bonnes fortunes*, pièce dans laquelle il avait pris plaisir à se peindre lui-même, et qui fut représentée en 1686.

3. C'est-à-dire ses premières pièces de théâtre, comédies ou tragédies.

4. *Mœurs*, en termes de poétique, désigne ce qui concerne les habitudes morales du pays et du temps dont il est question dans un poëme, dans une pièce de théâtre, ce qui est conforme au caractère des personnages qui y sont représentés.

théâtre, qu'il a quelquefois hasardée contre les règles des anciens, et enfin de ses dénoûments, car il ne s'est pas toujours assujetti au goût des Grecs et à leur grande simplicité; il a aimé au contraire à charger la scène d'événements dont[1] il est presque toujours sorti avec succès : admirable surtout par l'extrême variété et le peu de rapport qui se trouve pour le dessein entre un si grand nombre de poëmes qu'il a composés. Il semble qu'il y ait plus de ressemblance dans ceux de RACINE, et qu'ils tendent un peu plus à une même chose ; mais il est égal, soutenu, toujours le même partout, soit pour le dessein et la conduite de ses pièces, qui sont justes, régulières, prises dans le bon sens et dans la nature, soit pour la versification, qui est correcte, riche dans ses rimes, élégante, nombreuse, harmonieuse : exact imitateur des anciens, dont il a suivi scrupuleusement la netteté et la simplicité de l'action ; à qui le grand et le merveilleux n'ont pas même manqué, ainsi qu'à Corneille, ni le touchant ni le pathétique. Quelle plus grande tendresse que celle qui est répandue dans tout *le Cid*, dans *Polyeucte* et dans *les Horaces?* Quelle grandeur ne se remarque point en Mithridate, en Porus et en Burrhus ? Ces passions encore favorites des anciens, que les tragiques aimaient à exciter sur les théâtres, et qu'on nomme la terreur et la pitié, ont été connues de ces deux poëtes. Oreste, dans l'*Andromaque* de Racine, et *Phèdre* du même auteur, comme l'*Œdipe*[2] et *les Horaces* de Corneille, en sont la preuve. Si cependant il est permis de faire entre eux quelque comparaison et les marquer l'un et l'autre par ce qu'ils ont eu de plus propre et par ce qui éclate le plus ordinairement dans leurs ouvrages, peut-être qu'on pourrait parler ainsi : Corneille nous assujettit à ses caractères et à ses idées, Racine se conforme aux nôtres ; celui-là peint les hommes comme ils devraient être, celui-ci les peint tels

1. Aujourd'hui *d'où*.
2. La Bruyère, en mettant *Œdipe* sur la même ligne que *le Cid*, partage, mais avec des réserves, l'enthousiasme des contemporains. *Œdipe* se fait remarquer, en plusieurs passages, par la vigueur des pensées et par l'énergie du style. Mais quelle distance de la tragédie de Corneille aux deux chefs-d'œuvre de Sophocle ! Cette pièce avait été composée, en 1659, à la prière du surintendant Fouquet dont le grand tragique avait reçu quelques bienfaits. Elle fut expédiée en deux mois et livrée comme une véritable marchandise de commande.

qu'ils sont. Il y a plus dans le premier de ce que l'on admire, et de ce que l'on doit même imiter ; il y a plus dans le second de ce que l'on reconnaît dans les autres, ou de ce que l'on éprouve dans soi-même. L'un élève, étonne, maîtrise, instruit ; l'autre plaît, remue, touche, pénètre. Ce qu'il y a de plus beau, de plus noble et de plus impérieux dans la raison, est manié par le premier ; et par l'autre, ce qu'il y a de plus flatteur et de plus délicat dans la passion. Ce sont dans celui-là des maximes, des règles, des préceptes ; et dans celui-ci du goût et des sentiments. L'on est plus occupé aux pièces de Corneille ; l'on est plus ébranlé et plus attendri à celles de Racine. Corneille est plus moral, Racine plus naturel. Il semble que l'un imite SOPHOCLE, et que l'autre doit plus à EURIPIDE[1].

¶ Le peuple appelle éloquence la facilité que quelques-uns ont de parler seuls et longtemps, jointe à l'emportement du geste, à l'éclat de la voix et à la force des poumons. Les pédants ne l'admettent aussi que dans le discours oratoire, et ne la distinguent pas de l'entassement des figures, de l'usage des grands mots et de la rondeur des périodes.

Il semble que la logique est l'art de convaincre de quelque vérité, et l'éloquence un don de l'âme, lequel nous rend maîtres du cœur et de l'esprit des autres, qui fait que nous leur inspirons ou que nous leur persuadons tout ce qui nous plaît.

L'éloquence peut se trouver dans les entretiens et dans tout genre d'écrire. Elle est rarement où on la cherche, et elle est quelquefois où on ne la cherche point.

L'éloquence est au sublime ce que le tout est à sa partie.

---

1. C'est en 1687 que la Bruyère a écrit ce parallèle entre Corneille et Racine. Plus tard, à mesure qu'il se lie davantage avec Racine et ses amis, son admiration pour Corneille faiblit. En 1690, il fait, à l'adresse de certains poëtes dramatiques, une profession de foi qui peut déplaire aux amis de Corneille (voyez p. 6), et il a la hardiesse, en 1693, de dire toute sa pensée au sein même de l'Académie, dans son discours de réception. Comment, en effet, ne pas comprendre qu'il parlait en son propre nom, lorsque, venant à dire que quelques admirateurs de Racine ne souffraient pas que Corneille lui fût égalé, il osait ajouter : « Ils en appellent à l'autre siècle ; ils attendent la fin de quelques vieillards qui, touchés indifféremment de tout ce qui rappelle leurs premières années, n'aiment peut-être dans Œdipe que le souvenir de leur jeunesse. » (G. SERVOIS.)

Qu'est-ce que le sublime? Il ne paraît pas qu'on l'ait défini. Est-ce une figure? Naît-il des figures, ou du moins de quelques figures? Tout genre d'écrire reçoit-il le sublime, ou s'il n'y a que les grands sujets qui en soient capables[1]? Peut-il briller autre chose dans l'églogue qu'un beau naturel, et dans les lettres familières comme dans les conversations qu'une grande délicatesse? ou plutôt le naturel et le délicat ne sont-ils pas le sublime des ouvrages dont ils font la perfection? Qu'est-ce que le sublime? Où entre le sublime?

Les synonymes sont plusieurs dictions[2] ou plusieurs phrases différentes qui signifient une même chose. L'antithèse est une opposition de deux vérités qui se donnent du jour l'une à l'autre[3]. La métaphore ou la comparaison emprunte d'une chose étrangère une image sensible et naturelle d'une vérité. L'hyperbole exprime au delà de la vérité pour ramener l'esprit à la mieux connaître. Le sublime ne peint que la vérité, mais en un sujet noble; il la peint tout entière, dans sa cause et dans son effet; il est l'expression ou l'image la plus digne de cette vérité. Les esprits médiocres ne trouvent point l'unique expression, et usent de synonymes. Les jeunes gens sont éblouis de l'éclat de l'antithèse, et s'en servent. Les esprits justes, et qui aiment à faire des images qui soient précises, donnent naturellement dans la comparaison et la

---

1. La Bruyère dit plus loin : « Pour le sublime, il n'y a, même entre les grands génies, que les plus élevés qui en soient *capables*. » Dans cette seconde phrase *capable* se rapporte à un nom de personne; mais le dix-septième siècle employait souvent *capable*, appliqué à un nom de chose, comme dans la phrase de la Bruyère, pour dire qui peut recevoir, qui est susceptible de. « Quelques paroles ainsi qu'une de ses lettres, qui sont *capables* d'un bon sens, doivent être prises en bonne part. » (PASC., *Provinc.*, X.) « Je n'ai pu découvrir un sujet *capable de* tant d'ornements extérieurs. » (CORN., *Andromède*, arg.) « Ils voulurent éprouver si la langue latine était *capable des* beautés du poëme dramatique. » (MAUCROIX, *Œuv. nouv.*, Ep. d'Hor., II, 1.) « Quoiqu'un auteur soit exact et qu'il prenne soin de ne rien dire qui soit équivoque, il lui échappe toujours quelque expression *capable de* plusieurs sens. » (LAMI, *Entret. sur les sciences*, I.) « Les verbes hébreux sont *capables de* différents genres aussi bien que les noms. » (*L'Art de parler*, I, VIII.)

2. *Diction*, ici, est synonyme de mot. Autrefois on distinguait les lettres, les syllabes et les *dictions*.

3. Qui s'éclairent l'une l'autre.

métaphore[1]. Les esprits vifs, pleins de feu, et qu'une vaste imagination emporte hors des règles et de la justesse, ne peuvent s'assouvir de l'hyperbole. Pour le sublime, il n'y a, même entre les grands génies, que les plus élevés qui en soient capables.

¶ Tout écrivain, pour écrire nettement, doit se mettre à la place de ses lecteurs, examiner son propre ouvrage comme quelque chose qui lui est nouveau, qu'il lit pour la première fois, où il n'a nulle part, et que l'auteur aurait soumis à sa critique, et se persuader ensuite qu'on n'est pas entendu seulement à cause que l'on s'entend soi-même, mais parce qu'on est en effet intelligible.

¶ L'on n'écrit que pour être entendu ; mais il faut du moins, en écrivant, faire entendre de belles choses. L'on doit avoir une diction pure, et user de termes qui soient propres, il est vrai ; mais il faut que ces termes si propres expriment des pensées nobles, vives, solides, et qui renferment un très-beau sens. C'est faire de la pureté et de la clarté du discours un mauvais usage que de les faire servir à une matière aride, infructueuse, qui est sans sel, sans utilité, sans nouveauté. Que sert aux lecteurs de comprendre aisément et sans peine des choses frivoles et puériles, quelquefois fades et communes, et d'être moins incertains de la pensée d'un auteur qu'ennuyés de son ouvrage ?

Si l'on jette quelque profondeur dans certains écrits, si l'on affecte une finesse de tour, et quelquefois une trop grande délicatesse, ce n'est que par la bonne opinion qu'on de ses lecteurs [2].

¶ L'on a cette incommodité à essuyer dans la lecture des livres faits par des gens de parti et de cabale, que l'on n'y voit pas toujours la vérité. Les faits y sont déguisés, les raisons réciproques n'y sont point rapportées dans toute leur force, ni avec une entière exactitude ; et, ce qui use la plus longue patience, il faut lire un grand nombre de termes durs et injurieux que se disent des hommes graves, qui, d'un point de doctrine ou d'un fait contesté, se font une querelle per-

---

1. *Donnent dans...* La Bruyère emploia cette expression sans y attacher la pensée de blâme ou d'ironie qu'on y joint le plus souvent

2. *Jeter quelque profondeur est une mauvaise métaphore.* — La Bruyère semble ici répondre au reproche d'afféterie, et cette réponse assez embarrassée est un demi-aveu.

sonnelle. Ces ouvrages ont cela de particulier qu'ils ne méritent ni le cours prodigieux qu'ils ont pendant un certain temps, ni le profond oubli où ils tombent lorsque, le feu et la division venant à s'éteindre, ils deviennent des almanachs de l'autre année.

¶ La gloire ou le mérite de certains hommes est de bien écrire; et de quelques autres, c'est de n'écrire point.

¶ L'on écrit régulièrement depuis vingt années; l'on est esclave de la construction; l'on a enrichi la langue de nouveaux mots, secoué le joug du latinisme, et réduit le style à la phrase purement française; l'on a presque retrouvé le nombre que Malherbe et Balzac avaient les premiers rencontré, et que tant d'auteurs depuis eux ont laissé perdre; l'on a mis enfin dans le discours tout l'ordre et toute la netteté dont il est capable : cela conduit insensiblement à y mettre de l'esprit [1].

¶ Il y a des artisans ou des habiles dont l'esprit est aussi vaste que l'art et la science qu'ils professent; ils lui rendent avec avantage, par le génie et par l'invention, ce qu'ils tiennent d'elle et de ses principes; ils sortent de l'art pour l'en-

---

1. Voici l'interprétation que M. Sainte-Beuve donne de ce passage, qui a été entendu très-diversement : « La Bruyère nous a tracé une courte histoire de la prose française en ces termes : « L'on écrit régulièrement, etc. » Telle doit être en effet la juste appréciation de cet alinéa : il contient l'histoire de la prose française à cette époque. Dans ce résumé de l'histoire de la langue au dix-septième siècle, la Bruyère loue-t-il sans réserve chacune des modifications qu'il constate? Que l'on ait « enrichi la langue de nouveaux mots, » que l'on ait « presque retrouvé le nombre que Malherbe et Balzac avaient les premiers rencontré, » assurément il s'en félicite. Mais tout en applaudissant à certains progrès de la langue, ne signale-t-il pas avec une sorte de regret plus ou moins dissimulé certaines exigences un peu tyranniques des disciples de Vaugelas? Cette expression : « esclave de la construction, » permettrait peut-être de le conjecturer. Dans sa *Lettre sur les occupations de l'Académie française*, Fénelon a vivement critiqué la trop grande soumission des écrivains à « la méthode la plus scrupuleuse et la plus uniforme de la grammaire. » « L'excès choquant de Ronsard, écrit-il, nous a un peu jetés dans l'extrémité opposée : on a appauvri, desséché et gêné notre langue. » Il ajoute, non sans quelque injustice, que les lois trop rigoureuses de la grammaire excluent « toute variété, et souvent toute magnifique cadence. » (*Portraits littéraires*.)

noblir, s'écartent des règles si elles ne les conduisent pas à grand et au sublime; ils marchent seuls et sans compagnie; mais ils vont fort haut et pénètrent fort loin, toujours sûrs et confirmés par le succès des avantages que l'on tire quelquefois de l'irrégularité. Les esprits justes, doux, modérés, non-seulement ne les atteignent pas, ne les admirent pas, mais ils ne les comprennent point, et voudraient encore moins les imiter. Ils demeurent tranquilles dans l'étendue de leur sphère, vont jusques à un certain point qui fait les bornes de leur capacité et de leurs lumières; ils ne vont pas plus loin, parce qu'ils ne voient rien au delà. Ils ne peuvent au plus qu'être les premiers d'une seconde classe, et exceller dans le médiocre.

¶ Il y a des esprits, si je l'ose dire, inférieurs et subalternes, qui ne semblent faits que pour être le recueil, le registre, ou le magasin de toutes les productions des autres génies. Ils sont plagiaires, traducteurs, compilateurs: ils ne pensent point, ils disent ce que les auteurs ont pensé; et comme le choix des pensées est invention, ils l'ont mauvais, peu juste, et qui les détermine plutôt à rapporter beaucoup de choses que d'excellentes choses; ils n'ont rien d'original et qui soit à eux; ils ne savent que ce qu'ils ont appris, et ils n'apprennent que ce que tout le monde veut bien ignorer, une science vaine, aride, dénuée d'agrément et d'utilité, qui ne tombe point dans la conversation, qui est hors de commerce, semblable à une monnaie qui n'a point de cours. On est tout à la fois étonné de leur lecture et ennuyé de leur entretien ou de leurs ouvrages. Ce sont ceux que les grands et le vulgaire confondent avec les savants, et que les sages renvoient au pédantisme.

¶ La critique souvent n'est pas une science; c'est un métier, où il faut plus de santé que d'esprit, plus de travail que de capacité, plus d'habitude que de génie. Si elle vient d'un homme qui ait moins de discernement que de lecture et qu'elle s'exerce sur de certains chapitres, elle corrompt et les lecteurs et l'écrivain.

¶ Je conseille à un auteur né copiste, et qui a l'extrême modestie de travailler d'après quelqu'un, de ne se choisir pour exemplaires [1] que ces sortes d'ouvrages où il entre de

---

1. *Exemplaire*, pour dire modèle à suivre, est excellent, quoique un peu oublié aujourd'hui.

l'esprit, de l'imagination, ou même de l'érudition : s'il n'atteint pas ses originaux, du moins il en approche, et il se fait lire. Il doit au contraire éviter comme un écueil de vouloir imiter ceux qui écrivent par humeur [1], que le cœur fait parler, à qui il inspire les termes et les figures, et qui tirent, pour ainsi dire, de leurs entrailles tout ce qu'ils expriment sur le papier; dangereux modèles et tout propres à faire tomber dans le froid, dans le bas et dans le ridicule, ceux qui s'ingèrent de les suivre. En effet, je rirais d'un homme qui voudrait sérieusement parler mon ton de voix [2], ou me ressembler de visage.

¶ Un homme né chrétien et Français se trouve contraint dans la satire [3] : les grands sujets lui sont défendus ; il les entame quelquefois, et se détourne ensuite sur de petites choses, qu'il relève par la beauté de son génie et de son style.

¶ Il faut éviter le style vain et puéril, de peur de ressembler à *Dorilas* et *Handburg* [4]. L'on peut au contraire, en une sorte d'écrits, hasarder de certaines expressions, user de termes transposés [5] et qui peignent vivement, et plaindre ceux qui ne sentent pas le plaisir qu'il y a à s'en servir ou à les entendre.

1. Voir la note 5 de la page 9.
2. Les auteurs offrent de nombreux exemples de *parler* employé activement, et l'Académie a maintenu cette manière de dire. « S'il *parlait* par esprit *ce* qu'il *parle* par instinct. » (Pasc., *Pens.*) « Il vous est utile qu'un homme sans intérêt et sans conséquence vous *parle* en secret un langage dur. » (Fénel., *Télém.*, XII.)

« Vous ne dites, monsieur, que des extravagances,
Et *parlez* justement le langage des fous. »
(Corn., *Suite du Ment.*, III, 11.)

« Elles *parlent* des jargons inintelligibles. » (Condill., *Log.*, II, 1.)
3. Allusion à Boileau.
4. *Dorilas* désigne Varillas, dont l'*Histoire des révolutions arrivées en Europe* était en cours de publication quand parut la première édition des *Caractères*. *Handburg* est le P. Maimbourg, auteur d'un grand nombre d'ouvrages d'histoire et de théologie, mort en 1686.
5. Quand Boileau, dans ses réflexions sur les *Héros de romans*, parle de paroles, de termes, de mots *transposés*, il veut dire évidemment des mots construits avec une inversion. La Bruyère, lui, entend ici, des termes transposés quant au sens, c'est-à-dire métaphoriques.

¶ Celui qui n'a égard en écrivant qu'au goût de son siècle songe plus à sa personne qu'à ses écrits. Il faut toujours tendre à la perfection ; et alors cette justice qui nous est quelquefois refusée par nos contemporains, la postérité sait nous la rendre.

¶ Il ne faut point mettre un ridicule où il n'y en a point ; c'est se gâter le goût, c'est corrompre son jugement et celui des autres. Mais le ridicule qui est quelque part, il faut l'y voir, l'en tirer avec grâce, et d'une manière qui plaise et qui instruise[1].

¶ Horace ou Despréaux l'a dit avant vous[2]. — Je le crois sur votre parole ; mais je l'ai dit comme mien. Ne puis-je pas penser après eux une chose vraie, et que d'autres encore penseront après moi ?

---

## CHAPITRE II

## DU MÉRITE PERSONNEL [3]

Qui peut, avec les plus rares talents et le plus excellent

---

1. Horace, *Satires*, I, x :
>     Ridiculum acri
> Fortius ac melius magnas plerumque secat res.

Boileau, satire IX, vers 267 :
> La satire en leçons, en nouveauté fertile,
> Sait seule assaisonner le plaisant et l'utile.

2. Boileau, même satire, vers 127 :
> Mais lui qui fait ici le régent du Parnasse,
> N'est qu'un gueux revêtu des dépouilles d'Horace.
> Avant lui Juvénal avait dit en latin...

3. « La Bruyère n'avait pas eu les débuts faciles ; il lui avait fallu bien de la peine et du temps, et aussi une occasion unique pour percer. L'homme de mérite et aussi l'homme de lettres en lui avaient secrètement souffert. Le ressentiment qu'il en a gardé se laisse voir en maint endroit de son livre, et s'y marque même parfois avec une sorte d'amertume. Ayant passé presque en un seul jour de l'obscurité entière au plein éclat et à la vogue, il sait à quoi s'en tenir sur la faiblesse et sur la lâcheté du jugement des hommes ; il ne peut

mérite [1], n'être pas convaincu de son inutilité, quand il considère qu'il laisse en mourant un monde qui ne se sent pas de sa perte, et où tant de gens se trouvent pour le remplacer ?

¶ De bien des gens il n'y a que le nom qui vale [2] quelque chose. Quand vous les voyez de fort près, c'est moins que rien; de loin, ils imposent.

¶ Tout persuadé que je suis [3] que ceux que l'on choisit pour de différents emplois, chacun selon son génie et sa profession, font bien [4], je me hasarde de [5] dire qu'il se peut faire qu'il y ait au monde plusieurs personnes, connues ou inconnues, que l'on n'emploie pas, qui feraient très-bien ; et je suis induit à ce sentiment par le merveilleux succès de certaines

---

s'empêcher de se railler de ceux qui n'ont pas su le deviner ou qui n'ont pas osé le dire. « Personne presque, remarque-t-il, ne s'avise de lui-même du mérite d'un autre. » On ne se rend au mérite nouveau qu'*à l'extrémité*. Mais l'élévation chez lui l'emporte, en fin de compte, sur la rancune; l'honnête homme triomphe de l'auteur. Le chapitre du *Mérite personnel*, qui est le second de son livre, et qui pourrait avoir pour épigraphe ce mot de Montesquieu : « Le mérite console de tout, » est plein de fierté, de noblesse, de fermeté. On sent que l'auteur possède son sujet, et qu'il en est maître, sans en être plein. » (SAINTE-BEUVE.)

1. *Excellent* équivaut aujourd'hui à un superlatif ; il n'en était pas de même jadis, et ce mot admettait des degrés de comparaison : « Les plus *excellentes* choses, » dit Molière ; « les plus *excellents* auteurs de nos jours, » écrit Fénelon.

2. De parti pris, la Bruyère écrivait toujours *vale* au lieu de *vaille*. C'était une faute aux yeux même des contemporains. *Vale* ne se trouve guère, au dix-septième siècle, que dans les lettres des gens d'une instruction médiocre. Cette ancienne forme s'est conservée dans le présent du subjonctif de *prévaloir*.

3. La Bruyère a hésité entre *tout persuadé que je sois* et *tout persuadé que je suis*. Il avait d'abord mis le subjonctif ; il a préféré plus tard l'indicatif.

4. *Faire bien*, faire son devoir. La Bruyère emploiera encore plus loin cette expression toute latine, que l'on trouve dans Montaigne, dans Bossuet et dans d'autres classiques. « Dans les grandes actions, il faut uniquement songer *à bien faire*, et laisser venir la gloire après la vertu. » (Boss., *Or. fun. de Condé.*)

5. Aujourd'hui on dirait plutôt *je me hasarde à*. Cette précaution oratoire est ironique. La vérité que l'auteur annonce avec tant de précaution est une vérité commune.

gens que le hasard seul a placés, et de qui jusques alors on n'avait pas attendu de fort grandes choses.

Combien d'hommes admirables, et qui avaient de très-beaux génies, sont morts sans qu'on en ait parlé! Combien vivent encore dont on ne parle point, et dont on ne parlera jamais!

¶ Quelle horrible peine à un homme qui est sans prôneurs et sans cabale, qui n'est engagé dans aucun corps, mais qui est seul, et qui n'a que beaucoup de mérite pour toute recommandation, de se faire jour à travers l'obscurité où il se trouve, et de venir au niveau d'un fat qui est en crédit!

¶ Personne presque ne s'avise de lui-même du mérite d'un autre.

Les hommes sont trop occupés d'eux-mêmes[1] pour avoir le loisir de pénétrer ou de discerner les autres : de là vient qu'avec un grand mérite et une plus grande modestie l'on peut être longtemps ignoré.

¶ Le génie et les grands talents manquent souvent, quelquefois aussi les seules occasions : tels peuvent être loués de ce qu'ils ont fait, et tels de ce qu'ils auraient fait.

¶ Il est moins rare de trouver de l'esprit que des gens qui se servent du leur, ou qui fassent valoir celui des autres et le mettent à quelque usage.

¶ Il y a plus d'outils que d'ouvriers, et de ces derniers plus de mauvais que d'excellents : que pensez-vous de celui qui veut scier avec un rabot, et qui prend sa scie pour raboter?

¶ Il n'y a point au monde un si pénible métier que celui de se faire un grand nom; la vie s'achève que l'on a à peine ébauché son ouvrage.

¶ Que faire d'*Egésippe*, qui demande un emploi? Le mettra-t-on dans les finances, ou dans les troupes? Cela est indifférent, et il faut que ce soit l'intérêt seul qui en décide, car il est aussi capable de manier de l'argent ou de dresser des comptes que de porter les armes : il est propre à tout, disent ses amis, ce qui signifie toujours qu'il n'a pas plus de talent pour une chose que pour une autre, ou, en d'autres termes, qu'il n'est propre à rien. Ainsi, la plupart des hommes, occupés d'eux seuls dans leur jeunesse, corrompus par la paresse ou par le plaisir, croient faussement, dans un âge plus

---

1. L'indéfini *personne* veut après lui *soi*, et non pas *lui*.

avancé, qu'il leur suffit d'être inutiles ou dans l'indigence, afin que [1] la république soit engagée à les placer ou à les secourir ; et ils profitent rarement de cette leçon [2] si importante : que les hommes devraient employer les premières années de leur vie à devenir tels par leurs études et par leur travail que la république elle-même eût besoin de leur industrie et de leurs lumières, qu'ils fussent comme une pièce nécessaire à tout son édifice, et qu'elle se trouvât portée par ses propres avantages à faire leur fortune ou à l'embellir.

Nous devons travailler à nous rendre très-dignes de quelque emploi : le reste ne nous regarde point, c'est l'affaire des autres.

¶ Se faire valoir par des choses qui ne dépendent point des autres, mais de soi seul, ou renoncer à se faire valoir : maxime inestimable et d'une ressource infinie dans la pratique, utile aux faibles, aux vertueux, à ceux qui ont de l'esprit, qu'elle rend maîtres de leur fortune ou de leur repos ; pernicieuse pour les grands ; qui diminuerait leur cour, ou plutôt le nombre de leurs esclaves ; qui ferait tomber leur morgue avec une partie de leur autorité, et les réduirait presque à leurs entremets et à leurs équipages [3] ; qui les priverait du plaisir qu'ils sentent à se faire prier, presser, solliciter, à faire attendre ou à refuser, à promettre et à ne pas donner ; qui les traverserait dans le goût qu'ils ont quelquefois à mettre les sots en vue, et à anéantir le mérite quand il leur arrive de le discerner ; qui bannirait des cours les brigues, les cabales, les mauvais offices, la bassesse, la flatterie, la fourberie ; qui ferait d'une cour orageuse, pleine de mouvements et d'intrigues, comme une pièce comique, ou même tragique, dont les sages ne seraient que les spectateurs ; qui remettrait de la dignité dans les différentes conditions des hommes, de la sérénité sur leur visage ; qui étendrait leur liberté ; qui réveillerait en eux, avec les talents naturels, l'habitude du travail et de l'exercice ; qui les exciterait à l'émulation, au désir de la gloire, à l'amour de la vertu ; qui, au lieu de courtisans vils, inquiets, inutiles, souvent onéreux à la république, en ferait ou de sages économes, ou d'excellents pères de famille,

---

1. *Pour que* eût été mieux. — La *république*, au sens latin, la chose publique, l'État.
2. De cette maxime.
3. Aux plaisirs de la table et au luxe de leurs équipages.

ou des juges intègres, ou de bons officiers [1], ou de grands capitaines, ou des orateurs, ou des philosophes; et qui ne leur attirerait à tous nul autre inconvénient que celui peut-être de laisser à leurs héritiers moins de trésors que de bons exemples.

¶ Il faut en France beaucoup de fermeté et une grande étendue d'esprit pour se passer des charges et des emplois, et consentir ainsi à demeurer chez soi et à ne rien faire. Personne presque n'a assez de mérite pour jouer ce rôle avec dignité, ni assez de fond pour remplir le vide du temps, sans ce que le vulgaire appelle des affaires. Il ne manque cependant à l'oisiveté du sage qu'un meilleur nom, et que méditer, parler, lire et être tranquille s'appelât travailler.

¶ Un homme de mérite, et qui est en place, n'est jamais incommode par sa vanité; il s'étourdit moins du poste qu'il occupe qu'il n'est humilié par un plus grand qu'il ne remplit pas et dont il se croit digne : plus capable d'inquiétude que de fierté ou de mépris pour les autres, il ne pèse qu'à soi-même [2].

¶ Il coûte à un homme de mérite de faire assidûment sa cour, mais par une raison bien opposée à celle que l'on pourrait croire : il n'est point tel sans une grande modestie qui l'éloigne de penser qu'il fasse le moindre plaisir aux princes s'il se trouve sur leur passage, se poste devant leurs yeux, et leur montre son visage; il est plus proche de se persuader qu'il les importune, et il a besoin de toutes les raisons tirées de l'usage et de son devoir pour se résoudre à se montrer. Celui au contraire qui a bonne opinion de soi, et que le vulgaire appelle un glorieux, a du goût à se faire voir, et il fait sa cour avec d'autant plus de confiance qu'il est incapable de s'imaginer que les grands dont il est vu pensent autrement de sa personne qu'il fait lui-même [3].

---

1. De bons officiers de finance, par exemple.
2. Les écrivains du dix-septième siècle emploient le pronom *soi*, et non pas les pronoms *lui, elle, eux, elles*, dans les cas où l'on mettrait *se* en latin, c'est-à-dire dans les cas où le pronom se rapporte au sujet du verbe; c'est là une règle générale à laquelle obéit la Bruyère.
3. *Autrement* est presque toujours, même au dix-septième siècle, suivi de *ne* explétif : autrement qu'il *ne* fait.

¶ Un honnête homme se paye par ses mains de l'application qu'il a à son devoir, par le plaisir qu'il sent à le faire, et se désintéresse sur les éloges, l'estime et la reconnaissance, qui lui manquent quelquefois.

¶ Si j'osais faire une comparaison entre deux conditions tout à fait inégales, je dirais qu'un homme de cœur pense à remplir ses devoirs à peu près comme le couvreur songe à couvrir : ni l'un ni l'autre ne cherchent à exposer leur vie, ni ne sont détournés par le péril ; la mort pour eux est un inconvénient dans le métier, et jamais un obstacle. Le premier aussi n'est guère plus vain d'avoir paru à la tranchée, emporté un ouvrage¹ ou forcé un retranchement, que celui-ci d'avoir monté sur de hauts combles ou sur la pointe d'un clocher. Ils ne sont tous deux appliqués qu'à bien faire, pendant que le fanfaron travaille à ce que l'on dise de lui qu'il a bien fait.

¶ La modestie est au mérite ce que les ombres sont aux figures dans un tableau : elle lui donne de la force et du relief.

Un extérieur simple est l'habit des hommes vulgaires ; il est taillé pour eux et sur leur mesure ; mais c'est une parure pour ceux qui ont rempli leur vie de grandes actions : je les compare à une beauté négligée, mais plus piquante.

Certains hommes, contents d'eux-mêmes, de quelque action ou de quelque ouvrage qui ne leur a pas mal réussi, et ayant ouï dire que la modestie sied bien aux grands hommes, osent être modestes, contrefont les simples et les naturels ; semblables à ces gens d'une taille médiocre qui se baissent aux portes, de peur de se heurter.

¶ Votre fils est bègue : ne le faites pas monter sur la tribune. Votre fille est née pour le monde : ne l'enfermez pas parmi les vestales ². *Xantus*, votre affranchi, est faible et timide : ne différez pas, retirez-le des légions et de la milice. — Je veux l'avancer, dites-vous. — Comblez-le de biens, surchargez-le de terres, de titres et de possessions ; servez-

1. *Ouvrage*, terme de fortification, travail avancé qui a pour objet de couvrir un bastion, une courtine, etc.

2. On reprochait au premier président de Harlay d'avoir fait un avocat général de son fils qui était bègue, et d'avoir mis au couvent une fille qui était « née pour le monde ».

vous du temps : nous vivons dans un siècle où elles lui feront plus d'honneur que la vertu. — Il m'en coûterait trop, ajoutez-vous. — Parlez-vous sérieusement, *Crassus*? Songez-vous que c'est une goutte d'eau que vous puisez du Tibre pour enrichir Xantus [1] que vous aimez, et pour prévenir les honteuses suites d'un engagement où il n'est pas propre ?

¶ Il ne faut regarder dans ses amis que la seule vertu qui nous attache à eux, sans aucun examen de leur bonne ou de leur mauvaise fortune ; et, quand on se sent capable de les suivre dans leur disgrâce, il faut les cultiver hardiment et avec confiance jusque dans leur plus grande prospérité.

¶ S'il est ordinaire d'être vivement touché des choses rares, pourquoi le sommes-nous si peu de la vertu?

¶ S'il est heureux d'avoir de la naissance, il ne l'est pas moins d'être tel qu'on ne s'informe plus si vous en avez.

¶ Il apparaît de temps en temps sur la surface de la terre des hommes rares, exquis, qui brillent par leur vertu, et dont les qualités éminentes jettent un éclat prodigieux. Semblables à ces étoiles extraordinaires dont on ignore les causes, et dont on sait encore moins ce qu'elles deviennent après avoir disparu, ils n'ont ni aïeuls [2] ni descendants ; ils composent seuls toute leur race.

¶ Le bon esprit nous découvre notre devoir, notre engagement à le faire [3], et s'il y a du péril, avec péril : il inspire le courage, ou il y supplée.

---

1. Les contemporains ont voulu reconnaître dans *Xantus* le fils aîné de Louvois, Courtenvaux. Son père lui avait donné la survivance de sa charge de secrétaire d'État ; mais il avait été obligé de la lui retirer en 1685. Courtenvaux fit la campagne de 1688 en qualité de volontaire, acheta en 1688 le régiment de la Reine, et prit part aux campagnes des années suivantes. Une chanson du temps fait dire à Louvois :

> Pour Courtenvaux, j'en suis en peine.
> Il est sot et de mauvais air ;
> Nous n'en ferons qu'un duc et pair.

Cet alinéa parut en 1691, dans la sixième édition.

2. Les grammairiens ont décidé que les *aïeux* seraient les ancêtres, et que l'expression d'*aïeuls* ne s'appliquerait qu'au grand-père et à la grand'mère. Cette distinction n'était pas encore établie au temps de la Bruyère.

3. L'obligation où nous sommes de le faire.

## DU MÉRITE PERSONNEL.

¶ Quand on excelle dans son art, et qu'on lui donne toute la perfection dont il est capable, l'on en sort en quelque manière, et l'on s'égale à ce qu'il y a de plus noble et de plus relevé. V** est un peintre [1], C** un musicien [2], et l'auteur de *Pyrame* est un poëte [3]; mais MIGNARD [4] est MIGNARD, LULLI [5] est LULLI, et CORNEILLE est CORNEILLE.

¶ Un homme libre, et qui n'a point de femme, s'il a quelque esprit, peut s'élever au-dessus de sa fortune, se mêler dans le monde, et aller de pair avec les plus honnêtes gens [6]. Cela est moins facile à celui qui est engagé : il semble que le mariage met tout le monde dans son ordre [7].

¶ Après le mérite personnel, il faut l'avouer, ce sont les éminentes dignités et les grands titres dont les hommes tirent plus de distinction et plus d'éclat; et qui ne sait être un ÉRASME [8] doit penser à être évêque. Quelques-uns, pour étendre leur renommée, entassent sur leurs personnes des pairies, des colliers d'ordres, des primaties, la pourpre, et ils auraient besoin d'une tiare; mais quel besoin a *Trophime* [9] d'être cardinal?

---

1. VIGNON, fils aîné de Claude Vignon, et peintre moins célèbre que son père, lequel était mort en 1670. Il était membre de l'Académie de peinture.

2. COLASSE, élève de Lulli, et l'un des maîtres de la musique du roi. Il venait de faire jouer *Achille et Polyxène*, lorsque parut la première édition des *Caractères*. Les paroles de cet opéra étaient de Campistron.

3. L'auteur de *Pyrame* est PRADON, poëte tragique. Celle de ses tragédies qui eut le plus de succès a pour titre : *Phèdre et Hippolyte;* il la fit jouer en même temps que la *Phèdre* de Racine (1677).

4. Pierre MIGNARD, peintre de grand mérite, qui mourut en 1695. C'est à tort que plusieurs éditeurs ont nommé ici son frère, Nicolas Mignard, qui est mort en 1668. Il s'agit de Mignard *le Romain*, dont les portraits surtout firent la célébrité.

5. Baptiste LULLI (1663-1687), surintendant de la musique du roi et compositeur célèbre.

6. C'est-à-dire avec le plus grand monde.

7. Dans sa classe, dans sa condition.

8. Voir page 1, note 1.

9. On prit si facilement et si bien l'habitude de nommer Bossuet en lisant cette phrase que, dans les éditions qui furent faites après

¶ L'or éclate, dites-vous, sur les habits de *Philémon*. — Il éclate de même chez les marchands. — Il est habillé des plus belles étoffes. — Le sont-elles moins toutes déployées[1] dans les boutiques et à la pièce ? — Mais la broderie et les ornements y ajoutent encore la magnificence. — Je loue donc le travail de l'ouvrier. — Si on lui demande quelle heure il est, il tire une montre qui est un chef-d'œuvre ; la garde de son épée est un onyx[2] ; il a au doigt un gros diamant qu'il fait briller aux yeux, et qui est parfait ; il ne lui manque aucune de ces curieuses bagatelles que l'on porte sur soi autant pour la vanité que pour l'usage, et il ne se plaint[3] non plus toute sorte de parure qu'un jeune homme qui a épousé une riche vieille. — Vous m'inspirez enfin de la curiosité ; il faut voir du moins des choses si précieuses : envoyez-moi cet habit et ces bijoux de Philémon, je vous quitte de la personne.

la mort de la Bruyère, *Bénigne*, prénom de l'évêque de Meaux, fut mis à la place de *Trophime* ; M. Walckenaer est le premier qui ait rétabli dans le texte le nom qu'avait écrit l'auteur. Il n'est pas certain toutefois que la Bruyère ait pensé à Bossuet. Les premières clefs inscrivent ici le nom de le Camus, évêque de Grenoble, qui, après une jeunesse peu édifiante, était devenu le plus pieux et le plus vertueux des évêques, et qui avait été nommé cardinal en 1686. Si c'est de lui qu'il est question, le sens de la phrase devient tout différent. S'agit-il de Bossuet, la Bruyère rend l'hommage le plus délicat au mérite personnel de l'évêque de Meaux, qui, comme on le sait, ne fut jamais cardinal. S'agit-il de le Camus, nous avons là un écho des ressentiments qu'avait conservés Louis XIV de la nomination de le Camus au cardinalat. Le roi avait demandé le chapeau pour l'archevêque de Paris et n'avait pu l'obtenir. La nomination fort peu prévue de l'austère le Camus étonna donc Versailles et irrita le roi. « Quel besoin le Camus avait-il d'être cardinal ? » — Des deux interprétations quelle est la meilleure ? Le lecteur choisira. La première a pour elle une tradition depuis longtemps acceptée sans conteste. (G. SERVOIS.)

1. Sont-elles moins belles lorsqu'elles sont...
2. Agate. (*Note de la Bruyère.*)
3. C'est-à-dire : il ne se refuse. « Cette sorte d'avarice où l'on *se plaint* tout à soi-même. » (Boss., *Méd.*, Serm. sur la mont., XXXV.) « Il *se plaint* le pain qu'il mange. » (MAUCROIX, *Nouv. Œuv.*, Sat. d'Hor., I, II.) « Les avares *se plaignent* la jouissance de ce qu'ils ont accumulé. » (LE VAYER, *Hom. acad.*, XVI.)

Tu te trompes, Philémon, si avec ce carrosse brillant, ce grand nombre de coquins qui te suivent, et ces six bêtes qui te traînent, tu penses que l'on t'en estime davantage : l'on écarte tout cet attirail, qui t'est étranger, pour pénétrer jusques à toi, qui n'es qu'un fat.

Ce n'est pas qu'il faut quelquefois pardonner à celui qui, avec un grand cortége, un habit riche et un magnifique équipage, s'en croit plus de naissance et plus d'esprit : il lit cela dans la contenance et dans les yeux de ceux qui lui parlent.

¶ Un homme à la cour, et souvent à la ville, qui a un long manteau de soie ou de drap de Hollande, une ceinture large et placée haut sur l'estomac, le soulier de maroquin, la calotte de même, d'un beau grain, un collet bien fait et bien empesé, les cheveux arrangés et le teint vermeil, qui avec cela se souvient de quelques distinctions métaphysiques, explique ce que c'est que la lumière de gloire[1], et sait précisément comment l'on voit Dieu, cela s'appelle un docteur. Une personne humble, qui est ensevelie dans le cabinet, qui a médité, cherché, consulté, confronté, lu ou écrit pendant toute sa vie, est un homme docte[2].

¶ Chez nous, le soldat est brave, et l'homme de robe est savant; nous n'allons pas plus loin. Chez les Romains, l'homme de robe était brave, et le soldat était savant : un Romain était tout ensemble et le soldat et l'homme de robe.

¶ Il semble que le héros est d'un seul métier[3], qui est celui de la guerre, et que le grand homme est de tous les mé-

---

1. Les théologiens appellent lumière de gloire un secours que Dieu donne aux âmes des bienheureux afin qu'elles puissent le contempler face à face.

2. L'homme docte désigné par la Bruyère est le P. Mabillon (1632?-1707), auteur des *Acta sanctorum ordinis S. Benedicti*, du traité *de Re diplomaticâ*, du *Traité des Études monastiques*, des *Annales ordinis S. Benedicti*, etc., etc. Quand la Bruyère traçait ce portrait, Mabillon venait d'être nommé membre honoraire de l'Académie des inscriptions. On croit que le docteur est l'abbé Charles Boileau, dont les sermons étaient fort courus.

3. Les auteurs emploient l'indicatif après *il semble que* toutes les fois qu'ils veulent exprimer une affirmation : « Il semble qu'on n'en doit pas facilement permettre la pratique. » (Pasc., *Prov.*, XIII.)

tiers, ou de la robe, ou de l'épée, ou du cabinet, ou de la cour : l'un et l'autre mis ensemble ne pèsent pas un homme de bien.

¶ Dans la guerre, la distinction entre le héros et le grand homme est délicate : toutes les vertus militaires font l'un et l'autre ; il semble néanmoins que le premier soit jeune, entreprenant, d'une haute valeur, ferme dans les périls, intrépide ; que l'autre excelle par un grand sens, par une vaste prévoyance, par une haute capacité, et par une longue expérience. Peut-être qu'ALEXANDRE n'était qu'un héros, et que CÉSAR était un grand homme.

¶ Æmile[1] était né ce que les plus grands hommes ne deviennent qu'à force de règles, de méditation et d'exercice. Il n'a eu dans ses premières années qu'à remplir des talents qui étaient naturels, et qu'à se livrer à son génie. Il a fait, il a agi, avant que de savoir, ou plutôt il a su ce qu'il n'avait jamais appris. Dirai-je que les jeux de son enfance ont été plusieurs victoires ? Une vie accompagnée d'un extrême bonheur joint à une longue expérience serait illustre par les seules actions qu'il avait achevées dès sa jeunesse. Toutes les occasions de vaincre qui se sont depuis offertes, il les a embrassées ; et celles qui n'étaient pas, sa vertu et son étoile les ont fait naître : admirable même et par les choses qu'il a faites, et par celles qu'il aurait pu faire. On l'a regardé comme un homme incapable de céder à l'ennemi, de plier sous le nombre ou sous les obstacles ; comme une âme du premier ordre, pleine de ressources et de lumières, et qui voyait encore où personne ne voyait plus ; comme celui qui, à la tête des légions, était pour elles un présage de la victoire, et qui valait seul plusieurs légions ; qui était grand dans la prospérité, plus grand quand la fortune lui a été contraire : la levée d'un siége[2], une retraite,

---

« Il semble qu'il *est* en vie et qu'il *va* parler. » (MOL., *D. Juan*, III, vi.)

1. Le grand Condé. Cet éloge a paru dans la septième édition des *Caractères*, en 1692, quatre années environ après la mort de Condé. On y retrouve l'imitation de plusieurs traits de l'oraison funèbre que Bossuet prononça en 1687.

2. Allusion au siége de Lérida (1647), que Condé fut obligé de lever.

l'ont plus ennobli¹ que ses triomphes; l'on ne met qu'après²
les batailles gagnées et les villes prises; qui était rempli de
gloire et de modestie : on lui a entendu dire : *Je fuyais*, avec
la même grâce qu'il disait : *Nous les battîmes*; un homme
dévoué à l'État, à sa famille, au chef de sa famille³ ; sincère
pour Dieu et pour les hommes, autant admirateur du mérite
que s'il lui eût été moins propre et moins familier ; un
homme vrai, simple, magnanime, à qui il n'a manqué que
les moindres vertus⁴.

¶ Les enfants des dieux⁵, pour ainsi dire, se tirent des
règles⁶ de la nature et en sont comme l'exception : ils n'attendent presque rien du temps et des années. Le mérite chez
eux devance l'âge. Ils naissent instruits, et ils sont plus tôt
des hommes parfaits que le commun des hommes ne sort de
l'enfance.

¶ Les vues courtes, je veux dire les esprits bornés et resserrés dans leur petite sphère, ne peuvent comprendre cette
universalité de talents que l'on remarque quelquefois dans

1. Les éditions du dix-septième siècle donnent *annobli*. Il y a
aujourd'hui deux verbes très-distincts, *ennoblir* et *anoblir*. Ennoblir
signifie rendre plus considérable, plus noble, plus illustre; anoblir
veut dire faire noble, rendre noble, donner des lettres de noblesse.
Au dix-septième siècle, cette distinction n'était pas fixée.

2. L'on ne met qu'en seconde ligne...

3. Dévoué à sa famille jusqu'à braver, bien peu de temps avant sa
mort, la contagion de la petite vérole auprès de sa belle-fille, la duchesse de Bourbon ; au chef de sa famille, c'est-à-dire au roi, jusqu'à
marier son petit-fils à une des filles légitimées de Louis XIV. La
Bruyère n'était pas obligé, comme l'avait été Bossuet, de rappeler le
rôle de Condé pendant la Fronde.

4. Bossuet non plus n'a pu taire ce qu'il y avait parfois d'emporté
dans le caractère du héros : « Le dirai-je ? mais pourquoi craindre
que la gloire d'un si grand homme puisse être diminuée par cet
aveu? Ce n'est plus ces promptes saillies qu'il savait si vite et si
agréablement réparer, mais enfin qu'on lui voyait quelquefois dans
les occasions ordinaires: vous diriez qu'il y a en lui un autre homme
à qui sa grande âme abandonne de moindres ouvrages où elle ne
daigne se mêler »

5. Fils, petit fils, issus de roi. (*Note de la Bruyère*.) Le compliment, un peu excessif, s'adresse à tous les membres de la famille
royale, à tous les princes du sang. C'est, du reste, un langage familier à cette époque monarchique.

6. Se mettent en dehors des règles.

un même sujet : où ils voient l'agréable, ils en excluent le solide ; où ils croient découvrir les grâces du corps, l'agilité, la souplesse, la dextérité, ils ne veulent plus y admettre les dons de l'âme, la profondeur, la réflexion, la sagesse : ils ôtent de l'histoire de Socrate qu'il ait dansé.

¶ Il n'y a guère d'homme si accompli et si nécessaire aux siens qu'il n'ait de quoi se faire moins regretter.

¶ Un homme d'esprit et d'un caractère simple et droit peut tomber dans quelque piége ; il ne pense pas que personne veuille lui en dresser, et le choisir pour être sa dupe : cette confiance le rend moins précautionné, et les mauvais plaisants l'entament par cet endroit. Il n'y a qu'à perdre pour ceux qui en viendraient à une seconde charge : il n'est trompé qu'une fois.

J'éviterai avec soin d'offenser personne, si je suis équitable ; mais sur toutes choses [1] un homme d'esprit, si j'aime le moins du monde mes intérêts.

¶ Il n'y a rien de si délié [2], de si simple et de si imperceptible, où il n'entre des manières qui nous décèlent. Un sot ni n'entre, ni ne sort, ni ne s'assied, ni ne se lève, ni ne se tait, ni n'est sur ses jambes, comme un homme d'esprit.

¶ Je connais Mopse d'une visite qu'il m'a rendue sans me connaître. Il prie des gens qu'il ne connaît point de le mener chez d'autres dont il n'est pas connu ; il écrit à des femmes qu'il connaît de vue ; il s'insinue dans un cercle de personnes respectables, et qui ne savent quel il est, et là, sans attendre qu'on l'interroge, ni [3] sans sentir qu'il interrompt, il parle, et souvent, et ridiculement. Il entre une autre fois dans une assemblée, se place où il se trouve, sans nulle attention aux autres ni à soi-même ; on l'ôte d'une place destinée à un ministre, il s'assied à celle du duc et pair ; il est là précisément celui dont la multitude rit, et qui seul est grave et ne rit point. Chassez un chien du fauteuil

---

1. Mais surtout.

« Et, *sur toute chose,*
Observe exactement la loi que je t'impose. »
(Corneille, *Cinna*, V, iii.)

2. Menu, mince, de *delicatus*. C'est le même mot que *délicat*, refait par les latinistes au seizième siècle.

3. La grammaire demande *ni sentir*, ou *et sans sentir*.

du roi, il grimpe à la chaire du prédicateur; il regarde le monde indifféremment, sans embarras, sans pudeur; il n'a pas, non plus que le sot, de quoi rougir.

¶ *Celse* est d'un rang médiocre, mais des grands le souffrent; il n'est pas savant, il a relation avec des savants; il a peu de mérite, mais il connaît des gens qui en ont beaucoup; il n'est pas habile, mais il a une langue qui peut servir de truchement, et des pieds qui peuvent le porter d'un lieu à un autre. C'est un homme né pour les allées et venues, pour écouter des propositions et les rapporter, pour en faire d'office, pour aller plus loin que sa commission, et en être désavoué[1], pour réconcilier des gens qui se querellent à leur première entrevue, pour réussir dans une affaire et en manquer mille, pour se donner toute la gloire de la réussite, et pour détourner sur les autres la haine d'un mauvais succès. Il sait les bruits communs, les historiettes de la ville; il ne fait rien, il dit ou il écoute ce que les autres font; il est nouvelliste; il sait même le secret des familles; il entre dans de plus hauts mystères; il vous dit pourquoi celui-ci est exilé, et pourquoi on rappelle cet autre; il connaît le fond et les causes de la brouillerie des deux frères[2] et de la rupture des deux ministres[3]. N'a-t-il pas prédit aux premiers les tristes suites de leur mésintelligence? N'a-t-il pas dit de ceux-ci que leur union ne serait pas longue? N'était-il pas présent à de certaines paroles qui furent dites? N'entra-t-il pas dans une espèce de négociation? Le voulut-on croire? fut-il écouté? A qui parlez-vous de ces choses? Qui a eu plus de part que Celse à toutes ces intrigues de cour? Et si cela

1. Celse est, dit-on, le baron de Breteuil, qui alla en 1682 à Mantoue avec le titre d'envoyé extraordinaire du roi, et y fit, paraît-il, des avances qui furent désavouées.
2. Allusion à une brouillerie qui survint entre Claude le Pelletier, contrôleur général des finances de 1683 à 1689, et l'un de ses frères.
3. La France devait-elle favoriser les tentatives du roi Jacques II, et l'aider à remonter sur le trône d'Angleterre? Louvois et Seignelay ne s'entendaient pas sur ce point. Le second voulait que Louis XIV fit partir des troupes pour l'Irlande, et le premier conseillait de ne point faire la guerre. Seignelay l'emporta, mais Louvois n'envoya qu'un petit corps d'armée, et les jacobites furent battus sur les bords de la Boyne, le 10 juillet 1690. C'est, dit-on, à cette querelle des deux ministres qu'il est fait allusion. (SERVOIS.)

n'était ainsi, s'il ne l'avait du moins ou rêvé ou imaginé, songerait-il à vous le faire croire ? aurait-il l'air important et mystérieux d'un homme revenu d'une ambassade ?

¶ Ménippe[1] est l'oiseau paré de divers plumages qui ne sont pas à lui. Il ne parle pas, il ne sent pas ; il répète des sentiments et des discours, se sert même si naturellement de l'esprit des autres qu'il y est le premier trompé, et qu'il croit souvent dire son goût ou expliquer sa pensée, lorsqu'il n'est que l'écho de quelqu'un qu'il vient de quitter. C'est un homme qui est de mise un quart d'heure de suite, qui le moment d'après baisse, dégénère, perd le peu de lustre qu'un peu de mémoire lui donnait, et montre la corde. Lui seul ignore combien il est au-dessous du sublime et de l'héroïque, et, incapable de savoir jusqu'où l'on peut avoir de l'esprit, il croit naïvement que ce qu'il en a est tout ce que les hommes en sauraient avoir : aussi a-t-il l'air et le maintien de celui qui n'a rien à désirer sur ce chapitre, et qui ne porte envie à personne. Il se parle souvent à soi-même, et il ne s'en cache pas ; ceux qui passent le voient, et qu'il semble[2] toujours prendre un parti ou décider qu'une

---

1. Le maréchal de Villeroi, « glorieux à l'excès par nature, dit Saint-Simon, bas aussi à l'excès pour peu qu'il en eût besoin. Il avait cet esprit de cour et du monde que le grand usage donne, avec ce jargon qu'on y apprend, qui n'a que le tuf, mais qui éblouit les sots. C'était un homme fait exprès pour présider à un bal, pour être le juge d'un carrousel, et, s'il avait eu de la voix, pour chanter à l'Opéra les rôles de rois et de héros ; fort propre encore à donner les modes et à rien du tout au delà. Il ne se connaissait ni en gens ni en choses, et parlait et agissait sur parole. »

2. Les auteurs du dix-septième siècle présentent fréquemment des phrases où *et que* est ainsi employé sans être précédé d'un autre *que* :

« J'ai cru sa mort pour vous un malheur nécessaire,
*Et que* sa haine injuste augmentant tous les jours... »
(Corn., *Pomp.*, III, II.)

« J'en suis persuadé,
*Et que* de votre appui je serai secondé. »
(Mol., *Femm. sav.*, I, II.)

« Considérant toutefois l'état des choses, *et qu'*il serait peut-être difficile au roi son maître de conserver ni Dunkerque, ni les autres places de Flandres, contre les Anglais et les Espagnols, s'ils se joignaient ensemble, il se rapaisa. » (Pellisson, *Hist. de Louis XIV*, liv. I, 1662.)

telle chose est sans réplique. Si vous le saluez quelquefois, c'est le jeter dans l'embarras de savoir s'il doit rendre le salut, ou non, et, pendant qu'il délibère, vous êtes déjà hors de portée. Sa vanité l'a fait honnête homme, l'a mis au-dessus de lui-même, l'a fait devenir ce qu'il n'était pas. L'on juge, en le voyant, qu'il n'est occupé que de sa personne, qu'il sait que tout lui sied bien, et que sa parure est assortie, qu'il croit que tous les yeux sont ouverts sur lui, et que les hommes se relayent pour le contempler.

¶ Celui qui, logé chez soi dans un palais, avec deux appartements pour les deux saisons, vient coucher au Louvre dans un entre-sol, n'en use pas ainsi par modestie[1]. Cet autre qui, pour conserver une taille fine, s'abstient du vin et ne fait qu'un seul repas, n'est ni sobre ni tempérant; et d'un troisième qui, importuné d'un ami pauvre, lui donne enfin quelque secours, l'on dit qu'il achète son repos, et nullement qu'il est libéral. Le motif seul fait le mérite des actions des hommes, et le désintéressement y met la perfection.

¶ La fausse grandeur est farouche et inaccessible : comme elle sent son faible, elle se cache, ou du moins ne se montre pas de front, et ne se fait voir qu'autant qu'il faut pour imposer[2] et ne paraître point ce qu'elle est, je veux dire une

« Mes fers par eux brisés leur montrent leur pouvoir,
Et que, pour abolir une injuste puissance,
Tout le succès dépend de leur persévérance. »
(La Fosse, *Manlius*, I, 1.)

« Mais *voyant* à leurs pieds *tomber* tous leurs soldats,
Et que seuls désormais en vain ils se défendent,
Ils demandent le chef, je me nomme, ils se rendent. »
(Corn., *Le Cid*, IV, III.)

« Sans se souvenir alors de son grand zèle pour la foi, *et que* donner à cet État une reine protestante, c'était ôter aux catholiques toute la consolation et tout le support qu'ils y pouvaient espérer. » (Pellisson, *Hist. de Louis XIV*, l. I, 1661.)

Les Latins employaient d'une manière analogue la préposition infinitive comme second complément d'une phrase dont le premier était un substantif à l'accusatif.

1. C'était une faveur inestimable que d'avoir un appartement au Louvre et surtout au palais de Versailles, fût-ce à l'entre-sol comme Saint-Simon, fût-ce sous les combles comme l'archevêque de Paris.
(G. Servois.)

2. Pour en imposer.

vraie petitesse. La véritable grandeur est libre, douce, familière, populaire; elle se laisse toucher et manier, elle ne perd rien à être vue de près; plus on la connaît, plus on l'admire; elle se courbe par bonté vers ses inférieurs, et revient sans effort dans son naturel; elle s'abandonne quelquefois, se néglige, se relâche de ses avantages, toujours en pouvoir de les reprendre et de les faire valoir; elle rit, joue et badine, mais avec dignité; on l'approche tout ensemble avec liberté et avec retenue. Son caractère est noble et facile, inspire le respect et la confiance, et fait que les princes nous paraissent grands et très-grands, sans nous faire sentir que nous sommes petits[1].

¶ Le sage guérit de l'ambition par l'ambition même; il tend à de si grandes choses qu'il ne peut se borner à ce qu'on appelle des trésors, des postes, la fortune et la faveur : il ne voit rien dans de si faibles avantages qui soit assez bon et assez solide pour remplir son cœur et pour mériter ses soins et ses désirs; il a même besoin d'efforts pour ne les pas trop dédaigner. Le seul bien capable de le tenter est cette sorte de gloire qui devrait naître de la vertu toute pure et toute simple; mais les hommes ne l'accordent guère, et il s'en passe.

¶ Celui-là est bon qui fait du bien aux autres; s'il souffre pour le bien qu'il fait, il est très-bon; s'il souffre de ceux à qui il a fait ce bien, il a une si grande bonté qu'elle ne peut être augmentée que dans le cas où ses souffrances viendraient à croître; et s'il en meurt, sa vertu ne saurait aller plus loin; elle est héroïque, elle est parfaite.

---

1. « Est-ce là celui qui forçait les villes et qui gagnait des batailles? s'écrie Bossuet dans l'*Oraison funèbre du prince de Condé*. Quoi ! il semble oublier le haut rang qu'on lui a vu si bien défendre ! Reconnaissez le héros qui, toujours égal à lui-même, sans se hausser pour paraître grand, sans s'abaisser pour être civil et obligeant, se trouve naturellement tout ce qu'il doit être envers tous les hommes.

## CHAPITRE III

## DES FEMMES

Les hommes et les femmes conviennent[1] rarement sur le mérite d'une femme; leurs intérêts sont trop différents. Les femmes ne se plaisent point les unes aux autres par les mêmes agréments qu'elles plaisent aux hommes[2].

¶ Il y a dans quelques femmes une grandeur artificielle attachée au mouvement des yeux, à un air de tête, aux façons de marcher, et qui ne va pas plus loin; un esprit éblouissant qui impose, et que l'on n'estime que parce qu'il n'est pas approfondi[3]. Il y a dans quelques autres une grandeur simple, naturelle, indépendante du geste et de la démarche, qui a sa source dans le cœur, et qui est comme une suite de leur haute naissance; un mérite paisible, mais solide, accompagné de mille vertus qu'elles ne peuvent couvrir de toute leur modestie, qui échappent, et qui se montrent à ceux qui ont des yeux.

¶ Quelques jeunes personnes ne connaissent point assez les avantages d'une heureuse nature, et combien il leur serait utile de s'y abandonner; elles affaiblissent ces dons du ciel, si rares et si fragiles, par des manières affectées et par une mauvaise imitation: leur son de voix et leur démarche sont empruntés; elles se composent, elles se re-

---

1. Au dix-septième siècle et encore dans la première partie du dix-huitième, le verbe *convenir* s'employait souvent pour signifier être d'accord, s'accorder, et s'accompagnait soit de la préposition *de*, soit de la préposition *sur*. On a dit comme la Bruyère : « Les sociniens ne *conviennent* pas avec les autres chrétiens *sur* les articles fondamentaux. » (Boss., *Variations*, XV, LII.)

2. Au dix-septième siècle, *que* répondait à l'ablatif *quo, quibus*. Molière a dit : « Mais de l'air *qu*'on s'y prend... » (*Tart.*, IV, v.) « De la manière *qu*'il faut vivre... » (*G. D.*, I, IV.) « Je regarde les choses du côté *qu*'on me les montre. » (*École des femmes*, I, 1.)... « Et l'on a pu vous prendre par l'endroit seul *que* vous êtes prenable. » (*Placet au roi*.)

3. Parce qu'on ne l'approfondit pas.

cherchent[1], regardent dans un miroir si elles s'éloignent assez de leur naturel. Ce n'est pas sans peine qu'elles plaisent moins.

¶ Chez les femmes, se parer et se farder n'est pas, je l'avoue, parler contre sa pensée ; c'est plus aussi que le travestissement et la mascarade, où l'on ne se donne point pour ce que l'on paraît être, mais où l'on pense seulement à se cacher[2], et à se faire ignorer : c'est chercher à imposer aux yeux[3], et vouloir paraître selon l'extérieur contre la vérité ; c'est une espèce de menterie.

¶ Si les femmes veulent seulement être belles à leurs propres yeux et se plaire à elles-mêmes, elles peuvent sans doute, dans la manière de s'embellir, dans le choix des ajustements et de la parure, suivre leur goût et leur caprice ; mais si c'est aux hommes qu'elles désirent de plaire, si c'est pour eux qu'elles se fardent ou qu'elles s'enluminent, j'ai recueilli les voix, et je leur prononce[4], de la part de tous les hommes ou de la plus grande partie, que le blanc et le rouge les rend affreuses et dégoûtantes ; que le rouge seul les vieillit et les déguise ; qu'ils haïssent autant à les voir[5] avec de la céruse sur le visage qu'avec de fausses dents en la bouche et des boules de cire dans les mâchoires ; qu'ils

---

1. Elles mettent de la recherche, de l'affectation dans leurs manières, elles sont recherchées. On a dit comme la Bruyère, après lui : « Les Persanes *se recherchent* encore plus sur la propreté que les Turques. » (Buffon, *Histoire nat. de l'homme*, Variétés dans l'espèce humaine.)

2. L'auteur ici manque un peu de clarté. Il veut dire : parler contre sa pensée est un mensonge coupable ; se travestir est un mensonge presque innocent ; se farder, en imposer aux yeux, est une troisième sorte de mensonge qui tient le milieu entre les deux autres moins coupable que le premier et plus répréhensible que le second.

3. En imposer aux yeux, c'est-à-dire mentir aux yeux.

4. *Prononcer* a ici le sens latin de proclamer le jugement, la sentence.

5. Emploi excellent et qui peut parfaitement être imité : « Je *hais* mortellement *à* vous parler de tout cela. » (M$^{me}$ de Sévigné, éd. Hach., VI, 524.) « Si vous ne *haïssez* point *à* vous divertir. » (Id., *ib.*, V, 214.)

« Tel qui hait à se voir peindre de faux portraits,
Sans chagrin voit tracer ses véritables traits. »
(Boil., *Ép.*, IX.)

protestent sérieusement contre tout l'artifice dont elles usent pour se rendre laides.

Si les femmes étaient telles naturellement qu'elles le deviennent par artifice, qu'elles perdissent en un moment toute la fraîcheur de leur teint, qu'elles eussent le visage aussi allumé et aussi plombé qu'elles se le font par le rouge et par la peinture dont elles se fardent, elles seraient inconsolables.

¶ La perfidie, si je l'ose dire, est un mensonge de toute la personne : c'est, dans une femme, l'art de placer un mot ou une action qui donne le change, et quelquefois de mettre en œuvre des serments et des promesses qui ne lui coûtent pas plus à faire qu'à violer.

¶ Un beau visage est le plus beau de tous les spectacles; et l'harmonie la plus douce est le son de voix de celle que l'on aime.

¶ L'agrément est arbitraire : la beauté est quelque chose de plus réel et de plus indépendant du goût et de l'opinion.

¶ C'est, dans les femmes, une violente preuve d'une réputation bien nette et bien établie, qu'elle ne soit pas même effleurée par la familiarité de quelques-unes qui ne leur ressemblent point ; et qu'avec toute la pente qu'on a aux malignes explications, on ait recours à une tout autre raison de ce commerce qu'à celle de la convenance des mœurs[1].

¶ Un comique outre sur la scène ses personnages; un poëte charge ses descriptions; un peintre qui fait d'après nature force et exagère une passion, un contraste, des attitudes; et celui qui copie, s'il ne mesure au compas les grandeurs et les proportions, grossit ses figures, donne à toutes les pièces qui entrent dans l'ordonnance de son tableau plus de volume que n'en ont celles de l'original : de même la pruderie est une imitation de la sagesse.

Il y a une fausse modestie qui est vanité; une fausse gloire qui est légèreté; une fausse grandeur qui est petitesse; une fausse vertu qui est hypocrisie; une fausse sagesse qui est pruderie.

Une femme prude paye de maintien et de paroles; une femme sage paye de conduite.

¶ Pourquoi s'en prendre aux hommes de ce que les femmes

---

1. La conformité des mœurs.

ne sont pas savantes? Par quelles lois, par quels édits, par quels rescrits leur a-t-on défendu d'ouvrir les yeux et de lire, de retenir ce qu'elles ont lu et d'en rendre compte ou dans leur conversation, ou par leurs ouvrages? Ne se sont-elles pas au contraire établies elles-mêmes dans cet usage de ne rien savoir, ou par la faiblesse de leur complexion, ou par la paresse de leur esprit, ou par le soin de leur beauté, ou par une certaine légèreté qui les empêche de suivre une longue étude, ou par le talent et le génie qu'elles ont seulement pour les ouvrages de la main, ou par les distractions que donnent les détails d'un domestique[1], ou par un éloignement naturel des choses pénibles et sérieuses, ou par une curiosité toute différente de celle qui contente l'esprit, ou par un tout autre goût que celui d'exercer leur mémoire? Mais, à quelque cause que les hommes puissent devoir cette ignorance des femmes, ils sont heureux que les femmes, qui les dominent d'ailleurs par tant d'endroits, aient sur eux cet avantage de moins[2].

On regarde une femme savante comme on fait une belle arme : elle est ciselée artistement, d'une polissure admirable et d'un travail fort recherché ; c'est une pièce de cabinet, que l'on montre aux curieux, qui n'est pas d'usage, qui ne sert ni à la guerre ni à la chasse, non plus qu'un cheval de manége, quoique le mieux instruit du monde.

Si la science et la sagesse se trouvent unies en un même sujet, je ne m'informe plus du sexe, j'admire ; et si vous me

---

1. Les détails de l'intérieur d'un ménage. La Bruyère emploie souvent cette expression.

2. L'auteur termine par une épigramme. Mais c'est dans ce qui précède et dans ce qui suit qu'il faut chercher le fond de sa pensée. La Bruyère évidemment ne partage pas tous les sentiments du Chrysale des *Femmes savantes* sur l'éducation des femmes. Il les veut à la fois sages et savantes, et il regrette qu'elles soient divisées en deux classes : les femmes futiles et les femmes de ménage d'un côté, les femmes savantes de l'autre. Certains de leurs défauts, dit-il, s'opposent à ce que les femmes soient en général aussi instruites que les hommes : il souhaite qu'elles s'en corrigent. L'alinéa très-laborieux qui termine et résume la dissertation de l'auteur trahit l'effort et l'embarras de la pensée. — La Bruyère tenait en grande estime M$^{me}$ Dacier, la femme la plus savante de son temps.

(G. Servois.)

dites qu'une femme sage ne songe guère à être savante, ou qu'une femme savante n'est guère sage, vous avez déjà oublié ce que vous venez de lire, que les femmes ne sont détournées des sciences que par de certains défauts : concluez donc vous-mêmes que moins elles auraient de ces défauts, plus elles seraient sages, et qu'ainsi une femme sage n'en serait que plus propre à devenir savante, ou qu'une femme savante, n'étant telle que parce qu'elle aurait pu vaincre beaucoup de défauts. n'en est que plus sage.

¶ Les femmes sont extrêmes ; elles sont meilleures ou pires que les hommes.

¶ Un homme est plus fidèle au secret d'autrui qu'au sien propre : une femme, au contraire, garde mieux son secret que celui d'autrui.

---

## CHAPITRE IV

### DU CŒUR

Il y a un goût dans la pure amitié où ne peuvent atteindre ceux qui sont nés médiocres.

¶ Le temps, qui fortifie les amitiés, affaiblit l'amour.

¶ Il est plus ordinaire de voir un amour extrême qu'une parfaite amitié.

¶ L'on n'aime bien qu'une seule fois ; c'est la première.

¶ C'est une vengeance douce à celui qui aime beaucoup de faire, par tout son procédé, d'une personne ingrate une très-ingrate.

¶ Il est triste d'aimer sans une grande fortune, et qui nous donne les moyens de combler ce que l'on aime, et le rendre si heureux qu'il n'ait plus de souhaits à faire.

¶ Une grande reconnaissance emporte avec soi beaucoup de goût et d'amitié pour la personne qui nous oblige [1].

¶ Être avec les gens qu'on aime, cela suffit ; rêver, leur

1. Pensée obscure. Si elle n'était annoncée, et comme à l'avance expliquée par la précédente, on serait exposé à l'entendre de cette

parler, ne leur parler point, penser à eux, penser à des choses plus indifférentes, mais auprès d'eux, tout est égal.

¶ Il n'y a pas si loin de la haine à l'amitié que de l'antipathie.

L'on peut avoir la confiance de quelqu'un sans en avoir le cœur. Celui qui a le cœur n'a pas besoin de révélation ou de confiance ; tout lui est ouvert.

¶ Il devrait y avoir dans le cœur des sources inépuisables de douleur pour de certaines pertes. Ce n'est guère par vertu ou par force d'esprit que l'on sort d'une grande affliction : l'on pleure amèrement, et l'on est sensiblement touché ; mais l'on est ensuite si faible, ou si léger, que l'on se console.

¶ L'on est encore longtemps à se voir par habitude, et à se dire de bouche que l'on s'aime, après que les manières disent qu'on ne s'aime plus.

¶ L'on veut faire tout le bonheur, ou, si cela ne se peut ainsi, tout le malheur de ce qu'on aime.

¶ Regretter ce que l'on aime est un bien, en comparaison de vivre avec ce que l'on hait.

¶ Quelque désintéressement qu'on ait à l'égard de ceux qu'on aime, il faut quelquefois se contraindre pour eux, et avoir la générosité de recevoir.

Celui-là peut prendre, qui goûte un plaisir aussi délicat à recevoir que son ami en sent à lui donner.

¶ Donner, c'est agir, ce n'est pas souffrir de ses bienfaits, ni céder à l'importunité ou à la nécessité de ceux qui nous demandent.

¶ Si l'on a donné à ceux que l'on aimait, quelque chose qu'il arrive, il n'y a plus d'occasions où l'on doive songer à ses bienfaits.

¶ On a dit en latin qu'il coûte moins cher de haïr que d'aimer ; ou, si l'on veut, que l'amitié est plus à charge que la haine. Il est vrai qu'on est dispensé de donner à ses ennemis ; mais ne coûte-t-il rien de s'en venger? Ou, s'il est doux et naturel de faire du mal à ce que l'on hait, l'est-il moins de

---

façon : Une grande reconnaissance a pour conséquence, etc... Or, le véritable sens de la phrase est celui-ci : Nous ne pouvons ressentir une reconnaissance très-vive qu'à l'égard d'une personne que nous aimons beaucoup. (G. Servois.)

faire du bien à ce qu'on aime? Ne serait-il pas dur et pénible de ne lui en point faire?

¶ Il y a du plaisir à rencontrer les yeux de celui à qui l'on vient de donner.

¶ Je ne sais si un bienfait qui tombe sur un ingrat, et ainsi sur un indigne, ne change pas de nom, et s'il méritait plus de reconnaissance.

¶ La libéralité consiste moins à donner beaucoup qu'à donner à propos.

¶ S'il est vrai que la pitié ou la compassion soit un retour vers nous-mêmes, qui nous met en la place des malheureux, pourquoi tirent-ils de nous si peu de soulagement dans leurs misères?

Il vaut mieux s'exposer à l'ingratitude que de manquer aux misérables.

¶ L'expérience confirme que la mollesse ou l'indulgence pour soi et la dureté pour les autres n'est qu'un seul et même vice.

¶ Un homme dur au travail et à la peine, inexorable à soi-même, n'est indulgent aux autres que par un excès de raison.

Quelque désagrément qu'on ait à se trouver chargé d'un indigent, l'on goûte à peine les nouveaux avantages qui le tirent enfin de notre sujétion : de même, la joie que l'on reçoit de l'élévation de son ami est un peu balancée par la petite peine qu'on a de le voir au-dessus de nous ou s'égaler à nous. Ainsi l'on s'accorde mal avec soi-même, car l'on veut des dépendants, et qu'il n'en coûte rien : l'on veut aussi le bien de ses amis, et, s'il arrive, ce n'est pas toujours par s'en réjouir que l'on commence.

¶ On convie, on invite, on offre sa maison, sa table, son bien et ses services; rien ne coûte qu'à tenir parole.

¶ C'est assez pour soi d'un fidèle ami ; c'est même beaucoup de l'avoir rencontré : on ne peut en avoir trop pour le service des autres.

¶ Quand on a assez fait auprès de certaines personnes pour avoir dû se les acquérir, si cela ne réussit point, il y a encore une ressource, qui est de ne plus rien faire.

¶ Vivre avec ses ennemis comme s'ils devaient un jour être nos amis, et vivre avec nos amis comme s'ils pouvaient devenir nos ennemis, n'est ni selon la nature de la haine, ni selon les règles de l'amitié; ce n'est point une maxime morale, mais politique[1].

¶ On ne doit pas se faire des ennemis de ceux qui, mieux connus, pourraient avoir rang entre nos amis. On doit faire choix d'amis si sûrs et d'une si exacte probité, que, venant à cesser de l'être, ils ne veuillent pas abuser de notre confiance, ni se faire craindre comme ennemis.

¶ Il est doux de voir ses amis par goût et par estime; il est pénible de les cultiver par intérêt : c'est *solliciter*.

¶ On ne vole point des mêmes ailes pour sa fortune que l'on fait pour des choses frivoles et de fantaisie. Il y a un sentiment de liberté à suivre ses caprices, et tout au contraire de servitude à courir pour son établissement : il est naturel de le souhaiter beaucoup et d'y travailler peu, de se croire digne de le trouver sans l'avoir cherché.

¶ Celui qui sait attendre le bien qu'il souhaite, ne prend pas le chemin[2] de se désespérer s'il ne lui arrive pas; et celui au contraire qui désire une chose avec une grande impatience, y met trop du sien pour en être assez récompensé par le succès.

¶ Il y a de certaines gens qui veulent si ardemment et si déterminément[3] une certaine chose que, de peur de la man-

---

1. Cette maxime est empruntée au traité *De beneficiis* de Sénèque, comme beaucoup d'autres pensées de ce chapitre que la Bruyère s'est appropriées en leur donnant le tour qui lui est propre.

2. On a dit de même: « Que les affaires *prissent le chemin de* s'accommoder. » (Mlle DE MONTPENS., *Mém.*, 1656.) « Si ma tante *prenait le chemin* de traîner, en vérité je partirais. » (Mme DE SÉVIGNÉ, *Lett.*, à Mme de Grignan, 6 mai 1672.) « En vérité, c'est un aimable enfant et un mérite naissant qui *prend le chemin* d'aller loin. » (ID., *ibid.*, la même à la même, 5 mai 1689.) « Nous ne *prenons* guère *le chemin* de nous rendre sages. » (MOLIÈRE.)

3. D'une manière si déterminée, si résolûment.

Adverbe excellent, nécessaire, et que les exemples des auteurs devraient faire rentrer dans l'usage avec ses diverses nuances de signification. « Ils me l'ont promis *déterminément*. » (RICHELIEU, *Corr.*, 3 février 1628.) « Il me mande *déterminément* qu'il ne peut se remettre en campagne contre les Hollandais. » (RICHELIEU, *Lettre au card. de la Valette*, 8 août 1637.) « De ce qu'il sait, il en parlera avec affirmation, *déterminément*. » (PATRU, *Plaid.*, XIV.) « Je me suis

¶ quer, ils n'oublient rien de ce qu'il faut faire pour la manquer.

¶ Les choses les plus souhaitées n'arrivent point, ou, si elles arrivent, ce n'est ni dans le temps ni dans les circonstances où elles auraient fait un extrême plaisir.

¶ Il faut rire avant que d'être heureux, de peur de mourir sans avoir ri.

¶ La vie est courte, si elle ne mérite ce nom que lorsqu'elle est agréable, puisque, si l'on cousait ensemble toutes les heures que l'on passe avec ce qui plaît, l'on ferait à peine d'un grand nombre d'années une vie de quelques mois.

¶ Qu'il est difficile d'être content de quelqu'un !

¶ On ne pourrait se défendre de quelque joie à voir périr un méchant homme ; l'on jouirait alors du fruit de sa haine, et l'on tirerait de lui tout ce qu'on en peut espérer, qui est le plaisir de sa perte. Sa mort enfin arrive, mais dans une conjoncture où nos intérêts ne nous permettent pas de nous en réjouir : il meurt trop tôt ou trop tard.

¶ Il est pénible à un homme fier de pardonner à celui qui le surprend en faute, et qui se plaint de lui avec raison : sa fierté ne s'adoucit que lorsqu'il reprend ses avantages, et qu'il met l'autre dans son tort.

¶ Comme nous nous affectionnons de plus en plus aux personnes à qui nous faisons du bien, de même nous haïssons violemment ceux que nous avons beaucoup offensés.

¶ Il est également difficile d'étouffer dans les commencements le sentiment des injures, et de le conserver après un certain nombre d'années.

¶ C'est par faiblesse que l'on hait un ennemi et que l'on songe à s'en venger, et c'est par paresse que l'on s'apaise et qu'on ne se venge point[1].

¶ Il y a bien autant de paresse que de faiblesse à se laisser gouverner.

---

expliqué *déterminément* sur cela. » (Boss., *Lettre à Mᵐᵉ d'Alb. de Luynes*, 16 février 1694.) « Qui demeurent *déterminément* dans le péché. » (Mass., *Serm. pour le 3ᵉ dim. de car.*, I.) « Je voulais bien *déterminément* ne lui rien dire. » (Mᵐᵉ de Staal, *Mém.*, I.)

1. « La réconciliation avec nos ennemis n'est que le désir de rendre notre condition meilleure, une lassitude de la guerre, et une crainte de quelque mauvais événement. » — « Les hommes ne sont

Il ne faut pas penser à gouverner un homme tout d'un coup, et sans autre préparation, dans une affaire importante et qui serait capitale à lui ou aux siens ; il sentirait d'abord l'empire et l'ascendant qu'on veut prendre sur son esprit, et il secouerait le joüg par honte ou par caprice : il faut tenter auprès de lui les petites choses, et de là le progrès jusqu'aux plus grandes est immanquable. Tel ne pouvait au plus dans les commencements qu'entreprendre de le faire partir pour la campagne ou retourner à la ville, qui finit par lui dicter un testament où il réduit son fils à la légitime[1].

Pour gouverner quelqu'un longtemps et absolument, il faut avoir la main légère, et ne lui faire sentir que le moins qu'il se peut sa dépendance.

Tels se laissent gouverner jusqu'à un certain point, qui au delà sont intraitables et ne se gouvernent plus : on perd tout à coup la route de leur cœur et de leur esprit ; ni hauteur ni souplesse, ni force ni industrie, ne les peuvent dompter ; avec cette différence que quelques-uns sont ainsi faits par raison et avec fondement, et quelques autres par tempérament et par humeur.

Il se trouve des hommes qui n'écoutent ni la raison ni les bons conseils, et qui s'égarent volontairement, par la crainte qu'ils ont d'être gouvernés.

D'autres consentent d'être gouvernés par leurs amis en des choses presque indifférentes, et s'en font un droit de les gouverner à leur tour en des choses graves et de conséquence.

*Drance* veut passer pour gouverner son maître, qui n'en croit rien, non plus que le public : parler sans cesse à un grand que l'on sert, en des lieux et en des temps où il convient le moins, lui parler à l'oreille ou en des termes mystérieux, rire jusqu'à éclater en sa présence, lui couper la parole, se mettre entre lui et ceux qui lui parlent, dédaigner ceux qui viennent faire leur cour ou attendre impatiemment

---

pas seulement sujets à perdre le souvenir des injures, ils cessent de haïr ceux qui les ont outragés. L'application de se venger du mal leur paraît une servitude à laquelle ils ont peine à se soumettre. » (La Rochefoucauld.)

1. « La légitime, dit Domat, est une portion de l'hérédité que les lois affectent aux mêmes personnes qu'on ne peut priver de la qualité d'héritier, et à qui elles donnent le droit de se plaindre des dispositions inofficieuses. » (*Des lois civiles*, 2ᵉ part., liv. III, tit. III, sect. 1, 1).

qu'ils se retirent, se mettre proche de lui en une posture trop libre, figurer avec lui le dos appuyé à une cheminée, le tirer par son habit, lui marcher sur les talons, faire le familier, prendre des libertés, marque mieux un fat qu'un favori.

Un homme sage ni ne se laisse gouverner, ni ne cherche à gouverner les autres ; il veut que la raison gouverne seule et toujours.

Je ne haïrais pas d'être livré par la confiance à une personne raisonnable, et d'en être gouverné en toutes choses, et absolument, et toujours : je serais sûr de bien faire, sans avoir le soin de délibérer ; je jouirais de la tranquillité de celui qui est gouverné par la raison.

¶ Toutes les passions sont menteuses ; elles se déguisent autant qu'elles le peuvent aux yeux des autres ; elles se cachent à elles-mêmes : il n'y a point de vice qui n'ait une fausse ressemblance avec quelque vertu, et qui ne s'en aide.

¶ Les hommes rougissent moins de leurs crimes que de leurs faiblesses et de leur vanité. Tel est ouvertement injuste, violent, perfide, calomniateur, qui cache son amour ou son ambition, sans autre vue que de la cacher.

¶ Le cas n'arrive guère où l'on puisse dire : J'étais ambitieux ; ou on ne l'est point, ou on l'est toujours ; mais le temps vient où l'on avoue que l'on a aimé.

¶ Les hommes commencent par l'amour, finissent par l'ambition, et ne se trouvent souvent dans une assiette plus tranquille que lorsqu'ils meurent.

¶ Rien ne coûte moins à la passion que de se mettre au-dessus de la raison ; son grand triomphe est de l'emporter sur l'intérêt.

¶ L'on est plus sociable et d'un meilleur commerce par le cœur que par l'esprit.

¶ Il y a de certains grands sentiments, de certaines actions nobles et élevées, que nous devons moins à la force de notre esprit qu'à la bonté de notre naturel.

¶ Il n'y a guère au monde un plus bel excès que celui de la reconnaissance.

¶ Il faut être bien dénué d'esprit, si l'amour, la malignité, la nécessité, n'en font pas trouver.

¶ Il y a des lieux que l'on admire : il y en a d'autres qui touchent et où l'on aimerait à vivre.

Il me semble que l'on dépend des lieux pour l'esprit, l'humeur, la passion, le goût et les sentiments.

¶ Ceux qui font bien mériteraient seuls d'être enviés, s'il n'y avait encore un meilleur parti à prendre, qui est de faire mieux : c'est une douce vengeance contre ceux qui nous donnent cette jalousie.

¶ Quelques-uns se défendent d'aimer et de faire des vers, comme de deux *faibles* qu'ils n'osent avouer, l'un du cœur, l'autre de l'esprit.

¶ Il y a quelquefois, dans le cours de la vie, de si chers plaisirs et de si tendres engagements que l'on nous défend, qu'il est naturel de désirer du moins qu'ils fussent permis : de si grands charmes ne peuvent être surpassés que par celui de savoir y renoncer par vertu.

## CHAPITRE V

## DE LA SOCIÉTÉ ET DE LA CONVERSATION

Un caractère bien fade est celui de n'en avoir aucun.

¶ C'est le rôle d'un sot d'être importun : un homme habile sent s'il convient ou s'il ennuie ; il sait disparaître le moment qui précède celui où il serait de trop quelque part.

¶ L'on marche sur les mauvais plaisants, et il pleut par tout pays de cette sorte d'insectes. Un bon plaisant est une pièce rare ; à un homme qui est né tel, il est encore fort délicat d'en soutenir longtemps le personnage : il n'est pas ordinaire que celui qui fait rire se fasse estimer.

¶ Il y a beaucoup d'esprits obscènes, encore plus de médisants ou de satiriques, peu de délicats. Pour badiner avec grâce et rencontrer heureusement sur les plus petits sujets, il faut trop de manières[1], trop de politesse, et même trop de fécondité : c'est créer que de railler ainsi, et faire quelque chose de rien.

1. *Manières* est pris en bonne part, et en quelque sorte comme synonyme de l'expression *tour*.

¶ Si l'on faisait une sérieuse attention à tout ce qui se dit de froid, de vain et de puéril dans les entretiens ordinaires, l'on aurait honte de parler ou d'écouter, et l'on se condamnerait peut-être à un silence perpétuel, qui serait une chose pire dans le commerce que les discours inutiles. Il faut donc s'accommoder à tous les esprits, permettre comme un mal nécessaire le récit des fausses nouvelles, les vagues réflexions sur le gouvernement présent ou sur l'intérêt des princes, le débit des beaux sentiments, et qui reviennent toujours les mêmes : il faut laisser *Aronce* parler proverbe, et *Mélinde* parler de soi, de ses vapeurs, de ses migraines et de ses insomnies.

¶ L'on voit des gens qui, dans les conversations ou dans le peu de commerce que l'on a avec eux, vous dégoûtent par leurs ridicules expressions, par la nouveauté, et j'ose dire par l'impropriété des termes dont ils se servent, comme par l'alliance de certains mots qui ne se rencontrent ensemble que dans leur bouche, et à qui ils font signifier des choses que leurs premiers inventeurs n'ont jamais eu intention de leur faire dire. Ils ne suivent, en parlant, ni la raison ni l'usage, mais leur bizarre génie, que l'envie de toujours plaisanter, et peut-être de briller, tourne insensiblement à un jargon qui leur est propre, et qui devient enfin leur idiome naturel; ils accompagnent un langage si extravagant d'un geste affecté et d'une prononciation qui est contrefaite. Tous sont contents d'eux-mêmes et de l'agrément de leur esprit, et l'on ne peut pas dire qu'ils en soient entièrement dénués ; mais on les plaint de ce peu qu'ils en ont, et ce qui est pire, on en souffre.

¶ Que dites-vous? comment? Je n'y suis pas : vous plairait-il de recommencer? J'y suis encore moins. Je devine enfin : vous voulez, *Acis*, me dire qu'il fait froid ; que ne disiez-vous : Il fait froid? Vous voulez m'apprendre qu'il pleut ou qu'il neige ; dites : Il pleut, il neige. Vous me trouvez bon visage, et vous désirez m'en féliciter; dites : Je vous trouve bon visage. — Mais, répondez-vous, cela est bien uni et bien clair; et d'ailleurs, qui ne pourrait pas en dire autant? — Qu'importe, Acis? Est-ce un si grand mal d'être entendu quand on parle et de parler comme tout le monde? Une chose vous manque, Acis, à vous et à vos semblables, les discours de *phé-*

*bus*[1] ; vous ne vous en défiez point, et je vais vous jeter dans l'étonnement : une chose vous manque, c'est l'esprit. Ce n'est pas tout : il y a en vous une chose de trop, qui est l'opinion d'en avoir plus que les autres ; voilà la source de votre pompeux galimatias, de vos phrases embrouillées et de vos grands mots qui ne signifient rien. Vous abordez cet homme, ou vous entrez dans cette chambre ; je vous tire par votre habit et vous dis à l'oreille : Ne songez point à avoir de l'esprit, n'en ayez point ; c'est votre rôle ; ayez, si vous pouvez, un langage simple et tel que l'ont ceux en qui vous ne trouvez aucun esprit ; peut-être alors croira-t-on que vous en avez.

¶ Qui peut se promettre d'éviter dans la société des hommes la rencontre de certains esprits vains, légers, familiers, délibérés, qui sont toujours dans une compagnie ceux qui parlent et qu'il faut que les autres écoutent ? On les entend de l'antichambre ; on entre impunément et sans crainte de les interrompre : ils continuent leur récit sans la moindre attention pour ceux qui entrent ou qui sortent, comme pour le rang ou le mérite des personnes qui composent le cercle. Ils font taire celui qui commence à conter une nouvelle, pour la dire de leur façon, qui est la meilleure : ils la tiennent de *Zamet*, de *Ruccelay* ou de *Conchini*[2], qu'ils ne connaissent point, à qui ils n'ont jamais parlé, et qu'ils traiteraient de *Monseigneur* s'ils leur parlaient ; ils s'approchent quelquefois de l'oreille du plus qualifié de l'assemblée, pour le gratifier

1. *Phébus*, langage obscur et prétentieux.
2. Sans dire *monsieur*. (*Note de la Bruyère.*)
   Il tutoie en parlant ceux du plus haut étage,
   Et le nom de *monsieur* est chez lui hors d'usage.
   (Molière, *le Misanthrope*, II, v.)

Ces trois noms appartiennent à la première partie du dix-septième siècle, et tiennent la place de ceux des favoris du jour. — Zamet (1614-1649), financier italien, joua souvent un rôle fort peu honorable à la cour de France, où il était venu à la suite de Catherine de Médicis. — L'abbé Ruccellai, gentilhomme florentin, introduit à la cour par Concini, prit part à toutes les intrigues de la régence de Marie de Médicis, fut exilé de la cour, et mourut en 1627. — Concini, maréchal d'Ancre, avait été comblé d'honneurs, d'argent et de dignités. Sa fortune rapide, ses hauteurs, son esprit de domination lui firent un grand nombre d'ennemis. Louis XIII ayant donné à Vitry l'ordre de l'arrêter mort ou vif, il fut tué dans la cour du Louvre, le 24 avril 1617.

d'une circonstance que personne ne sait et dont ils ne veulent pas que les autres soient instruits ; ils suppriment quelques noms pour déguiser l'histoire qu'ils racontent et pour détourner les applications : vous les priez, vous les pressez inutilement ; il y a des choses qu'ils ne diront pas, il y a des gens qu'ils ne sauraient nommer, leur parole y est engagée ; c'est le dernier secret, c'est un mystère ; outre que vous leur demandez l'impossible, car, sur ce que vous voulez apprendre d'eux, ils ignorent le fait et les personnes.

¶ *Arrias* a tout lu, a tout vu, il veut le persuader ainsi ; c'est un homme universel, et il se donne pour tel ; il aime mieux mentir que de se taire ou de paraître ignorer quelque chose. On parle à la table d'un grand d'une cour du Nord : il prend la parole et l'ôte à ceux qui allaient dire ce qu'ils en savent ; il s'oriente dans cette région lointaine comme s'il en était originaire ; il discourt des mœurs de cette cour, des femmes du pays, de ses lois et de ses coutumes ; il récite[1] des historiettes qui y sont arrivées ; il les trouve plaisantes et il en rit le premier jusqu'à éclater. Quelqu'un se hasarde de le contredire et lui prouve nettement qu'il dit des choses qui ne sont pas vraies. Arrias ne se trouble point, prend feu au contraire contre l'interrupteur : « Je n'avance, lui dit-il, je ne raconte rien que je ne sache d'original ; je l'ai appris de *Sethon*, ambassadeur de France dans cette cour, revenu à Paris depuis quelques jours, que je connais familièrement, que j'ai fort interrogé, et qui ne m'a caché aucune circonstance. » Il reprenait le fil de sa narration avec plus de confiance qu'il ne l'avait commencée, lorsque l'un des conviés lui dit : « C'est Sethon à qui vous parlez, lui-même, et qui arrive de son ambassade. »

¶ Il y a un parti à prendre, dans les entretiens, entre une certaine paresse qu'on a de parler, ou quelquefois un esprit abstrait[2], qui, nous jetant loin du sujet de la conversation, nous fait faire ou de mauvaises demandes ou de sottes réponses ; et une attention importune qu'on a au moindre mot qui échappe, pour le relever, badiner autour y trouver un mystère que les autres n'y voient pas, y cher-

---

1. *Réciter* était synonyme de *raconter*.
2. Voyez page 13, la note 1.

cher de la finesse et de la subtilité, seulement pour avoir occasion d'y placer la sienne [1].

¶ Être infatué de soi et s'être fortement persuadé qu'on a beaucoup d'esprit, est un accident qui n'arrive guère qu'à celui qui n'en a point ou qui en a peu : malheur, pour lors, à qui est exposé à l'entretien d'un tel personnage ! combien de jolies phrases lui faudra-t-il essuyer ! combien de ces mots aventuriers [2] qui paraissent subitement, durent un temps, et que bientôt on ne revoit plus ! S'il conte une nouvelle, c'est moins pour l'apprendre à ceux qui l'écoutent que pour avoir le mérite de la dire, et de la dire bien ; elle devient un roman entre ses mains : il fait penser les gens à sa manière, leur met en la bouche ses petites façons de parler, et les fait toujours parler longtemps ; il tombe ensuite en des parenthèses qui peuvent passer pour épisodes, mais qui font oublier le gros de l'histoire, et à lui qui vous parle, et à vous qui le supportez. Que serait-ce de vous et de lui, si quelqu'un ne survenait heureusement pour déranger le cercle et faire oublier la narration ?

¶ J'entends *Théodecte* de l'antichambre ; il grossit sa voix à mesure qu'il s'approche. Le voilà entré : il rit, il crie, il éclate ; on bouche ses oreilles, c'est un tonnerre. Il n'est pas moins redoutable par les choses qu'il dit que par le ton dont il parle. Il ne s'apaise et il ne revient de ce grand fracas que pour bredouiller des vanités [3] et des sottises. Il a si peu d'égard au temps, aux personnes, aux bienséances, que chacun a son fait sans qu'il ait eu intention de le lui donner ; il n'est pas encore assis qu'il a, à son insu, désobligé toute l'assemblée. A-t-on servi, il se met le premier à table, et dans la première place ; les femmes sont à sa droite et à sa gauche. Il mange, il boit, il conte, il plaisante, il interrompt tout à la fois. Il n'a nul discernement des personnes, ni du maître, ni des conviés ; il abuse de la folle déférence qu'on a pour lui. Est-ce lui, est-ce *Eutidème* qui

1. Sa finesse *ou* sa subtilité.
2. *Mots aventuriers.* L'expression semble appartenir à la Bruyère. Saint-Evremond dit, en faisant également un adjectif d'*aventurier:* « Le maréchal de Gaston, si *aventurier* pour les partis et si brusque à les chercher. »
3. Des choses vaines.

donne le repas? Il rappelle à soi toute l'autorité de la table, et il y a un moindre inconvénient à la lui laisser entière qu'à la lui disputer. Le vin et les viandes n'ajoutent rien à son caractère. Si l'on joue, il gagne au jeu; il veut railler celui qui perd, et il l'offense; les rieurs sont pour lui; il n'y a sorte de fatuités qu'on ne lui passe. Je cède enfin et je disparais, incapable de souffrir plus longtemps Théodecte et ceux qui le souffrent.

¶ *Troïle* est utile à ceux qui ont trop de bien; il leur ôte l'embarras du superflu; il leur sauve la peine d'amasser de l'argent, de faire des contrats, de fermer des coffres, de porter des clefs sur soi et de craindre un vol domestique. Il les aide dans leurs plaisirs, et il devient capable ensuite de les servir dans leurs passions; bientôt il les règle et les maîtrise dans leur conduite. Il est l'oracle d'une maison, celui dont on attend, que dis-je? dont on prévient, dont on devine les décisions. Il dit de cet esclave : « Il faut le punir, » et on le fouette; et de cet autre : « Il faut l'affranchir, » et on l'affranchit. L'on voit qu'un parasite ne le fait pas rire; il peut lui déplaire : il est congédié. Le maître est heureux si Troïle lui laisse sa femme et ses enfants. Si celui-ci est à table, et qu'il prononce d'un mets qu'il est friand, le maître et les conviés, qui en mangeaient sans réflexion, le trouvent friand et ne s'en peuvent rassasier; s'il dit au contraire d'un autre mets qu'il est insipide, ceux qui commençaient à le goûter, n'osant avaler le morceau qu'ils ont à la bouche, ils le jettent à terre [1] : tous ont les yeux sur lui, observent son maintien et son visage avant de prononcer sur le vin ou sur les viandes qui sont servies. Ne le cherchez pas ailleurs que dans la maison de ce riche qu'il gouverne : c'est là qu'il mange, qu'il dort et qu'il fait digestion, qu'il querelle son valet, qu'il reçoit ses ouvriers et qu'il remet ses créanciers. Il régente, il domine dans une salle; il y reçoit la cour et les hommages de ceux qui, plus fins que les autres, ne veulent aller au maître que par Troïle. Si l'on entre par malheur sans avoir une physionomie qui lui

1. A cette époque, on jetait à terre, et cela dans le meilleur monde, ce que l'on avait en trop dans son verre ou dans son assiette. Voyez plus loin, dans le caractère du distrait, Ménalque voulant jeter à terre le vin qu'on lui a versé de trop.

agréé, il ride son front et il détourne sa vue ; si on l'aborde, il ne se lève pas ; si l'on s'assied auprès de lui, il s'éloigne ; si on lui parle, il ne répond point ; si l'on continue de parler, il passe dans une autre chambre ; si on le suit, il gagne l'escalier ; il franchirait tous les étages, ou il se lancerait par une fenêtre plutôt que de se laisser joindre par quelqu'un qui a un visage ou un son de voix qu'il désapprouve. L'un et l'autre sont agréables en Troïle, et il s'en est servi heureusement pour s'insinuer ou pour conquérir. Tout devient, avec le temps, au-dessous de ses soins, comme il est au-dessus de vouloir se soutenir [1] ou continuer de plaire par le moindre des talents qui ont commencé à le faire valoir. C'est beaucoup qu'il sorte quelquefois de ses méditations et de sa taciturnité pour contredire, et que même pour critiquer il daigne une fois le jour avoir de l'esprit. Bien loin d'attendre de lui qu'il défère à vos sentiments, qu'il soit complaisant, qu'il vous loue, vous n'êtes pas sûr qu'il aime toujours votre approbation, ou qu'il souffre votre complaisance.

¶ Il faut laisser parler cet inconnu que le hasard a placé auprès de vous dans une voiture publique, à une fête ou à un spectacle ; et il ne vous coûtera bientôt pour le connaître que de l'avoir écouté : vous saurez son nom, sa demeure, son pays, l'état de son bien, son emploi, celui de son père, la famille dont est sa mère, sa parenté, ses alliances, les armes de sa maison ; vous comprendrez qu'il est noble, qu'il a un château, de beaux meubles, des valets et un carrosse.

¶ Il y a des gens qui parlent un moment avant que d'avoir pensé. Il y en a d'autres qui ont une fade attention à ce qu'ils disent, et avec qui l'on souffre dans la conversation de tout le travail de leur esprit ; ils sont comme pétris de phrases et de petits tours d'expression, concertés dans leur geste et dans tout leur maintien ; ils sont *puristes* [2], et ne hasardent pas le moindre mot, quand il devrait faire le plus bel effet

1. Cette tournure est singulière.
2. Gens qui affectent une grande pureté de langage. (*La Bruyère.*) La note de la Bruyère montre que cette signification était toute nouvelle de son temps. Bossuet a employé *puriste* pour désigner celui qui affecte une grande pureté. «Les calvinistes, qui se piquent d'être les plus purs de tous les *puriste,* traitent de superstition

du monde ; rien d'heureux ne leur échappe, rien ne coule de source et avec liberté : ils parlent proprement et ennuyeusement.

¶ L'esprit de la conversation consiste bien moins à en montrer beaucoup qu'à en faire trouver aux autres : celui qui sort de votre entretien content de soi et de son esprit l'est de vous parfaitement. Les hommes n'aiment point à vous admirer, ils veulent plaire ; ils cherchent moins à être instruits, et même réjouis, qu'à être goûtés et applaudis ; et le plaisir le plus délicat est de faire celui d'autrui.

¶ Il ne faut pas qu'il y ait trop d'imagination dans nos conversations ni dans nos écrits ; elle ne produit souvent que des idées vaines et puériles, qui ne servent point à perfectionner le goût, et à nous rendre meilleurs : nos pensées doivent être prises dans le bon sens et la droite raison, et doivent être un effet de notre jugement.

¶ C'est une grande misère que de n'avoir pas assez d'esprit pour bien parler, ni assez de jugement pour se taire. Voilà le principe de toute impertinence.

¶ Dire d'une chose modestement ou qu'elle est bonne ou qu'elle est mauvaise, et les raisons pourquoi elle est telle, demande du bon sens et de l'expression[1], c'est une affaire. Il est plus court de prononcer, d'un ton décisif et qui emporte la preuve de ce qu'on avance, ou qu'elle est exécrable, ou qu'elle est miraculeuse.

¶ Rien n'est moins selon Dieu et selon le monde que d'appuyer tout ce que l'on dit dans la conversation, jusques aux choses les plus indifférentes, par de longs et de fastidieux serments[2]. Un honnête homme qui dit oui et non[3] mérite d'être cru : son caractère jure pour lui, donne créance[4] à ses paroles, et lui attire toute sorte de confiance.

ce respect tel quel que les luthériens de la confession d'Augsbourg ont pour les restes de l'Eucharistie. » (Boss., *Déf. trad. comm.*, II, 21.)

1. De l'habileté dans l'expression.
2. Molière avait stigmatisé avant la Bruyère cette habitude des gens de cour :
    « De protestations, d'offres et de serments
    Vous chargez la fureur de vos embrassements. »
            (*Le Misanthrope*, I, 1.)
3. Qui dit oui ou qui dit non.
4. *Donner créance à une chose* a deux acceptions. Il veut dire,

¶ Celui qui dit incessamment qu'il a de l'honneur et de la probité, qu'il ne nuit à personne, qu'il consent que le mal qu'il fait aux autres lui arrive, et qui jure pour le faire croire, ne sait pas même contrefaire l'homme de bien.

Un homme de bien ne saurait empêcher, par toute sa modestie, qu'on ne dise de lui ce qu'un malhonnête homme sait dire de soi.

¶ *Cléon* parle peu obligeamment ou peu juste, c'est l'un ou l'autre ; mais il ajoute qu'il est fait ainsi, qu'il dit ce qu'il pense.

¶ Il y a parler bien, parler aisément, parler juste, parler à propos. C'est pécher contre ce dernier genre que de s'étendre sur un repas magnifique que l'on vient de faire, devant des gens qui sont réduits à épargner leur pain ; de dire merveilles de sa santé devant des infirmes ; d'entretenir de ses richesses, de ses revenus et de ses ameublements, un homme qui n'a ni rentes ni domicile ; en un mot, de parler de son bonheur devant des misérables : cette conversation est trop forte pour eux, et la comparaison qu'ils font alors de leur état au vôtre est odieuse.

¶ « Pour vous, dit *Eutiphron*, vous êtes riche, ou vous devez l'être : dix mille livres de rente, et en fonds de terre, cela est beau, cela est doux, et l'on est heureux à moins, » pendant que lui qui parle ainsi a cinquante mille livres de revenu, et qu'il croit n'avoir que la moitié de ce qu'il mérite. Il vous taxe, il vous apprécie, il fixe votre dépense, et s'il vous jugeait digne d'une meilleure fortune, et de celle même où il aspire, il ne manquerait pas de vous la souhaiter. Il n'est pas le seul qui fasse de si mauvaises estimations, ou des comparaisons si désobligeantes ; le monde est plein d'Eutiphrons.

¶ Quelqu'un, suivant la pente de la coutume qui veut qu'on loue, et par l'habitude qu'il a à la flatterie et à l'exagération, congratule[1] *Théodème* sur un discours qu'il n'a

---

comme ici, faire qu'on y ajoute foi, la rendre croyable. Il signifie en outre croire, ajouter foi, comme dans ces exemples : « David *ayant donné créance* aux impostures de Siba. » (PASCAL.)

« Seigneur, à vos soupçons *donnez* moins *de créance*. »
(RACINE, *Brit.*, III, v.)

1. *Congratuler* ne se dit plus qu'avec une nuance de plaisanterie.

point entendu, et dont personne n'a pu encore lui rendre compte : il ne laisse pas de lui parler de son génie, de son geste, et surtout de la fidélité de sa mémoire ; et il est vrai que Théodème est demeuré court.

¶ L'on voit des gens brusques, inquiets, *suffisants*[1], qui, bien qu'oisifs et sans aucune affaire qui les appelle ailleurs, vous expédient[2], pour ainsi dire, en peu de paroles, et ne songent qu'à se dégager de vous ; on leur parle encore, qu'ils sont partis et ont disparu. Ils ne sont pas moins impertinents que ceux qui vous arrêtent seulement pour vous ennuyer ; ils sont peut-être moins incommodes.

¶ Parler et offenser, pour de certaines gens, est précisément la même chose. Ils sont piquants et amers ; leur style est mêlé de fiel et d'absinthe ; la raillerie, l'injure, l'insulte, leur découlent des lèvres comme leur salive. Il leur serait utile d'être nés muets ou stupides : ce qu'ils ont de vivacité et d'esprit leur nuit davantage que ne fait à quelques autres leur sottise[3]. Ils ne se contentent pas toujours de répliquer avec aigreur, ils attaquent souvent avec insolence ; ils frappent sur tout ce qui se trouve sous leur langue, sur les présents, sur les absents ; ils heurtent de front et de côté, comme des béliers. Demande-t-on à des béliers qu'ils n'aient pas de cornes ? De même n'espère-t-on pas de réformer par cette peinture des naturels si durs, si farouches, si indociles. Ce que l'on peut faire de mieux, d'aussi loin qu'on les découvre, est de les fuir de toute sa force et sans regarder derrière soi[4].

1. Au dix-septième siècle, *suffisant* se prenait presque toujours dans un sens favorable, de même que *suffisance*. La Bruyère souligne ce mot parce qu'il lui donne une acception encore nouvelle alors, mais consignée cependant dans le *Dictionnaire* de Furetière qui remarque que *suffisant* se dit en bonne et en mauvaise part, du grand mérite et de la sotte présomption.

2. On *expédiait* les affaires : on ne disait pas encore, comme aujourd'hui, *expédier* quelqu'un, dans le sens où La Bruyère emploie cette locution.

3. *Davantage que* serait aujourd'hui incorrect. Les grammairiens ont établi cette règle contraire à la pratique générale du dix-septième siècle : L'adverbe *davantage* ne peut pas être suivi, comme le comparatif *plus*, de mots complémentaires qui le modifient.

4. La Bruyère a imité ce trait de Théophraste, et même a textuellement emprunté les derniers mots à sa propre traduction. Dans le

¶ Il y a des gens d'une certaine étoffe ou d'un certain caractère avec qui il ne faut jamais se commettre, de qui l'on ne doit se plaindre que le moins qu'il est possible, et contre qui il n'est pas même permis d'avoir raison.

¶ Entre deux personnes qui ont eu ensemble une violente querelle, dont l'un a raison et l'autre ne l'a pas [1], ce que la plupart de ceux qui y ont assisté ne manquent jamais de faire, ou pour se dispenser de juger, ou par un tempérament qui m'a toujours paru hors de sa place, c'est de condamner tous les deux : leçon importante, motif pressant et indispensable de fuir à l'orient quand le fat est à l'occident, pour éviter de partager avec lui le même tort.

¶ Je n'aime pas un homme que je ne puis aborder le premier, ni saluer avant qu'il me salue, sans m'avilir à ses yeux, et sans tremper dans la bonne opinion qu'il a de lui-même. MONTAIGNE dirait [2] : *Je veux avoir mes coudées franches, et être courtois et affable à mon point* [3], *sans remords ne* [4] *conséquence. Je ne puis du tout estriver* [5] *contre mon penchant, et aller au rebours de mon naturel, qui m'emmeine vers celuy que je trouve à ma rencontre. Quand il m'est égal, et qu'il ne m'est point ennemy, j'anticipe sur son accueil* [6] *; je le questionne sur sa*

chapitre de *l'Impertinent*, il avait ainsi traduit l'une des phrases de l'auteur grec : « Il n'y a avec de si grands causeurs qu'un parti à prendre, qui est de s'enfuir *de toute sa force et sans regarder derrière soi.* » Après les avoir transportés dans cette réflexion qui parut en 1690, il effaça de sa traduction les mots soulignés sans les remplacer par d'autres (voir p. XLI).

1. Dans la locution *avoir raison*, raison est un substantif indéterminé, le pronom ne peut donc pas s'y rapporter ; mais il nous semble que la phrase de la Bruyère serait encore irréprochable aujourd'hui, parce que *ne l'a pas* semble pris d'une manière neutre.

2. Imité de Montaigne. (*Note de la Bruyère.*)

3. A ma mesure.

4. Ni.

5. Entrer en querelle. Montaigne a dit : « La philosophie n'*estrive* point contre les voluptez naturelles, pourveu que la mesure y soit jointe. » (*Essais*, III, 5.) Ce vieux mot était encore de quelque usage à la fin du dix-septième siècle. On lit dans le *Dictionnaire* de Furetière : « ESTRIVER (voir p.   ). Quereller, se choquer ou se débattre de paroles. Ces valets sont continuellement à *estriver*, à se débattre de paroles. Ces plaideurs, après *avoir* longtemps *estrivé*, se sont enfin accommodés. »

6. De la cinquième à la huitième édition, la Bruyère avait écrit :

## DE LA SOCIÉTÉ ET DE LA CONVERSATION.

disposition et santé ; je luy fais offre de mes offices, sans tant marchander sur le plus ou sur le moins, ne être, comme disent aucuns, sur le qui-vive. Celuy-là me déplaist, qui, par la connoissance que j'ay de ses coutumes et façons d'agir, me tire de cette liberté[1] et franchise. Comment me ressouvenir tout à propos, et d'aussi loin que je vois cet homme, d'emprunter une contenance grave et importante, et qui l'avertisse que je crois le valoir bien et au delà ? pour cela de me ramentevoir[2] de mes bonnes qualitez et conditions, et des siennes mauvaises, puis en faire la comparaison ? C'est trop de travail pour moy, et ne suis du tout capable de si roide et si subite attention ; et quand bien elle m'auroit succédé[3] une première fois, je ne laisserois de fléchir et me démentir à une seconde tâche : je ne puis me forcer et contraindre pour quelconque[4] à être fier.

¶ Avec de la vertu, de la capacité et une bonne conduite, l'on peut être insupportable. Les manières, que l'on néglige comme de petites choses, sont souvent ce qui fait que les hommes décident de vous en bien ou en mal : une légère attention à les avoir douces et polies prévient leurs mauvais jugements. Il ne faut presque rien pour être cru fier, incivil, méprisant, désobligeant ; il faut encore moins pour être estimé tout le contraire.

¶ La politesse n'inspire pas toujours la bonté, l'équité, la complaisance, la gratitude ; elle en donne du moins les apparences, et fait paraître l'homme au dehors comme il devrait être intérieurement.

L'on peut définir l'esprit de politesse, l'on ne peut en

---

« J'anticipe son bon accueil. » J'anticipe sur son accueil a été mis à la neuvième édition sans nécessité, car anticiper, verbe actif, pour dire usurper, empiéter sur, prévenir, était et est encore du meilleur usage.

1. Me force à sortir de cette liberté.
2. Me souvenir. Ramentevoir est formé de re, de nouveau, de la préposition à, de ment, esprit, du latin mentem, qui se trouve en composition dans les adverbes, et du verbe avoir. Ce vieux terme a été employé au dix-septième siècle par du Vair, par Malherbe, par la Fontaine, par Molière, et au dix-huitième siècle par Voltaire. Il mériterait d'être repris, comme le souhaitait la Bruyère.
3. Réussi. Cette signification, un peu vieillie, est encore admise par la dernière édition du Dictionnaire de l'Académie.
4. Pour qui que ce soit.

fixer la pratique : elle suit l'usage et les coutumes reçues ; elle est attachée aux temps, aux lieux, aux personnes, et n'est point la même dans les deux sexes, ni dans les différentes conditions : l'esprit tout seul ne la fait pas deviner ; il fait qu'on la suit par imitation, et que l'on s'y perfectionne. Il y a des tempéraments qui ne sont susceptibles que de la politesse, et il y en a d'autres qui ne servent qu'aux grands talents ou à une vertu solide. Il est vrai que les manières polies donnent cours au mérite et le rendent agréable, et qu'il faut avoir de bien éminentes qualités pour se soutenir sans la politesse.

Il me semble que l'esprit de politesse est une certaine attention à faire que, par nos paroles et par nos manières, les autres soient contents de nous et d'eux-mêmes.

¶ C'est une faute contre la politesse que de louer immodérément, en présence de ceux que vous faites chanter ou toucher un instrument, quelque autre personne qui a ces mêmes talents ; comme devant ceux qui vous lisent leurs vers, un autre poète.

¶ Dans les repas ou les fêtes que l'on donne aux autres, dans les présents qu'on leur fait et dans tous les plaisirs qu'on leur procure, il y a faire bien, et faire selon leur goût ; le dernier est préférable.

¶ Il y aurait une espèce de férocité à rejeter indifféremment toutes sortes de louanges ; l'on doit être sensible à celles qui nous viennent des gens de bien, qui louent en nous sincèrement des choses louables.

¶ Un homme d'esprit et qui est né fier ne perd rien de sa fierté et de sa roideur pour se trouver pauvre ; si quelque chose au contraire doit amollir son humeur, le rendre plus doux et plus sociable, c'est un peu de prospérité.

¶ Ne pouvoir supporter tous les mauvais caractères dont le monde est plein n'est pas un fort bon caractère : il faut, dans le commerce, des pièces d'or et de la monnaie.

¶ Vivre avec des gens qui sont brouillés et dont il faut écouter de part et d'autre les plaintes réciproques, c'est, pour ainsi dire, ne pas sortir de l'audience, et entendre du matin au soir plaider et parler procès.

¶ L'on sait des gens qui avaient coulé leurs jours dans une union étroite : leurs biens étaient en commun ; ils n'avaient qu'une même demeure ; ils ne se perdaient pas de vue. Ils se sont aperçus à plus de quatre-vingts ans qu'ils devaient se quitter l'un l'autre et finir leur société; ils n'avaient plus qu'un jour à vivre, et ils n'ont osé entreprendre de le passer ensemble; ils se sont dépêchés de rompre avant que de mourir; ils n'avaient de fonds pour la complaisance que jusque-là. Ils ont trop vécu pour le bon exemple; un moment plus tôt ils mouraient sociables et laissaient après eux un rare modèle de la persévérance dans l'amitié.

¶ L'intérieur des familles est souvent troublé par les défiances, par les jalousies et par l'antipathie, pendant que des dehors contents, paisibles et enjoués, nous trompent et nous y font supposer une paix qui n'y est point : il y en a peu qui gagnent à être approfondies. Cette visite que vous rendez vient de suspendre une querelle domestique qui n'attend que votre retraite pour recommencer.

¶ Dans la société, c'est la raison qui plie la première. Les plus sages sont souvent menés par le plus fou et le plus bizarre : l'on étudie son faible, son humeur, ses caprices; l'on s'y accommode; l'on évite de le heurter; tout le monde lui cède. La moindre sérénité qui paraît sur son visage lui attire des éloges; on lui tient compte de n'être pas toujours insupportable. Il est craint, ménagé, obéi, quelquefois aimé.

¶ Il n'y a que ceux qui ont eu de vieux collatéraux ou qui en ont encore, et dont il s'agit d'hériter, qui puissent dire ce qu'il en coûte.

¶ *Cléante* est un très-honnête homme; il s'est choisi une femme qui est la meilleure personne du monde et la plus raisonnable : chacun, de sa part[1], fait tout le plaisir et tout l'agrément des sociétés où il se trouve; l'on ne peut voir ailleurs plus de probité, plus de politesse. Ils se quittent demain, et l'acte de leur séparation est tout dressé chez le notaire. Il y a, sans mentir, de certains mérites qui ne sont point faits pour être ensemble, de certaines vertus incompatibles.

¶ L'on peut compter sûrement sur la dot, le douaire et les conventions, mais faiblement sur les *nourritures*[2]; elles

1. De son côté.
2. Le douaire est la portion de biens dont le mari donne l'usufruit à sa femme en cas de survivance. — On entend par *nourriture* la convention par laquelle il est stipulé que les époux vivront pendant

dépendent d'une union fragile de la belle-mère et de la bru, et qui périt souvent dans l'année du mariage.

¶ Un beau-père aime son gendre, aime sa bru. Une belle-mère aime son gendre, n'aime point sa bru. Tout est réciproque.

¶ Ce qu'une marâtre aime le moins de tout ce qui est au monde, ce sont les enfants de son mari : plus elle est folle de son mari, plus elle est marâtre.

Les marâtres font déserter les villes et les bourgades, et ne peuplent pas moins la terre de mendiants, de vagabonds, de domestiques et d'esclaves que la pauvreté.

¶ G** et H**[1] sont voisins de campagne, et leurs terres sont contiguës; ils habitent une contrée déserte et solitaire. Éloignés des villes et de tout commerce, il semblait que la fuite d'une entière solitude[2], ou l'amour de la société eût dû les assujettir à une liaison réciproque; il est cependant difficile d'exprimer la bagatelle qui les a fait rompre, qui les rend implacables l'un pour l'autre, et qui perpétuera leurs haines dans leurs descendants. Jamais des parents, et même des frères, ne se sont brouillés pour une moindre chose.

Je suppose qu'il n'y ait que deux hommes sur la terre, qui la possèdent seuls et qui la partagent toute entre eux deux : je suis persuadé qu'il leur naîtra bientôt quelque sujet de rupture, quand ce ne serait que pour les limites.

¶ Il est souvent plus court et plus utile de cadrer aux autres[3] que de faire que les autres s'ajustent à nous.

un certain nombre d'années auprès des parents de l'un d'eux. — *Convention* est une expression qui s'applique à tous les articles accordés à une femme par contrat de mariage.

1. Allusion, selon les clefs, à un procès que se firent, au sujet d'un droit de pêche, deux conseillers au parlement, Hervé et Vedeau de Grammont.

2. Tour assez bizarre pour dire la crainte de l'isolement et le désir de le prévenir.

3. *Cadrer* peut aussi bien être suivi de la préposition *à* que de la préposition *avec*. « Toutes choses *cadrent* au juste *à* nos desseins. » (Boss., *Serm. pour la Quinq.*, II.) « Afin que tout *cadrât* à son dessein, il fallait... » (Id., *Méd.*, Cène, I, XIX.) « Admirez comme tant de choses *cadrent* et s'ajustent *au* Sauveur Jésus. » (Id., *Serm. sur l'Asc.*, I.) « Vous avez trouvé dans ma lettre beaucoup de choses qui ne *cadraient* pas *à* la vôtre. » (J.-J. Rouss.)

Le vrai sens de ce mot est s'ajuster comme dans un *cadre*. Il

¶ J'approche d'une petite ville, et je suis déjà sur une hauteur d'où je la découvre. Elle est située à mi-côte ; une rivière baigne ses murs et coule ensuite dans une belle prairie ; elle a une forêt épaisse qui la couvre des vents froids et de l'aquilon. Je la vois dans un jour si favorable, que je compte ses tours et ses clochers ; elle me paraît peinte sur le penchant de la colline. Je me récrie et je dis : Quel plaisir de vivre sous un si beau ciel et dans ce séjour si délicieux ! Je descends dans la ville, où je n'ai pas couché deux nuits, que je ressemble à ceux qui l'habitent ; j'en veux sortir.

¶ Il y a une chose que l'on n'a point vue sous le ciel, et que, selon toutes les apparences, on ne verra jamais : c'est une petite ville qui n'est divisée en aucuns partis, où les familles sont unies et où les cousins se voient avec confiance, où un mariage n'engendre point une guerre civile ; où la querelle des rangs ne se réveille pas à tous moments par l'offrande, l'encens et le pain bénit, par les processions et par les obsèques ; d'où l'on a banni les *caquets*, le mensonge et la médisance ; où l'on voit parler ensemble le bailli et le président, les élus et les assesseurs[1] ; où le doyen vit bien avec ses chanoines ; où les chanoines ne dédaignent pas les chapelains, et où ceux-ci souffrent les chantres.

¶ Les provinciaux et les sots sont toujours prêts à se fâcher et à croire qu'on se moque d'eux, ou qu'on les méprise : il ne faut jamais hasarder la plaisanterie, même la plus douce et la plus permise, qu'avec des gens polis ou qui ont de l'esprit.

¶ On ne prime point avec les grands, ils se défendent par leur grandeur ; ni avec les petits, ils vous repoussent par le *qui-vive*.

¶ Tout ce qui est mérite se sent, se discerne, se devine ré-

vient de *quadrare*, faire un cadre, carrer. Aussi écrivait-on autrefois *quarrer, quadre*.

1. Les élus étaient des officiers qui jugeaient en première instance les procès qui avaient rapport aux tailles, aux aides et aux gabelles. Les assesseurs sont les magistrats adjoints à un juge pour lui venir en aide ou le suppléer.

1. « La plus subtile de toutes les finesses est de savoir bien feindre de tomber dans les piéges que l'on nous tend, et on n'est jamais si aisément trompé que quand on songe à tromper les autres. » (LA ROCHEFOUCAULD.)

ciproquement : si l'on voulait être estimé, il faudrait vivre avec des personnes estimables.

¶ Celui qui est d'une éminence au-dessus des autres, qui le met à couvert de la repartie, ne doit jamais faire une raillerie piquante.

¶ Il y a de petits défauts que l'on abandonne volontiers à la censure, et dont nous ne haïssons pas à être raillés : ce sont de pareils défauts que nous devons choisir pour railler les autres.

¶ Rire des gens d'esprit, c'est le privilége des sots : ils sont dans le monde ce que les fous sont à la cour, je veux dire sans conséquence.

¶ La moquerie est souvent indigence d'esprit.

¶ Vous le croyez votre dupe : s'il feint de l'être, qui est plus dupe de lui ou de vous?

¶ Si vous observez avec soin qui sont les gens qui ne peuvent louer, qui blâment toujours, qui ne sont contents de personne, vous reconnaîtrez que ce sont ceux mêmes dont personne n'est content.

¶ Le dédain et le rengorgement dans la société attirent précisément le contraire de ce que l'on cherche, si c'est à se faire estimer.

¶ Le plaisir de la société entre les amis se cultive par une ressemblance de goût sur ce qui regarde les mœurs, et par quelque différence d'opinion sur les sciences : par là, ou l'on s'affermit dans ses sentiments, ou l'on s'exerce et l'on s'instruit par la dispute [1].

¶ L'on ne peut aller loin dans l'amitié, si l'on n'est pas disposé à se pardonner les uns aux autres les petits défauts.

¶ Combien de belles et inutiles raisons à étaler à celui qui est dans une grande adversité, pour essayer de le rendre tranquille! Les choses de dehors, qu'on appelle les événements, sont quelquefois plus fortes que la raison et que la nature. Mangez, dormez, ne vous laissez point mourir de chagrin, songez à vivre : harangues froides et qui réduisent à l'impossible. Êtes-vous raisonnable de vous tant inquiéter? N'est-ce pas dire : Êtes-vous fou d'être malheureux?

¶ Le conseil, si nécessaire pour les affaires, est quelquefois, dans la société, nuisible à qui le donne, et inutile à celui à

---

1. C'est-à-dire par la discussion.

qui il est donné. Sur les mœurs, vous faites remarquer des défauts ou que l'on n'avoue pas, ou que l'on estime des vertus ; sur les ouvrages, vous rayez les endroits qui paraissent admirables à leur auteur, où il se complaît davantage, où il croit s'être surpassé lui-même. Vous perdez ainsi la confiance de vos amis, sans les avoir rendus ni meilleurs ni plus habiles.

¶ L'on a vu, il n'y a pas longtemps, un cercle de personnes des deux sexes, liées ensemble par la conversation et par un commerce d'esprit[1]. Ils laissaient au vulgaire l'art de parler d'une manière intelligible; une chose dite entre eux peu clairement en entraînait une autre encore plus obscure, sur laquelle on enchérissait par de vraies énigmes, toujours suivies de longs applaudissements : par tout ce qu'ils appelaient délicatesse, sentiments, tour et finesse d'expression, ils étaient enfin parvenus à n'être plus entendus et à ne s'entendre pas eux-mêmes. Il ne fallait, pour fournir à ces entretiens, ni bon sens, ni jugement, ni mémoire, ni la moindre capacité ; il fallait de l'esprit, non pas du meilleur, mais de celui qui est faux, et où l'imagination a trop de part.

¶ Je le sais, *Théobalde*, vous êtes vieilli; mais voudriez-vous que je crusse que vous êtes baissé, que vous n'êtes plus poëte, ni bel esprit; que vous êtes présentement aussi mauvais juge de tout genre d'ouvrage que méchant auteur; que vous n'avez plus rien de naïf et de délicat dans la conversation ? Votre air libre et présomptueux me rassure et me persuade tout le contraire. Vous êtes donc aujourd'hui tout ce que vous fûtes jamais, et peut-être meilleur; car, si à votre âge vous êtes si vif et si impétueux, quel nom, Théobalde, fallait-il vous donner dans votre jeunesse, et lorsque vous étiez la *coqueluche*[2] ou l'entêtement de certaines femmes qui ne juraient que par vous et sur votre parole, qui disaient : *Cela est délicieux : qu'a-t-il dit ?*

¶ L'on parle impétueusement dans les entretiens, souvent par vanité ou par humeur, rarement avec assez d'attention : tout occupé du désir de répondre à ce qu'on n'écoute point,

---

1. Allusion à la société de l'hôtel de Rambouillet et aux conversations des *précieuses*.
2. Être la coqueluche du lieu, du pays signifie y être hautement loué, vanté, y être en vogue, fêté, choyé. Coqueluche, signifiant capuchon, cette locution est équivalente à être coiffé de quelque chose.

l'on suit ses idées et on les explique sans le moindre égard pour les raisonnements d'autrui ; l'on est bien éloigné de trouver ensemble la vérité, l'on n'est pas encore convenu de celle que l'on cherche. Qui pourrait écouter ces sortes de conversations et les écrire, ferait voir quelquefois de bonnes choses qui n'ont nulle suite.

¶ Il a régné pendant quelque temps une sorte de conversation fade et puérile, qui roulait toute sur des questions frivoles qui avaient relation au cœur et à ce qu'on appelle passion ou tendresse. La lecture de quelques romans les avait introduites parmi les plus honnêtes gens de la ville et de la cour ; ils s'en sont défaits, et la bourgeoisie les a reçues, avec les pointes et les équivoques[1].

¶ Quelques femmes de la ville ont la délicatesse de ne pas savoir ou de n'oser dire le nom des rues, des places et de quelques endroits publics qu'elles ne croient pas assez nobles pour être connus. Elles disent : *le Louvre, la Place Royale*; mais elles usent de tours et de phrases plutôt que de prononcer de certains noms ; et, s'ils leur échappent, c'est du moins avec quelque altération du mot, et après quelques façons qui les rassurent : en cela moins naturelles que les femmes de la cour, qui, ayant besoin, dans le discours, des *Halles*, du *Châtelet*, ou de choses semblables, disent : *les Halles, le Châtelet*.

¶ Si l'on feint quelquefois de ne pas se souvenir de certains noms que l'on croit obscurs, et si l'on affecte de les corrompre en les prononçant, c'est par la bonne opinion qu'on a du sien.

¶ L'on dit par belle humeur, et dans la liberté de la conversation, de ces choses froides, qu'à la vérité l'on donne pour telles, et que l'on ne trouve bonnes que parce qu'elles sont extrêmement mauvaises. Cette manière basse de plaisanter a passé du peuple, à qui elle appartient, jusque dans une grande partie de la jeunesse de la cour, qu'elle a déjà infectée. Il est vrai qu'il y entre trop de fadeur et de grossièreté pour devoir craindre qu'elle s'étende plus loin, et qu'elle fasse de plus grands progrès dans un pays qui est le

---

1. Les romans dont il s'agit sont les romans héroïques de Gomberville (1600-1647), de la Calprenède (1610-1663), et surtout de M<sup>lle</sup> de Scudéri (1607-1701), l'une des *précieuses* de l'hôtel de Rambouillet, auteur du *Grand Cyrus* (1650), de *Clélie* (1656), etc.

DE LA SOCIÉTÉ ET DE LA CONVERSATION. 85

centre du bon goût et de la politesse : l'on doit cependant en inspirer le dégoût à ceux qui la pratiquent ; car, bien que ce ne soit jamais sérieusement, elle ne laisse pas de tenir la place, dans leur esprit et dans le commerce ordinaire, de quelque chose de meilleur.

¶ Entre dire de mauvaises choses et en dire de bonnes que tout le monde sait, et les donner pour nouvelles, je n'ai pas à choisir.

¶ « *Lucain a dit une jolie chose; Il y a un beau mot de Claudien; Il y a cet endroit de Sénèque;* » et là-dessus une longue suite de latin que l'on cite souvent devant des gens qui ne l'entendent pas, et qui feignent de l'entendre. Le secret serait d'avoir un grand sens et bien de l'esprit ; car ou l'on se passerait des anciens [1], ou, après les avoir lus avec soin, l'on saurait encore choisir les meilleurs et les citer à propos.

¶ *Hermagoras* ne sait pas qui est roi de Hongrie ; il s'étonne de n'entendre faire aucune mention du roi de Bohême [2] ; ne lui parlez pas des guerres de Flandre et de Hollande [3], dispensez-le du moins, de vous répondre, il confond les temps, il ignore quand elles ont commencé, quand elles ont fini ; combats, siéges, tout lui est nouveau. Mais il est instruit de la guerre des géants, il en raconte le progrès et les moindres détails, rien ne lui est échappé ; il débrouille de même l'horrible chaos des deux empires, le Babylonien et l'assyrien ; il connaît à fond les Égyptiens et leurs dynasties. Il n'a jamais vu Versailles, il ne le verra point : il a presque vu la tour de Babel ; il en compte les degrés ; il sait combien d'architectes ont présidé à cet ouvrage ; il sait

---

1. Montaigne avait dit : « Nous ne travaillons qu'à remplir la mémoire, et laissons l'entendement et la conscience vuides... Nous savons dire : *Cicero dict ainsi; Voilà les mœurs de Platon; Ce sont les mots mesmes d'Aristote;* mais nous, que disons-nous nous-mêmes ? que jugeons-nous ? que faisons-nous ? » (*Essais*, I, 14.)

2. La Hongrie a reconnu la domination autrichienne en 1570, et, trois années avant la publication de ce passage, en 1687, la couronne de Hongrie avait été déclarée héréditaire dans la maison d'Autriche. De même, la Bohême, depuis le seizième siècle, n'avait d'autre souverain que l'empereur d'Allemagne.

3. La conquête de la Flandre par Louis XIV, et ses campagnes en Hollande.

le nom des architectes. Dirai-je qu'il croit Henri IV[1] fils de Henri III? Il néglige du moins de rien connaître aux maisons de France, d'Autriche et de Bavière : Quelles minuties ! dit-il, pendant qu'il récite de mémoire toute une liste des rois des Mèdes ou de Babylone, et que les noms d'*Apronal*, d'*Hérigebal*, de *Noesnemordach*, de *Mardokempad*, lui sont aussi familiers qu'à nous ceux de Valois et de Bourbon. Il demande si l'Empereur a jamais été marié; mais personne ne lui apprendra que Ninus a eu deux femmes. On lui dit que le roi jouit d'une santé parfaite, et il se souvient que Thetmosis, un roi d'Égypte, était valétudinaire, et qu'il tenait cette complexion de son aïeul Alipharmutosis. Que ne sait-il point? quelle chose lui est cachée de la vénérable antiquité? Il vous dira que Sémiramis, ou, selon quelques-uns, Sérimaris, parlait comme son fils Ninyas; qu'on ne les distinguait pas à la parole : si c'était parce que la mère avait une voix mâle comme son fils, ou le fils une voix efféminée comme sa mère, qu'il n'ose pas le décider. Il vous révélera que Nembrod était gaucher et Sésostris ambidextre; que c'est une erreur de s'imaginer qu'un Artaxerce ait été appelé Longuemain parce que les bras lui tombaient jusqu'aux genoux, et non à cause qu'il avait une main plus longue que l'autre; et il ajoute qu'il y a des auteurs graves qui affirment que c'était la droite, qu'il croit néanmoins être bien fondé à soutenir que c'est la gauche.

¶ Ascagne est statuaire, Hégion fondeur, Æschine foulon, et *Cydias* bel esprit[2], c'est sa profession. Il a une enseigne, un atelier, des ouvrages de commande et des compagnons qui travaillent sous lui; il ne vous saurait rendre de plus d'un mois les stances qu'il vous a promises, s'il ne manque de parole à *Dosithée*, qui l'a engagé à faire une élégie; une idylle est sur le métier, c'est pour *Crantor*, qui le presse et qui lui laisse espérer un riche salaire. Prose, vers, que voulez-vous? Il réussit également en l'un et en l'autre. Demandez-lui des lettres de consolation, ou sur une absence,

---

1. Henri le Grand. (*Note de la Bruyère.*)
2. Cydias désigne Fontenelle qui s'est essayé dans presque tous les genres de compositions, et devint l'ennemi de la Bruyère après la publication de ce caractère (1694).

il les entreprendra; prenez-les toutes faites et entrez dans son magasin, il y a à choisir. Il a un ami qui n'a point d'autre fonction sur la terre que de le promettre longtemps à un certain monde, et de le présenter enfin dans les maisons comme homme rare et d'une exquise conversation; et là, ainsi que le musicien chante et que le joueur de luth touche son luth devant les personnes à qui il a été promis, Cydias, après avoir toussé, relevé sa manchette, étendu la main et ouvert les doigts, débite gravement ses pensées quintessenciées et ses raisonnements sophistiqués. Différent de ceux qui, convenant de principes et connaissant la raison ou la vérité qui est une, s'arrachent la parole l'un à l'autre pour s'accorder sur leurs sentiments, il n'ouvre la bouche que pour contredire : « *Il me semble*, dit-il gracieusement, *que c'est tout le contraire de ce que vous dites;* » ou : « *Je ne saurais être de votre opinion;* » ou bien : « *Ç'a été autrefois mon entêtement, comme il est le vôtre; mais.... il y a trois choses, ajoute-t-il, à considérer...,* » et il en ajoute une quatrième. Fade discoureur, qui n'a pas mis plutôt le pied dans une assemblée qu'il cherche quelques femmes auprès de qui il puisse s'insinuer, se parer de son bel esprit ou de sa philosophie, et mettre en œuvre ses rares conceptions : car, soit qu'il parle ou qu'il écrive, il ne doit pas être soupçonné d'avoir en vue ni le vrai ni le faux, ni le raisonnable ni le ridicule; il évite uniquement de donner dans le sens des autres et d'être de l'avis de quelqu'un[1] : aussi attend-il dans un cercle que chacun se soit expliqué sur le sujet qui s'est offert, ou souvent qu'il a amené lui-même, pour dire dogmatiquement des choses toutes nouvelles, mises à son gré décisives et sans réplique. Cydias s'égale à Lucien et à Sénèque[2], se met au-dessus de Platon, de Virgile et de Théocrite; et son flatteur a soin de le confirmer tous les matins dans cette opinion. Uni de goût et d'intérêt avec les contempteurs d'Homère, il attend paisiblement que les hommes détrompés lui préfèrent les poëtes modernes : il se met en ce cas à la tête de ces derniers, et il sait à qui il adjuge la seconde place. C'est, en un mot, un composé du pédant et du pré-

---

1. « Il penserait paraître un homme du commun,
  Si l'on voyait qu'il fût de l'avis de quelqu'un. »
  (MOLIÈRE, *le Misanthrope*, I, v.)

2. Philosophe et poëte tragique. (*Note de la Bruyère*.)

cieux, fait pour être admiré de la bourgeoisie et de la province, en qui néanmoins on n'aperçoit rien de grand que l'opinion qu'il a de lui-même.

¶ C'est la profonde ignorance qui inspire le ton dogmatique. Celui qui ne sait rien croit enseigner aux autres ce qu'il vient d'apprendre lui-même; celui qui sait beaucoup pense à peine que ce qu'il dit puisse être ignoré, et parle plus indifféremment.

¶ Les plus grandes choses n'ont besoin que d'être dites simplement ; elles se gâtent par l'emphase. Il faut dire noblement les plus petites ; elles ne se soutiennent que par l'expression, le ton et la manière.

¶ Il me semble que l'on dit les choses encore plus finement qu'on ne peut les écrire.

¶ Il n'y a guère qu'une naissance honnête[1] ou une bonne éducation qui rende les hommes capables de secret.

¶ Toute confiance est dangereuse si elle n'est entière; il y a peu de conjonctures où il ne faille tout dire ou tout cacher. On a déjà trop dit de son secret à celui à qui l'on croit devoir en dérober une circonstance.

¶ Des gens vous promettent le secret, et ils le révèlent eux-mêmes et à leur insu ; ils ne remuent pas les lèvres, et on les entend ; on lit sur leur front et dans leurs yeux; on voit au travers de leur poitrine ; ils sont transparents. D'autres ne disent pas précisément une chose qui leur a été confiée, mais ils parlent et agissent de manière qu'on la découvre de soi-même. Enfin quelques-uns méprisent votre secret, de quelque conséquence qu'il puisse être : « *C'est un mystère, un tel m'en a fait part et m'a défendu de le dire;* » et ils le disent.

Toute révélation d'un secret est la faute de celui qui l'a confié.

¶ *Nicandre* s'entretient avec *Élise* de la manière douce et complaisante dont il a vécu avec sa femme, depuis le jour qu'il en fit le choix jusques à sa mort : il a déjà dit qu'il regrette qu'elle ne lui ait pas laissé des enfants, et il le répète; il parle des maisons qu'il a à la ville, et bientôt d'une terre qu'il a à la campagne ; il calcule le revenu qu'elle lui

---

1. Une *naissance honnête* désigne, dans la langue de l'époque, une naissance distinguée.

apporte; il fait le plan des bâtiments, en décrit la situation, exagère la commodité des appartements, ainsi que la richesse et la propreté des meubles [1]; il assure qu'il aime la bonne chère, les équipages; il se plaint que sa femme n'aimait point assez le jeu et la société. Vous êtes si riche, lui disait l'un de ses amis, que n'achetez-vous cette charge ? pourquoi ne pas faire cette acquisition qui étendrait votre domaine ? On me croit, ajoute-t-il, plus de bien que je n'en possède. Il n'oublie pas son extraction et ses alliances : « *Monsieur le Surintendant, qui est mon cousin; Madame la Chancelière, qui est ma parente :* » voilà son style. Il raconte un fait qui prouve le mécontentement qu'il doit avoir de ses plus proches et de ceux mêmes qui sont ses héritiers. « Ai-je tort ? dit-il à Élise; ai-je grand sujet de leur vouloir du bien ? » Et il l'en fait juge. Il insinue ensuite qu'il a une santé faible et languissante, et il parle de la cave [2] où il doit être enterré. Il est insinuant, flatteur, officieux, à l'égard de tous ceux qu'il trouve auprès de la personne à qui il aspire. Mais Élise n'a pas le courage d'être riche en l'épousant. On annonce, au moment qu'il parle [3], un cavalier qui, de sa seule présence, démonte la batterie de l'homme de ville : il se

---

1. *Propreté* signifiait souvent élégance, et *propre* élégant. « Toute cette façade a été construite avec cette *propreté* et cette magnificence sans égale. » (PERRAULT, *Par. des Anc. et des Mod.*, II.) « Leyden recommandable... par la *propreté* de ses bâtimens. » (REGNARD, *Voyage en Flandre.*) « Je ne doutai point, à voir la *propreté* de ses habits, que ce ne fût une dame hors du commun. » (LESAGE, *Guzm.*, VI, 4.) « Tu te ruines en habits, en *propretés*, en ajustements. » (FLÉCH., *Panég. de saint Bern.*, I.) « Je suis à Bussy depuis un mois, et j'y serai jusqu'aux premiers jours d'août ; après quoi je retournerai à ce Chaseu qui vous plaît tant. Je suis pourtant assuré que Bussy vous l'effacerait un peu, si vous le voyiez aujourd'hui. Il a des beautés et des *propretés* uniques. » (BUSSY, *Lett.*, à M<sup>me</sup> de Sévigné, 23 juin 1678.)

2. Au dix-septième et au dix-huitième siècle le mot *cave* s'employait souvent, comme terme d'architecture et dans la langue générale, pour désigner une crypte, un lieu voûté dans les églises où l'on enterrait les morts.

3. Locution fréquemment employée à cette époque. « *Au moment que* j'ouvre la bouche pour célébrer la gloire immortelle de Louis de Bourbon. » (Boss., *Condé.*) Aujourd'hui on dit plutôt *au moment où*, mais *au moment que* peut parfaitement se dire.

lève déconcerté et chagrin, et va dire ailleurs qu'il veut se remarier.

¶ Le sage quelquefois évite le monde, de peur d'être ennuyé.

---

## CHAPITRE VI

### DES BIENS DE FORTUNE

Un homme fort riche peut manger des entremets, faire peindre ses lambris et ses alcôves, jouir d'un palais à la campagne et d'un autre à la ville, avoir un grand équipage, mettre un duc dans sa famille et faire de son fils un grand seigneur : cela est juste et de son ressort ; mais il appartient peut-être à d'autres de vivre contents.

¶ Une grande naissance ou une grande fortune annonce le mérite et le fait plus tôt remarquer.

¶ Ce qui disculpe le fat ambitieux de son ambition est le soin que l'on prend, s'il a fait une grande fortune, de lui trouver un mérite qu'il n'a jamais eu, et aussi grand qu'il croit l'avoir.

¶ A mesure que la faveur et les grands biens se retirent d'un homme, ils laissent voir en lui le ridicule qu'ils couvraient, et qui y était sans que personne s'en aperçût.

¶ Si l'on ne le voyait de ses yeux, pourrait-on jamais s'imaginer l'étrange disproportion que le plus ou le moins de pièces de monnaie met entre les hommes ?

Ce plus ou ce moins détermine à l'épée, à la robe ou à l'Église ; il n'y a presque point d'autre vocation.

¶ Deux marchands étaient voisins et faisaient le même commerce, qui ont eu dans la suite une fortune toute différente. Ils avaient chacun une fille unique ; elles ont été nourries ensemble[1] et ont vécu dans cette familiarité que donnent un même âge et une même condition : l'une des

---

1. Élevées ensemble.
   « Rome qui m'a *nourri* vous parlera pour moi. »
   (CORN., *Nicom.*, I, 1.)

deux, pour se tirer d'une extrême misère, cherche à se placer ; elle entre au service d'une fort grande dame et l'une des premières de la cour, chez sa compagne.

¶ Si le financier manque son coup, les courtisans disent de lui : « C'est un bourgeois, un homme de rien, un malotru ; » s'il réussit, ils lui demandent sa fille.

¶ Quelques-uns [1] ont fait dans leur jeunesse l'apprentissage d'un certain métier, pour en exercer un autre, et fort différent, le reste de leur vie.

¶ Un homme est laid, de petite taille, et a peu d'esprit ; l'on me dit à l'oreille : « Il a cinquante mille livres de rente. » Cela le concerne tout seul, et il ne m'en fera jamais ni pis ni mieux. Si je commence à le regarder avec d'autres yeux, et si je ne suis pas maître de faire autrement, quelle sottise !

¶ Un projet assez vain serait de vouloir tourner un homme fort sot et fort riche en ridicule ; les rieurs sont de son côté.

¶ N**, avec un portier rustre, farouche, tirant sur le Suisse [2], avec un vestibule et une antichambre, pour peu qu'il y fasse languir quelqu'un et se morfondre, qu'il paraisse enfin avec une mine grave et une démarche mesurée, qu'il écoute un peu [3] et ne reconduise point, quelque subalterne qu'il soit d'ailleurs, il fera sentir de lui-même [4] quelque chose qui approche de la considération.

¶ Je vais, *Clitiphon*, à votre porte ; le besoin que j'ai de vous me chasse de mon lit et de ma chambre : plût aux dieux que je ne fusse ni votre client ni votre fâcheux ! Vos

« Romulus *nourri* avec des bergers. » (Boss., *Hist. univ.*, I.) « Il y avait deux ans que les enfants du duc de Bretagne *se nourrissaient* à la cour de France. » (MÉZERAY, *Abrégé*, 1401.)
Cette signification a vieilli.
1. Les partisans.
2. Les grands seigneurs avaient un Suisse de nation pour portier. Les bourgeois affublaient de ce nom un de leurs serviteurs indigènes. Le Picard Petit-Jean dit, dans les *Plaideurs* :

• Il m'avait fait venir d'Amiens pour être Suisse. •

3. *Un peu* est ici pour *peu* ; et *pour peu..... qu'il écoute un peu* est une négligence comme il en échappe quelquefois à la Bruyère.
4. *Il fera sentir de lui-même* veut dire il inspirera.

esclaves me disent que vous êtes enfermé et que vous ne pouvez m'écouter que d'une heure entière[1]. Je reviens avant le temps qu'ils m'ont marqué, et ils me disent que vous êtes sorti. Que faites-vous, Clitiphon, dans cet endroit le plus reculé de votre appartement, de si laborieux qui vous empêche de m'entendre? Vous enfilez quelques mémoires, vous collationnez un registre, vous signez, vous paraphez. Je n'avais qu'une chose à vous demander, et vous n'aviez qu'un mot à me répondre, oui ou non. Voulez-vous être rare[2]? Rendez service à ceux qui dépendent de vous : vous le serez davantage par cette conduite que par ne vous pas laisser voir. O homme important et chargé d'affaires, qui, à votre tour, avez besoin de mes offices, venez dans la solitude de mon cabinet : le philosophe est accessible; je ne vous remettrai point à un autre jour. Vous me trouverez sur les livres de Platon qui traitent de la spiritualité de l'âme et de sa distinction d'avec le corps, ou la plume à la main pour calculer les distances de Saturne et de Jupiter : j'admire Dieu dans ses ouvrages, et je cherche, par la connaissance de la vérité, à régler mon esprit et devenir meilleur. Entrez, toutes les portes vous sont ouvertes; mon antichambre n'est pas faite pour s'y ennuyer en m'attendant; passez jusqu'à moi sans me faire avertir. Vous m'apportez quelque chose de plus précieux que l'argent et l'or, si c'est une occasion de vous obliger. Parlez, que voulez-vous que je fasse pour vous? Faut-il quitter mes livres, mes études, mon ouvrage, cette ligne qui est commencée? Quelle interruption heureuse pour moi que celle qui vous est utile! Le manieur d'argent, l'homme d'affaires est un ours qu'on ne saurait apprivoiser; on ne le voit dans sa loge qu'avec peine : que dis-je? on ne le voit point; car d'abord on ne le voit pas encore, et bientôt on ne le voit plus. L'homme de lettres, au contraire, est trivial comme une borne au coin des places[3]; il est vu de tous, et à toute heure, et en tous états, à table, au lit,

---

1. Que dans une heure, qu'à partir d'une heure entière.
2. *Rare* veut dire qui n'est pas commun, et qui ne se laisse pas voir. La Bruyère joue sur le double sens du mot.
3. *Trivial* vient du latin *trivialis*, de *trivium*, carrefour. Il signifie donc ici qu'il est aussi facile à voir que la borne d'un carrefour, et qu'on le rencontre partout.

nu, habillé, sain ou malade; il ne peut être important, et il ne le veut point être [1].

¶ N'envions point à une sorte de gens leurs grandes richesses; ils les ont à titre onéreux et qui ne nous accommoderait point; ils ont mis leur repos, leur santé, leur honneur et leur conscience pour les avoir; cela est trop cher, et il n'y a rien à gagner à un tel marché.

¶ Les P. T. S. [2] nous font sentir toutes les passions l'une après l'autre : l'on commence par le mépris, à cause de leur obscurité; on les envie ensuite, on les hait, on les craint, on les estime quelquefois, et on les respecte; l'on vit assez pour finir à leur égard par la compassion.

¶ *Sosie*, de la livrée, a passé, par une petite recette, à une sous-ferme [3]; et, par les concussions, la violence et l'abus qu'il a fait de ses *pouvoirs*, il s'est enfin, sur les ruines de plusieurs familles, élevé à quelque grade. Devenu noble par une charge, il ne lui manquait que d'être homme de bien : une place de marguillier a fait ce prodige.

¶ L'on porte *Crésus* au cimetière : de toutes ses immenses richesses, que le vol et la concussion lui avaient acquises, et qu'il a épuisées par le luxe et par la bonne chère, il ne lui est pas demeuré de quoi se faire enterrer; il est mort insolvable, sans biens, et ainsi privé de tous les secours. L'on n'a vu chez lui ni julep, ni cordiaux, ni médecin, ni le moindre docteur [4] qui l'ait assuré de son salut.

¶ *Champagne*, au sortir d'un long dîner qui lui enfle l'estomac, et dans les douces fumées d'un vin d'Avenay ou de Sillery [5], signe un ordre qu'on lui présente, qui ôterait le pain à toute une province, si l'on n'y remédiait. Il est excu-

---

1. L'auteur se met lui-même en scène.
2. Les partisans. La Bruyère voulait laisser à ses lecteurs le plaisir assez facile de deviner la signification de ces initiales.

« *Partisan*, dit Furetière, est un financier, un homme qui fait des traités, des *partis* avec le roi, qui prend ses revenus à ferme, le recouvrement des impôts, qui en donne aussi les avis et les mémoires. »

3. La sous-ferme était une subdivision des fermes du roi, lesquelles comprenaient l'ensemble des impôts.
4. Docteur de Sorbonne. Voir la note de la page 98.
5. Avenay et Sillery sont en Champagne. Le vin de Champagne, très-célèbre à cette époque, n'était pas encore le vin mousseux que l'on connaît aujourd'hui sous ce nom.

sable : quel moyen de comprendre, dans la première heure de la digestion, qu'on puisse quelque part mourir de faim ?

¶ *Sylvain*, de ses deniers, a acquis de la naissance et un autre nom; il est seigneur de la paroisse où ses aïeuls payaient la taille[1] : il n'aurait pu autrefois entrer page chez *Cléobule*, et il est son gendre.

¶ *Dorus* passe en litière par la voie *Appienne*, précédé de ses affranchis et de ses esclaves, qui détournent le peuple et font faire place; il ne lui manque que des licteurs; il entre à *Rome* avec ce cortége, où il semble triompher de la bassesse et de la pauvreté de son père *Sanga*.

¶ On ne peut mieux user de sa fortune que fait *Périandre*; elle lui donne du rang, du crédit, de l'autorité; déjà on ne le prie plus d'accorder son amitié, on implore sa protection. Il a commencé par dire de soi-même : *Un homme de ma sorte*; il passe à dire : *Un homme de ma qualité*. Il se donne pour tel; et il n'y a personne de ceux à qui il prête de l'argent, ou qu'il reçoit à sa table, qui est délicate, qui veuille s'y opposer. Sa demeure est superbe; un dorique règne dans tous ses dehors; ce n'est pas une porte, c'est un portique. Est-ce la maison d'un particulier? est-ce un temple? le peuple s'y trompe. Il est le seigneur dominant de tout le quartier[2]. C'est lui que l'on envie, et dont on voudrait voir la chute; c'est lui dont la femme, par son collier de perles, s'est fait des ennemies de toutes les dames du voisinage. Tout se soutient dans cet homme; rien encore ne se dément dans cette grandeur qu'il a acquise, dont il ne doit rien, qu'il a payée. Que son père, si vieux et si caduc, n'est-il mort il y a vingt ans et avant qu'il se fît dans le monde aucune mention de Périandre ! Comment pourra-t-il soutenir ces odieuses pancartes[3] qui déchiffrent les conditions[4] et qui souvent font rougir la veuve et les héritiers ? Les supprimera-t-il aux yeux de toute une ville jalouse, maligne, clairvoyante, et aux dépens de mille gens qui veulent absolument aller tenir leur rang à des obsèques? Veut-on d'ailleurs qu'il

---

1. Les nobles, ainsi que les ecclésiastiques et les officiers du roi, étaient exempts de la taille.
2. Le seigneur suzerain de qui relève tout le quartier.
3. Billets d'enterrement. (*Note de la Bruyère.*)
4. Qui révèlent les conditions de chacun.

fasse de son père un *Noble homme*, et peut-être un *Honorable homme*, lui qui est *Messire*[1] ?

¶ Combien d'hommes ressemblent à ces arbres déjà forts et avancés que l'on transplante dans les jardins, où ils surprennent les yeux de ceux qui les voient placés dans de beaux endroits où ils ne les ont point vus croître, et qui ne connaissent ni leurs commencements ni leurs progrès !

¶ Si certains morts revenaient au monde, et s'ils voyaient leurs grands noms portés, et leurs terres les mieux titrées, avec leurs châteaux et leurs maisons antiques, possédées par des gens dont les pères étaient peut-être leurs métayers, quelle opinion pourraient-ils avoir de notre siècle ?

¶ Rien ne fait mieux comprendre le peu de chose que Dieu croit donner aux hommes en leur abandonnant les richesses, l'argent, les grands établissements et les autres biens, que la dispensation qu'il en fait, et le genre d'hommes qui en sont le mieux pourvus.

¶ Si vous entrez dans les cuisines, où l'on voit réduit en art et en méthode le secret de flatter votre goût et de vous faire manger au delà du nécessaire ; si vous examinez en détail tous les apprêts des viandes qui doivent composer le festin que l'on vous prépare ; si vous regardez par quelles mains elles passent, et toutes les formes différentes qu'elles prennent avant de devenir un mets exquis, et d'arriver à cette propreté et à cette élégance qui charment vos yeux, vous font hésiter sur le choix et prendre le parti d'essayer de tout ; si vous voyez tout le repas ailleurs que sur une table bien servie, quelles saletés ! quel dégoût ! Si vous allez derrière un théâtre, et si vous nombrez les poids, les roues, les cordages, qui font les vols et les machines ; si vous considérez combien de gens entrent dans l'exécution de ces mouvements, quelle force de bras, et quelle extension de nerfs ils y emploient, vous direz : Sont-ce là les principes et les ressorts de ce spectacle si beau, si naturel, qui paraît animé et agir de soi-même ? vous vous récrierez : Quels efforts ! quelle violence ! De même, n'approfondissez pas la fortune des partisans.

1. *Noble homme* était le titre que, dans les contrats, prenaient les bourgeois de quelque importance ; *honorable homme*, celui que prenaient les petits bourgeois, les marchands, les artisans, et *messire*, celui qui était réservé aux personnes de qualité.

¶ Ce garçon si frais, si fleuri, et d'une si belle santé, est seigneur d'une abbaye et de dix autres bénéfices[1] : tous ensemble lui rapportent six vingt mille livres de revenus dont il n'est payé qu'en médailles d'or. Il y a ailleurs six vingts familles indigentes qui ne se chauffent point pendant l'hiver, qui n'ont point d'habits pour se couvrir, et qui souvent manquent de pain ; leur pauvreté est extrême et honteuse. Quel partage ! Et cela ne prouve-t-il pas clairement un avenir[2] ?

¶ *Chrysippe*, homme nouveau, et le premier noble de sa race, aspirait, il y a trente années, à se voir un jour deux mille livres de rente pour tout bien : c'était là le comble de ses souhaits et sa plus haute ambition ; il l'a dit ainsi, et on s'en souvient. Il arrive, je ne sais par quels chemins, jusques à donner en revenu à l'une de ses filles, pour sa dot, ce qu'il désirait lui-même d'avoir en fonds pour toute fortune pendant sa vie. Une pareille somme est comptée dans ses coffres pour chacun de ses autres enfants qu'il doit pourvoir, et il a un grand nombre d'enfants : ce n'est qu'en avancement d'hoirie[3] ; il y a d'autres biens à espérer après sa mort. Il vit encore, quoique assez avancé en âge, et il use le reste de ses jours à travailler pour s'enrichir.

¶ Laissez faire *Ergaste*, et il exigera un droit de tous ceux qui boivent de l'eau de la rivière, ou qui marchent sur la terre ferme ; il sait convertir en or jusques aux roseaux, aux joncs et à l'ortie. Il écoute tous les avis, et propose tous ceux qu'il a écoutés. Le prince ne donne aux autres qu'aux dépens d'Ergaste, et ne leur fait de grâces que celles qui lui étaient dues. C'est une faim insatiable d'avoir et de posséder ; il trafiquerait des arts et des sciences, et mettrait en parti jusques à l'harmonie[4]. Il faudrait, s'il en était cru, que le peuple, pour avoir le plaisir de le voir riche, de lui voir une meute et une écurie, pût perdre

---

1. Les bénéfices sont des chargés spirituelles accompagnées de revenus. Les évêchés, abbayes, cures, chanoinies, chapelles, prieurés, sont les divers genres de bénéfices.
2. Une vie future.
3. C'est-à-dire par anticipation sur ce qui doit leur revenir dans sa succession.
4. Il affermerait aux partisans, pour qu'ils en tirent un impôt, jusqu'à la musique.

le souvenir de la musique d'*Orphée*, et se contenter de la sienne.

¶ Ne traitez pas avec *Criton*, il n'est touché que de ses seuls avantages. Le piége est tout dressé à ceux à qui sa charge, sa terre, ou ce qu'il possède, feront envie : il vous imposera des conditions extravagantes. Il n'y a nul ménagement et nulle composition à attendre d'un homme si plein de ses intérêts et si ennemi des vôtres : il lui faut une dupe.

¶ *Brontin*, dit le peuple, fait des retraites, et s'enferme huit jours avec des saints : ils ont leurs méditations, et il a les siennes.

¶ Le peuple souvent a le plaisir de la tragédie; il voit périr sur le théâtre du monde les personnages les plus odieux, qui ont fait le plus de mal dans diverses scènes, et qu'il a le plus haïs.

¶ Si l'on partage la vie des P. T. S. en deux portions égales, la première, vive et agissante, est tout occupée à vouloir affliger le peuple, et la seconde, voisine de la mort, à se déceler et à se ruiner les uns les autres.

¶ Cet homme qui a fait la fortune de plusieurs, qui a fait la vôtre, n'a pu soutenir la sienne, ni assurer avant sa mort celle de sa femme et de ses enfants : ils vivent cachés et malheureux. Quelque bien instruit que vous soyez de la misère de leur condition, vous ne pensez pas à l'adoucir; vous ne le pouvez pas en effet, vous tenez table, vous bâtissez; mais vous conservez par reconnaissance le portrait de votre bienfacteur[1], qui a passé, à la vérité, du cabinet à l'antichambre : quels égards! il pouvait aller au garde-meuble.

¶ Il y a une dureté de complexion; il y en a une autre de condition et d'état. L'on tire de celle-ci, comme de la première, de quoi s'endurcir sur la misère des autres, dirai-je même de quoi ne pas plaindre les malheurs de sa famille? Un bon financier ne pleure ni ses amis, ni sa femme, ni ses enfants.

¶ Fuyez, retirez-vous; vous n'êtes pas assez loin. — Je suis, dites-vous, sous l'autre tropique. — Passez sous le pôle

---

1. A cette époque de bons écrivains et de judicieux critiques préféraient encore, avec la Bruyère, *bienfacteur* à *bienfaiteur*. On disait aussi *bienfactrice* pour *bienfaitrice*.

et dans l'autre hémisphère; montez aux étoiles, si vous le pouvez. — M'y voilà. — Fort bien, vous êtes en sûreté. Je découvre sur la terre un homme avide, insatiable, inexorable, qui veut, aux dépens de tout ce qui se trouvera sur son chemin et à sa rencontre, et quoi qu'il en puisse coûter aux autres, pourvoir à lui seul, grossir sa fortune, et regorger de biens.

¶ Faire fortune est une si belle phrase, et qui dit une si bonne chose, qu'elle est d'un usage universel : on la reconnaît dans toutes les langues; elle plaît aux étrangers et aux barbares; elle règne à la cour et à la ville; elle a percé les cloîtres et franchi les murs des abbayes de l'un et de l'autre sexe : il n'y a point de lieux sacrés où elle n'ait pénétré, point de désert ni de solitude où elle soit inconnue [1].

¶ A force de faire de nouveaux contrats, ou de sentir son argent grossir dans ses coffres, on se croit enfin une bonne tête, et presque capable de gouverner.

¶ Il faut une sorte d'esprit pour faire fortune, et surtout une grande fortune : ce n'est ni le bon, ni le bel esprit, ni le grand, ni le sublime, ni le fort, ni le délicat; je ne sais précisément lequel c'est, et j'attends que quelqu'un veuille m'en instruire.

Il faut moins d'esprit que d'habitude ou d'expérience pour faire sa fortune; l'on y songe trop tard, et quand enfin l'on s'en avise, l'on commence par des fautes que l'on n'a pas toujours le loisir de réparer : de là vient peut-être que les fortunes sont si rares.

Un homme d'un petit génie peut vouloir s'avancer : il né-

---

1. Ce trait, et d'autres traits semblables de la Bruyère, attaquent non l'institution monastique, mais des abus que des pratiques déplorables, et surtout celle des vocations forcées, avaient introduits dans certains couvents au dix-septième siècle. Nul n'a plus énergiquement et plus éloquemment que Bourdaloue stigmatisé ce triste usage : « Ce cadet n'a pas l'avantage de l'aînesse : sans examiner si Dieu le « demande ou s'il l'accepte, on le lui donne..... l'établissement de « cette fille coûterait : sans autre motif, c'est assez pour la dévouer « à la religion. Mais elle n'est pas appelée à ce genre de vie : il faut « bien qu'elle le soit, puisqu'il n'y a point d'autre parti pour elle.... « ..... Ah! chrétiens, quelle abomination! » (Sermon sur le devoir des pères de famille par rapport à la vocation de leurs enfants, 1re partie.)

glige tout, il ne pense du matin au soir, il ne rêve la nuit
qu'à une seule chose, qui est de s'avancer. Il a commencé
de bonne heure, et dès son adolescence, à se mettre dans
les voies de la fortune : s'il trouve une barrière de front
qui ferme son passage, il biaise naturellement, et va à droit[1]
ou à gauche, selon qu'il y voit de jour et d'apparence; et
si de nouveaux obstacles l'arrêtent, il rentre dans le sentier
qu'il avait quitté. Il est déterminé par la nature des difficultés, tantôt à les surmonter, tantôt à les éviter, ou à
prendre d'autres mesures; son intérêt, l'usage, les conjonctures le dirigent. Faut-il de si grands talents et une si bonne
tête à un voyageur pour suivre d'abord le grand chemin
et, s'il est plein et embarrassé, prendre la terre et aller à
travers champs, puis regagner sa première route, la continuer, arriver à son terme? Faut-il tant d'esprit pour aller
à ses fins? Est-ce donc un prodige qu'un sot riche et accrédité?

Il y a même des stupides, et j'ose dire des imbéciles[2], qui
se placent en de beaux postes et qui savent mourir dans l'opulence, sans qu'on les doive soupçonner en nulle manière d'y
avoir contribué de leur travail ou de la moindre industrie[3];
quelqu'un les a conduits à la source d'un fleuve, ou bien le
hasard seul les y a fait rencontrer[4]; on leur a dit : « Voulez-
vous de l'eau? puisez, » et ils ont puisé.

¶ Quand on est jeune, souvent on est pauvre : ou l'on n'a
pas encore fait d'acquisitions, ou les successions ne sont pas
échues. L'on devient riche et vieux en même temps, tant il
est rare que les hommes puissent réunir tous leurs avantages! et si cela arrive à quelques-uns, il n'y a pas de quoi
leur porter envie : ils ont assez à perdre par la mort pour
mériter d'être plaints.

1. *A droit et à gauche* se disait aussi bien que *à droite et à gauche*.
2. La gradation demanderait plutôt : des imbéciles, des stupides.
*Imbécile*, dans sa signification première, souvent employée par saint
François de Sales, par Pascal, par Bossuet et par d'autres, veut seulement dire faible.
3. Habileté suspecte.
4. Les grammairiens modernes voudraient qu'on dît : « les y a fait se
rencontrer; » mais le génie de la langue veut : les y a fait rencontrer.
Voir, dans notre *Lexique de Corneille*, l'étude sur l'ellipse du pronom
personnel devant certains verbes.

Il faut avoir trente ans pour songer à sa fortune; elle n'est pas faite à cinquante : l'on bâtit dans sa vieillesse, et l'on meurt quand on est aux peintres et aux vitriers.

¶ Quel est le fruit d'une grande fortune, si ce n'est de jouir de la vanité, de l'industrie, du travail et de la dépense de ceux qui sont venus avant nous, et de travailler nous-mêmes, de planter, de bâtir, d'acquérir pour la postérité?

¶ L'on ouvre et l'on étale[1] tous les matins, pour tromper son monde, et l'on ferme le soir, après avoir trompé tout le jour.

¶ Le marchand fait des montres[2] pour donner de sa marchandise ce qu'il y a de pire; il a le cati[3] et les faux jours afin d'en cacher les défauts et qu'elle paraisse bonne; il la surfait pour la vendre plus cher qu'elle ne vaut; il a des marques fausses et mystérieuses afin qu'on croie n'en donner que son prix, un mauvais aunage pour en livrer le moins qu'il se peut, et il a un trébuchet, afin que celui à qui il l'a livrée la lui paye en or qui soit de poids.

¶ Dans toutes les conditions, le pauvre est bien proche de l'homme de bien, et l'opulent n'est guère éloigné de la friponnerie. Le savoir-faire et l'habileté ne mènent pas jusques aux énormes richesses.

L'on peut s'enrichir dans quelque art, ou dans quelque commerce que ce soit, par l'ostentation d'une certaine probité.

¶ De tous les moyens de faire sa fortune, le plus court et le meilleur est de mettre les gens à voir[4] clairement leurs intérêts à vous faire du bien.

¶ Les hommes pressés par les besoins de la vie, et quelquefois par le désir du gain ou de la gloire, cultivent des talents profanes, ou s'engagent dans des professions équivoques, et dont ils se cachent longtemps à eux-mêmes le péril et les conséquences; ils les quittent ensuite par une

---

1. L'on ouvre sa boutique et l'on étale sa marchandise.
2. Fait des étalages.
3. Le cati est un apprêt qui donne du corps et du lustre aux étoffes.
4. *Mettre les gens à voir*, c'est-à-dire mettre les gens au point de voir, les disposer de manière à ce qu'ils voient. Cette locution est obscure à force de concision.

¶ dévotion discrète, qui ne leur vient jamais qu'après qu'ils ont fait leur récolte et qu'ils jouissent d'une fortune bien établie.

¶ Il y a des misères sur la terre qui saisissent le cœur. Il manque à quelques-uns jusqu'aux aliments; ils redoutent l'hiver, ils appréhendent de vivre. L'on mange ailleurs des fruits précoces; l'on force la terre et les saisons pour fournir à sa délicatesse; de simples bourgeois, seulement à cause qu'ils étaient riches[1], ont eu l'audace d'avaler en un seul morceau la nourriture de cent familles. Tienne qui voudra contre de si grandes extrémités; je ne veux être, si je le puis, ni malheureux, ni heureux; je me jette et me réfugie dans la médiocrité.

¶ On sait que les pauvres sont chagrins de ce que tout leur manque et que personne ne les soulage; mais s'il est vrai que les riches soient colères, c'est de ce que la moindre chose puisse leur manquer, ou que quelqu'un veuille leur résister.

¶ Celui-là est riche qui reçoit plus qu'il ne consume[2]; celui-là est pauvre dont la dépense excède la recette.

Tel, avec deux millions de rente, peut être pauvre chaque année de cinq cent mille livres.

Il n'y a rien qui se soutienne plus longtemps qu'une médiocre fortune; il n'y a rien dont on voie mieux la fin que d'une grande fortune.

L'occasion prochaine de la pauvreté, c'est de grandes richesses[3].

S'il est vrai que l'on soit riche de tout ce dont on n'a pas besoin, un homme fort riche, c'est un homme qui est sage.

S'il est vrai que l'on soit pauvre par toutes les choses que l'on désire, l'ambitieux et l'avare languissent dans une extrême pauvreté.

¶ Les passions tyrannisent l'homme, et l'ambition sus-

---

1. En dépit des grammairiens, rien n'empêche d'employer encore la locution conjonctive *à cause que* dont les grands écrivains se sont fréquemment servis.

2. Nous dirions aujourd'hui *consommer*; mais le dix-septième siècle, comme le seizième, a confondu *consumer* et *consommer*.

3. *L'occasion prochaine*, comme on dit en théologie *l'occasion prochaine de pécher, les occasions prochaines du péché*.

pend en lui les autres passions et lui donne pour un temps les apparences de toutes les vertus. Ce *Triphon* qui a tous les vices, je l'ai cru sobre, chaste, libéral, humble et même dévot; je le croirais encore, s'il n'eût enfin fait sa fortune.

¶ L'on ne se rend point sur le désir de posséder et de s'agrandir : la bile gagne et la mort approche, qu'avec un visage flétri et des jambes déjà faibles l'on dit : *Ma fortune, mon établissement.*

¶ Il n'y a au monde que deux manières de s'élever, ou par sa propre industrie, ou par l'imbécillité des autres.

¶ Les traits découvrent la complexion et les mœurs; mais la mine désigne les biens de fortune : le plus ou le moins de mille livres de rente se trouve écrit sur les visages.

¶ *Chrysante*, homme opulent et impertinent, ne veut pas être vu avec *Eugène*, qui est homme de mérite, mais pauvre; il croirait en être déshonoré. Eugène est pour Chrysante dans les mêmes dispositions : ils ne courent pas risque de se heurter.

¶ Quand je vois de certaines gens, qui me prévenaient autrefois par leurs civilités, attendre au contraire que je les salue, et en être avec moi sur le plus ou sur le moins, je dis en moi-même : Fort bien, j'en suis ravi ; tant mieux pour eux; vous verrez que cet homme-ci est mieux logé, mieux meublé et mieux nourri qu'à l'ordinaire ; qu'il sera entré depuis quelques mois dans quelque affaire, où il aura déjà fait un gain raisonnable. Dieu veuille qu'il en vienne dans peu de temps jusqu'à me mépriser !

¶ Si les pensées, les livres et leurs auteurs dépendaient des riches et de ceux qui ont fait une belle fortune, quelle proscription ! il n'y aurait plus de rappel[1]. Quel ton, quel ascendant ne prennent-ils pas sur les savants ! Quelle majesté n'observent-ils pas à l'égard de ces hommes *chétifs*[2] que leur mérite n'a ni placés ni enrichis, et qui en sont encore à penser et à écrire judicieusement ! Il faut l'avouer, le présent est pour les riches, et l'avenir pour les vertueux et les habiles. HOMÈRE est encore et sera toujours; les receveurs de droits, les publicains ne sont plus; ont-ils été ?

---

1. *Plus d'appel* vaudrait mieux.
2. Malheureux, misérables. Sens primitif du mot, de *captivus*.

leur patrie, leurs noms sont-ils connus? y a-t-il eu dans la Grèce des partisans? Que sont devenus ces importants personnages qui méprisaient Homère, qui ne songeaient dans la place qu'à l'éviter, qui ne lui rendaient pas le salut, ou qui le saluaient par son nom, qui ne daignaient pas l'associer à leur table, qui le regardaient comme un homme qui n'était pas riche et qui faisait un livre? Que deviendront les *Fauconnets*[1]? iront-ils aussi loin dans la postérité que DESCARTES, *né Français et mort en Suède* ?

¶ Du même fonds d'orgueil dont l'on s'élève fièrement au-dessus de ses inférieurs, l'on rampe vilement devant ceux qui sont au-dessus de soi. C'est le propre de ce vice, qui n'est fondé ni sur le mérite personnel, ni sur la vertu, mais sur les richesses, les postes, le crédit, et sur de vaines sciences, de nous porter également à mépriser ceux qui ont moins que nous de cette espèce de biens, et à estimer trop ceux qui en ont une mesure qui excède la nôtre.

¶ Il y a des âmes sales, pétries de boue et d'ordure, éprises du gain et de l'intérêt, comme les belles âmes le sont de la gloire et de la vertu, capables d'une seule volupté, qui est celle d'acquérir ou de ne point perdre, curieuses et avides du denier dix[2], uniquement occupées de leurs débiteurs, toujours inquiètes sur le rabais ou sur le décri des monnaies[3], enfoncées et comme abîmées dans les contrats, les titres et les parchemins. De telles gens ne sont ni parents, ni amis, ni citoyens, ni chrétiens, ni peut-être des hommes : ils ont de l'argent.

¶ Commençons par excepter ces âmes nobles et courageuses, s'il en reste encore sur la terre, secourables, ingénieuses à faire du bien, que nuls besoins, nulle disproportion, nuls artifices, ne peuvent séparer de ceux qu'ils se sont une fois choisis pour amis; et, après cette précaution,

---

1. Fauconnet était le fermier sous le nom duquel une société avait pris à bail, de 1680 à 1687, les impôts qui, sous le nom des cinq grosses fermes, avaient été jusque-là donnés à cinq fermiers différents.

2. Placer de l'argent au denier dix, c'est le placer à dix pour cent, c'est en retirer un intérêt qui vaille le dixième du capital.

3. Décrier une monnaie, c'est défendre d'en faire usage, la mettre par ordonnance hors de cours. La variété des monnaies et la facilité à les contrefaire étaient cause d'un grand nombre de friponneries.

disons hardiment une chose triste et douloureuse à imaginer : il n'y a personne au monde si bien lié avec nous de société et de bienveillance, qui nous aime, qui nous goûte, qui nous fait mille offres de services et qui nous sert quelquefois, qui n'ait en soi, par l'attachement à son intérêt, des dispositions très-proches à rompre avec nous et à devenir notre ennemi.

¶ Pendant qu'*Oronte* augmente avec ses années son fonds et ses revenus, une fille naît dans quelque famille, s'élève, croît, s'embellit et entre dans sa seizième année. Il se fait prier à cinquante ans pour l'épouser, jeune, belle, spirituelle : cet homme sans naissance, sans esprit et sans le moindre mérite, est préféré à tous ses rivaux.

¶ Le mariage, qui devrait être à l'homme une source de tous les biens, lui est souvent, par la disposition de sa fortune, un lourd fardeau sous lequel il succombe. C'est alors qu'une femme et des enfants sont une violente tentation à la fraude, au mensonge et aux gains illicites ; il se trouve entre la friponnerie et l'indigence. Étrange situation !

Épouser une veuve, en bon français, signifie faire sa fortune ; il n'opère pas toujours ce qu'il signifie.

¶ Celui qui n'a de partage avec ses frères[1] que pour vivre à l'aise bon praticien[2], veut être officier[3] ; le simple officier se fait magistrat, et le magistrat veut présider[4] ; et ainsi de toutes les conditions où les hommes languissent serrés et indigents, après avoir tenté au delà de leur fortune et forcé, pour ainsi dire, leur destinée[5], incapables tout à la fois de ne pas vouloir être riches et de demeurer riches.

¶ Dîne bien, *Cléarque*, soupe le soir, mets du bois au feu, achète un manteau, tapisse ta chambre : tu n'aimes point ton héritier, tu ne le connais point, tu n'en as point.

¶ Jeune, on conserve pour sa vieillesse ; vieux, on épargne pour la mort. L'héritier prodigue paye de superbes funérailles, et dévore le reste.

1. Celui qui n'a de fortune patrimoniale.
2. Avocat ou procureur.
3. Acheter un office dans une cour.
4. Devenir président.
5. Bossuet avait dit avant la Bruyère, dans l'*Oraison funèbre de Louis de Bourbon* : « M. le Prince semblait né pour entraîner la fortune dans ses desseins et *forcer les destinées*. »

¶ L'avare dépense plus mort, en un seul jour, qu'il ne faisait vivant en dix années ; et son héritier plus en dix mois, qu'il n'a su faire lui-même en toute sa vie.

¶ Ce que l'on prodigue, on l'ôte à son héritier ; ce que l'on épargne sordidement, on se l'ôte à soi-même. Le milieu est justice pour soi et pour les autres.

¶ Les enfants peut-être seraient plus chers à leurs pères, et, réciproquement, les pères à leurs enfants, sans le titre d'héritiers.

¶ Triste condition de l'homme, et qui dégoûte de la vie ! il faut suer, veiller, fléchir, dépendre, pour avoir un peu de fortune, ou la devoir à l'agonie de nos proches. Celui qui s'empêche de souhaiter que son père y passe bientôt est homme de bien.

¶ Le caractère de celui qui veut hériter de quelqu'un rentre dans celui du complaisant : nous ne sommes point mieux flattés, mieux obéis, plus suivis, plus entourés, plus cultivés, plus ménagés, plus caressés de personne pendant notre vie, que de celui qui croit gagner à notre mort et qui désire qu'elle arrive.

¶ Tous les hommes, par les postes différents, par les titres et par les successions, se regardent comme héritiers les uns des autres, et cultivent par cet intérêt, pendant tout le cours de leur vie, un désir secret et enveloppé de la mort d'autrui : le plus heureux, dans chaque condition, est celui qui a plus de choses à perdre par sa mort et à laisser à son successeur.

¶ L'on dit du jeu qu'il égale les conditions ; mais elles se trouvent quelquefois si étrangement disproportionnées, et il y a entre telle et telle condition un abîme d'intervalle si immense et si profond, que les yeux souffrent de voir de telles extrémités se rapprocher[1] : c'est comme une musique

1. Ainsi M. de Langlée, « un homme de rien, » dit Saint-Simon, avait fait tous les jours, pendant plusieurs années, la partie du roi. Gourville, qui avait été laquais, jouait avec les plus grands seigneurs, avant même qu'il fût devenu un personnage. Morin le juif, joueur fameux, voyait toutes les maisons s'ouvrir devant lui ; forcé de quitter la France, il était allé jouer en Angleterre chez la duchesse de Mazarin. Une femme qui donnait à jouer, fût-elle du plus grand monde, recevait volontiers tous les joueurs, de quelque condition qu'ils fussent. On s'imagine malaisément, du reste, quel degré de

qui détonne, ce sont comme des couleurs mal assorties, comme des paroles qui jurent et qui offensent l'oreille, comme de ces bruits ou de ces sons qui font frémir; c'est, en un mot, un renversement de toutes les bienséances. Si l'on m'oppose que c'est la pratique de tout l'Occident, je réponds que c'est peut-être aussi l'une de ces choses qui nous rendent barbares à l'autre partie du monde, et que les Orientaux qui viennent jusqu'à nous remportent sur leurs tablettes : je ne doute pas même que cet excès de familiarité ne les rebute davantage que nous ne sommes blessés de leur *zombaye* [1] et de leurs autres prosternations.

¶ Une tenue d'états [2], ou les chambres [3] assemblées pour une affaire très-capitale, n'ont point aux yeux rien [4] de si grave et de si sérieux qu'une table de gens qui jouent un grand jeu : une triste sévérité règne sur leur visage [5]; implacables l'un pour l'autre, et irréconciliables ennemis pendant que la séance dure, ils ne reconnaissent plus ni liaisons, ni alliance, ni naissance, ni distinctions : le hasard seul, aveugle et farouche divinité, préside au cercle, et y décide souverainement; ils l'honorent tous par un silence profond et par une attention dont ils sont partout ailleurs

---

passion avait atteint l'amour du jeu, au moment où la Bruyère écrivait. Ce fut bientôt l'une des plus difficiles tâches de la police que de réprimer les abus et les scandales qui s'en suivirent. (SERVOIS.)

1. Les ambassadeurs qui paraissaient devant le roi de Siam s'approchaient de la salle d'audience en se traînant à genoux, au milieu des mandarins prosternés, et faisaient, à une certaine distance, une profonde inclination qui se nommait la *zombaye*; s'avançant un peu plus près, toujours à genoux, ils frappaient trois fois la terre de leur front, s'avançaient encore, faisaient la zombaye, puis attendaient que le roi leur parlât. Ce cérémonial était un peu abrégé pour les ambassadeurs des souverains importants, mais encore ne s'avançaient-ils qu'en rampant sur leurs genoux. M. de Chaumont, envoyé en ambassade auprès du roi de Siam par Louis XIV, en 1685, refusa de faire ces prosternations habituelles, et fut le premier ambassadeur qui parut debout devant lui. (*Voyage de Siam*, par le P. Tachard.)

2. Assemblées qui dans certaines provinces réglaient l'impôt.

3. Les chambres du Parlement.

4. Autrefois, *pas*, *point*, se mettaient bien devant *rien*, parce qu'on donnait à ce mot sa signification première qui est quelque chose, *le rem*.

5. La règle et la logique voudraient *leurs visages*.

fort incapables ; toutes les passions, comme suspendues, cèdent à une seule : le courtisan alors n'est ni doux, ni flatteur, ni complaisant, ni même dévot.

¶ L'on ne reconnaît plus en ceux que le jeu et le gain ont illustrés la moindre trace de leur première condition : ils perdent de vue leurs égaux, et atteignent les plus grands seigneurs. Il est vrai que la fortune du dé ou du lansquenet les remet souvent où elle les a pris.

¶ Je ne m'étonne pas qu'il y ait des brelans publics, comme autant de piéges tendus à l'avarice des hommes, comme des gouffres où l'argent des particuliers tombe et se précipite sans retour, comme d'affreux écueils où les joueurs viennent se briser et se perdre ; qu'il parte de ces lieux des émissaires pour savoir à heure marquée qui a descendu à terre avec un argent frais d'une nouvelle prise, qui a gagné un procès d'où on lui a compté une grosse somme, qui a reçu un don, qui a fait au jeu un gain considérable, quel fils de famille vient de recueillir une riche succession, ou quel commis imprudent veut hasarder sur une carte les deniers de sa caisse. C'est un sale et indigne métier, il est vrai, que de tromper ; mais c'est un métier qui est ancien, connu, pratiqué de tout temps par ce genre d'hommes que j'appelle des brelandiers. L'enseigne est à leur porte, on y lirait presque : *Ici l'on trompe de bonne foi* ; car se voudraient-ils donner pour irréprochables ? Qui ne sait pas qu'entrer et perdre dans ces maisons est une même chose ? Qu'ils trouvent donc sous leur main autant de dupes qu'il en faut pour leur subsistance, c'est ce qui me passe.

¶ Mille gens se ruinent au jeu, et vous disent froidement qu'ils ne sauraient se passer de jouer : quelle excuse ! Y a-t-il une passion, quelque violente ou honteuse qu'elle soit, qui ne pût tenir ce même langage ? Serait-on reçu à dire qu'on ne peut se passer de voler, d'assassiner, de se précipiter[1] ? Un jeu effroyable, continuel, sans retenue, sans bornes, où l'on n'a en vue que la ruine totale de son adversaire, où l'on est transporté du désir du gain, désespéré sur la perte, consumé par l'avarice, où l'on expose

---

1. L'auteur veut dire se précipiter dans le vice et dans le désordre. *Précipiter* ainsi employé sans complément n'est pas suffisamment clair.

sur une carte ou à la fortune du dé la sienne propre, celle de sa femme et de ses enfants, est-ce une chose qui soit permise ou dont l'on doive se passer? Ne faut-il pas quelquefois se faire une plus grande violence, lorsque, poussé par le jeu jusques à une déroute universelle, il faut même que l'on se passe d'habits et de nourriture, et de les fournir à sa famille?

Je ne permets à personne d'être fripon; mais je permets à un fripon de jouer un grand jeu : je le défends à un honnête homme. C'est une trop grande puérilité que de s'exposer à une grande perte.

¶ Il n'y a qu'une affliction qui dure, qui est celle qui vient de la perte de biens: le temps, qui adoucit toutes les autres, aigrit celle-ci. Nous sentons à tous moments, pendant le cours de notre vie, où le bien que nous avons perdu nous manque.

¶ Il fait bon avec celui qui ne se sert pas de son bien à marier ses filles, à payer ses dettes, ou à faire des contrats, pourvu que l'on ne soit ni ses enfants ni sa femme.

¶ Ni les troubles, Zénobie[1], qui agitent votre empire, ni la guerre que vous soutenez virilement contre une nation puissante depuis la mort du roi votre époux, ne diminuent rien de votre magnificence. Vous avez préféré à toute autre contrée les rives de l'Euphrate pour y élever un superbe édifice : l'air y est sain et tempéré, la situation en est riante; un bois sacré l'ombrage du côté du couchant. Les dieux de Syrie, qui habitent quelquefois la terre, n'y auraient pu choisir une plus belle demeure. La campagne autour est couverte d'hommes qui taillent et qui coupent, qui vont et qui viennent, qui roulent ou qui charrient le bois du Liban, l'airain et le porphyre; les grues[2] et les machines gémissent dans l'air, et font espérer à ceux qui voyagent vers l'Arabie de revoir à leur retour en leurs foyers ce palais achevé et dans cette splendeur où vous désirez de le porter avant de l'habiter, vous et les princes vos enfants. N'y épargnez

---

1. Après la mort d'Odenath, son second mari, qui périt assassiné, Zénobie, reine de Palmyre, prit le titre de reine de l'Orient, et déclara la guerre aux Romains (267-272). Vaincue par l'empereur Aurélien, elle fut emmenée à Rome et parut dans le triomphe qui célébra sa défaite.

2. Machines pour élever les pierres.

rien, grande reine; employez-y l'or et tout l'art des plus excellents ouvriers[1]; que les Phidias et les Zeuxis de votre siècle déploient toute leur science sur vos plafonds et sur vos lambris; tracez-y de vastes et délicieux jardins, dont l'enchantement soit tel qu'ils ne paraissent pas faits de la main des hommes; épuisez vos trésors et votre industrie sur cet ouvrage incomparable; et après que vous y aurez mis, Zénobie, la dernière main, quelqu'un de ces pâtres qui habitent les sables voisins de Palmyre, devenu riche par les péages de vos rivières, achètera un jour à deniers comptants cette royale maison, pour l'embellir et la rendre plus digne de lui et de sa fortune.

¶ Ce palais, ces meubles, ces jardins, ces belles eaux, vous enchantent et vous font récrier d'une première vue[2] sur une maison si délicieuse et sur l'extrême bonheur du maître qui la possède. Il n'est plus; il n'en a pas joui si agréablement ni si tranquillement que vous : il n'y a jamais eu un jour serein, ni une nuit tranquille; il s'est noyé de dettes pour la porter à ce degré de beauté où elle vous ravit. Ses créanciers l'en ont chassé : il a tourné la tête, et il l'a regardée de loin une dernière fois; et il est mort de saisissement.

¶ L'on ne saurait s'empêcher de voir dans certaines familles ce qu'on appelle les caprices du hasard ou les jeux de la fortune. Il y a cent ans qu'on ne parlait point de ces familles, qu'elles n'étaient point : le ciel tout d'un coup s'ouvre en leur faveur; les biens, les honneurs, les dignités, fondent sur elles à plusieurs reprises; elles nagent dans la prospérité. *Eumolpe*, l'un de ces hommes qui n'ont point de grands-pères, a eu un père du moins qui s'était élevé si haut, que tout ce qu'il a pu souhaiter pendant le cours d'une longue vie, ç'a été de l'atteindre; et il l'a atteint. Était-ce dans ces deux personnages éminence d'esprit, profonde capacité? étaient-ce les conjonctures? La fortune enfin ne leur rit plus; elle se joue ailleurs, et traite leur postérité comme leurs ancêtres.

¶ La cause la plus immédiate de la ruine et de la déroute des personnes des deux conditions, de la robe et de l'é-

---

1. Voyez page 15, note 4.
2. D'une première vue, du premier coup d'œil.

pée, est que l'état [1] seul, et non le bien, règle la dépense.

¶ Si vous n'avez rien oublié pour votre fortune, quel travail ! Si vous avez négligé la moindre chose, quel repentir !

¶ *Giton* a le teint frais, le visage plein et les joues pendantes, l'œil fixe et assuré, les épaules larges, l'estomac haut, la démarche ferme et délibérée. Il parle avec confiance; il fait répéter celui qui l'entretient, et il ne goûte que médiocrement tout ce qu'il lui dit. Il déploie un ample mouchoir, et se mouche avec grand bruit; il crache fort loin, et il éternue fort haut. Il dort le jour, il dort la nuit, et profondément; il ronfle en compagnie. Il occupe à table et à la promenade plus de place qu'un autre; il tient le milieu en se promenant avec ses égaux; il s'arrête, et l'on s'arrête; il continue de marcher, et l'on marche; tous se règlent sur lui. Il interrompt, il redresse ceux qui ont la parole; on ne l'interrompt pas, on l'écoute aussi longtemps qu'il veut parler; on est de son avis, on croit les nouvelles qu'il débite. S'il s'assied, vous le voyez s'enfoncer dans un fauteuil, croiser les jambes l'une sur l'autre, froncer le sourcil, abaisser son chapeau sur ses yeux pour ne voir personne, ou le relever ensuite et découvrir son front par fierté et par audace. Il est enjoué, grand rieur, impatient, présomptueux, colère, libertin [2], politique, mystérieux sur les affaires du temps; il se croit des talents et de l'esprit. Il est riche.

*Phédon* a les yeux creux, le teint échauffé, le corps sec et le visage maigre: il dort peu, et d'un sommeil fort léger; il est abstrait, rêveur, et il a avec de l'esprit l'air d'un stu-

---

1. Le rang, la condition.
2. Le sens du mot *libertin* a beaucoup changé. On lit dans Bouhours : « *Libertin* signifie quelquefois une personne qui hait la contrainte, qui suit son inclination, qui vit à sa mode, sans néanmoins s'écarter des règles de l'honnêteté et de la vertu. Ainsi, on dira d'un homme de bien, qui ne saurait se gêner et qui est ennemi de tout ce qui s'appelle servitude : il est *libertin*; il n'y a pas un homme au monde plus *libertin* que lui. » (*Remarq. nouv. sur la lang. franç.*, p. 368.)

On l'employait souvent, comme fait ici la Bruyère, pour désigner un homme trop libre dans ses opinions religieuses.

*Libertinage*, dans la langue du dix-septième siècle, signifiait aussi la licence de l'esprit dans les matières de foi.

pide : il oublie de dire ce qu'il sait, ou de parler d'événements qui lui sont connus ; et s'il le fait quelquefois, il s'en tire mal ; il croit peser à ceux à qui il parle ; il conte brièvement, mais froidement ; il ne se fait pas écouter, il ne fait point rire : il applaudit, il sourit à ce que les autres lui disent, il est de leur avis ; il court, il vole pour leur rendre de petits services ; il est complaisant, flatteur, empressé ; il est mystérieux sur ses affaires, quelquefois menteur ; il est superstitieux, scrupuleux, timide ; il marche doucement et légèrement, il semble craindre de fouler la terre ; il marche les yeux baissés, et il n'ose les lever sur ceux qui passent. Il n'est jamais du nombre de ceux qui forment un cercle pour discourir ; il se met derrière celui qui parle, recueille furtivement ce qui se dit, et il se retire si on le regarde. Il n'occupe point de lieu, il ne tient point de place ; il va les épaules serrées, le chapeau abaissé sur ses yeux pour n'être point vu ; il se replie et se renferme dans son manteau : il n'y a point de rues ni de galeries si embarrassées et si remplies de monde, où il ne trouve moyen de passer sans effort, et de se couler sans être aperçu. Si on le prie de s'asseoir, il se met à peine sur le bord d'un siége ; il parle bas dans la conversation, et il articule mal ; libre néanmoins sur les affaires publiques, chagrin contre le siècle, médiocrement prévenu des ministres [1] et du ministère. Il n'ouvre la bouche que pour répondre ; il tousse, il se mouche sous son chapeau ; il crache presque sur soi, et il attend qu'il soit seul pour éternuer, ou, si cela lui arrive, c'est à l'insu de la compagnie ; il n'en coûte à personne ni salut ni compliment. Il est pauvre.

---

## CHAPITRE VII

## DE LA VILLE

L'on se donne à Paris, sans se parler, comme un rendez-vous public, mais fort exact, tous les soirs, au Cours [2], ou

1. C'est-à-dire en faveur des ministres.
2. Le Cours-la-Reine, le long de la Seine, promenade qui est com-

aux Tuileries, pour se regarder au visage et se désapprouver les uns les autres.

L'on ne peut se passer de ce même monde que l'on n'aime point, et dont l'on se moque.

L'on s'attend au passage réciproquement dans une promenade publique[1] ; l'on y passe en revue l'un devant l'autre : carrosse, chevaux, livrées, armoiries, rien n'échappe aux yeux, tout est curieusement ou malignement observé ; et, selon le plus ou le moins de l'équipage, ou l'on respecte les personnes, ou on les dédaigne.

¶ Dans ces lieux d'un concours général[2], où les femmes se rassemblent pour montrer une belle étoffe, et pour recueillir le fruit de leur toilette, on ne se promène pas avec une compagne par la nécessité de la conversation ; on se joint ensemble pour se rassurer sur le théâtre[3], s'apprivoiser avec le public, et se raffermir contre la critique : c'est là précisément qu'on se parle sans se rien dire, ou plutôt qu'on parle pour les passants, pour ceux mêmes en faveur de qui l'on hausse sa voix ; l'on gesticule et l'on badine, l'on penche négligemment la tête, l'on passe et l'on repasse.

¶ La ville est partagée en diverses sociétés, qui sont comme autant de petites républiques, qui ont leurs lois, leurs usages, leur jargon, et leurs mots pour rire. Tant que cet assemblage est dans sa force et que l'entêtement[4] subsiste, l'on ne trouve rien de bien dit ou de bien fait que ce qui part des siens, et l'on est incapable de goûter ce qui vient d'ailleurs ; cela va jusques au mépris pour les gens qui ne sont pas initiés dans leurs mystères. L'homme du monde d'un meilleur esprit[5], que le hasard a porté au milieu d'eux,

---

prise aujourd'hui dans les Champs-Élysées. « Cette promenade, écrit Brice en 1685, amène en été tout ce qu'il y a de beau monde à Paris : on y compte jusqu'à sept ou huit cents carrosses qui se promènent dans le plus bel ordre. »

1. Vincennes.
2. Les Tuileries, par exemple.
3. Pour se donner plus d'assurance sur le théâtre où l'on vient jouer une sorte de rôle.
4. L'engouement opiniâtre, la passion obstinée.

« J'aime la poésie avec *entêtement*. »
(Mol., *Femme. sav*., III, II.)

5. C'est-à-dire l'homme qui a le meilleur esprit du monde.

leur est étranger : il se trouve là comme dans un pays lointain, dont il ne connaît ni les routes, ni la langue, ni les mœurs, ni la coutume [1] ; il voit un peuple qui cause, bourdonne, parle à l'oreille, éclate de rire, et qui retombe ensuite dans un morne silence ; il y perd son maintien, ne trouve pas où placer un seul mot, et n'a pas même de quoi écouter. Il ne manque jamais là un mauvais plaisant qui domine, et qui est comme le héros de la société : celui-ci s'est chargé de la joie des autres, et fait toujours rire avant que d'avoir parlé. Si quelquefois une femme survient qui n'est point de leurs plaisirs, la bande joyeuse ne peut comprendre qu'elle ne sache point rire des choses qu'elle n'entend point, et paraisse insensible à des fadaises qu'ils n'entendent eux-mêmes que parce qu'ils les ont faites : ils ne lui pardonnent ni son ton de voix, ni son silence, ni sa taille, ni son visage, ni son habillement, ni son entrée, ni la manière dont elle est sortie. Deux années cependant ne passent point sur cette même *coterie* [2] ; il y a toujours, dès la première année, des semences de division pour rompre dans celle qui doit suivre ; l'intérêt de la beauté, les incidents du jeu, l'extravagance des repas, qui, modestes au commencement, dégénèrent bientôt en pyramides de viandes et en banquets somptueux, dérangent la république, et lui portent enfin le coup mortel : il n'est en fort peu de temps non plus parlé de cette nation que des mouches de l'année passée.

¶ Il y a dans la ville la grande et la petite robe [3] ; et la première se venge sur l'autre des dédains de la cour, et des petites humiliations qu'elle y essuie. De savoir quelles sont leurs limites, où la grande finit, et où la petite commence, ce n'est pas une chose facile. Il se trouve même un corps considérable [4] qui refuse d'être du second ordre, et à

---

1. La législation que l'usage a introduite dans le pays. En jurisprudence, on opposait la coutume au droit écrit, à la loi.

2. *Coterie* désignait autrefois un certain nombre de paysans unis ensemble pour tenir les terres d'un seigneur. On disait dans ce sens, *tenir des terres en coterie*. Il a ensuite signifié société familière entre certaines personnes.

3. Outre les magistrats, la robe comprenait encore les avocats et les procureurs, aujourd'hui les avoués.

4. Le corps des avocats.

7.

qui l'on conteste le premier; il ne se rend pas néanmoins, il cherche au contraire, par la gravité et par la dépense, à s'égaler à la magistrature, ou ne lui cède qu'avec peine; on l'entend dire que la noblesse de son emploi, l'indépendance de sa profession, le talent de la parole et le mérite personnel balancent au moins les sacs de mille francs que le fils du partisan ou du banquier a su payer pour son office.

¶ Vous moquez-vous de rêver en carrosse, ou peut-être de vous y reposer? Vite, prenez votre livre ou vos papiers, lisez, ne saluez qu'à peine ces gens qui passent dans leur équipage ; ils vous en croiront plus occupé ; ils diront : « Cet homme est laborieux, infatigable ; il lit, il travaille jusque dans les rues ou sur la route. » Apprenez du moindre avocat qu'il faut paraître accablé d'affaires, froncer le sourcil, et rêver à rien très-profondément ; savoir à propos perdre le boire et le manger ; ne faire qu'apparoir [1] dans sa maison, s'évanouir et se perdre comme un fantôme dans le sombre [2] de son cabinet ; se cacher au public, éviter le théâtre, le laisser à ceux qui ne courent aucun risque à s'y montrer, qui en ont à peine le loisir, aux GOMONS, aux DUHAMELS [3].

¶ Il y a un certain nombre de jeunes magistrats [4] que les grands biens et les plaisirs ont associés à quelques-uns de ceux

---

1. *Apparoir*, pour apparaître, terme de palais, dont l'auteur se sert ici plaisamment.

2. Voici quelques exemples analogues, pris à des époques très-différentes, de *sombre* employé substantivement : « Au *sombre* de la nuit. » (LARIVEY, *le Fidèle*, I, VIII.) « Plein de ces idées inexprimables et confuses qui viennent aux rêveurs dans le *sombre* des bois. » (V. HUGO, *le Rhin*, lettre XXI.)

3. Gomon, Duhamel, célèbres avocats.

4. Toutes les clefs nomment de Mesme, qui était président à mortier lorsque la Bruyère écrivait, et dont Saint-Simon a dit : « Toute son étude fut celle du grand monde auquel il plut ; et il fut mêlé dans les meilleures compagnies et dans les plus gaillardes. D'ailleurs il n'apprit rien et fut extrêmement débauché. Sa vie libertine le lia avec la jeunesse la plus distinguée qu'il recherchait avec soin, et il ne voyait que le moins qu'il pouvait de palais et de gens de robe. Devenu président à mortier par la mort de son père, il ne changea guère de vie ; mais il se persuada qu'il était un seigneur et vécut à la grande. Il voulait à toute force être un homme de qualité et de cour, et il se faisait souvent moquer de lui par ceux qui l'étaient en effet et avec qui il vivait tant qu'il pouvait. »

qu'on nomme à la cour de *petits maîtres* : ils les imitent, ils se tiennent fort au-dessus de la gravité de la robe, et se croient dispensés par leur âge et par leur fortune d'être sages et modérés. Ils prennent de la cour ce qu'elle a de pire : ils s'approprient la vanité, la mollesse, l'intempérance, le libertinage, comme si tous ces vices leur étaient dus ; et, affectant ainsi un caractère éloigné de celui qu'ils ont à soutenir, ils deviennent enfin, selon leurs souhaits, des copies fidèles de très-méchants originaux.

¶ Un homme de robe à la ville, et le même à la cour, ce sont deux hommes. Revenu chez soi, il reprend ses mœurs, sa taille et son visage, qu'il y avait laissés : il n'est plus ni si embarrassé, ni si honnête [1].

¶ Les *Crispins* se cotisent et rassemblent dans leur famille jusques à six chevaux pour allonger un équipage qui, avec un essaim de gens de livrée où ils ont fourni chacun leur part, les fait triompher au Cours ou à Vincennes, et aller de pair avec les nouvelles mariées, avec *Jason*, qui se ruine, et avec *Thrason*, qui veut se marier et qui a consigné [2].

¶ J'entends dire des *Sannions* : « Même nom, mêmes armes ; la branche aînée, la branche cadette, les cadets de la seconde branche ; » ceux-là portent les armes pleines [3], ceux-ci brisent un lambel [4], et les autres d'une bordure dentelée [5]. Ils ont avec les BOURBONS, sur une même couleur, un même métal [6] ; ils portent, comme eux, deux et une [7] : ce ne sont pas des fleurs de lis, mais ils s'en consolent ; peut-être dans

1. Ni si poli.
2. Déposé son argent au trésor public pour une grande charge. (*Note de la Bruyère.*) — *Pour une grande charge*, c'est-à-dire pour payer un office important qu'il veut acheter.
3. Les aînés portent les armes pleines de leur maison ; leur écu est d'une pièce, sans brisure, sans division.
4. Toute pièce d'armoiries que les cadets ajoutent à l'écu est une brisure. Briser d'un lambel, c'est charger l'écu d'un filet, garni de pendants, qui se place au chef, c'est-à-dire en tête de l'écu.
5. La bordure est une brisure qui est placée au bord de l'écu et en fait le tour.
6. Les couleurs du blason, ou émaux, sont au nombre de cinq : gueules ou le rouge ; azur ou le bleu ; sinople ou le vert ; sable ou le noir, et enfin le pourpre. Les métaux sont l'or et l'argent, c'est-à-dire le jaune et le blanc.
7. C'est-à-dire : leur écu est chargé de trois pièces d'armoiries,

leur cœur trouvent-ils leurs pièces aussi honorables, et ils les ont communes avec de grands seigneurs qui en sont contents : on les voit sur les litres [1] et sur les vitrages, sur la porte de leur château, sur le pilier de leur haute justice, où ils viennent de faire pendre un homme qui méritait le bannissement ; elles s'offrent aux yeux de toutes parts ; elles sont sur les meubles et sur les serrures ; elles sont semées sur les carrosses. Leurs livrées ne déshonorent point leurs armoiries. Je dirais volontiers aux Sannions : « Votre folie est prématurée ; attendez du moins que le siècle s'achève sur votre race ; ceux qui ont vu votre grand-père, qui lui ont parlé, sont vieux, et ne sauraient plus vivre longtemps. Qui pourra dire comme eux : Là il étalait et vendait très-cher ?

Les Sannions et les Crispins [2] veulent encore davantage que l'on dise d'eux qu'ils font une grande dépense, qu'ils n'aiment à la faire. Ils font un récit long et ennuyeux d'une fête ou d'un repas qu'ils ont donné ; ils disent l'argent qu'ils ont perdu au jeu, et ils plaignent [3] fort haut celui qu'ils n'ont pas songé à perdre. L'un d'eux, qui s'est couché tard à la campagne, et qui voudrait dormir, se lève matin, chausse des guêtres, endosse un habit de toile, passe un cordon où pend le fourniment, renoue ses cheveux, prend un fusil : le voilà chasseur, s'il tirait bien. Il revient de nuit, mouillé et recru [4], sans avoir tué. Il retourne à la chasse le lendemain, et il passe tout le jour à manquer des grives ou des perdrix.

Un autre, avec quelques mauvais chiens, aurait envie de

dont deux sont vers le chef et une vers la pointe, comme les trois fleurs de lis de France.

1. La *litre* est une bande noire tendue aux obsèques d'un grand personnage, soit en dedans, soit en dehors de l'église, et portant les armoiries du défunt. Ce mot, qui paraît être le même que *liste* au sens de bandelette, bordure, vient du bas latin *litra*, *listra*, provençal *listre*, subst. masc., lisière, bordure.

2. Les Sannions et les Crispins sont les Pelletier et les Leclerc de Lesseville, qui étaient dans presque toutes les cours du Parlement, et dont les pères avaient été tanneurs. Ils avaient acheté tout récemment leurs lettres de noblesse.

3. Ils regrettent. Voir dans notre *Lexique de Corneille* des exemples nombreux de *plaindre* avec cette signification.

4. Excédé de fatigue. De l'ancien verbe *recroire*, bas latin *recre-*

dire : *Ma meute* [1]. Il sait un rendez-vous de chasse, il s'y trouve ; il est au laisser-courre [2] ; il entre dans le fort [3], se mêle avec les piqueurs ; il a un cor. Il ne dit pas, comme *Ménalippe* : *Ai-je du plaisir* [4] ? il croit en avoir. Il oublie lois et procédure : c'est un Hippolyte. *Ménandre*, qui le vit hier sur un procès qui est en ses mains, ne reconnaîtrait pas aujourd'hui son rapporteur. Le voyez-vous le lendemain à sa chambre, où l'on va juger une cause grave et capitale ? il se fait entourer de ses confrères, il leur raconte comme il n'a point perdu le cerf de meute, comme il s'est étouffé de crier après les chiens qui étaient en défaut, ou après ceux des chasseurs qui prenaient le change ; qu'il a vu donner les six chiens. L'heure presse ; il achève de leur parler des abois et de la curée, et il court s'asseoir avec les autres pour juger.

¶ Quel est l'égarement de certains particuliers qui, riches du négoce de leurs pères, dont ils viennent de recueillir la succession, se moulent sur les princes pour leur garde-robe et pour leur équipage, excitent, par une dépense excessive et par un faste ridicule, les traits et la raillerie de toute une ville qu'ils croient éblouir, et se ruinent ainsi à se faire moquer de soi !

Quelques-uns n'ont pas même le triste avantage de répandre leurs folies [5] plus loin que le quartier où ils habitent ; c'est le seul théâtre de leur vanité. L'on ne sait point dans

*dere se* (de *re*, et *credere*, croire, confier), se remettre, se rendre, et par conséquent être rendu, las de corps, faible de courage.

1. Dorante, dans *les Fâcheux* de Molière, II, vii :

« Dieu préserve, en chassant, toute sage personne....
De ces gens qui, suivis de dix hourets galeux,
Disent : *ma meute*, et font les chasseurs merveilleux ! »

2. Le laisser-courre est le lieu où l'on découple les chiens. *Courre* est un ancien infinitif du verbe *courir*.

3. Le plus épais du bois et des buissons, où les bêtes sauvages se retirent. *Fort* a été employé en termes de chasse bien avant de l'être en termes de fortification.

4. M. de Nouveau, surintendant des postes, qui venait d'acheter un équipage de chasse, courait un jour le cerf. « Ai-je bien du plaisir ? » demanda-t-il à son veneur. Le mot devint célèbre, et M$^{me}$ de Sévigné l'a répété après bien d'autres.

5. Le bruit de leurs folies.

l'Ile¹ qu'*André* brille au Marais, et qu'il y dissipe son patrimoine : du moins, s'il était connu dans toute la ville et dans ses faubourgs, il serait difficile qu'entre un si grand nombre de citoyens qui ne savent pas tous juger sainement de toutes choses, il ne s'en trouvât quelqu'un qui dirait de lui : *Il est magnifique*, et qui lui tiendrait compte des régals qu'il fait et des fêtes qu'il donne : mais il se ruine obscurément ; ce n'est qu'en faveur de deux ou trois personnes qui ne l'estiment point qu'il court à l'indigence et qu'aujourd'hui en carrosse, il n'aura pas dans six mois le moyen d'aller à pied.

¶ *Narcisse* se lève le matin pour se coucher le soir ; il a ses heures de toilette comme une femme ; il va tous les jours fort régulièrement à la belle messe aux Feuillants ou aux Minimes ; il est homme d'un bon commerce, et l'on compte sur lui au quartier de *** pour un tiers ou pour un cinquième à l'ombre² ou au reversi³. Là il tient le fauteuil quatre heures de suite chez *Aricie*, où il risque chaque soir cinq pistoles d'or⁴. Il lit exactement la *Gazette de Hollande*⁵ et le *Mercure galant* ; il a lu Bergerac⁶, Desmarets⁷, Lescla-

1. Dans l'Ile Saint-Louis.
2. L'ombre, ou hombre, jeu de cartes pris des Espagnols, qui se joue à deux, à trois, à quatre, à cinq personnes, avec quarante cartes, après avoir ôté du jeu les huit, les neuf et les dix, et avoir donné à chaque joueur neuf cartes trois à trois et par ordre. De l'espagnol *hombre*, homme, comme si, dit Richelet, ce jeu était si excellent qu'il dût porter le nom d'homme ; ou plutôt, remarque Littré, celui qui fait jouer s'appelant *hombre*, l'homme, n'est-ce pas son nom qui a passé au jeu ?
3. Le reversi ou reversis est un jeu de cartes qui se joue à quatre, dans lequel gagne celui qui fait le moins de levées, et où le valet de cœur, appelé le quinola, est la carte principale. Selon la définition du lexicographe anglais Cotgrave, c'est une sorte de triomphe renversée que le duc de Savoie apporta en France au seizième siècle. *Reversis* vient de *reversus*, renversé.
4. La pistole d'or valait d'ordinaire onze livres.
5. Gazette qui se publiait en Hollande, et où l'on parlait librement de la cour de Versailles.
6. Cyrano de Bergerac, auteur de l'*Histoire comique des États de la lune et du soleil*, de la tragédie d'*Agrippine*, de la comédie du *Pédant joué*. Molière a tiré du *Pédant joué* deux scènes des *Fourberies de Scapin*. Il mourut en 1655.
7. Jean Desmarets de Saint-Sorlin, né à Paris, en 1596, mort en 1676, auteur de plusieurs tragi-comédies, fut admis, jeune encore,

che¹, les Historiettes de Barbin², et quelques recueils de poésies. Il se promène avec des femmes à la Plaine³ ou au Cours, et il est d'une ponctualité religieuse sur les visites. Il fera demain ce qu'il fait aujourd'hui et ce qu'il fit hier, et il meurt ainsi après avoir vécu.

¶ Voilà un homme, dites-vous, que j'ai vu quelque part : de savoir où, il est difficile ; mais son visage m'est familier. — Il l'est à bien d'autres ; et je vais, s'il se peut, aider votre mémoire. Est-ce au boulevard⁴ sur un strapontin⁵, ou aux Tuileries dans la grande allée, ou dans le balcon à la comédie ? Est-ce au sermon, au bal, à Rambouillet⁶ ? Où pourriez-vous ne l'avoir point vu ? où n'est-il point ? S'il y a dans la place une fameuse exécution, ou un feu de joie, il paraît à une fenêtre de l'Hôtel de ville ; si l'on attend une magnifique entrée, il a sa place sur un échafaud ; s'il se fait un carrousel, le voilà entré, et placé sur l'amphithéâtre ; si le roi reçoit des ambassadeurs, il voit leur marche, il assiste à leur audience, il est en haie quand ils reviennent de leur audience. Sa présence est aussi essentielle aux serments des ligues suisses que celle du chancelier et des ligues mêmes⁷. C'est

à l'hôtel de Rambouillet. Il apporta sa fleur poétique à la guirlande de Julie. Par déférence pour Richelieu il fit des tragédies, mais ne réussit que dans la comédie. Ses *Visionnaires* obtinrent un grand succès. Chef de la ligue contre les anciens, il voulut opposer aux grandes épopées antiques un poëme intitulé *Clovis ou la France chrétienne* (1657) que Boileau a justement ridiculisé. Après une jeunesse licencieuse, Desmarets tomba dans une dévotion outrée et écrivit quantité de livres de piété, tous fort médiocres. Il fut l'un des premiers membres de l'Académie française.

1. Louis de Lesclache, auteur d'un traité sur la réforme de l'*ortografe franceze*, d'un *Cours de phylosophie expliquée en tables*, etc.
2. Barbin, célèbre libraire, chez lequel se vendaient quantité d'*historiettes* que le public nommait des *Barbinades*.
3. Il s'agit sans doute de la plaine des Sablons.
4. Au boulevard de la porte Saint-Antoine.
5. Siége garni que l'on met sur le devant dans les carrosses coupés, ou aux portières dans les grands carrosses, et qui peut se lever et s'abaisser. De l'italien *strapontino*.
6. L'enclos de Rambouillet dans le faubourg Saint-Antoine. On le nommait aussi jardin de Reuilly ou jardin des Quatre-Pavillons. C'était un lieu de divertissement très-fréquenté.
7. C'est-à-dire aux cérémonies dans lesquelles était renouvelée

son visage que l'on voit aux almanachs représenter le peuple ou l'assistance[1]. Il y a une chasse publique, une *Saint-Hubert*[2], le voilà à cheval ; on parle d'un camp et d'une revue, il est à Ouilles, il est à Achères[3]. Il aime les troupes, la milice, la guerre ; il la voit de près, et jusques au fort de Bernardi[4]. CHANLEY sait les marches[5], JACQUIER les vivres[6], DU METZ l'artillerie[7] : celui-ci voit, il a vieilli *sous le harnois* en voyant, il

l'alliance de la France avec les Suisses. Le chancelier, ou celui qui le remplaçait, y répondait à la harangue des ambassadeurs des cantons, et lisait la formule du serment que prêtait chacun d'eux et que répétait le roi. La dernière *alliance* avait eu lieu le 18 novembre 1663.

1. « Sous Louis XIV, on publiait chaque année pour almanach de très-belles et de très-grandes estampes, dessinées et gravées par les meilleurs artistes. Là se trouvent représentés, par allégorie, les événements de l'année passée. Les rois, les princes, les généraux, les grands dignitaires figurent ordinairement dans le champ principal de ces estampes et sont très-ressemblants. Plus bas sont des portraits d'échevins ou de personnages du tiers état, qui regardent le roi ; c'est le *peuple* ou l'*assistance*. Sur les côtés, des médaillons représentent les batailles, les fêtes, les événements de l'année ; et plus bas encore est un espace blanc où l'on collait un calendrier imprimé de l'année. » (WALCKENAER.)

2. Tous les ans, à la Saint-Hubert, le roi et la cour prenaient part à une grande chasse dans les forêts voisines de Versailles.

3. Ouilles, et mieux Houilles, village situé à trois lieues de Versailles, auprès duquel Louis XIV passait fréquemment des revues. Les troupes du roi campaient souvent dans la plaine d'Achères, village qui est également situé à quelques lieues de Versailles.

4. Bernardi était le directeur d'une académie dans laquelle les jeunes gentilshommes venaient apprendre le métier des armes. Il faisait, tous les ans, construire auprès du Luxembourg un fort qu'une partie de ses élèves devait défendre et qu'une autre partie devait attaquer. Cette petite guerre attirait un grand nombre de curieux.

5. Jules-Louis Bolé, marquis de Chanley, fils d'un procureur, était maréchal des logis de l'armée du roi. Personne ne savait mieux indiquer les chemins que les troupes devaient suivre, les campements qu'elles devaient occuper, les emplacements qu'elles devaient choisir pour le combat. C'est une carte vivante, » disait de lui le maréchal de Luxembourg.

6. Jacquier, munitionnaires des vivres et secrétaire du roi, fils d'un marchand de Châlons-sur-Marne.

7. Pierre-Claude Berbier de Metz, lieutenant général d'artillerie, tué le 1er juillet 1690 à la bataille de Fleurus.

est spectateur de profession; il ne fait rien de ce qu'un homme doit faire, il ne sait rien de ce qu'il doit savoir; mais il a vu, dit-il, tout ce qu'on peut voir, et il n'aura point de regret de mourir. Quelle perte alors pour toute la ville ! Qui dira après lui : « Le Cours est fermé, on ne s'y promène point; le bourbier de Vincennes est desséché et relevé, on n'y versera plus ? » Qui annoncera un concert, un beau salut[1], un prestige de la foire ? Qui vous avertira que Beaumavielle mourut hier, que Rochois est enrhumée[2] et ne chantera de huit jours? Qui connaîtra comme lui un bourgeois à ses armes et à ses livrées ? Qui dira : « *Scapin* porte des fleurs de lis, » et qui en sera plus édifié ? Qui prononcera avec plus de vanité et d'emphase le nom d'une simple bourgeoise ? Qui sera mieux fourni de vaudevilles ? Qui saura comme lui chanter à table tout un dialogue de l'*Opéra*, et les fureurs de Roland[3] dans une ruelle ? Enfin, puisqu'il y a à la ville comme ailleurs de fort sottes gens, des gens fades, oisifs, désoccupés, qui pourra aussi parfaitement leur convenir ?

¶ *Théramène* était riche et avait du mérite; il a hérité; il est donc très-riche et d'un très-grand mérite. Voilà toutes les filles en campagne pour l'avoir pour *épouseur*[4]. Il va de maison en maison faire espérer aux mères qu'il épousera. Il tient ici contre le mortier[5]; là, il efface le cavalier[6] ou le gentilhomme. Un jeune homme fleuri, vif, enjoué, spirituel, n'est pas souhaité plus ardemment, ni mieux reçu; on se l'arrache des mains, on a à peine le loisir de sourire à qui se trouve

---

1. Voyez, dans le chap. *De quelques usages*, la définition d'un beau salut.

2. Beaumavielle, célèbre basse-taille de l'Opéra, était mort depuis quelques années. M<sup>lle</sup> Rochois chantait avec grand succès à l'Opéra.

3. *Roland*, opéra de Quinault et de Lulli.

4. La Bruyère souligne ce mot qui était encore nouveau. On trouve dans Molière : « un *épouseur* à toutes mains. » (*Le Fest.*, I, 1.) « C'est l'épouseur du genre humain. » (*Ib.*, II.)

5. Contre un président à mortier. Le mortier, ainsi nommé à cause de sa forme, était une sorte de bonnet que le chancelier de France et les grands présidents, appelés présidents à mortier ou au mortier, portaient pour marque de leur dignité, et qui est encore aujourd'hui la coiffure des présidents de cours de justice.

6. L'homme d'épée.

« Me trouves-tu bien fait en *cavalier* ? »
(Conx., *le Ment.*, I, 1.)

avec lui dans une même visite. Quels bons partis ne fera-t-il pas manquer ! Pourra-t-il suffire à tant d'héritières qui le recherchent ? C'est l'épouvantail de tous ceux qui attendent d'un mariage à remplir le vide de leur consignation [1]. On devrait proscrire de tels personnages si heureux, si pécunieux [2], d'une ville bien policée, ou condamner le sexe, sous peine de folie ou d'indignité [3], à ne les traiter pas mieux que s'ils n'avaient que du mérite.

¶ Paris, pour l'ordinaire le singe de la cour, ne sait pas toujours la contrefaire ; il ne l'imite en aucune manière dans ces dehors agréables et caressants que quelques courtisans, et surtout les femmes, y ont naturellement pour un homme de mérite, et qui n'a même que du mérite : elles ne s'informent ni de ses contrats [4] ni de ses ancêtres; elles le trouvent à la cour, cela leur suffit; elles le souffrent, elles l'estiment; elles ne demandent pas s'il est venu en chaise ou à pied, s'il a une charge, une terre ou un équipage : comme elles regorgent de train, de splendeur et de dignités, elles se délassent volontiers avec la philosophie ou la vertu. Une femme de ville entend-elle le bruissement [5] d'un carrosse qui s'arrête

1. Qui attendent qu'une dot remplisse dans leur caisse le vide qu'y a fait l'acquisition d'une charge.

2. Qui a beaucoup d'argent comptant, du latin *pecuniosus*, it. *pecunioso*. « Tout homme *pécunieux* est avaricieux à mon gré. » (MONTAIGNE, *Ess.*, I, 40.) « L'une des plus riches dames du Poictou et des plus *pécunieuses*. » (BRANT., *Dames*, VIII.) « Des gentilshommes qu'on scavoit estre *pécunieux* et garnis d'argent. » (*Sat. Mén.*, Har. de d'Aubray.) « Mes compagnons estoient si *pécunieux* et si riches. » (SOREL, *Francion*, VI.) « Votre charitable et *pécunieuse* loterie. » (BOILEAU, *Lett. à Bross.*, 29 juill. 1700.) « Mariage peu *pécunieux*. » (S.-SIM., *Addit. à Dangeau*, XII, 19.)

On a malheureusement laissé vieillir ce mot si utile ; cependant de bons écrivains de notre siècle l'ont employé : « Au fond, toute nation comme toute famille qui subsiste des produits de son sol ou de son industrie, est aussi riche qu'une autre, quoique moins *pécunieuse*. » (BONALD, *Mél.*, t. II, p. 516, éd. 1819.) « L'Angleterre, la plus riche, ou du moins la plus *pécunieuse* de toutes les nations. » (ID., *ib.*, p. 558.)

3. Sous peine d'être convaincu de folie ou déclaré indigne.

4. De l'état de ses affaires, de sa fortune, qui doit être prouvée par des contrats en bonne forme.

5. *Bruissement* a été fait d'une façon barbare, sur *bruire*, au dix-septième siècle. Le seizième siècle disait *bruiement*.

à sa porte, elle pétille de goût et de complaisance pour quiconque est dedans, sans le connaître : mais si elle a vu de sa fenêtre un bel attelage, beaucoup de livrées, et que plusieurs rangs de clous parfaitement dorés [1] l'aient éblouie, quelle impatience n'a-t-elle pas de voir déjà dans sa chambre le cavalier ou le magistrat ! quelle charmante réception ne lui fera-t-elle point ! Ôtera-t-elle les yeux de dessus lui [2] ? Il ne perd rien auprès d'elle ; on lui tient compte des doubles soupentes et des ressorts qui le font rouler plus mollement ; elle l'en estime davantage, elle l'en aime mieux.

¶ Cette fatuité de quelques femmes de la ville qui cause en elles une mauvaise imitation de celles de la cour, est quelque chose de pire que la grossièreté des femmes du peuple et que la rusticité des villageoises : elle a sur toutes deux l'affectation de plus.

¶ La subtile invention, de faire de magnifiques présents de noces qui ne coûtent rien, et qui doivent être rendus en espèces [3] !

¶ L'utile et la louable pratique, de perdre en frais de noces le tiers de la dot qu'une femme apporte ! de commencer par s'appauvrir de concert par l'amas et l'entassement de choses superflues, et de prendre déjà sur son fonds de quoi payer Gaultier, les meubles et la toilette !

¶ Pénible coutume, asservissement incommode ! se chercher incessamment les unes les autres avec l'impatience de ne se point rencontrer ; ne se rencontrer que pour se dire des riens, que pour s'apprendre réciproquement des choses dont on est également instruite, et dont il importe peu que l'on soit instruite ; n'entrer dans une chambre précisément que pour en sortir ; ne sortir de chez soi l'après-dînée que pour y rentrer le soir, fort satisfaite d'avoir vu en cinq petites heures

---

1. Les clous dorés formaient la principale ornementation des carrosses.

2. Dès la fin du dix-septième siècle, les grammairiens avaient décidé, contre la tradition de la langue, que *dessus* et *dessous* ne devaient être employés que comme adverbes. Cependant l'Académie autorise encore des emplois comme : *de dessus* le buffet, *de dessus* la table, *de dessous* la table.

3. Du temps de la Bruyère, quelques jeunes gens sans probité avaient emprunté à des joailliers complaisants les bijoux offerts par eux à leurs fiancées, puis les avaient rendus après le mariage.

trois suisses, une femme que l'on connait à peine, et une autre que l'on n'aime guère! Qui considérerait bien le prix du temps, et combien sa perte est irréparable, pleurerait amèrement sur de si grandes misères.

¶ On s'élève [1] à la ville dans une indifférence grossière des choses rurales et champêtres; on distingue à peine la plante qui porte le chanvre d'avec celle qui produit le lin, et le blé froment d'avec les seigles, et l'un ou l'autre d'avec le méteil [2], on se contente de se nourrir et de s'habiller. Ne parlez à un grand nombre de bourgeois ni de guérets [3], ni de baliveaux [4], ni de provins [5], ni de regains [6], si vous voulez être entendu; ces termes pour eux ne sont pas français. Parlez aux uns d'aunage [7], de tarif, ou de sou pour livre [8], et aux autres de voie d'appel, de requête civile [9], d'appointement [10], d'évo-

---

1. Réfléchi dans le sens passif : on est élevé, on grandit.
2. Le *méteil* est un mélange de grains de seigle et de froment. Ce mot vient du bas lat. *mistellum, mixtellum, mixtolium*, formé lui-même du latin *mixtum*, mêlé.
3. Le *guéret* est une terre labourée, et non ensemencée; du latin *vervactum*, jachère, lequel est le participe passif de *vervagere*, guéreter.
4. On appelle *baliveau* tout arbre réservé lors de la coupe d'un bois et destiné à devenir arbre de haute futaie; du bas lat. *baivarius, bayvellus*, dont l'origine est incertaine.
5. Le *provin* est un rejeton de cep de vigne dont les brins ont été couchés de terre pour qu'ils y prennent racine et forment de nouveaux ceps; du lat. *propaginem*, de *propagare* dont le sens primitif est replanter. On a écrit autrefois *provain*, qui est plus conforme à l'étymologie.
6. On appelle *regain* la seconde coupe des prairies naturelles et les secondes coupes des prairies artificielles; de *re*, particule itérative, et *gain*, dont la signification première a été culture, pâturage.
7. Les étoffes se mesuraient à l'aune, mesure de 3 pieds 7 pouces 10 lignes, équivalant à 1 mètre 82 centimètres.
8. Il y avait sur les marchandises une imposition qui se nommait ainsi, et qui était du vingtième de leur valeur.
9. La *requête civile* est une voie extraordinaire admise, dans certains cas déterminés par la loi, pour obtenir qu'un jugement ou un arrêt rendu en dernier ressort soit réformé.
10. L'*appointement* (d'*appointer*, formé lui-même de *à* et *point*), dans la jurisprudence ancienne, voulait dire règlement en justice sur une affaire, pour parvenir à la juger par rapport.

cation ¹. Ils connaissent le monde, et encore par ce qu'il a de moins beau et de moins spécieux ²; ils ignorent la nature, ses commencements, ses progrès, ses dons et ses largesses. Leur ignorance souvent est volontaire, et fondée sur l'estime qu'ils ont pour leur profession et pour leurs talents. Il n'y a si vil praticien qui, au fond de son étude sombre et enfumée, et l'esprit occupé d'une plus noire chicane, ne se préfère au laboureur, qui jouit du ciel, qui cultive la terre, qui sème à propos, et qui fait de riches moissons; et s'il entend quelquefois parler des premiers hommes ou des patriarches, de leur vie champêtre et de leur économie, il s'étonne qu'on ait pu vivre en de tels temps, où il n'y avait encore ni offices, ni commissions, ni présidents, ni procureurs; il ne comprend pas qu'on ait jamais pu se passer du greffe, du parquet et de la buvette ³.

¶ Les empereurs n'ont jamais triomphé à Rome si mollement, si commodément, ni si sûrement même, contre le vent, la pluie, la poudre et le soleil, que le bourgeois sait à Paris se faire mener par toute la ville : quelle distance de cet usage à la mule de leurs ancêtres! ils ne savaient point encore se priver du nécessaire pour avoir le superflu, ni préférer le faste aux choses utiles. On ne les voyait point s'éclairer avec des bougies ⁴, et se chauffer à un petit feu : la cire était pour l'autel et pour le Louvre. Ils ne sortaient point d'un mauvais dîner pour monter dans leur carrosse; ils se persuadaient que l'homme avait des jambes pour marcher, et ils marchaient. Ils se conservaient propres quand il faisait

---

1. L'*évocation* (d'*evocatio*, formé d'*evocare*, proprement faire sortir en appelant) est l'action d'ôter au juge ordinaire la connaissance d'une contestation et de conférer à d'autres juges le pouvoir de la décider.

2. Autrefois *spécieux* se prenait souvent en bonne part, comme le latin *speciosus*, et voulait dire qui a une belle apparence, qui a de l'éclat : « Qui sous des dehors encore *spécieux* cache une profonde misère. » (Mass., *Or. fun. de Villars*, III). « Un nom *spécieux* éblouit les peuples. » (Boss., *Var.*, XI, ccvi.) « Des emplois *spécieux*. » (Quin., *Agrippa*, IV, 4.) « Tous nos projets les plus *spécieux*. » (Mass., *Prof. relig.*, serm. 1.)

3. Sorte de cabaret situé près du Palais, où les officiers de judicature allaient habituellement déjeuner ou se rafraîchir.

4. L'usage de la chandelle de cire, que l'on fabriquait à Bougie, sur la côte d'Afrique, était encore d'un grand luxe.

sec, et dans un temps humide ils gâtaient leur chaussure, aussi peu embarrassée de franchir les rues et les carrefours que le chasseur de traverser un guéret, ou le soldat de se mouiller dans une tranchée. On n'avait pas encore imaginé d'atteler deux hommes à une litière [1]; il y avait même plusieurs magistrats qui allaient à pied à la chambre ou aux enquêtes [2], d'aussi bonne grâce qu'Auguste autrefois allait de son pied au Capitole. L'étain, dans ce temps, brillait sur les tables et sur les buffets, comme le fer et le cuivre dans les foyers; l'argent et l'or étaient dans les coffres. Les femmes se faisaient servir par des femmes; on mettait celles-ci jusqu'à la cuisine. Les beaux noms de gouverneurs et de gouvernantes n'étaient pas inconnus à nos pères : ils savaient à qui l'on confiait les enfants des rois et des plus grands princes; mais ils partageaient le service de leurs domestiques avec leurs enfants [3], contents de veiller eux-mêmes immédiatement à leur éducation. Ils comptaient en toutes choses avec eux-mêmes : leur dépense était proportionnée à leur recette; leurs livrées, leurs équipages, leurs meubles, leur table, leurs maisons de la ville et de la campagne, tout était mesuré sur leurs rentes et sur leur condition. Il y avait entre eux des distinctions extérieures qui empêchaient qu'on ne prit la femme du praticien pour celle du magistrat, et le roturier ou le simple valet pour le gentilhomme. Moins appliqués à dissiper ou à grossir leur patrimoine qu'à le maintenir, ils le laissaient entier à leurs héritiers, et passaient ainsi d'une vie modérée à une mort tranquille. Ils ne disaient point : *Le siècle est dur, la misère est grande, l'argent est rare;* ils en avaient moins que nous, et en avaient assez, plus riches par leur économie et par leur modestie que de leurs revenus et de leurs domaines. Enfin l'on était alors pénétré de cette maxime, que ce qui est dans les grands splendeur, somptuosité, magnificence, est dissipation, folie, ineptie, dans le particulier.

1. A une chaise à porteurs.
2. A la chambre des enquêtes.
3. C'est-à-dire que leurs enfants n'avaient d'autres domestiques que les leurs.

## CHAPITRE VIII

## DE LA COUR

Le reproche, en un sens, le plus honorable que l'on puisse faire à un homme, c'est de lui dire qu'il ne sait pas la cour ; il n'y a sorte de vertus qu'on ne rassemble en lui par ce seul mot.

¶ Un homme qui sait la cour est maître de son geste, de ses yeux et de son visage; il est profond, impénétrable ; il dissimule les mauvais offices, sourit à ses ennemis, contraint son humeur, déguise ses passions, dément son cœur, parle, agit contre ses sentiments. Tout ce grand raffinement n'est qu'un vice, que l'on appelle fausseté; quelquefois aussi inutile au courtisan pour sa fortune que la franchise, la sincérité et la vertu.

¶ Qui peut nommer de certaines couleurs changeantes, et qui sont diverses selon les divers jours dont[1] on les regarde ? de même, qui peut définir la cour ?

¶ Se dérober à la cour un seul moment, c'est y renoncer : le courtisan qui l'a vue le matin la voit le soir, pour la reconnaître le lendemain, ou afin que lui-même y soit connu.

¶ L'on est petit à la cour, et, quelque vanité que l'on ait, on s'y trouve tel; mais le mal est commun, et les grands mêmes y sont petits.

¶ La province est l'endroit d'où la cour, comme dans son point de vue, paraît une chose admirable : si l'on s'en approche, ses agréments diminuent comme ceux d'une perspective que l'on voit de trop près.

¶ L'on s'accoutume difficilement à une vie qui se passe dans une antichambre, dans des cours, ou sur l'escalier.

¶ La cour ne rend pas content; elle empêche qu'on ne le soit ailleurs.

¶ Il faut qu'un honnête homme ait tâté de la cour : il dé-

---

1. *Dont*, formé du latin barbare *de unde*, s'employait souvent au dix-septième siècle pour *d'où*, tiré de *de ubi*. Voir notre *Lexique de Corneille*.

couvre en y entrant, comme un nouveau monde qui lui était inconnu, où il voit régner également le vice et la politesse, et où tout lui est utile, le bon et le mauvais.

¶ La cour est comme un édifice bâti de marbre : je veux dire qu'elle est composée d'hommes fort durs, mais fort polis.

¶ L'on va quelquefois à la cour pour en revenir, et se faire par là respecter du noble de sa province, ou de son diocésain[1].

¶ Le brodeur et le confiseur seraient superflus, et ne feraient qu'une montre inutile[2], si l'on était modeste et sobre : les cours seraient désertes, et les rois presque seuls, si l'on était guéri de la vanité et de l'intérêt. Les hommes veulent être esclaves quelque part, et puiser là de quoi dominer ailleurs. Il semble qu'on livre en gros aux premiers de la cour l'air de hauteur, de fierté et de commandement, afin qu'ils le distribuent en détail dans les provinces : ils font précisément comme on leur fait, vrais singes de la royauté.

¶ Il n'y a rien qui enlaidisse certains courtisans comme la présence du prince : à peine les puis-je reconnaître à leurs visages ; leurs traits sont altérés, et leur contenance est avilie ; les gens fiers et superbes sont les plus défaits, car ils perdent plus du leur. Celui qui est honnête et modeste s'y soutient mieux ; il n'a rien à réformer.

¶ L'air de cour est contagieux : il se prend à V\*\*\*[3], comme l'accent normand à Rouen ou à Falaise ; on l'entrevoit en des fourriers, en de petits contrôleurs, et en des chefs de fruiterie[4] : l'on peut, avec une portée d'esprit fort médiocre, y faire de grands progrès. Un homme d'un génie élevé et d'un mérite solide ne fait pas assez de cas de cette espèce de

1. Ou de l'évêque de son diocèse.
2. Ouvriraient inutilement leur boutique. La montre est l'étalage que fait le marchand.
3. A Versailles.
4. Le fourrier était un officier qui, placé sous un maréchal des logis, avait pour fonction de marquer le logement de ceux qui suivaient la cour. Les contrôleurs ordonnaient, surveillaient et vérifiaient les dépenses de bouche de la maison du roi. Les chefs de fruiterie disposaient le dessert, fournissaient des bougies de cire, des lustres et des girandoles.

talent pour faire son capital[1] de l'étudier et se le rendre propre: il l'acquiert sans réflexion, et il ne pense point à s'en défaire.

¶ N*** arrive avec grand bruit: il écarte le monde, se fait faire place; il gratte[2], il heurte presque; il se nomme : on respire, et il n'entre qu'avec la foule[3].

¶ Il y a dans les cours des apparitions de gens aventuriers et hardis, d'un caractère libre et familier, qui se produisent eux-mêmes, protestent qu'ils ont dans leur art toute l'habileté qui manque aux autres, et qui sont crus sur leur parole. Ils profitent cependant de l'erreur publique, ou de l'amour qu'ont les hommes pour la nouveauté; ils percent la foule, et parviennent jusqu'à l'oreille du prince, à qui le courtisan les voit parler, pendant qu'il se trouve heureux d'en être vu. Ils ont cela de commode pour les grands, qu'ils en sont soufferts sans conséquence, et congédiés de même; alors ils disparaissent tout à la fois riches et décrédités; et le monde qu'ils viennent de tromper est encore prêt d'être trompé par d'autres[4].

¶ Vous voyez des gens qui entrent sans saluer que légèrement, qui marchent des épaules, et qui se rengorgent comme une femme : ils vous interrogent sans vous regarder; ils parlent d'un ton élevé, et qui marque qu'ils se sentent au-dessus de ceux qui se trouvent présents; ils s'arrêtent, et on les entoure; ils ont la parole, président au cercle, et per-

---

1. On disait souvent au dix-septième siècle *faire son capital d'une chose*, pour signifier, s'y attacher principalement.

2. « *Gratter* se dit chez les princes de ceux qui font un petit bruit avec les ongles à la porte, afin que l'huissier leur ouvre. Il n'est pas permis de heurter à la porte du roi, mais seulement de *gratter*. » (FURETIÈRE.)

3. Parce que le nom de ce courtisan si bruyant n'a rien que de commun.

4. La locution *prêt de*, pour dire sur le point de, était d'un usage universel au dix-septième siècle et pendant une grande partie du dix-huitième, et l'on ne voit pas la raison qu'ont eue les grammairiens de la rejeter et de la condamner. La logique ne s'opposait aucunement à ce que *prêt de*, surtout avec un nom de personne, eût les deux sens si voisins de *préparé à* et de *sur le point de* : quand on est prêt à une chose, on est naturellement sur le point de la faire.

4. Cet emploi elliptique de *que* dans le sens de *sinon* est très-élégant.

sistent dans cette hauteur ridicule et contrefaite, jusqu'à ce qu'il survienne un grand, qui, la faisant tomber tout d'un coup par sa présence, les réduise à leur naturel, qui est moins mauvais.

¶ Les cours ne sauraient se passer d'une certaine espèce de courtisans, hommes flatteurs, complaisants, insinuants, dévoués aux femmes, dont ils ménagent les plaisirs, étudient les faibles et flattent toutes les passions: ils leur soufflent à l'oreille des grossièretés, leur parlent de leurs maris dans les termes convenables, devinent leurs chagrins et leurs maladies; ils font les modes, raffinent sur le luxe et sur la dépense, et apprennent à ce sexe de prompts moyens de consumer de grandes sommes en habits, en meubles et en équipages; ils ont eux-mêmes des habits où brillent l'invention et la richesse, et ils n'habitent d'anciens palais qu'après les avoir renouvelés et embellis. Ils mangent délicatement et avec réflexion; il n'y a sorte de voluptés qu'ils n'essayent, et dont ils ne puissent rendre compte. Ils doivent à eux-mêmes leur fortune, et ils la soutiennent avec la même adresse qu'ils l'ont élevée. Dédaigneux et fiers, ils n'abordent plus leurs pareils, ils ne les saluent plus; ils parlent où tous les autres se taisent, entrent, pénètrent en des endroits et à des heures où les grands n'osent se faire voir : ceux-ci, avec de longs services, bien des plaies sur le corps, de beaux emplois ou de grandes dignités, ne montrent pas un visage si assuré, ni une contenance si libre. Ces gens ont l'oreille des plus grands princes, sont de tous leurs plaisirs et de toutes leurs fêtes, ne sortent pas du Louvre ou du château [1], où ils marchent et agissent comme chez eux et dans leur domestique [2], semblent se multiplier en mille endroits, et sont toujours les premiers visages qui frappent les nouveaux venus à une cour; ils embrassent, ils sont embrassés; ils crient, ils éclatent, ils sont plaisants, ils font des contes: personnes commodes, agréables, riches, qui prêtent, et qui sont sans conséquence.

¶ Ne croirait-on pas de *Cimon* et de *Clitandre* qu'ils sont seuls chargés des détails de tout l'État, et que seuls aussi ils

---

1. Du château de Versailles.
2. Dans leur intérieur.

en doivent répondre? L'un a du moins les affaires de terre ¹, et l'autre les maritimes. Qui pourrait les représenter exprimerait l'empressement, l'inquiétude, la curiosité, l'activité, saurait peindre le mouvement. On ne les a jamais vus assis, jamais fixes et arrêtés : qui même les a vus marcher? On les voit courir, parler en courant, et vous interroger sans attendre de réponse. Ils ne viennent d'aucun endroit, ils ne vont nulle part; ils passent et ils repassent. Ne les retardez pas dans leur course précipitée, vous démonteriez leur machine; ne leur faites pas de questions, ou donnez-leur du moins le temps de respirer et de se ressouvenir qu'ils n'ont nulle affaire, qu'ils peuvent demeurer avec vous et longtemps, vous suivre même où il vous plaira de les emmener. Ils ne sont pas les *satellites de Jupiter*, je veux dire ceux qui pressent et qui entourent le prince; mais ils l'annoncent et le précèdent; ils se lancent impétueusement dans la foule des courtisans; tout ce qui se trouve sur leur passage est en péril. Leur profession est d'être vus et revus, et ils ne se couchent jamais sans s'être acquittés d'un emploi si sérieux et si utile à la république. Ils sont, au reste, instruits à fond de toutes les nouvelles indifférentes, et ils savent à la cour tout ce que l'on peut y ignorer², il ne leur manque aucun des talents nécessaires pour s'avancer médiocrement. Gens néanmoins éveillés et alertes sur tout ce qu'ils croient leur convenir, un peu entreprenants, légers et précipités; le dirai-je? ils portent au vent, attelés tous deux au char de la fortune, et tous deux fort éloignés de s'y voir assis.

¶ Un homme de la cour qui n'a pas un assez beau nom, doit l'ensevelir sous un meilleur; mais s'il l'a tel qu'il ose le porter, il doit alors insinuer qu'il est ³ de tous les noms le plus illustre, comme sa maison de toutes les maisons la plus ancienne: il doit tenir aux PRINCES LORRAINS, aux ROHANS, aux CHASTILLONS, aux MONTMORENCIS, et, s'il se peut, aux PRINCES DU SANG; ne parler que de ducs, de cardinaux et de ministres; faire entrer dans toutes les conversations ses aïeuls paternels et maternels, et y trouver place pour

---

1. On dirait que l'un a pour le moins le ministère des affaires de terre.

2. *Y ignorer* forme un hiatus très-désagréable.

3. *Il*, dans cette phrase, se rapporte à deux sujets différents : c'est une grave négligence.

l'oriflamme et pour les croisades; avoir des salles parées d'arbres généalogiques, d'écussons chargés de seize quartiers, et de tableaux de ses ancêtres et des alliés de ses ancêtres; se piquer d'avoir un ancien château à tourelles, à créneaux et à mâchicoulis; dire en toute rencontre : *ma race, ma branche, mon nom* et *mes armes*; dire de celui-ci qu'il n'est pas homme de qualité, de celle-là qu'elle n'est pas demoiselle[1]; ou, si on lui dit qu'*Hyacinthe* a eu le gros lot[2], demander s'il est gentilhomme. Quelques-uns riront de ces contre-temps[3], mais il les laissera rire ; d'autres en feront des contes, et il leur permettra de conter : il dira toujours qu'il marche après la maison régnante, et à force de le dire, il sera cru.

¶ C'est une grande simplicité que d'apporter à la cour la moindre roture, et de n'y être pas gentilhomme[4].

¶ L'on se couche à la cour et l'on se lève sur l'intérêt ; c'est ce que l'on digère le matin et le soir, le jour et la nuit ; c'est ce qui fait que l'on pense, que l'on parle, que l'on se tait, que l'on agit; c'est dans cet esprit qu'on aborde les uns et qu'on néglige les autres, que l'on monte et que l'on descend; c'est sur cette règle que l'on mesure ses soins, ses complaisances, son estime, son indifférence, son mépris. Quelques pas que quelques-uns fassent par vertu vers la modération et la sagesse, un premier mobile d'ambition les emmène avec les plus avares, les plus violents dans leurs désirs, et les plus ambitieux : quel moyen de demeurer immobile où tout marche, où tout se remue, et de ne pas courir où les autres courent? On croit même être responsable à soi-même de son élévation et de sa fortune: celui qui ne l'a point faite à la cour est censé ne l'avoir pas dû faire ;

---

1. Autrefois *demoiselle* signifiait fille et même femme née de parents nobles : « Ah! qu'une femme *demoiselle* est une étrange affaire! et que mon mariage est une leçon bien parlante à tous les paysans qui voudraient s'élever au-dessus de leur condition ! » (MoL., G. Dand., I, 1.) Déjà du temps de la Bruyère presque toutes les bourgeoises prenaient le titre de demoiselles.

2. A la loterie.

3. De ces phrases inopportunes.

4. C'est-à-dire de ne pas se défaire de sa roture avant d'arriver à la cour, et de ne s'y point faire passer pour gentilhomme.

on n'en appelle pas[1]. Cependant s'en éloignera-t-on avant d'en avoir tiré le moindre fruit, ou persistera-t-on à y demeurer sans grâces et sans récompenses? question si épineuse, si embarrassée, et d'une si pénible décision qu'un nombre infini de courtisans vieillissent sur le oui et sur le non[2], et meurent dans le doute.

¶ Il n'y a rien à la cour de si méprisable et de si indigne qu'un homme qui ne peut contribuer en rien à notre fortune ; je m'étonne qu'il ose se montrer.

¶ Celui qui voit loin derrière soi un homme de son temps et de sa condition, avec qui il est venu à la cour la première fois, s'il croit avoir une raison solide d'être prévenu de son propre mérite et de s'estimer davantage que[3] cet autre qui est demeuré en chemin, ne se souvient plus de ce qu'avant sa faveur[4] il pensait de soi-même et de ceux qui l'avaient devancé.

¶ C'est beaucoup tirer de notre ami, si, ayant monté à une grande faveur, il est encore un homme de notre connaissance.

¶ Si celui qui est en faveur ose s'en prévaloir avant qu'elle lui échappe, s'il se sert d'un bon vent qui souffle pour faire son chemin, s'il a les yeux ouverts sur tout ce qui vaque, poste, abbaye, pour les demander et les obtenir, et qu'il soit muni de pensions, de brevets et de survivance[5], vous lui

---

1. C'est là un arrêt irrévocable. *On n'en appelle pas* est une locution qu'affectionne la Bruyère.
2. Vieillissent avant de l'avoir résolue.
3. Au chapitre V, la Bruyère a déjà employé *davantage que* pour *plus que;* et il suivait l'exemple de ses plus illustres contemporains. Déjà cependant les grammairiens n'admettent *davantage* que comme adverbe : « Il est commode de mettre *que* après *davantage*; je crois cependant que c'est le plus sûr de s'abstenir de cette façon de parler ; *davantage* est une espèce d'adverbe comme *auparavant*, et il ne régit rien après soi. *Je vous aime davantage,* je vous estime *davantage;* mais je ne dirois pas : *je vous aime davantage que lui.* » (BELLEGARDE, *Réflex. sur l'élég. et la polit. du style*, 3ᵉ édit., p. 284.)
4. « Avant sa faveur, » tournure concise pour dire avant qu'il fût en faveur.
5. Un brevet était jadis un acte qu'expédiait un ministre d'État et par lequel le roi accordait un don, une pension, un bénéfice, une grâce ou un titre de dignité. La survivance était le droit qu'accordait le roi d'exercer une charge après la mort du titulaire.

reprochez son avidité et son ambition ; vous dites que tout le tente, que tout lui est propre, aux siens, à ses créatures [1], et que, par le nombre et la diversité des grâces dont il se trouve comblé, lui seul a fait plusieurs fortunes [2]. Cependant qu'a-t-il dû faire? Si j'en juge moins par vos discours que par le parti que vous auriez pris vous-même en pareille situation, c'est ce qu'il a fait.

¶ L'on blâme les gens qui font une grande fortune pendant qu'ils en ont les occasions, parce que l'on désespère, par la médiocrité de la sienne, d'être jamais en état de faire comme eux et de s'attirer ce reproche. Si l'on était à portée de leur succéder, l'on commencerait à sentir qu'ils ont moins de tort, et l'on serait plus retenu, de peur de prononcer d'avance sa condamnation.

¶ Il ne faut rien exagérer, ni dire des cours le mal qui n'y est point [3] : l'on n'y attente rien de pis contre le vrai mérite que de le laisser quelquefois sans récompense; on ne l'y méprise pas toujours, quand on a pu une fois le discerner: on l'oublie; et c'est là où l'on sait parfaitement ne faire rien, ou faire très-peu de chose, pour ceux que l'on estime beaucoup.

¶ Il est difficile à la cour que, de toutes les pièces que l'on emploie à l'édifice de sa fortune, il n'y en ait quelqu'une qui porte à faux : l'un de mes amis qui a promis de parler [4] ne parle point ; l'autre parle mollement; il échappe à un troisième de parler contre mes intérêts et contre ses intentions; à celui-là manque la bonne volonté, à celui-ci l'habileté et la prudence; tous n'ont pas assez de plaisir à me voir heureux pour contribuer de tout leur pouvoir à me rendre tel. Chacun se souvient assez de tout ce que son établissement [5] lui a coûté à faire, ainsi que des secours qui lui en ont frayé le chemin : on serait même assez porté à justifier les services qu'on a reçus des uns par ceux qu'en de pareils

1. Que tout lui semble bon à prendre, pour lui, pour les siens, pour ses créatures.
2. Il a fait à lui seul plusieurs fortunes.
3. Début ironique.
4. De parler en ma faveur.
5. L'établissement de sa fortune.

besoins on rendrait aux autres¹, si le premier et l'unique soin qu'on a, après sa fortune faite, n'était pas de songer à soi.

¶ Les courtisans n'emploient pas ce qu'ils ont d'esprit, d'adresse et de finesse, pour trouver les expédients d'obliger² ceux de leurs amis qui implorent leur secours, mais seulement pour leur trouver des raisons apparentes, de spécieux prétextes, ou ce qu'ils appellent une impossibilité de le pouvoir faire; et ils se persuadent d'être quittes par là en leur endroit³ de tous les devoirs de l'amitié ou de la reconnaissance.

Personne à la cour ne veut entamer⁴: on s'offre d'appuyer, parce que, jugeant des autres par soi-même, on espère que nul n'entamera, et qu'on sera ainsi dispensé d'appuyer. C'est une manière douce et polie de refuser son crédit, ses offices et sa médiation à qui en a besoin.

¶ Combien de gens vous étouffent de caresses dans le particulier, vous aiment et vous estiment, qui sont embarrassés de vous dans le public, et qui, au lever ou à la messe⁵, évitent vos yeux et votre rencontre ! Il n'y a qu'un petit nombre de courtisans qui, par grandeur ou par une confiance qu'ils ont d'eux-mêmes, osent honorer devant le monde le mérite qui est seul et dénué de grands établissements.

¶ Je vois un homme entouré et suivi; mais il est en place. J'en vois un autre que tout le monde aborde; mais il est en faveur. Celui-ci est embrassé et caressé, même des grands; mais il est riche. Celui-là est regardé de tous avec curiosité, on le montre du doigt; mais il est savant et éloquent. J'en découvre un que personne n'oublie de saluer; mais il est méchant. Je veux un homme qui soit bon, qui ne soit rien davantage, et qui soit recherché.

¶ Vient-on de placer quelqu'un⁶ dans un nouveau poste,

---

1. A montrer que l'on était digne des secours qu'on a reçus en rendant de pareils services à d'autres.

2. Les moyens d'obliger. Le mot *expédient* s'emploie rarement de cette manière.

3. A leur égard. *A leur endroit* est plus fréquemment employé que *en leur endroit*.

4. Solliciter le premier.

5. Au lever du roi, à la messe de la chapelle du roi.

6. La clef dit : « Cela est arrivé à M. de Luxembourg, quand il entra dans le commandement des armées. »

c'est un débordement de louanges en sa faveur qui inonde les cours et la chapelle, qui gagne l'escalier, les salles, la galerie, tout l'appartement[1], on en a au-dessus des yeux, on n'y tient pas. Il n'y a pas deux voix différentes sur ce personnage; l'envie, la jalousie, parlent comme l'adulation : tous se laissent entraîner au torrent qui les emporte, qui les force de dire d'un homme ce qu'ils en pensent ou ce qu'ils n'en pensent pas, comme de louer souvent celui qu'ils ne connaissent point. L'homme d'esprit, de mérite ou de valeur, devient en un instant un génie du premier ordre, un héros, un demi-dieu. Il est si prodigieusement flatté dans toutes les peintures que l'on fait de lui qu'il paraît difforme près de[2] ses portraits; il lui est impossible d'arriver jamais jusqu'où la bassesse et la complaisance viennent de le porter; il rougit de sa propre réputation. Commence-t-il à chanceler dans ce poste où on l'avait mis, tout le monde passe facilement à un autre avis; en est-il entièrement déchu, les machines qui l'avaient guindé si haut par l'applaudissement et les éloges sont encore toutes dressées pour le faire tomber dans le dernier mépris; je veux dire qu'il n'y en a point qui le dédaignent mieux, qui le blâment plus aigrement, et qui en disent plus de mal, que ceux qui s'étaient comme dévoués à la fureur d'en dire du bien[3].

¶ Je crois pouvoir dire d'un poste éminent et délicat qu'on y monte plus aisément qu'on ne s'y conserve.

¶ L'on voit des hommes tomber d'une haute fortune par les mêmes défauts qui les y avaient fait monter.

1. Les cours, la chapelle, tout le palais de Versailles.
2. Pour signifier en comparaison de, *auprès de* est seul admis aujourd'hui.
3. « Il ne fault que veoir un homme eslevé en dignité : quand nous l'aurions cogneu, trois jours devant, homme de peu, il coule insensiblement en nos opinions une image de grandeur de suffisance; et nous persuadons que, croissant de train et de crédit, il est creu de mérite; nous jugeons de lui, non selon sa valeur, mais à la mode des jectons, selon la prérogative de son reng. Que la chance tourne aussi, qu'il retumbe et se mesle à la presse, chascun s'enquiert avecques admiration de la cause qui l'avoit guindé si hault. « Est-ce « luy? faict-on. N'y sçavoit-il aultre chose quand il y estoit? Les prin- « ces se contentent-ils de si peu? Nous estions vrayement en « bonnes mains! » C'est chose que j'ay veu souvent de mon temps. » (MONTAIGNE, *Essais*, III, 8.)

¶ Il y a dans les cours deux manières de ce que l'on appelle congédier son monde ou se défaire des gens : se fâcher contre eux, ou faire si bien qu'ils se fâchent contre vous et s'en dégoûtent [1].

¶ L'on dit à la cour du bien de quelqu'un pour deux raisons : la première, afin qu'il apprenne que nous disons du bien de lui ; la seconde, afin qu'il en dise de nous.

¶ Il est aussi dangereux à la cour de faire les avances qu'il est embarrassant de ne les point faire.

Il y a des gens à qui ne connaître point le nom et le visage d'un homme est un titre pour en rire et le mépriser. Ils demandent qui est cet homme ; ce n'est ni *Rousseau*, ni un *Fabry*, ni *la Couture* [2] ; ils ne pourraient le méconnaître.

¶ L'on me dit tant de mal de cet homme, et j'y en vois si peu, que je commence à soupçonner qu'il n'ait un mérite important, qui éteigne celui des autres.

¶ Vous êtes homme de bien, vous ne songez ni à plaire ni à déplaire aux favoris, uniquement attaché à votre maître et à votre devoir : vous êtes perdu.

¶ On n'est point effronté par choix, mais par complexion ; c'est un vice de l'être, mais naturel. Celui qui n'est pas né tel est modeste, et ne passe pas aisément de cette extrémité à l'autre. C'est une leçon assez inutile que de lui dire : Soyez effronté, et vous réussirez. Une mauvaise imitation ne lui profiterait pas, et le ferait échouer. Il ne faut rien de moins dans les cours qu'une vraie et naïve impudence pour réussir.

¶ On cherche, on s'empresse, on brigue, on se tourmente, on demande, on est refusé, on demande et on obtient, mais, dit-on, sans l'avoir demandé, et dans le temps que l'on n'y pensait pas et que l'on songeait même à toute autre chose : vieux style, menterie innocente, et qui ne trompe personne.

¶ On fait sa brigue pour parvenir à un grand poste, on prépare toutes ses machines, toutes les mesures sont bien prises, et l'on doit être servi selon ses souhaits ; les uns doivent entamer, les autres appuyer ; l'amorce est déjà con-

1. Et se dégoûtent de vous.
2. Fabry, brûlé il y a vingt ans. (*Note de la Bruyère.*) — Le Châtelet l'avait condamné à mort à la suite d'un procès scandaleux. — Rousseau, cabaretier célèbre. — La Couture, tailleur d'habits qui était devenu fou. On lui permettait de demeurer à la cour et d'y tenir des propos extravagants.

duite, et la mine prête à jouer : alors on s'éloigne de la cour. Qui oserait soupçonner d'*Artemon* qu'il ait pensé à se mettre dans une si belle place, lorsqu'on le tire de sa terre ou de son gouvernement pour l'y faire asseoir ? Artifice grossier, finesses usées, et dont le courtisan s'est servi tant de fois, que si je voulais donner le change à tout le public et lui dérober mon ambition, je me trouverais sous l'œil et sous la main du prince, pour recevoir de lui la grâce que j'aurais recherchée avec le plus d'emportement.

¶ Les hommes ne veulent pas que l'on découvre les vues qu'ils ont sur leur fortune, ni que l'on pénètre qu'ils pensent à une telle dignité, parce que, s'ils ne l'obtiennent point, il y a de la honte, se persuadent-ils, à être refusés ; et, s'ils y parviennent, il y a plus de gloire pour eux d'en être crus dignes par celui qui la leur accorde, que de s'en juger dignes eux-mêmes par leurs brigues et par leurs cabales : ils se trouvent parés tout à la fois de leur dignité et de leur modestie.

Quelle plus grande honte y a-t-il d'être refusé d'un poste [1] que l'on mérite, ou d'y être placé sans le mériter ?

Quelques grandes difficultés qu'il y ait à se placer à la cour, il est encore plus âpre et plus difficile de se rendre digne d'être placé.

Il coûte moins à faire dire de soi [2] : Pourquoi a-t-il obtenu ce poste ? qu'à faire demander : Pourquoi ne l'a-t-il pas obtenu ?

L'on se présente encore pour les charges de ville [3], l'on postule une place dans l'Académie française, l'on demandait le consulat : quelle moindre raison y aurait-il de travailler les premières années de sa vie à se rendre capable d'un

---

1. La Bruyère dit plus loin : « A une assemblée ou à un spectacle *dont il est refusé*. » On trouve au seizième et au dix-septième siècle quelques exemples de cette construction avec la préposition *de*, qu'on ne pourrait guère imiter : « Le roy, qui ne l'avoit jamais auparavant éconduit, le *refusa* tout à plat *de* cette requeste. » (Pasq., *Lett.*, xvii, 4.) « Marius *ayant esté refusé d'une* charge en demanda une moindre le même jour. » (Perrot d'Ablancourt, *Apophthegm. des anc.*, p. 134.)

2. La Bruyère emploie plus loin la forme *il coûte de* plus usitée, mais offrant une légère nuance.

3. C'est-à-dire pour les offices municipaux.

grand emploi, et de demander ensuite, sans nul mystère et sans nulle intrigue, mais ouvertement et avec confiance, d'y servir sa patrie, son prince, la république?

¶ Je ne vois aucun courtisan à qui le prince vienne d'accorder un bon gouvernement, une place éminente ou une forte pension, qui n'assure, par vanité ou pour marquer son désintéressement, qu'il est bien moins content du don que de la manière dont il lui a été fait. Ce qu'il y a en cela de sûr et d'indubitable, c'est qu'il le dit ainsi.

C'est rusticité que de donner de mauvaise grâce : le plus fort et le plus pénible est de donner : que coûte-t-il d'y ajouter un sourire?

Il faut avouer néanmoins qu'il s'est trouvé des hommes qui refusaient plus honnêtement que d'autres ne savaient donner; qu'on a dit de quelques-uns qu'ils se faisaient si longtemps prier, qu'ils donnaient si sèchement et chargeaient une grâce qu'on leur arrachait de conditions si désagréables, qu'une plus grande grâce était d'obtenir d'eux d'être dispensé de rien recevoir.

¶ L'on remarque dans les cours des hommes avides qui se revêtent de toutes les conditions pour en avoir les avantages : gouvernement [1], charge, bénéfice [2], tout leur convient; ils se sont si bien ajustés que, par leur état, ils deviennent capables de toutes les grâces : ils sont *amphibies* [3], ils vivent de l'Église et de l'épée, et auront le secret d'y joindre la robe. Si vous demandez : Que font ces gens à la cour? ils reçoivent, et envient tous ceux à qui l'on donne.

¶ Mille gens à la cour y traînent leur vie à embrasser, serrer et congratuler ceux qui reçoivent, jusqu'à ce qu'ils y meurent sans rien avoir.

¶ *Ménophile* emprunte ses mœurs d'une profession, et d'une autre son habit; il masque [4] toute l'année, quoique à visage découvert; il paraît à la cour, à la ville, ailleurs, toujours

---

1. Gouvernement d'une province.
2. *Bénéfice*, charge spirituelle, telle que prieuré, chanoinie, abbaye, etc.
3. Le mot a été répété par Saint-Simon : « Saint-Romain, dit-il, *amphibie* de beaucoup de mérite, conseiller d'épée, avec des abbayes sans être d'Église. »
4. S'habiller en masque.

sous un certain nom et sous le même déguisement. On le
reconnaît, et on sait quel il est à son visage.

¶ Il y a, pour arriver aux dignités, ce qu'on appelle la
grande voie ou le chemin battu ; il y a le chemin détourné
ou de traverse, qui est le plus court.

¶ L'on court les malheureux pour les envisager ; l'on se
range en haie, ou l'on se place aux fenêtres, pour observer
les traits et la contenance d'un homme qui est condamné et
qui sait qu'il va mourir : vaine, maligne, inhumaine curiosité ! Si les hommes étaient sages, la place publique serait
abandonnée, et il serait établi qu'il y aurait de l'ignominie
seulement à voir de tels spectacles. Si vous êtes si touchés de
curiosité, exercez-la du moins en un sujet noble : voyez un
heureux, contemplez-le dans le jour même où il a été nommé
à un nouveau poste et qu'il en reçoit les compliments ; lisez
dans ses yeux, et au travers d'un calme étudié et d'une
feinte modestie, combien il est content et pénétré de soi-
même ; voyez quelle sérénité cet accomplissement de ses
désirs répand dans son cœur et sur son visage, comme il ne
songe plus qu'à vivre et à avoir de la santé, comme ensuite
sa joie lui échappe et ne peut plus se dissimuler, comme il
plie sous le poids de son bonheur, quel air froid et sérieux il
conserve pour ceux qui ne sont plus ses égaux : il ne leur
répond pas, il ne les voit pas ; les embrassements et les caresses des grands, qu'il ne voit plus de si loin, achèvent de
lui nuire ; il se déconcerte, il s'étourdit, c'est une courte aliénation. Vous voulez être heureux, vous désirez des grâces ;
que de choses pour vous à éviter !

¶ Un homme qui vient d'être placé ne se sert plus de sa
raison et de son esprit pour régler sa conduite et ses dehors
à l'égard des autres ; il emprunte sa règle de son poste et de
son état : de là l'oubli, la fierté, l'arrogance, la dureté, l'ingratitude.

¶ *Théonas*, abbé depuis trente ans, se lassait de l'être. On
a moins d'ardeur et d'impatience de se voir habillé de pourpre qu'il en [1] avait de porter une croix d'or sur sa poitrine,
et parce que les grandes fêtes se passaient toujours sans rien

---

1. Qu'il *n*'en avait de devenir évêque. — Nous avons déjà remarqué l'omission de la particule négative *ne* en bien des cas où elle se
met aujourd'hui.

changer à sa fortune, il murmurait contre le temps présent, trouvait l'État mal gouverné, et n'en prédisait rien que de sinistre. Convenant en son cœur que le mérite est dangereux dans les cours à qui veut s'avancer, il avait enfin pris son parti et renoncé à la prélature, lorsque quelqu'un accourt lui dire qu'il est nommé à un évêché. Rempli de joie et de confiance sur une nouvelle si peu attendue : « Vous verrez, dit-il, que je n'en demeurerai pas là, et qu'ils me feront archevêque. »

¶ Il faut des fripons à la cour auprès des grands et des ministres, même les mieux intentionnés; mais l'usage en est délicat, et il faut savoir les mettre en œuvre : il y a des temps et des occasions où ils ne peuvent être suppléés par d'autres. Honneur, vertu, conscience, qualités toujours respectables, souvent inutiles : que voulez-vous quelquefois que l'on fasse d'un homme de bien?

¶ Un vieil auteur, et dont j'ose rapporter ici les propres termes, de peur d'en affaiblir le sens par ma traduction, dit que *s'élongner des petits, voire*[1] *de ses pareils, et iceulx vilainer et despriser*[2]; *s'accointer de grands*[3] *et puissants en tous biens et chevances*[4], *et en cette leur cointise*[5] *et privauté estre de tous ébats, gabs*[6], *mommeries, et vilaines besoignes; estre eshonté, saffranier*[7] *et sans point de vergogne*[8]; *endurer brocards et gausseries*[9]

1. Même.
2. Et les mépriser et rabaisser. — *Vilainer* est de la famille de *vilain, vilainie*, aujourd'hui *vilenie*. — *Despriser*, tiré directement de *prix*, a encore sa place dans la langue, malgré la formation plus récente du mot *déprécier*.
3. Entrer dans la familiarité des grands; de *ad* et *cognoscere, cognitus*.
4. La *chevance*, de *chef*, est ce dont on est venu à chef, ce qui sert, ce que l'on possède.
5. *Cointise* ici veut dire familiarité. Il y avait aussi autrefois l'adjectif et substantif *coint*, familier, certain, etc.
6. Tromperies. Du scandinave *gabb*, raillerie.
7. Banqueroutier. De *safran*. On dit figurément : *il est allé au safran*, pour signifier il est mal en ses affaires, par allusion à la jaunisse que donne le chagrin.
8. Et sans vergogne, de *verecundia*.
9. Moquerie, raillerie. Ce mot se rattache, comme *gausser*, à *gaudere*, par l'intermédiaire d'un mot bas-latin, *gavisare*.

de tous chacuns, sans pour ce feindre de cheminer en avant, et à tout.[1] son entregent engendre heur [2] et fortune [3].

¶ Jeunesse du prince, source des belles fortunes.

¶ *Timante*, toujours le même, et sans rien perdre de ce mérite qui lui a attiré la première fois de la réputation et des récompenses, ne laissait pas de dégénérer dans l'esprit des courtisans : ils étaient las de l'estimer ; ils le saluaient froidement, ils ne lui souriaient plus, ils commençaient à ne le plus joindre, ils ne l'embrassaient plus, ils ne le tiraient plus à l'écart pour lui parler mystérieusement d'une chose indifférente, ils n'avaient plus rien à lui dire. Il lui fallait cette pension ou ce nouveau poste dont il vient d'être honoré pour faire revivre ses vertus à demi effacées de leur mémoire, et en rafraîchir l'idée : ils lui font comme dans les commencements, et encore mieux.

¶ Que d'amis, que de parents naissent en une nuit au nouveau ministre ! Les uns font valoir leurs anciennes liaisons, leur société d'études [4], les droits du voisinage ; les autres feuillettent leur généalogie, remontent jusqu'à un trisaïeul, rappellent le côté paternel et le maternel : l'on veut tenir à cet homme par quelque endroit, et l'on dit plusieurs fois le jour que l'on y tient ; on l'imprimerait volontiers : *C'est mon ami, et je suis fort aise de son élévation ; j'y dois prendre part, il m'est assez proche.* Hommes vains et dévoués à la fortune, fades courtisans, parliez-vous ainsi il y a huit jours ? Est-il devenu, depuis ce temps, plus homme de bien, plus digne du choix que le prince en vient de faire ? Attendiez-vous cette circonstance pour le mieux connaître ?

¶ Ce qui me soutient et me rassure contre les petits dédains que j'essuie quelquefois des grands et de mes égaux, c'est que je me dis à moi-même : Ces gens n'en veulent peut-être qu'à ma fortune, et ils ont raison ; elle est bien petite. Ils m'adoreraient sans doute, si j'étais ministre.

---

1. *A tout* avait dans l'ancienne langue la valeur de *avec*.

2. Sans pour cela craindre d'aller en avant, et avec son entregent (son habileté), tout cela engendre bonheur et fortune. *Heur*, comme *bonheur*, dont il est synonyme, vient de *augurium*. Le *bonheur*, l'*heur*, c'est l'augure favorable, c'est la bonne chance.

3. Ce passage, que la Bruyère prête à un vieil auteur inconnu, est sans doute un pastiche.

4. Leur camaraderie de collége.

Dois-je bientôt être en place? le sait-il? est-ce en lui un pressentiment? il me prévient, il me salue.

¶ Celui qui dit : *Je dînai hier à Tibur*, ou : *J'y soupe ce soir*, qui le répète, qui fait entrer dix fois le nom de *Plancus*[1] dans les moindres conversations, qui dit : *Plancus me demandait...*, *Je disais à Plancus...*, celui-là même apprend dans ce moment que son héros vient d'être enlevé par une mort extraordinaire. Il part de la main [2], il rassemble le peuple dans les places ou sous les portiques, accuse le mort, décrie sa conduite, dénigre son consulat, lui ôte jusqu'à la science des détails que la voix publique lui accorde, ne lui passe point une mémoire heureuse, lui refuse l'éloge d'un homme sévère et laborieux, ne lui fait pas l'honneur de lui croire, parmi les ennemis de l'empire, un ennemi.

¶ Un homme de mérite se donne, je crois, un joli [3] spectacle, lorsque la même place à une assemblée ou à un spectacle dont il est refusé, il la voit accorder à un homme qui n'a point d'yeux pour voir, ni d'oreilles pour entendre, ni d'esprit pour connaître et pour juger ; qui n'est recommandable que par de certaines livrées, que même il ne porte plus.

¶ *Théodote*, avec un habit austère, a un visage comique, et d'un homme qui entre sur la scène [4] : sa voix, sa démarche, son geste, son attitude, accompagnent son visage [5] ; il est fin, *cauteleux*, doucereux, mystérieux ; il s'approche de vous, et il vous dit à l'oreille : *Voilà un beau temps; voilà un grand dégel* [6]. S'il n'a pas les grandes manières, il a du moins

---

1. Ce passage parut peu de temps après la mort de Louvois (1691); et quelques lecteurs mirent le nom de Louvois à côté de celui de Plancus, traduisant Tibur par Meudon, l'habitation du ministre.

2. *Partir de la main* se dit, en style de manège, d'un cheval qui prend le galop.

3. *Joli* était l'un des mots à la mode. On s'en servait à toute occasion. La Bruyère n'en a point fait abus, ne l'ayant employé que deux ou trois fois.

4. Et le visage comique d'un homme qui entre sur la scène. Sorte d'ellipse très-familière à notre auteur.

5. Conviennent à son visage.

6. Molière a dit (*Misanthrope*, II, v) :

> « C'est de la tête aux pieds un homme tout mystère....
> De la moindre vétille il fait une merveille,
> Et jusques au bonjour il dit tout à l'oreille. »

toutes les petites, et celles même qui ne conviennent guère qu'à une jeune précieuse. Imaginez-vous l'application d'un enfant à élever un château de cartes ou à se saisir d'un papillon, c'est celle de Théodote pour une affaire de rien, et qui ne mérite pas qu'on s'en remue : il la traite sérieusement, et comme quelque chose qui est capital ; il agit, il s'empresse, il la fait réussir : le voilà qui respire et qui se repose, et il a raison ; elle lui a coûté beaucoup de peine. L'on voit des gens enivrés, ensorcelés de la faveur ; ils y pensent le jour, ils y rêvent la nuit ; ils montent l'escalier d'un ministre, et ils en descendent[1] ; ils sortent de son antichambre, et ils y rentrent ; ils n'ont rien à lui dire, et ils lui parlent ; ils lui parlent une seconde fois : les voilà contents, ils lui ont parlé. Pressez-les, tordez-les, ils dégouttent l'orgueil[2], l'arrogance, la présomption. Vous leur adressez la parole, ils ne vous répondent point, ils ne vous connaissent point, ils ont les yeux égarés et l'esprit aliéné : c'est à leurs parents à en prendre soin et à les renfermer, de peur que leur folie ne devienne fureur, et que le monde n'en souffre. Théodote a une plus douce manie : il aime la faveur éperdument ; mais sa passion a moins d'éclat ; il lui fait des vœux en secret, il la cultive, il la sert mystérieusement ; il est au guet et à la découverte sur tout ce qui paraît de nouveau avec les livrées de la faveur : ont-ils[3] une prétention, il s'offre à eux, il s'intrigue pour eux, il leur sacrifie sourdement mérite, alliance, amitié, engagement, reconnaissance. Si la place d'un Cassini[4] devenait vacante, et que le suisse ou le postillon du favori s'avisât de la demander, il appuierait sa demande, il le jugerait digne de cette place, il le trouverait capable d'observer et de calculer,

1. *Descendre* s'emploie mieux au neutre, relativement au point de départ, et mieux à l'actif, relativement à la pente qu'on parcourt, qu'on descend.

2. Cette signification active, peu usitée, est bien dans la tradition. Notre *Dictionnaire de la langue française* présente, au seizième et au dix-septième siècle, des exemples comme ceux-ci : « Vase qui *dégoutte* son eau. » (J. DU BELLAY). « *Dégoutter* force de lait. » (*Débat de la nourrice.*) « *Dégoutter* la poix. » (JUNIUS, *Nomenclator.*)

3. *Ils* s'applique, dans la pensée de l'auteur, à ceux qui portent les livrées de la faveur.

4. Cassini, célèbre astronome, était directeur de l'Observatoire.

de parler de parhélies et de parallaxes [1]. Si vous demandiez de Théodote s'il est auteur ou plagiaire, original ou copiste, je vous donnerais ses ouvrages, et je vous dirais : Lisez et jugez ; mais s'il est dévot [2] ou courtisan, qui pourrait le décider sur le portrait que j'en viens de faire ? Je prononcerais plus hardiment sur son étoile. Oui, Théodote, j'ai observé le point de votre naissance ; vous serez placé, et bientôt. Ne veillez plus, n'imprimez plus ; le public vous demande quartier.

¶ N'espérez plus de candeur, de franchise, d'équité, de bons offices, de services, de bienveillance, de générosité, de fermeté, dans un homme qui s'est depuis quelque temps livré à la cour, et qui secrètement veut sa fortune. Le reconnaissez-vous à son visage, à ses entretiens ? Il ne nomme plus chaque chose par son nom : il n'y a plus pour lui de fripons, de fourbes, de sots et d'impertinents ; celui dont il lui échapperait de dire ce qu'il en pense est celui-là même qui, venant à le savoir, l'empêcherait de *cheminer* [3]. Pensant mal de tout le monde, il n'en dit [4] de personne ; ne voulant du bien qu'à lui seul, il veut persuader qu'il en veut à tous, afin que tous lui en fassent, ou que nul du moins lui soit contraire [5]. Non content de n'être pas sincère, il ne

---

1. *Parhélie*, image du soleil réfléchie dans une nuée. — *Parallaxe*, angle formé dans le centre d'un astre par deux lignes qui se tirent, l'une du centre de la terre, l'autre du point de la surface terrestre où se fait l'observation.

2. *Dévot* est toujours pris dans le sens de faux dévot.

3. S'avancer, faire fortune. L'auteur souligne parce que cet emploi était alors nouveau, comme le constate cette phrase d'un contemporain : « Ulysse était un homme au poil ou à la plume, un homme qui sait *cheminer*, pour parler à la mode. » (Perrault, *Parallèle des anciens et des modernes*, IV° dialogue.) On a dit de même : « Medina Sidonia étoit un de ces hommes à qui il ne manque rien pour *cheminer* et arriver dans les cours. » (Saint-Simon, *Mém.*, éd. 1842, ch. LXXXII, p. 49.)

4. Mieux : Pensant *du mal*..., il *n'en* dit. Une locution verbale indéterminée ne saurait être représentée par un pronom ; c'est ici une négligence qui n'est pas commise à la ligne suivante : « ne voulant *du bien*..., il veut persuader qu'il *en* veut... »

5. *Nul*, de *nullus*, *ne ullus*, exprime à lui seul la négation. On a dit comme la Bruyère : « Pour la vertu *nul* se remue. » (J. A. DE BAÏF, *les Mimes*, l. II, f° 74, r°, éd. 1019.) « Le cheval estoit si effréné que

souffre pas que personne le soit; la vérité blesse son oreille. Il est froid et indifférent sur les observations que l'on fait sur la cour et sur le courtisan; et, parce qu'il les a entendues, il s'en croit complice et responsable. Tyran de la société et martyr de son ambition, il a une triste circonspection dans sa conduite et dans ses discours, une raillerie innocente, mais froide et contrainte, un ris forcé, des caresses contrefaites, une conversation interrompue et des distractions fréquentes. Il a une profusion, le dirai-je ? des torrents de louanges pour ce qu'a fait ou ce qu'a dit un homme placé et qui est en faveur, et pour tout autre une sécheresse de pulmonique ; il a des formules de compliments différents pour l'entrée et pour la sortie à l'égard de ceux qu'il visite ou dont il est visité; et il n'y a personne de ceux qui se payent de mines et de façons de parler qui ne sorte d'avec lui fort satisfait[1]. Il vise également à se faire des patrons et des créatures; il est médiateur, confident, entremetteur ; il veut gouverner. Il a une ferveur de novice pour toutes les petites pratiques de cour ; il sait où il faut se placer pour être vu; il sait vous embrasser, prendre part à votre joie, vous faire coup sur coup des questions empressées sur votre santé, sur vos affaires, et, pendant que vous lui répondez, il perd le fil de sa curiosité, vous interrompt, entame un autre sujet ; ou, s'il survient quelqu'un à qui il doive un discours tout différent, il sait, en achevant de vous congratuler, lui faire un compliment de condoléance; il pleure d'un œil, et il rit de l'autre. Se formant quelquefois sur les ministres ou sur le favori, il parle en public de choses frivoles, du vent, de la gelée ; il se tait, au contraire, et fait le mystérieux sur ce qu'il sait de plus important, et plus volontiers encore sur ce qu'il ne sait point.

¶ Il y a un pays[2] où les joies sont visibles, mais fausses, et les chagrins cachés, mais réels. Qui croirait que l'empres-

*nul* ausoyt monter dessus. » (RABELAIS, I, 14.) « *Nulle* qualité nous embrasse purement et universellement. » (MONTAIGNE, *Ess.*, I, 37.) — Cependant le génie de la langue veut que *nul* prenne toujours la négation quand il est employé comme adjectif déterminatif, ou placé avant son substantif (exprimé ou sous-entendu).

1. *Sortir d'avec quelqu'un* est une expression familière, mais correcte.
2. La cour.

sement pour les spectacles, que les éclats et les applaudissements aux théâtres de *Molière* et d'*Arlequin* [1], les repas, la chasse, les ballets, les carrousels, couvrissent tant d'inquiétudes, de soins et de divers intérêts, tant de craintes et d'espérances, des passions si vives et des affaires si sérieuses ?

¶ La vie de la cour est un jeu sérieux, mélancolique, qui applique. Il faut arranger ses pièces et ses batteries, avoir un dessein, le suivre, parer celui de son adversaire, hasarder quelquefois, et jouer de caprice ; et, après toutes ses rêveries et toutes ses mesures, on est échec, quelquefois mat. Souvent, avec des pions qu'on ménage bien, on va à dame, et l'on gagne la partie : le plus habile l'emporte, ou le plus heureux.

¶ Les roues, les ressorts, les mouvements sont cachés, rien ne paraît d'une montre que son aiguille, qui insensiblement s'avance et achève son tour : image du courtisan, d'autant plus parfaite, qu'après avoir fait assez de chemin, il revient souvent au même point d'où il est parti.

¶ Les deux tiers de ma vie sont écoulés ; pourquoi tant m'inquiéter sur ce qui m'en reste ? La plus brillante fortune ne mérite point [2] ni le tourment que je me donne, ni les petitesses où je me surprends, ni les humiliations, ni les hontes que j'essuie. Trente années détruiront ces colosses de puissance qu'on ne voyait bien qu'à force de lever la tête ; nous disparaîtrons, moi qui suis si peu de chose, et ceux que je contemplais si avidement et de qui j'espérais toute ma grandeur. Le meilleur de tous les biens, s'il y a des biens, c'est le repos, la retraite et un endroit qui soit son domaine. N*** a pensé cela dans sa disgrâce, et l'a oublié dans la prospérité.

¶ Un noble, s'il vit chez lui dans sa province, il [3] vit libre, mais sans appui ; s'il vit à la cour, il est protégé, mais il est esclave : cela se compense.

¶ *Xantippe* [4], au fond de sa province sous un vieux toit et

---

1. Théâtre d'Arlequin, la Comédie-Italienne.
2. Avec *ni* répété la négation *point* ou *pas* serait aujourd'hui réputée former pléonasme.
3. *Il* est explétif ; mais les meilleurs écrivains ont souvent placé devant le verbe un pronom surabondant pour donner de la force, du piquant ou de la clarté à leur phrase.
4. *Xantippe* est, dit-on, Bontemps, premier valet de chambre de Louis XIV.

dans un mauvais lit, a rêvé pendant la nuit qu'il voyait le prince, qu'il lui parlait et qu'il en ressentait une extrême joie. Il a été triste à son réveil ; il a conté son songe, et il a dit : Quelles chimères ne tombent point dans l'esprit des hommes pendant qu'ils dorment! Xantippe a continué de vivre : il est venu à la cour, il a vu le prince, il lui a parlé ; et il a été plus loin que son songe : il est favori.

¶ Qui est plus esclave qu'un courtisan assidu, si ce n'est un courtisan plus assidu ?

¶ L'esclave n'a qu'un maître ; l'ambitieux en a autant qu'il y a de gens utiles à sa fortune.

¶ Mille gens à peine connus font la foule au lever pour être vus du prince, qui n'en saurait voir mille à la fois ; et, s'il ne voit aujourd'hui que ceux qu'il vit hier et qu'il verra demain, combien de malheureux !

¶ De tous ceux qui s'empressent auprès des grands et qui leur font la cour, un petit nombre les honore dans le cœur, un grand nombre les recherche par des vues d'ambition et d'intérêt, un plus grand nombre par une ridicule vanité, ou par une sotte impatience de se faire voir.

¶ Il y a de certaines familles qui, par les lois du monde ou ce qu'on appelle de la bienséance, doivent être irréconciliables. Les voilà réunies ; et où la religion a échoué quand elle a voulu l'entreprendre, l'intérêt s'en joue et le fait sans peine.

¶ L'on parle d'une région[1] où les vieillards sont galants, polis et civils ; les jeunes gens, au contraire, durs, féroces[2], sans mœurs ni politesse. Celui-là, chez eux, est sobre et modéré, qui ne s'enivre que de vin : l'usage trop fréquent qu'ils en ont fait le leur a rendu insipide. Ils cherchent à réveiller leur goût déjà éteint par des eaux-de-vie et par toutes les liqueurs les plus violentes ; il ne manque à leur débauche que de boire de l'eau-forte. Les femmes du pays précipitent le déclin de leur beauté par des artifices qu'elles croient servir à les rendre belles : leur coutume est de peindre leurs lèvres, leurs joues, leurs sourcils et leurs épaules. Ceux qui habitent cette contrée ont une physionomie qui n'est pas nette, mais confuse, embarrassée dans une épaisseur de

---

1. La cour de Versailles.
2. D'une fierté arrogante.

cheveux étrangers qu'ils préfèrent aux naturels, et dont ils font un long tissu [1] pour couvrir leur tête : il descend à la moitié du corps, change les traits et empêche qu'on ne connaisse les hommes à leur visage. Ces peuples d'ailleurs ont leur dieu et leur roi. Les grands de la nation s'assemblent tous les jours, à une certaine heure, dans un temple qu'ils nomment église. Il y a au fond de ce temple un autel consacré à leur dieu, où un prêtre célèbre des mystères qu'ils appellent saints, sacrés et redoutables. Les grands forment un vaste cercle au pied de cet autel, et paraissent debout, le dos tourné directement au prêtre et aux saints mystères, et les faces [2] élevées vers leur roi, que l'on voit à genoux sur une tribune, et à qui ils semblent avoir tout l'esprit et tout le cœur appliqués. On ne laisse pas de voir dans cet usage une espèce de subordination ; car ce peuple paraît adorer le prince, et le prince adorer Dieu. Les gens du pays le nomment \*\*\*, il est à quelque quarante-huit degrés d'élévation du pôle, et à plus d'onze cents lieues de mer des Iroquois et des Hurons.

¶ Qui considérera que le visage du prince fait toute la félicité du courtisan, qu'il s'occupe et se remplit pendant toute sa vie de le voir et d'en être vu, comprendra un peu comment voir Dieu peut faire toute la gloire et tout le bonheur des saints.

¶ Les grands seigneurs sont pleins d'égards pour les princes ; c'est leur affaire, ils ont des inférieurs. Les petits courtisans se relâchent sur ces devoirs, font les familiers, et vivent comme gens qui n'ont d'exemples à donner à personne.

¶ Que manque-t-il de nos jours à la jeunesse ? Elle peut et elle sait ; ou du moins, quand elle saurait autant qu'elle peut, elle ne serait pas plus décisive.

¶ Faibles hommes ! Un grand dit de *Timagène*, votre ami, qu'il est un sot, et il se trompe. Je ne demande pas que vous répliquiez qu'il est homme d'esprit ; osez seulement penser qu'il n'est pas un sot.

De même il prononce d'*Iphicrate* qu'il manque de cœur ; vous lui avez vu faire une belle action : rassurez-vous, je vous

---

1. Une perruque.
2. *Le dos... les faces...* négligence à éviter. Le singulier généralise mieux l'observation, et en tout cas, le même nombre devait être employé pour les deux substantifs.

dispense de la raconter, pourvu qu'après ce que vous venez d'entendre, vous vous souveniez encore de la lui avoir vu faire.

¶ Qui sait parler aux rois [1], c'est peut-être où se termine toute la prudence et toute la souplesse du courtisan. Une parole échappe, et elle tombe de l'oreille du prince bien avant dans sa mémoire, et quelquefois jusque dans son cœur : il est impossible de la ravoir ; tous les soins que l'on prend et toute l'adresse dont on use pour l'expliquer ou pour l'affaiblir servent à la graver plus profondément et à l'enfoncer davantage. Si ce n'est que contre nous-mêmes que nous ayons parlé, outre que ce malheur n'est pas ordinaire, il y a encore un prompt remède, qui est de nous instruire par notre faute et de souffrir la peine de notre légèreté ; mais si c'est contre quelque autre, quel abattement ! quel repentir ! Y a-t-il une règle plus utile contre un si dangereux inconvénient que de parler des autres au souverain, de leurs personnes, de leurs ouvrages, de leurs actions, de leurs mœurs ou de leur conduite, du moins avec l'attention, les précautions et les mesures dont on parle de soi ?

¶ Diseurs de bons mots, mauvais caractère : je le dirais, s'il n'avait été dit [2]. Ceux qui nuisent à la réputation ou à la fortune des autres, plutôt que de perdre un bon mot, méritent une peine infamante. Cela n'a pas été dit, et je l'ose dire.

¶ Il y a un certain nombre de phrases toutes faites que l'on prend comme dans un magasin, et dont l'on se sert pour se féliciter les uns les autres sur les événements. Bien qu'elles se disent souvent sans affection, et qu'elles soient reçues sans

---

1. Il y a dans cette phrase une tournure elliptique qui se rencontre fréquemment. C'est ainsi, pour citer seulement deux exemples, que Corneille a dit dans la *Galerie du Palais* (IV, 1) :

« *Qui* pourrait toutefois en détourner Lysandre,
Ce serait le plus sûr..... »

et que Fontenelle a écrit dans la préface de son livre sur les *Oracles* : « Voilà ce qu'il faut aux gens doctes ; *qui* leur égayerait tout cela par des réflexions, par des traits ou de morale ou même de plaisanterie, ce serait un soin dont ils n'auraient pas grande reconnaissance. »

2. Pascal l'a dit dans ses *Pensées*.

reconnaissance, il n'est pas permis avec cela [1] de les omettre, parce que du moins elles sont l'image de ce qu'il y a au monde de meilleur, qui est l'amitié, et que les hommes, ne pouvant guère compter les uns sur les autres pour la réalité, semblent être convenus entre eux de se contenter des apparences.

¶ Avec cinq ou six termes de l'art, et rien de plus, l'on se donne pour connaisseur en musique, en tableaux, en bâtiments et en bonne chère : l'on croit avoir plus de plaisir qu'un autre à entendre, à voir et à manger; l'on impose à ses semblables et l'on se trompe soi-même.

¶ La cour n'est jamais dénuée d'un certain nombre de gens en qui l'usage du monde, la politesse ou la fortune tiennent lieu d'esprit et suppléent au mérite. Ils savent entrer et sortir; ils se tirent de la conversation en ne s'y mêlant point; ils plaisent à force de se taire, et se rendent importants par un silence longtemps soutenu, ou tout au plus par quelques monosyllabes [2]; ils payent de mines, d'une inflexion de voix, d'un geste et d'un sourire : ils n'ont pas, si je l'ose dire, deux pouces de profondeur; si vous les enfoncez, vous rencontrez le tuf.

¶ Il y a des gens à qui la faveur arrive comme un accident ; ils en sont les premiers surpris et consternés : ils se reconnaissent enfin et se trouvent dignes de leur étoile; et comme si la stupidité et la fortune étaient deux choses in-

---

1. Malgré cela. Au chapitre XI, la Bruyère emploie encore la préposition *avec* dans le même sens. Les exemples semblables sont fréquents dans les auteurs. « *Avec* cela je ne crains pas qu'il ait sujet de se plaindre. » (MALH., *Lett.*, à Peiresc, 17 juill. 1610.) « Celui qui doute et qui ne cherche pas est tout ensemble bien malheureux et bien injuste. Que s'il est *avec* cela tranquille et satisfait, je n'ai point de termes pour qualifier une si extravagante créature. » (PASCAL, *Pens.*) « Ce n'est pas qu'*avec* tout cela il ne faille mourir. » (MOL., *Mal. imag.*) « La prose est la langue naturelle de tous les hommes. *Avec* cela je confesse qu'elle me coûte autant que les vers. » (LA FONT., *Psyché*, préf.) « On arrive à la porte de la grotte de Calypso, où Télémaque fut surpris de voir, *avec* une apparence de simplicité rustique, tout ce qui peut charmer les yeux. » (FÉN., *Télém.*, I, 3.)

2. « A ceux qui nous régissent et commandent.... est le silence non seulement contenance de respect et gravité, mais encore souvent de proufit et mesnage.... A combien de sottes âmes, en mon temps, a servy une mine froide et taciturne, de titre de prudence et de capacité ! » (MONTAIGNE, *Essais*, III, 8.)

compatibles, ou qu'il fût impossible d'être heureux et sot tout à la fois, ils se croient de l'esprit; ils hasardent, que dis-je? ils ont la confiance de parler en toute rencontre et sur quelque matière qui puisse s'offrir, et sans nul discernement des personnes qui les écoutent. Ajouterai-je qu'ils épouvantent ou qu'ils donnent le dernier dégoût par leur fatuité et par leurs fadaises? Il est vrai du moins qu'ils déshonorent sans ressource ceux qui ont quelque part au hasard de leur élévation.

¶ Comment nommerai-je cette sorte de gens qui ne sont fins que pour les sots? Je sais du moins que les habiles les confondent avec ceux qu'ils savent tromper.

C'est avoir fait un grand pas dans la finesse que de faire penser de soi que l'on n'est que médiocrement fin [1].

La finesse n'est ni une trop bonne ni une trop mauvaise qualité; elle flotte entre le vice et la vertu: il n'y a point de rencontre où elle ne puisse, et peut-être où elle ne doive être suppléée par la prudence.

La finesse est l'occasion prochaine de la fourberie; de l'un à l'autre le pas est glissant; le mensonge seul en fait la différence: si on l'ajoute à la finesse, c'est fourberie.

Avec les gens qui, par finesse, écoutent tout et parlent peu, parlez encore moins; ou si vous parlez beaucoup, dites peu de chose.

¶ Vous dépendez, dans une affaire qui est juste et importante, du consentement de deux personnes. L'un vous dit: « *J'y donne les mains*, pourvu qu'un tel y condescende; » et ce tel y condescend, et ne désire plus que d'être assuré des intentions de l'autre. Cependant rien n'avance; les mois, les années s'écoulent inutilement. « Je m'y perds, dites-vous, et je n'y comprends rien; il ne s'agit que de faire qu'ils s'abouchent et qu'ils se parlent. » — Je vous dis, moi, que j'y vois clair et que j'y comprends tout: ils se sont parlé.

¶ Il me semble que qui sollicite pour les autres a la confiance d'un homme qui demande justice, et qu'en parlant ou en agissant pour soi-même on a l'embarras et la pudeur de celui qui demande grâce.

¶ Si l'on ne se précautionne à la cour contre les piéges que l'on y tend sans cesse pour faire tomber dans le ridicule, l'on

---

1. « C'est une grande habileté que de savoir cacher son habileté. » (La Rochefoucauld.)

est étonné, avec tout son esprit, de se trouver la dupe de plus sots que soi.

¶ Il y a quelques rencontres dans la vie où la vérité et la simplicité sont le meilleur manége du monde.

¶ Êtes-vous en faveur, tout manége est bon, vous ne faites point de fautes, tous les chemins vous mènent au terme; autrement, tout est faute, rien n'est utile, il n'y a point de sentier qui ne vous égare.

¶ Un homme qui a vécu dans l'intrigue un certain temps ne peut plus s'en passer; toute autre vie pour lui est languissante.

¶ Il faut avoir de l'esprit pour être homme de cabale; l'on peut cependant en avoir à un certain point[1] que l'on est au-dessus de l'intrigue et de la cabale, et que l'on ne saurait s'y assujettir; l'on va alors à une grande fortune ou à une haute réputation par d'autres chemins.

¶ Avec un esprit sublime, une doctrine universelle, une probité à toutes épreuves[2] et un mérite très-accompli, n'appréhendez pas, ô *Aristide*, de tomber à la cour ou de perdre la faveur des grands, pendant tout le temps qu'ils auront besoin de vous.

¶ Qu'un favori s'observe de fort près; car s'il me fait moins attendre dans son antichambre qu'à l'ordinaire, s'il a le visage plus ouvert, s'il fronce moins le sourcil, s'il m'écoute plus volontiers et s'il me reconduit un peu plus loin, je penserai qu'il commence à tomber, et je penserai vrai.

L'homme a bien peu de ressources dans soi-même, puisqu'il lui faut une disgrâce ou une mortification pour le rendre plus humain, plus traitable, moins féroce[3], plus honnête homme.

¶ L'on contemple dans les cours de certaines gens, et l'on voit bien, à leur discours et à toute leur conduite, qu'ils ne songent ni à leurs grands-pères ni à leurs petits-fils : le présent est pour eux; ils n'en jouissent pas, ils en abusent.

1. A ce point, à tel point que l'on soit au-dessus, etc.
2. *Tout* pris dans un sens absolu, c'est-à-dire signifiant quelconque, veut le singulier.
3. Ici, comme à la page 148, *féroce* signifie farouche, d'un orgueil arrogant. Notre *Dictionnaire de la langue française* montre que Massillon, après la Bruyère, a plusieurs fois employé *féroce* dans cette acception.

¶ *Straton*[1] est né sous deux étoiles : malheureux, heureux dans le même degré. Sa vie est un roman ; non, il lui manque le vraisemblable. Il n'a point eu d'aventures ; il a eu de beaux songes, il en a eu de mauvais. Que dis-je ? on ne rêve point comme il a vécu. Personne n'a tiré d'une destinée plus qu'il a fait ; l'extrême et le médiocre lui sont connus : il a brillé, il a souffert, il a mené une vie commune ; rien ne lui est échappé. Il s'est fait valoir par des vertus qu'il assurait fort sérieusement qui étaient en lui ; il a dit de soi : *J'ai de l'esprit, j'ai du courage* ; et tous on dit après lui : *Il a de l'esprit, il a du courage*. Il a exercé dans l'une et l'autre fortune le génie du courtisan, qui a dit de lui plus de bien peut-être et plus de mal qu'il n'y en avait. Le *joli*, l'*aimable*, le *rare*, le *merveilleux*, l'*héroïque*, ont été employés à son éloge ; et tout le contraire a servi depuis pour le ravaler : caractère équivoque, mêlé, enveloppé ; une énigme, une question presque indécise.

¶ La faveur met l'homme au-dessus de ses égaux ; et sa chute au-dessous.

¶ Celui qui, un beau jour, sait renoncer fermement ou à un grand nom, ou à une grande autorité, ou à une grande fortune, se délivre en un moment de bien des peines, de bien des veilles, et quelquefois de bien des crimes.

¶ Dans cent ans, le monde subsistera encore en son entier ; ce sera le même théâtre et les mêmes décorations ; ce ne seront plus les mêmes acteurs. Tout ce qui se réjouit sur une grâce reçue, ou ce qui s'attriste et se désespère sur un refus tous auront disparu de dessus la scène. Il s'avance déjà sur le théâtre d'autres hommes qui vont jouer dans une même pièce les mêmes rôles ; ils s'évanouiront à leur tour ; et ceux

---

1. Les clefs nomment ici d'un commun accord le duc de Lauzun. « Il a été, dit Saint-Simon (son beau-frère), un personnage si extraordinaire et si unique en tout genre que c'est avec beaucoup de raison que la Bruyère a dit de lui dans les *Caractères* qu'il n'était pas permis de rêver comme il a vécu. » D'abord favori du roi, avec de courtes intermittences, le duc de Lauzun fut le point d'épouser M<sup>lle</sup> de Montpensier, cousine germaine de Louis XIV. Disgracié, il passa dix ans dans la prison de Pignerol, puis il revint à Versailles, reçut de belles pensions de Mlle de Montpensier, se brouilla de nouveau avec elle et se fit exclure de la cour. Il commanda en Irlande le corps d'armée que Louis XIV y avait envoyé pour venir en aide à Jacques II dans ses tentatives contre le roi Guillaume, et fut battu au combat de la Boyne.

qui ne sont pas encore, un jour ne seront plus; de nouveaux acteurs ont pris leur place. Quel fond à faire sur un personnage de comédie !

¶ Qui a vu la cour a vu du monde ce qui est le plus beau, le plus précieux et le plus orné : qui méprise la cour, après l'avoir vue, méprise le monde.

¶ La ville dégoûte de la province; la cour détrompe de la ville, et guérit de la cour.

Un esprit sain puise à la cour le goût de la solitude et de la retraite [1].

## CHAPITRE IX

## DES GRANDS

La prévention du peuple en faveur des grands est si aveugle, et l'entêtement pour leur geste, leur visage, leur ton de voix et leurs manières si général que, s'ils s'avisaient d'être bons, cela irait à l'idolâtrie.

¶ Si vous êtes né vicieux, ô *Théagène* [2], je vous plains; si vous le devenez par faiblesse pour ceux qui ont intérêt que vous le soyez, qui ont juré entre eux de vous corrompre, et qui se vantent déjà de pouvoir y réussir, souffrez que je vous méprise. Mais si vous êtes sage, tempérant, modeste, civil, généreux, reconnaissant, laborieux, d'un rang d'ailleurs et d'une naissance à donner des exemples plutôt qu'à les pren-

1. « Voici la première phrase de ce chapitre : « Le reproche en un sens le plus honorable que l'on puisse faire à un homme, c'est de lui dire qu'il ne sait pas la cour. » En voici la dernière : « Un esprit sain puise à la cour le goût de la solitude et de la retraite. » Tous les paragraphes entre ces deux phrases amènent la dernière comme un résultat et sont des preuves de la première. » (SUARD.)

2. La plupart des clefs ont nommé le grand prieur de Vendôme, et les éditeurs modernes ont approuvé l'application qui lui était faite du caractère de Théagène. Mais Théagène est jeune, et sa vie n'est pas engagée sans retour dans les scandales qui ont rendu célèbre le grand prieur. C'est sans doute au duc de Bourbon, son ancien élève, que la Bruyère s'adresse dans le secret de son cabinet. Le jeune duc, qui alors avait vingt-trois ans, choisissait fort mal ses amis. (SERVOIS.)

dre d'autrui, et à faire les règles plutôt qu'à les recevoir, convenez avec cette sorte de gens de suivre par complaisance leurs déréglements, leurs vices et leur folie, quand ils auront, par la déférence qu'ils vous doivent, exercé toutes les vertus que vous chérissez; ironie forte, mais utile, très-propre à mettre vos mœurs en sûreté, à renverser tous leurs projets, et à les jeter dans le parti de continuer d'être ce qu'ils sont, et de vous laisser tel que vous êtes.

¶ L'avantage des grands sur les autres hommes est immense par un endroit. Je leur cède leur bonne chère, leurs riches ameublements, leurs chiens, leurs chevaux, leurs singes, leurs nains, leurs fous et leurs flatteurs; mais je leur envie le bonheur d'avoir à leur service des gens qui les égalent par le cœur et par l'esprit, et qui les passent quelquefois [1].

¶ Les grands se piquent d'ouvrir une allée dans une forêt, de soutenir des terres par de longues murailles, de dorer des plafonds, de faire venir dix pouces d'eau, de meubler une orangerie; mais de rendre un cœur content, de combler une âme de joie, de prévenir d'extrêmes besoins ou d'y remédier, leur curiosité ne s'étend point jusque-là.

¶ On demande si, en comparant ensemble les différentes conditions des hommes, leurs peines, leurs avantages, on n'y remarquerait pas un mélange ou une espèce de compensation de bien et de mal qui établirait entre elles l'égalité, ou qui ferait du moins que l'une ne serait guère plus désirable que l'autre. Celui qui est puissant, riche, et à qui il ne manque rien, peut former cette question; mais il faut que ce soit un homme pauvre qui la décide.

Il ne laisse pas d'y avoir comme un charme attaché à chacune des différentes conditions, et qui y demeure jusques à ce que la misère l'en ait ôté. Ainsi les grands se plaisent dans l'excès, et les petits aiment la modération : ceux-là ont le

---

1. Comme l'a remarqué Ménage, Cervantès a écrit, à peu de chose près, la même réflexion dans le xxxi⁰ chapitre de la II⁰ partie de *Don Quichotte*. Mais que de fois la Bruyère avait dû penser tout bas ce qu'il écrit ici! Attaché à la maison de Bourbon, témoin de la vie du fils et du petit-fils du grand Condé, ces deux bizarres personnages dont Saint-Simon a laissé des portraits si peu flatteurs, il a dû souffrir plus d'une fois des étrangetés et des emportements de leur caractère. Il s'en venge par cette réflexion, qui est d'une légitime fierté. (SERVOIS.)

goût de dominer et de commander, et ceux-ci sentent du plaisir et même de la vanité à les servir et à leur obéir : les grands sont entourés, salués, respectés ; les petits entourent, saluent, se prosternent ; et tous sont contents.

¶ Il coûte si peu aux grands à ne donner que des paroles, et leur condition les dispense si fort de tenir les belles promesses qu'ils vous ont faites, que c'est modestie à eux de ne promettre pas encore plus largement.

¶ « Il est vieux et usé, dit un grand : il s'est crevé à me suivre : qu'en faire ? » Un autre, plus jeune, enlève ses espérances, et obtient le poste qu'on ne refuse à ce malheureux que parce qu'il l'a trop mérité.

¶ Je ne sais, dites-vous avec un air froid et dédaigneux, *Philante* a du mérite, de l'esprit, de l'agrément, de l'exactitude sur son devoir, de la fidélité et de l'attachement pour son maître, et il en est médiocrement considéré : il ne plaît pas, il n'est pas goûté. — Expliquez-vous : est-ce Philante, ou le grand qu'il sert, que vous condamnez ?

¶ Il est souvent plus utile de quitter les grands que de s'en plaindre.

¶ Qui peut dire pourquoi quelques-uns ont le gros lot[1] ? ou quelques autres la faveur des grands ?

¶ Les grands sont si heureux qu'ils n'essuient pas même, dans toute leur vie, l'inconvénient de regretter la perte de leurs meilleurs serviteurs, ou des personnes illustres dans leur genre, et dont ils ont tiré le plus de plaisir et le plus d'utilité. La première chose que la flatterie sait faire, après la mort de ces hommes uniques, et qui ne se réparent point[2], est de leur supposer des endroits faibles, dont elle prétend que ceux qui leur succèdent sont très-exempts : elle assure que l'un, avec toute la capacité et toutes les lumières de l'autre, dont il prend la place, n'en a point les défauts ; et ce style sert aux princes à se consoler du grand et de l'excellent par le médiocre.

¶ Les grands dédaignent les gens d'esprit qui n'ont que de l'esprit ; les gens d'esprit méprisent les grands qui n'ont que de la grandeur. Les gens de bien plaignent les uns et les autres, qui ont ou de la grandeur ou de l'esprit, sans nulle vertu.

---

1. A la loterie.
2. Et dont la perte est irréparable.

¶ Quand je vois, d'une part, auprès des grands, à leur table, et quelquefois dans leur familiarité, de ces hommes alertes, empressés, intrigants, aventuriers, esprits dangereux et nuisibles, et que je considère, d'autre part, quelle peine ont les personnes de mérite à en approcher, je ne suis pas toujours disposé à croire que les méchants soient soufferts par intérêt, ou que les gens de bien soient regardés comme inutiles; je trouve plus mon compte à me confirmer dans cette pensée, que grandeur et discernement sont deux choses différentes, et l'amour pour la vertu et pour le vertueux une troisième chose.

¶ *Lucile* aime mieux user sa vie à se faire supporter de quelques grands, que d'être réduit à vivre familièrement avec ses égaux.

La règle de voir de plus grands que soi doit avoir ses restrictions. Il faut quelquefois d'étranges talents pour la réduire en pratique.

¶ Quelle est l'incurable maladie de *Théophile*[1]? Elle lui dure depuis plus de trente années; il ne guérit point: il a voulu, il veut et il voudra gouverner les grands; la mort seule lui ôtera avec la vie cette soif d'empire et d'ascendant sur les esprits. Est-ce en lui zèle du prochain? est-ce habitude? est-ce une excessive opinion de soi-même? Il n'y a point de palais où il ne s'insinue: ce n'est pas au milieu d'une chambre qu'il s'arrête; il passe à une embrasure, ou au cabinet: on attend qu'il ait parlé, et longtemps, et avec action, pour avoir audience, pour être vu. Il entre dans le secret des familles; il est de quelque chose dans tout ce qui leur arrive de triste ou d'avantageux; il prévient, il s'offre, il se fait de fête[2], il faut l'admettre. Ce n'est pas assez, pour

---

1. Portrait de M. de Roquette, évêque d'Autun. C'est en 1691 que la Bruyère écrivait ce caractère qui se termine par une allusion à la cour que l'évêque d'Autun fit à Jacques II, débarqué en France deux ans plus tôt. Mais il paraît que M. de Roquette a été calomnié; un titre de gloire incontestable lui reste, c'est de s'être occupé avec le zèle le plus intelligent de promouvoir l'enseignement primaire dans son diocèse. (Voir *État de l'instruction primaire dans l'ancien diocèse d'Autun pendant les dix-septième et dix-huitième siècles*, par M. de Charmasse. Autun, 1871.)

2. *Se faire de fête* signifie faire comme si on était d'une fête s'entremettre de quelque affaire sans y avoir été appelé.

remplir son temps ou son ambition, que le soin de dix mille âmes, dont il répond à Dieu comme de la sienne propre ; il y en a d'un plus haut rang et d'une plus grande distinction dont il ne doit aucun compte, et dont il se charge plus volontiers. Il écoute, il veille sur tout ce qui peut servir de pâture à son esprit d'intrigue, de médiation et de manége. A peine un grand est-il débarqué qu'il l'empoigne et s'en saisit ; on entend plus tôt dire à Théophile qu'il le gouverne, qu'on n'a pu soupçonner qu'il pensait à le gouverner [1].

¶ Une froideur ou une incivilité qui vient de ceux qui sont au-dessus de nous nous les fait haïr ; mais un salut ou un sourire nous les réconcilie.

¶ Il y a des hommes superbes que l'élévation de leurs rivaux humilie et apprivoise ; ils en viennent, par cette disgrâce, jusqu'à rendre le salut ; mais le temps, qui adoucit toutes choses, les remet enfin dans leur naturel.

¶ Le mépris que les grands ont pour le peuple les rend indifférents sur les flatteries ou sur les louanges qu'ils en reçoivent et tempère leur vanité. De même les princes, loués sans fin et sans relâche des grands ou des courtisans, en seraient plus vains, s'ils estimaient davantage ceux qui les louent.

¶ Les grands croient être seuls parfaits, n'admettent qu'à peine dans les autres hommes la droiture d'esprit, l'habileté, la délicatesse, et s'emparent de ces riches talents, comme de choses dues à leur naissance. C'est cependant en eux une erreur grossière de se nourrir de si fausses préventions : ce qu'il y a jamais eu de mieux pensé, de mieux dit, de mieux écrit, et peut-être d'une conduite plus délicate, ne nous est pas toujours venu de leur fonds. Ils ont de grands domaines et une longue suite d'ancêtres ; cela ne leur peut être contesté.

¶ Avez-vous de l'esprit, de la grandeur, de l'habileté, du goût, du discernement ? en croirai-je la prévention et la flatterie, qui publient hardiment votre mérite ? elles me sont suspectes, et je les récuse. Me laisserai-je éblouir par un air de capacité ou de hauteur qui vous met au-dessus de tout ce qui se fait, de ce qui se dit et de ce qui s'écrit, qui vous rend

---

1. On entend dire à Théophile : « Je le gouverne, » avant qu'on ait eu le temps de soupçonner qu'il pensait à le gouverner.

sec sur les louanges, et empêche qu'on ne puisse arracher de vous la moindre approbation ? Je conclus de là plus naturellement que vous avez de la faveur, du crédit et de grandes richesses. Quel moyen de vous définir, *Téléphon?* On n'approche de vous que comme du feu, et dans une certaine distance ; et il faudrait vous développer [1], vous manier, vous confronter avec vos pareils, pour porter de vous un jugement sain et raisonnable. Votre homme de confiance, qui est dans votre familiarité, dont vous prenez conseil, pour qui vous quittez *Socrate* et *Aristide*, avec qui vous riez, et qui rit plus haut que vous, *Dave* enfin, m'est très-connu : serait-ce assez pour vous bien connaître ?

¶ Il y en a de tels que, s'ils pouvaient connaître leurs subalternes et se connaître eux-mêmes, ils auraient honte de primer.

¶ S'il y a peu d'excellents orateurs, y a-t-il bien des gens qui puissent les entendre ? S'il n'y a pas assez de bons écrivains, où sont ceux qui savent lire ? De même on s'est toujours plaint du petit nombre de personnes capables de conseiller les rois, et de les aider dans l'administration de leurs affaires. Mais s'ils naissent enfin, ces hommes habiles et intelligents, s'ils agissent selon leurs vues et leurs lumières, sont-ils aimés, sont-ils estimés autant qu'ils le méritent? Sont-ils loués de ce qu'ils pensent et de ce qu'ils font pour la patrie ? Ils vivent, il suffit ; on les censure s'ils échouent, et on les envie s'ils réussissent. Blâmons le peuple où il serait ridicule de vouloir l'excuser. Son chagrin et sa jalousie, regardés des grands ou des puissants comme inévitables, les ont conduits insensiblement à le compter pour rien, et à négliger ses suffrages dans toutes leurs entreprises, à s'en faire même une règle de politique.

Les petits se haïssent les uns les autres lorsqu'ils se nuisent réciproquement. Les grands sont odieux aux petits par le mal qu'ils leur font, et par tout le bien qu'ils ne leur font pas. Ils leur sont responsables de leur obscurité, de leur pauvreté et de leur infortune ; ou du moins ils leur paraissent tels.

¶ C'est déjà trop d'avoir avec le peuple une même religion et un même Dieu : quel moyen encore de s'appeler *Pierre,*

---

1. Vous enlever votre enveloppe.

Jean, Jacques, comme le marchand ou le laboureur ? Évitons d'avoir rien de commun avec la multitude ; affectons au contraire toutes les distinctions qui nous en séparent. Qu'elle s'approprie les douze apôtres, leurs disciples, les premiers martyrs (telles gens, tels patrons); qu'elle voie avec plaisir revenir, toutes les années, ce jour particulier que chacun célèbre comme sa fête. Pour nous autres grands, ayons recours aux noms profanes : faisons-nous baptiser sous ceux d'*Annibal*, de *César* et de *Pompée*, c'étaient des grands hommes; sous celui de *Lucrèce*, c'était une illustre Romaine; sous ceux de *Renaud*, de *Roger*, d'*Olivier* et de *Tancrède*[1], c'étaient des paladins, et le roman n'a point de héros plus merveilleux ; sous ceux d'*Hector*, d'*Achille*, d'*Hercule*, tous demi-dieux ; sous ceux même de *Phébus* et de *Diane*. Et qui nous empêchera de nous faire nommer *Jupiter*, ou *Mercure*, ou *Vénus*, ou *Adonis* ?

¶ Pendant que les grands négligent de rien connaître, je ne dis pas seulement aux intérêts des princes et aux affaires publiques, mais à leurs propres affaires ; qu'ils ignorent l'économie[2] et la science d'un père de famille, et qu'ils se louent eux-mêmes de cette ignorance ; qu'ils se laissent appauvrir et maîtriser par des intendants ; qu'ils se contentent d'être gourmets ou *coteaux*[3], d'aller chez *Thaïs* ou chez *Phryné*, de parler de la meute et de la vieille meute[4], de dire combien il y a de postes de Paris à Besançon ou à Philisbourg, des citoyens s'instruisent du dedans et du dehors d'un royaume, étudient le gouvernement, deviennent fins et politiques, savent le fort et le faible de tout un État, songent à se mieux

---

1. Héros du *Roland amoureux* de Boiardo (1491), de celui de Berni (1541), du *Roland furieux* et du *Roland amoureux* de l'Arioste, et de la *Jérusalem délivrée* du Tasse.
2. C'est-à-dire l'art d'administrer une maison.
3. Un profès de l'ordre des Coteaux, ou un chevalier de l'ordre des Coteaux, ou simplement un coteau, signifie un gourmet friand. Ce nom, paraît-il, fut donné primitivement à trois gourmets célèbres, d'Olonne, de Bois-Dauphin, Saint-Évremond, qui s'étaient partagés sur l'estime en laquelle on devait tenir les vins de chacun des coteaux de la Champagne, et qui ne buvaient que de ces vins-là.
4. « On appelle chiens de *meute* les premiers chiens qu'on donne au laisser-courre ; *vieille meute*, les seconds chiens qu'on donne après les premiers. » (FURETIÈRE.)

placer, se placent, s'élèvent, deviennent puissants, soulagent le prince d'une partie des soins publics. Les grands, qui les dédaignaient, les révèrent, heureux s'ils deviennent leurs gendres !

¶ Si je compare ensemble les deux conditions des hommes les plus opposées, je veux dire les grands avec le peuple, ce dernier me paraît content du nécessaire, et les autres sont inquiets et pauvres avec le superflu. Un homme du peuple ne saurait faire aucun mal ; un grand ne veut faire aucun bien et est capable de grands maux. L'un ne se forme et ne s'exerce que dans les choses qui sont utiles ; l'autre y joint les pernicieuses. Là se montrent ingénument la grossièreté et la franchise ; ici se cache une séve maligne et corrompue sous l'écorce de la politesse. Le peuple n'a guère d'esprit, et les grands n'ont point d'âme : celui-là a un bon fond et n'a point de dehors ; ceux-ci n'ont que des dehors et qu'une simple superficie. Faut-il opter? Je ne balance pas, je veux être peuple.

¶ Quelque profonds que soient les grands de la cour, et quelque art qu'ils aient pour paraître ce qu'ils ne sont pas et pour ne point paraître ce qu'ils sont, ils ne peuvent cacher leur malignité, leur extrême pente à rire aux dépens d'autrui et à jeter un ridicule souvent où il n'y en peut avoir. Ces beaux talents se découvrent en eux du premier coup d'œil ; admirables sans doute pour envelopper une dupe et rendre sot celui qui l'est déjà, mais encore plus propres à leur ôter tout le plaisir qu'ils pourraient tirer d'un homme d'esprit, qui saurait se tourner et se plier en mille manières agréables et réjouissantes, si le dangereux caractère du courtisan ne l'engageait pas à une fort grande retenue. Il lui oppose un caractère sérieux, dans lequel il se retranche ; et il fait si bien que les railleurs, avec des intentions si mauvaises, manquent d'occasions de se jouer de lui.

¶ Les aises de la vie, l'abondance, le calme d'une grande prospérité, font que les princes ont de la joie de reste pour rire d'un nain, d'un singe, d'un imbécile et d'un mauvais conte : les gens moins heureux ne rient qu'à propos.

¶ Un grand aime la Champagne, abhorre la Brie [1] ; il s'enivre de meilleur vin que l'homme du peuple : seule diffé-

---

1. Le vin de Champagne, le vin de la Brie.

rence que la crapule laisse entre les conditions les plus disproportionnées, entre le seigneur et l'estafier.

¶ Il semble d'abord qu'il entre dans les plaisirs des princes un peu de celui d'incommoder les autres. Mais non, les princes ressemblent aux hommes, ils songent à eux-mêmes, suivent leur goût, leurs passions, leur commodité ; cela est naturel.

Il semble que la première règle des compagnies, des gens en place ou des puissants, est de donner à ceux qui dépendent d'eux pour le besoin de leurs affaires toutes les traverses qu'ils[1] en peuvent craindre.

¶ Si un grand a quelque degré de bonheur sur les autres hommes, je ne devine pas lequel, si ce n'est peut-être de se trouver souvent dans le pouvoir et dans l'occasion de faire plaisir ; et, si elle naît, cette conjoncture, il semble qu'il doive s'en servir : si c'est en faveur d'un homme de bien, il doit appréhender qu'elle ne lui échappe. Mais, comme c'est en une chose juste, il doit prévenir la sollicitation, et n'être vu que pour être remercié ; et, si elle est facile, il ne doit pas même la lui faire valoir. S'il la lui refuse, je les plains tous deux[2].

¶ Il y a des hommes nés inaccessibles ; et ce sont précisément ceux de qui les autres ont besoin, de qui ils dépendent. Ils ne sont jamais que sur un pied ; mobiles comme le mercure, ils pirouettent, ils gesticulent, ils crient, ils s'agitent : semblables à ces figures de carton qui servent de montre à une fête publique[3], ils jettent feu et flamme, tonnent et foudroient ; on n'en approche pas ; jusqu'à ce que, venant à s'éteindre, ils tombent, et par leur chute deviennent traitables, mais inutiles.

¶ Le suisse, le valet de chambre, l'homme de livrée, s'ils n'ont plus d'esprit que ne porte leur condition, ne jugent plus d'eux-mêmes par leur première bassesse, mais par l'élévation et la fortune des gens qu'ils servent, et mettent tous ceux qui entrent par leur porte et montent leur escalier, indifféremment, au-dessous d'eux et de leurs maîtres : tant

---

1. *Ils*, ceux qui dépendent d'eux.
2. L'un de n'avoir pas obtenu ce qu'il désire ; l'autre de n'avoir pas servi un homme de bien en une chose juste.
3. Il s'agit de pièces d'artifice.

il est vrai qu'on est destiné à souffrir des grands et de ce qui leur appartient !

¶ Un homme en place doit aimer son prince, sa femme, ses enfants, et après eux les gens d'esprit ; il les doit adopter, il doit s'en fournir et n'en jamais manquer. Il ne saurait payer, je ne dis pas de trop de pensions et de bienfaits, mais de trop de familiarité et de caresses, les secours et les services qu'il en tire, même sans le savoir. Quels petits bruits ne dissipent-ils pas ? quelles histoires ne réduisent-ils pas à la fable et à la fiction ? Ne savent-ils pas justifier les mauvais succès par les bonnes intentions ; prouver la bonté d'un dessein et la justesse des mesures par le bonheur des événements ; s'élever contre la malignité et l'envie pour accorder à de bonnes entreprises de meilleurs motifs ; donner des explications favorables à des apparences qui étaient mauvaises ; détourner les petits défauts, ne montrer que les vertus, et les mettre dans leur jour ; semer en mille occasions des faits et des détails qui soient avantageux, et tourner le ris et la moquerie contre ceux qui oseraient en douter ou avancer des faits contraires ? Je sais que les grands ont pour maxime de laisser parler, et de continuer d'agir ; mais je sais aussi qu'il leur arrive, en plusieurs rencontres, que laisser dire les empêche de faire.

¶ Sentir le mérite, et, quand il est une fois connu, le bien traiter, deux grandes démarches à faire tout de suite, et dont la plupart des grands sont fort incapables.

¶ Tu es grand, tu es puissant, ce n'est pas assez ; fais que je t'estime, afin que je sois triste d'être déchu de tes bonnes grâces, ou de n'avoir pu les acquérir.

¶ Vous dites d'un grand ou d'un homme en place qu'il est prévenant, officieux, qu'il aime à faire plaisir ; et vous le confirmez par un long détail de ce qu'il a fait en une affaire où il a su que vous preniez intérêt. Je vous entends ; on va pour vous au-devant de la sollicitation, vous avez du crédit, vous êtes connu du ministre, vous êtes bien avec les puissances : désiriez-vous que je susse autre chose ?

Quelqu'un vous dit : « *Je me plains d'un tel, il est fier depuis son élévation, il me dédaigne, il ne me connaît plus. — Je n'ai pas, pour moi,* lui répondez-vous, *sujet de m'en plaindre ; au contraire, je m'en loue fort, et il me semble même qu'il est assez civil.* » Je crois encore vous entendre : vous voulez qu'on sache qu'un homme en place a de l'attachement pour vous, et qu'il vous démêle dans l'antichambre entre mille honnêtes gens de qui il détourne ses yeux, de peur de tomber dans l'inconvénient de leur rendre le salut ou de leur sourire.

Se louer de quelqu'un, se louer d'un grand, phrase délicate dans son origine, et qui signifie sans doute se louer soi-même, en disant d'un grand tout le bien qu'il nous a fait, ou qu'il n'a pas songé à nous faire.

On loue les grands pour marquer qu'on les voit de près, rarement par estime ou par gratitude. On ne connaît pas souvent ceux que l'on loue : la vanité ou la légèreté l'emporte quelquefois sur le ressentiment ; on est mal content[1] d'eux, et on les loue.

¶ S'il est périlleux de tremper dans une affaire suspecte, il l'est encore davantage de s'y trouver complice d'un grand : il s'en tire, et vous laisse payer doublement, pour lui et pour vous[2].

¶ Le prince n'a point assez de toute sa fortune pour payer une basse complaisance, si l'on en juge par tout ce que celui qu'il veut récompenser y a mis du sien ; et il n'a pas trop de toute sa puissance pour le punir, s'il mesure sa vengeance au tort qu'il en a reçu[3].

¶ La noblesse expose sa vie pour le salut de l'État et pour

---

1. Au dix-septième siècle, on plaçait beaucoup plus souvent l'adverbe *mal* devant un adjectif que nous ne le faisons aujourd'hui : « *mal* propre à décider, » dans le *Misanthrope* (I, II); « lieu si *mal* propre à notre confidence, » dans *Cinna* (II, II) ; « le ciel à nos vœux *mal* propice, » dans *Horace* (V, III.) On préférait *mal content* à *mécontent* : *mal content* est « plus noble et plus de la cour, » disaient les puristes ; pour eux, un *mécontent* était un factieux, un rebelle.

2. Le nom de Gaston d'Orléans, frère de Louis XIII, vient tout naturellement se placer à côté de cette réflexion. Son histoire en démontre la parfaite justesse. Mais la Bruyère pensait-il à Gaston en l'écrivant ? C'est une vérité de tous les jours qu'il exprimait.

3. La Bruyère dit des complaisants ce que Racine a dit des flatteurs, dans *Phèdre* (I, I) :

« Détestables flatteurs, présent le plus funeste
Que puisse faire aux rois la colère céleste ! »

On sait la phrase de Tacite : « *Pessimum inimicorum genus laudantes.* »

la gloire du souverain ; le magistrat décharge le prince d'une partie du soin de juger les peuples : voilà de part et d'autre des fonctions bien sublimes et d'une merveilleuse utilité ; les hommes ne sont guère capables de plus grandes choses, et je ne sais d'où la robe et l'épée ont puisé de quoi se mépriser réciproquement.

¶ S'il est vrai qu'un grand donne plus à la fortune lorsqu'il hasarde une vie destinée à couler dans les ris, le plaisir et l'abondance, qu'un particulier qui ne risque que des jours qui sont misérables, il faut avouer aussi qu'il a un tout autre dédommagement, qui est la gloire et la haute réputation. Le soldat ne sent pas qu'il soit connu ; il meurt obscur et dans la foule : il vivait de même à la vérité, mais il vivait ; et c'est l'une des sources du défaut de courage dans les conditions basses et serviles. Ceux, au contraire, que la naissance démêle d'avec le peuple, et expose aux yeux des hommes, à leur censure et à leurs éloges, sont même capables de sortir par effort de leur tempérament, s'il ne les portait pas à la vertu [1] ; et cette disposition de cœur et d'esprit, qui passe des aïeuls par les pères dans leurs descendants, est cette bravoure si familière aux personnes nobles, et peut-être la noblesse même.

Jetez-moi dans les troupes comme un simple soldat, je suis Thersite ; mettez-moi à la tête d'une armée dont j'aie à répondre à toute l'Europe, je suis ACHILLE.

¶ Les princes, sans autre science ni autre règle, ont un goût de comparaison : ils sont nés et élevés au milieu et comme dans le centre des meilleures choses, à quoi ils rapportent ce qu'ils lisent, ce qu'ils voient et ce qu'ils entendent. Tout ce qui s'éloigne trop de LULLI, de RACINE et de LE BRUN [2], est condamné.

¶ Ne parler aux jeunes princes que du soin de leur rang est un excès de précaution, lorsque toute une cour met son devoir et une partie de sa politesse à les respecter, et qu'ils sont bien moins sujets à ignorer aucun des égards dus à leur naissance qu'à confondre les personnes et les traiter indifféremment et sans distinction des conditions et des titres. Ils

---

1. *Virtus*, courage.
2. Lulli, voyez page 45, note 5. — Charles le Brun (1619-1690), célèbre peintre de l'école française.

ont une fierté naturelle, qu'ils retrouvent dans les occasions ; il ne leur faut des leçons que pour la régler, que pour leur inspirer la bonté, l'honnêteté et l'esprit de discernement.

¶ C'est une pure hypocrisie à un homme d'une certaine élévation, de ne pas prendre d'abord le rang qui lui est dû, et que tout le monde lui cède. Il ne lui coûte rien d'être modeste, de se mêler dans la multitude qui va s'ouvrir pour lui, de prendre dans une assemblée une dernière place, afin que tous l'y voient et s'empressent de l'en ôter. La modestie est d'une pratique plus amère aux hommes d'une condition ordinaire : s'ils se jettent dans la foule, on les écrase ; s'ils choisissent un poste incommode, il leur demeure.

¶ *Aristarque* se transporte dans la place avec un héraut et un trompette ; celui-ci commence : toute la multitude accourt et se rassemble. « Écoutez, peuple, dit le héraut, soyez attentifs ; silence, silence ! *Aristarque, que vous voyez présent, doit faire demain une bonne action* [1]. » Je dirai plus simplement et sans figure : Quelqu'un fait bien ; veut-il faire mieux ? que je ne sache pas qu'il fait bien, ou que je ne le soupçonne pas du moins de me l'avoir appris.

¶ Les meilleures actions s'altèrent et s'affaiblissent par la manière dont on les fait, et laissent même douter des intentions. Celui qui protège ou qui loue la vertu pour la vertu, qui corrige ou qui blâme le vice à cause du vice, agit simplement, naturellement, sans aucun tour, sans nulle singularité, sans faste, sans affectation ; il n'use point de réponses graves et sentencieuses, encore moins de traits piquants et satiriques [2] ; ce n'est jamais une scène qu'il joue pour le public,

---

1. Allusion, si l'on en croit les clefs, à un trait de la vie du premier président Achille de Harlay : ayant reçu un legs de 25,000 francs, il les aurait brusquement donnés aux pauvres pendant son séjour à la cour. — « Il avait, suivant l'expression de Saint-Simon, un orgueil raffiné, mais extrême, et qui, malgré lui, sautait aux yeux. » Aussi, lui faisant l'application de l'alinéa précédent, les commentateurs ont-ils voulu voir en lui l'homme qui prend la dernière place pour qu'on l'en ôte.

2. Cette phrase, ajoutée après coup, a encore paru contenir une allusion au même président de Harlay. « Les sentences et les maximes, dit Saint-Simon, étaient son langage ordinaire, même dans les propos communs.... On ferait un volume de ces traits, tous d'autant plus piquants qu'il avait infiniment d'esprit. »

c'est un bon exemple qu'il donne, et un devoir dont il s'acquitte ; il ne fournit rien aux visites des femmes, ni au cabinet [1], ni aux nouvellistes ; il ne donne point à un homme agréable la matière d'un joli conte. Le bien qu'il vient de faire est un peu moins su, à la vérité ; mais il a fait ce bien : que voudrait-il davantage ?

¶ Les grands ne doivent point aimer les premiers temps ; ils ne leur sont point favorables : il est triste pour eux d'y voir que nous sortions tous du frère et de la sœur. Les hommes composent ensemble une même famille ; il n'y a que le plus ou le moins dans le degré de parenté.

¶ *Théognis* est recherché dans son ajustement, et il sort paré comme une femme : il n'est pas hors de sa maison, qu'il a déjà ajusté ses yeux et son visage [2], afin que ce soit une chose faite quand il sera dans le public, qu'il y paraisse tout concerté, que ceux qui passent le trouvent déjà gracieux et leur souriant, et que nul ne lui échappe. Marche-t-il dans les salles, il se tourne à droit [3], où il y a un grand monde [4], et à gauche, où il n'y a personne ; il salue ceux qui y sont et ceux qui n'y sont pas. Il embrasse un homme qu'il trouve sous sa main ; il lui presse la tête contre sa poitrine : il demande ensuite qui est celui qu'il a embrassé. Quelqu'un a besoin de lui dans une affaire qui est facile ; il va le trouver, lui fait sa prière : Théognis l'écoute favorablement ; il est ravi de lui être bon à quelque chose ; il le conjure de faire naître des occasions de lui rendre service ; et, comme celui-ci insiste sur son affaire, il lui dit qu'il ne la fera point ; il le prie de se mettre en sa place, il l'en fait

---

1. Au dix-septième siècle *cabinet* désignait un lieu de réunion pour la conversation. M. de Thou, fils du célèbre historien, Ménage, le marquis et l'abbé de Dangeau, l'abbé de Choisy et quantité d'autres tenaient *cabinet*. On connaît la phrase de Fléchier, dans l'*Oraison funèbre de M$^{me}$ de Montausier :* « Souvenez-vous de ces *cabinets* que l'on regarde encore avec tant de vénération, où l'esprit se purifiait, où la vertu était révérée sous le nom de l'incomparable Arténice, où se rendaient tant de personnes de qualité et de mérite qui composaient une cour choisie, nombreuse sans confusion, modeste sans contrainte, savante sans orgueil, polie sans affectation. »

2. Qu'il s'est déjà fait une contenance étudiée.

3. Voyez page 98, note 1.

4. Où il y a beaucoup de monde.

juge. Le client sort, reconduit, caressé, confus, presque content d'être refusé.

¶ C'est avoir une très-mauvaise opinion des hommes, et néanmoins les bien connaître, que de croire, dans un grand poste, leur imposer par des caresses étudiées, par de longs et stériles embrassements.

¶ *Pamphile* ne s'entretient pas avec les gens qu'il rencontre dans les salles ou dans les cours; si l'on en croit sa gravité et l'élévation de sa voix, il les reçoit, leur donne audience, les congédie. Il a des termes tout à la fois civils et hautains, une honnêteté impérieuse et qu'il emploie sans discernement; il a une fausse grandeur qui l'abaisse, et qui embarrasse fort ceux qui sont ses amis, et qui ne veulent pas le mépriser.

Un Pamphile [1] est plein de lui-même, ne se perd pas de vue, ne sort point de l'idée de sa grandeur, de ses alliances, de sa charge, de sa dignité; il ramasse, pour ainsi dire, toutes ses pièces [2], s'en enveloppe pour se faire valoir : il dit : *Mon ordre, mon cordon bleu*; il l'étale ou il le cache par ostentation; un Pamphile, en un mot, veut être grand : il croit l'être, il ne l'est pas, il est d'après un grand [3]. Si quelquefois il sourit à un homme du dernier ordre, à un homme d'esprit, il choisit son temps si juste qu'il n'est jamais pris sur le fait : aussi la rougeur lui monterait-elle au visage, s'il était malheureusement surpris dans la moindre familiarité avec quelqu'un qui n'est ni opulent, ni puissant, ni ami d'un ministre, ni son allié, ni son domestique [4]. Il est sévère et inexorable à qui n'a point encore fait sa fortune. Il vous aperçoit un jour dans une galerie, et il vous fuit; et le lendemain s'il vous trouve en un endroit moins public, ou, s'il est public, en la compagnie d'un grand, il prend courage, il vient à vous, et il vous dit : *Vous ne faisiez pas hier semblant de nous voir*. Tantôt il vous quitte brusquement pour joindre un sei-

---

1. Pamphile est le marquis de Dangeau, cet excellent homme « chamarré de ridicules, comme dit Saint-Simon, à qui la tête avait tourné d'être seigneur. » Il était membre de l'Académie française.
2. Toutes les pièces de son écusson.
3. « Ses charges et son argent, écrit Saint-Simon au sujet de Dangeau, en avaient fait non pas un seigneur, mais, comme l'a si plaisamment dit la Bruyère, un homme d'après un seigneur. »
4. Ni attaché à sa maison, *domesticus*.

gneur ou un premier commis [1], et tantôt, s'il les trouve avec vous en conversation, il vous coupe [2] et vous les enlève. Vous l'abordez une autre fois, et il ne s'arrête pas, il se fait suivre, vous parle si haut que c'est une scène pour ceux qui passent. Aussi les Pamphiles sont-ils toujours comme sur un théâtre ; gens nourris dans le faux, et qui ne haïssent rien tant que d'être naturels ; vrais personnages de comédie, des *Floridors*, des *Mondoris* [3].

¶ On ne tarit point sur les Pamphiles : ils sont bas et timides devant les princes et les ministres, pleins de hauteur et de confiance avec ceux qui n'ont que de la vertu ; muets et embarrassés avec les savants ; vifs, hardis et décisifs avec ceux qui ne savent rien. Ils parlent de guerre à un homme de robe, et de politique à un financier ; ils savent l'histoire avec les femmes ; ils sont poètes avec un docteur et géomètres avec un poète. De maximes, ils ne s'en chargent pas ; de principes, encore moins : ils vivent à l'aventure, poussés et entraînés par le vent de la faveur et par l'attrait des richesses. Ils n'ont point d'opinion qui soit à eux, qui leur soit propre ; ils en empruntent à mesure qu'ils en ont besoin ; et celui à qui ils ont recours n'est guère un homme sage, ou habile, ou vertueux ; c'est un homme à la mode.

¶ Nous avons pour les grands et pour les gens en place une jalousie stérile ou une haine impuissante, qui ne nous venge point de leur splendeur et de leur élévation, et qui ne fait qu'ajouter à notre propre misère le poids insupportable du bonheur d'autrui. Que faire contre une maladie de l'âme si invétérée et si contagieuse ? Contentons-nous de peu, et de moins encore, s'il est possible ; sachons perdre dans l'occasion : la recette est infaillible, et je consens à l'éprouver. J'évite par là d'apprivoiser un suisse ou de fléchir un commis, d'être repoussé à une porte par la foule innombrable de clients ou de courtisans dont la maison d'un ministre se dégorge plusieurs fois le jour [4] ; de languir dans

1. Le premier commis d'un ministre était un personnage important.
2. *Couper une personne*, c'est passer devant elle et la séparer d'une autre.
3. Floridor et Mondori, acteurs célèbres de l'ancien Théâtre-Français. Mondori est mort en 1651, Floridor en 1672.
4. Virgile, *Géorgiques*, II, 462 :

« Mane salutantum totis vomit ædibus undam. »

sa salle d'audience; de lui demander, en tremblant et en balbutiant, une chose juste; d'essuyer sa gravité, son ris amer et son *laconisme*. Alors je ne le hais plus, je ne lui porte plus d'envie; il ne me fait aucune prière, je ne lui en fais pas; nous sommes égaux, si ce n'est peut-être qu'il n'est pas tranquille, et que je le suis [1].

¶ Si les grands ont les occasions de nous faire du bien, ils en ont rarement la volonté; et s'ils désirent de nous faire du mal, ils n'en trouvent pas toujours les occasions. Ainsi l'on peut être trompé dans l'espèce de culte qu'on leur rend, s'il n'est fondé que sur l'espérance ou sur la crainte; et une longue vie se termine quelquefois sans qu'il arrive de dépendre d'eux pour le moindre intérêt, ou qu'on leur doive sa bonne ou sa mauvaise fortune. Nous devons les honorer, parce qu'ils sont grands et que nous sommes petits, et qu'il y en a d'autres plus petits que nous qui nous honorent.

¶ A la cour, à la ville, mêmes passions, mêmes faiblesses, mêmes petitesses, mêmes travers d'esprit, mêmes brouilleries dans les familles et entre les proches, mêmes envies, mêmes antipathies. Partout des brus et des belles-mères, des maris et des femmes, des divorces, des ruptures, et de mauvais raccommodements; partout des humeurs, des colères, des partialités, des rapports, et ce qu'on appelle de mauvais discours. Avec de bons yeux on voit sans peine la petite ville, la rue Saint-Denis, comme transportées à V*** ou à F*** [2]. Ici l'on croit se haïr avec plus de fierté et de hauteur, et peut-être avec plus de dignité : on se nuit réciproquement avec plus d'habileté et de finesse; les colères sont plus éloquentes, et l'on se dit des injures plus poliment et en meilleurs termes; l'on n'y blesse point la pureté de la langue; l'on n'y offense que les hommes ou que leur réputation : tous les dehors du vice y sont spécieux [3], mais le fond, encore une fois, y est le même que dans les conditions les plus ravalées; tout le bas, tout le faible et tout l'indigne s'y trouvent. Ces hommes si grands ou par leur

---

1. La Bruyère, dit-on, s'est souvenu de Louvois en écrivant cet a'inéa.
2. A Versailles ou à Fontainebleau.
3. Y sont beaux. Voir la note 2 de la page 125.

naissance, ou par leur faveur, ou par leurs dignités, ces têtes si fortes et si habiles, ces femmes si polies et si spirituelles, tous méprisent le peuple, et ils sont peuple.

Qui dit le peuple dit plus d'une chose : c'est une vaste pression, et l'on s'étonnerait de voir ce qu'elle embrasse, et jusques où elle s'étend. Il y a le peuple qui est opposé aux grands ; c'est la populace et la multitude : il y a le peuple qui est opposé aux sages, aux habiles et aux vertueux ; ce sont les grands comme les petits.

¶ Les grands se gouvernent par sentiment : âmes oisives, sur lesquelles tout fait d'abord une vive impression. Une chose arrive ; ils en parlent trop ; bientôt ils en parlent peu ; ensuite ils n'en parlent plus, et ils n'en parleront plus. Action, conduite, ouvrage, événement, tout est oublié ; ne leur demandez ni correction, ni prévoyance, ni réflexion, ni reconnaissance, ni récompense.

¶ L'on se porte aux extrémités opposées à l'égard de certains personnages. La satire, après leur mort, court parmi le peuple, pendant que les voûtes des temples retentissent de leurs éloges. Ils ne méritent quelquefois ni libelles ni discours funèbres ; quelquefois aussi ils sont dignes de tous les deux.

¶ L'on doit se taire sur les puissants : il y a presque toujours de la flatterie à en dire du bien ; il y a du péril à en dire du mal pendant qu'ils vivent, et de la lâcheté quand ils sont morts.

---

## CHAPITRE X

### DU SOUVERAIN OU DE LA RÉPUBLIQUE [1]

Quand l'on parcourt, sans la prévention de son pays, toutes les formes de gouvernement, l'on ne sait à laquelle se tenir ; il y a dans toutes le moins bon et le moins mauvais. Ce qu'il y a de plus raisonnable et de plus sûr, c'est d'estimer

---

1. La *république*, c'est l'État, *respublica*.

celle où l'on est né la meilleure de toutes, et de s'y soumettre.

Il ne faut ni art ni science pour exercer la tyrannie ; et la politique qui ne consiste qu'à répandre le sang est fort bornée et de nul raffinement ; elle inspire de tuer ceux dont la vie est un obstacle à notre ambition : un homme né cruel fait cela sans peine. C'est la manière la plus horrible et la plus grossière de se maintenir ou de s'agrandir.

¶ C'est une politique sûre et ancienne dans les républiques que d'y laisser le peuple s'endormir dans les fêtes, dans les spectacles, dans le luxe, dans le faste, dans les plaisirs, dans la vanité et la mollesse ; le laisser se remplir du vide et savourer la bagatelle [1] : quelles grandes démarches ne fait-on pas au despotique [2] par cette indulgence !

¶ Il n'y a point de patrie dans le despotique ; d'autres choses y suppléent : l'intérêt, la gloire, le service du prince.

¶ Quand on veut changer et innover dans une république, c'est moins les choses que le temps que l'on considère. Il y a des conjonctures où l'on sent bien qu'on ne saurait trop attenter contre le peuple ; et il y en a d'autres où il est clair qu'on ne peut trop le ménager. Vous pouvez aujourd'hui ôter à cette ville ses franchises, ses droits, ses priviléges ; mais demain ne songez pas même à réformer ses enseignes [3].

¶ Quand le peuple est en mouvement, on ne comprend pas par où le calme peut y rentrer ; et quand il est paisible, on ne voit pas par où le calme peut en sortir.

¶ Il y a de certains maux dans la république qui y sont soufferts, parce qu'ils préviennent ou empêchent de plus grands maux. Il y a d'autres maux qui sont tels seulement

---

1. La *bagatelle*, les frivolités agréables. « L'enchantement de la *bagatelle*, dit Bourdaloue, dissipe tellement nos pensées que nous oublions le seul bien digne de notre souvenir. »
2. Quels grands pas, quels progrès ne fait-on point vers le gouvernement despotique !...
3. Autrefois les enseignes des marchands, au lieu d'être appliquées contre les murs, étaient suspendues au-dessus de la tête des passants ; elles étaient si nombreuses et de dimension si grande que les rues en étaient parfois obscurcies.

par leur établissement [1], et qui, étant dans leur origine un abus ou un mauvais usage, sont moins pernicieux dans leurs suites et dans la pratique qu'une loi plus juste ou une coutume plus raisonnable. L'on voit une espèce de maux que l'on peut corriger par le changement ou la nouveauté, qui est un mal, et fort dangereux. Il y en a d'autres cachés et enfoncés comme des ordures dans un cloaque, je veux dire ensevelis sous la honte, sous le secret et dans l'obscurité : on ne peut les fouiller et les remuer qu'ils n'exhalent le poison et l'infamie : les plus sages doutent quelquefois s'il est mieux de connaître ces maux que de les ignorer. L'on tolère quelquefois dans un État un assez grand mal, mais qui détourne un million de petits maux ou d'inconvénients, qui tous seraient inévitables et irrémédiables. Il se trouve des maux dont chaque particulier gémit, et qui deviennent néanmoins un bien public [2], quoique le public ne soit autre chose que tous les particuliers. Il y a des maux personnels qui concourent au bien et à l'avantage de chaque famille. Il y en a qui affligent, ruinent ou déshonorent les familles, mais qui tendent au bien et à la conservation de la machine de l'État et du gouvernement. D'autres maux renversent des États, et sur leurs ruines en élèvent de nouveaux. On en a vu enfin qui ont sapé par les fondements de grands empires, et qui les ont fait évanouir de dessus la terre, pour varier et renouveler la face de l'univers.

¶ Qu'importe à l'État qu'*Ergaste* soit riche, qu'il ait des chiens qui arrêtent bien, qu'il crée les modes sur les équipages et sur les habits, qu'il abonde en superfluités ? Où il s'agit de l'intérêt et des commodités de tout le public, le particulier est-il compté [3] ? La consolation des peuples dans les choses qui lui pèsent un peu est de savoir qu'ils soulagent le prince, ou qu'ils n'enrichissent que lui : ils ne se croient point redevables à Ergaste de l'embellissement de sa fortune [4].

¶ La guerre a pour elle l'antiquité ; elle a été dans tous les siècles : on l'a toujours vue remplir le monde de veuves et d'orphelins, épuiser les familles d'héritiers, et faire périr les

---

1. Par la manière dont ils ont été établis.
2. Les impôts.
3. Doit-on faire entrer en compte ce qui ne concerne qu'Ergaste ?
4. Ils ne se croient pas obligés d'embellir la fortune d'Ergaste.

frères à une même bataille. Jeune Soyecour [1], je regrette ta vertu, ta pudeur, ton esprit déjà mûr, pénétrant, élevé, sociable ; je plains cette mort prématurée qui te joint à ton intrépide frère, et t'enlève à une cour où tu n'as fait que te montrer : malheur déplorable, mais ordinaire ! De tout temps les hommes, pour quelque morceau de terre de plus ou de moins, sont convenus entre eux de se dépouiller, se brûler, se tuer, s'égorger les uns les autres ; et, pour le faire plus ingénieusement et avec plus de sûreté, ils ont inventé de belles règles qu'on appelle l'art militaire ; ils ont attaché à la pratique de ces règles la gloire ou la plus solide réputation ; et ils ont depuis enchéri de siècle en siècle sur la manière de se détruire réciproquement. De l'injustice des premiers hommes, comme de son unique source, est venue la guerre, ainsi que la nécessité où ils se sont trouvés de se donner des maîtres qui fixassent leurs droits et leurs prétentions. Si, content du sien, on eût pu s'abstenir du bien de ses voisins, on avait pour toujours la paix et la liberté.

¶ Le peuple, paisible dans ses foyers, au milieu des siens et dans le sein d'une grande ville où il n'a rien à craindre ni pour ses biens ni pour sa vie, respire le feu et le sang, s'occupe de guerres, de ruines, d'embrasements et de massacres, souffre impatiemment que des armées qui tiennent la campagne ne viennent point à se rencontrer, ou si elles sont une fois en présence, qu'elles ne combattent point, ou si elles se mêlent, que le combat ne soit pas sanglant et qu'il y ait moins de dix mille hommes sur la place. Il va même souvent jusques à oublier ses intérêts les plus chers, le repos et la sûreté, par l'amour qu'il a pour le changement, et par le goût de la nouveauté ou des choses extraordinaires. Quelques-uns consentiraient à voir une autre fois les ennemis aux portes de Dijon ou de Corbie [2], à voir tendre des

1. Adolphe de Belleforière, chevalier de Soyecourt, capitaine-lieutenant des gendarmes-Dauphin, blessé à la bataille de Fleurus, le 1ᵉʳ juillet 1690, mort le 3 juillet. Son frère aîné, Jean-Maximilien de Belleforière, marquis de Soyecourt, colonel du régiment de Vermandois, avait été tué sur le champ de bataille. La double perte que fit à la bataille de Fleurus Mᵐᵉ de Soyecourt avait vivement ému la cour. — Le nom de Soyecourt est écrit *Saucour* dans les *Lettres* de Mᵐᵉ de Sévigné : c'est ainsi qu'il se prononçait.

2. La ville de Dijon fut assiégée en 1513 par 39,000 Suisses, Alle-

chaînes [1], et faire des barricades, pour le seul plaisir d'en dire ou d'en apprendre la nouvelle.

¶ *Démophile*, à ma droite, se lamente et s'écrie : « Tout est perdu, c'est fait de l'État ; il est du moins sur le penchant de sa ruine. Comment résister à une si forte et si générale conjuration [2] ? Quel moyen, je ne dis pas d'être supérieur, mais de suffire seul à tant et de si puissants ennemis ? Cela est sans exemple dans la monarchie. Un héros, un ACHILLE y succomberait. On a fait, ajoute-t-il, de lourdes fautes : je sais bien ce que je dis, je suis du métier, j'ai vu la guerre, et l'histoire m'en a beaucoup appris. » Il parle là-dessus avec admiration d'Olivier le Daim et de Jacques Cœur [3] : « C'étaient là des hommes, dit-il, c'étaient des ministres. » Il débite ses nouvelles, qui sont toutes les plus tristes et les plus désavantageuses que l'on pourrait feindre : tantôt un parti des nôtres a été attiré dans une embuscade et taillé en pièces ; tantôt quelques troupes renfermées dans un château se sont rendues aux ennemis à discrétion, et ont passé par le fil de l'épée [4]. Et si vous lui dites que ce bruit est faux et qu'il ne se

mands et Francs-Comtois. Les ennemis levèrent le siège à la suite d'un traité qui ne fut point ratifié par le roi. — La ville de Corbie fut prise pendant la guerre de Trente ans, en 1636, par les Espagnols et les Impériaux, qui, tandis que l'armée française était en Hollande, avaient franchi la Somme. La ville fut reprise peu de temps après, sous les yeux de Richelieu.

1. Les chaînes qui fermaient les rues étaient des moyens de défense.

2. *Conjuration* a le sens de coalition. Ce passage a paru en 1691, pendant la guerre que soutenait Louis XIV contre la ligue d'Augsbourg, c'est-à-dire contre l'Empire, l'Espagne, la Hollande, l'Angleterre, la Suède, la Savoie, etc.

3. Olivier le Daim, qui, après avoir été le barbier de Louis XI, devint son favori. Il fut pendu sous le règne de Charles VIII, en 1484. — Jacques Cœur, riche négociant, qui rendit de grands services à Charles VII et devint trésorier de l'épargne du roi. Jeté en prison, il s'échappa et mourut dans l'exil (1461). Du temps de la Bruyère l'histoire ne lui avait pas encore rendu la justice qui lui est due.

4. On dirait aujourd'hui *ont été passées*. Mais au dix-septième siècle il était très-régulier de dire neutralement *passer au fil de l'épée*, pour signifier être tué par une épée passée au travers du corps : « Ceux qui sortirent de la ville *passèrent au fil de l'épée*. » (RICHELIEU, *Mém.*, liv. XC, 1639.) « Tout ce qu'ils rencontraient *passait au*

confirme point, il ne vous écoute pas. Il ajoute qu'un tel général a été tué, et, bien qu'il soit vrai qu'il n'a reçu qu'une légère blessure et que vous l'en assuriez, il déplore sa mort, il plaint sa veuve, ses enfants, l'État; il se plaint lui-même : *il a perdu un bon ami et une grande protection.* Il dit que la cavalerie allemande est invincible; il pâlit au seul nom des cuirassiers de l'Empereur. « Si l'on attaque cette place, continue-t-il, on lèvera le siége. Ou l'on demeurera sur la défensive sans livrer combat; ou, si on le livre, on le doit perdre; et si on le perd, voilà l'ennemi sur la frontière. » Et, comme Démophile le fait voler, le voilà dans le cœur du royaume : il entend déjà sonner le beffroi des villes et crie à l'alarme; il songe à son bien et à ses terres. Où conduira-t-il son argent, ses meubles, sa famille? où se réfugiera-t-il? en Suisse ou à Venise?

Mais, à ma gauche, *Basilide* met tout d'un coup sur pied une armée de trois cent mille hommes; il n'en rabattrait pas une seule brigade : il a la liste des escadrons et des bataillons, des généraux et des officiers; il n'oublie pas l'artillerie ni le bagage. Il dispose absolument de toutes ces troupes : il en envoie tant en Allemagne et tant en Flandre; il réserve un certain nombre pour les Alpes, un peu moins pour les Pyrénées, et il fait passer la mer à ce qui lui reste. Il connaît les marches de ces armées, il sait ce qu'elles feront et ce qu'elles ne feront pas; vous diriez qu'il ait[1] l'oreille du prince ou le secret du ministre. Si les ennemis viennent de perdre une bataille où il soit demeuré sur la place quelque neuf à dix mille hommes des leurs, il en compte jusqu'à trente mille, ni plus ni moins; car ses nombres sont toujours fixes et certains, comme de celui[2] qui est bien informé. S'il apprend le matin que nous avons perdu une bicoque, non-seulement il envoie s'excuser à ses amis qu'il a la veille conviés à dîner, mais

---

*fil de l'épée.* » (VERTOT, *Hist. de Malte*, XIII.) Notre *Dictionnaire de la langue française* montre qu'on disait aussi, au neutre, *passer par le tranchant du glaive, passer par le fer ennemi.*

1. Très-souvent la Bruyère emploie l'indicatif en des cas où nous mettrions aujourd'hui le subjonctif. Voilà un exemple en sens contraire. Corneille a dit de même, dans *Cinna*, IV, IV :

« Tous *présument qu'il ait* un grand sujet d'ennui,
Et qu'il mande Cinna pour prendre avis de lui. »

2. Comme sont les nombres de celui.

même ce jour-là il ne dîne point, et s'il soupe, c'est sans appétit. Si les nôtres assiégent une place très-forte, très-régulière, pourvue de vivres et de munitions, qui a une bonne garnison, commandée par un homme d'un grand courage, il dit que la ville a des endroits faibles et mal fortifiés, qu'elle manque de poudre, que son gouverneur manque d'expérience, et qu'elle capitulera après huit jours de tranchée ouverte. Une autre fois il accourt tout hors d'haleine, et, après avoir respiré un peu : « Voilà, s'écrie-t-il, une grande nouvelle! ils sont défaits, et à plate couture; le général, les chefs, du moins une bonne partie, tout est tué, tout a péri. Voilà, continue-t-il, un grand massacre, et il faut convenir que nous jouons d'un grand bonheur. » Il s'assied [1], il souffle, après avoir débité sa nouvelle, à laquelle il ne manque qu'une circonstance, qui est qu'il est certain qu'il n'y a point eu de bataille. Il assure d'ailleurs qu'un tel prince renonce à la ligue, et quitte ses confédérés, qu'un autre se dispose à prendre le même parti; il croit fermement, avec la populace, qu'un troisième est mort : il nomme le lieu où il est enterré; et quand on est détrompé aux halles et aux faubourgs, il parie encore pour l'affirmative [2]. Il sait, par une voie indubitable, que T. K. L. [3] fait de grands progrès contre l'Empereur; que le Grand Seigneur arme *puissamment*, ne veut point de paix, et que son vizir va se montrer une autre fois aux portes de Vienne. Il frappe des mains, et il tressaille sur cet événement, dont il ne doute plus. La triple alliance [4]

1. *Il s'assit*, dans toutes les éditions qui ont été imprimées sous les yeux de la Bruyère. Cette forme est répétée en deux autres endroits (chap. XI et XIII). Mais l'on rencontre aussi deux fois, dans le cours des *Caractères*, la forme *il s'assied*, qui a prévalu.

2. Le 2 août 1690, le bruit se répandit à Paris que le nouveau roi d'Angleterre, Guillaume d'Orange, venait de mourir. On fit des feux de joie dans les rues, on dressa des tables en plein air, on but à la ronde et l'on força les passants à boire. La police eut beaucoup de peine à faire cesser ce scandale, que Louis XIV blâma hautement. (SERVOIS.)

3. Le Hongrois Tekeli, qui dirigeait une insurrection contre l'empereur d'Allemagne, et qui avait remporté une victoire sur les troupes impériales le 21 août 1690. Le sultan de Constantinople, que la Bruyère nomme le Grand Seigneur, soutenait sa révolte. Tekeli mourut, presque oublié, en 1705, près de Constantinople.

4. La Hollande, l'Angleterre et la Suède liguées, en 1668, pour

chez lui est un Cerbère, et les ennemis autant de monstres à assommer. Il ne parle que de lauriers, que de palmes, que de triomphes et que de trophées. Il dit dans le discours familier : *Notre auguste héros, notre grand potentat, notre invincible monarque*. Réduisez-le, si vous pouvez, à dire simplement : *Le roi a beaucoup d'ennemis, ils sont puissants, ils sont unis, ils sont aigris, il les a vaincus, j'espère toujours qu'il les pourra vaincre*. Ce style, trop ferme et trop décisif pour Démophile, n'est pour Basilide ni assez pompeux ni assez exagéré : il a bien d'autres expressions en tête ; il travaille aux inscriptions des arcs et des pyramides qui doivent orner la ville capitale un jour d'entrée ; et, dès qu'il entend dire que les armées sont en présence, ou qu'une place est investie, il fait déplier sa robe et la mettre à l'air, afin qu'elle soit toute prête pour la cérémonie de la cathédrale.

¶ Il faut que le capital d'une affaire qui assemble dans une ville les plénipotentiaires ou les agents des couronnes et des républiques, soit d'une longue et extraordinaire discussion, si elle leur coûte plus de temps, je ne dis pas que les seuls préliminaires, mais que le simple règlement des rangs, des préséances et des autres cérémonies.

Le ministre ou le plénipotentiaire est un caméléon, est un Protée. Semblable quelquefois à un joueur habile, il ne montre ni humeur ni complexion[1], soit pour ne point donner lieu aux conjectures ou se laisser pénétrer, soit pour ne rien laisser échapper de son secret par passion ou par faiblesse. Quelquefois aussi, il sait feindre le caractère le plus conforme aux vues qu'il a et aux besoins où il se trouve, et paraît tel qu'il a intérêt que les autres croient qu'il est en effet. Ainsi, dans une grande puissance ou dans une grande faiblesse qu'il veut dissimuler[2], il est ferme et inflexible, pour ôter l'envie de beaucoup obtenir ; ou il est facile, pour fournir aux autres les occasions de lui demander, et se donner la même licence. Une autre fois, ou il est profond et dissimulé, pour cacher une vérité en l'annonçant, parce qu'il lui importe qu'il l'ait dite et qu'elle ne soit pas crue ; ou il

---

empêcher toute agression de Louis XIV sur le territoire de la monarchie espagnole.

1. Il dissimule son caractère et son tempérament.
2. Tournure pénible.

est franc et ouvert, afin que, lorsqu'il dissimule ce qui ne doit pas être su, l'on croie néanmoins qu'on n'ignore rien de ce que l'on veut savoir, et que l'on se persuade qu'il a tout dit. De même, ou il est vif et grand parleur, pour faire parler les autres, pour empêcher qu'on ne lui parle de ce qu'il ne veut pas ou de ce qu'il ne doit pas savoir, pour dire plusieurs choses différentes qui se modifient ou qui se détruisent les unes les autres, qui confondent dans les esprits la crainte et la confiance, pour se défendre d'une ouverture qui lui est échappée par une autre qu'il aura faite ; ou il est froid et taciturne, pour jeter les autres dans l'engagement[1] de parler, pour écouter longtemps, pour être écouté quand il parle, pour parler avec ascendant et avec poids, pour faire des promesses ou des menaces qui portent un grand coup et qui ébranlent. Il s'ouvre et parle le premier, pour, en découvrant les oppositions, les contradictions, les brigues et les cabales des ministres étrangers sur les propositions qu'il aura avancées, prendre ses mesures et avoir la réplique[2] ; et, dans une autre rencontre, il parle le dernier, pour ne point parler en vain, pour être précis, pour connaître parfaitement les choses sur quoi[3] il est permis de faire fond pour lui ou pour ses alliés, pour savoir ce qu'il doit demander et ce qu'il peut obtenir. Il sait parler en termes clairs et formels ; il sait encore mieux parler ambigument, d'une manière enveloppée, user de tours ou de mots équivoques, qu'il peut faire valoir ou diminuer[4] dans les occasions et selon ses intérêts. Il demande peu quand il ne veut pas donner beaucoup ; il demande beaucoup pour avoir peu, et l'avoir plus sûrement. Il exige d'abord de petites choses, qu'il prétend ensuite lui

---

1. Dans l'obligation. Au dix-septième siècle, *engagement* s'employait assez souvent, dans diverses alliances de mots, pour signifier obligation, nécessité. « L'état de ceux qui se trouvent dans la société, et sans biens, et dans l'impuissance de travailler pour y subsister, fait un *engagement* à tous les autres d'exercer envers eux l'amour mutuel, en leur faisant part d'un bien où ils ont droit. » (DOMAT, *Traité des lois*, ch. IV.)

2. Les bons écrivains du dix-septième siècle détachaient souvent la préposition du verbe auquel elle se rapportait.

3. On a trop abandonné cet emploi fort commode et autrefois très-élégant du pronom *quoi*, à la place de *lequel, laquelle, lesquels*.

4. Cette tournure est singulière.

devoir être comptées pour rien, et qui ne l'excluent pas d'en demander une plus grande, et il évite au contraire de commencer par obtenir un point important, s'il l'empêche d'en gagner plusieurs autres de moindre conséquence, mais qui tous ensemble l'emportent sur le premier. Il demande trop, pour être refusé, mais dans le dessein de se faire un droit ou une bienséance[1] de refuser lui-même ce qu'il sait bien qu'il lui sera demandé, et qu'il ne veut pas octroyer : aussi soigneux alors d'exagérer l'énormité de la demande, et de faire convenir, s'il se peut, des raisons qu'il a de n'y pas entendre, que d'affaiblir celles qu'on prétend avoir de ne lui pas accorder ce qu'il sollicite avec instance ; également appliqué à faire sonner haut et à grossir dans l'idée des autres le peu qu'il offre, et à mépriser ouvertement le peu que l'on consent de lui donner. Il fait de fausses offres, mais extraordinaires, qui donnent de la défiance, et obligent de rejeter ce que l'on accepterait inutilement, qui lui sont cependant une occasion de faire des demandes exorbitantes, et mettent dans leur tort ceux qui les lui refusent. Il accorde plus qu'on ne lui demande, pour avoir encore plus qu'il ne doit donner. Il se fait longtemps prier, presser, importuner, sur une chose médiocre, pour éteindre les espérances et ôter la pensée d'exiger de lui rien de plus fort ; ou, s'il se laisse fléchir jusques à l'abandonner, c'est toujours avec des conditions qui lui font partager le gain et les avantages avec ceux qui reçoivent. Il prend directement ou indirectement l'intérêt d'un allié, s'il y trouve son utilité et l'avancement[2] de ses prétentions. Il ne parle que de paix, que d'alliances, que de tranquillité publique, que d'intérêt public ; et en effet il ne songe qu'aux siens[3], c'est-à-dire à ceux de son maître ou de sa république. Tantôt il réunit quelques-uns qui étaient contraires les uns aux autres, et tantôt il divise quelques autres qui étaient unis. Il intimide les forts et les puissants, il encourage les faibles. Il unit d'abord d'intérêt plusieurs faibles contre un plus puissant, pour rendre la balance égale ; il se joint ensuite aux

1. Une raison de convenance, de dignité.
2. Signification ancienne, succès : « A quoi je vous prie, mon cousin, de vous employer autant que vous m'aimés, et que désirez l'avancement de mes affaires. » (*Lett. missiv. de Henri IV*, t. IV, au connétable, 18 mars 1596.)
3. A ses intérêts.

premiers pour la faire pencher, et il leur vend cher sa protection et son alliance. Il sait intéresser ceux avec qui il traite ; et, par un adroit manége, par de fins et de subtils détours, il leur fait sentir leurs avantages particuliers, les biens et les honneurs qu'ils peuvent espérer par une certaine facilité, qui ne choque point leur commission [1] ni les intentions de leurs maîtres. Il ne veut pas aussi être cru imprenable par cet endroit ; il laisse voir en lui quelque peu de sensibilité pour sa fortune : il s'attire par là des propositions qui lui découvrent les vues des autres les plus secrètes, leurs desseins les plus profonds et leur dernière ressource, et il en profite. Si quelquefois il est lésé dans quelques chefs [2] qui ont enfin été réglés, il crie haut : si c'est le contraire, il crie plus haut, et jette ceux qui perdent sur la justification et la défensive. Il a son fait digéré par la cour, toutes ses démarches sont mesurées, les moindres avances qu'il fait lui sont prescrites ; et il agit néanmoins, dans les points difficiles et dans les articles contestés, comme s'il se relâchait de lui-même sur-le-champ, et comme par un esprit d'accommodement ; il ose même promettre à l'assemblée qu'il fera goûter la proposition, et qu'il n'en sera pas désavoué. Il fait courir un bruit faux des choses seulement dont il est chargé [3], muni d'ailleurs de pouvoirs particuliers, qu'il ne découvre jamais qu'à l'extrémité, et dans les moments où il lui serait pernicieux de ne les pas mettre en usage. Il tend surtout par ses intrigues au solide et à l'essentiel, toujours prêt de leur sacrifier [4] les minuties et les points d'honneur imaginaires. Il a du flegme, il s'arme de courage et de patience, il ne se lasse point, il fatigue les autres, et les pousse jusqu'au découragement. Il se précautionne et s'endurcit contre les lenteurs et les remises, contre les reproches, les soupçons, les défiances, contre les difficultés et les obstacles, persuadé que le temps seul et les conjonctures amènent les choses et conduisent les esprits au point où on les souhaite. Il va jusques à feindre un intérêt secret à la rupture de la négociation, lorsqu'il désire le plus ardemment qu'elle soit continuée ; et si, au contraire, il a des ordres pré-

1. Le pouvoir qui leur a été délégué.
2. Sur quelques points.
3. Il fait courir de faux bruits sur l'étendue de ses pouvoirs, qu'il présente comme très-limités.
4. Voir page 120, la note 4, sur cet emploi de la locution *prêt de*.

cis de faire les derniers efforts pour la rompre, il croit devoir, pour y réussir, en presser la continuation et la fin. S'il survient un grand événement, il se roidit ou il se relâche, selon qu'il lui est utile ou préjudiciable ; et si, par une grande prudence, il sait le prévoir, il presse et il temporise, selon que l'État pour qui il travaille en doit craindre ou espérer ; et il règle sur ses besoins[1] ses conditions. Il prend conseil du temps, du lieu, des occasions, de sa puissance ou de sa faiblesse, du génie des nations avec qui il traite, du tempérament et du caractère des personnes avec qui il négocie. Toutes ses vues, toutes ses maximes, tous les raffinements de sa politique, tendent à une seule fin, qui est de n'être point trompé et de tromper les autres.

¶ Le caractère des Français demande du sérieux dans le souverain.

¶ L'un des malheurs du prince est d'être souvent trop plein de son secret, par le péril qu'il y a à le répandre : son bonheur est de rencontrer une personne sûre qui l'en décharge[2].

¶ Il ne manque rien à un roi que les douceurs d'une vie privée ; il ne peut être consolé d'une si grande perte que par le charme de l'amitié et par la fidélité de ses amis.

¶ Le plaisir d'un roi qui mérite de l'être est de l'être moins quelquefois, de sortir du théâtre, de quitter le bas de saye[3] et les brodequins[4], et de jouer avec une personne de confiance un rôle plus familier.

¶ Rien ne fait plus d'honneur au prince que la modestie de son favori.

---

1. Sur les besoins de l'État.
2. Allusion à M<sup>me</sup> de Maintenon que Louis XIV avait épousée secrètement trois ans avant la première édition des *Caractères*.
3. Le bas de saye est la partie inférieure du saye, ou *sagum*, manteau du soldat romain. Dans le costume des acteurs tragiques le bas de saye, appelé *tonnelet*, était une espèce de tablier plissé, enflé et circulaire.
4. La chaussure tragique s'appelle ordinairement cothurne. Boileau a dit dans la X<sup>e</sup> *Satire :*

« Mais quoi ! je chausse ici le *cothurne tragique !*
Reprenons au plus tôt le *brodequin comique.* »

Mais il n'observe pas toujours cette distinction. Dans l'*Art poétique* (III, 74), il attribue aux acteurs d'Eschyle non le cothurne, mais le brodequin.

¶ Le favori n'a point de suite ; il est sans engagement et sans liaisons ; il peut être entouré de parents et de créatures, mais il n'y tient pas ; il est détaché de tout, et comme isolé.

¶ Une belle ressource pour celui qui est tombé dans la disgrâce du prince, c'est la retraite. Il lui est avantageux de disparaître, plutôt que de traîner dans le monde le débris d'une faveur qu'il a perdue, et d'y faire un nouveau personnage si différent du premier qu'il a soutenu. Il conserve, au contraire, le merveilleux de sa vie dans la solitude ; et, mourant pour ainsi dire avant la caducité, il ne laisse de soi qu'une brillante idée et une mémoire agréable[1].

¶ Une plus belle ressource pour le favori disgracié que de se perdre dans la solitude et ne faire plus parler de soi, c'est d'en faire parler magnifiquement, et de se jeter, s'il se peut, dans quelque haute et généreuse entreprise, qui relève ou confirme du moins son caractère, et rende raison de son ancienne faveur, qui fasse qu'on le plaigne dans sa chute et qu'on en rejette une partie sur son étoile.

¶ Je ne doute point qu'un favori, s'il a quelque force et quelque élévation, ne se trouve souvent confus et déconcerté des bassesses, des petitesses, de la flatterie, des soins superflus et des attentions frivoles de ceux qui le courent, qui le suivent et qui s'attachent à lui comme ses viles créatures ; et qu'il ne se dédommage dans le particulier d'une si grande servitude par le ris et la moquerie.

Hommes en place, ministres, favoris, me permettrez-vous de le dire ? ne vous reposez point sur vos descendants pour[2] le soin de votre mémoire et pour la durée de votre nom : les titres passent, la faveur s'évanouit, les dignités se perdent, les richesses se dissipent, et le mérite dégénère. Vous avez des enfants, il est vrai, dignes de vous, j'ajoute même capables de soutenir toute votre fortune ; mais qui peut vous en promettre autant de vos petits-fils ? Ne m'en croyez pas, regardez cette unique fois de certains hommes que vous ne regardez jamais, que vous dédaignez : ils ont des aïeuls à qui, tout

---

1. La Bruyère supprima en 1691 ce caractère sur les favoris tracé précisément lors du rappel à la cour de Vardes, de Bussy-Rabutin, de Lauzun, auquel le commandement de l'armée qui devait débarquer en Irlande fut donné.

2. On dit *se reposer de* plutôt que *se reposer pour*.

grands que vous êtes, vous ne faites que succéder. Ayez de la vertu et de l'humanité ; et si vous me dites : Qu'aurons-nous de plus ? je vous répondrai : De l'humanité et de la vertu. Maîtres alors de l'avenir et indépendants d'une postérité, vous êtes sûrs de durer autant que la monarchie ; et dans le temps que l'on montrera les ruines de vos châteaux, et peut-être la seule place où ils étaient construits, l'idée de vos louables actions sera encore fraîche dans l'esprit des peuples ; ils considéreront avidement vos portraits et vos médailles ; ils diront : « Cet homme [1] dont vous regardez la peinture a parlé à son maître avec force et avec liberté, et a plus craint de lui nuire que de lui déplaire ; il lui a permis d'être bon et bienfaisant, de dire de ses villes : *Ma bonne ville*, et de son peuple : *Mon peuple*. Cet autre dont vous voyez l'image [2], et en qui l'on remarque une physionomie forte, jointe à un air grave, austère et majestueux, augmente d'année à autre [3] de réputation : les plus grands politiques souffrent de lui être comparés [4]. Son grand dessein a été d'affermir l'autorité du prince et la sûreté des peuples par l'abaissement des grands : ni les partis, ni les conjurations, ni les trahisons, ni le péril de la mort, ni ses infirmités, n'ont pu l'en détourner. Il a eu du temps de reste pour entamer un ouvrage, continué ensuite et achevé par l'un de nos plus grands et de nos meilleurs princes, l'extinction de l'hérésie [5]. »

¶ Le panneau le plus délié [6] et le plus spécieux qui, dans tous les temps, ait été tendu aux grands par leurs gens d'affaires et aux rois par leurs ministres, est la leçon qu'ils leur font de s'acquitter et de s'enrichir. Excellent conseil, maxime utile, fructueuse, une mine d'or, un Pérou, du moins pour ceux qui ont su jusqu'à présent l'inspirer à leurs maîtres !

¶ C'est un extrême bonheur pour les peuples quand le

---

1. Georges d'Amboise, archevêque de Rouen, cardinal, ministre de Louis XII.
2. Le cardinal de Richelieu.
3. Nous dirions aujourd'hui *d'une année à l'autre*.
4. Souffrent qu'on les compare à lui.
5. Allusion à la révocation de l'édit de Nantes.
6. Un panneau est une espèce de filet composé de plusieurs pans de mailles. — Dans cette phrase on voit ordinairement une allusion au remboursement des rentes de l'Hôtel de ville fait sur les conseils de Colbert.

prince admet dans sa confiance et choisit pour le ministère ceux mêmes qu'ils auraient voulu lui donner, s'ils en avaient été les maîtres.

¶ La science des détails, ou une diligente attention aux moindres besoins de la république, est une partie essentielle au bon gouvernement, trop négligée, à la vérité, dans les derniers temps, par les rois ou par les ministres, mais qu'on ne peut trop souhaiter dans le souverain qui l'ignore, ni assez estimer dans celui qui la possède [1]. Que sert [2] en effet au bien des peuples et à la douceur de leurs jours, que le prince place les bornes de son empire au delà des terres de ses ennemis; qu'il fasse de leurs souverainetés des provinces de son royaume; qu'il leur soit également supérieur par les siéges et par les batailles, et qu'ils ne soient devant lui en sûreté ni dans les plaines ni dans les plus forts bastions; que les nations s'appellent les unes les autres, se liguent ensemble pour se défendre et pour l'arrêter; qu'elles se liguent en vain; qu'il marche toujours et qu'il triomphe toujours; que leurs dernières espérances soient tombées par le raffermissement d'une santé [3] qui donnera au monarque le plaisir de voir les princes ses petits-fils soutenir ou accroître ses destinées, se mettre en campagne, s'emparer de redoutables forteresses, et conquérir de nouveaux États; commander de vieux et expérimentés capitaines, moins par leur rang et leur naissance que par leur génie et leur sagesse; suivre les traces augustes de leur victorieux père, imiter sa bonté, sa docilité, son équité, sa vigilance, son intrépidité? Que me servirait, en un mot, comme à tout le peuple, que le prince fût heureux et comblé de gloire par lui-même et par les siens, que ma patrie fût puissante et formidable, si, triste et inquiet, j'y vivais dans l'oppression ou dans l'indigence; si, à couvert des courses de

---

1. La Bruyère loue avec raison chez Louis XIV le goût des détails. Saint-Simon et Fénelon lui en font au contraire un sujet de reproche. Saint-Simon a dit : « Son esprit, naturellement porté au petit, se plut en toutes sortes de détails.... Il régna dans le petit. » Voir dans le dix-septième livre du *Télémaque* ce passage d'une sévérité excessive si on en fait l'application au roi : « Idoménée est sage et éclairé ; mais il s'applique trop au détail, et ne médite pas assez le gros de ses affaires pour former des plans, etc. »
2. Louange habile par prétérition.
3. Allusion à l'opération qu'avait subie Louis XIV en 1686.

l'ennemi, je me trouvais exposé, dans les places ou dans les rues d'une ville, au fer d'un assassin, et que je craignisse moins, dans l'horreur de la nuit, d'être pillé ou massacré dans d'épaisses forêts que dans ses carrefours [1]; si la sûreté, l'ordre et la propreté ne rendaient pas le séjour des villes si délicieux, et n'y avaient pas amené, avec l'abondance, la douceur de la société; si, faible et seul de mon parti, j'avais à souffrir dans ma métairie du voisinage d'un grand, et si l'on avait moins pourvu à me faire justice de ses entreprises; si je n'avais pas sous ma main autant de maîtres, et d'excellents maîtres, pour élever mes enfants dans les sciences ou dans les arts qui feront un jour leur établissement; si, par la facilité du commerce, il m'était moins ordinaire de m'habiller de bonnes étoffes, et de me nourrir de viandes saines et de les acheter peu; si enfin, par les soins du prince, je n'étais pas aussi content de ma fortune qu'il doit lui-même, par ses vertus, l'être de la sienne?

¶ Les huit ou les dix mille hommes sont au souverain comme une monnaie dont il achète une place ou une victoire : s'il fait qu'il lui en coûte moins, s'il épargne les hommes, il ressemble à celui qui marchande et qui connaît mieux qu'un autre le prix de l'argent.

¶ Tout prospère dans une monarchie où l'on confond les intérêts de l'État avec ceux du prince.

¶ Nommer un roi PÈRE DU PEUPLE est moins faire son éloge que l'appeler par son nom, ou faire sa définition.

¶ Il y a un commerce ou un retour [2] de devoirs du souverain à ses sujets, et de ceux-ci au souverain : quels sont les plus assujettissants et les plus pénibles, je ne le déciderai pas. Il s'agit de juger, d'un côté, entre les étroits engagements du respect, des secours, des services, de l'obéissance, de la dépendance; et d'un autre, les obligations indispensables de bonté, de justice, de soins, de défense, de protection. Dire qu'un prince est arbitre de la vie des hommes, c'est dire seulement que les hommes, par leurs crimes, deviennent naturellement soumis aux lois et à la justice, dont le prince est le dépositaire : ajouter qu'il est maître absolu de tous les biens

1. Cette phrase est trop chargée de *dans*. — Voir la *Satire* de Boileau sur *les embarras de Paris*.
2. On dirait aujourd'hui *réciprocité*, qui est bien moins bon.

de ses sujets, sans égards, sans compte ni discussion, c'est le langage de la flatterie, c'est l'opinion d'un favori qui se dédira à l'agonie.

¶ Quand vous voyez quelquefois un nombreux troupeau qui, répandu sur une colline vers le déclin d'un beau jour, paît tranquillement le thym et le serpolet, ou qui broute dans une prairie une herbe menue et tendre qui a échappé à la faux du moissonneur, le berger, soigneux et attentif, est debout auprès de ses brebis ; il ne les perd pas de vue, il les suit, il les conduit, il les change de pâturage ; si elles se dispersent, il les rassemble ; si un loup avide paraît, il lâche son chien, qui le met en fuite; il les nourrit, il les défend; l'aurore le trouve déjà en pleine campagne, d'où il ne se retire qu'avec le soleil : quels soins ! quelle vigilance! quelle servitude ! Quelle condition vous paraît la plus délicieuse et la plus libre, ou du berger ou des brebis? Le troupeau est-il fait pour le berger, ou le berger pour le troupeau ? image naïve des peuples et du prince qui les gouverne, s'il est bon prince.

Le faste et le luxe dans un souverain, c'est le berger habillé d'or et de pierreries, la houlette d'or en ses mains ; son chien a un collier d'or, il est attaché avec une laisse d'or et de soie. Que sert tant d'or à son troupeau ou contre les loups?

¶ Quelle heureuse place que celle qui fournit dans tous les instants l'occasion à un homme de faire du bien à tant de milliers d'hommes! Quel dangereux poste que celui qui expose à tous moments un homme à nuire à un million d'hommes!

¶ Si les hommes ne sont point capables sur la terre d'une joie plus naturelle, plus flatteuse et plus sensible, que de connaître qu'ils sont aimés, et si les rois sont hommes, peuvent-ils jamais trop acheter le cœur de leurs peuples?

Il y a peu de règles générales et de mesures certaines pour bien gouverner ; l'on suit le temps et les conjonctures, et cela roule sur la prudence et sur les vues [1] de ceux qui règnent. Aussi le chef-d'œuvre de l'esprit, c'est le parfait gouvernement; et ce ne serait peut-être pas une chose possible, si les peuples, par l'habitude où ils sont de la dépendance et de la soumission, ne faisaient la moitié de l'ouvrage.

1. *Cela roule sur les vues*, manque d'élégance.

¶ Sous un très-grand roi, ceux qui tiennent les premières places n'ont que des devoirs faciles, et que l'on remplit sans nulle peine : tout coule de source ; l'autorité et le génie du prince leur aplanissent les chemins, leur épargnent les difficultés, et font tout prospérer au delà de leur attente : ils ont le mérite des subalternes [1].

¶ Si c'est trop de se trouver chargé d'une seule famille, si c'est assez d'avoir à répondre de soi seul, quel poids, quel accablement, que celui de tout un royaume ! Un souverain est-il payé de ses peines par le plaisir que semble donner une puissance absolue, par toutes les prosternations des courtisans? Je songe aux pénibles, douteux et dangereux chemins qu'il est quelquefois obligé de suivre pour arriver à la tranquillité publique ; je repasse les moyens extrêmes, mais nécessaires, dont il use souvent pour une bonne fin : je sais qu'il doit répondre à Dieu même de la félicité de ses peuples, que le bien et le mal est en ses mains, et que toute ignorance ne l'excuse pas; et je me dis à moi-même : Voudrais-je régner? Un homme un peu heureux dans une condition privée devrait-il y renoncer pour une monarchie ? N'est-ce pas beaucoup pour celui qui se trouve en place par un droit héréditaire, de supporter d'être né roi?

¶ Que de dons du ciel ne faut-il pas pour bien régner! Une naissance auguste, un air d'empire et d'autorité, un visage qui remplisse la curiosité des peuples empressés de voir le prince [2], et qui conserve le respect dans le courtisan; une parfaite égalité d'humeur; un grand éloignement pour la raillerie piquante, ou assez de raison pour ne se la permettre point; ne faire jamais ni menaces ni reproches; ne point céder à la colère [3], et être toujours obéi; l'esprit facile,

---

1. On a trouvé que l'auteur sacrifiait trop aisément à la gloire du roi des ministres tels que Colbert et Louvois.
2. Racine, faisant également allusion à Louis XIV, a dit :

« Seigneur, je n'ai jamais contemplé qu'avec crainte
L'auguste majesté sur votre front empreinte. »
(*Esther*, II, vii.)

Voir aussi *Bérénice*, I, v.

3. « Jamais, dit Saint-Simon, il ne lui échappa de dire rien de désobligeant à personne, et s'il avait à reprendre, à réprimander ou à corriger, ce qui était fort rare, c'était toujours avec un air plus ou moins de bonté, presque jamais avec sécheresse, jamais avec co-

insinuant; le cœur ouvert, sincère, et dont on croit voir le fond, et ainsi très-propre à se faire des amis, des créatures et des alliés; être secret toutefois, profond et impénétrable dans ses motifs et dans ses projets [1]; du sérieux et de la gravité dans le public; de la brièveté, jointe à beaucoup de justesse et de dignité, soit dans les réponses aux ambassadeurs des princes, soit dans les conseils : une manière de faire des grâces qui est comme un second bienfait; le choix des personnes que l'on gratifie; le discernement des esprits, des talents et des complexions, pour la distribution des postes et des emplois; le choix des généraux et des ministres; un jugement ferme, solide, décisif dans les affaires, qui fait que l'on connaît le meilleur parti et le plus juste; un esprit de droiture et d'équité qui fait qu'on se suit jusques à prononcer quelquefois contre soi-même en faveur du peuple, des alliés, des ennemis; une mémoire heureuse et très-présente, qui rappelle les besoins des sujets, leurs visages, leurs noms, leurs requêtes; une vaste capacité, qui s'étende non-seulement aux affaires de dehors, au commerce, aux maximes d'État, aux vues de la politique, au reculement des frontières par la conquête de nouvelles provinces, et à leur sûreté par un grand nombre de forteresses inaccessibles, mais qui sache aussi se renfermer au dedans et comme dans les détails de tout un royaume, qui en bannisse un culte faux, suspect et ennemi de la souveraineté, s'il s'y rencontre, qui abolisse des usages cruels et impies, s'ils y règnent [2], qui réforme les lois et les coutumes, si elles étaient remplies d'abus [3], qui donne aux villes plus de sûreté et plus de commodités par le renouvellement d'une exacte police, plus d'éclat et plus de majesté par des édifices somptueux; punir

lère... » Saint-Simon ajoute toutefois que Louis XIV n'était pas exempt de colère, « quelquefois avec un air de sévérité. »

1. « Jamais rien ne coûta moins au roi que de se taire profondément et de dissimuler de même. Ce dernier talent, il le poussa souvent jusqu'à la fausseté; mais avec cela, jamais de mensonge. »
(Saint-Simon.)

2. Allusion aux ordonnances que Louis XIV a rendues contre le duel.

3. De 1667 à 1685, Louis XIV avait fait rédiger six codes par Séguier, Lamoignon, Talon : l'ordonnance civile, celle des eaux et forêts, l'ordonnance d'instruction criminelle, celle du commerce, celle de la marine et des colonies, et enfin le code noir pour nos colonies.

sévèrement les vices scandaleux ; donner, par son autorité
et par son exemple, du crédit à la piété et à la vertu ; protéger l'Église, ses ministres, ses droits, ses libertés [1] ; ménager ses peuples comme ses enfants ; être toujours occupé
de la pensée de les soulager, de rendre les subsides légers,
et tels qu'ils se lèvent sur les provinces sans les appauvrir ;
de grands talents pour la guerre ; être vigilant, appliqué,
laborieux ; avoir des armées nombreuses, les commander en
personne ; être froid dans le péril, ne ménager sa vie que
pour le bien de son État, aimer le bien de son État et sa
gloire plus que sa vie ; une puissance très-absolue, qui ne
laisse point d'occasion aux brigues, à l'intrigue et à la cabale,
qui ôte cette distance infinie qui est quelquefois entre les
grands et les petits, qui les rapproche, et sous laquelle tous
plient également ; une étendue de connaissances qui fait que
le prince voit tout par ses yeux, qu'il agit immédiatement et par
lui-même, que ses généraux ne sont, quoique éloignés de lui,
que ses lieutenants, et les ministres que ses ministres ; une
profonde sagesse, qui sait déclarer la guerre, qui sait vaincre et user de la victoire, qui sait faire la paix, qui sait la
rompre, qui sait quelquefois, et selon les divers intérêts,
contraindre les ennemis à la recevoir, qui donne des règles
à une vaste ambition, et sait jusques où l'on doit conquérir ;
au milieu d'ennemis couverts ou déclarés se procurer le loisir des jeux, des fêtes, des spectacles ; cultiver les arts et les
sciences ; former et exécuter des projets d'édifices surpre-
nants ; un génie enfin supérieur et puissant, qui se fait aimer
et révérer des siens, craindre des étrangers, qui fait d'une
cour, et même de tout un royaume, comme une seule famille, unie parfaitement sous un même chef, dont l'union
et la bonne intelligence est redoutable au reste du monde.
Ces admirables vertus me semblent renfermées dans l'idée
du souverain. Il est vrai qu'il est rare de les voir réunies dans
un même sujet ; il faut que trop de choses concourent à la
fois : l'esprit, le cœur, les dehors, le tempérament ; et il me
paraît qu'un monarque qui les rassemble toutes en sa personne est bien digne du nom de GRAND.

1. Allusion à la déclaration de 1682. La Bruyère cède aux préjugés
de ses contemporains lorsqu'il regarde comme favorable aux droits
et aux libertés de l'Église une déclaration qui les affaiblissait en
relâchant les liens qui l'attachent à son chef.

## CHAPITRE XI

## DE L'HOMME

Ne nous emportons point contre les hommes en voyant leur dureté, leur ingratitude, leur injustice, leur fierté, l'amour d'eux-mêmes, et l'oubli des autres; ils sont ainsi faits, c'est leur nature : c'est ne pouvoir supporter que la pierre tombe ou que le feu s'élève.

¶ Les hommes, en un sens, ne sont point légers, ou ne le sont que dans les petites choses : ils changent leurs habits, leur langage, les dehors, les bienséances; ils changent de goût quelquefois; ils gardent leurs mœurs toujours mauvaises; fermes et constants dans le mal, ou dans l'indifférence pour la vertu.

¶ Le stoïcisme est un jeu d'esprit et une idée [1] semblable à la république de Platon. Les stoïques [2] ont feint qu'on pouvait rire dans la pauvreté; être insensible aux injures, à l'ingratitude, aux pertes de biens, comme à celles des parents et des amis; regarder froidement la mort, et comme une chose indifférente, qui ne devait ni réjouir ni rendre triste; n'être vaincu ni par le plaisir, ni par la douleur; sentir le fer ou le feu dans quelque partie de son corps sans pousser le moindre soupir ni jeter une seule larme; et, ce fantôme de vertu et de constance ainsi imaginé, leur a plu de l'appeler un sage. Ils ont laissé à l'homme tous les défauts qu'ils lui ont trouvés, et n'ont presque relevé aucun de ses faibles. Au lieu de faire de ses vices des peintures affreuses ou ridicules qui servissent à l'en corriger, ils lui ont tracé l'idée d'une perfection et d'un héroïsme dont il n'est point capable, et l'ont

---

1. Une invention, une fiction.
2. « Ce que les *stoïques* proposent est difficile. » (PASCAL, *Pens.*, XXV, 156, éd. Havet.)

« Qu'un *stoïque* aux yeux secs vole embrasser la mort. »
(A. CHÉNIER, *la Jeune Captive*.)

Aujourd'hui on dit plutôt *stoïcien*, et *stoïque* est un adjectif signifiant qui tient de l'insensibilité et de la fermeté des stoïciens, ou de ce qui appartient à la secte de Zénon, fondateur du stoïcisme.

exhorté à l'impossible. Ainsi le sage qui n'est pas, ou qui n'est qu'imaginaire, se trouve naturellement et par lui-même au-dessus de tous les événements et de tous les maux : ni la goutte la plus douloureuse, ni la colique la plus aiguë, ne sauraient lui arracher une plainte ; le ciel et la terre peuvent être renversés sans l'entraîner dans leur chute, et il demeurerait ferme sur les ruines de l'univers [1] ; pendant que l'homme qui est en effet, sort de son sens, crie, se désespère, étincelle des yeux et perd la respiration pour un chien perdu ou pour une porcelaine qui est en pièces.

¶ Inquiétude d'esprit, inégalité d'humeur, inconstance de cœur, incertitude de conduite, tous vices de l'âme, mais différents, et qui, avec tout le rapport qui paraît entre eux [2], ne se supposent pas toujours l'un l'autre dans un même sujet.

¶ Il est difficile de décider si l'irrésolution rend l'homme plus malheureux que méprisable ; de même, s'il y a toujours plus d'inconvénient à prendre un mauvais parti qu'à n'en prendre aucun.

¶ Un homme inégal n'est pas un seul homme, ce sont plusieurs : il se multiplie autant de fois qu'il a de nouveaux goûts et de manières différentes ; il est à chaque moment ce qu'il n'était point, et il va être bientôt ce qu'il n'a jamais été : il se succède à lui-même. Ne demandez pas de quelle complexion il est, mais quelles sont ses complexions ; ni de quelle humeur, mais combien il a de sortes d'humeurs. Ne vous trompez-vous point ? est-ce *Eutycrate* que vous abordez ? Aujourd'hui quelle glace pour vous ! hier il vous recherchait, il vous caressait, vous donniez de la jalousie à ses amis. Vous reconnaît-il bien ? Dites-lui votre nom.

¶ *Ménalque* [3] descend son escalier, ouvre sa porte pour

---

1.     « Si fractus illabatur orbis,
     Impavidum ferient ruinæ. »
         (Hor., *Od.*, III, III.)

2. Les bons auteurs donnent souvent, comme ici, à la préposition *avec*, le sens de malgré : « *Avec* cela, je ne crois pas qu'il puisse avoir sujet de se plaindre. » (Malh., *Lett.*, à Peiresc, 17 juil. 1610.) « Ce n'est pas qu'*avec* tout cela votre fille ne puisse mourir. » (Mol., *Médec.*, II, v.) « Je vous supplie de croire qu'*avec* tout le silence que je garde si hardiment, je conserve toujours pour vous dans mon cœur toute sorte de respect. » (Voiture, *Lett.*, CLXXXIII.)

3. Ceci est moins un caractère particulier qu'un recueil de faits de

sortir; il la referme. Il s'aperçoit qu'il est en bonnet de nuit; et, venant à mieux s'examiner, il se trouve rasé à moitié; il voit que son épée est mise du côté droit, que ses bas sont rabattus sur ses talons, et que sa chemise est par-dessus ses chausses [1]. S'il marche dans les places, il se sent tout d'un coup rudement frapper à l'estomac ou au visage; il ne soupçonne point ce que ce peut être, jusqu'à ce qu'ouvrant les yeux et se réveillant, il se trouve ou devant un limon de charrette, ou derrière un long ais de menuiserie que porte un ouvrier sur ses épaules. On l'a vu une fois heurter du front contre celui d'un aveugle, s'embarrasser dans ses jambes, et tomber avec lui, chacun de son côté, à la renverse. Il lui est arrivé plusieurs fois de se trouver tête pour tête [2] à la rencontre d'un prince et sur son passage, se reconnaître à peine, et n'avoir que le loisir de se coller à un mur pour lui faire place. Il cherche, il brouille [3], il crie, il s'échauffe, il appelle ses valets l'un après l'autre : *on lui perd tout, on lui égare tout* : il demande ses gants qu'il a dans ses mains, semblable à cette femme qui prenait le temps de demander son masque, lorsqu'elle l'avait sur son visage. Il entre à l'appartement [4], et passe sous un lustre où sa perruque s'accroche et demeure suspendue: tous les courtisans regardent et rient; Ménalque regarde aussi et rit plus haut que les autres; il cherche des yeux, dans toute l'assemblée, où est celui qui montre ses oreilles et à qui il manque une perruque. S'il va par la ville, après avoir fait quelque chemin, il se croit égaré, il s'émeut, et il demande où il est à des passants, qui lui disent précisément le nom de sa rue. Il entre ensuite dans sa maison, d'où il sort précipitamment, croyant qu'il s'est trompé. Il descend du palais; et, trouvant au bas du grand

distraction. Ils ne sauraient être en trop grand nombre, s'ils sont agréables; car les goûts étant différents, on a à choisir. (*Note de la Bruyère.*) C'est le duc de Brancas qui a fourni la plupart des faits que cite la Bruyère; quelques traits appartiennent à l'abbé de Mauroy, aumônier de M<sup>lle</sup> de Montpensier; quelques autres, au prince de la Roche-sur-Yon, qui fut plus tard duc de Conti.

1. Chausses, sorte de culotte.
2. Face à face.
3. Il mêle tout, il met tout pêle-mêle.
4. L'appartement du roi, au palais de Versailles : expression consacrée.

degré ¹ un carrosse qu'il prend pour le sien, il se met dedans : le cocher touche et croit remener son maître dans sa maison. Ménalque se jette hors de la portière, traverse la cour, monte l'escalier, parcourt l'antichambre, la chambre, le cabinet ; tout lui est familier, rien ne lui est nouveau : il s'assied, il se repose, il est chez soi. Le maître arrive : celui-ci se lève pour le recevoir ; il le traite fort civilement, le prie de s'asseoir, et croit faire les honneurs de sa chambre ; il parle, il rêve, il reprend la parole : le maître de la maison s'ennuie et demeure étonné ; Ménalque ne l'est pas moins, et ne dit pas ce qu'il en pense ; il a affaire à un fâcheux, à un homme oisif, qui se retirera à la fin ; il l'espère, et il prend patience : la nuit arrive qu'il est à peine détrompé. Une autre fois, il rend visite à une femme ; et, se persuadant bientôt que c'est lui qui la reçoit, il s'établit dans son fauteuil, et ne songe nullement à l'abandonner : il trouve ensuite que cette dame fait ses visites longues ; il attend à tout moment qu'elle se lève et le laisse en liberté ; mais comme cela tire en longueur, qu'il a faim, et que la nuit est déjà avancée, il la prie à souper : elle rit, et si haut, qu'elle le réveille. Lui-même se marie le matin, et l'oublie le soir ; quelques années après, il perd sa femme, elle meurt entre ses bras, il assiste à ses obsèques, et, le lendemain, quand on lui vient dire qu'on a servi, il demande si sa femme est prête et si elle est avertie. C'est lui encore qui entre dans une église, et, prenant l'aveugle qui est collé à la porte pour un pilier, et sa tasse pour le bénitier, y plonge la main, la porte à son front, lorsqu'il entend tout d'un coup le pilier qui parle, et qui lui offre des oraisons ². Il s'avance dans la nef ; il croit voir un prie-Dieu, il se jette lourdement dessus : la machine plie, s'enfonce, et fait des efforts pour crier ; Ménalque est surpris de se voir à genoux sur les jambes d'un fort petit homme, appuyé sur son dos, les deux bras passés sur ses épaules, et ses deux mains jointes et étendues qui lui prennent le nez et lui ferment la bouche ; il se retire confus, et va s'agenouiller ailleurs. Il tire un livre pour faire sa prière, et c'est sa pantoufle qu'il a prise pour ses heures, et qu'il a mise dans sa poche avant que

---

1. Du grand escalier. Il s'agit du Palais de justice.
2. « Les aveugles offrent de dire l'antienne et l'oraison d'un saint à l'intention de ceux qui leur donnent l'aumône. » (*Dict. de Trévoux.*)

de sortir. Il n'est pas hors de l'église qu'un homme de livrée court après lui, le joint, lui demande en riant s'il n'a point la pantoufle de monseigneur ; Ménalque lui montre la sienne, et lui dit : « *Voilà toutes les pantoufles que j'ai sur moi ;* » il se fouille néanmoins, et tire celle de l'évêque de\*\*\*, qu'il vient de quitter, qu'il a trouvé malade auprès de son feu, et dont, avant de prendre congé de lui, il a ramassé la pantoufle, comme l'un de ses gants qui était à terre : ainsi Ménalque s'en retourne chez soi avec une pantoufle de moins. Il a une fois perdu au jeu tout l'argent qui est dans sa bourse, et, voulant continuer de jouer, il entre dans son cabinet, ouvre une armoire, y prend sa cassette, en tire ce qu'il lui plaît, croit la remettre où il l'a prise : il entend aboyer dans son armoire qu'il vient de fermer ; étonné de ce prodige, il l'ouvre une seconde fois, et il éclate de rire d'y voir son chien, qu'il a serré pour sa cassette. Il joue au trictrac, il demande à boire, on lui en apporte ; c'est à lui à jouer : il tient le cornet d'une main et un verre de l'autre ; et comme il a une grande soif, il avale les dés et presque le cornet, jette le verre d'eau dans le trictrac, et inonde celui contre qui il joue. Et dans une chambre où il est familier, il crache sur le lit et jette son chapeau à terre, en croyant faire tout le contraire. Il se promène sur l'eau, et il demande quelle heure il est : on lui présente une montre ; à peine l'a-t-il reçue, que, ne songeant plus ni à l'heure ni à la montre, il la jette dans la rivière, comme une chose qui l'embarrasse. Lui-même écrit une longue lettre, met de la poudre dessus à plusieurs reprises, et jette toujours la poudre dans l'encrier. Ce n'est pas tout : il écrit une seconde lettre ; et, après les avoir cachetées toutes deux, il se trompe à l'adresse ; un duc et pair reçoit l'une de ces deux lettres, et, en l'ouvrant, y lit ces mots : *Maître Olivier, ne manquez, sitôt la présente reçue, de m'envoyer ma provision de foin...* Son fermier reçoit l'autre, il l'ouvre, et se la fait lire ; on y trouve : *Monseigneur, j'ai reçu avec une soumission aveugle les ordres qu'il a plu à Votre Grandeur...* Lui-même encore écrit une lettre pendant la nuit, et, après l'avoir cachetée, il éteint sa bougie ; il ne laisse pas d'être surpris de ne *voir goutte* [1], et il sait à peine comment cela

1. La Bruyère souligné cette expression parce qu'elle était alors peu employée.

est arrivé. Ménalque descend l'escalier du Louvre ; un autre le monte, à qui il dit : *C'est vous que je cherche* ; il le prend par la main, le fait descendre avec lui, traverse plusieurs cours, entre dans les salles, en sort ; il va, il revient sur ses pas : il regarde enfin celui qu'il traîne après soi depuis un quart d'heure ; il est étonné que ce soit lui ; il n'a rien à lui dire ; il lui quitte la main, et tourne d'un autre côté. Souvent il vous interroge, et il est déjà bien loin de vous quand vous songez à lui répondre ; ou bien il vous demande en courant comment se porte votre père, et, comme vous lui dites qu'il est fort mal, il vous crie qu'il en est bien aise. Il vous trouve quelque autre fois sur son chemin : *Il est ravi de vous rencontrer ; il sort de chez vous pour vous entretenir d'une certaine chose.* Il contemple votre main : *Vous avez là*, dit-il, *un beau rubis ; est-il balais* [1] *?* Il vous quitte et continue sa route : voilà l'affaire importante dont il avait à vous parler. Se trouve-t-il en campagne [2], il dit à quelqu'un qu'il le trouve [3] heureux d'avoir pu se dérober à la cour pendant l'automne, et d'avoir passé dans ses terres tout le temps de Fontainebleau ; il tient à d'autres d'autres discours ; puis, revenant à celui-ci : « Vous avez eu, lui dit-il, de beaux jours à Fontainebleau ; vous y avez sans doute beaucoup chassé. » Il commence ensuite un conte qu'il oublie d'achever ; il rit en lui-même, il éclate d'une chose qui lui passe par l'esprit, il répond à sa pensée, il chante entre ses dents, il siffle, il se renverse dans une chaise, il pousse un cri plaintif, il bâille, il se croit seul. S'il se trouve à un repas, on voit le pain se multiplier insensiblement sur son assiette : il est vrai que ses voisins en manquent, aussi bien que de couteaux et de fourchettes, dont il ne les laisse pas jouir longtemps. On a inventé aux tables une grande cuiller pour la commodité du service : il la prend, la plonge dans le plat, l'emplit, la porte à sa bouche, et il ne sort pas d'étonnement de voir répandu sur son linge et sur

---

1. Rubis balais, variété de rubis couleur de vin paillet.... ainsi dit de *Balakschan, Balaschan*, dans le voisinage de Samarcande.

2. A la campagne. Autrefois les meilleurs écrivains disaient, comme la Bruyère, *en campagne*. « Une petite maison qu'il avait *en campagne*. » (Hamilt., *Cheval. de Gramm.*, ch. iv.) « Le printemps n'est pas si agréable *en campagne* que tu penses. » (J.-J. Rouss.)

3. Cette répétition de *trouve* est une négligence.

ses habits le potage qu'il vient d'avaler. Il oublie de boire pendant tout le dîner, ou, s'il s'en souvient, et qu'il trouve que l'on lui donne trop de vin, il en *flaque*[1] plus de la moitié au visage de celui qui est à sa droite ; il boit le reste tranquillement, et ne comprend pas pourquoi tout le monde éclate de rire de ce qu'il a jeté à terre ce qu'on lui a versé de trop. Il est un jour retenu au lit pour quelque incommodité : on lui rend visite ; il y a un cercle d'hommes et de femmes dans sa ruelle qui l'entretiennent ; et, en leur présence, il soulève sa couverture et crache dans ses draps. On le mène aux Chartreux ; on lui fait voir un cloître orné d'ouvrages, tous de la main d'un excellent peintre[2] ; le religieux qui les lui explique parle de SAINT BRUNO, du chanoine et de son aventure[3], en fait une longue histoire, et la montre dans l'un de ses tableaux. Ménalque, qui pendant la narration est hors du cloître, et bien loin au delà, y revient enfin, et demande au père si c'est le chanoine ou saint Bruno qui est damné. Il se trouve par hasard avec une jeune veuve ; il lui parle de

1. *Flaquer*, qui se dit familièrement pour signifier jeter avec force un liquide, paraît être une onomatopée de *flac*, bruit de l'eau qui tombe par terre. La Bruyère souligne cette expression, très-peu usitée alors, et qui ne l'est pas encore beaucoup aujourd'hui.

2. D'Eustache Lesueur (1617-1655), qui avait peint pour le cloître des Chartreux, près du Luxembourg, à Paris, vingt-deux-tableaux qui représentaient l'histoire de saint Bruno. La plus grande partie de ces tableaux est au Louvre.

3. Voici ce qu'on lit dans la vie de saint Bruno, fondateur de l'ordre des Chartreux. « Assistant à l'enterrement d'un théologien fameux, nommé Raymond Diocrès, comme on disait ces mots de la quatrième leçon : *Responde mihi*, le mort leva la tête hors du cercueil, qui était ouvert selon la coutume, et répondit d'une voix épouvantable : « Je « suis accusé par un juste jugement de Dieu. » On remit la sépulture au lendemain, soit par effroi, soit pour s'assurer de la réalité de la mort. Mais le lendemain, et aux mêmes paroles de l'office, il répondit encore : « Je suis jugé par un juste jugement de Dieu. » Enfin le troisième jour, au milieu d'une foule immense attirée par le miracle funèbre, il dit : « Je suis condamné par un juste jugement de Dieu. » Saint Bruno, alors chanoine de la cathédrale de Reims, avait fait vœu de renoncer au monde pour prendre l'habit religieux. Le prodige dont il fut témoin le détermina à ne pas différer l'exécution de la promesse qu'il avait faite au Saint-Esprit. »

L'aventure à laquelle la Bruyère fait allusion a été retracée dans le troisième tableau de Lesueur.

son défunt mari, lui demande comment il est mort. Cette femme, à qui ce discours renouvelle ses douleurs, pleure, sanglote, et ne laisse pas de reprendre tous les détails de la maladie de son époux, qu'elle conduit depuis la veille de sa fièvre, qu'il se portait bien, jusqu'à l'agonie. « Madame, lui demande Ménalque, qui l'avait apparemment écoutée avec attention, *n'aviez-vous que celui-là?* » Il s'avise un matin de faire tout hâter dans sa cuisine; il se lève avant le fruit [1], et prend congé de la compagnie : on le voit ce jour-là en tous les endroits de la ville, hormis en celui où il a donné un rendez-vous précis pour cette affaire qui l'a empêché de dîner, et l'a fait sortir à pied, de peur que son carrosse ne le fît attendre. L'entendez-vous crier, gronder, s'emporter contre l'un de ses domestiques? il est étonné de ne le point voir : « Où peut-il être? dit-il; que fait-il? qu'est-il devenu? qu'il ne se présente plus devant moi, je le chasse dès à cette heure. » Le valet arrive, à qui il demande fièrement d'où il vient; il lui répond qu'il vient de l'endroit où il l'a envoyé, et il lui rend un fidèle compte de sa commission. Vous le prendriez souvent pour tout ce qu'il n'est pas : pour un stupide, car il n'écoute point, et il parle encore moins; pour un fou, car, outre qu'il parle tout seul, il est sujet à de certaines grimaces et à des mouvements de tête involontaires ; pour un homme fier et incivil, car vous le saluez, et il passe sans vous regarder, ou il vous regarde sans vous rendre le salut ; pour un inconsidéré, car il parle de banqueroute au milieu d'une famille où il y a cette tache ; d'exécution et d'échafaud devant un homme dont le père y a monté; de roture devant des roturiers qui sont riches et qui se donnent pour nobles. Il a pris la résolution de marier son fils à la fille d'un homme d'affaires, et il ne laisse pas de dire de temps en temps, en parlant de sa maison et de ses ancêtres, que les Ménalque ne se sont jamais mésalliés. Enfin, il n'est ni présent ni attentif dans une compagnie à ce qui fait le sujet de la conversation. Il pense et il parle tout à la fois ; mais la chose dont il parle est rarement celle à laquelle il pense, aussi ne parle-t-il guère conséquemment et avec suite : où il dit *non*, souvent il faut dire *oui*, et où il dit *oui*, croyez qu'il veut dire *non*. Il a, en vous répondant si juste, les yeux fort ouverts, mais il

---

1. Il se lève de table avant le dessert.

ne s'en sert point : il ne regarde ni vous ni personne, ni rien qui soit au monde ; tout ce que vous pouvez tirer de lui, et encore dans le temps qu'il est le plus appliqué et d'un meilleur commerce, ce sont ces mots : *Oui vraiment; C'est vrai; Bon! Tout de bon? Oui da! Je pense qu'oui; Assurément; Ah! ciel!* et quelques autres monosyllabes qui ne sont pas même placés à propos. Jamais aussi il n'est avec ceux avec qui il paraît être : il appelle sérieusement son laquais *monsieur*, et son ami, il l'appelle *la Verdure* : il dit *Votre Révérence* à un prince du sang, et *Votre Altesse* à un jésuite. Il entend la messe : le prêtre vient à éternuer ; il lui dit : *Dieu vous assiste.* Il se trouve avec un magistrat : cet homme, grave par son caractère, vénérable par son âge et par sa dignité, l'interroge sur un événement, et lui demande si cela est ainsi ; Ménalque lui répond : *Oui, mademoiselle.* Il revient une fois de la campagne : ses laquais en livrée entreprennent de le voler et y réussissent ; ils descendent de son carrosse, lui portent un bout de flambeau sous la gorge, lui demandent la bourse, et il la rend. Arrivé chez soi, il raconte son aventure à ses amis, qui ne manquent pas de l'interroger sur les circonstances, et il leur dit : *Demandez à mes gens, ils y étaient.*

¶ L'incivilité n'est pas un vice de l'âme, elle est l'effet de plusieurs vices : de la sotte vanité, de l'ignorance de ses devoirs, de la paresse, de la stupidité, de la distraction, du mépris des autres, de la jalousie. Pour ne se répandre que sur les dehors, elle n'en est que plus haïssable [1], parce que c'est toujours un défaut visible et manifeste. Il est vrai cependant qu'il offense plus ou moins, selon la cause qui le produit.

¶ Dire d'un homme colère, inégal, querelleux [2], chagrin, pointilleux, capricieux : « c'est son humeur, » n'est pas l'excuser, comme on le croit, mais avouer, sans y penser, que de si grands défauts sont irrémédiables.

Ce qu'on appelle humeur est une chose trop négligée parmi les hommes : ils devraient comprendre qu'il ne leur suffit pas d'être bons, mais qu'ils doivent encore paraître tels, du

---

1. Elle ne se répand que sur les dehors, mais elle n'en est que plus haïssable....

2. Au dix-septième siècle, on disait également *querelleur* et *querelleux*.

moins s'ils tendent à être sociables, capables d'union et de commerce, c'est-à-dire à être des hommes. L'on n'exige pas des âmes malignes qu'elles aient de la douceur et de la souplesse ; elle ne leur manque jamais, et elle leur sert de piége pour surprendre les simples, et pour faire valoir leurs artifices : l'on désirerait de ceux qui ont un bon cœur qu'ils fussent toujours pliants, faciles, complaisants, et qu'il fût moins vrai quelquefois que ce sont les méchants qui nuisent, et les bons qui font souffrir.

¶ Le commun des hommes va de la colère à l'injure ; quelques-uns en usent autrement : ils offensent, et puis ils se fâchent : la surprise où l'on est toujours de ce procédé ne laisse pas de place au ressentiment.

¶ Les hommes ne s'attachent pas assez à ne point manquer les occasions de faire plaisir : il semble que l'on n'entre dans un emploi que pour pouvoir obliger et n'en rien faire ; la chose la plus prompte et qui se présente d'abord, c'est le refus, et l'on n'accorde que par réflexion.

¶ Sachez précisément ce que vous pouvez attendre des hommes en général, et de chacun d'eux en particulier ; et jetez-vous ensuite dans le commerce du monde.

¶ Si la pauvreté est la mère des crimes, le défaut d'esprit en est le père.

¶ Il est difficile qu'un fort malhonnête homme ait assez d'esprit : un génie qui est droit et perçant conduit enfin à la règle, à la probité, à la vertu. Il manque du sens et de la pénétration à celui qui s'opiniâtre dans le mauvais comme dans le faux : l'on cherche en vain à le corriger par des traits de satire qui le désignent aux autres, et où il ne se reconnaît pas lui-même ; ce sont des injures dites à un sourd. Il serait désirable, pour le plaisir des honnêtes gens et pour la vengeance publique, qu'un coquin ne le fût pas au point d'être privé de tout sentiment.

¶ Il y a des vices que nous ne devons à personne, que nous apportons en naissant, et que nous fortifions par l'habitude ; il y en a d'autres que l'on contracte, et qui nous sont étrangers. L'on est né quelquefois avec des mœurs faciles, de la complaisance, tout le désir de plaire ; mais, par les traitements que l'on reçoit de ceux avec qui l'on vit ou de qui l'on dépend, l'on est bientôt jeté hors de ses mesures, et même de son naturel ; l'on a des chagrins et une bile que l'on ne se connaissait point, l'on se voit une autre complexion, l'on est enfin étonné de se trouver dur et épineux.

¶ L'on demande pourquoi tous les hommes ensemble ne composent pas comme une seule nation et n'ont point voulu parler une même langue, vivre sous les mêmes lois, convenir entre eux des mêmes usages et d'un même culte ; et moi, pensant à la contrariété des esprits, des goûts et des sentiments, je suis étonné de voir jusques à sept ou huit personnes se rassembler sous un même toit, dans une même enceinte, et composer une seule famille.

¶ Il y a d'étranges pères, et dont toute la vie ne semble occupée qu'à préparer à leurs enfants des raisons de se consoler de leur mort.

¶ Tout est étranger dans l'humeur, les mœurs et les manières de la plupart des hommes. Tel a vécu pendant toute sa vie chagrin, emporté, avare, rampant, soumis, laborieux, intéressé, qui était né gai, paisible, paresseux, magnifique, d'un courage[1] fier, et éloigné de toute bassesse : les besoins de la vie, la situation où l'on se trouve, la loi de la nécessité, forcent la nature et y causent ces grands changements. Ainsi tel homme au fond et en lui-même ne se peut définir : trop de choses qui sont hors de lui l'altèrent, le changent, le bouleversent ; il n'est point précisément ce qu'il est ou ce qu'il paraît être.

¶ La vie est courte et ennuyeuse ; elle se passe toute à désirer : l'on remet à l'avenir son repos et ses joies, à cet âge souvent où les meilleurs biens ont déjà disparu, la santé et la jeunesse. Ce temps arrive, qui nous surprend encore dans les désirs : on en est là, quand la fièvre nous saisit et nous éteint ; si l'on eût guéri, ce n'était que pour désirer plus longtemps[2].

---

1. D'un cœur.... *animus*. Voir notre *Lexique de Corneille*.
2. « Nous ne sommes jamais chez nous ; nous sommes toujours au delà : la crainte, le désir, l'espérance, nous eslancent vers l'advenir, et nous desrobbent le sentiment et la considération de ce qui est, pour nous amuser à ce qui sera, voire quand nous ne serons plus. » (Montaigne, *Essais*, 1, 3.) — « Le présent ne nous satisfaisant jamais, l'espérance nous pipe, et de malheur en malheur nous mène jusqu'à la mort, qui en est un comble éternel. » (Pascal.) — « Que chacun examine ses pensées, avait encore dit Pascal, il les trouvera toujours occupées au passé et à l'avenir. Nous ne pensons presque point au

¶ Lorsqu'on désire, on se rend à discrétion à celui de qui l'on espère : est-on sûr d'avoir, on temporise, on parlemente, on capitule.

¶ Il est si ordinaire à l'homme de n'être pas heureux, et si essentiel à tout ce qui est un bien d'être acheté par mille peines, qu'une affaire qui se rend facile devient suspecte. L'on comprend à peine, ou que ce qui coûte si peu puisse nous être fort avantageux, ou qu'avec des mesures justes l'on doive si aisément parvenir à la fin que l'on se propose. L'on croit mériter les bons succès, mais n'y devoir compter que fort rarement.

¶ L'homme qui dit qu'il n'est pas né heureux pourrait du moins le devenir par le bonheur de ses amis ou de ses proches. L'envie lui ôte cette dernière ressource.

¶ Quoi que j'aie pu dire ailleurs [1], peut-être que les affligés ont tort : les hommes semblent être nés pour l'infortune, la douleur et la pauvreté ; peu en échappent ; et comme toute disgrâce peut leur arriver, ils devraient être préparés à toute disgrâce.

¶ Les hommes ont tant de peine à s'approcher [2] sur les affaires, sont si épineux sur les moindres intérêts, si hérissés de difficultés, veulent si fort tromper et si peu être trompés, mettent si haut ce qui leur appartient, et si bas ce qui appartient aux autres, que j'avoue que je ne sais par où et comment se peuvent conclure les mariages, les contrats, les acquisitions, la paix, la trêve, les traités, les alliances.

¶ A quelques-uns l'arrogance tient lieu de grandeur, l'inhumanité de fermeté, et la fourberie d'esprit.

Les fourbes croient aisément que les autres le sont ; ils ne peuvent guère être trompés, et ils ne trompent pas longtemps.

présent ; et, si nous y pensons, ce n'est que pour en prendre la lumière, pour disposer de l'avenir. Le présent n'est jamais notre fin : le passé et le présent sont nos moyens, le seul avenir est notre fin. Ainsi nous ne vivons jamais, mais nous espérons de vivre ; et, nous disposant toujours à être heureux, il est inévitable que nous ne le soyons jamais. »

« Nous ne vivons jamais, nous attendons la vie. » (V. Hugo.)

1. Voyez page 82 : « Combien de belles et inutiles raisons.... »
2. A s'entendre.

Je me rachèterai toujours fort volontiers d'être fourbe par être [1] stupide et passer pour tel.

On ne trompe point en bien : la fourberie ajoute la malice au mensonge.

¶ S'il y avait moins de dupes, il y aurait moins de ce qu'on appelle des hommes fins ou entendus, et de ceux qui tirent autant de vanité que de distinction d'avoir su, pendant tout le cours de leur vie, tromper les autres. Comment voulez-vous qu'*Érophile*, à qui le manque de parole, les mauvais offices, la fourberie, bien loin de nuire, ont mérité des grâces et des bienfaits de ceux mêmes qu'il a ou manqué de servir ou désobligés, ne présume pas infiniment de soi et de son industrie ?

¶ L'on n'entend, dans les places et dans les rues des grandes villes, et de la bouche de ceux qui passent, que les mots d'*exploit*, de *saisie*, d'*interrogatoire*, de *promesse*, et de *plaider contre sa promesse*. Est-ce qu'il n'y aurait pas dans le monde la plus petite équité ? Serait-il, au contraire, rempli de gens qui demandent froidement ce qui ne leur est pas dû, ou qui refusent nettement de rendre ce qu'ils doivent ?

Parchemins inventés pour faire souvenir ou pour convaincre les hommes de leur parole : honte de l'humanité !

Otez les passions, l'intérêt, l'injustice, quel calme dans les plus grandes villes ! Les besoins et la subsistance n'y font pas le tiers de l'embarras.

¶ Rien n'engage tant un esprit raisonnable à supporter tranquillement des parents et des amis les torts qu'ils ont à son égard, que la réflexion qu'il fait sur les vices de l'humanité, et combien il est pénible aux hommes d'être constants, généreux, fidèles, d'être touchés d'une amitié plus forte que leur intérêt [2]. Comme il connaît leur portée, il n'exige point d'eux qu'ils pénètrent les corps, qu'ils volent dans l'air, qu'ils aient de l'équité [3]. Il peut haïr les hommes en général, où il

---

1. Cette tournure, qu'on a eu tort d'abandonner, se rencontre très-fréquemment chez les bons auteurs.

2. Être *touché* de tel ou tel sentiment, expression très-usitée à cette époque. « Je suis *touché* d'un sentiment de joie quand je vois, etc , » écrit Fénelon. On était *touché* de passion, d'admiration, de reconnaissance, etc.

3. Exagération qui ferait croire que l'équité est absolument impossible à l'homme.

y a si peu de vertu ; mais il excuse les particuliers, il les aime même par des motifs plus relevés, et il s'étudie à mériter le moins qu'il se peut une pareille indulgence.

¶ Il y a de certains biens que l'on désire avec emportement, et dont l'idée seule nous enlève et nous transporte. S'il nous arrive de les obtenir, on les sent plus tranquillement qu'on ne l'eût pensé, on en jouit moins que l'on n'aspire encore à de plus grands.

¶ Il y a des maux effroyables et d'horribles malheurs où[1] l'on n'ose penser, et dont la seule vue fait frémir. S'il arrive que l'on y tombe, l'on se trouve des ressources que l'on ne se connaissait point, l'on se roidit contre son infortune, et l'on fait mieux qu'on ne l'espérait.

¶ Il ne faut quelquefois qu'une jolie maison dont on hérite, qu'un beau cheval ou un joli chien dont on se trouve le maître, qu'une tapisserie, qu'une pendule, pour adoucir une grande douleur, et pour faire moins sentir une grande perte.

¶ Je suppose que les hommes soient éternels sur la terre, et je médite ensuite sur ce qui pourrait me faire connaître qu'ils se feraient alors une plus grande affaire de leur établissement qu'ils ne s'en font dans l'état où sont les choses.

¶ Si la vie est misérable, elle est pénible à supporter ; si elle est heureuse, il est horrible de la perdre ; l'un revient à l'autre.

¶ Il n'y a rien que les hommes aiment mieux à conserver et qu'ils ménagent moins, que leur propre vie.

¶ *Irène* se transporte à grands frais en [2] Epidaure, voit Esculape dans son temple, et le consulte sur tous ses maux. D'abord elle se plaint qu'elle est lasse et recrue de fatigue ; et le dieu prononce que cela lui arrive par la longueur du chemin qu'elle vient de faire. Elle dit qu'elle est le soir sans appétit ; l'oracle lui ordonne de dîner peu. Elle ajoute qu'elle est sujette à des insomnies ; et il lui prescrit de n'être au lit que pendant la nuit. Elle lui demande pourquoi elle devient pesante, et quel remède ; l'oracle répond qu'elle doit se lever avant midi, et quelquefois se servir de ses jambes pour mar-

---

1. Auxquels.
2. Voir dans notre *Lexique de Corneille* de nombreux exemples de la préposition *en* devant un nom de ville.

cher. Elle lui déclare que le vin lui est nuisible : l'oracle lui dit de boire de l'eau ; qu'elle a des indigestions, et il ajoute qu'elle fasse diète. « Ma vue s'affaiblit, dit Irène. — Prenez des lunettes, dit Esculape. — Je m'affaiblis moi-même, continue-t-elle, et je ne suis ni si forte ni si saine que j'ai été. — C'est, dit le dieu, que vous vieillissez. — Mais quel moyen de guérir de cette langueur ? — Le plus court, Irène, c'est de mourir, comme ont fait votre mère et votre aïeule. — Fils d'Apollon, s'écrie Irène, quel conseil me donnez-vous ? Est-ce là toute cette science que les hommes publient, et qui vous fait révérer de toute la terre ? Que m'apprenez-vous de rare et de mystérieux ? Et ne savais-je pas tous ces remèdes que vous m'enseignez ? — Que n'en usiez-vous donc, répond le dieu, sans venir me chercher de si loin, et abréger vos jours par un long voyage [1] ? »

¶ La mort n'arrive qu'une fois, et se fait sentir à tous les moments de la vie : il est plus dur de l'appréhender que de la souffrir [2] ?

¶ L'inquiétude, la crainte, l'abattement, n'éloignent pas la mort, au contraire : je doute seulement que le ris excessif convienne aux hommes, qui sont mortels.

« Ce qu'il y a de certain dans la mort est un peu adouci par ce qui est incertain ; c'est un indéfini dans le temps, qui tient quelque chose de l'infini et de ce qu'on appelle éternité [3].

¶ Pensons que, comme nous soupirons présentement pour la florissante jeunesse qui n'est plus et ne reviendra point, la caducité suivra, qui nous fera regretter l'âge viril où nous sommes encore, et que nous n'estimons pas assez.

¶ L'on craint la vieillesse, que l'on n'est pas sûr de pouvoir atteindre.

¶ L'on espère de vieillir, et l'on craint la vieillesse; c'est-à-dire l'on aime la vie, et l'on fuit la mort.

---

1. L'on tint ce discours à M$^{me}$ de Montespan, suivant les clefs, aux eaux de Bourbon, où elle allait souvent pour des maladies imaginaires.

2. « La mort est plus aisée à supporter sans y penser que la pensée de la mort sans péril. » (PASCAL.)

3. *Indéfini* signifie ce qui n'a pas de bornes certaines et déterminées, *infini* ce qui n'a pas de fin, l'éternité. Cette distinction a été établie par Descartes qui voulait qu'on dît : « La bonté *infinie* de Dieu, une quantité *indéfinie* d'étoiles. »

¶ C'est plus tôt fait de céder à la nature et de craindre la mort, que de faire de continuels efforts, s'armer de raisons et de réflexions, et être continuellement aux prises avec soi-même, pour ne la pas craindre.

¶ Si de tous les hommes les uns mouraient, les autres non, ce serait une désolante affliction que de mourir.

¶ Une longue maladie semble être placée entre la vie et la mort, afin que la mort même devienne un soulagement et à ceux qui meurent et à ceux qui restent.

¶ A parler humainement, la mort a un bel endroit, qui est de mettre fin à la vieillesse.

La mort qui prévient la caducité arrive plus à propos que celle qui la termine.

¶ Le regret qu'ont les hommes du mauvais emploi du temps qu'ils ont déjà vécu, ne les conduit pas toujours à faire de celui qui leur reste à vivre un meilleur usage.

¶ La vie est un sommeil. Les vieillards sont ceux dont le sommeil a été plus long : ils ne commencent à se réveiller que quand il faut mourir. S'ils repassent alors sur tout le cours de leurs années, ils ne trouvent souvent ni vertus ni actions louables qui les distinguent les unes des autres, ils confondent leurs différents âges, ils n'y voient rien qui marque assez pour mesurer le temps qu'ils ont vécu. Ils ont eu un songe confus, informe, et sans aucune suite ; ils sentent néanmoins, comme ceux qui s'éveillent, qu'ils ont dormi longtemps.

¶ Il n'y a pour l'homme que trois événements : naître, vivre et mourir : il ne se sent pas naître, il souffre à mourir, et il oublie de vivre.

¶ Il y a un temps où la raison n'est pas encore, où l'on ne vit que par instinct, à la manière des animaux, et dont il ne reste dans la mémoire aucun vestige. Il y a un second temps où la raison se développe, où elle est formée, et où elle pourrait agir, si elle n'était pas obscurcie et comme éteinte par les vices de la complexion, et par un enchaînement de passions qui se succèdent les unes aux autres, et conduisent jusques au troisième et dernier âge. La raison, alors dans sa force, devrait produire ; mais elle est refroidie et ralentie par les années, par la maladie et la douleur, déconcertée ensuite par le désordre de la machine, qui est dans son déclin : et ces temps néanmoins sont la vie de l'homme !

¶ Les enfants sont hautains, dédaigneux, colères, envieux,

curieux, intéressés, paresseux, volages, timides, intempérants, menteurs, dissimulés ; ils rient et pleurent facilement; ils ont des joies immodérées et des afflictions amères sur de très-petits sujets ; ils ne veulent point souffrir de mal, et aiment à en faire : ils sont déjà des hommes.

¶ Les enfants n'ont ni passé ni avenir, et, ce qui ne nous arrive guère, ils jouissent du présent.

¶ Le caractère de l'enfance paraît unique ; les mœurs, dans cet âge, sont assez les mêmes, et ce n'est qu'avec une curieuse attention qu'on en pénètre la différence : elle augmente avec la raison, parce qu'avec celle-ci croissent les passions et les vices, qui seuls rendent les hommes si dissemblables entre eux, et si contraires à eux-mêmes.

¶ Les enfants ont déjà de leur âme l'imagination et la mémoire, c'est-à-dire ce que les vieillards n'ont plus, et ils en tirent un merveilleux usage pour leurs petits jeux et pour tous leurs amusements : c'est par elles qu'ils répètent ce qu'ils ont entendu dire, qu'ils contrefont ce qu'ils ont vu faire ; qu'ils sont de tous métiers, soit qu'ils s'occupent en effet à mille petits ouvrages, soit qu'ils imitent les divers artisans par le mouvement et par le geste ; qu'ils se trouvent à un grand festin, et y font bonne chère ; qu'ils se transportent dans des palais et dans des lieux enchantés ; que, bien que seuls, ils se voient un riche équipage et un grand cortége ; qu'ils conduisent des armées, livrent bataille, et jouissent du plaisir de la victoire ; qu'ils parlent aux rois et aux plus grands princes ; qu'ils sont rois eux-mêmes, ont des sujets, possèdent des trésors qu'ils peuvent faire de feuilles d'arbres ou de grains de sable, et, ce qu'ils ignorent dans la suite de leur vie, savent, à cet âge, être les arbitres de leur fortune, et les maîtres de leur propre félicité.

¶ Il n'y a nuls vices extérieurs et nuls défauts du corps qui ne soient aperçus par les enfants ; ils les saisissent d'une première vue, et ils savent les exprimer par des mots convenables : on ne nomme point plus heureusement. Devenus hommes, ils sont chargés, à leur tour, de toutes les imperfections dont ils se sont moqués.

L'unique soin des enfants est de trouver l'endroit faible de leurs maîtres, comme de tous ceux à qui ils sont soumis : dès qu'ils ont pu les entamer, ils gagnent le dessus, et prennent sur eux un ascendant qu'ils ne perdent plus. Ce qui nous fait déchoir une première fois de cette supériorité à leur égard, est toujours ce qui nous empêche de la recouvrer.

¶ La paresse, l'indolence et l'oisiveté, vices si naturels aux enfants, disparaissent dans leurs jeux, où ils sont vifs, appliqués, exacts, amoureux des règles et de la symétrie, où ils ne se pardonnent nulle faute les uns aux autres, et recommencent eux-mêmes plusieurs fois une seule chose qu'ils ont manquée : présages certains qu'ils pourront un jour négliger leurs devoirs, mais qu'ils n'oublieront rien pour leurs plaisirs.

¶ Aux enfants tout paraît grand, les cours, les jardins, les édifices, les meubles, les hommes, les animaux : aux hommes les choses du monde paraissent ainsi, et j'ose dire par la même raison, parce qu'ils sont petits.

¶ Les enfants commencent entre eux par l'état populaire ; chacun y est le maître ; et, ce qui est bien naturel, ils ne s'en accommodent pas longtemps, et passent au monarchique. Quelqu'un se distingue, ou par une plus grande vivacité, ou par une meilleure disposition du corps, ou par une connaissance plus exacte des jeux différents et des petites lois qui les composent ; les autres lui défèrent, et il se forme alors un gouvernement absolu qui ne roule que sur le plaisir.

¶ Qui doute que les enfants ne conçoivent, qu'ils ne jugent, qu'ils ne raisonnent conséquemment ? Si c'est seulement sur de petites choses, c'est qu'ils sont enfants, et sans une longue expérience ; et si c'est en mauvais termes, c'est moins leur faute que celle de leurs parents ou de leurs maîtres.

¶ C'est perdre toute confiance dans l'esprit des enfants, et leur devenir inutile, que de les punir des fautes qu'ils n'ont point faites, ou même sévèrement de celles qui sont légères. Ils savent précisément et mieux que personne ce qu'ils méritent, et ils ne méritent guère que ce qu'ils craignent : ils connaissent si c'est à tort ou avec raison qu'on les châtie, et ne se gâtent pas moins par des peines mal ordonnées que par l'impunité.

¶ On ne vit point assez pour profiter de ses fautes : on en commet pendant tout le cours de sa vie ; et tout ce que l'on peut faire à force de faillir, c'est de mourir corrigé.

¶ Il n'y a rien qui rafraîchisse le sang comme d'avoir su éviter de faire une sottise.

¶ Les fautes des sots sont quelquefois si lourdes et si difficiles à prévoir, qu'elles mettent les sages en défaut, et ne sont utiles qu'à ceux qui les font.

¶ L'esprit de parti abaisse les plus grands hommes jusques aux petitesses du peuple.

¶ Nous faisons, par vanité ou par bienséance, les mêmes choses et avec les mêmes dehors que nous les ferions par inclination ou par devoir. Tel vient de mourir à Paris de la fièvre qu'il a gagnée à veiller sa femme, qu'il n'aimait point[1].

¶ Les hommes, dans le cœur, veulent être estimés, et ils cachent avec soin l'envie qu'ils ont d'être estimés, parce que les hommes veulent passer pour vertueux, et que vouloir tirer de la vertu tout autre avantage que la même vertu[2], je veux dire l'estime et les louanges, ce ne serait plus être vertueux, mais aimer l'estime et les louanges, ou être vain ; les hommes sont très-vains, et ils ne haïssent rien tant que de passer pour tels.

¶ Un homme vain trouve son compte à dire du bien ou du mal de soi[3] : un homme modeste ne parle point de soi.

On ne voit point mieux le ridicule de la vanité, et combien elle est un vice honteux, qu'en ce qu'elle n'ose se montrer, et qu'elle se cache souvent sous les apparences de son contraire[4].

---

1. Le héros de ce dévouement par bienséance est le prince de Conti, neveu du grand Condé, qui s'était distingué dans la guerre de Hongrie. Sa femme, qu'il n'aimait pas, et qui était M<sup>lle</sup> de Blois, fille de Louis XIV, tomba gravement malade de la petite vérole, en 1685. Il s'enferma avec elle et lui donna tous ses soins. Elle guérit, mais le prince tomba malade à son tour et succomba.

2. *La même vertu* veut dire *la vertu même*, et la Bruyère avait d'abord employé cette dernière tournure ; il écrivit *la même vertu*, dans les deux dernières éditions, à l'exemple de Molière et de Corneille, qui en parlant ainsi n'imitaient pas seulement une tournure italienne et espagnole, mais se conformaient à la tradition de la langue.

3. « On aime mieux dire du mal de soi que de n'en point parler. » (LA ROCHEFOUCAULD.)

4. « L'humilité n'est souvent qu'une feinte soumission ;... c'est un artifice de l'orgueil qui s'abaisse pour s'élever, et bien qu'il se transforme en mille manières, il n'est jamais mieux déguisé et plus capable de tromper que lorsqu'il se cache sous la figure de l'humilité. » (LA ROCHEFOUCAULD.)

La fausse modestie est le dernier raffinement de la vanité ; elle fait que l'homme vain ne paraît point tel, et se fait valoir au contraire par la vertu opposée au vice qui fait son caractère : c'est un mensonge. La fausse gloire est l'écueil de la vanité ; elle nous conduit à vouloir être estimés par des choses qui, à la vérité, se trouvent en nous, mais qui sont frivoles et indignes qu'on les relève : c'est une erreur.

¶ Les hommes parlent de manière, sur ce qui les regarde, qu'ils n'avouent d'eux-mêmes que de petits défauts [1], et encore ceux qui supposent en leurs personnes de beaux talents ou de grandes qualités. Ainsi l'on se plaint de son peu de mémoire, content d'ailleurs de son grand sens et de son bon jugement [2] : l'on reçoit le reproche de la distraction et de la rêverie, comme s'il nous accordait le bel esprit ; l'on dit de soi qu'on est maladroit, et qu'on ne peut rien faire de ses mains, fort consolé de la perte de ces petits talents par ceux de l'esprit, ou par les dons de l'âme, que tout le monde nous connaît ; l'on fait l'aveu de sa paresse en des termes qui signifient toujours son désintéressement, et que l'on est guéri de l'ambition ; l'on ne rougit point de sa malpropreté, qui n'est qu'une négligence pour les petites choses, et qui semble supposer qu'on n'a d'application que pour les solides et essentielles. Un homme de guerre aime à dire que c'était par trop d'empressement ou par curiosité qu'il se trouva un certain jour à la tranchée, ou en quelque autre poste très-périlleux, sans être de garde ni commandé ; et il ajoute qu'il en fut repris de son général. De même une bonne tête ou un ferme génie qui se trouve né avec cette prudence que les autres hommes cherchent vainement à acquérir ; qui a fortifié la trempe de son esprit par une grande expérience ; que le nombre, le poids, la diversité, la difficulté et l'importance des affaires occupent seulement, et n'accablent point ; qui, par l'étendue de ses vues et de sa pénétration, se rend maître de tous les événements ; qui, bien loin de consulter toutes les réflexions qui sont écrites sur le gouvernement et la politique, est peut-être de ces âmes sublimes nées pour régir

---

1. « Nous n'avouons de petits défauts que pour persuader que nous n'en avons pas de grands. » (LA ROCHEFOUCAULD.)

2. « Tout le monde se plaint de sa mémoire, et personne ne se plaint de son jugement. » (LA ROCHEFOUCAULD.)

les autres, et sur qui ces premières règles ont été faites; qui est détourné, par les grandes choses qu'il fait, des belles ou des agréables qu'il pourrait lire, et qui au contraire ne perd rien à retracer et à feuilleter, pour ainsi dire, sa vie et ses actions[1]; un homme ainsi fait peut dire aisément, et sans se commettre, qu'il ne connaît aucun livre, et qu'il ne lit jamais [2].

¶ On veut quelquefois cacher ses faibles, ou en diminuer l'opinion [3], par l'aveu libre que l'on en fait. Tel dit : « Je suis ignorant, » qui ne sait rien. Un homme dit : « Je suis vieux, » il passe soixante ans; un autre encore : « Je ne suis pas riche, » et il est pauvre.

¶ La modestie n'est point, ou est confondue avec une chose toute différente de soi, si on la prend pour un sentiment intérieur qui avilit l'homme à ses propres yeux, et qui est une vertu surnaturelle qu'on appelle humilité. L'homme, de sa nature, pense hautement et superbement de lui-même, et ne pense ainsi que de lui-même : la modestie ne tend qu'à faire que personne n'en souffre; elle est une vertu du dehors, qui règle ses yeux, sa démarche, ses paroles, son ton de voix, et qui le fait agir extérieurement avec les autres comme s'il n'était pas vrai qu'il les compte pour rien.

¶ Le monde est plein de gens qui, faisant intérieurement et par habitude la comparaison d'eux-mêmes avec les autres, décident toujours en faveur de leur propre mérite, et agissent conséquemment.

¶ Vous dites qu'il faut être modeste; les gens bien nés ne demandent pas mieux : faites seulement que les hommes n'empiètent pas sur ceux qui cèdent par modestie, et ne brisent pas ceux qui plient.

De même l'on dit : « Il faut avoir des habits modestes; les personnes de mérite ne désirent rien davantage. Mais le monde veut de la parure, on lui en donne; il est avide de la superfluité, on lui en montre. Quelques-uns n'estiment les autres que par de beau linge ou par une riche étoffe; l'on

---

1. « *Feuilletez* à loisir les siècles passés... » avait dit Boileau (*Satire* V, vers 52), traduisant un vers d'Horace :

« Tempora si fastosque velis *evolvere* mundi. »
(*Sat.*, I, III, v. 112.)

2. C'est à Louvois, disent les clefs, que ce passage s'applique.
3. Ou atténuer le sentiment qu'en ont les autres.

ne refuse pas toujours d'être estimé à ce prix. Il y a des endroits où il faut se faire voir : un galon d'or plus large ou plus étroit vous fait entrer ou refuser.

¶ Notre vanité et la trop grande estime que nous avons de nous-mêmes nous fait soupçonner dans les autres une fierté à notre égard qui y est quelquefois, et qui souvent n'y est pas : une personne modeste n'a point cette délicatesse.

¶ Comme il faut se défendre de cette vanité qui nous fait penser que les autres nous regardent avec curiosité et avec estime, et ne parlent ensemble que pour s'entretenir de notre mérite et faire notre éloge : aussi devons-nous avoir une certaine confiance qui nous empêche de croire qu'on ne se parle à l'oreille que pour dire du mal de nous, ou que l'on ne rit que pour s'en moquer.

¶ D'où vient qu'*Alcippe* me salue aujourd'hui, me sourit, et se jette hors d'une portière de peur de me manquer ? Je ne suis pas riche, et je suis à pied : il doit, dans les règles, ne me pas voir. N'est-ce point pour être vu lui-même dans un même fond [1] avec un grand ?

¶ L'on est si rempli de soi-même, que tout s'y rapporte ; l'on aime à être vu, à être montré, à être salué, même des inconnus : ils sont fiers s'ils l'oublient ; l'on veut qu'ils nous devinent [2].

¶ Nous cherchons notre bonheur hors de nous-mêmes, et dans l'opinion des hommes, que nous connaissons flatteurs, peu sincères, sans équité, pleins d'envie, de caprices et de préventions. Quelle bizarrerie !

¶ Il semble que l'on ne puisse rire que des choses ridicules : l'on voit néanmoins de certaines gens qui rient également des choses ridicules et de celles qui ne le sont pas. Si vous êtes sot et inconsidéré, et qu'il vous échappe devant eux quelque impertinence, ils rient de vous : si vous êtes sage, et que vous ne disiez que des choses raisonnables, et du ton qu'il les faut dire, ils rient de même.

¶ Ceux qui nous ravissent les biens par la violence ou par l'injustice, et qui nous ôtent l'honneur par la calomnie, nous marquent assez leur haine pour nous ; mais ils ne nous prouvent pas également qu'ils aient perdu à notre égard

---

1. Dans le fond d'une même voiture.
2. Qu'ils devinent qui nous sommes.

toute sorte d'estime : aussi ne sommes-nous pas incapables de quelque retour pour eux, et de leur rendre un jour notre amitié. La moquerie, au contraire, est de toutes les injures celle qui se pardonne le moins ; elle est le langage du mépris, et l'une des manières dont il se fait le mieux entendre : elle attaque l'homme dans son dernier retranchement, qui est l'opinion qu'il a de soi-même ; elle veut le rendre ridicule à ses propres yeux ; et ainsi elle le convainc de la plus mauvaise disposition où l'on puisse être pour lui, et le rend irréconciliable.

C'est une chose monstrueuse que le goût et la facilité qui est en nous de railler, d'improuver et de mépriser les autres ; et tout ensemble la colère que nous ressentons contre ceux qui nous raillent, nous improuvent et nous méprisent.

¶ La santé et les richesses, ôtant aux hommes l'expérience du mal, leur inspirent la dureté pour leurs semblables ; et les gens déjà chargés de leur propre misère sont ceux qui entrent davantage, par la compassion, dans celle d'autrui [1].

¶ Il semble qu'aux âmes bien nées les fêtes, les spectacles, la symphonie, rapprochent et font mieux sentir l'infortune de nos proches ou de nos amis.

¶ Une grande âme est au-dessus de l'injure, de l'injustice, de la douleur, de la moquerie ; et elle serait invulnérable, si elle ne souffrait par la compassion.

¶ Il y a une espèce de honte d'être heureux à la vue de certaines misères.

¶ On est prompt à connaître ses plus petits avantages, et lent à pénétrer ses défauts : on n'ignore point qu'on a de beaux sourcils, les ongles bien faits ; on sait à peine que l'on est borgne ; on ne sait point du tout que l'on manque d'esprit [2].

*Argyre* tire son gant pour montrer une belle main, et elle ne néglige pas de découvrir un petit soulier qui suppose qu'elle a le pied petit : elle rit des choses plaisantes ou sérieuses, pour faire voir de belles dents ; si elle montre son oreille, c'est qu'elle l'a bien faite ; et si elle ne danse jamais,

---

1. Virgile, *Énéide*, I, 630 :

« Non ignara mali, miseris succurrere disco. »

2. « Chacun dit du bien de son cœur, et personne n'en ose dire de son esprit. » (LA ROCHEFOUCAULD.)

c'est qu'elle est peu contente de sa taille, qu'elle a épaisse. Elle entend tous ses intérêts, à l'exception d'un seul : elle parle toujours, et n'a point d'esprit.

¶ Les hommes comptent presque pour rien toutes les vertus du cœur, et idolâtrent les talents du corps et de l'esprit. Celui qui dit froidement de soi, et sans croire blesser la modestie, qu'il est bon, qu'il est constant, fidèle, sincère, équitable, reconnaissant, n'ose dire qu'il est vif, qu'il a les dents belles et la peau douce : cela est trop fort.

Il est vrai qu'il y a deux vertus que les hommes admirent, la bravoure et la libéralité, parce qu'il y a deux choses qu'ils estiment beaucoup, et que ces vertus font négliger, la vie et l'argent : aussi personne n'avance de soi qu'il est brave ou libéral.

Personne ne dit de soi, et surtout sans fondement, qu'il est beau, qu'il est généreux, qu'il est sublime : on a mis ces qualités à un trop haut prix ; on se contente de le penser.

¶ Quelque rapport qu'il paraisse de la jalousie à l'émulation, il y a entre elles le même éloignement que celui qui se trouve entre le vice et la vertu.

La jalousie et l'émulation s'exercent sur le même objet, qui est le bien ou le mérite des autres ; avec cette différence, que celle-ci est un sentiment volontaire, courageux, sincère, qui rend l'âme féconde, qui la fait profiter des grands exemples, et la porte souvent au-dessus de ce qu'elle admire ; et que celle-là au contraire est un mouvement violent et comme un aveu contraint du mérite qui est hors d'elle ; qu'elle va même jusques à nier la vertu dans les sujets où elle existe, ou qui, forcée de la reconnaître, lui refuse les éloges ou lui envie les récompenses ; une passion stérile qui laisse l'homme dans l'état où elle le trouve, qui le remplit de lui-même, de l'idée de sa réputation, qui le rend froid et sec sur les actions ou sur les ouvrages d'autrui, qui fait qu'il s'étonne de voir dans le monde d'autres talents que les siens, ou d'autres hommes avec les mêmes talents dont il se pique : vice honteux, et qui, par son excès, rentre toujours dans la vanité et dans la présomption, et ne persuade pas tant à celui qui en est blessé[1], qu'il a plus d'esprit et de mérite que les

---

1. Les auteurs employaient souvent le participe *blessé* en parlant d'une passion, d'un vice :

autres, qu'il lui fait croire qu'il a lui seul de l'esprit et du mérite.

L'émulation et la jalousie ne se rencontrent guère que dans les personnes de même art, de mêmes talents et de même condition. Les plus vils artisans sont les plus sujets à la jalousie. Ceux qui font profession des arts libéraux ou des belles-lettres, les peintres, les musiciens, les orateurs, les poètes, tous ceux qui se mêlent d'écrire, ne devraient être capables que d'émulation.

Toute jalousie n'est point exempte de quelque sorte d'envie, et souvent même ces deux passions se confondent. L'envie, au contraire, est quelquefois séparée de la jalousie, comme est celle qu'excitent dans notre âme les conditions fort élevées au-dessus de la nôtre, les grandes fortunes, la faveur, le ministère.

L'envie et la haine s'unissent toujours et se fortifient l'une l'autre dans un même sujet; et elles ne sont reconnaissables entre elles qu'en ce que l'une s'attache à la personne, l'autre à l'état et à la condition.

Un homme d'esprit n'est point jaloux d'un ouvrier qui a travaillé une bonne épée, ou d'un statuaire qui vient d'achever une belle figure. Il sait qu'il y a dans ces arts des règles et une méthode qu'on ne devine point, qu'il y a des outils à manier dont il ne connaît ni l'usage, ni le nom, ni la figure [1], et il lui suffit de penser qu'il n'a point fait l'apprentissage d'un certain métier, pour se consoler de n'y être point maître. Il peut, au contraire, être susceptible d'envie et même de jalousie contre un ministre et contre ceux qui gouvernent, comme si la raison et le bon sens, qui lui sont communs avec eux, étaient les seuls instruments qui servent à régir un État et à présider aux affaires publiques, et qu'ils dussent suppléer aux règles, aux préceptes, à l'expérience.

¶ L'on voit peu d'esprits entièrement lourds et stupides; l'on en voit encore moins qui soient sublimes et transcendants. Le commun des hommes nage entre ces deux extrémités: l'intervalle est rempli par un grand nombre de ta-

« Un vif ressentiment dont il le croit *blessé*. »
(Conx., *Rodogune*, I, vii.)
« D'une vive douleur elle paraît *blessée*. »
(Id., *Othon*, V, ii.)

1. Ni la forme.

lents ordinaires, mais qui sont d'un grand usage, servent à la république, et renferment en soi l'utile et l'agréable ; comme le commerce, les finances, le détail des armées, la navigation, les arts, les métiers, l'heureuse mémoire, l'esprit du jeu, celui de la société et de la conversation.

¶ Tout l'esprit qui est au monde est inutile à celui qui n'en a point : il n'a nulles vues, et il est incapable de profiter de celles d'autrui.

¶ Le premier degré dans l'homme après la raison, ce serait de sentir qu'il l'a perdue ; la folie même est incompatible avec cette connaissance. De même, ce qu'il y aurait en nous de meilleur après l'esprit, ce serait de connaître qu'il nous manque : par là on ferait l'impossible, on saurait, sans esprit, n'être pas un sot, ni un fat, ni un impertinent.

¶ Un homme qui n'a de l'esprit que dans une certaine médiocrité est sérieux et tout d'une pièce : il ne rit point, il ne badine jamais, il ne tire aucun fruit de la bagatelle ; aussi incapable de s'élever aux grandes choses que de s'accommoder, même par le relâchement, des plus petites, il sait à peine jouer avec ses enfants.

¶ Tout le monde dit d'un fat qu'il est un fat ; personne n'ose le lui dire à lui-même : il meurt sans le savoir, et sans que personne se soit vengé.

¶ Quelle mésintelligence entre l'esprit et le cœur ! Le philosophe vit mal avec tous ses préceptes, et le politique, rempli de vues et de réflexions, ne sait pas se gouverner.

¶ L'esprit s'use comme toutes choses ; les sciences sont ses aliments, elles le nourrissent et le consument.

¶ Les petits sont quelquefois chargés de mille vertus inutiles : ils n'ont pas de quoi les mettre en œuvre.

Il se trouve des hommes qui soutiennent facilement le poids de la faveur et de l'autorité, qui se familiarisent avec leur propre grandeur, et à qui la tête ne tourne point dans les postes les plus élevés. Ceux au contraire que la fortune, aveugle, sans choix et sans discernement, a comme accablés de ses bienfaits, en jouissent avec orgueil et sans modération : leurs yeux, leur démarche, leur ton de voix et leur accès, marquent longtemps en eux l'admiration où ils sont d'eux-mêmes et de se voir si éminents ; et ils deviennent si farouches que leur chute seule peut les apprivoiser.

¶ Un homme haut et robuste, qui a une poitrine large et de larges épaules, porte légèrement et de bonne grâce un lourd fardeau ; il lui reste encore un bras de libre : un nain serait écrasé de la moitié de sa charge. Ainsi les postes éminents rendent les grands hommes encore plus grands, et les petits beaucoup plus petits.

¶ Il y a des gens qui gagnent à être extraordinaires : ils voguent, ils cinglent [1] dans une mer où les autres échouent et se brisent ; ils parviennent en blessant toutes les règles de parvenir ; ils tirent de leur irrégularité et de leur folie tous les fruits d'une sagesse la plus consommée : hommes dévoués à d'autres hommes, aux grands à qui ils ont sacrifié, en qui ils ont placé leurs dernières espérances, ils ne les servent point, mais ils les amusent. Les personnes de mérite et de service sont utiles aux grands, ceux-ci leur sont nécessaires ; ils blanchissent auprès d'eux dans la pratique des bons mots, qui leur tiennent lieu d'exploits dont ils attendent la récompense ; ils s'attirent, à force d'être plaisants, des emplois graves, et s'élèvent, par un continuel enjouement, jusqu'au sérieux des dignités : ils finissent enfin, et rencontrent inopinément un avenir qu'ils n'ont ni craint ni espéré [2].

1. *Cingler* est un terme de marine signifiant faire voile dans telle ou telle direction. Il vient de l'ancien haut allemand *sëgelën*, faire voile, ancien scandinave *sigla*, allemand moderne *segeln*, anglais *to sail*. Ce mot devrait s'écrire avec une *s*, selon la pratique constante de la langue depuis le quinzième siècle jusqu'au seizième, et il ne faut pas le confondre avec *cingler*, frapper au moyen de quelque chose de pliant, de *cingulum*, sangle.

2. Les clefs nomment le maréchal de la Feuillade, un des plus zélés serviteurs et un des admirateurs les plus passionnés de Louis XIV. Il fit avec distinction la campagne de Flandre (1051-54); alla, après la paix des Pyrénées, servir sous Montécuculli contre les Turcs, prit une grande part à la victoire de Saint-Gothard (1664), accompagna Louis XIV, en 1674, dans la conquête de la Franche-Comté, prit Salins, et emporta, l'épée à la main, le fort Saint-Étienne qui défendait Besançon. Il fut fait maréchal en 1675, gouverneur du Dauphiné en 1681 et mourut en 1691. Il avait fait ériger à ses frais, en 1686, sur la place des Victoires, une magnifique statue de Louis XIV couronné par la victoire, et tenant à ses pieds quatre esclaves enchaînés représentant le même nombre de nations vaincues. Cette statue, détruite en 1792, portait pour inscription : *Viro immortali*. — Walckenaer pense que la Bruyère a eu en vue non pas la Feuillade, mais Lauzun.

Ce qui reste d'eux sur la terre, c'est l'exemple de leur fortune, fatal à ceux qui voudraient le suivre.

¶ L'on exigerait de certains personnages, qui ont une fois été capables d'une action noble, héroïque, et qui a été sue de toute la terre, que, sans paraître comme épuisés par un si grand effort, ils eussent du moins, dans le reste de leur vie, cette conduite sage et judicieuse qui se remarque même dans les hommes ordinaires ; qu'ils ne tombassent point dans des petitesses indignes de la haute réputation qu'ils avaient acquise ; que, se mêlant moins dans le peuple et ne lui laissant pas le loisir de les voir de près, ils ne le fissent point passer de la curiosité et de l'admiration à l'indifférence, et peut-être au mépris.

¶ Il coûte moins à certains hommes de s'enrichir de mille vertus que de se corriger d'un seul défaut ; ils sont même si malheureux que ce vice est souvent celui qui convenait le moins à leur état, et qui pourrait leur donner dans le monde plus [1] de ridicule : il affaiblit l'éclat de leurs grandes qualités, empêche qu'ils ne soient des hommes parfaits, et que leur réputation ne soit entière.

¶ Quelques hommes, dans le cours de leur vie, sont si différents d'eux-mêmes par le cœur et par l'esprit, qu'on est sûr de se méprendre, si l'on en juge seulement par ce qui a paru d'eux dans leur première jeunesse. Tels étaient pieux, sages, savants, qui, par cette mollesse inséparable d'une trop riante fortune, ne le sont plus. L'on en sait d'autres qui ont commencé leur vie par les plaisirs, et qui ont mis ce qu'ils avaient d'esprit à les connaître, que les disgrâces ensuite ont rendus religieux, sages, tempérants. Ces derniers sont, pour l'ordinaire, de grands sujets, et sur qui l'on peut faire beaucoup de fond : ils ont une probité éprouvée par la patience et par l'adversité ; ils entent sur cette extrême politesse que le commerce des femmes leur a donnée, et dont ils ne se défont jamais, un esprit de règle, de réflexion, et quelquefois une haute capacité qu'ils doivent à la chambre [2] et au loisir d'une mauvaise fortune.

1. La grammaire moderne demanderait *le plus*.
2. Malherbe, avant la Bruyère, a employé *chambre* pour désigner la retraite et le travail du cabinet.

« Soit que dans la *chambre* il médite. »
(*Œuv. de Malh.*, éd. Hach., I, 82, v. 175.)

Tout notre mal vient de ne pouvoir être seuls: de là le jeu, le luxe, la dissipation, le vin, les femmes, l'ignorance, la médisance, l'envie, l'oubli de soi-même et de Dieu [1].

¶ L'homme semble quelquefois ne se suffire pas à soi-même : les ténèbres, la solitude le troublent, le jettent dans des craintes frivoles et dans de vaines terreurs : le moindre mal alors qui puisse lui arriver est de s'ennuyer.

¶ L'ennui est entré dans le monde par la paresse ; elle a beaucoup de part dans la recherche que font les hommes des plaisirs, du jeu, de la société. Celui qui aime le travail a assez de soi-même.

¶ La plupart des hommes emploient la meilleure partie de leur vie à rendre l'autre misérable.

¶ Il y a des ouvrages qui commencent par A et finissent par Z [2] : le bon, le mauvais, le pire, tout y entre; rien en un certain genre n'est oublié : quelle recherche, quelle affectation dans ces ouvrages ! On les appelle des jeux d'esprit. De même, il y a un jeu dans la conduite : on a commencé, il faut finir; on veut fournir toute la carrière. Il serait mieux ou de changer ou de suspendre; mais il est plus rare et plus difficile de poursuivre : on poursuit, on s'anime par des contradictions; la vanité soutient, supplée à la raison, qui cède et qui se désiste. On porte ce raffinement jusque dans les actions les plus vertueuses, dans celles même où il entre de la religion.

¶ Il n'y a que nos devoirs qui nous coûtent, parce que, leur pratique ne regardant que les choses que nous sommes étroitement obligés de faire, elle n'est pas suivie de grands éloges, qui est tout ce qui nous excite aux actions louables et qui nous soutient dans nos entreprises. N** aime une piété fastueuse qui lui attire l'intendance des besoins des pauvres, le rend dépositaire de leur patrimoine, et fait de sa

---

1. Pascal l'avait dit : « Tout le malheur des hommes vient d'une seule chose, qui est de ne savoir pas demeurer en repos dans une chambre... De là vient que le jeu, la conversation des femmes, la guerre, les grands emplois sont si recherchés. »

2. La Bruyère fait allusion à ces espèces de petites encyclopédies contenant des *Traités sur toutes les sciences, très-abrégés, à l'usage de la noblesse*, aux *Livres d'anecdotes*, aux recueils intitulés *Bibliothèques des gens de cour*, dont plusieurs sont rangés par ordre alphabétique.

maison un dépôt public où se font les distributions : les gens à petits collets[1] et les *sœurs grises*[2] y ont une libre entrée ; toute une ville voit ses aumônes et les publie. Qui pourrait douter qu'il[3] soit homme de bien, si ce n'est peut-être ses créanciers ?

¶ *Géronte* meurt de caducité, et sans avoir fait ce testament qu'il projetait depuis trente années : dix têtes viennent *ab intestat* partager sa succession. Il ne vivait depuis longtemps que par les soins d'*Astérie*, sa femme, qui, jeune encore, s'était dévouée à sa personne, ne le perdait pas de vue, secourait sa vieillesse, et lui a enfin fermé les yeux. Il ne lui laisse pas assez de bien pour pouvoir se passer, pour vivre, d'un autre vieillard.

¶ Laisser perdre charges et bénéfices plutôt que de vendre ou de résigner[4], même dans son extrême vieillesse, c'est se persuader qu'on n'est pas du nombre de ceux qui meurent ; ou si l'on croit que l'on peut mourir, c'est s'aimer soi-même, et n'aimer que soi.

¶ *Fauste* est un dissolu, un prodigue, un libertin, un ingrat, un emporté, qu'*Aurèle*, son oncle, n'a pu haïr ni déshériter. *Frontin*, neveu d'Aurèle, après vingt années d'une probité connue, et d'une complaisance aveugle pour ce vieillard, ne l'a pu fléchir en sa faveur, et ne tire de sa dépouille qu'une légère pension que Fauste, unique légataire, lui doit payer.

¶ Les haines sont si longues et si opiniâtres que le plus grand signe de mort, dans un homme malade, c'est la réconciliation.

¶ L'on s'insinue auprès de tous les hommes, ou en les flattant dans les passions qui occupent leur âme, ou en compatissant aux infirmités qui affligent leur corps. En cela seul consistent les soins que l'on peut leur rendre ; de là vient que celui qui se porte bien, et qui désire peu de chose, est moins facile à gouverner.

1. Les *gens à petits collets* sont les ecclésiastiques qui portaient un collet moins grand et moins riche que les gens du monde. Le collet était un ornement de linge qu'on mettait autrefois sur le collet du pourpoint, pour la propreté, et qu'on nommait aussi rabat.
2. Nom populaire des Filles de la Charité, qui sont vêtues de serge grise. Les Filles de la Charité vivent en communauté sans prononcer de vœux et prennent soin des pauvres et des malades.
3. La règle demanderait aujourd'hui la négative *ne*.
4. Se démettre d'une charge ou d'un bénéfice en faveur d'un autre.

¶ Ce n'est pas le besoin d'argent où les vieillards peuvent appréhender de tomber un jour qui les rend avares, car il y en a de tels qui ont de si grands fonds qu'ils ne peuvent guère avoir cette inquiétude ; et d'ailleurs, comment pourraient-ils craindre de manquer dans leur caducité des commodités de la vie, puisqu'ils s'en privent eux-mêmes volontairement pour satisfaire à leur avarice? Ce n'est point aussi l'envie de laisser de plus grandes richesses à leurs enfants, car il n'est pas naturel d'aimer quelque autre chose plus que soi-même, outre qu'il se trouve des avares qui n'ont point d'héritiers. Ce vice est plutôt l'effet de l'âge et de la complexion des vieillards, qui s'y abandonnent aussi naturellement qu'ils suivaient leurs plaisirs dans leur jeunesse, ou leur ambition dans l'âge viril. Il ne faut ni vigueur, ni jeunesse, ni santé, pour être avare ; l'on n'a aussi nul besoin de s'empresser ou de se donner le moindre mouvement pour épargner ses revenus : il faut laisser seulement son bien dans ses coffres, et se priver de tout. Cela est commode aux vieillards, à qui il faut une passion, parce qu'ils sont hommes.

¶ Il y a des gens qui sont mal logés, mal couchés, mal habillés, et plus mal nourris ; qui essuient les rigueurs des saisons ; qui se privent eux-mêmes de la société des hommes, et passent leurs jours dans la solitude ; qui souffrent du présent, du passé et de l'avenir ; dont la vie est comme une pénitence continuelle, et qui ont ainsi trouvé le secret d'aller à leur perte par le chemin le plus pénible : ce sont les avares [1].

¶ Le souvenir de la jeunesse est tendre dans les vieillards : ils aiment les lieux où ils l'ont passée ; les personnes qu'ils ont commencé de connaître dans ce temps leur sont chères ; ils affectent quelques mots du premier langage qu'ils ont parlé ; ils tiennent pour l'ancienne manière de chanter, et pour la vieille danse ; ils vantent les modes qui régnaient alors dans les habits, les meubles et les équipages ; ils ne

---

1. Boileau, *Satire* VIII, vers 80 :

« Il faut souffrir la faim et coucher sur la dure ;
Eût-on plus de trésors que n'en perdit Galet,
N'avoir en sa maison ni meuble ni valet ;
Parmi les tas de blé vivre de seigle et d'orge ;
De peur de perdre un liard, souffrir qu'on vous égorge. »

peuvent encore désapprouver des choses qui servaient à leurs passions, qui étaient si utiles à leurs plaisirs, et qui en rappellent la mémoire. Comment pourraient-ils leur préférer de nouveaux usages et des modes toutes récentes, où ils n'ont nulle part, dont ils n'espèrent rien, que les jeunes gens ont faites, et dont ils tirent à leur tour de si grands avantages contre la vieillesse ?

¶ Une trop grande négligence comme une excessive parure dans les vieillards multiplient leurs rides, et font mieux voir leur caducité.

¶ Un vieillard est fier, dédaigneux, et d'un commerce difficile, s'il n'a beaucoup d'esprit.

¶ Un vieillard qui a vécu à la cour, qui a un grand sens et une mémoire fidèle, est un trésor inestimable. Il est plein de faits et de maximes; l'on y trouve l'histoire du siècle, revêtue de circonstances très-curieuses, et qui ne se lisent nulle part; l'on y apprend des règles pour la conduite et pour les mœurs, qui sont toujours sûres, parce qu'elles sont fondées sur l'expérience.

¶ Les jeunes gens, à cause des passions qui les amusent, s'accommodent mieux de la solitude que les vieillards.

¶ *Philippe*, déjà vieux, raffine sur la propreté et sur la mollesse; il passe aux petites délicatesses; il s'est fait un art du boire, du manger, du repos et de l'exercice. Les petites règles qu'il s'est prescrites, et qui tendent toutes aux aises de sa personne, il les observe avec scrupule. Il s'est accablé de superfluités, que l'habitude enfin lui rend nécessaires. Il double ainsi et renforce les liens qui l'attachent à la vie, et il veut employer ce qui lui en reste à en rendre la perte plus douloureuse. N'appréhendait-il pas assez de mourir?

¶ *Gnathon* ne vit que pour soi, et tous les hommes ensemble sont à son égard comme s'ils n'étaient point. Non content de remplir à une table la première place, il occupe lui seul celle de deux autres; il oublie que le repas est pour lui et pour toute la compagnie; il se rend maître du plat, et fait son propre de chaque service[1]; il ne s'attache à aucun des mets qu'il n'ait achevé d'essayer de tous; il voudrait pouvoir les savourer tous tout à la fois. Il ne se sert à table que

---

1. Il s'approprie chaque service, s'en empare.

de ses mains ; il manie les viandes, les remanie, démembre, déchire, et en use de manière qu'il faut que les conviés, s'ils veulent manger, mangent ses restes. Il ne leur épargne aucune de ces malpropretés dégoûtantes, capables d'ôter l'appétit aux plus affamés ; le jus et les sauces lui dégouttent du menton et de la barbe ; s'il enlève un ragoût de dessus un plat, il le répand en chemin dans un autre plat et sur la nappe : on le suit à la trace ; il mange haut et avec grand bruit ; il roule les yeux en mangeant ; la table est pour lui un râtelier ; il écure ses dents, et il continue à manger. Il se fait, quelque part où il se trouve, une manière d'établissement, et ne souffre pas d'être plus pressé au sermon ou au théâtre que dans sa chambre. Il n'y a dans un carrosse que les places du fond qui lui conviennent : dans toute autre, si on veut l'en croire, il pâlit et tombe en faiblesse. S'il fait un voyage avec plusieurs, il les prévient dans les hôtelleries, et il sait toujours se conserver dans la meilleure chambre le meilleur lit. Il tourne tout à son usage ; ses valets, ceux d'autrui, courent dans le même temps pour son service ; tout ce qu'il trouve sous sa main lui est propre, hardes, équipages. Il embarrasse tout le monde, ne se contraint pour personne, ne plaint personne, ne connaît de maux que les siens, que sa réplétion[1] et sa bile, ne pleure point la mort des autres, n'appréhende que la sienne, qu'il rachèterait volontiers de l'extinction du genre humain.

¶ *Cliton* n'a jamais eu en toute sa vie que deux affaires, qui est[2] de dîner le matin et de souper le soir : il ne semble né que pour la digestion. Il n'a de même qu'un entretien : il dit les entrées qui ont été servies au dernier repas où il s'est trouvé ; il dit combien il y a eu de potages, et quels potages ; il place ensuite le rôt et les entremets ; il se souvient exactement de quels plats on a relevé le premier service ; il n'oublie pas les *hors-d'œuvre*, le fruit et les assiettes[3] ; il nomme tous les vins et toutes les liqueurs dont il a bu : il possède le langage des cuisines autant qu'il peut s'étendre, et il me fait envie de man

---

1. Surcharge d'aliments.
2. *Quod est*, ce qui est. Voy. page 220, ligne 29, un exemple du même latinisme.
3. Les *assiettes volantes*, que l'on mettait entre les plats, et qui contenaient les entrées, les ragoûts, les entremets, etc.

ger à une bonne table où il ne soit point [1]. Il a surtout un palais sûr, qui ne prend point le change, et il ne s'est jamais vu exposé à l'horrible inconvénient de manger un mauvais ragoût ou de boire d'un vin médiocre. C'est un personnage illustre dans son genre, et qui a porté le talent de se bien nourrir jusques où il pouvait aller. On ne reverra plus un homme qui mange tant et qui mange si bien; aussi est-il l'arbitre des bons morceaux, et il n'est guère permis d'avoir du goût pour ce qu'il désapprouve. Mais il n'est plus : il s'est fait du moins porter à table jusqu'au dernier soupir. Il donnait à manger le jour qu'il est mort. Quelque part où il soit, il mange; et, s'il revient au monde, c'est [2] pour manger.

¶ *Ruffin* commence à grisonner; mais il est sain, il a un visage frais et un œil vif qui lui promettent encore vingt années de vie; il est gai, *jovial* [3], familier, indifférent; il rit de tout son cœur, et il rit tout seul et sans sujet, il est content de soi, des siens, de sa petite fortune; il dit qu'il est heureux. Il perd son fils unique, jeune homme de grande espérance, et qui pouvait un jour être l'honneur de sa famille; il remet sur d'autres le soin de le pleurer; il dit : *Mon fils est mort, cela fera mourir sa mère;* et il est consolé. Il n'a point de passions; il n'a ni amis ni ennemis; personne ne l'embarrasse, tout le monde lui convient, tout lui est propre; il parle à celui qu'il voit une première fois avec la même liberté et la même confiance qu'à ceux qu'il appelle de vieux amis, et il lui fait part bientôt de ses *quolibets* et de ses historiettes. On l'aborde, on le quitte sans qu'il y fasse attention; et le même conte qu'il a commencé de faire à quelqu'un, il l'achève à celui qui prend sa place.

---

1. Molière, *le Misanthrope*, II, v :
   « Il prend soin d'y servir des mets fort délicats.
   — Oui ; mais je voudrais bien qu'il ne s'y servît pas.
   C'est un fort méchant plat que sa sotte personne,
   Et qui gâte, à mon goût, tous les repas qu'il donne. »

2. Il eût été plus exact de dire *ce sera*.

3. La Bruyère souligne ce mot comme peu usité; cependant il a été employé par Rabelais, par Ronsard, par Brantôme, etc. *Jovial* paraît venir du latin *jovialis*, qui appartient à Jupiter. « C'est, dit Littré, un terme dérivé de l'astrologie ; Jupiter était considéré comme cause de joie et de bonheur, tandis que Saturne causait l'humeur sombre et la tristesse. »

¶ N** est moins affaibli par l'âge que par la maladie, car il ne passe point soixante-huit ans; mais il a la goutte, et il est sujet à une colique néphrétique; il a le visage décharné, le teint verdâtre, et qui menace ruine : il fait marner sa terre [1], et il compte que de quinze ans entiers il ne sera obligé de la fumer; il plante un jeune bois, et il espère qu'en moins de vingt années il lui donnera un beau couvert ; il fait bâtir dans la rue** une maison de pierre de taille, raffermie dans les encoignures par des mains de fer, et dont il assure, en toussant et avec une voix frêle et débile, qu'on ne verra jamais la fin; il se promène tous les jours dans ses ateliers sur le bras [2] d'un valet qui le soulage; il montre à ses amis ce qu'il a fait, et il leur dit ce qu'il a dessein de faire. Ce n'est pas pour ses enfants qu'il bâtit, car il n'en a point, ni pour ses héritiers, personnes viles et qui se sont brouillées avec lui : c'est pour lui seul, et il mourra demain [3].

¶ *Antagoras* a un visage trivial [4] et populaire; un suisse de paroisse ou le saint de pierre qui orne le grand autel n'est pas mieux connu que lui de toute la multitude. Il parcourt le matin toutes les chambres et tous les greffes d'un parlement, et le soir les rues et les carrefours d'une ville: il plaide depuis quarante ans [5], plus proche de sortir de la vie que de sortir d'affaires. Il n'y a point eu au palais depuis tout ce temps de causes célèbres ou de procédures longues et embrouillées où il n'ait du moins intervenu [6] : aussi a-t-il un

---

1. La marne (du gaulois *marga*) est un composé de calcaire et d'argile que l'on répand sur les terres qui ne contiennent pas assez de calcaire.

2. Appuyé sur le bras.

3. On a souvent répété que ce caractère rappelait la fable de la Fontaine : *Le Vieillard et les trois jeunes Hommes*. Mais il y a une différence essentielle. Le vieillard de la Fontaine dit :

  « Mes arrière-neveux me devront cet ombrage, »

et le reste. Le vieillard de la Bruyère ne bâtit que pour lui seul.

4. Qu'on rencontre partout dans les rues et dans les carrefours, du latin *trivium*, carrefour.

5 CHICANEAU. Depuis quand plaidez-vous ?
    LA COMTESSE. Je ne m'en souviens pas.
Depuis trente ans au plus. »
(RACINE, *les Plaideurs*, I, VII.)

6. Aujourd'hui, il faudrait employer l'auxiliaire *être*, et dire : *il ne soit intervenu*.

nom fait pour remplir la bouche de l'avocat, et qui s'accorde avec le demandeur ou le défendeur [1] comme le substantif et l'adjectif. Parent de tous et haï de tous, il n'y a guère de familles dont il ne se plaigne, et qui ne se plaignent de lui : appliqué successivement à saisir une terre, à s'opposer au sceau [2], à se servir d'un *committimus* [3], ou à mettre un arrêt à exécution, outre qu'il assiste chaque jour à quelques assemblées de créanciers : partout syndic de directions [4], et perdant à toutes les banqueroutes, il a des heures de reste pour ses visites : vieil meuble [5] de ruelle, où il parle procès et dit des nouvelles. Vous l'avez laissé dans une maison au Marais, vous le retrouvez au grand Faubourg [6], où il vous a prévenu, et où déjà il redit ses nouvelles et son procès. Si vous plaidez vous-même, et que vous alliez le lendemain à la pointe du jour chez l'un de vos juges pour le solliciter, le juge attend pour vous donner audience qu'Antagoras soit expédié.

¶ Tels hommes passent une longue vie à se défendre des uns et à nuire aux autres, et ils meurent consumés de vieillesse, après avoir causé autant de maux qu'ils en ont souffert.

¶ Il faut des saisies de terre et des enlèvements de meubles, des prisons et des supplices, je l'avoue ; mais justice, lois et besoins à part, ce m'est une chose toujours nouvelle de contempler avec quelle férocité les hommes traitent d'autres hommes.

---

1. *Demandeur*, celui qui fait le procès ; *défendeur*, celui à qui on le fait.

2. Mettre opposition à la vente d'une charge ou d'une rente sur l'État.

3. On appelait autrefois *lettres de committimus*, ou simplement *committimus* (mot latin signifiant : nous commettons), des lettres de chancellerie par lesquelles les causes qu'une personne avait, tant en demandant qu'en défendant, étaient commises en première instance aux requêtes du palais ou aux requêtes de l'hôtel.

4. Un *syndic de direction* était chargé, par les créanciers, de régir les biens qui leur avaient été abandonnés par leur débiteur commun.

5. Autrefois *vieil* s'employait très-bien pour *vieux*, même devant une consonne.

6. Le faubourg Saint Germain.

¶ L'on voit certains animaux farouches, des mâles et des femelles, répandus par la campagne, noirs, livides et tout brûlés du soleil, attachés à la terre qu'ils fouillent et qu'ils remuent avec une opiniâtreté invincible : ils ont comme une voix articulée, et, quand ils se lèvent sur leurs pieds, ils montrent une face humaine; et en effet ils sont des hommes. Ils se retirent la nuit dans des tanières, où ils vivent de pain noir, d'eau et de racines : ils épargnent aux autres hommes la peine de semer, de labourer et de recueillir pour vivre, et méritent ainsi de ne pas manquer de ce pain qu'ils ont semé.

¶ *Don Fernand*, dans sa province, est oisif, ignorant, médisant, querelleux [1], fourbe, intempérant, impertinent; mais il tire l'épée contre ses voisins, et pour un rien il expose sa vie; il a tué des hommes, il sera tué.

¶ Le noble de province, inutile à sa patrie, à sa famille et à lui-même, souvent sans toit, sans habit et sans aucun mérite, répète dix fois le jour qu'il est gentilhomme, traite les fourrures et les mortiers [2] de bourgeoisie, occupé toute sa vie de ses parchemins et de ses titres, qu'il ne changerait pas contre les masses [3] d'un chancelier.

¶ Il se fait généralement dans tous les hommes des combinaisons infinies de la puissance, de la faveur, du génie, des richesses, des dignités, de la noblesse, de la force, de l'industrie, de la capacité, de la vertu, du vice, de la faiblesse, de la stupidité, de la pauvreté, de l'impuissance, de la roture et de la bassesse. Ces choses, mêlées ensemble en mille manières différentes, et compensées l'une par l'autre en divers sujets, forment aussi les divers états et les différentes conditions. Les hommes d'ailleurs, qui tous savent le fort et le faible les uns des autres, agissent aussi réciproquement comme ils croient le devoir faire, connaissent ceux qui leur sont égaux, sentent la supériorité que quelques-uns ont sur eux, et celle qu'ils ont sur quelques autres; et de là naissent entre eux ou la familiarité, ou le respect et la déférence, ou la fierté et le mépris. De cette source vient que,

1. Voyez page 200, note 2.
2. Les fourrures désignent les bacheliers et les docteurs de l'Université. Sur les mortiers, voyez page 121, note 4.
3. Bâtons à tête garnie d'argent, qu'on portait par honneur devant le chancelier de France.

dans les endroits publics et où le monde se rassemble, on se trouve à tous moments entre celui que l'on cherche à aborder ou à saluer, et cet autre que l'on feint de ne pas connaître, et dont l'on veut encore moins se laisser joindre; que l'on se fait honneur de l'un, et qu'on a honte de l'autre; qu'il arrive même que celui dont vous vous faites honneur, et que vous voulez retenir, est celui aussi qui est embarrassé de vous, et qui vous quitte; et que le même est souvent celui qui rougit d'autrui et dont on rougit, qui dédaigne ici et qui là est dédaigné : il est encore assez ordinaire de mépriser qui nous méprise. Quelle misère ! et, puisqu'il est vrai que, dans un si étrange commerce, ce que l'on pense gagner d'un côté on le perd de l'autre, ne reviendrait il pas au même de renoncer à toute hauteur et à toute fierté, qui convient si peu aux faibles hommes, et de composer ensemble, de se traiter tous avec une mutuelle bonté, qui, avec l'avantage de n'être jamais mortifiés, nous procurerait un aussi grand bien que celui de ne mortifier personne?

¶ Bien loin de s'effrayer ou de rougir même du nom de philosophe, il n'y a personne au monde qui ne dût avoir une forte teinture de philosophie [1]. Elle convient à tout le monde ; la pratique en est utile à tous les âges, à tous les sexes et à toutes les conditions; elle nous console du bonheur d'autrui, des indignes préférences, des mauvais succès, du déclin de nos forces ou de notre beauté; elle nous arme contre la pauvreté, la vieillesse, la maladie et la mort, contre les sots et les mauvais railleurs; elle nous fait vivre sans une femme, ou nous fait supporter celle avec qui nous vivons.

¶ Les hommes, en un même jour, ouvrent leur âme à de petites joies, et se laissent dominer par de petits chagrins; rien n'est plus inégal et moins suivi que ce qui se passe en si peu de temps dans leur cœur et dans leur esprit. Le remède à ce mal est de n'estimer les choses du monde précisément que ce qu'elles valent.

¶ Il est aussi difficile de trouver un homme vain qui se croie assez heureux, qu'un homme modeste qui se croie trop malheureux.

¶ Le destin du vigneron, du soldat et du tailleur de pierre

---

1. L'on ne peut plus entendre que celle qui est dépendante de la religion chrétienne. (*Note de la Bruyère.*)

m'empêche de m'estimer malheureux par la fortune des princes ou des ministres, qui me manque [1].

¶ Il n'y a pour l'homme qu'un vrai malheur, qui est de se trouver en faute, et d'avoir quelque chose à se reprocher [2].

¶ La plupart des hommes, pour arriver à leurs fins, sont plus capables d'un grand effort que d'une longue persévérance : leur paresse ou leur inconstance leur fait perdre le fruit des meilleurs commencements; ils se laissent souvent devancer par d'autres qui sont partis après eux, et qui marchent lentement, mais constamment [3].

¶ J'ose presque assurer que les hommes savent encore mieux prendre des mesures que les suivre, résoudre ce qu'il faut faire et ce qu'il faut dire que de faire ou de dire ce qu'il faut. On se propose fermement, dans une affaire qu'on négocie, de faire une certaine chose; et ensuite, ou par passion, ou par une intempérance de langue, ou dans la chaleur de l'entretien, c'est la première qui échappe.

¶ Les hommes agissent mollement dans les choses qui sont de leur devoir, pendant qu'ils se font un mérite, ou plutôt une vanité, de s'empresser pour celles qui leur sont étrangères, et qui ne conviennent ni à leur état ni à leur caractère.

¶ La différence d'un homme qui se revêt d'un caractère étranger à lui-même, quand il rentre dans le sien, est celle d'un masque à un visage.

¶ *Téléphe* a de l'esprit, mais dix fois moins, de compte fait, qu'il ne présume d'en avoir : il est donc, dans ce qu'il dit, dans ce qu'il fait, dans ce qu'il médite et ce qu'il projette, dix fois au delà de ce qu'il a d'esprit; il n'est donc jamais dans ce qu'il a de force et d'étendue : ce raisonnement est juste. Il a comme une barrière qui le ferme, et qui devrait l'avertir de s'arrêter en deçà, mais il passe outre, il se jette hors de sa sphère; il trouve lui-même son endroit faible, et se montre par cet endroit; il parle de ce qu'il ne sait point, ou de ce qu'il sait mal; il entreprend au-dessus de

---

1. De m'estimer malheureux parce que la fortune des princes me manque.

2. « Il faut demeurer d'accord, à l'honneur de la vertu, que les plus grands malheurs des hommes sont ceux où ils tombent par les crimes. » (LA ROCHEFOUCAULD.)

3. Souvenir de la fable du *Lièvre et la Tortue* (LA FONTAINE, VI, x).

son pouvoir, il désire au delà de sa portée ; il s'égale à ce qu'il y a de meilleur en tout genre ; il a du bon et du louable, qu'il offusque[1] par l'affectation du grand ou du merveilleux : on voit clairement ce qu'il n'est pas, et il faut deviner ce qu'il est en effet. C'est un homme qui ne se mesure point, qui ne se connaît point ; son caractère est de ne savoir pas se renfermer dans celui qui lui est propre, et qui est le sien.

¶ L'homme du meilleur esprit est inégal, il souffre des accroissements et des diminutions ; il entre en verve, mais il en sort : alors, s'il est sage, il parle peu, il n'écrit point, il ne cherche point à imaginer ni à plaire. Chante-t-on avec un rhume ? ne faut-il pas attendre que la voix revienne ?

Le sot est *automate*, il est machine, il est ressort ; le poids l'emporte, le fait mouvoir, le fait tourner, et toujours, et dans le même sens, et avec la même égalité : il est uniforme, il ne se dément point ; qui l'a vu une fois, l'a vu dans tous les instants et dans toutes les périodes de sa vie ; c'est tout au plus le bœuf qui meugle, ou le merle qui siffle[2] : il est fixé et déterminé par sa nature, et j'ose dire par son espèce. Ce qui paraît le moins en lui, c'est son âme ; elle n'agit point, elle ne s'exerce point, elle se repose.

¶ Le sot ne meurt point ; ou, si cela lui arrive, selon notre manière de parler, il est vrai de dire qu'il gagne à mourir, et que, dans ce moment où les autres meurent, il commence à vivre : son âme alors pense, raisonne, infère, conclut, juge, prévoit, fait précisément tout ce qu'elle ne faisait point ; elle se trouve dégagée d'une masse de chair, où elle était comme ensevelie sans fonction, sans mouvement, sans aucun du moins qui fût digne d'elle : je dirais presque qu'elle rougit de son propre corps et des organes bruts et imparfaits auxquels elle s'est vue attachée si longtemps, et dont elle n'a pu faire qu'un sot ou qu'un stupide : elle va d'égal avec les grandes âmes, avec celles qui font les bonnes têtes ou les hommes d'esprit. L'âme d'*Alain*[3] ne se démêle plus d'avec celle

1. Qu'il cache.
2. Descartes avait soutenu que les bêtes ne sont que des automates, et qu'elles sont dépourvues de la conscience des mouvements qu'elles exécutent. La Bruyère s'empare plaisamment de cette singulière théorie.
3. *Alain* est un nom en l'air et désigne le premier sot venu.

du grand Condé, de Richelieu, de Pascal et de Lingendes [1].

¶ La fausse délicatesse dans les actions libres, dans les mœurs ou dans la conduite, n'est pas ainsi nommée parce qu'elle est feinte, mais parce qu'en effet elle s'exerce sur des choses et en des occasions qui n'en méritent point. La fausse délicatesse de goût et de complexion n'est telle, au contraire, que parce qu'elle est feinte ou affectée. C'est *Émilie* qui crie de toute sa force sur un petit péril qui ne lui fait pas de peur; c'est une autre qui par mignardise pâlit à la vue d'une souris, ou qui veut aimer les violettes, et s'évanouir aux tubéreuses [2].

¶ Qui oserait se promettre de contenter les hommes? Un prince, quelque bon et quelque puissant qu'il fût, voudrait-il l'entreprendre? Qu'il l'essaye : qu'il se fasse lui-même une affaire de leurs plaisirs [3]; qu'il ouvre son palais à ses courtisans, qu'il les admette jusque dans son domestique; que, dans des lieux dont la vue seule est un spectacle [4], il leur fasse voir d'autres spectacles; qu'il leur donne le choix des jeux, des concerts et de tous les rafraîchissements; qu'il y ajoute une chère splendide et une entière liberté; qu'il entre avec eux en société des mêmes amusements; que le grand homme devienne aimable, et que le héros soit humain et familier : il n'aura pas assez fait. Les hommes s'ennuient enfin des mêmes choses qui les ont charmés dans leurs commencements : ils déserteraient la *table des dieux*; et le *nectar*, avec le temps, leur devient insipide. Ils n'hésitent pas de critiquer [5] des choses qui sont parfaites; il y entre de la vanité et une mauvaise délicatesse : leur goût, si on les en croit, est encore au delà de toute l'affectation [6] qu'on aurait à les satisfaire, et d'une dépense toute royale que l'on ferait pour

---

1. Claude de Lingendes, célèbre prédicateur, né en 1591, mort en 1660.
2. A l'odeur des tubéreuses.
3. Allusion aux fêtes que Louis XIV donnait à sa cour.
4. Versailles, Marly, Fontainebleau.
5. Souvent entre deux verbes dont le second sert de complément au premier, l'on employait jadis la proposition *de* en des cas où nous mettons *à* : *chercher de, conclure de, inviter de, exhorter de*, etc.
6. *Affectation*, au sens latin, désir ardent.

y réussir; il s'y mêle de la malignité, qui va jusques à vouloir affaiblir dans les autres la joie qu'ils auraient de les rendre contents. Ces mêmes gens, pour l'ordinaire si flatteurs et si complaisants, peuvent se démentir : quelquefois on ne les reconnaît plus, et l'on voit l'homme jusque dans le courtisan.

¶ L'affectation dans le geste, dans le parler et dans les manières, est souvent une suite de l'oisiveté ou de l'indifférence ; et il semble qu'un grand attachement ou de sérieuses affaires jettent l'homme dans son naturel.

¶ Les hommes n'ont point de caractère, ou, s'ils en ont, c'est celui de n'en avoir aucun qui soit suivi, qui ne se démente point, et où ils soient reconnaissables. Ils souffrent beaucoup à être toujours les mêmes, à persévérer dans la règle ou dans le désordre ; et, s'ils se délassent quelquefois d'une vertu par une autre vertu, ils se dégoûtent plus souvent d'un vice par un autre vice ; ils ont des passions contraires et des faibles qui se contredisent ; il leur coûte moins de joindre des extrémités que d'avoir une conduite dont une partie naisse de l'autre. Ennemis de la modération, ils outrent toutes choses, les bonnes et les mauvaises, dont ne pouvant ensuite supporter l'excès, ils l'adoucissent par le changement. *Adraste* était si corrompu et si libertin, qu'il lui a été moins difficile de suivre la mode et de se faire dévot[1] : il lui eût coûté davantage d'être homme de bien.

¶ D'où vient que les mêmes hommes qui ont un flegme tout prêt pour recevoir indifféremment les plus grands désastres, s'échappent, et ont une bile intarissable sur les plus petits inconvénients ? Ce n'est pas sagesse en eux qu'une telle conduite, car la vertu est égale et ne se dément point : c'est donc un vice ; et quel autre que la vanité, qui ne se réveille et ne se recherche que dans les événements où il y a de quoi faire parler le monde, et beaucoup à gagner pour elle, mais qui se néglige sur tout le reste ?

¶ L'on se repent rarement de parler peu, très-souvent de

---

1. Il importe d'être bien fixé sur le sens qu'a ici, et dans beaucoup d'autres endroits, le mot *dévot*. Évidemment la Bruyère ne veut caractériser ni la vraie dévotion, ni l'hypocrisie d'un Tartuffe. C'est quelque chose de mitoyen, qui néglige trop, pour des pratiques extérieures, bonnes, mais parfois d'une importance secondaire, le fond et l'essentiel du christianisme.

trop parler : maxime usée et triviale que tout le monde sait, et que tout le monde ne pratique pas.

¶ C'est se venger contre soi-même, et donner un trop grand avantage à ses ennemis, que de leur imputer des choses qui ne sont pas vraies, et de mentir pour les décrier.

¶ Si l'homme savait rougir de soi, quels crimes, non-seulement cachés, mais publics et connus, ne s'épargnerait-il pas ?

¶ Si certains hommes ne vont pas dans le bien jusques où ils pourraient aller, c'est par le vice de leur première instruction.

¶ Il y a dans quelques hommes une certaine médiocrité d'esprit qui contribue à les rendre sages.

¶ Il faut aux enfants les verges et la férule : il faut aux hommes faits une couronne, un sceptre, un mortier, des fourrures, des faisceaux, des timbales, des hoquetons. La raison et la justice dénuées de tous leurs ornements ni ne persuadent ni n'intimident. L'homme, qui est esprit, se mène par les yeux et les oreilles [1].

¶ *Timon*, ou le misanthrope, peut avoir l'âme austère et farouche, mais extérieurement il est civil et *cérémonieux* : il ne s'échappe pas [2], il ne s'apprivoise pas avec les hommes ; au contraire, il les traite honnêtement et sérieusement ; il emploie à leur égard tout ce qui peut éloigner leur familiarité ; il ne veut pas les mieux connaître ni s'en faire des amis, semblable en ce sens à une femme qui est en visite chez une autre femme.

¶ La raison tient de la vérité, elle est une ; l'on n'y arrive que par un chemin, et l'on s'en écarte par mille. L'étude de

---

1. Pascal a dit : « Nos magistrats ont bien connu ce mystère. Leurs robes rouges, leurs hermines dont ils s'emmaillottent en chats fourrés, les palais où ils jugent, les fleurs de lis, tout cet appareil auguste était nécessaire ; et si les médecins n'avaient des soutanes et des mules, et que les docteurs n'eussent des bonnets carrés et des robes trop amples de quatre parties, jamais ils n'auraient dupé le monde, qui ne peut résister à cette montre authentique. Les seuls gens de guerre ne se sont pas déguisés de la sorte, parce qu'en effet leur part est plus essentielle. Ils s'établissent par la force, les autres par grimace. » L'uniforme n'a été imposé aux gens de guerre qu'après la mort de Pascal.

2. Il reste froid. On a vu dans cette réflexion une critique du *Misanthrope* de Molière.

la sagesse a moins d'étendue que celle que l'on ferait des sots et des impertinents. Celui qui n'a vu que des hommes polis et raisonnables, ou ne connaît pas l'homme, ou ne le connaît qu'à demi : quelque diversité qui se trouve dans les complexions ou dans les mœurs, le commerce du monde et la politesse donnent les mêmes apparences, font qu'on se ressemble les uns aux autres par des dehors qui plaisent réciproquement, qui semblent communs à tous, et qui font croire qu'il n'y a rien ailleurs qui ne s'y rapporte. Celui, au contraire, qui se jette dans le peuple ou dans la province, y fait bientôt, s'il a des yeux, d'étranges découvertes, y voit des choses qui sont nouvelles, dont il ne se doutait pas, dont il ne pouvait avoir le moindre soupçon ; il avance, par des expériences continuelles, dans la connaissance de l'humanité : il calcule presque en combien de manières différentes l'homme peut être insupportable.

¶ Après avoir mûrement approfondi les hommes, et connu le faux de leurs pensées, de leurs sentiments, de leurs goûts et de leurs affections, l'on est réduit à dire qu'il y a moins à perdre pour eux par l'inconstance que par l'opiniâtreté.

¶ Combien d'âmes faibles, molles et indifférentes, sans de grands défauts, et qui puissent fournir à la satire ! Combien de sortes de ridicules répandus parmi les hommes, mais qui, par leur singularité, ne tirent point à conséquence, et ne sont d'aucune ressource pour l'instruction et pour la morale ! Ce sont des vices uniques qui ne sont pas contagieux, et qui sont moins de l'humanité que la personne.

CHAPITRE XII

## DES JUGEMENTS

Rien ne ressemble plus à la vive persuasion que le mauvais entêtement : de là les partis, les cabales, les hérésies.

¶ L'on ne pense pas toujours constamment[1] d'un même sujet : l'entêtement et le dégoût se suivent de près.

¶ Les grandes choses étonnent, et les petites rebutent :

1. D'une manière invariable.

nous nous apprivoisons avec les unes et les autres par l'habitude.

¶ Deux choses toutes contraires nous préviennent également, l'habitude et la nouveauté [1].

¶ Il n'y a rien de plus bas, et qui convienne mieux au peuple, que de parler en des termes magnifiques de ceux mêmes dont l'on pensait très-modestement avant leur élévation.

¶ La faveur des princes n'exclut pas le mérite, et ne le suppose pas aussi [2].

¶ Il est étonnant qu'avec tout l'orgueil dont nous sommes gonflés, et la haute opinion que nous avons de nous-mêmes et de la bonté de notre jugement, nous négligions de nous en servir pour prononcer sur le mérite des autres. La vogue, la faveur populaire, celle du prince, nous entraînent comme un torrent : nous louons ce qui est loué bien plus que ce qui est louable.

¶ Je ne sais s'il y a rien au monde qui coûte davantage à approuver et à louer que ce qui est plus digne [3] d'approbation et de louange, et si la vertu, le mérite, la beauté, les bonnes actions, les beaux ouvrages, ont un effet plus naturel et plus sûr que l'envie, la jalousie et l'antipathie. Ce n'est pas d'un saint dont un dévot [4] sait dire du bien, mais d'un autre dévot. Si une belle femme approuve la beauté d'une autre femme, on peut conclure qu'elle a mieux que ce qu'elle approuve. Si un poëte loue les vers d'un autre poëte, il y a à parier qu'ils sont mauvais et sans conséquence.

¶ Les hommes ne se goûtent qu'à peine les uns les autres, n'ont qu'une faible pente à s'approuver réciproquement : action, conduite, pensée, expression, rien ne plaît, rien ne contente. Ils substituent à la place de ce qu'on leur récite,

---

1. « Les impressions anciennes ne sont pas seules capables de nous abuser : les charmes de la nouveauté ont le même pouvoir. » (Pascal.)

2. La grammaire moderne défend de dire *aussi* pour non plus.

3. *Plus* pour le plus. Nous avons déjà fait remarquer cet emploi fréquent, au dix-septième siècle, du comparatif pour le superlatif.

4. Faux dévot. (*Note de la Bruyère*). — *Dont* après *de* forme un pléonasme qui n'était pas condamné au dix-septième siècle : « Ce n'est pas *de* vous, madame, *dont* il est amoureux. » (Mol., *Am. magnif.*, II, III.)

« C'est à vous, mon esprit, à qui je veux parler. »

(Boil., *Sat.* IX.)

de ce qu'on leur dit ou de ce qu'on leur lit, ce qu'ils auraient fait eux-mêmes en pareille conjoncture, ce qu'ils penseraient ou ce qu'ils écriraient sur un tel sujet; et ils sont si pleins de leurs idées qu'il n'y a plus de place pour celles d'autrui.

¶ Le commun des hommes est si enclin au déréglement et à la bagatelle, et le monde est si plein d'exemples ou pernicieux ou ridicules, que je croirais assez que l'esprit de singularité, s'il pouvait avoir ses bornes et ne pas aller trop loin, approcherait fort de la droite raison et d'une conduite régulière.

¶ Si les hommes sont hommes plutôt qu'ours et panthères, s'ils sont équitables, s'ils se font justice à eux-mêmes, et qu'ils la rendent aux autres, que deviennent les lois, leur texte et le prodigieux accablement de leurs commentaires? que devient le *pétitoire* et le *possessoire* [1], et tout ce qu'on appelle jurisprudence? où se réduisent même ceux qui doivent tout leur relief et toute leur enflure à l'autorité où ils sont établis de faire valoir ces mêmes lois? Si ces mêmes hommes ont de la droiture et de la sincérité, s'ils sont guéris de la prévention, où sont évanouies les disputes de l'école, la scolastique et les controverses? S'ils sont tempérants, chastes et modérés, que leur sert le mystérieux jargon de la médecine, et qui est une mine d'or pour ceux qui s'avisent de le parler? Légistes, docteurs, médecins, quelle chute pour vous, si nous pouvions tous nous donner le mot de devenir sages!

De combien de grands hommes, dans les différents exercices de la paix et de la guerre, aurait-on dû se passer! A quel point de perfection et de raffinement n'a-t-on pas porté de certains arts et de certaines sciences qui ne devaient point être nécessaires, et qui sont dans le monde comme des remèdes à tous les maux dont notre malice est l'unique source!

Que de choses depuis VARRON [2], que Varron a ignorées! Ne

1. Le *pétitoire* est une action en revendication de la propriété. Le *possessoire* a pour effet de se faire maintenir ou réintégrer dans la possession de fait, en laissant de côté la question de propriété.

2. M. Terentius VARRON, célèbre polygraphe, dit le plus savant des Romains, né l'an 637 de Rome, 116 ans avant Jésus-Christ. Il suivit quelque temps avec éclat la carrière du barreau et eut ensuite une grande part aux affaires civiles et militaires, sans jamais négliger

nous suffirait-il pas même de n'être savants que comme Platon ou comme Socrate?

¶ Tel, à un sermon, à une musique, ou dans une galerie de peintures, a entendu à sa droite et à sa gauche, sur une chose précisément la même, des sentiments précisément opposés. Cela me ferait dire volontiers que l'on peut hasarder, dans tout genre d'ouvrages, d'y mettre le bon et le mauvais : le bon plaît aux uns, et le mauvais aux autres. L'on ne risque guère davantage d'y mettre le pire : il a ses partisans.

¶ Le phénix de la poésie *chantante* renaît de ses cendres; il a vu mourir et revivre sa réputation en un même jour. Ce juge même si infaillible et si ferme dans ses jugements, le public, a varié sur son sujet : ou il se trompe, ou il s'est trompé. Celui qui prononcerait aujourd'hui que Q***, en un certain genre, est mauvais poëte, parlerait presque aussi mal que s'il eût dit, il y a quelque temps : *Il est bon poëte* [1].

¶ Chapelain était riche [2], et Corneille [3] ne l'était pas : la *Pucelle* et *Rodogune* méritaient chacune une autre aventure. Ainsi l'on a toujours demandé pourquoi, dans telle ou telle profession, celui-ci avait fait sa fortune, et cet autre l'avait manquée; et en cela les hommes cherchent la raison de leurs propres caprices, qui, dans les conjonctures pressantes de leurs affaires, de leurs plaisirs, de leur santé et de leur vie, leur font souvent laisser les meilleurs et prendre les pires.

¶ La condition des comédiens était infâme chez les Ro-

---

l'étude. Il acquit une telle réputation que son buste fut mis, de son vivant, par Asinius Pollion, dans une bibliothèque publique qu'il fonda sur le mont Aventin. Varron avait écrit de très-nombreux livres d'antiquités, d'histoire, de philosophie, de grammaire, etc.

1. Le raisonnement ne paraît pas tout à fait exact. Quinault s'était montré poëte médiocre dans la tragédie; il se rapprocha des maîtres dans plusieurs de ses opéras.

2. Chapelain, l'ennuyeux auteur de la *Pucelle*, a été appelé par Boileau, « le mieux renté de tous les beaux esprits. »

3. Chapelain, en 1663, avait inscrit Corneille sur la liste des écrivains auxquels il conseillait à Colbert d'accorder une pension. L'auteur du *Cid* reçut 2,000 francs, chaque année, de 1663 à 1683, époque de la mort de Colbert : alors, dit-on, la pension lui fut supprimée. Corneille, qui avait toujours eu à pourvoir aux besoins d'une nombreuse famille, tomba dans la misère. Le roi, averti par Boileau de sa détresse, lui envoya 200 louis, qu'il reçut deux jours avant sa mort!

mains, et honorable chez les Grecs : qu'est-elle chez nous ?
On pense d'eux comme les Romains, on vit avec eux comme
les Grecs.

¶ Rien ne découvre mieux dans quelle disposition sont les
hommes à l'égard des sciences et des belles-lettres, et de
quelle utilité ils les croient dans la république, que le prix
qu'ils y ont mis, et l'idée qu'ils se forment de ceux qui ont
pris le parti de les cultiver. Il n'y a point d'art si mécanique ni de si vile condition où les avantages ne soient plus
sûrs, plus prompts et plus solides. Le comédien, couché
dans son carrosse, jette de la boue au visage de CORNEILLE,
qui est à pied. Chez plusieurs, savant et pédant sont synonymes.

Souvent, où le riche parle et parle de doctrine¹, c'est aux
doctes à se taire, à écouter, à applaudir, s'ils veulent du
moins ne passer que pour doctes.

¶ Il y a une sorte de hardiesse à soutenir² devant certains
esprits la honte de l'érudition : l'on trouve chez eux une
prévention tout établie contre les savants, à qui ils ôtent les
manières du monde, le savoir-vivre, l'esprit de société, et
qu'ils renvoient, ainsi dépouillés, à leur cabinet et à leurs
livres. Comme l'ignorance est un état paisible et qui ne coûte
aucune peine, l'on s'y range en foule, et elle forme, à la cour
et à la ville, un nombreux parti, qui l'emporte sur celui des
savants. S'ils allèguent en leur faveur les noms d'ESTRÉES, de
HARLAY, BOSSUET, SÉGUIER, MONTAUSIER, VARDES, CHEVREUSE, NO-
VION, LAMOIGNON, SCUDÉRY, PELLISSON³, et de tant d'autres personnages également doctes et polis; s'ils osent même citer les
grands noms de CHARTRES, de CONDÉ, de CONTI, de BOURBON, du

1. De science.
2. A supporter.
3. Le cardinal César d'Estrées, membre de l'Académie française,
mort en 1711; le président de Harlay ou l'archevêque du même
nom; le chancelier Séguier (1588-1672), protecteur de l'Académie
française après la mort du cardinal de Richelieu; le duc de Montausier, époux de la fille de la marquise de Rambouillet, nommé gouverneur du Dauphin, en 1668; le marquis de Vardes, courtisan instruit; le duc de Chevreuse, fils du duc de Luynes, élevé dans l'amour
des lettres, à Port-Royal; Potinet de Novion, membre de l'Académie
française, premier président au Parlement jusqu'en 1689, mort en 1693;
M<sup>lle</sup> de Scudéry, célèbre par ses romans; Pellisson, fameux par ses
*Mémoires* pour Fouquet.

Maine, de Vendôme¹ comme de princes qui ont su joindre aux plus belles et aux plus hautes connaissances et l'atticisme des Grecs et l'urbanité des Romains, l'on ne feint point de leur dire² que ce sont des exemples singuliers; et s'ils ont recours à de solides raisons, elles sont faibles contre la voix de la multitude. Il semble néanmoins que l'on devrait décider sur cela avec plus de précaution, et se donner seulement la peine de douter si ce même esprit, qui fait faire de si grands progrès dans les sciences, qui fait bien penser, bien juger, bien parler et bien écrire, ne pourrait point encore servir à être poli.

Il faut très-peu de fonds pour la politesse dans les manières; il en faut beaucoup pour celle de l'esprit.

¶ « Il est savant, dit un politique, il est donc incapable d'affaires; je ne lui confierais pas l'état de ma garde-robe³; » et il a raison. Ossat, Ximenès, Richelieu⁴, étaient savants : étaient-ils habiles ? ont-ils passé pour de bons ministres? « Il

---

1. Le duc de Chartres, qui fut depuis duc d'Orléans et régent du royaume. — Les princes de Conti sont une branche cadette de la maison de Condé. Armand de Bourbon (1629-1672), qu'elle eut pour chef, avait composé, vers la fin de sa vie, des livres théologiques et moraux. Son second fils, François-Louis de Bourbon (1661-1709), fut l'un des plus charmants et des plus savants personnages de la cour. — Le duc de Bourbon est l'élève de la Bruyère; le duc du Maine (1670-1736), fils légitimé de Louis XIV, est l'élève de M$^{me}$ de Maintenon. — Le grand prieur de Vendôme (1685-1727) vivait au Temple au milieu d'un cercle de beaux esprits. Son frère, le duc de Vendôme, fut l'un des meilleurs généraux de Louis XIV.

2. L'on n'hésite point à leur dire.

3. Le soin de dresser l'état, l'inventaire de ma garde-robe.

4. Arnaud d'Ossat, né à la Roque-en-Magnoac, près d'Auch, en 1536, mort en 1604. Il parvint d'un rang très-bas à l'évêché de Rennes, fut ambassadeur d'Henri III et d'Henri IV, à Rome, obtint pour Henri IV l'absolution pontificale, reçut en récompense le cardinalat et l'évêché de Bayeux qu'il résigna bientôt : il alla mourir à Rome. Ses *Lettres*, longtemps regardées comme classiques en diplomatie, ont été publiées en 1624. — Le cardinal François Ximenès de Cisneros (1437-1517), célèbre ministre d'État espagnol, régent pendant la minorité et l'absence de Charles-Quint. Il fonda l'université d'Alcala, et fit publier à ses frais la Bible polyglotte d'Alcala. On sait que Richelieu, fondateur de l'Académie française, écrivit de nombreux ouvrages religieux et plusieurs tragédies.

sait le grec, continue l'homme d'Etat, c'est un grimaud¹, c'est un philosophe. » Et en effet, une fruitière à Athènes, selon les apparences, parlait grec, et, par cette raison, était philosophe. Les BIGNON, les LAMOIGNON², étaient de purs grimauds : qui en peut douter? ils savaient le grec. Quelle vision, quel délire au grand, au sage, au judicieux ANTONIN, de dire qu'*alors les peuples seraient heureux, si l'empereur philosophait, ou si le philosophe ou le grimaud venait à l'empire*³ !

Les langues sont la clef ou l'entrée des sciences, et rien davantage ; le mépris des unes tombe sur les autres. Il ne s'agit point si⁴ les langues sont anciennes ou nouvelles, mortes ou vivantes; mais si elles sont grossières ou polies, si les livres qu'elles ont formés sont d'un bon ou d'un mauvais goût. Supposons que notre langue pût un jour avoir le sort de la grecque et de la latine, serait-on pédant, quelques siècles après qu'on ne la parlerait plus, pour lire MOLIÈRE ou LA FONTAINE ?

¶ Je nomme *Euripile*, et vous dites : « C'est un bel esprit. » Vous dites aussi de celui qui travaille une poutre : « Il est charpentier; » et de celui qui refait un mur : « Il est maçon. » Je vous demande quel est l'atelier où travaille cet homme de métier, ce bel esprit, quelle est son enseigne, à quel habit le reconnaît-on, quels sont ses outils : est-ce le coin? sont-ce le marteau ou l'enclume? où fend-il, où cogne-t-il son ouvrage? où l'expose-t-il en vente? Un ouvrier se pique d'être ouvrier : Euripile se pique-t-il d'être bel esprit? S'il est tel, vous me peignez un fat, qui met l'esprit en ro-

---

1. C'est l'injure que Trissotin dit à Vadius :
« Allez, petit *grimaud*, barbouilleur de papier. »
(*Femm. sav.*, III, v.)

2. Jérôme Bignon (1589-1656), célèbre magistrat, grand maître de la bibliothèque du roi, avait une immense érudition. Son fils, et son petit-fils surtout, l'abbé Jean-Paul Bignon (1662-1743), reçu à l'Académie française en 1693, furent aussi des savants. — Guillaume de Lamoignon (1617-1677), premier président au Parlement de Paris, était élève de Jérôme Bignon. Il fit lui-même l'éducation de son fils, Chrétien-François Lamoignon (1644-1709), qui fut avocat général, puis président à mortier, et qui a été l'ami de Racine et de Boileau.

3. Antonin désigne l'empereur Marc-Aurèle. La pensée rapportée ici appartient à Platon, mais Marc-Aurèle l'avait souvent à la bouche.

4. *Il ne s'agit point si*, est plus rapide et plus élégant que la locution ordinairement employée, *il ne s'agit point de savoir si*.

ture[1], une âme vile et mécanique, à qui ni ce qui est beau ni ce qui est esprit ne sauraient s'appliquer sérieusement ; et s'il est vrai qu'il ne se pique de rien, je vous entends, c'est un homme sage et qui a de l'esprit. Ne dites-vous pas encore du savantasse : « Il est bel esprit ; » et ainsi du mauvais poëte ? Mais vous-même vous croyez-vous sans aucun esprit ? et si vous en avez, c'est sans doute de celui qui est beau et convenable : vous voilà donc un bel esprit ; ou, s'il s'en faut peu que vous ne preniez ce nom pour une injure, continuez, j'y consens, de le donner à Euripile, et d'employer cette ironie comme les sots, sans le moindre discernement, ou comme les ignorants, qu'elle console d'une certaine culture qui leur manque et qu'ils ne voient que dans les autres.

¶ Qu'on ne me parle jamais d'encre, de papier, de plume, de style, d'imprimeur, d'imprimerie ; qu'on ne se hasarde plus de me dire : « Vous écrivez si bien, *Antisthène!* continuez d'écrire. Ne verrons-nous point de vous un *in-folio*? Traitez de toutes les vertus et de tous les vices dans un ouvrage suivi, méthodique, qui n'ait point de fin ; » ils devraient ajouter : « et nul cours. » Je renonce à tout ce qui a été, qui est et qui sera livre. *Bérylle* tombe en syncope à la vue d'un chat, et moi à la vue d'un livre. Suis-je mieux nourri et plus lourdement vêtu, suis-je dans ma chambre à l'abri du nord, ai-je un lit de plume, après vingt ans entiers qu'on me débite dans la place ? J'ai un grand nom, dites-vous, et beaucoup de gloire : dites que j'ai beaucoup de vent qui ne sert à rien. Ai-je un grain de ce métal qui procure toutes choses ? Le vil praticien grossit son mémoire, se fait rembourser des frais qu'il n'avance pas, et il a pour gendre un comte ou un magistrat. Un homme *rouge* ou *feuille-morte*[2] devient commis, et bientôt plus riche que son maître ; il le laisse dans la roture, et, avec de l'argent, il devient noble. B**[3] s'enrichit à montrer dans un cercle des marionnettes ; BB**[4], à vendre

---

1. Qui fait déchoir l'esprit de sa noblesse naturelle.
2. Un laquais. Les habits de livrée étaient souvent de couleur rouge ou feuille-morte.
3. Benoît, qui sculptait des figures en cire et les montrait, à prix d'argent, aux curieux. D'autres nomment Pierre d'Attelin, qui, sous le nom de Brioché, établit à Paris un théâtre de marionnettes.
4. Barbereau, qui fit fortune en vendant de l'eau de la Seine pour des eaux minérales.

une bouteille l'eau de la rivière. Un autre charlatan[1] arrive ici de delà les monts avec une malle; il n'est pas déchargé[2], que les pensions courent; et il est près de retourner d'où il arrive avec des mulets et des fourgons. *Mercure*[3] est Mercure, et rien davantage, et l'or ne peut payer ses médiations et ses intrigues; on y ajoute la faveur et les distinctions. Et, sans parler que[4] des gains licites, on paye au tuilier sa tuile, et à l'ouvrier son temps et son ouvrage. Paye-t-on à un auteur ce qu'il pense et ce qu'il écrit? et s'il pense très-bien, le paye-t-on très-largement? Se meuble-t-il, s'anoblit-il à force de penser et d'écrire juste? Il faut que les hommes soient habillés, qu'ils soient rasés; il faut que, retirés dans leurs maisons, ils aient une porte qui ferme bien : est-il nécessaire qu'ils soient instruits? Folie, simplicité, imbécillité, continue Antisthène, de mettre l'enseigne d'auteur ou de philosophe! Avoir, s'il se peut, un *office lucratif*, qui rende la vie aimable, qui fasse prêter à ses amis et donner à ceux qui ne peuvent rendre; écrire alors par jeu, par oisiveté, et comme *Tityre* siffle ou joue de la flûte : cela ou rien : j'écris à ces conditions, et je cède ainsi à la violence de ceux qui me prennent à la gorge, et me disent : « Vous écrirez. » Ils liront pour titre de mon nouveau livre : DU BEAU, DU BON, DU VRAI, DES IDÉES, DU PREMIER PRINCIPE, par *Antisthène, vendeur de marée*[5].

1. Carro Caretti, charlatan qui s'enrichit par quelques secrets qu'il vendait fort cher.
2. Il n'a pas déchargé sa malle.
3. La malignité publique inscrivait ici le nom de Bontemps, premier valet de chambre du roi.
4. Cette formule elliptique se rencontre fréquemment chez les auteurs. « La disposition des affaires de toute l'Europe leur donnait les moyens d'agir *sans* recevoir *que* peu de contradiction. » (LE VAYER, *de la Contrariété d'humeurs*.) « Sans y perdre *que* la voiture. » (DU BELLAY, *Mém.*, liv. I, f° 16, r°, éd. 1572.)

« Revoyons les vainqueurs *sans* penser *qu'à* la gloire
Que toute leur maison reçoit de leur victoire. »
(CORN., *Hor.*, III, 1.)

« Allons, je veux encor seconder vos projets,
Sans remonter au ciel *qu'*après leurs pleins effets. »
(Id., *Toison d'or*, IV, v.)

5. La Bruyère fit à son libraire l'abandon du manuscrit des *Caractères*, et, vraisemblablement, il ne tira aucun profit des neuf éditions qui rapportèrent une si grosse somme à la famille Michallet.

¶ Si les ambassadeurs des princes étrangers[1] étaient des singes instruits à marcher sur leurs pieds de derrière, et à se faire entendre par interprète, nous ne pourrions pas marquer un plus grand étonnement que celui que nous donnent la justesse de leurs réponses et le bon sens qui paraît quelquefois dans leurs discours. La prévention du pays, jointe à l'orgueil de la nation, nous fait oublier que la raison est de tous les climats, et que l'on pense juste partout où il y a des hommes. Nous n'aimerions pas à être traités ainsi de ceux que nous appelons barbares ; et s'il y a en nous quelque barbarie, elle consiste à être épouvantés de voir d'autres peuples raisonner comme nous.

Tous les étrangers ne sont pas barbares, et tous nos compatriotes ne sont pas civilisés : de même, toute campagne n'est pas agreste [2] et toute ville n'est pas polie. Il y a dans l'Europe un endroit d'une province maritime d'un grand royaume où le villageois est doux et insinuant, le bourgeois au contraire et le magistrat grossiers, et dont la rusticité est héréditaire [3].

¶ Avec un langage si pur, une si grande recherche dans nos habits, des mœurs si cultivées, de si belles lois et un visage blanc, nous sommes barbares pour quelques peuples.

¶ Si nous entendions dire des Orientaux qu'ils boivent ordinairement d'une liqueur qui leur monte à la tête, leur fait perdre la raison et les fait vomir, nous dirions : Cela est bien barbare.

Comment après cela lui supposer une âme vénale, ainsi que l'a fait la Harpe pour s'être mépris sur l'intention de ce caractère ? Relever la propriété littéraire de l'abaissement où elle se trouvait alors, la Bruyère, sous une forme piquante et familière, n'a pas voulu autre chose.

1. Le roi de Siam avait envoyé en 1686 des ambassadeurs à Louis XIV. Dès leur arrivée en France, ils devinrent l'objet de la curiosité générale, et chacune de leurs démarches fut enregistrée et commentée par le *Mercure galant*.

2. Ce terme s'entend ici métaphoriquement. (*Note de la Bruyère*.)

3. L'énigme est encore à trouver. Les auteurs de clefs ont ici gardé le silence, ne sachant vers quelle ville de province la Bruyère envoyait cette phrase de mauvaise humeur. Il ne connaissait vraisemblablement d'autre province maritime que la Normandie ; il y avait séjourné quelque temps, un mois peut-être, soit à Rouen, soit à Caen. Avait-il eu à se plaindre des gens de la chambre des comptes

¶ Ce prélat se montre peu à la cour; il n'est de nul commerce [1], on ne le voit point avec des femmes; il ne joue ni à grande ni à petite prime [2]; il n'assiste ni aux fêtes, ni aux spectacles; il n'est point homme de cabale, et il n'a point l'esprit d'intrigue : toujours dans son évêché, où il fait une résidence continuelle, il ne songe qu'à instruire son peuple par la parole et à l'édifier par son exemple; il consume son bien en des aumônes, et son corps par la pénitence [3], il n'a que l'esprit de régularité, et il est imitateur du zèle et de la piété des apôtres. Les temps sont changés, et il est menacé sous ce règne d'un titre plus éminent.

¶ Ne pourrait-on point faire comprendre aux personnes d'un certain caractère et d'une profession sérieuse, pour ne rien dire de plus, qu'ils ne sont point obligés à faire dire d'eux qu'ils jouent, qu'ils chantent et qu'ils badinent comme les autres hommes, et qu'à les voir si plaisants et si agréables, on ne croirait point qu'ils fussent d'ailleurs si réguliers et si sévères? Oserait-on même leur insinuer qu'ils s'éloignent par de telles manières de la politesse dont ils se piquent; qu'elle assortit au contraire et conforme les dehors aux conditions, qu'elle évite le contraste, et de montrer le même homme sous des figures différentes et qui font de lui un composé bizarre ou un grotesque?

¶ Il ne faut pas juger des hommes comme d'un tableau ou d'une figure, sur une seule et première vue; il y a un intérieur et un cœur qu'il faut approfondir. Le voile de la modestie couvre le mérite, et le masque de l'hypocrisie cache la

---

de Rouen ou de ses collègues de Caen? Il est à noter que la Bruyère n'opposa d'abord que le magistrat au paysan : « Le magistrat, au contraire, grossier, et dont la rusticité peut passer en proverbe : » telle est la leçon des trois premières éditions. A la quatrième, le bourgeois prit place à côté du magistrat. (SERVOIS.)

1. Il ne fréquente pas le monde.
2. La prime est un jeu où l'on ne donne que quatre cartes. Il s'appelle ainsi parce que celui dont les quatre cartes sont des quatre couleurs gagne la prime. Il y avait deux sortes de jeu de prime, la grande et la petite, qui différaient l'une de l'autre par le nombre de points dont elles se composaient.
3. Nous écririons plus volontiers aujourd'hui : il *consomme* son bien en aumônes. *Consumer* son corps est au contraire une expression très-conforme à l'usage moderne.

malignité. Il n'y a qu'un très-petit nombre de connaisseurs qui discerne, et qui soit en droit de prononcer. Ce n'est que peu à peu, et forcés même par le temps et les occasions, que la vertu parfaite et le vice consommé viennent enfin à se déclarer.

¶ Une belle femme est aimable dans son naturel; elle ne perd rien à être négligée, et sans autre parure que celle qu'elle tire de sa beauté et de sa jeunesse; une grâce naïve éclate sur son visage, anime ses moindres actions. De même un homme de bien est respectable par lui-même, et indépendamment de tous les dehors dont il voudrait s'aider pour rendre sa personne plus grave et sa vertu plus spécieuse [1]. Un air réformé [2], une modestie outrée, la singularité de l'habit, une ample calotte, n'ajoutent rien à la probité, ne relèvent pas le mérite; ils le fardent, et font peut-être qu'il est moins pur et moins ingénu.

Une gravité trop étudiée devient comique : ce sont comme des extrémités qui se touchent et dont le milieu est dignité; cela ne s'appelle pas être grave, mais en jouer le personnage; celui qui songe à le devenir ne le sera jamais. Ou la gravité n'est point, ou elle est naturelle; et il est moins difficile d'en descendre que d'y monter.

¶ Un homme de talent et de réputation, s'il est chagrin et austère, il [3] effarouche les jeunes gens, les fait penser mal de la vertu, et la leur rend suspecte d'une trop grande réforme [4] et d'une pratique trop ennuyeuse. S'il est au contraire d'un bon commerce, il leur est une leçon utile; il leur apprend qu'on peut vivre gaiment et laborieusement, avoir des vues sérieuses sans renoncer aux plaisirs honnêtes : il leur devient un exemple qu'on peut suivre.

¶ La physionomie n'est pas une règle qui nous soit donnée pour juger des hommes : elle nous peut servir de conjecture.

¶ L'air spirituel est dans les hommes ce que la régularité des traits est dans les femmes : c'est le genre de beauté où les plus vains puissent aspirer.

1. Plus apparente.
2. Un air austère.
3. Répétition de sujet que la Bruyère affectionne.
4. Leur fait craindre qu'elle n'exige une trop grande réforme.

¶ Un homme qui a beaucoup de mérite et d'esprit, et qui est connu pour tel, n'est pas laid, même avec des traits qui sont difformes; ou s'il a de la laideur, elle ne fait pas son impression [1].

¶ Combien d'art pour rentrer dans la nature! combien de temps, de règles, d'attention et de travail, pour danser avec la même liberté et la même grâce que l'on sait marcher; pour chanter comme on parle; parler et s'exprimer comme l'on pense; jeter autant de force, de vivacité, de passion et de persuasion dans un discours étudié et que l'on prononce dans le public, qu'on en a quelquefois naturellement et sans préparation dans les entretiens les plus familiers.

¶ Ceux qui, sans nous connaître assez, pensent mal de nous, ne nous font pas de tort : ce n'est pas nous qu'ils attaquent, c'est le fantôme de leur imagination.

¶ Il y a de petites règles, des devoirs, des bienséances attachés aux lieux, aux temps, aux personnes, qui ne se devinent point à force d'esprit, et que l'usage apprend sans nulle peine : juger des hommes par les fautes qui leur échappent en ce genre, avant qu'ils soient assez instruits, c'est en juger par leurs ongles ou par la pointe de leurs cheveux; c'est vouloir un jour être détrompé [2].

¶ Je ne sais s'il est permis de juger des hommes par une faute qui est unique, et si un besoin extrême, ou une violente passion, ou un premier mouvement, tirent à conséquence.

¶ Le contraire des bruits qui courent des affaires ou des personnes est souvent la vérité.

¶ Sans une grande roideur et une continuelle attention à toutes ses paroles, on est exposé à dire en moins d'une heure le oui et le non sur une même chose ou sur une même personne, déterminé seulement par un esprit de société et de commerce [3], qui entraîne naturellement à ne pas contredire celui-ci et celui-là qui en parlent différemment.

---

1. Allusion à Pellisson dont l'on disait qu'il abusait de la permission qu'ont les hommes d'être laids.
2. Manière un peu recherchée pour dire : c'est vouloir se tromper.
3. *Commerce* est aujourd'hui d'un usage beaucoup moins commun dans ce sens.

¶ Un homme partial est exposé à de petites mortifications : car, comme il est également impossible que ceux qu'il favorise soient toujours heureux ou sages, et que ceux contre qui il se déclare soient toujours en faute ou malheureux, il naît de là qu'il lui arrive souvent de perdre contenance dans le public, ou par le mauvais succès de ses amis, ou par une nouvelle gloire qu'acquièrent ceux qu'il n'aime point.

¶ Un homme sujet à se laisser prévenir [1], s'il ose remplir une dignité ou séculière ou ecclésiastique, est un aveugle qui veut peindre, un muet qui s'est chargé d'une harangue, un sourd qui juge d'une symphonie : faibles images, et qui n'expriment qu'imparfaitement la misère de la prévention. Il faut ajouter qu'elle est un mal désespéré, incurable, qui infecte tous ceux qui s'approchent du malade, qui fait déserter les égaux, les inférieurs, les parents, les amis, jusqu'aux médecins : ils sont bien éloignés de le guérir, s'ils ne peuvent le faire convenir de sa maladie, ni des remèdes, qui seraient d'écouter, de douter, de s'informer et de s'éclaircir. Les flatteurs, les fourbes, les calomniateurs, ceux qui ne délient leur langue que pour le mensonge et l'intérêt, sont les charlatans en qui il se confie, et qui lui font avaler tout ce qui leur plaît : ce sont eux aussi qui l'empoisonnent et qui le tuent.

¶ La règle de Descartes, qui ne veut pas qu'on décide sur les moindres vérités avant qu'elles soient connues clairement et distinctement, est assez belle et assez juste pour devoir s'étendre au jugement que l'on fait des personnes.

¶ Rien ne nous venge mieux des mauvais jugements que les hommes font de notre esprit, de nos mœurs et de nos manières, que l'indignité et le mauvais caractère de ceux qu'ils approuvent.

Du même fonds dont on néglige un homme de mérite, l'on sait encore admirer un sot.

¶ Un sot est celui qui n'a pas même ce qu'il faut d'esprit pour être fat.

¶ Un fat est celui que les sots croient un homme de mérite.

¶ L'impertinent est un fat outré. Le fat lasse, ennuie, dégoûte, rebute ; l'impertinent rebute, aigrit, irrite, offense ; il commence où l'autre finit.

---

1. A concevoir des préventions.

Le fat est entre l'impertinent et le sot; il est composé de l'un et de l'autre.

¶ Les vices partent d'une dépravation du cœur; les défauts, d'un vice de tempérament; le ridicule, d'un défaut d'esprit.

L'homme ridicule est celui qui, tant qu'il demeure tel, a les apparences du sot.

Le sot ne se tire jamais du ridicule, c'est son caractère; l'on y entre quelquefois avec de l'esprit, mais l'on en sort.

Une erreur de fait jette un homme sage dans le ridicule.

La sottise est dans le sot, la fatuité dans le fat, et l'impertinence dans l'impertinent : il semble que le ridicule réside tantôt dans celui qui en effet est ridicule, et tantôt dans l'imagination de ceux qui croient voir le ridicule où il n'est point et ne peut être.

¶ La grossièreté, la rusticité, la brutalité peuvent être les vices d'un homme d'esprit.

¶ Le stupide est un sot qui ne parle point, en cela plus supportable que le sot qui parle.

¶ La même chose souvent est, dans la bouche d'un homme d'esprit, une naïveté ou un bon mot, et, dans celle du sot, une sottise.

¶ Si le fat pouvait craindre de mal parler, il sortirait de son caractère.

¶ L'une des marques de la médiocrité de l'esprit est de toujours conter.

¶ Le sot est embarrassé de sa personne; le fat a l'air libre et assuré; l'impertinent passe à l'effronterie : le mérite a de la pudeur.

¶ Le suffisant est celui en qui la pratique de certains détails, que l'on honore du nom d'affaires, se trouve jointe à une très-grande médiocrité d'esprit.

Un grain d'esprit et une once d'affaires[1] plus qu'il n'en entre dans la composition du suffisant, font l'important.

Pendant qu'on ne fait que rire de l'important, il n'a pas un autre nom; dès qu'on s'en plaint, c'est l'arrogant.

¶ L'honnête homme tient le milieu entre l'habile homme et l'homme de bien, quoique dans une distance inégale de ces deux extrêmes.

1. Le grain est la 576ᵉ partie d'une once, qui est elle-même la 16ᵉ partie d'une livre.

La distance qu'il y a de l'honnête homme à l'habile homme s'affaiblit de jour à autre, et est sur le point de disparaître.

L'habile homme est celui qui cache ses passions, qui entend ses intérêts, qui y sacrifie beaucoup de choses, qui a su acquérir du bien ou en conserver.

L'honnête homme est celui qui ne vole pas sur les grands chemins[1], et qui ne tue personne, dont les vices enfin ne sont pas scandaleux.

On connaît assez qu'un homme de bien est honnête homme ; mais il est plaisant d'imaginer que tout honnête homme n'est pas homme de bien.

L'homme de bien est celui qui n'est ni un saint ni un dévot[2], et qui s'est borné à n'avoir que de la vertu.

¶ Talent, goût, esprit, bon-sens, choses différentes, non incompatibles.

Entre le bon sens et le bon goût il y a la différence de la cause à son effet.

Entre esprit et talent il y a la proportion du tout à sa partie.

Appellerai-je homme d'esprit[3], celui qui, borné et renfermé dans quelque art, ou même dans une certaine science qu'il exerce dans une grande perfection, ne montre hors de là ni jugement, ni mémoire ; ni vivacité, ni mœurs, ni conduite : qui ne m'entend pas, qui ne pense point, qui s'énonce mal ; un musicien, par exemple, qui, après m'avoir comme enchanté par ses accords, semble s'être remis avec son luth dans un même étui, ou n'être plus, sans cet instrument, qu'une machine démontée, à qui il manque quelque chose, et dont il n'est pas permis de rien attendre ?

Que dirai-je encore de l'esprit du jeu ? pourrait-on me le définir ? Ne faut-il ni prévoyance, ni finesse, ni habileté pour jouer l'hombre ou les échecs ? et s'il en faut, pourquoi voit-on des imbéciles qui y excellent, et de très-beaux génies qui n'ont pu même atteindre la médiocrité, à qui une pièce ou une carte dans les mains trouble la vue, et fait perdre contenance ?

---

1. Boutade d'un esprit chagrin.
2. Faux dévot. (*Note de la Bruyère.*)
3. Il faut comprendre *esprit* dans le sens d'intelligence.

Il y a dans le monde quelque chose, s'il se peut, de plus incompréhensible. Un homme paraît grossier [1], lourd, stupide ; il ne sait pas parler, ni raconter ce qu'il vient de voir : s'il se met à écrire, c'est le modèle des bons contes ; il fait parler les animaux, les arbres, les pierres, tout ce qui ne parle point : ce n'est que légèreté, qu'élégance, que beau naturel, et que délicatesse dans ses ouvrages.

Un autre [2] est simple, timide, d'une ennuyeuse conversation ; il prend un mot pour un autre, et il ne juge de la bonté de sa pièce que par l'argent qui lui en revient ; il ne sait pas la réciter, ni lire son écriture. Laissez-le s'élever par la composition : il n'est pas au-dessous d'AUGUSTE, de POMPÉE, de NICOMÈDE, d'HÉRACLIUS ; il est roi, et un grand roi ; il est politique, il est philosophe ; il entreprend de faire parler des héros, de les faire agir ; il peint les Romains : ils sont plus grands et plus Romains dans ses vers que dans leur histoire.

Voulez-vous quelque autre prodige ? Concevez un homme facile, doux, complaisant, traitable ; et tout d'un coup violent, colère, fougueux, capricieux : imaginez-vous un homme simple, ingénu, crédule, badin, volage, un enfant en cheveux gris [3] ; mais permettez-lui de se recueillir, ou plutôt de se livrer à un génie qui agit en lui, j'ose dire, sans qu'il y prenne part, et comme à son insu : quelle verve ! quelle élévation ! quelles images ! quelle latinité ! — Parlez-vous d'une même personne ? me direz-vous. — Oui, du même, de *Théodas*, et de lui seul. Il crie, il s'agite, il se roule à terre, il se relève, il tonne, il éclate ; et du milieu de cette tempête il sort une lumière qui brille et qui réjouit. Disons-le sans figure : il parle comme un fou, et pense comme un homme sage ; il dit ridiculement des choses vraies, et

1. La Fontaine, qui vivait encore lorsque parut ce portrait.
2. Corneille était mort depuis sept ans quand la Bruyère traçait ce portrait exact qui ne laisse à regretter que l'allusion trop cruelle aux plaintes que la pauvreté arrachait au poëte dans sa vieillesse.
3. Jean de Santeul (1630-1697), religieux de Saint-Victor, auteur des hymnes du nouveau bréviaire de Paris, et un de nos meilleurs poëtes latins modernes. Il était commensal de la maison des Condé et grand ami de la Bruyère dont il a fait l'éloge dans ses vers. Avec un esprit peu propre au cloître, il était pourtant, comme l'a reconnu Saint-Simon, un excellent religieux.

follement des choses sensées et raisonnables : on est surpris de voir naître et éclore le bon sens du sein de la bouffonnerie, parmi les grimaces et les contorsions. Qu'ajouterai-je davantage ? Il dit et il fait mieux qu'il ne sait : ce sont en lui comme deux âmes qui ne se connaissent point, qui ne dépendent point l'une de l'autre, qui ont chacune leur tour ou leurs fonctions toutes séparées. Il manquerait un trait à cette peinture si surprenante, si j'oubliais de dire qu'il est tout à la fois avide et insatiable de louanges, près de se jeter aux yeux de ses critiques, et dans le fond assez docile pour profiter de leur censure. Je commence à me persuader moi-même que j'ai fait le portrait de deux personnages tout différents : il ne serait pas même impossible d'en trouver un troisième dans Théodas ; car il est bon homme, il est plaisant homme, et il est excellent homme.

¶ Après l'esprit de discernement, ce qu'il y a au monde de plus rare, ce sont les diamants et les perles.

¶ Tel, connu dans le monde par de grands talents, honoré et chéri partout où il se trouve, est petit dans son domestique et aux yeux de ses proches, qu'il n'a pu réduire à l'estimer : tel autre au contraire, prophète dans son pays, jouit d'une vogue qu'il a parmi les siens et qui est resserrée dans l'enceinte de sa maison ; s'applaudit d'un mérite rare et singulier qui lui est accordé par sa famille, dont il est l'idole, mais qu'il laisse chez soi toutes les fois qu'il sort, et qu'il ne porte nulle part.

¶ Tout le monde s'élève contre un homme qui entre en réputation : à peine ceux qu'il croit ses amis lui pardonnent-ils un mérite naissant, et une première vogue qui semble l'associer à la gloire dont ils sont déjà en possession. L'on ne se rend qu'à l'extrémité, et après que le prince s'est déclaré par les récompenses : tous alors se rapprochent de lui, et de ce jour-là seulement il prend son rang d'homme de mérite.

¶ Nous affectons souvent de louer avec exagération des hommes assez médiocres, et de les élever, s'il se pouvait, jusqu'à la hauteur de ceux qui excellent[1], ou parce que nous

---

1. *Exceller* peut parfaitement s'employer d'une manière absolue pour dire être supérieur en son genre. Mot à mot il signifie sortir de la route commune, aller plus loin ; lat. *excellere*, de *ex*, et de l'inu-

sommes las d'admirer toujours les mêmes personnes, ou parce que leur gloire, ainsi partagée, offense moins notre vue, et nous devient plus douce et plus supportable [1].

¶ L'on voit des hommes que le vent de la faveur pousse d'abord à pleines voiles ; ils perdent en un moment la terre de vue, et font leur route : tout leur rit, tout leur succède [2] ; action, ouvrage, tout est comblé d'éloges et de récompenses ; ils ne se montrent que pour être embrassés et félicités. Il y a un rocher immobile qui s'élève sur une côte ; les flots se brisent au pied ; la puissance, les richesses, la violence, la flatterie, l'autorité, la faveur, tous les vents ne l'ébranlent pas : c'est le public, où ces gens échouent.

¶ Il est ordinaire et comme naturel de juger du travail d'autrui seulement par rapport à celui qui nous occupe. Ainsi le poëte, rempli de grandes et sublimes idées, estime peu le discours de l'orateur, qui ne s'exerce souvent que sur de simples faits ; et celui qui écrit l'histoire de son pays ne peut comprendre qu'un esprit raisonnable emploie sa vie à imaginer des fictions et à trouver une rime : de même le bachelier [3], plongé dans les quatre premiers siècles, traite toute autre doctrine de science triste, vaine et inutile, pendant qu'il est peut-être méprisé du géomètre.

¶ Tel a assez d'esprit pour exceller dans une certaine matière et en faire des leçons, qui en manque pour voir qu'il doit se taire sur quelque autre dont il n'a qu'une faible connaissance : il sort hardiment des limites de son génie, mais il s'égare, et fait que l'homme illustre parle comme un sot.

¶ *Hérille*, soit qu'il parle, qu'il harangue ou qu'il écrive, veut citer : il fait dire au prince des philosophes [4] que le vin

---

sité *cellere*, aller, mouvoir ; grec, κέλλειν, qui n'est lui-même guère employé qu'en poésie.

1. « Nous élevons la gloire des uns pour abaisser celle des autres. » (La Rochefoucauld.)
2. Tout leur réussit.
   « Ces maximes, un temps, leur peuvent *succéder*. »
   (Mol., *D. Garc.*, III, 1.)
   « Tout lui *succédait*. » (Boss., *Hist. univ.*, I, 9.)
3. En droit canon ou en théologie.
4. Aristote.

enivre, et à l'Orateur romain [1] que l'eau le tempère. S'il se jette dans la morale, ce n'est pas lui, c'est le divin Platon qui assure que la vertu est aimable, le vice odieux, ou que l'un et l'autre se tournent en habitude. Les choses les plus communes, les plus triviales, et qu'il est même capable de penser, il veut les devoir aux anciens, aux Latins, aux Grecs ; ce n'est ni pour donner plus d'autorité à ce qu'il dit, ni peut-être pour se faire honneur de ce qu'il sait : il veut citer.

¶ C'est souvent hasarder un bon mot [2] et vouloir le perdre que de le donner pour sien : il n'est pas relevé, il tombe avec des gens d'esprit, ou qui se croient tels, qui ne l'ont pas dit, et qui devaient le dire. C'est au contraire le faire valoir que de le rapporter comme d'un autre : ce n'est qu'un fait, et qu'on ne se croit pas obligé de savoir ; il est dit avec plus d'insinuation et reçu avec moins de jalousie ; personne n'en souffre : on rit s'il faut rire, et s'il faut admirer, on admire.

¶ On a dit de Socrate qu'il était en délire, et que c'était un fou tout plein d'esprit [3], mais ceux des Grecs qui parlaient ainsi d'un homme si sage passaient pour fous. Ils disaient : « Quels bizarres portraits nous fait ce philosophe ! quelles mœurs étranges et particulières ne décrit-il point ! où a-t-il rêvé, creusé, rassemblé des idées si extraordinaires ? quelles couleurs ! quel pinceau ! ce sont des chimères. » Ils se trompaient : c'étaient des monstres, c'étaient des vices, mais peints au naturel ; on croyait les voir, ils faisaient peur. Socrate s'éloignait du cynique ; il épargnait les personnes, et blâmait les mœurs qui étaient mauvaises.

¶ Celui qui est riche par son savoir-faire connaît un philosophe, ses préceptes, sa morale et sa conduite ; et, n'imaginant pas dans tous les hommes une autre fin de toutes leurs actions que celle qu'il s'est proposée lui-même toute sa vie, dit en son cœur : « Je le plains, je le tiens échoué, ce rigide censeur ; il s'égare, et il est hors de route ; ce n'est pas ainsi

---

1. Cicéron.
2. Hasarder le succès d'un bon mot.
3. Socrate ici n'est pas Socrate ; c'est un nom qui en cache un autre. (Lettre de la Bruyère à Ménage, en réponse à une critique de ce Caractère.) Ici Socrate, c'est la Bruyère lui-même.

que l'on prend le vent, et que l'on arrive au délicieux port de la fortune; » et, selon ses principes, il raisonne juste.

Je pardonne, dit *Antisthius*, à ceux que j'ai loués dans mon ouvrage, s'ils m'oublient : qu'ai-je fait pour eux? ils étaient louables. Je le pardonnerais moins à tous ceux dont j'ai attaqué les vices sans toucher à leurs personnes, s'ils me devaient un aussi grand bien que celui d'être corrigés ; mais comme c'est un événement qu'on ne voit point, il suit de là que ni les uns ni les autres ne sont tenus de me faire du bien [1].

L'on peut, ajoute ce philosophe, envier ou refuser à mes écrits leur récompense ; on ne saurait en diminuer la réputation ; et, si on le fait, qui m'empêchera de le mépriser ?

¶ Il est bon d'être philosophe, il n'est guère utile de passer pour tel. Il n'est pas permis de traiter quelqu'un de philosophe : ce sera toujours lui dire une injure, jusqu'à ce qu'il ait plu aux hommes d'en ordonner autrement, et, en restituant à un si beau nom son idée propre et convenable, de lui concilier toute l'estime qui lui est due.

¶ Il y a une philosophie qui nous élève au-dessus de l'ambition et de la fortune, qui nous égale, que dis-je ? qui nous place plus haut que les riches, que les grands et que les puissants ; qui nous fait négliger les postes et ceux qui les procurent ; qui nous exempte de désirer, de demander, de prier, de solliciter, d'importuner, et qui nous sauve même l'émotion et l'excessive joie d'être exaucés. Il y a une autre philosophie qui nous soumet et nous assujettit à toutes ces choses en faveur de nos proches ou de nos amis : c'est la meilleure.

¶ C'est abréger, et s'épargner mille discussions, que de penser de certaines gens qu'ils sont incapables de parler juste, et de condamner ce qu'ils disent, ce qu'ils ont dit, et ce qu'ils diront.

¶ Nous n'approuvons les autres que par les rapports que nous sentons qu'ils ont avec nous-mêmes ; et il semble qu'estimer quelqu'un, c'est l'égaler à soi [2].

---

1. Antisthius est la Bruyère. Ce paragraphe fut inséré après le succès du livre des *Caractères*, succès prouvé par le débit des trois premières éditions.

2. « Il n'y a point d'homme qui se croie, en chacune de ses qualités,

¶ Les mêmes défauts qui, dans les autres, sont lourds et insupportables, sont chez nous comme dans leur centre ; ils ne pèsent plus, on ne les sent pas. Tel parle d'un autre, et en fait un portrait affreux, qui ne voit pas qu'il se peint lui-même.

Rien ne nous corrigerait plus promptement de nos défauts que si nous étions capables de les avouer et de les reconnaître dans les autres : c'est dans cette juste distance que, nous paraissant tels qu'ils sont, ils se feraient haïr autant qu'ils le méritent.

¶ La sage conduite roule sur deux pivots, le passé et l'avenir. Celui qui a la mémoire fidèle et une grande prévoyance est hors du péril de censurer dans les autres ce qu'il a peut-être fait lui-même, ou de condamner une action dans un pareil cas, et dans toutes les circonstances où elle lui sera un jour inévitable.

¶ Le guerrier et le politique, non plus que le joueur habile, ne font pas le hasard, mais ils le préparent, ils l'attirent, et semblent presque le déterminer. Non-seulement ils savent ce que le sot et le poltron ignorent, je veux dire se servir du hasard quand il arrive ; ils savent même profiter, par leurs précautions et leurs mesures, d'un tel ou d'un tel hasard, ou de plusieurs tout à la fois : si ce point arrive, ils gagnent ; si c'est cet autre, ils gagnent encore ; un même point souvent les fait gagner de plusieurs manières. Ces hommes sages peuvent être loués de leur bonne fortune comme de leur bonne conduite, et le hasard doit être récompensé en eux comme la vertu.

¶ Je ne mets au-dessus d'un grand politique que celui qui néglige de le devenir, et qui se persuade de plus en plus que le monde ne mérite point qu'on s'en occupe.

¶ Il y a dans les meilleurs conseils de quoi déplaire : ils viennent d'ailleurs que de notre esprit ; c'est assez pour être rejetés d'abord par présomption et par humeur, et suivis seulement par nécessité ou par réflexion.

¶ Quel bonheur surprenant a accompagné ce favori pendant tout le cours de sa vie ! quelle autre fortune mieux soutenue, sans interruption, sans la moindre disgrâce ! les

au-dessous de l'homme du monde qu'il estime le plus. » (La Rochefoucauld.)

premiers postes, l'oreille du prince, d'immenses trésors, une santé parfaite, et une mort douce. Mais quel étrange compte à rendre d'une vie passée dans la faveur, des conseils que l'on a donnés, de ceux qu'on a négligé de donner ou de suivre, des biens que l'on n'a point faits, des maux au contraire que l'on a faits, ou par soi-même ou par les autres; en un mot, de toute sa prospérité!

¶ L'on gagne à mourir d'être loué de ceux qui nous survivent, souvent sans autre mérite que celui de n'être plus : le même éloge sert alors pour CATON et pour *Pison* [1].

« Le bruit court que Pison est mort. C'est une grande perte : c'était un homme de bien et qui méritait une plus longue vie ; il avait de l'esprit et de l'agrément, de la fermeté et du courage ; il était sûr, généreux, fidèle. » — Ajoutez : « pourvu qu'il soit mort. »

¶ La manière dont on se récrie sur quelques-uns qui se distinguent par la bonne foi, le désintéressement et la probité, n'est pas tant leur éloge que le décréditement du genre humain.

¶ Tel soulage les misérables, qui néglige sa famille et laisse son fils dans l'indigence ; un autre élève un nouvel édifice, qui n'a pas encore payé les plombs d'une maison qui est achevée depuis dix années ; un troisième fait des présents et des largesses, et ruine ses créanciers. Je demande : la pitié, la libéralité, la magnificence, sont-ce les vertus d'un homme injuste ? ou plutôt si la bizarrerie et la vanité ne sont pas les causes de l'injustice.

¶ Une circonstance essentielle à la justice que l'on doit aux autres, c'est de la faire promptement et sans différer : la faire attendre, c'est injustice.

¶ Ceux-là font bien, ou font ce qu'ils doivent, qui font [2] ce qu'ils doivent. Celui qui, dans toute sa conduite, laisse longtemps dire de soi qu'il fera bien, fait très-mal.

¶ L'on dit d'un grand qui tient table deux fois le jour, et qui passe sa vie à faire digestion, qu'il meurt de faim, pour exprimer qu'il n'est pas riche, ou que ses affaires sont fort mauvaises : c'est une figure ; on le dirait plus à la lettre de ses créanciers.

1. Caton personnifie l'homme vertueux. Pison paraît être le beau-père de César, celui que Cicéron attaque dans sa harangue *in Pisonem*.
2. Qui font réellement et ne promettent pas toujours en vain de faire.

¶ L'honnêteté, les égards et la politesse des personnes avancées en âge, de l'un et de l'autre sexe, me donnent bonne opinion de ce qu'on appelle le vieux temps.

¶ C'est un excès de confiance dans les parents d'espérer tout de la bonne éducation de leurs enfants, et une grande erreur de n'en attendre rien et de la négliger.

¶ Quand il serait vrai, ce que plusieurs disent, que l'éducation ne donne point à l'homme un autre cœur ni une autre complexion, qu'elle ne change rien dans son fond et ne touche qu'aux superficies, je ne laisserais pas de dire qu'elle ne lui est pas inutile.

¶ Il n'y a que de l'avantage pour celui qui parle peu, la présomption est qu'il a de l'esprit ; et, s'il est vrai qu'il n'en manque pas, la présomption est qu'il l'a excellent.

¶ Ne songer qu'à soi et au présent, source d'erreur dans la politique.

¶ Le plus grand malheur, après celui d'être convaincu d'un crime, est souvent d'avoir eu à s'en justifier. Tels arrêts nous déchargent et nous renvoient absous, qui sont infirmés par la voix du peuple [1].

¶ Un homme est fidèle à de certaines pratiques de religion, on le voit s'en acquitter avec exactitude : personne ne le loue ni ne le désapprouve, on n'y pense pas. Tel autre y revient après les avoir négligées dix années entières : on se récrie, on l'exalte ; cela est libre [2] : moi, je le blâme d'un si long oubli de ses devoirs, et je le trouve heureux d'y être rentré.

¶ Le flatteur n'a pas assez bonne opinion de soi ni des autres [3].

¶ Tels sont oubliés dans la distribution des grâces, et font dire d'eux : *Pourquoi les oublier ?* qui, si l'on s'en était souvenu, auraient fait dire : *Pourquoi s'en souvenir ?* D'où vient cette contrariété ? Est-ce du caractère de ces personnes, ou de l'incertitude de nos jugements, ou même de tous les deux ?

1. Les clefs appliquent ce caractère à Penautier, trésorier des états du Languedoc, qui fut accusé d'avoir empoisonné Matarel, trésorier des états de Bourgogne, et que son beau-frère fit absoudre.
2. Cela est permis.
3. De soi, puisqu'il se condamne à un rôle qui l'honore si peu ; des autres, puisqu'il les croit dupes de ses flatteries.

¶ L'on dit communément : « Après un tel, qui sera chancelier ? qui sera primat des Gaules [1]? qui sera pape ? » On va plus loin : chacun, selon ses souhaits ou son caprice, fait sa promotion [2], qui est souvent de gens plus vieux et plus caducs que celui qui est en place; et comme il n'y a pas de raison [3] qu'une dignité tue celui qui s'en trouve revêtu, qu'elle sert au contraire à le rajeunir, et à donner au corps et à l'esprit de nouvelles ressources, ce n'est pas un événement fort rare à un titulaire d'enterrer son successeur.

¶ La disgrâce éteint les haines et les jalousies. Celui-là peut bien faire, qui ne nous aigrit plus par une grande faveur : il n'y a aucun mérite, il n'y a sorte de vertus qu'on ne lui pardonne ; il serait un héros impunément.

Rien n'est bien d'un homme disgracié : vertus, mérite, tout est dédaigné, ou mal expliqué, ou imputé à vice : qu'il ait un grand cœur, qu'il ne craigne ni le fer ni le feu, qu'il aille d'aussi bonne grâce à l'ennemi que BAYARD et MONTREVEL [4], c'est un bravache ; on en plaisante ; il n'a plus de quoi être un héros.

Je me contredis, il est vrai; accusez-en les hommes, dont je ne fais que rapporter les jugements; je ne dis pas de différents hommes, je dis les mêmes, qui jugent si différemment.

¶ Il ne faut pas vingt années accomplies pour voir changer les hommes d'opinion sur les choses les plus sérieuses, comme sur celles qui leur ont paru les plus sûres et les plus vraies. Je ne hasarderai pas d'avancer que le feu en

1. Un primat est un archevêque ou un évêque qui a une supériorité de juridiction sur plusieurs archevêchés ou évêchés. Les appellations des sentences des officiaux de Paris et des autres évêchés ressortissaient en la justice de l'archevêque de Lyon, primat des Gaules.
2. Nomme d'avance ceux qui rempliront ces places lorsqu'elles deviendront vacantes.
3. *Il n'y a pas de raison que,* tour elliptique plus élégant que, *n'y a pas de raison pour que.*
4. Nicolas-Auguste de la Baume, marquis de Montrevel, commissaire général de la cavalerie, lieutenant-général, né en 1636, reçut le bâton de maréchal de France en 1703. Cet homme dont la bravoure était héroïque, mourut d'une frayeur puérile. Il était à table chez le duc de Biron ; une salière se renversa sur lui ; il pâlit, se trouva mal et s'écria qu'il était mort. On le porta chez lui, la fièvre le prit et il mourut quatre jours après, le 11 octobre 1716.

soi, et indépendamment de nos sensations, n'a aucune chaleur[1], c'est-à-dire rien de semblable à ce que nous éprouvons en nous-mêmes à son approche, de peur que quelque jour il ne devienne aussi chaud qu'il a jamais été. J'assurerai aussi peu qu'une ligne droite tombant sur une autre ligne droite fait deux angles droits, ou égaux à deux droits, de peur que, les hommes venant à y découvrir quelque chose de plus ou de moins, je ne sois raillé de ma proposition. Ainsi, dans un autre genre, je dirai à peine avec toute la France : « VAUBAN[2] est infaillible, on n'en appelle point : » qui me garantirait que, dans peu de temps, on n'insinuera pas que même sur le siége, qui est son fort et où il décide souverainement, il erre quelquefois, sujet aux fautes comme *Antiphile* ?

¶ Si vous en croyez des personnes aigries l'une contre l'autre, et que la passion domine, l'homme docte est un *savantasse*, le magistrat un bourgeois ou un praticien, le financier un *maltôtier*[3], et le gentilhomme un *gentillâtre* : mais il est étrange que de si mauvais noms, que la colère et la haine ont su inventer, deviennent familiers, et que le dédain, tout froid et tout paisible qu'il est, ose s'en servir.

¶ Vous vous agitez, vous vous donnez un grand mouvement, surtout lorsque les ennemis commencent à fuir et que la victoire n'est plus douteuse, ou devant une ville après qu'elle a capitulé ; vous aimez, dans un combat ou pendant un siége, à paraître en cent endroits pour n'être nulle part, à prévenir les ordres du général de peur de les suivre, et à chercher les occasions plutôt que de les attendre et les recevoir : votre valeur serait-elle fausse ?

1. C'est la doctrine que Descartes avait fait prévaloir.
2. La clef dit qu'on accusa Vauban d'avoir mal fortifié Namur, qui fut prise par Louis XIV, en 1692, et reprise par le prince d'Orange, en 1695. Mais Vauban se justifia, parce que la ville fut prise faute d'un cavalier du côté de la rivière qu'il avait indiqué sur son plan, et qu'on n'exécuta pas pour épargner la dépense.
3. Celui qui fait la maltôte, c'est-à-dire qui lève les impôts. Le mot maltôte (bas latin *mala tolta*, de *malus*, mauvais, et *tolta*, prise de *tollere*, enlever) a désigné d'abord un impôt levé sous Philippe le Bel, pour la guerre contre les Anglais, puis a signifié perception d'un droit qui n'est pas dû, et enfin toute espèce de perception d'impôts.

¶ Faites garder aux hommes quelque poste où ils puissent être tués, et où néanmoins ils ne soient pas tués : ils aiment l'honneur et la vie [1].

¶ A voir comme les hommes aiment la vie, pouvait-on soupçonner qu'ils aimassent quelque autre chose plus que la vie ; et que la gloire, qu'ils préfèrent à la vie, ne fût souvent qu'une certaine opinion d'eux-mêmes établie dans l'esprit de mille gens, ou qu'ils ne connaissent point ou qu'ils n'estiment point [2] ?

¶ Ceux qui, ni guerriers ni courtisans, vont à la guerre et suivent la cour, qui ne font pas un siége, mais qui y assistent, ont bientôt épuisé leur curiosité sur une place de guerre, quelque surprenante qu'elle soit, sur la tranchée, sur l'effet des bombes et du canon, sur les coups de main, comme sur l'ordre et le succès d'une attaque qu'ils entrevoient : la résistance continue, les pluies surviennent, les fatigues croissent, on plonge dans la fange, on a à combattre les saisons et l'ennemi, on peut être forcé dans ses lignes et enfermé entre une ville et une armée : quelles extrémités ! On perd courage, on murmure. « Est-ce un si grand inconvénient que de lever un siége ? Le salut de l'État dépend-il d'une citadelle de plus ou de moins ? Ne faut-il pas, ajoutent-ils, fléchir sous les ordres du Ciel, qui semble se déclarer contre nous, et remettre la partie à un autre temps ? » Alors ils ne comprennent plus la fermeté, et, s'ils osaient dire, l'opiniâtreté du général, qui se roidit contre les obstacles, qui s'anime par la difficulté de l'entreprise, qui veille la nuit et s'expose le jour pour la conduire à sa fin. A-t-on capitulé ? ces hommes si découragés relèvent l'importance de cette conquête, en prédisent les suites, exagèrent la nécessité qu'il y avait de la faire, le péril et la honte qui suivaient de s'en désister [3], prouvent que l'armée qui nous couvrait des ennemis [4] était invincible. Ils re-

---

1. « On ne veut point perdre la vie et on veut acquérir de la gloire. »
(La Rochefoucauld.)

2. « La douceur de la gloire est si grande, qu'à quelque chose qu'on l'attache, même à la mort, on l'aime. » (Pascal.)

3. Qui eussent été la suite d'un désistement.

4. Le corps d'armée du maréchal de Luxembourg tint en échec Guillaume, qui, à la tête de 80,000 hommes, s'était avancé pour secourir Namur.

viennent avec la cour, passent par les villes et les bourgades, fiers d'être regardés de la bourgeoisie, qui est aux fenêtres, comme ceux mêmes qui ont pris la place ; ils en triomphent par les chemins, ils se croient braves. Revenus chez eux, ils vous étourdissent de flancs, de redans, de ravelins, de fausse-braie, de courtines et de chemin couvert ; ils rendent compte des endroits où *l'envie de voir* les a portés, et où *il ne laissait pas d'y avoir du péril*, des hasards qu'ils ont courus, à leur retour, d'être pris ou tués par l'ennemi : ils taisent seulement qu'ils ont eu peur [1].

¶ C'est le plus petit inconvénient du monde que de demeurer court dans un sermon ou dans une harangue ; il laisse à l'orateur ce qu'il a d'esprit, de bon sens, d'imagination, de mœurs et de doctrine ; il ne lui ôte rien : mais on ne laisse pas de s'étonner que les hommes, ayant voulu une fois y attacher une espèce de honte et de ridicule, s'exposent, par de longs et souvent d'inutiles discours, à en courir tout le risque.

¶ Ceux qui emploient mal leur temps sont les premiers à se plaindre de sa brièveté. Comme ils le consument à s'habiller, à manger, à dormir, à de sots discours, à se résoudre sur ce qu'ils doivent faire, et souvent à ne rien faire, ils en manquent pour leurs affaires ou pour leurs plaisirs. Ceux, au contraire, qui en font un meilleur usage en ont de reste.

Il n'y a point de ministre si occupé qui ne sache perdre chaque jour deux heures de temps ; cela va loin à la fin d'une longue vie ; et si le mal est encore plus grand dans les autres conditions des hommes, quelle perte infinie ne se fait pas dans le monde d'une chose si précieuse, et dont l'on se plaint qu'on n'a point assez !

¶ Il y a des créatures de Dieu, qu'on appelle des hommes, qui ont une âme qui est esprit, dont toute la vie est occupée et toute l'attention est réunie à scier du marbre : cela est bien simple, c'est bien peu de chose. Il y en a d'autres qui s'en étonnent, mais qui sont entièrement inutiles, et qui passent les jours à ne rien faire : c'est encore moins que de scier du marbre.

---

1. Cet alinéa, écrit en 1693, fait allusion à plusieurs particuliers, gens de robe et de finance, qui allèrent voir le siége de Namur en 1692.

¶ La plupart des hommes oublient si fort qu'ils ont une âme, et se répandent en tant d'actions et d'exercices où il semble qu'elle est inutile, que l'on croit parler avantageusement de quelqu'un en disant qu'il pense. Cet éloge même est devenu vulgaire, qui pourtant ne met cet homme qu'au-dessus du chien ou du cheval.

¶ « A quoi vous divertissez-vous? à quoi passez-vous le temps? » vous demandent les sots et les gens d'esprit. Si je réplique que c'est à ouvrir les yeux et à voir, à prêter l'oreille et à entendre, à avoir la santé, le repos, la liberté, ce n'est rien dire. Les solides biens, les grands biens, les seuls biens, ne sont pas comptés, ne se font pas sentir. « Jouez-vous? masquez-vous? » Il faut répondre.

Est-ce un bien pour l'homme que la liberté, si elle peut être trop grande et trop étendue, telle enfin qu'elle ne serve qu'à lui faire désirer quelque chose, qui est d'avoir moins de liberté?

La liberté n'est pas oisiveté; c'est un usage libre du temps, c'est le choix du travail et de l'exercice : être libre, en un mot, n'est pas ne rien faire, c'est être seul arbitre de ce qu'on fait ou de ce qu'on ne fait point. Quel bien en ce sens que la liberté!

¶ UN JEUNE PRINCE [1], D'UNE RACE AUGUSTE, L'AMOUR ET L'ESPÉRANCE DES PEUPLES, DONNÉ DU CIEL POUR PROLONGER LA FÉLICITÉ DE LA TERRE, PLUS GRAND QUE SES AIEUX, FILS D'UN HÉROS QUI EST SON MODÈLE, A DÉJA MONTRÉ A L'UNIVERS, PAR SES DIVINES QUALITÉS ET PAR UNE VERTU ANTICIPÉE, QUE LES ENFANTS DES HÉROS SONT PLUS PROCHES DE L'ÊTRE QUE LES AUTRES HOMMES [2].

¶ Si le monde dure seulement cent millions d'années, il est encore dans toute sa fraîcheur, et ne fait presque que commencer; nous-mêmes nous touchons aux premiers hommes et aux patriarches : et qui pourra ne nous pas confondre avec eux dans des siècles si reculés? Mais si l'on juge par le passé de l'avenir, quelles choses nouvelles nous sont

---

1. Le dauphin, fils de Louis XIV. Cette flatterie fut imprimée dans la 1re édition en caractères ordinaires. A la 4e édition l'auteur crut devoir la faire imprimer en capitales. — En 1688, le dauphin commanda l'armée sur les bords du Rhin et se distingua au siège de Philisbourg.

2. Contre la maxime latine et triviale. (*Note de la Bruyère.*) — Cette maxime est celle-ci : *Filii heroum noxœ*.

inconnues dans les arts, dans les sciences, dans la nature, et j'ose dire dans l'histoire ! quelles découvertes ne fera-t-on point ! quelles différentes révolutions ne doivent pas arriver sur toute la surface de la terre, dans les États et dans les empires ! Quelle ignorance est la nôtre ! et quelle légère expérience que celle de six ou sept mille ans !

¶ Il n'y a point de chemin trop long à qui marche lentement et sans se presser : il n'y a point d'avantages trop éloignés à qui s'y prépare par la patience.

¶ Ne faire sa cour à personne, ni attendre de quelqu'un qu'il vous fasse la sienne, douce situation, âge d'or, état de l'homme le plus naturel.

¶ Le monde est pour ceux qui suivent les cours ou qui peuplent les villes : la nature n'est que pour ceux qui habitent la campagne; eux seuls vivent, eux seuls du moins connaissent qu'ils vivent.

¶ Pourquoi me faire froid, et vous plaindre de ce qui m'est échappé sur quelques jeunes gens qui peuplent les cours ? Êtes-vous vicieux, ô *Thrasille* ? Je ne le savais pas, et vous me l'apprenez : ce que je sais est que vous n'êtes plus jeune.

Et vous qui voulez être offensé personnellement de ce que j'ai dit de quelques grands, ne criez-vous point de la blessure d'un autre ? Êtes-vous dédaigneux, malfaisant, mauvais plaisant, flatteur, hypocrite ? Je l'ignorais, et ne pensais pas à vous : j'ai parlé des grands.

¶ L'esprit de modération et une certaine sagesse dans la conduite laissent les hommes dans l'obscurité : il leur faut de grandes vertus pour être connus et admirés, ou peut-être de grands vices.

¶ Les hommes, sur la conduite des grands et des petits indifféremment, sont prévenus, charmés, enlevés par la réussite : il s'en faut peu que le crime heureux ne soit loué comme la vertu même, et que le bonheur ne tienne lieu de toutes les vertus. C'est un noir attentat, c'est une sale et odieuse entreprise que celle que le succès ne saurait justifier [1].

1. A partir de ce paragraphe, toute la suite du chapitre fait allusion à Guillaume de Nassau, prince d'Orange, stathouder de Hollande, et à la révolution de 1688 qui le plaça sur le trône d'Angleterre. Né le 14 octobre 1650, Guillaume de Nassau épousa Marie Stuart, fille

¶ Les hommes, séduits par de belles apparences et de spécieux prétextes, goûtent aisément un projet d'ambition que quelques grands ont médité ; ils en parlent avec intérêt, il leur plaît même par la hardiesse ou par la nouveauté que l'on lui impute ; ils y sont déjà accoutumés, et n'en attendent que le succès, lorsque, venant au contraire à avorter, ils décident avec confiance, et sans nulle crainte de se tromper, qu'il était téméraire et ne pouvait réussir.

¶ Il y a de tels projets, d'un si grand éclat et d'une conséquence si vaste, qui font parler les hommes si longtemps, qui font tant espérer ou tant craindre, selon les divers intérêts des peuples, que toute la gloire et toute la fortune d'un homme y sont commises. Il ne peut pas avoir paru sur la scène avec un si bel appareil pour se retirer sans rien dire ; quelques affreux périls qu'il commence à prévoir dans la suite de son entreprise, il faut qu'il l'entame : le moindre mal pour lui est de la manquer.

¶ Dans un méchant homme il n'y a pas de quoi faire un grand homme. Louez ses vues et ses projets, admirez sa conduite, exagérez son habileté à se servir des moyens les plus propres et les plus courts pour parvenir à ses fins : si ses fins sont mauvaises, la prudence [1] n'y a aucune part ; et où manque la prudence, trouvez la grandeur, si vous le pouvez.

¶ Un ennemi est mort [2], qui était à la tête d'une armée formidable, destinée à passer le Rhin ; il savait la guerre, et son expérience pouvait être secondée de la fortune : quels feux de joie a-t-on vus ? quelle fête publique ? Il y a des

---

de Jacques II, à une époque où ce roi n'avait point d'enfant mâle ; mais un fils étant né plus tard au roi Jacques, Guillaume, qui voyait par là sa femme exclue du trône, résolut de s'emparer de la couronne d'Angleterre en profitant du mécontentement que les sentiments catholiques de Jacques II avaient excité chez les Anglais. Le 5 novembre 1688, il débarqua à Torbay avec une armée de quatorze mille hommes, marcha sur Londres et obligea Jacques II, son beau-père, à se réfugier en France. Il mourut roi d'Angleterre, le 16 mars 1702. La Bruyère ressentait la haine la plus violente contre cet ennemi de la France.

1. *Prudentia*, sagesse. Cet alinéa parut en 1693.
2. Charles V, duc de Lorraine, beau-frère de l'empereur Léopold, né à Vienne, le 3 avril 1643, mort à Welz, près de Lintz, le 18 avril 1690, estimé de ses ennemis eux-mêmes.

hommes, au contraire, naturellement odieux [1], et dont l'aversion devient populaire : ce n'est point précisément par les progrès qu'ils font, ni par la crainte de ceux qu'ils peuvent faire, que la voix du peuple éclate à leur mort, et que tout tressaille, jusqu'aux enfants, dès que l'on murmure dans les places que la terre enfin en est délivrée.

¶ O temps ! ô mœurs ! s'écrie *Héraclite*, ô malheureux siècle ! siècle rempli de mauvais exemples, où la vertu souffre, où le crime domine, où il triomphe ! Je veux être un *Lycaon*, un *Égiste* [2], l'occasion ne peut être meilleure, ni les conjonctures plus favorables, si je désire du moins de fleurir et de prospérer. Un homme [3] dit : « Je passerai la mer, je dépouillerai mon père de son patrimoine, je le chasserai, lui, sa femme, son héritier, de ses terres et de ses États, » et, comme il l'a dit, il l'a fait. Ce qu'il devait appréhender, c'était le ressentiment de plusieurs rois qu'il outrage en la personne d'un seul roi ; mais ils tiennent pour lui ; ils lui ont presque dit : « Passez la mer, dépouillez votre père, montrez à tout l'univers qu'on peut chasser un roi de son royaume, ainsi qu'un petit seigneur de son château, ou un fermier de sa métairie ; qu'il n'y ait plus de différence entre de simples particuliers et nous : nous sommes las de ces distinctions ; apprenez au monde que ces peuples que Dieu a mis sous nos pieds peuvent nous abandonner, nous trahir, nous livrer, se livrer eux-mêmes à un étranger, et qu'ils ont moins à craindre de nous que nous d'eux et de leur puissance. » Qui pourrait voir des choses si tristes avec des yeux secs et une âme tranquille ? Il n'y a point de charges qui n'aient leurs priviléges ; il n'y a aucun titulaire qui ne parle, qui ne plaide, qui ne s'agite pour les défendre : la dignité royale seule n'a plus de priviléges ; les rois eux-mêmes y ont renoncé. Un seul, toujours bon et magnanime [4], ouvre ses bras à une famille malheu-

1. Ces mots s'appliquent à Guillaume de Nassau, et la suite a trait au faux bruit qui se répandit en France, que ce prince avait été tué à la bataille de la Boyne, livrée le 11 juillet 1690.
2. Lycaon, roi d'Arcadie, qui donnait la mort à ses hôtes, et que Jupiter changea en loup. — Egisthe, fils de Thyeste, et meurtrier d'Agamemnon.
3. Cet homme est encore Guillaume de Nassau.
4. Louis XIV, qui donna retraite à Jacques II et à toute sa famille, après qu'il eut été obligé de quitter l'Angleterre.

reuse; tous les autres se liguent comme pour se venger de lui, et de l'appui qu'il donne à une cause qui leur est commune : l'esprit de pique et de jalousie prévaut chez eux à l'intérêt de l'honneur, de la religion et de leur État ; est-ce assez ? à leur intérêt personnel et domestique ; il y va, je ne dis pas de leur élection, mais de leur succession, de leurs droits comme héréditaires : enfin, dans tous, l'homme l'emporte sur le souverain. Un prince délivrait l'Europe [1], se délivrait lui-même d'un fatal ennemi, allait jouir de la gloire d'avoir détruit un grand empire [2] : il la néglige pour une guerre douteuse. Ceux qui sont nés arbitres et médiateurs [3] temporisent ; et, lorsqu'ils pourraient avoir déjà employé utilement leur médiation, ils la promettent. O pâtres ! continue Héraclite, ô rustres qui habitez sous le chaume et dans les cabanes ! si les événements ne vont point jusqu'à vous, si vous n'avez point le cœur percé par la malice des hommes, si on ne parle plus d'hommes dans vos contrées, mais seulement de renards et de loups-cerviers, recevez-moi parmi vous à manger votre pain noir et à boire l'eau de vos citernes !

¶ Petits hommes hauts de six pieds, tout au plus de sept, qui vous enfermez aux foires comme géants, et comme des pièces rares dont il faut acheter la vue, dès que vous allez jusques à huit pieds ; qui vous donnez sans pudeur de la *hautesse* et de l'*éminence*, qui est tout ce que l'on pourrait accorder à ces montagnes voisines du ciel et qui voient les nuages se former au-dessous d'elles ; espèces d'animaux glorieux et superbes, qui méprisez toute autre espèce, qui ne faites pas même comparaison avec l'éléphant et la baleine ; approchez, hommes, répondez un peu à *Démocrite*. Ne dites-vous pas en commun proverbe : *des loups ravissants, des lions furieux, malicieux comme un singe ?* Et vous autres, qui êtes-vous ? J'entends corner sans cesse à mes oreilles : *l'homme est un animal raisonnable.* Qui vous a passé cette définition ?

---

1. L'empereur Léopold.
2. La Turquie.
3. Le pape Innocent XI. La vérité est que certaines tentatives de Jacques II furent bien maladroites, et que les cardinaux de Rome disaient en plaisantant qu'*il fallait excommunier Jacques II comme un homme qui allait perdre le peu de catholiques qui restaient en Angleterre.* L'austère et intrépide Innocent XI est un des papes que le dix-septième siècle a le moins justement appréciés.

sont-ce les loups, les singes et les lions, ou si vous vous l'êtes accordée à vous-mêmes ? C'est déjà une chose plaisante que vous donniez aux animaux, vos confrères, ce qu'il y a de pire, pour prendre pour vous ce qu'il y a de meilleur. Laissez-les un peu se définir eux-mêmes, et vous verrez comme ils s'oublieront et comme vous serez traités. Je ne parle point, ô hommes, de vos légèretés, de vos folies et de vos caprices, qui vous mettent au-dessous de la taupe et de la tortue, qui vont sagement leur petit train, et qui suivent, sans varier, l'instinct de leur nature : mais écoutez-moi un moment. Vous dites d'un tiercelet [1] de faucon qui est fort léger, et qui fait une belle descente sur la perdrix : « Voilà un bon oiseau ; » et d'un lévrier qui prend un lièvre corps à corps : « C'est un bon lévrier. » Je consens aussi que vous disiez d'un homme qui court le sanglier, qui le met aux abois, qui l'atteint et qui le perce : « Voilà un brave homme [2]. » Mais si vous voyez deux chiens qui s'aboient, qui s'affrontent, qui se mordent et se déchirent, vous dites : « Voilà de sots animaux ; » et vous prenez un bâton pour les séparer. Que si l'on vous disait que tous les chats d'un grand pays se sont assemblés par milliers dans une plaine, et qu'après avoir miaulé tout leur soûl, ils se sont jetés avec fureur les uns sur les autres, et ont joué ensemble de la dent et de la griffe ; que de cette mêlée il est demeuré de part et d'autre neuf à dix mille chats sur la place, qui ont infecté l'air à dix lieues de là par leur puanteur, ne diriez-vous pas : « Voilà le plus abominable *sabbat* dont on ait jamais ouï parler ? » Et si les loups en faisaient de même, quels hurlements ! quelle boucherie ! Et si les uns ou les autres vous disaient qu'ils aiment la gloire, concluriez-vous de ce discours qu'ils la mettent à se trouver à ce beau rendez-vous, à détruire ainsi et à anéantir leur propre espèce ? ou, après l'avoir conclu, ne ririez-vous pas de tout votre cœur de l'ingénuité de ces pauvres bêtes ? Vous avez déjà, en animaux raisonnables, et pour vous distinguer de ceux qui ne se servent que de leurs dents et de

1. Mâle de certains oiseaux de proie, ainsi nommé parce qu'il est d'un tiers plus petit que la femelle. C'est le diminutif d'un diminutif fictif *tiercel*, dont l'équivalent se trouve dans le provençal *tersol*, et dans l'italien *terzuolo*, tiercelet. *Tiercel* vient de *tiers*.

2. Au dix-septième siècle, *brave homme* avait le même sens que *homme brave*.

leurs ongles, imaginé les lances, les piques, les dards, les sabres et les cimeterres, et à mon gré fort judicieusement : car, avec vos seules mains, que pouviez-vous vous faire les uns aux autres, que vous arracher les cheveux, vous égratigner au visage, ou tout au plus vous arracher les yeux de la tête ? au lieu que vous voilà munis d'instruments commodes, qui vous servent à vous faire réciproquement de larges plaies, d'où peut couler votre sang jusqu'à la dernière goutte, sans que vous puissiez craindre d'en échapper. Mais, comme vous devenez d'année à autre plus raisonnables, vous avez bien enchéri sur cette vieille manière de vous exterminer : vous avez de petits globes [1] qui vous tuent tout d'un coup, s'ils peuvent seulement vous atteindre à la tête ou à la poitrine ; vous en avez d'autres [2] plus pesants et plus massifs, qui vous coupent en deux parts ou qui vous éventrent, sans compter ceux qui, tombant sur vos toits [3], enfoncent les planchers, vont du grenier à la cave, en enlèvent les voûtes, et font sauter en l'air, avec vos maisons, vos femmes qui sont en couche, l'enfant et la nourrice : et c'est là encore où gît la gloire ; elle aime le *remue-ménage*, et elle est personne d'un grand fracas. Vous avez d'ailleurs des armes défensives, et, dans les bonnes règles, vous devez en guerre être habillés de fer, ce qui est, sans mentir, une jolie parure, et qui me fait souvenir de ces quatre puces célèbres que montrait autrefois un charlatan, subtil ouvrier, dans une fiole où il avait trouvé le secret de les faire vivre : il leur avait mis à chacune une salade [4] en tête, leur avait passé un corps de cuirasse, mis des brassards, des genouillères, la lance sur la cuisse ; rien ne leur manquait, et en cet équipage elles allaient par sauts et par bonds dans leur bouteille. Feignez un homme de la taille du mont *Athos* : pourquoi non ? une âme serait-elle embarrassée d'animer un tel corps ? elle en serait plus au large : si cet homme avait la vue assez subtile pour vous découvrir quelque part

1. Des balles de mousquet.
2. Les boulets de canon.
3. Les bombes.
4. Casque que portaient les gens de guerre à cheval, aux quinzième, seizième et dix-septième siècles. *Salade* est une corruption de l'espagnol *celada* ou de l'italien *celata*, du latin *cælata*, sous-entendu *cassis*, casque ciselé.

sur la terre avec vos armes offensives et défensives, que croyez-vous qu'il penserait de petits marmousets ainsi équipés, et de ce que vous appelez guerre, cavalerie, infanterie, un mémorable siége, une fameuse journée ? N'entendrai-je donc plus bourdonner d'autre chose parmi vous ? le monde ne se divise-t-il plus qu'en régiments et en compagnies ? tout est-il devenu bataillon ou escadron ? *Il a pris une ville, il en a pris une seconde, puis une troisième ; il a gagné une bataille, deux batailles ; il chasse l'ennemi, il vainc sur mer, il vainc sur terre* : est-ce de quelqu'un de vous autres, est-ce d'un géant, d'un *Athos*, que vous parlez ? Vous avez surtout un homme pâle et livide [1] qui n'a pas sur soi dix onces de chair, et que l'on croirait jeter à terre du moindre souffle. Il fait néanmoins plus de bruit que quatre autres, et met tout en combustion ; il vient de pêcher en eau trouble une île tout entière [2] : ailleurs [3], à la vérité, il est battu et poursuivi ; mais il se sauve par *les marais*, et ne veut écouter ni paix ni trêve. Il a montré de bonne heure ce qu'il savait faire : il a mordu le sein de sa nourrice [4] ; elle en est morte, la pauvre femme : je m'entends, il suffit. En un mot, il était né sujet, et il ne l'est plus ; au contraire, il est le maître, et ceux qu'il a domptés et mis sous le joug vont à la charrue et labourent de bon courage [5] : ils semblent même appréhender, les bonnes gens, de pouvoir se délier un jour et de devenir libres, car ils ont étendu la courroie et allongé le fouet de celui qui les fait marcher ; ils n'oublient rien pour accroître leur servitude ; ils lui font passer l'eau pour se faire d'autres vassaux et s'acquérir de nouveaux domaines : il s'agit, il est vrai, de prendre son père et sa mère par les épaules et de les jeter hors de leur

---

1. L'extrême pâleur du roi Guillaume a permis à Boileau de dire, en s'adressant à la ville de Namur :

« Dans Bruxelles Nassau *blême*
Commence à trembler pour toi. »

2. L'Angleterre.

3. En Hollande, où Guillaume, en 1672, avait rompu les digues, ouvert les écluses et arrêté l'armée française par l'envahissement des eaux.

4. La Hollande où Guillaume se conduisit en maître absolu, lorsqu'il eut pris possession du trône d'Angleterre.

5. La haine rend ici la Bruyère injuste. Guillaume, loin d'enchaîner les Anglais, les a dotés de libertés qu'ils n'avaient pas avant lui.

maison; et ils l'aident dans une si honnête entreprise. Les gens de delà l'eau¹ et ceux d'en deçà² se cotisent et mettent chacun du leur pour se le rendre à eux tous de jour en jour plus redoutable : les *Pictes* et les *Saxons* imposent silence aux *Bataves*, et ceux-ci aux *Pictes* et aux *Saxons*; tous se peuvent vanter d'être ses humbles esclaves, et autant qu'ils le souhaitent. Mais qu'entends-je de certains personnages qui ont des couronnes, je ne dis pas des comtes ou des marquis, dont la terre fourmille, mais des princes et des souverains? ils viennent trouver cet homme dès qu'il a sifflé, ils se découvrent dès son antichambre, et ils ne parlent que quand on les interroge³. Sont-ce là ces mêmes princes si pointilleux, si formalistes sur leurs rangs et sur leurs préséances, et qui consument, pour les régler, les mois entiers dans une diète? Que fera ce nouvel *archonte*⁴ pour payer une si aveugle soumission, et pour répondre à une si haute idée qu'on a de lui? S'il se livre une bataille, il doit la gagner, et en personne; si l'ennemi fait un siége, il doit le lui faire lever, et avec honte, à moins que tout l'Océan ne soit entre lui et l'ennemi : il ne saurait moins faire en faveur de ses courtisans. *César*⁵ lui-même ne doit-il pas venir en grossir le nombre? il en attend du moins d'importants services; car, ou l'archonte échouera avec ses alliés, ce qui est plus difficile qu'impossible à concevoir, ou, s'il réussit et que rien ne lui résiste, le voilà tout porté, avec ses alliés jaloux de la religion et de la puissance de César, pour fondre sur lui, pour lui enlever l'*aigle*, et le réduire, lui ou son héritier, à la *fasce d'argent*⁶ et aux pays héréditaires. Enfin, c'en est fait, ils se sont tous livrés à lui volontairement, à celui peut-être de qui ils

1. Les Anglais.
2. Les Hollandais.
3. Le prince d'Orange, à son premier retour d'Angleterre, en 1690, vint à La Haye, où les princes ligués se rendirent, et où le duc de Bavière fut longtemps à attendre dans l'antichambre.
4. L'archonte était à Athènes le magistrat qui dirigeait la république.
5. L'Empereur.
6. Lui enlever l'empire et le réduire aux armes de la maison d'Autriche.—*Fasce*, terme de blason, est une pièce honorable qui coupe l'écu horizontalement par le milieu, et qui en occupe le tiers. Il vient du latin *fascia*, bande.

devaient se défier davantage. *Ésope ne leur dirait-il pas : La gent volatile d'une certaine contrée prend l'alarme et s'effraie du voisinage du lion, dont le seul rugissement lui fait peur : elle se réfugie auprès de la bête, qui lui fait parler d'accommodement et la prend sous sa protection, qui se termine enfin à les croquer tous l'un après l'autre.*

---

## CHAPITRE XIII

### DE LA MODE

Une chose folle et qui découvre bien notre petitesse, c'est l'assujettissement aux modes, quand on l'étend à ce qui concerne le goût, le vivre, la santé et la conscience. La viande noire [1] est hors de mode, et, par cette raison, insipide ; ce serait pécher contre la mode que de guérir de la fièvre par la saignée. De même, l'on ne mourrait plus depuis longtemps par *Théotime* ; ses tendres exhortations ne sauvaient plus que le peuple, et Théotime a vu son successeur [2].

¶ La curiosité n'est pas un goût pour ce qui est bon ou ce qui est beau, mais pour ce qui est rare, unique, pour ce qu'on a et ce que les autres n'ont point. Ce n'est pas un attachement à ce qui est parfait, mais à ce qui est couru, à ce qui est à la mode. Ce n'est pas un amusement, mais une passion, et souvent si violente qu'elle ne cède à l'amour et à l'ambition que par la petitesse de son objet. Ce n'est pas une passion qu'on a généralement pour les choses rares [3] et qui ont cours, mais qu'on a seulement pour une certaine chose, qui est rare, et pourtant à la mode.

Le fleuriste a un jardin dans un faubourg ; il y court au lever du soleil, et il en revient à son coucher. Vous le voyez planté et qui a pris racine au milieu de ses tulipes et devant

---

1. La viande de lièvre, de bécasse, de sanglier, etc., etc. On appelle *viande blanche*, la viande de volaille, de lapin, de veau.

2. La clef désigne M. Sachot, curé de Saint-Gervais, qui exhortait toutes les personnes de qualité à la mort, et qui fut remplacé dans cet emploi par le P. Bourdaloue.

3. C'est-à-dire pour les choses rares en général.

la *Solitaire* : il ouvre de grands yeux, il frotte ses mains, il se baisse, il la voit de plus près, il ne l'a jamais vue si belle, il a le cœur épanoui de joie : il la quitte pour l'*Orientale*: de là, il va à la *Veuve*; il passe au *Drap d'or*; de celle-ci à l'*Agathe*; d'où il revient enfin à la *Solitaire* [1], où il se fixe, où il se lasse, où il s'assied, où il oublie de dîner : aussi est-elle nuancée, bordée, huilée, à pièces emportées; elle a un beau vase ou un beau calice : il la contemple, il l'admire; Dieu et la nature sont en tout cela ce qu'il n'admire point : il ne va pas plus loin que l'oignon de sa tulipe, qu'il ne livrerait pas pour mille écus, et qu'il donnera pour rien quand les tulipes seront négligées et que les œillets auront prévalu. Cet homme raisonnable, qui a une âme, qui a un culte et une religion, revient chez soi fatigué, affamé, mais fort content de sa journée : il a vu des tulipes [2].

Parlez à cet autre de la richesse des moissons, d'une ample récolte, d'une bonne vendange : il est curieux de fruits; vous n'articulez pas, vous ne vous faites pas entendre. Parlez-lui de figues et de melons, dites que les poiriers rompent de fruit cette année, que les pêchers ont donné avec abondance : c'est pour lui un idiome inconnu; il s'attache aux seuls pruniers, il ne vous répond pas. Ne l'entretenez pas même de vos pruniers : il n'a de l'amour que pour une certaine espèce, toute autre que vous lui nommez le fait sourire et se moquer. Il vous mène à l'arbre, cueille artistement cette prune exquise; il l'ouvre, vous en donne une moitié, et prend l'autre : « Quelle chair ! dit-il; goûtez-vous cela [3]? cela est-il divin ? voilà ce que vous ne trouverez pas ailleurs ! » et là-dessus ses narines s'enflent, il cache avec peine sa joie et sa vanité par quelques dehors de modestie. O homme divin, en effet ! homme qu'on ne peut jamais assez louer et admirer ! homme dont il sera parlé dans plusieurs siècles ! que je voie sa taille et son visage pendant qu'il vit ; que j'observe les traits et la contenance d'un homme qui seul entre les mortels possède une telle prune !

---

1. *La Solitaire, l'Orientale*, etc., noms de variétés de tulipes.
2. « Il n'y a point de si petit caractère qu'on ne puisse rendre agréable par le coloris; le Fleuriste de la Bruyère en est la preuve. »
(VAUVENARGUES.)
3. Cela est-il à votre goût?

Un troisième, que vous allez voir, vous parle des curieux, ses confrères, et surtout de *Diognète* : « Je l'admire, dit-il, et je le comprends moins que jamais. Pensez-vous qu'il cherche à s'instruire par les médailles, et qu'il les regarde comme des preuves parlantes de certains faits, et des monuments fixes et indubitables de l'ancienne histoire? rien moins. Vous croyez peut-être que toute la peine qu'il se donne pour recouvrer une *tête* vient du plaisir qu'il se fait de ne voir pas une suite d'empereurs interrompue? c'est encore moins. Diognète sait d'une médaille le *fruste*, le *flou*, et la *fleur de coin* [1]; il a une tablette dont toutes les places sont garnies, à l'exception d'une seule : ce vide lui blesse la vue, et c'est précisément et à la lettre pour le remplir qu'il emploie son bien et sa vie.

« Vous voulez, ajoute *Démocède*, voir mes estampes? » et bientôt il les étale et vous les montre. Vous en rencontrez une qui n'est ni noire, ni nette, ni dessinée, et d'ailleurs moins propre à être gardée dans un cabinet qu'à tapisser, un jour de fête, le Petit-Pont ou la rue Neuve [2] : il convient qu'elle est mal gravée, plus mal dessinée; mais il assure qu'elle est d'un Italien qui a travaillé peu, qu'elle n'a presque pas été tirée, que c'est la seule qui soit en France de ce dessin, qu'il l'a achetée très-cher, et qu'il ne la changerait pas pour ce qu'il a de meilleur : « J'ai, continue-t-il, une sensible affliction, et qui m'obligera à renoncer aux estampes pour le reste de mes jours : j'ai tout *Callot* [3], hormis une

---

1. *Fruste* se dit d'une médaille ou d'une pierre antique dont on ne peut plus reconnaître les figures et les caractères, d'une sculpture dont le temps a altéré la forme. Du latin *frustum*, morceau, de même radical que le grec θραῦμα, morceau. — Le *flou* (probablement de *flindus*) est un terme de peinture transporté à la numismatique; en peinture, il exprime la délicatesse et le moelleux du pinceau, en numismatique, la finesse et la légèreté du burin. La Bruyère écrit *feloux*. — La *fleur de coin* se dit de l'éclat d'une médaille dont la conservation est telle qu'on la dirait frappée tout récemment.

2. Le Petit-Pont était alors couvert de maisons. On les tapissait de tentures et d'images, ainsi que celles de la rue Neuve-Notre-Dame les jours de procession.

3. Jacques Callot, né à Nancy, peintre, dessinateur et graveur (1593-1635), résista aux instances de Louis XIII, qui voulait lui faire représenter le siége et la prise de sa ville natale.

seule, qui n'est pas, à la vérité, de ses bons ouvrages ; au contraire, c'est un des moindres, mais qui m'achèverait Callot : je travaille depuis vingt ans à recouvrer cette estampe, et je désespère enfin d'y réussir ; cela est bien rude ! »

Tel autre fait la satire de ces gens qui s'engagent par inquiétude ou par curiosité dans de longs voyages, qui ne font ni mémoires ni relations, qui ne portent point de tablettes ; qui vont pour voir, et qui ne voient pas, ou qui oublient ce qu'ils ont vu, qui désirent seulement de connaître de nouvelles tours ou de nouveaux clochers, et de passer des rivières qu'on n'appelle ni la Seine ni la Loire ; qui sortent de leur patrie pour y retourner, qui aiment à être absents, qui veulent un jour être revenus de loin. Et ce satirique parle juste, et se fait écouter.

Mais quand il ajoute que les livres en apprennent plus que les voyages, et qu'il m'a fait comprendre par ses discours qu'il a une bibliothèque, je souhaite de la voir : je vais trouver cet homme, qui me reçoit dans une maison où, dès l'escalier, je tombe en faiblesse d'une odeur de maroquin noir dont ses livres sont tous couverts. Il a beau me crier aux oreilles, pour me ranimer, qu'ils sont dorés sur tranche, ornés de filets d'or, et de la bonne édition, me nommer les meilleurs l'un après l'autre, dire que sa galerie est remplie, à quelques endroits près, qui sont peints de manière qu'on les prend pour de vrais livres arrangés sur des tablettes et que l'œil s'y trompe ; ajouter qu'il ne lit jamais, qu'il ne met pas le pied dans cette galerie, qu'il y viendra pour me faire plaisir ; je le remercie de sa complaisance, et ne veux, non plus que lui, visiter sa tannerie, qu'il appelle bibliothèque.

Quelques-uns, par une intempérance de savoir, et par ne pouvoir se résoudre à renoncer à aucune sorte de connaissance, les embrassent toutes et n'en possèdent aucune : ils aiment mieux savoir beaucoup que de savoir bien, et être faibles et superficiels dans diverses sciences que d'être sûrs et profonds dans une seule. Ils trouvent en toutes rencontres celui qui est leur maître et qui les redresse ; ils sont les dupes de leur vaine curiosité, et ne peuvent au plus, par de longs et pénibles efforts, que se tirer d'une ignorance crasse.

D'autres ont la clef des sciences, où ils n'entrent jamais : ils passent leur vie à déchiffrer les langues orientales et les langues du Nord, celles des deux Indes, celle des deux pôles, et celle qui se parle dans la lune. Les idiomes les plus inutiles, avec les caractères les plus bizarres et les plus magiques, sont précisément ce qui réveille leur passion et qui excite leur travail ; ils plaignent ceux qui se bornent ingénument à savoir leur langue, ou tout au plus la grecque et la latine. Ces gens lisent toutes les histoires et ignorent l'histoire ; ils parcourent tous les livres, et ne profitent d'aucun : c'est en eux une stérilité de faits et de principes qui ne peut être plus grande, mais, à la vérité, la meilleure récolte et la richesse la plus abondante de mots et de paroles qui puisse s'imaginer : ils plient sous le faix ; leur mémoire en est accablée, pendant que leur esprit demeure vide.

Un bourgeois aime les bâtiments ; il se fait bâtir un hôtel si beau, si riche et si orné, qu'il est inhabitable ; le maître, honteux de s'y loger, ne pouvant peut-être se résoudre à le louer à un prince ou à un homme d'affaires, se retire au galetas, où il achève sa vie, pendant que l'enfilade et les planchers de rapport[1] sont en proie aux Anglais et aux Allemands qui voyagent, et qui viennent là du palais Royal, du palais L.... G....[2] et du Luxembourg. On heurte sans fin à cette belle porte ; tous demandent à voir la maison et personne à voir Monsieur.

On en sait d'autres qui ont des filles devant leurs yeux, à qui ils ne peuvent pas donner une dot ; que dis-je ? elles ne sont pas vêtues, à peine nourries ; qui se refusent un tour de lit[3] et du linge blanc, qui sont pauvres, et la source de leur misère n'est pas fort loin : c'est un garde-meuble chargé et embarrassé de bustes rares, déjà poudreux et couverts d'ordures, dont la vente les mettrait au large, mais qu'ils ne peuvent se résoudre à mettre en vente.

*Diphile* commence par un oiseau et finit par mille : sa maison n'en est pas égayée, mais empestée ; la cour, la salle, l'escalier, le vestibule, les chambres, le cabinet, tout est volière. Ce n'est plus un ramage, c'est un vacarme ; le

---

1. Les planchers en marqueterie.
2. L'hôtel Lesdiguières ou l'hôtel Langlée.
3. Un tour de lit se compose de rideaux suspendus et fixés autour du lit.

vents d'automne et les eaux dans leurs plus grandes crues ne font pas un bruit si perçant et si aigu ; on ne s'entend non plus parler les uns les autres que dans ces chambres où il faut attendre, pour faire le compliment d'entrée, que les petits chiens aient aboyé. Ce n'est plus pour Diphile un agréable amusement, c'est une affaire laborieuse, et à laquelle à peine il peut suffire. Il passe les jours, ces jours qui échappent et qui ne reviennent plus, à verser du grain et à nettoyer des ordures. Il donne pension à un homme qui n'a point d'autre ministère que de siffler des serins au flageolet et de faire couver des *canaries*[1]. Il est vrai que ce qu'il dépense d'un côté, il l'épargne de l'autre, car ses enfants sont sans maîtres et sans éducation. Il se renferme le soir, fatigué de son propre plaisir, sans pouvoir jouir du moindre repos que ses oiseaux ne reposent, et que ce petit peuple, qu'il n'aime que parce qu'il chante, ne cesse de chanter. Il retrouve ses oiseaux dans son sommeil : lui-même il est oiseau, il est huppé, il gazouille, il perche ; il rêve la nuit qu'il mue ou qu'il couve.

Qui pourrait épuiser tous les différents genres de curieux Devineriez-vous, à entendre parler celui-ci de son *Léopard*, de sa *Plume*, de sa *Musique*[2], les vanter comme ce qu'il y a sur la terre de plus singulier et de plus merveilleux, qu'il veut vendre ses coquilles ? Pourquoi non, s'il les achète au poids de l'or ?

Cet autre aime les insectes ; il en fait tous les jours de nouvelles emplettes ; c'est surtout le premier homme de l'Europe pour les papillons : il en a de toutes les tailles et de toutes les couleurs. Quel temps prenez-vous pour lui rendre visite ? il est plongé dans une amère douleur ; il a l'humeur noire, chagrine, et dont toute sa famille souffre : aussi a-t-il fait une perte irréparable. Approchez, regardez ce qu'il vous montre sur son doigt, qui n'a plus de vie et qui vient d'expirer : c'est une chenille, et quelle chenille !

¶ Le duel est le triomphe de la mode, et l'endroit où elle

---

1. Serin des îles *Canaries*. On écrit aujourd'hui *canaris*, ce qui est moins conforme à l'étymologie. Les îles Canaries, en latin *Canariæ*, ont été nommées ainsi parce qu'on prétendait y avoir vu beaucoup de chiens, *canes*.

2. Noms de coquillages. (*Note de la Bruyère.*)

a exercé sa tyrannie avec plus d'éclat [1]. Cet usage n'a pas laissé au poltron la liberté de vivre ; il l'a mené se faire tuer par un plus brave que soi, et l'a confondu avec un homme de cœur ; il a attaché de l'honneur et de la gloire à une action folle et extravagante ; il a été approuvé par la présence des rois ; il y a eu quelquefois une espèce de religion à le pratiquer ; il a décidé de l'innocence des hommes, des accusations fausses ou véritables sur des crimes capitaux [2] ; il s'était enfin si profondément enraciné dans l'opinion des peuples, et s'était si fort saisi de leur cœur et de leur esprit, qu'un des plus beaux endroits de la vie d'un très-grand roi [3] a été de les guérir de cette folie.

¶ Tel a été à la mode, ou pour le commandement des armées et la négociation [4], ou pour l'éloquence de la chaire, ou pour les vers, qui n'y est plus. Y a-t-il des hommes qui dégénèrent de ce qu'ils furent autrefois ? est-ce leur mérite qui est usé, ou le goût que l'on avait pour eux ?

¶ Un homme à la mode dure peu, car les modes passent : s'il est par hasard homme de mérite, il n'est pas anéanti, et il subsiste encore par quelque endroit : également estimable, il est seulement moins estimé.

La vertu a cela d'heureux, qu'elle se suffit à elle-même, et qu'elle sait se passer d'admirateurs, de partisans et de protecteurs : le manque d'appui et d'approbation non-seulement ne lui nuit pas, mais il la conserve, l'épure et la rend parfaite : qu'elle soit à la mode, qu'elle n'y soit plus, elle demeure vertu.

¶ Si vous dites aux hommes, et surtout aux grands, qu'un tel a de la vertu, ils vous disent : « Qu'il la garde ; » qu'il a bien de l'esprit, de celui surtout qui plaît et qui amuse, ils vous répondent : « Tant mieux pour lui, » qu'il a l'esprit fort cultivé, qu'il sait beaucoup, ils vous demandent quelle heure il est ou quel temps il fait. Mais si vous leur apprenez qu'il

---

1. Le plus d'éclat. Nous avons déjà vu que *plus* avait souvent la valeur du superlatif.
2. Allusion au duel judiciaire. L'un des derniers duels judiciaires est celui qui eut lieu, le 10 juillet 1547, sous les yeux de Henri II et de sa cour, entre Jarnac et la Châtaigneraie.
3. Louis XIV, qui a rendu plusieurs ordonnances contre le duel.
4. La diplomatie.

y a un *Tigillin* qui *souffle* ou qui *jette en sable* un verre d'eau-de-vie[1], et chose merveilleuse! qui y revient à plusieurs fois en un repas, alors ils disent : « Où est-il ? amenez-le-moi demain, ce soir; me l'amènerez-vous ? » On le leur amène ; et cet homme, propre à parer les avenues d'une foire et à être montré en chambre pour de l'argent, ils l'admettent dans leur familiarité.

¶ Il n'y a rien qui mette plus subitement un homme à la mode et qui le soulève davantage que le grand jeu : cela va du pair avec la crapule. Je voudrais bien voir un homme poli, enjoué, spirituel, fût-il un Catulle ou son disciple, faire quelque comparaison avec celui qui vient de perdre huit cents pistoles en un séance.

¶ Une personne à la mode ressemble à une *fleur bleue*[2] qui croît de soi-même dans les sillons, où elle étouffe les épis, diminue la moisson, et tient la place de quelque chose de meilleur ; qui n'a de prix et de beauté que ce qu'elle emprunte d'un caprice léger qui naît et qui tombe presque dans le même instant : aujourd'hui elle est courue, les femmes s'en parent ; demain elle est négligée, et rendue au peuple.

Une personne de mérite, au contraire, est une fleur qu'on ne désigne pas par sa couleur, mais que l'on nomme par son nom, que l'on cultive pour sa beauté ou pour son odeur ; l'une des grâces de la nature, l'une de ces choses qui embellissent le monde, qui est de tous les temps et d'une vogue ancienne et populaire ; que nos pères ont estimée, et que nous estimons après nos pères ; à qui le dégoût ou l'antipathie de quelques-uns ne saurait nuire : un lis, une rose.

¶ L'on voit *Eustrate* assis dans sa nacelle, où il jouit d'un air pur et d'un ciel serein : il avance d'un bon vent et qui

---

1. Tigillin ou Tigellin est le nom d'un préfet des cohortes prétoriennes, favori de Néron et célèbre par ses débauches.
— *Jeter en sable* signifie au propre, comme *sabler*, jeter dans un moule de sable. — Figurément, *jeter en sable*, et *sabler*, plus usité, boire tout d'un trait, fort vite. *Sabler* un verre de vin, un verre de liqueur, c'est le jeter dans son gosier, comme la matière fondue se jette dans le moule de sable.
2. Les bluets furent, pendant quelque temps, les fleurs à la mode. Les dames portaient des bouquets de bluets.

a toutes les apparences de devoir durer ; mais il tombe[1] tout d'un coup, le ciel se couvre, l'orage se déclare, un tourbillon enveloppe la nacelle, elle est submergée : on voit Eustrate revenir sur l'eau et faire quelques efforts ; on espère qu'il pourra du moins se sauver et venir à bord ; mais une vague l'enfonce, on le tient perdu ; il paraît une seconde fois, et les espérances se réveillent, lorsqu'un flot survient et l'abîme[2] : on ne le revoit plus, il est noyé.

¶ Voiture et Sarrazin[3] étaient nés pour leur siècle, et ils ont paru dans un temps où il semble qu'ils étaient attendus. S'ils s'étaient moins pressés de venir, ils arrivaient trop tard : et j'ose douter qu'ils fussent tels aujourd'hui qu'ils ont été alors. Les conversations légères, les cercles, la fine plaisanterie, les lettres enjouées et familières, les petites parties où l'on était admis seulement avec de l'esprit, tout a disparu. Et qu'on ne dise point qu'ils les feraient revivre : ce que je puis faire en faveur de leur esprit est de convenir que peut-être ils excelleraient dans un autre genre ; mais les femmes sont, de nos jours, ou dévotes, ou coquettes, ou joueuses, ou ambitieuses, quelques-unes même tout cela à la fois : le goût de la faveur, le jeu, les galants, les directeurs, ont pris la place, et la défendent contre les gens d'esprit.

¶ Un homme fat et ridicule porte un long chapeau, un pourpoint à ailerons[4], des chausses à aiguillettes[5] et des bottines : il rêve la veille par où et comment il pourra se faire remarquer le jour qui suit. Un philosophe se laisse habiller par son tailleur. Il y a autant de faiblesse à fuir la mode qu'à l'affecter.

---

1. *Il*, le vent.
2. Et le précipite dans l'abîme.
3. Sur Voiture, voyez notre *Cours supérieur*. — Sarrazin ou Sarrasin (1603-1654), poëte, né à Hermanville, près de Caen, vint de bonne heure à Paris, où il fut secrétaire des commandements du prince de Conti. Homme de plaisir et imitateur de Voiture, ses travaux littéraires en prose et en vers furent peu considérables, mais jouirent d'une certaine vogue auprès des contemporains.
4. Les *ailerons* désignent le petit bord d'étoffe qu'on mettait aux pourpoints pour couvrir les coutures du haut des manches, ou un gros nœud de rubans largement étalés qui avaient fait donner à l'ensemble de la garniture le nom de *petite oie*.
5. Des chausses au bas desquelles sont attachées des aiguillettes, c'est-à-dire des cordons ferrés par les deux bouts.

¶ L'on blâme une mode qui, divisant la taille des hommes en deux parties égales, en prend une tout entière pour le buste, et laisse l'autre pour le reste du corps. L'on condamne celle qui fait de la tête des femmes la base d'un édifice à plusieurs étages, dont l'ordre [1] et la structure changent selon leurs caprices ; qui éloigne les cheveux du visage, bien qu'ils ne croissent que pour l'accompagner ; qui les relève et les hérisse à la manière des bacchantes, et semble avoir pourvu à ce que les femmes changent leur physionomie douce et modeste en une autre qui soit fière et audacieuse. On se récrie enfin contre une telle ou une telle mode, qui cependant, toute bizarre qu'elle est, pare et embellit pendant qu'elle dure, et dont l'on tire tout l'avantage qu'on en peut espérer, qui est de plaire. Il me paraît qu'on devrait seulement admirer l'inconstance et la légèreté des hommes, qui attachent successivement les agréments et la bienséance à des choses tout opposées ; qui emploient pour le comique et pour la mascarade ce qui leur a servi de parure grave et d'ornements les plus sérieux ; et que si peu de temps en fasse la différence [2].

¶ N.... est riche, elle mange bien, elle dort bien : mais les coiffures changent ; et lorsqu'elle y pense le moins, et qu'elle se croit heureuse, la sienne est hors de mode.

¶ *Iphis* voit à l'église un soulier d'une nouvelle mode ; il regarde le sien, et en rougit ; il ne se croit plus habillé. Il était venu à la messe pour s'y montrer, et il se cache : le voilà retenu par le pied dans sa chambre tout le reste du jour. Il a la main douce, et il l'entretient avec une pâte de senteur ; il a soin de rire pour montrer ses dents ; il fait la

---

1. L'ordre d'architecture.

« Et qu'une main savante avec tant d'artifice
Bâtit de ses cheveux l'élégant édifice. »
(BOILEAU, *Satire* X, v. 193.)

2. « Je me plains de la particulière indiscrétion de nostre peuple de se laisser si fort piper et aveugler à l'auctorité de l'usage présent, qu'il soit capable de changer d'opinion et d'advis tous les mois, s'il plaict à la coustume, et qu'il juge si diversement de soy-mesme. La façon de se vestir présente luy faict incontinent condamner l'ancienne, d'une résolution si grande et d'un consentement si universel que vous diriez que c'est quelque espèce de manie qui lui tourneboule ainsi l'entendement. » (MONTAIGNE, I, 49.)

petite bouche, et il n'y a guère de moments où il ne veuille sourire ; il regarde ses jambes, il se voit au miroir : l'on ne peut être plus content de personne qu'il l'est de lui-même ; il s'est acquis une voix claire et délicate, et heureusement il parle gras ; il a un mouvement de tête, et je ne sais quel adoucissement dans les yeux, dont il n'oublie pas de s'embellir [1] ; il a une démarche molle et le plus joli maintien qu'il est capable de se procurer ; il met du rouge, mais rarement, il n'en fait pas habitude : il est vrai aussi qu'il porte des chausses et un chapeau, et qu'il n'a ni boucles d'oreilles ni collier de perles ; aussi ne l'ai-je pas mis dans le chapitre des femmes.

¶ Ces mêmes modes que les hommes suivent si volontiers pour leurs personnes, ils affectent de les négliger dans leurs portraits, comme s'ils sentaient ou qu'ils prévissent l'indécence [2] et le ridicule où elles peuvent tomber dès qu'elles auront perdu ce qu'on appelle la fleur ou l'agrément de la nouveauté : ils leur préfèrent une parure arbitraire, une draperie indifférente, fantaisies du peintre qui ne sont prises ni sur l'air ni sur le visage, qui ne rappellent ni les mœurs ni la personne. Ils aiment des attitudes forcées ou immodestes, une manière dure, sauvage, étrangère, qui font un capitan d'un jeune abbé, et un matamore d'un homme de robe ; une Diane d'une femme de ville, comme d'une femme simple et timide une amazone ou une Pallas ; une Laïs d'une honnête fille ; un Scythe, un Attila, d'un prince qui est bon et magnanime.

Une mode a à peine détruit une autre mode qu'elle est abolie par une plus nouvelle, qui cède elle-même à celle qui la suit, et qui ne sera pas la dernière : telle est notre légèreté. Pendant ces révolutions, un siècle s'est écoulé qui a mis toutes ces parures au rang des choses passées et qui ne sont plus. La mode alors la plus curieuse et qui fait plus de plaisir à voir, c'est la plus ancienne : aidée du temps et des années, elle a le même agrément dans les portraits qu'a la saye ou l'habit romain sur les théâtres, qu'ont la mante, le

---

1. C'est ainsi que l'on voit dans Regnier (*Satire* VIII), le jeune fat

« Rire hors de propos, montrer ses belles dents,
Et s'adoucir les yeux ainsi qu'une poupée. »

2. Indécence, au sens latin, *quod non decet*, ce qui ne convient pas.

voile et la tiare [1] dans nos tapisseries et dans nos peintures.

Nos pères nous ont transmis, avec la connaissance de leurs personnes, celle de leurs habits, de leurs coiffures, de leurs armes [2], et des autres ornements qu'ils ont aimés pendant leur vie. Nous ne saurions bien reconnaître cette sorte de bienfait qu'en traitant de même nos descendants.

¶ Le courtisan autrefois avait ses cheveux, était en chausses et en pourpoint, portait de larges canons [3], et il était libertin [4]. Cela ne sied plus ; il porte une perruque, l'habit serré, le bas uni, et il est dévot : tout se règle par la mode.

¶ Celui qui depuis quelque temps à la cour était dévot, et par là contre toute raison peu éloigné du ridicule, pouvait-il espérer de devenir à la mode ?

¶ De quoi n'est point capable un courtisan dans la vue de sa fortune, si, pour ne pas la manquer, il devient dévot ?

¶ Les couleurs sont préparées, et la toile est toute prête : mais comment le fixer, cet homme inquiet, léger, inconstant, qui change de mille et mille figures ? Je le peins dévot, et je crois l'avoir attrapé [5] ; mais il m'échappe, et déjà il est libertin. Qu'il demeure du moins dans cette mauvaise situation, et je saurai le prendre dans un point de déréglement de cœur et d'esprit où il sera reconnaissable ; mais la mode presse, il est dévot.

¶ Celui qui a pénétré la cour connaît ce que c'est que vertu et ce que c'est que dévotion [6] ; il ne peut plus s'y tromper.

¶ Négliger vêpres comme une chose antique et hors de mode, garder sa place soi-même pour le salut, savoir les êtres de la chapelle, connaître le flanc, savoir où l'on est vu et où l'on n'est pas vu ; rêver dans l'église à Dieu et à ses affaires,

---

1. Habits orientaux. (*Note de la Bruyère.*)
2. Offensives et défensives. (*Note de la Bruyère.*)
3. Ornement de toile rond, fort large et souvent orné de dentelle, qu'on attachait au-dessous du genou et qui pendait jusqu'à la moitié de la jambe pour la couvrir.

« De ces larges canons, où, comme en des entraves,
On met, tous les matins, les deux jambes esclaves. »
(MOL., *École des maris*, I, VI.)

Ce mot est un augmentatif de *canne*, par assimilation de form
4. Irréligieux.
5. L'avoir peint ressemblant.
6. Fausse dévotion. (*Note de la Bruyère.*)

y recevoir des visites, y donner des ordres et des commissions, y attendre les réponses ; avoir un directeur [1] mieux écouté que l'Évangile ; tirer toute sa sainteté et tout son relief de la réputation de son directeur ; dédaigner ceux dont le directeur a moins de vogue, et convenir à peine de leur salut ; n'aimer de la parole de Dieu que ce qui s'en prêche chez soi ou par son directeur ; préférer sa messe aux autres messes, et les sacrements donnés de sa main à ceux qui ont moins de cette circonstance [2] ; ne se repaître que de livres de spiritualité, comme s'il n'y avait ni Évangile, ni Épîtres des Apôtres, ni morale des Pères ; lire ou parler un jargon inconnu aux premiers siècles ; circonstancier à confesse les défauts d'autrui, y pallier les siens ; s'accuser de ses souffrances, de sa patience ; dire comme un péché son peu de progrès dans l'héroïsme ; être en liaison secrète avec de certaines gens contre certains autres ; n'estimer que soi et sa cabale ; avoir pour suspecte la vertu même ; goûter, savourer la prospérité et la faveur, n'en vouloir que pour soi ; ne point aider au mérite ; faire servir la piété à son ambition ; aller à son salut par le chemin de la fortune et des dignités [3] : c'est du moins jusqu'à ce jour le plus bel effort de la dévotion du temps.

Un dévot [4] est celui qui, sous un roi athée, serait athée.

¶ Quand un courtisan sera humble, guéri du faste et de l'ambition ; qu'il n'établira point sa fortune sur la ruine de ses concurrents ; qu'il sera équitable, soulagera ses vassaux, payera ses créanciers ; qu'il ne sera ni fourbe ni médisant ; qu'il renoncera aux grands repas et aux amours illégitimes ; qu'il priera autrement que des lèvres, et même hors de la présence du prince ; quand d'ailleurs il ne sera point d'un abord farouche et difficile ; qu'il n'aura point le visage austère et la mine triste ; qu'il ne sera point paresseux et contemplatif ; qu'il saura rendre, par une scrupuleuse

---

1. Un directeur de conscience.
2. A ceux qui ont moins de prix, n'étant pas donnés par lui.
3. « Ces gens, dis-je, qu'on voit, d'une ardeur peu commune,
   Par le chemin du ciel courir à leur fortune ;
   Qui, brûlants et priants, demandent chaque jour,
   Et prêchent la retraite au milieu de la cour.
   (Mol., *Tartufe*, I, vi.)
4. Faux dévot. (*Note de la Bruyère.*)

attention, divers emplois très-compatibles; qu'il pourra et qu'il voudra même tourner son esprit et ses soins aux grandes et laborieuses affaires, à celles surtout d'une suite la plus étendue pour les peuples et pour tout l'État; quand son caractère me fera craindre de le nommer en cet endroit, et que sa modestie l'empêchera, si je ne le nomme pas, de s'y reconnaître; alors je dirai de ce personnage : Il est dévot; ou plutôt : c'est un homme donné à son siècle pour le modèle d'une vertu sincère et pour le discernement de l'hypocrite [1].

¶ *Onuphre* [2] n'a pour tout lit qu'une housse de serge grise, mais il couche sur le coton et sur le duvet; de même il est habillé simplement, mais commodément, je veux dire d'une étoffe fort légère en été, et d'une autre fort moelleuse pendant l'hiver; il porte des chemises très-déliées [3], qu'il a un très-grand soin de bien cacher. Il ne dit point : *Ma haire et ma discipline* [4], au contraire; il passerait pour ce qu'il est, pour un hypocrite, et il veut passer pour ce qu'il n'est pas, pour un homme dévot : il est vrai qu'il fait en sorte que l'on croie, sans qu'il le dise, qu'il porte une haire et qu'il se donne la discipline. Il y a quelques livres répandus dans sa chambre indifféremment; ouvrez-les : c'est *le Combat spirituel, le Chrétien intérieur* et *l'Année sainte* ; d'autres livres sont sous la clef. S'il marche par la ville, et qu'il découvre de loin un homme devant qui il est nécessaire qu'il soit dévot, les yeux baissés, la démarche lente et modeste, l'air recueilli lui sont familiers; il joue son rôle. S'il entre dans une église, il observe d'abord

---

1. Et pour qu'il puisse servir à distinguer l'homme vraiment pieux de l'hypocrite. Ce paragraphe est, dit-on, un hommage rendu à la piété du duc de Beauvilliers.

2. *Onuphre* est le personnage de Tartuffe, tel que le comprend la Bruyère en 1691. Il le compare avec le Tartuffe que Molière avait représenté en 1667, et signale les différences et les ressemblances de l'un et de l'autre hypocrite.

3. Très-fines.

4. Allusion au vers de Molière (*Tartuffe*, I, II) :

« Laurent, serrez ma haire avec ma discipline. »

C'est la première parole de Tartuffe entrant en scène. — La *haire* est une petite chemise de crin ou de poil de chèvre, portée sur la peau par esprit de mortification et de pénitence; de l'allemand *haar*, cheveu, poil. La *discipline* est un instrument de flagellation.

de qui il peut être vu, et selon la découverte qu'il vient de faire, il se met à genoux et prie, ou il ne songe ni à se mettre à genoux ni à prier. Arrive-t-il vers un homme de bien et d'autorité qui le verra et qui peut l'entendre, non-seulement il prie, mais il médite, il pousse des élans et des soupirs : si l'homme de bien se retire, celui-ci, qui le voit partir, s'apaise et ne souffle pas. Il entre une autre fois dans un lieu saint, perce la foule, choisit un endroit pour se recueillir, et où tout le monde voit qu'il s'humilie : s'il entend des courtisans qui parlent, qui rient, et qui sont à la chapelle avec moins de silence que dans l'antichambre, il fait plus de bruit qu'eux pour les faire taire ; il reprend sa méditation, qui est toujours la comparaison qu'il fait de ces personnes avec lui-même, et où il trouve son compte [1]. Il évite une église déserte et solitaire, où il pourrait entendre deux messes de suite, le sermon, vêpres et complies, tout cela entre Dieu et lui, et sans que personne lui en sût gré : il aime la paroisse, il fréquente les temples où se fait un grand concours ; on n'y manque point son coup, on y est vu. Il choisit deux ou trois jours dans toute l'année, où, à propos de rien, il jeûne ou fait abstinence; mais à la fin de l'hiver il tousse, il a une mauvaise poitrine, il a des vapeurs, il a eu la fièvre : il se fait prier, presser, quereller, pour rompre le carême dès son commencement, et il en vient là par complaisance. Si Onuphre est nommé arbitre dans une querelle de parents ou dans un procès de famille, il est pour les plus forts, je veux dire pour les plus riches, et il ne se persuade point que celui

1. Lorsque le caractère d'Onuphre parut en 1691 dans la 6ᵉ édition, la phrase qui commence par les mots *Il entre...*, ne s'y trouvait pas, et le caractère d'Onuphre était suivi du caractère du vrai dévot. Dans la 7ᵉ édition, la Bruyère a supprimé le caractère du vrai dévot, et s'en est servi pour ajouter au caractère d'Onuphre le trait qu'on vient de lire. Voici le caractère du vrai dévot : « Un homme dévot entre dans un lieu saint, perce modestement la foule, choisit un coin pour se recueillir, et où personne ne voit qu'il s'humilie S'il entend des courtisans qui parlent, qui rient, et qui sont à la chapelle avec moins de silence que dans l'antichambre, quelque comparaison qu'il fasse de ces personnes avec lui-même, il ne les méprise pas, il ne s'en plaint pas : il prie pour eux. » — La *chapelle* est ici la chapelle du palais de Versailles, et l'*antichambre*, où les courtisans font plus de silence qu'à la chapelle, est l'antichambre de l'appartement du roi.

ou celle qui a beaucoup de bien puisse avoir tort. Il n'oublie pas de tirer avantage de l'aveuglement de son ami, et de la prévention où il l'a jeté en sa faveur : tantôt il lui emprunte de l'argent, tantôt il fait si bien que cet ami lui en offre ; il se fait reprocher de n'avoir pas recours à ses amis dans ses besoins. Quelquefois il ne veut pas recevoir une obole sans donner un billet, qu'il est bien sûr de ne jamais retirer [1]. Il dit une autre fois, et d'une certaine manière, que rien ne lui manque, et c'est lorsqu'il ne lui faut qu'une petite somme. Il vante quelque autre fois publiquement la générosité de cet homme, pour le piquer d'honneur et le conduire à lui faire une grande largesse. Il ne pense point à profiter de toute sa succession, ni à s'attirer une donation générale de tous ses biens, s'il s'agit surtout de les enlever à un fils, le légitime héritier. Un homme dévot n'est ni avare, ni violent, ni injuste, ni même intéressé. Onuphre n'est pas dévot, mais il veut être cru tel, et, par une parfaite quoique fausse imitation de la piété, ménager sourdement ses intérêts [2] : aussi ne se joue-t-il pas à la ligne directe, et il ne s'insinue jamais dans une famille où se trouvent tout à la fois une fille à pourvoir et un fils à établir [3] ; il y a là des droits trop forts et trop inviolables ; on ne les traverse point sans faire de l'éclat, et il l'appréhende, sans qu'une pareille entreprise vienne aux oreilles du prince [4], à qui il dérobe sa marche, par la crainte qu'il a d'être découvert et de paraître ce qu'il est. Il en veut à la ligne collatérale, on l'attaque plus impunément : il est la terreur des cousins et des cousines, du neveu et de la nièce, le flatteur et l'ami déclaré de tous les oncles qui ont fait fortune ; il se donne pour l'héritier légitime de tout vieillard qui meurt riche et sans enfants [5] ; et il faut que celui-ci le déshérite, s'il veut que ses parents recueillent sa succession : si Onuphre ne trouve pas jour à les en frustrer à fond, il leur en ôte du moins une bonne partie : une petite calomnie, moins que cela, une légère médisance lui suffit pour ce pieux dessein ; et c'est le talent qu'il possède à un plus haut

---

1. C'est-à-dire de ne jamais payer.
2. Ne pas servir ses intérêts d'une manière trop ouverte et trop visible.
3. C'est là ce que fait Tartuffe.
4. Comme est venue à ses oreilles celle de Tartuffe.
5. Orgon, l'hôte de Tartuffe, a un fils et une fille.

degré de perfection ; il se fait même souvent un point de conduite de ne le pas laisser inutile : il y a des gens, selon lui, qu'on est obligé en conscience de décrier ; et ces gens sont ceux qu'il n'aime point, à qui il veut nuire, et dont il désire la dépouille. Il vient à ses fins sans se donner même la peine d'ouvrir la bouche : on lui parle d'*Eudoxe*, il sourit ou il soupire ; on l'interroge, on insiste, il ne répond rien ; et il a raison : il en a assez dit.

¶ Riez, *Zélie*, soyez badine et folâtre à votre ordinaire : qu'est devenue votre joie ? — Je suis riche, dites-vous, me voilà au large, et je commence à respirer. — Riez plus haut, Zélie, éclatez : que sert une meilleure fortune, si elle amène avec soi le sérieux et la tristesse ? Imitez les grands qui sont nés dans le sein de l'opulence ; ils rient quelquefois, ils cèdent à leur tempérament, suivez le vôtre : ne faites pas dire de vous qu'une nouvelle place ou que quelques mille livres de rente de plus ou de moins vont font passer d'une extrémité à l'autre. — Je tiens, dites-vous, à la faveur par un endroit. — Je m'en doutais, Zélie ; mais, croyez-moi, ne laissez pas de rire, et même de me sourire en passant, comme autrefois : ne craignez rien, je n'en serai ni plus libre ni plus familier avec vous ; je n'aurai pas une moindre opinion de vous et de votre poste ; je croirai également que vous êtes riche et en faveur. — Je suis dévote, ajoutez-vous. — C'est assez, Zélie, et je dois me souvenir que ce n'est plus la sérénité et la joie que le sentiment d'une bonne conscience étale sur le visage ; les passions tristes et austères ont pris le dessus et se répandent sur les dehors : elles mènent plus loin [1], et l'on ne s'étonne plus de voir que la dévotion [2] sache encore mieux que la beauté et la jeunesse rendre une femme fière et dédaigneuse.

¶ L'on a été loin depuis un siècle dans les arts et dans les sciences, qui toutes ont été poussées à un grand point de raffinement, jusques à celle du salut, qu'on a réduite en règle et en méthode, et augmentée de tout ce que l'esprit des hommes pouvait inventer de plus beau et de plus sublime.

1. Elles servent mieux l'ambition qu'une bonne conscience.
2. Fausse dévotion. (*Note de la Bruyère.*) — Toutes les fois que la Bruyère parle défavorablement de la *dévotion*, on voit quel soin il prend d'avertir, de répéter, et de répéter encore qu'il s'agit de la *fausse dévotion*.

La dévotion[1] et la géométrie ont leurs façons de parler, ou ce qu'on appelle les termes de l'art : celui qui ne les sait pas n'est ni dévot ni géomètre. Les premiers dévots, ceux même qui ont été dirigés par les apôtres, ignoraient ces termes : simples gens qui n'avaient que la foi et les œuvres, et qui se réduisaient à croire et à bien vivre !

¶ C'est une chose délicate à un prince religieux de réformer la cour, et de la rendre pieuse[2] : instruit jusques où le courtisan veut lui plaire, et aux dépens de quoi il ferait sa fortune, il le ménage avec prudence, il tolère, il dissimule, de peur de le jeter dans l'hypocrisie ou le sacrilége ; il attend plus de Dieu et du temps que de son zèle et de son industrie.

¶ C'est une pratique ancienne dans les cours de donner des pensions et de distribuer des grâces à un musicien, à un maître de danse, à un farceur, à un joueur de flûte, à un flatteur, à un complaisant : ils ont un mérite fixe et des talents sûrs et connus qui amusent les grands et qui les délassent de leur grandeur. On sait que Favier est beau danseur, et que Lorenzani fait de beaux motets[3] ; qui sait, au contraire, si l'homme dévot a de la vertu ? Il n'y a rien pour lui sur la cassette ni à l'épargne[4], et avec raison : c'est un métier aisé à contrefaire, qui, s'il était récompensé, exposerait le prince à mettre en honneur la dissimulation et la fourberie, et à payer pension à l'hypocrite.

¶ L'on espère que la dévotion de la cour ne laissera pas d'inspirer la résidence[5].

---

1. Fausse dévotion. (*Note de la Bruyère.*) Voir la note ci-dessus.
2. C'est en 1687, dès la 1<sup>re</sup> édition, que la Bruyère osait ainsi se prononcer sur les tendances nouvelles de la cour, et avertir indirectement Louis XIV du danger que présentait la mode de la fausse dévotion.
3. Favier, danseur de l'Opéra. Lorenzani, après avoir été maître de la musique à Rome, puis à Messine, devint maître de musique d'Anne d'Autriche. Il a composé de la musique religieuse. — Un *motet* est un morceau de musique, sur des paroles religieuses latines, destiné à être exécuté à l'église, sans faire partie du service divin. C'est un diminutif de *mot* ; ital. *motletto.*
4. Les pensions étaient payées soit sur la cassette du roi, soit par le trésor royal, qui se nommait autrefois l'*épargne.*
5. D'inspirer aux évêques la pensée de résider dans leurs diocèses.

¶ Je ne doute point que la vraie dévotion ne soit la source du repos ; elle fait supporter la vie et rend la mort douce : on n'en tire pas tant de l'hypocrisie.

¶ Chaque heure en soi, comme à notre égard, est unique : est-elle écoulée une fois, elle a péri entièrement, les millions de siècles ne la ramèneront pas. Les jours, les mois, les années, s'enfoncent et se perdent sans retour dans l'abîme des temps. Le temps même sera détruit : ce n'est qu'un point dans les espaces immenses de l'éternité, et il sera effacé. Il y a de légères et frivoles circonstances du temps qui ne sont point stables, qui passent, et que j'appelle des modes, la grandeur, la faveur, les richesses, la puissance, l'autorité, l'indépendance, le plaisir, les joies, la superfluité. Que deviendront ces modes quand le temps même aura disparu ? La vertu seule, si peu à la mode, va au delà des temps.

---

## CHAPITRE XIV

## DE QUELQUES USAGES.

Il y a des gens qui n'ont pas le moyen d'être nobles[1].

Il y en a de tels que, s'ils eussent obtenu six mois de délai de leurs créanciers, ils étaient nobles[2].

Quelques autres se couchent roturiers[3] et se lèvent nobles.

---

1. Dans les quatre premières éditions, la Bruyère avait mis en note, *secrétaires du roi*, parce que les charges de secrétaires du roi s'achetaient et donnaient la noblesse.

La Bruyère fait ici allusion à la vénalité des charges qui conféraient la noblesse, ainsi qu'aux titres de noblesse vendus par le gouvernement, et il dit implicitement « que c'est par l'argent et non par le mérite que l'on s'anoblit. »

2. Vétérans. (*Note de la Bruyère.*) — Cet alinéa et le suivant s'appliquent aux conseillers du Parlement et de la cour des aides, qui, après vingt ans d'exercice, obtenaient des lettres de noblesse.

3. *Roturier*, de *roture*, du latin *ruptura*, rupture, pris au moyen âge dans le sens de champ défriché, fendu par le soc, et de là héritage de vilain.

Combien de nobles dont le père et les aînés sont roturiers !

¶ Tel abandonne son père qui est connu, et dont l'on cite le greffe ou la boutique, pour se retrancher sur son aïeul, qui, mort depuis longtemps, est inconnu et hors de prise. Il montre ensuite un gros revenu, une grande charge, de belles alliances ; et, pour être noble, il ne lui manque que des titres.

¶ *Réhabilitations*, mot en usage dans les tribunaux, qui a fait vieillir et rendu gothique celui de *lettres de noblesse*[1], autrefois si français et si usité. Se faire réhabiliter suppose qu'un homme, devenu riche, originairement est noble, qu'il est d'une nécessité plus que morale qu'il le soit ; qu'à la vérité, son père a pu déroger ou par la charrue, ou par la houe[2], ou par la malle[3], ou par les livrées[4] ; mais qu'il ne s'agit pour lui que de rentrer dans les premiers droits de ses ancêtres, et de continuer les armes de sa maison, les mêmes pourtant qu'il a fabriquées, et tout autres que celles de sa vaisselle d'étain ; qu'en un mot, les lettres de noblesse ne lui conviennent plus, qu'elles n'honorent que le roturier, c'est-à-dire celui qui cherche encore le secret de devenir riche.

¶ Un homme du peuple, à force d'assurer qu'il a vu un prodige, se persuade faussement qu'il a vu un prodige. Celui qui continue de cacher son âge pense enfin lui-même être aussi jeune qu'il veut le faire croire aux autres. De même, le roturier qui dit par habitude qu'il tire son origine de quelque ancien baron ou de quelque châtelain, dont il

---

1. C'est par les lettres de noblesse qu'étaient anoblis les roturiers ; on ne devait, en principe, se servir du mot de réhabilitation que dans les cas où une famille noble, après dérogeance, était rétablie dans sa noblesse.

2. Instrument qui sert aux travaux de la campagne. On laboure les vignes avec la houe. De l'allemand *haue*, qui signifiait primitivement *hache*, de *hauen*, frapper.

3. Panier dans lequel les merciers de campagne colportent leurs marchandises. Ce mot est d'origine germanique : ancien haut allemand *malaha, malha*, sacoche, angl. *mail*, holl. *maal*.

4. Par la livrée qu'il avait portée comme domestique. Le substantif *livrée* vint du participe *livré*, parce que la livrée était à l'origine une chose remise, donnée, et particulièrement un vêtement.

est vrai qu'il ne descend pas, a le plaisir de croire qu'il en descend.

¶ Quelle est la roture un peu heureuse et établie à qui il manque des armes, et dans ces armes une pièce honorable, des suppôts, un cimier, une devise, et peut-être le cri de guerre [1]? Qu'est devenue la distinction des casques et des *heaumes* [2]? Le nom et l'usage en sont abolis; il ne s'agit plus de les porter de front ou de côté, ouverts ou fermés, et ceux-ci de tant ou de tant de grilles; on n'aime pas les minuties, on passe droit aux couronnes; cela est plus simple : on s'en croit digne, on se les adjuge. Il reste encore aux meilleurs bourgeois une certaine pudeur qui les empêche de se parer d'une couronne de marquis, trop satisfaits de la comtale : quelques-uns même ne vont pas la chercher fort loin, et la font passer de leur enseigne à leur carrosse.

1. Le cri de guerre ou cri d'armes, encore plus que les suppôts, le cimier, etc., était l'indice d'une très-vieille noblesse. — Les figures héraldiques se divisent en pièces *honorables* ou de premier ordre, et en pièces *moins honorables* ou de second ordre. — Les supports ou suppôts sont des figures (anges, hommes ou animaux) qui sont peintes à côté de l'écu et semblent le supporter. — Le cimier est la partie la plus élevée des ornements de l'écu et se place au-dessus du casque; quelquefois il reproduit une pièce du blason de l'écu, comme un lion, une fleur de lis, etc., mais le plus souvent il se compose de plumes attachées au casque. « Le cimier était une plus grande marque de noblesse que l'armoirie, parce qu'on le portait aux tournois, où on ne pouvait être admis sans avoir fait preuve de noblesse. » (P. MENESTRIER.)

2. Cette phrase ne signifie point que l'on ait jamais, en blason, distingué les heaumes et les casques. *Heaume* est le mot que l'on trouve dans les anciens auteurs; *casque*, le synonyme qui a pris peu à peu sa place dans la langue héraldique. Mais, selon que l'on était d'une plus ou moins haute naissance, le casque que l'on figurait au-dessus de son écu avait la visière ouverte ou fermée, et était placé de front ou de profil : c'est dans la forme et dans la situation des casques que résidait la distinction dont parle la Bruyère, ainsi qu'il l'explique deux lignes plus bas. Le casque qui se présentait de front et ouvert indiquait une grande naissance, et le nombre des *grilles*, c'est-à-dire des barreaux qui étaient placés dans la visière du casque et en fermaient l'ouverture, servait à marquer le degré de la noblesse. Les nouveaux anoblis devaient, au contraire, figurer le casque de profil, avec la visière close et abattue. Ces règles arbitraires ne furent observées que pendant fort peu de temps. (SERVOIS.)

¶ Il suffit de n'être point né dans une ville, mais sous une chaumière répandue dans la campagne, ou sous une ruine qui trempe dans un marécage et qu'on appelle château, pour être cru noble sur sa parole [1].

¶ Un bon gentilhomme veut passer pour un petit seigneur, et il y parvient. Un grand seigneur affecte la principauté, et il use de tant de précautions qu'à force de beaux noms, de disputes sur le rang et les préséances, de nouvelles armes, et d'une généalogie que d'Hozier [2] ne lui a pas faite, il devient enfin un petit prince.

¶ Les grands, en toutes choses, se forment et se moulent sur de plus grands, qui, de leur part, pour n'avoir rien de commun avec leurs inférieurs, renoncent volontiers à toutes les rubriques d'honneurs et de distinctions dont leur condition se trouve chargée, et préfèrent à cette servitude une vie plus libre et plus commode. Ceux qui suivent leur piste observent déjà par émulation cette simplicité et cette modestie : tous ainsi se réduiront par hauteur à vivre naturellement et comme le peuple. Horrible inconvénient [3] !

¶ Certaines gens portent trois noms, de peur d'en manquer : ils en ont pour la campagne et pour la ville, pour les lieux de leur service ou de leur emploi [4]. D'autres ont un seul nom

1. « Qui diable vous a fait aussi vous aviser,
A quarante-deux ans, de vous débaptiser,
Et d'un vieux tronc pourri de votre métairie
Vous faire dans le monde un nom de seigneurie ?...
Je sais un paysan qu'on appelait Gros-Pierre,
Qui, n'ayant pour tout bien qu'un seul quartier de terre,
Y fit, tout à l'entour, faire un fossé bourbeux,
Et de monsieur de l'Isle en prit le nom pompeux. »
(Molière, l'École des femmes, I, 1.)

2. D'Hozier, nom d'une famille célèbre de généalogistes. Le chef, Pierre d'Hozier (1592-1660), fut le créateur de la science généalogique.

3. « Allusion, disent les clefs, à ce que feu Monsieur, pour s'approcher de Monseigneur le Dauphin, ne voulait plus qu'on le traitât d'*Altesse Royale*, mais qu'on lui parlât par *vous*, comme l'on faisait à Monseigneur et aux petits princes (ses fils). Les autres princes, à son exemple, ne veulent plus être traités d'Altesse, mais simplement de *vous*. »

4. Un même personnage portait parfois, outre son nom de famille, soit un nom de seigneurie, soit un surnom : de là quelque confusion dans les récits du temps.

dissyllabe, qu'ils anoblissent par des particules, dès que leur fortune devient meilleure. Celui-ci, par la suppression d'une syllabe, fait de son nom obscur un nom illustre[1], celui-là, par le changement d'une lettre en une autre, se travestit, et de *Syrus* devient *Cyrus*. Plusieurs suppriment leurs noms, qu'ils pourraient conserver sans honte, pour en adopter de plus beaux, où ils n'ont qu'à perdre par la comparaison que l'on fait toujours d'eux qui les portent avec les grands hommes qui les ont portés[2]. Il s'en trouve enfin qui, nés à l'ombre des clochers de Paris, veulent être Flamands[3] ou Italiens[4], comme si la roture n'était pas de tout pays; allongent leurs noms français d'une terminaison étrangère, et croient que venir de bon lieu c'est venir de loin.

¶ Le besoin d'argent a réconcilié la noblesse avec la roture, et a fait évanouir la preuve des quatre quartiers[5].

¶ Il y a peu de familles dans le monde qui ne touchent aux plus grands princes par une extrémité, et par l'autre au simple peuple[6].

¶ Il n'y a rien à perdre à être noble : franchises, immunités, exemptions, priviléges, que manque-t-il à ceux qui ont un titre ? Croyez-vous que ce soit pour la noblesse que des solitaires[7] se sont faits nobles ? ils ne sont pas si vains :

---

1. Comme Delrieu, maître d'hôtel du roi, qui se fit nommer de Rieux.
2. Les clefs citent M. le Camus de Vienne, qui, en raison de son nom, se faisait descendre de l'amiral Jean de Vienne, qui vécut au quatorzième siècle.
3. C'est ainsi que M. Sonin, fils d'un receveur de Paris, avait pris le nom de Soningen.
4. « Le roi Charles VIII, en allant à la conquête du royaume de Naples, dit en ses Mémoires l'abbé de Choisy, donna la charge de capitaine des chasses du pays de Beaumont à M. Nicolas qui, se trouvant en Italie, habilla son nom à l'italienne, en changeant son *s* en *i*. »
5. Boileau, *Satire* v, vers 105 :

« Alors le noble altier, pressé de l'indigence,
Humblement du faquin rechercha l'alliance,
Avec lui trafiquant d'un nom si précieux,
Par un lâche contrat vendit tous ses aïeux. »

6. Sénèque a exprimé la même pensée dans une de ses lettres.
7. « Maison religieuse, secrétaire du roi, » dit la Bruyère en note. Le couvent des Célestins avait un office de secrétaire du roi; il en

c'est pour le profit qu'ils en reçoivent. Cela ne leur sied-il pas mieux que d'entrer dans les gabelles [1] ? Je ne dis pas à chacun en particulier, leurs vœux s'y opposent, je dis même à la communauté.

¶ Je le déclare nettement, afin que l'on s'y prépare, et que personne un jour n'en soit surpris : s'il arrive jamais que quelque grand me trouve digne de ses soins, si je fais enfin une belle fortune, il y a un Geoffroy de la Bruyère [2] que toutes les chroniques rangent au nombre des plus grands seigneurs de France qui suivirent GODEFROY DE BOUILLON à la conquête de la Terre-Sainte : voilà alors de qui je descends en ligne directe.

¶ Si la noblesse est vertu, elle se perd par tout ce qui n'est pas vertueux ; et si elle n'est pas vertu, c'est peu de chose.

¶ Il y a des choses qui, ramenées à leurs principes et à leur première institution, sont étonnantes et incompréhensibles. Qui peut concevoir, en effet, que certains abbés, à qui il ne manque rien de l'ajustement, de la mollesse et de la vanité des sexes et des conditions, qui entrent auprès des femmes en concurrence avec le marquis et le financier, et qui l'emportent sur tous les deux, qu'eux-mêmes soient originairement, et dans l'étymologie de leur nom [3], les pères et les chefs de saints moines et d'humbles solitaires, et qu'ils en devraient être l'exemple ? Quelle force, quel empire, quelle tyrannie de l'usage! Et, sans parler de plus grands désordres, ne doit-on pas craindre de voir un jour un jeune abbé en velours gris et à ramages comme une éminence [4], ou avec des mouches et du rouge comme une femme?

¶ Les belles choses le sont moins hors de leur place : les bienséances mettent la perfection, et la raison met les bien-

---

touchait les revenus, et il jouissait des priviléges et franchises attachés à la noblesse. Les Célestins n'avaient pas acheté cet office ; le revenu et les priviléges d'une charge de secrétaire du roi leur avaient été accordés par munificence royale, au quatorzième siècle.

1. C'est-à-dire d'entrer dans la ferme de l'impôt sur le sel.
2. Dans la 5ᵉ édition, la première qui contienne cette déclaration, La Bruyère avait simplement écrit : un Geoffroy D***. A la 6ᵉ, il mit en toutes lettres le nom de la Bruyère.
3. *Abbé* vient du syrien *abba*, qui signifie *père*.
4. Titre d'honneur que l'on donne aux cardinaux.

séances. Ainsi l'on n'entend point une *gigue*[1] à la chapelle, ni dans un sermon des tons de théâtre ; l'on ne voit point d'images profanes[2] dans les temples, un Christ, par exemple, et le *Jugement de Paris*, dans le même sanctuaire, ni à des personnes consacrées à l'Eglise le train et l'équipage d'un cavalier[3].

¶ Déclarerai-je donc ce que je pense de ce qu'on appelle dans le monde un beau salut, la décoration souvent profane, les places retenues et payées, des livres[4] distribués comme au théâtre, les entrevues et les rendez-vous fréquents, le murmure et les causeries étourdissantes, quelqu'un monté sur une tribune qui y parle familièrement, sèchement, et sans autre zèle que de rassembler le peuple, l'amuser, jusqu'à ce qu'un orchestre, le dirai-je ? et des voix qui concertent[5] depuis longtemps, se fassent entendre ? Est-ce à moi à m'écrier que le zèle de la maison du Seigneur me consume, et à tirer le voile léger qui couvre les mystères, témoins d'une telle indécence ? Quoi ! parce qu'on ne danse pas encore aux TT***[6], me forcera-t-on d'appeler tout ce spectacle office d'église ?

¶ L'on ne voit point faire de vœux ni de pèlerinages pour obtenir d'un saint d'avoir l'esprit plus doux, l'âme plus reconnaissante, d'être plus équitable et moins malfaisant, d'être guéri de la vanité, de l'inquiétude[7] et de la mauvaise raillerie.

¶ *Tite*, par vingt années de service dans une seconde place,

---

1. Danse ancienne d'un mouvement vif et gai, sur un air à deux temps ; autrefois ce mot désignait un instrument à cordes. Provençal *gigua, guiga*, espagnol et italien *giga*, du haut allemand *gige*, allemand moderne *Geige*, violon.

2. Tapisseries. (*Note de la Bruyère.*)

3. D'un homme d'épée.

4. Le *motet* traduit en vers français par L. L***. (*Note de la Bruyère.*) — Ces initiales désignent Lorenzani.

5. Qui font des répétitions.

6. Allusion aux saluts des pères Théatins, composés par Lorenzani, Italien, qui a été depuis maître de la musique du pape Innocent XII. (*La Clef.*) — Le couvent des Théatins, fondé par Mazarin, se trouvait sur le quai Malaquais.

7. De l'agitation sans objet, de l'activité stérile. La première édition porte : *de l'inquiétude d'esprit.*

n'est pas encore digne de la première, qui est vacante : ni ses talents, ni sa doctrine[1], ni une vie exemplaire, ni les vœux des paroissiens, ne sauraient l'y faire asseoir. Il naît de dessous terre un autre clerc[2] pour la remplir. Tite est reculé ou congédié : il ne se plaint pas; c'est l'usage.

¶ « Moi, dit le chevecier[3], je suis maître du chœur : qui me forcera d'aller à matines ? mon prédécesseur n'y allait point : suis-je de pire condition ? dois-je laisser avilir ma dignité entre mes mains, ou la laisser telle que je l'ai reçue ? — Ce n'est point, dit l'écolâtre[4], mon intérêt qui me mène, mais celui de la prébende : il serait bien dur qu'un grand chanoine fût sujet au chœur[5], pendant que le trésorier[6], l'archidiacre, le pénitencier et le grand vicaire s'en croient exempts. — Je suis bien fondé, dit le prévôt[7], à demander la rétribution sans me trouver à l'office : il y a vingt années entières que je suis en possession de dormir les nuits ; je veux finir comme j'ai commencé, et l'on ne me verra point déroger à mon titre : que me servirait d'être à la tête d'un chapitre ? mon exemple ne tire point à conséquence. » Enfin c'est entre eux tous à qui ne louera point Dieu, à qui fera voir, par un long usage, qu'il n'est point obligé de le faire : l'émulation de ne se point rendre aux offices divins ne saurait être plus vive ni plus ardente. Les cloches sonnent dans

---

1. Son savoir.
2. Toute personne qui appartient, au moins par la tonsure, à l'état ecclésiastique ; de *clericus*, de κληρικός, de κλῆρος, clergé, proprement, lot, bon lot, terme appliqué dans les premiers temps aux chrétiens, par opposition aux païens, et, finalement, à ceux qui avaient charge de prêtrise.
3. Dignitaire qui avait soin du chevet de l'église, c'est-à-dire du fond de l'église, depuis l'endroit où la clôture commence à tourner en rond ; le même que le trésorier en d'autres églises, parce qu'il garde le trésor. Du bas latin *capitium*, chevet d'église, de *caput*, tête.
4. Chanoine qui avait une prébende l'obligeant d'enseigner gratuitement la philosophie et les lettres humaines à ses confrères et aux pauvres écoliers du royaume. Bas latin *scholaster*, de *schola*, école.
5. Au service du chœur.
6. Le trésorier avait la garde des reliques.
7. Chef du chapitre.

nent dans une nuit tranquille ; et leur mélodie, qui réveille les chantres et les enfants de chœur, endort les chanoines, les plonge dans un sommeil doux et facile, et qui ne leur procure que de beaux songes : ils se lèvent tard, et vont à l'église se faire payer d'avoir dormi.

¶ Qui pourrait s'imaginer, si l'expérience ne nous le mettait devant les yeux, quelle peine ont les hommes à se résoudre d'eux-mêmes à leur propre félicité, et qu'on ait besoin de gens d'un certain habit, qui, par un discours préparé, tendre et pathétique, par de certaines inflexions de voix, par des larmes, par des mouvements qui les mettent en sueur et qui les jettent dans l'épuisement, fassent enfin consentir un homme chrétien et raisonnable, dont la maladie est sans ressource, à ne se point perdre et à faire son salut ?

¶ Un homme joue et se ruine : il marie néanmoins l'aînée de ses deux filles de ce qu'il a pu sauver des mains d'un *Ambreville*[1]. La cadette est sur le point de faire ses vœux, qui n'a point d'autre vocation que le jeu de son père.

¶ Il s'est trouvé des filles qui avaient de la vertu, de la santé, de la ferveur, et une bonne vocation, mais qui n'étaient pas assez riches pour faire dans une riche abbaye vœu de pauvreté.

Faire une folie et se marier *par amourette*, c'est épouser *Mélite*, qui est jeune, belle, sage, économe, qui plaît, qui vous aime, qui a moins de bien qu'*Ægine* qu'on vous propose, et qui, avec une riche dot, apporte de riches dispositions à la consumer, et tout votre fonds avec sa dot.

¶ Qu'on évite d'être vu seul avec une femme qui n'est point la sienne, voilà une pudeur qui est bien placée : qu'on sente quelque peine à se trouver dans le monde avec des personnes dont la réputation est attaquée, cela n'est pas incompréhensible. Mais quelle mauvaise honte fait rougir un homme de sa propre femme, et l'empêche de paraître dans le public avec celle qu'il s'est choisie pour sa compagne inséparable, qui doit faire sa joie, ses délices et toute sa société ; avec celle qu'il aime et qu'il estime, qui est son ornement, dont l'esprit, le mérite, la vertu, l'alliance,

---

1. C'est-à-dire un fripon. Ambreville était chef d'une troupe de vagabonds.

lui font honneur? Que ne commence-t-il par rougir de son mariage?

¶ Je connais la force de la coutume, et jusqu'où elle maîtrise les esprits et contraint les mœurs, dans les choses même les plus dénuées de raison et de fondement : je sens néanmoins que j'aurais l'impudence de me promener au Cours, et d'y passer en revue avec une personne qui serait ma femme.

¶ Ce n'est pas une honte ni une faute à un jeune homme que d'épouser une femme avancée en âge; c'est quelquefois prudence, c'est précaution [1]. L'infamie est de se jouer de sa bienfaictrice [2] par des traitements indignes, et qui lui découvrent qu'elle est la dupe d'un hypocrite et d'un ingrat. Si la fiction [3] est excusable, c'est où il faut feindre de l'amitié; s'il est permis de tromper, c'est dans une occasion où il y aurait de la dureté à être sincère. — Mais elle vit longtemps. — Aviez-vous stipulé qu'elle mourût après avoir signé votre fortune et l'acquit de toutes vos dettes? N'a-t-elle plus, après ce grand ouvrage, qu'à retenir son haleine, qu'à prendre de l'opium ou de la ciguë? A-t-elle tort de vivre? Si même vous mourez avant celle dont vous aviez déjà réglé les funérailles, à qui vous destiniez la grosse sonnerie et les beaux ornements, en est-elle responsable?

¶ Il y a depuis longtemps dans le monde une manière de faire valoir son bien [4], qui continue toujours d'être pratiquée par d'honnêtes gens, et d'être condamnée par d'habiles docteurs.

¶ On a toujours vu dans la république de certaines charges qui semblent n'avoir été imaginées la première fois que pour enrichir un seul aux dépens de plusieurs; les fonds ou l'argent des particuliers y coulent sans fin et sans interruption [5]. Dirai-je qu'il n'en revient plus, ou qu'il n'en revient que tard? C'est un gouffre, c'est une mer qui reçoit les eaux des fleuves, et qui ne les rend pas; ou, si elle les rend, c'est par des conduits secrets et souterrains, sans qu'il y paraisse, ou qu'elle en soit moins grosse et moins enflée;

---

1. Triste prudence et dangereuse précaution!
2. *Bienfaitrice.* Voyez page 97, note 1.
3. L'action de feindre.
4. Billets et obligations. (*Note de la Bruyère.*)
5. Greffe, consignation. (*Note de la Bruyère.*)

ce n'est qu'après en avoir joui longtemps, et qu'elle ne peut plus les retenir.

¶ Le fonds perdu, autrefois si sûr, si religieux et si inviolable, est devenu avec le temps, et par les soins de ceux qui en étaient chargés, un bien perdu [1]. Quel autre secret de doubler mes revenus et de thésauriser? Entrerai-je dans le huitième denier, ou dans les aides [2]? Serai-je avare, partisan ou administrateur?

¶ Vous avez une pièce d'argent, ou même une pièce d'or; ce n'est pas assez, c'est le nombre qui opère : faites-en, si vous pouvez, un amas considérable et qui s'élève en pyramide, et je me charge du reste. Vous n'avez ni naissance, ni esprit, ni talents, ni expérience, qu'importe? ne diminuez rien de votre monceau, et je vous placerai si haut que vous vous couvrirez devant votre maître, si vous en avez; il sera même fort éminent, si, avec votre métal, qui de jour à autre se multiplie, je ne fais en sorte qu'il se découvre devant vous.

¶ *Orante* plaide depuis dix ans entiers en règlement de juges [3], pour une affaire juste, capitale, et où il y va de toute sa fortune : elle saura peut-être, dans cinq années, quels seront ses juges, et dans quel tribunal elle doit plaider le reste de sa vie.

¶ L'on applaudit à la coutume qui s'est introduite dans les tribunaux d'interrompre les avocats au milieu de leur action [4], de les empêcher d'être éloquents et d'avoir de l'esprit, de les ramener au fait et aux preuves toutes sèches qui établissent leurs causes et le droit de leurs parties; et cette pratique si sévère, qui laisse aux orateurs le regret de n'avoir pas prononcé les plus beaux traits de leurs discours, qui

---

1. « Allusion, disent les clefs, à la banqueroute faite par les hôpitaux de Paris et les Incurables, en 1689. Elle a fait perdre aux particuliers qui avaient des deniers à fonds perdu sur des hôpitaux la plus grande partie de leurs biens : ce qui arr    par la friponnerie de quelques administrateurs que l'on chassa. » — Le fonds perdu est une somme d'argent dont on abandonne le capital moyennant une rente viagère.

2. On appelait *aides* les subsides, les levées de deniers qui se faisaient sur le peuple, pour aider à soutenir les dépenses de l'État.

3. Pour faire décider que son procès sera porté devant tel tribunal et non devant tel autre.

4. De leur plaidoyer.

bannit l'éloquence du seul endroit où elle est en sa place, et va faire du parlement une muette juridiction, on l'autorise par une raison solide et sans réplique, qui est celle de l'expédition [1] : il est seulement à désirer qu'elle fût moins oubliée en toute autre rencontre ; qu'elle réglât au contraire les bureaux comme les audiences, et qu'on cherchât une fin aux écritures [2], comme on a fait aux plaidoyers.

¶ Le devoir des juges est de rendre la justice ; leur métier, de la différer. Quelques-uns savent leur devoir, et font leur métier.

¶ Celui qui sollicite son juge ne lui fait pas honneur : car, ou il se défie de ses lumières et même de sa probité, ou il cherche à le prévenir, ou il lui demande une injustice [3].

¶ Il se trouve des juges auprès de qui la faveur, l'autorité, les droits de l'amitié et de l'alliance, nuisent à une bonne cause, et qu'une trop grande affectation de passer pour incorruptibles expose à être injustes [4].

¶ Il s'en faut peu que la religion et la justice n'aillent de pair dans la république, et que la magistrature ne consacre les hommes comme la prêtrise. L'homme de robe ne saurait guère danser au bal, paraître aux théâtres, renoncer aux habits simples et modestes, sans consentir à son propre avilissement ; et il est étrange qu'il ait fallu une loi pour régler son extérieur, et le contraindre ainsi à être grave et plus respecté.

¶ Il n'y a aucun métier qui n'ait son apprentissage, et, en montant des moindres conditions jusques aux plus grandes, on remarque dans toutes un temps de pratique et d'exercice

---

1. La prompte expédition des affaires. — Cette coutume s'introduisit, suivant les clefs, sous le premier président de Novion.

2. Procès par écrit. (*Note de la Bruyère.*)

3. « Il y a, lit-on dans les clefs, un arrêt du Conseil qui oblige les conseillers à être en rabat. Avant ce temps-là, ils étaient presque toujours en cravate. Cet arrêt fut rendu à la requête de M. de Harlay, alors procureur général. »

4. « L'affection ou la haine change la justice. En effet combien un avocat bien payé par avance trouve-t-il plus juste la cause qu'il plaide! Mais, par une autre bizarrerie de l'esprit humain, j'en sais qui, pour ne pas tomber dans cet amour-propre, ont été les plus injustes du monde à contre-biais. Le moyen le plus sûr de perdre une affaire toute juste, était de la leur faire recommander par leurs proches parents. » (PASCAL.)

qui prépare aux emplois, où les fautes sont sans conséquence, et mènent au contraire à la perfection. La guerre même, qui ne semble naître et durer que par la confusion et le désordre, a ses préceptes : on ne se massacre pas par pelotons et par troupes en rase campagne, sans l'avoir appris, et l'on s'y tue méthodiquement. Il y a l'école de la guerre : où est l'école du magistrat ? Il y a un usage, des lois, des coutumes : où est le temps, et le temps assez long que l'on emploie à les digérer et à s'en instruire ? L'essai et l'apprentissage d'un jeune adolescent qui passe de la férule à la pourpre, et dont la consignation a fait un juge, est de décider souverainement des vies et des fortunes des hommes.

¶ La principale partie de l'orateur, c'est la probité : sans elle, il dégénère en déclamateur, il déguise ou il exagère les faits, il cite faux, il calomnie, il épouse la passion et les haines de ceux pour qui il parle ; et il est de la classe de ces avocats dont le proverbe dit qu'ils sont payés pour dire des injures.

¶ Il est vrai, dit-on, cette somme lui est due, et ce droit lui est acquis ; mais je l'attends à cette petite formalité ; s'il l'oublie, il n'y revient plus, et *conséquemment* il perd sa somme, ou il est *incontestablement* déchu de son droit : or, il oubliera cette formalité. — Voilà ce que j'appelle une conscience de praticien.

Une belle maxime pour le palais, utile au public, remplie de raison, de sagesse et d'équité, ce serait précisément la contradictoire de celle qui dit que la forme emporte le fond.

¶ La question est une invention merveilleuse et tout à fait sûre pour perdre un innocent qui a la complexion faible, et sauver un coupable qui est né robuste.

¶ Un coupable puni est un exemple pour la canaille : un innocent condamné est l'affaire de tous les honnêtes gens.

Je dirai presque de moi : « Je ne serai pas voleur ou meurtrier. » « Je ne serai pas un jour puni comme tel, » c'est parler bien hardiment.

Une condition lamentable est celle d'un homme innocent à qui la précipitation et la procédure ont trouvé un crime ; celle même de son juge peut-elle l'être davantage ?

¶ Si l'on me racontait qu'il s'est trouvé autrefois un prévôt, ou l'un de ces magistrats créés pour poursuivre les voleurs et les exterminer, qui les connaissait tous depuis longtemps de nom et de visage, savait leurs vols, j'entends l'espèce, le nombre et la quantité, pénétrait si avant dans toutes ces profondeurs, et était si initié dans tous ces affreux mystères, qu'il sut rendre à un homme de crédit un bijou qu'on lui avait pris dans la foule au sortir d'une assemblée, et dont [1] il était sur le point de faire de l'éclat ; que le Parlement intervint dans cette affaire, et fit le procès à cet officier ; je regarderais cet événement comme l'une de ces choses dont l'histoire se charge, et à qui le temps ôte la croyance : comment donc pourrais-je croire qu'on doive présumer, par des faits récents, connus et circonstanciés, qu'une connivence si pernicieuse dure encore, qu'elle ait même tourné en jeu et passé en coutume ?

¶ Combien d'hommes qui sont forts contre les faibles, fermes et inflexibles aux sollicitations du simple peuple, sans nuls égards pour les petits, rigides et sévères dans les minuties, qui refusent les petits présents, qui n'écoutent ni leurs parents ni leurs amis, et que les femmes seules peuvent corrompre !

¶ Il n'est pas absolument impossible qu'une personne qui se trouve dans une grande faveur perde un procès.

¶ Les mourants qui parlent dans leurs testaments peuvent s'attendre à être écoutés comme des oracles : chacun les tire de son côté et les interprète à sa manière, je veux dire selon ses désirs ou ses intérêts.

¶ Il est vrai qu'il y a des hommes dont on peut dire que la mort fixe moins la dernière volonté qu'elle ne leur ôte, avec la vie, l'irrésolution et l'inquiétude. Un dépit, pendant qu'ils vivent, les fait tester ; ils s'apaisent et déchirent leur minute [2], la voilà en cendre. Ils n'ont pas moins de testaments dans leur cassette que d'almanachs sur leur table ; ils les comptent par les années : un second se trouve détruit par un troisième, qui est anéanti lui-même par un autre mieux

---

1. Et au sujet duquel. — « M. de Grandmaison, grand prévôt de la prévôté de l'Hôtel, disent les clefs, a fait rendre à M. de Saint-Pouanges une boucle de diamants qui lui avait été dérobée, au sortir de l'Opéra. »

2. Une *minute* est un brouillon, un original de ce qu'on écrit. Du latin *minuta scriptura*, écriture menue, cette sorte de pièce s'écrivant en petits caractères.

digéré, et celui-ci encore par un cinquième *olographe*[1]. Mais, si le moment, ou la malice, ou l'autorité manque à celui qui a intérêt de le supprimer[2], il faut qu'il en essuie les clauses et les conditions : car *appert*-il[3] mieux des dispositions des hommes les plus inconstants que par un dernier acte, signé de leur main, et après lequel ils n'ont pas du moins eu le loisir de vouloir tout le contraire[4] ?

¶ S'il n'y avait point de testaments pour régler le droit des héritiers, je ne sais si l'on aurait besoin de tribunaux pour régler les différends des hommes ; les juges seraient presque réduits à la triste fonction d'envoyer au gibet les voleurs et les incendiaires. Qui voit-on dans les lanternes[5] des chambres, au parquet, à la porte ou dans la salle du magistrat ? des héritiers *ab intestat?* Non, les lois ont pourvu à leurs partages. On y voit les testamentaires[6] qui plaident en explication d'une clause ou d'un article ; les personnes exhérépées ; ceux qui se plaignent d'un testament fait avec loisir, avec maturité, par un homme grave, habile, consciencieux, et qui a été aidé d'un bon conseil, d'un acte où le praticien n'a rien *obmis*[7] de son jargon et de ses finesses ordinaires : il est signé du testateur et des témoins publics, il est paraphé ; et c'est en cet état qu'il est cassé et déclaré nul.

¶ *Titius* assiste à la lecture d'un testament avec des yeux rouges et humides, et le cœur serré de la perte de celui dont il espère recueillir la succession. Un article lui donne la

1. Un cinquième testament. Un testament olographe est un testament qui est écrit en entier, daté et signé de la main du testateur. On écrit aussi *holographe*, ce qui est mieux : du grec ὁλόγραφος, de ὅλος, entier, et γράφειν, écrire.

2. Si, après la mort du testateur, celui dont le testament blesse les intérêts n'est ni assez malhonnête pour le faire disparaître, lorsqu'il le peut, ni assez puissant pour le faire casser.....

3. *Appert*, terme de palais, est la troisième personne du singulier du présent de l'indicatif de l'ancien verbe *apparoir*, apparaître, de *apparere*.

4. Les dispositions des hommes les plus inconstants peuvent-elles mieux apparaître que par un dernier acte, etc.?

5. Sorte de tribunes où quelques personnes pouvaient assister aux séances du Parlement, sans être vues.

6. Ceux qui, contrairement aux héritiers *ab intestat*, héritent en vertu d'un testament.

7. Orthographe des praticiens : l'auteur la conserve à dessein.

charge, un autre les rentes de la ville [1], un troisième le rend maître d'une terre à la campagne; il y a une clause qui, bien entendue, lui accorde une maison située au milieu de Paris, comme elle se trouve, et avec les meubles : son affliction augmente, les larmes lui coulent des yeux ; le moyen de les contenir? il se voit officier [2], logé aux champs et à la ville, meublé de même; il se voit une bonne table et un carrosse : « *Y avait-il au monde un plus honnête homme que le défunt, un meilleur homme?* » Il y a un codicille [3], il faut le lire : il fait Mævius légataire universel, et il renvoie Titius dans son faubourg, sans rentes, sans titre, et le met à pied. Il essuie ses larmes : c'est à Mævius à s'affliger.

¶ La loi qui défend de tuer un homme n'embrasse-t-elle pas dans cette défense le fer, le poison, le feu, l'eau, les embûches, la force ouverte, tous les moyens enfin qui peuvent servir à l'homicide? La loi qui ôte aux maris et aux femmes le pouvoir de se donner réciproquement, n'a-t-elle connu que les voies directes et immédiates de donner [4]? a-t-elle manqué de prévoir les indirectes? a-t-elle introduit les fidéicommis, ou si même elle les tolère? Avec une femme qui nous est chère et qui nous survit, lègue-t-on son bien à un ami fidèle par un sentiment de reconnaissance pour lui, ou plutôt par une extrême confiance, et par la certitude qu'on a du bon usage qu'il saura faire de ce qu'on lui lègue? Donne-t-on à celui que l'on peut soupçonner de ne devoir pas rendre à la personne à qui en effet l'on veut donner? Faut-il se parler, faut-il s'écrire, est-il besoin de pacte ou de serments pour former cette collusion [5]? Les hommes ne sentent-ils pas

1. Les rentes sur l'hôtel de ville.
2. Pourvu d'un office.
3. Disposition qui a pour objet de faire une addition ou un changement à un testament.
4. Voyez, dans le *Malade imaginaire*, comment le notaire Bonnefoi apprend à Argan que la coutume de Paris lui interdit de rien léguer à sa femme, et comment il lui apprend en même temps qu'il est des expédients qui permettent de « passer par-dessus la loi. » On peut, par exemple, donner par testament une partie de sa fortune à un ami, en le chargeant secrètement de la transmettre à sa femme : c'est là le fidéicommis dont il va être question. — Les époux qui n'avaient pas d'enfants pouvaient toutefois se léguer, par don mutuel, l'usufruit de certains biens.
5. Cette entente secrète pour éluder la coutume.

en ce rencontre[1] ce qu'ils peuvent espérer les uns des autres? Et si, au contraire, la propriété d'un tel bien est dévolue au fidéicommissaire, pourquoi perd-il sa réputation à le retenir ? Sur quoi fonde-t-on la satire et les vaudevilles ? Voudrait-on le comparer au dépositaire qui trahit le dépôt, à un domestique qui vole l'argent que son maître lui envoie porter ? On aurait tort : y a-t-il de l'infamie à ne pas faire une libéralité, et à conserver pour soi ce qui est à soi? Étrange embarras, horrible poids que le fidéicommis ! Si, par la révérence des lois, on se l'approprie, il ne faut plus passer pour homme de bien ; si, par le respect d'un ami mort, l'on suit ses intentions en le rendant à sa veuve, on est confidentiaire[2], on blesse la loi. Elle cadre donc bien mal avec l'opinion des hommes. Cela peut être ; et il ne me convient pas de dire ici : La loi pèche, ni : Les hommes se trompent.

¶ J'entends dire de quelques particuliers ou de quelques compagnies : « Tel et tel corps se contestent l'un à l'autre la préséance ; le mortier et la pairie[3] se disputent le pas. » Il me paraît que celui des deux qui évite de se rencontrer aux assemblées est celui qui cède, et qui, sentant son faible, juge lui-même en faveur de son concurrent.

¶ *Typhon* fournit un grand de chiens et de chevaux : que ne lui fournit-il point ? Sa protection le rend audacieux; il est impunément dans sa province tout ce qui lui plaît d'être, assassin, parjure ; il brûle ses voisins, et il n'a pas besoin d'asile. Il faut enfin que le prince se mêle lui-même de sa punition.

¶ Ragoûts, liqueurs, entrées, entremets, tous mots qui devraient être barbares et inintelligibles en notre langue ; et, s'il est vrai qu'ils ne devraient pas être d'usage en pleine paix, où ils ne servent qu'à entretenir le luxe et la gour-

---

1. *Cette rencontre* dans toutes les éditions modernes; mais les éditions du dix-septième siècle font ce mot masculin. Comme la Bruyère, la plupart des écrivains de cette époque écrivent *ce rencontre*. Au dix-septième siècle, *rencontre* était masculin aussi bien que féminin.

2. Le *confidentiaire* est celui qui a reçu une somme d'argent ou autre valeur avec l'engagement secret, mais d'honneur, de la rendre à une personne déterminée.

3. Les présidents du Parlement et les pairs de France, qui avaient droit de séance au Parlement.

mandise, comment peuvent-ils être entendus dans le temps de la guerre et d'une misère publique, à la vue de l'ennemi, à la veille d'un combat, pendant un siége? Où est-il parlé de la table de *Scipion* ou de celle de *Marius*? Ai-je lu quelque part que *Miltiade*, qu'*Epaminondas*, qu'*Agésilas*, aient fait une chère délicate? Je voudrais qu'on ne fit mention de la délicatesse, de la propreté [1] et de la somptuosité des généraux, qu'après n'avoir plus rien à dire sur leur sujet, et s'être épuisé sur les circonstances d'une bataille gagnée et d'une ville prise; j'aimerais même qu'ils voulussent se priver de cet éloge.

¶ *Hermippe* est l'esclave de ce qu'il appelle ses petites commodités; il leur sacrifie l'usage reçu, la coutume, les modes, la bienséance; il les cherche en toutes choses, il quitte une moindre pour une plus grande, il ne néglige aucune de celles qui sont praticables, il s'en fait une étude, et il ne se passe aucun jour qu'il ne fasse en ce genre une découverte. Il laisse aux autres hommes le dîner et le souper, à peine en admet-il les termes; il mange quand il a faim, et les mets seulement où son appétit le porte. Il voit faire son lit : quelle main assez adroite ou assez heureuse pourrait le faire dormir comme il veut dormir? Il sort rarement de chez soi; il aime la chambre, où il n'est ni oisif ni laborieux, où il n'agit point, où il *tracasse* [2], et dans l'équipage d'un homme qui a pris médecine. On dépend servilement d'un serrurier et d'un menuisier, selon ses besoins; pour lui, s'il faut limer, il a une lime; une scie, s'il faut scier, et des tenailles, s'il faut arracher. Imaginez, s'il est possible, quelques outils qu'il n'ait pas, et meilleurs et plus commodes à son gré que ceux mêmes dont les ouvriers se servent : il en a de nouveaux et d'inconnus, qui n'ont point de nom, productions de son esprit, et dont il a presque oublié l'usage. Nul ne se peut comparer à lui pour faire en peu de temps et sans peine un travail fort inutile. Il faisait dix pas pour aller de son lit dans sa garde-robe, il n'en fait plus que neuf par la manière dont il a su tourner sa chambre : combien de pas

1. Élégance.
2. *Tracasser* signifie aller et venir sur place pour de petites occupations. Ce mot vient de *traquer*, dont le premier sens est fouiller un bois, pour en faire sortir le gibier.

épargnés dans le cours d'une vie! Ailleurs l'on tourne la clef, l'on pousse contre, ou l'on tire à soi, et une porte s'ouvre : quelle fatigue! voilà un mouvement de trop qu'il sait s'épargner ; et comment? c'est un mystère qu'il ne révèle point. Il est, à la vérité, un grand maître pour le ressort et pour la mécanique, pour celle du moins dont tout le monde se passe. Hermippe tire le jour de son appartement d'ailleurs que de la fenêtre ; il a trouvé le secret de monter et de descendre autrement que par l'escalier, et il cherche celui d'entrer et de sortir plus commodément que par la porte.

¶ Il y a déjà longtemps que l'on improuve les médecins, et que l'on s'en sert : le théâtre et la satire ne touchent point à leurs pensions ; ils dotent leurs filles, placent leurs fils aux parlements et dans la prélature, et les railleurs eux-mêmes fournissent l'argent. Ceux qui se portent bien deviennent malades : il leur faut des gens dont le métier soit de les assurer qu'ils ne mourront point. Tant que les hommes pourront mourir, et qu'ils aimeront à vivre, le médecin sera raillé et bien payé.

¶ Un bon médecin est celui qui a des remèdes spécifiques, ou s'il en manque, qui permet à ceux qui les ont de guérir son malade.

¶ La témérité des charlatans, et leurs tristes succès qui en sont les suites, font valoir la médecine et les médecins : si ceux-ci laissent mourir, les autres tuent.

¶ *Carro Carri*[1] débarque avec une recette qu'il appelle un prompt remède, et qui quelquefois est un poison lent : c'est un bien de famille, mais amélioré en ses mains ; de spécifique qu'il était contre la colique, il guérit de la fièvre quarte, de la pleurésie, de l'hydropisie, de l'apoplexie, de l'épilepsie. Forcez un peu votre mémoire, nommez une maladie, la première qui vous viendra en l'esprit : l'hémorrhagie, dites-vous ? il la guérit. Il ne ressuscite personne, il est vrai ; il ne rend pas la vie aux hommes ; mais il les conduit nécessairement jusqu'à la décrépitude, et ce n'est que par hasard que son père et son aïeul, qui avaient ce

1. Caretti, médecin empirique, qui était venu d'Italie. La guérison du duc de la Feuillade et du duc de Caderousse, qui, abandonnés des médecins, s'étaient confiés à ses soins, l'avait mis en très-grande réputation. Il se faisait payer fort cher et à l'avance.

secret, sont morts fort jeunes. Les médecins reçoivent pour leurs visites ce qu'on leur donne ; quelques-uns se contentent d'un remerciment : Carro Carri est si sûr de son remède, et de l'effet qui en doit suivre, qu'il n'hésite pas de s'en faire payer d'avance, et de recevoir avant que de donner. Si le mal est incurable, tant mieux ; il n'en est que plus digne de son application et de son remède. Commencez par lui livrer quelques sacs de mille francs, passez-lui un contrat de constitution [1], donnez-lui une de vos terres, la plus petite, et ne soyez pas ensuite plus inquiet que lui de votre guérison. L'émulation de cet homme a peuplé le monde de noms en O et en I, noms vénérables, qui imposent aux malades et aux maladies. Vos médecins, Fagon [2], et de toutes les Facultés, avouez-le, ne guérissent pas toujours, ni sûrement : ceux, au contraire, qui ont hérité de leurs pères la médecine pratique, et à qui l'expérience est échue par succession, promettent toujours, et avec serments, qu'on guérira. Qu'il est doux aux hommes de tout espérer d'une maladie mortelle, et de se porter encore passablement bien à l'agonie ! La mort surprend agréablement et sans s'être fait craindre ; on la sent plutôt qu'on n'a songé à s'y préparer et à s'y résoudre. O FAGON ESCULAPE ! faites régner sur toute la terre le quinquina et l'émétique [3] ; conduisez à sa perfection la science des simples [4], qui sont donnés aux hommes pour prolonger leur vie ; observez dans les cures, avec plus de précision et de sagesse que personne n'a encore fait, le climat, les temps, les symptômes et les complexions ; guérissez de la manière seule qu'il convient à chacun d'être guéri ; chassez des corps, où rien ne vous est caché de leur économie, les maladies les plus obscures et

1. Contrat par lequel on constituait une rente.
2. Fagon, l'ennemi le plus implacable des charlatans, suivant l'expression de Saint-Simon, venait de succéder à Daquin dans la charge de premier médecin du roi.
3. Fagon était l'un des défenseurs du quinquina, qui, importé en France vers le milieu du dix-septième siècle et récemment mis à la mode, avait été l'objet de discussions très-vives. La Fontaine a célébré en vers les mérites du quinquina. Comme le quinquina, l'émétique avait d'ardents adversaires.
4. Herbes, plantes. Le *simple* est ainsi nommé parce qu'on le regardait comme un médicament simple.

les plus invétérées ; n'attentez pas sur celles de l'esprit, elles sont incurables : laissez à *Corinne*, à *Lesbie*, à *Canidie*, à *Trimalcion* et à *Carpus*, la passion ou la fureur des charlatans.

¶ L'on souffre dans la république les chiromanciens[1] et les devins, ceux qui font l'horoscope et qui tirent la figure, ceux qui connaissent le passé par le mouvement du *sas*[2], ceux qui font voir dans un miroir ou dans un vase d'eau la claire vérité ; et ces gens sont, en effet, de quelque usage : ils trompent à très-vil prix ceux qui cherchent à être trompés.

¶ Que penser de la magie et du sortilége ? La théorie en est obscure, les principes vagues, incertains, et qui approchent du visionnaire ; mais il y a des faits embarrassants, affirmés par des hommes graves qui les ont vus, ou qui les ont appris de personnes qui leur ressemblent : les admettre tous ou les nier tous paraît un égal inconvénient ; et j'ose dire qu'en cela, comme dans toutes les choses extraordinaires et qui sortent des communes règles, il y a un parti à trouver entre les âmes crédules et les esprits forts.

¶ L'on ne peut guère charger l'enfance de la connaissance de trop de langues, et il me semble que l'on devrait mettre toute son application à l'en instruire : elles sont utiles à toutes les conditions des hommes, et elles leur ouvrent également l'entrée ou à une profonde ou à une facile et agréable érudition. Si l'on remet cette étude si pénible à un âge un peu plus avancé et qu'on appelle la jeunesse, ou l'on n'a pas la force de l'embrasser par choix, ou l'on n'a pas celle d'y persévérer ; et si l'on y persévère, c'est consumer à la recherche des langues le même temps qui est consacré à l'usage que l'on en doit faire ; c'est borner à la science des mots un âge qui veut déjà aller plus loin, et qui demande des choses

1. Charlatans qui prédisent l'avenir en inspectant la main de ceux qui les consultent. De χειρομαντεία, de χείρ, χειρός, main, et μαντεία, divination.

2. Le sas, ou tamis, que des charlatans faisaient tourner sur la pointe des ciseaux à la requête des bonnes gens qui avaient perdu quelque objet, devait s'arrêter au moment où l'on nommait la personne qui l'avait dérobé. *Sas*, de même que l'espagnol *cedazo* et l'italien *setaccio*, est formé du bas-latin *setatium*, qui vient du latin *seta*, soie.

c'est au moins avoir perdu les premières et les plus belles années de sa vie. Un si grand fonds ne se peut bien faire que lorsque tout s'imprime dans l'âme naturellement et profondément; que la mémoire est neuve, prompte et fidèle; que l'esprit et le cœur sont encore vides de passions, de soins et de désirs, et que l'on est déterminé à de longs travaux par ceux de qui l'on dépend. Je suis persuadé que le petit nombre d'habiles, ou le grand nombre de gens superficiels, vient de l'oubli de cette pratique.

¶ L'étude des textes ne peut jamais être assez recommandée; c'est le chemin le plus court, le plus sûr et le plus agréable pour tout genre d'érudition. Ayez les choses de la première main, puisez à la source; maniez, remaniez le texte, apprenez-le de mémoire, citez-le dans les occasions, songez surtout à en pénétrer le sens dans toute son étendue et dans ses circonstances; conciliez un auteur original[1], ajustez ses principes, tirez vous-même les conclusions. Les premiers commentateurs se sont trouvés dans le cas où je désire que vous soyez : n'empruntez leurs lumières et ne suivez leurs vues qu'où les vôtres seraient trop courtes; leurs explications ne sont pas à vous, et peuvent aisément vous échapper : vos observations, au contraire, naissent de votre esprit, et y demeurent; vous les retrouvez plus ordinairement dans la conversation, dans la consultation et dans la dispute. Ayez le plaisir de voir que vous n'êtes arrêté dans la lecture que par les difficultés qui sont invincibles, où les commentateurs et les scoliastes eux-mêmes demeurent court, si fertiles d'ailleurs, si abondants et si chargés d'une vaine et fastueuse érudition dans les endroits clairs, et qui ne font de peine ni à eux ni aux autres. Achevez ainsi de vous convaincre, par cette méthode d'étudier, que c'est la paresse des hommes qui a encouragé le pédantisme à grossir plutôt qu'à enrichir les bibliothèques, à faire périr le texte sous le poids des commentaires; et qu'elle a en cela agi contre soi-même et contre ses plus chers intérêts, en multipliant les lectures, les recherches et le travail, qu'elle cherchait à éviter.

¶ Qui règle les hommes dans leur manière de vivre et d'user des aliments? La santé et le régime? Cela est douteux. Une nation entière mange les viandes après les fruits, une

---

1. Accordez entre elles ses pensées.

autre fait tout le contraire ; quelques-uns commencent leurs repas par de certains fruits, et les finissent par d'autres ; est-ce raison ? est-ce usage ? Est-ce par un soin de leur santé que les hommes s'habillent jusqu'au menton, portent des fraises[1] et des collets[2], eux qui ont eu si longtemps la poitrine découverte[3] ? Qui avait mis autrefois dans l'esprit des hommes qu'on était à la guerre ou pour se défendre ou pour attaquer, et qui leur avait insinué l'usage des armes offensives et des défensives ? Qui les oblige aujourd'hui de renoncer à celles-ci, et, pendant qu'ils se bottent pour aller au bal, de soutenir sans armes et en pourpoint[4] des travailleurs exposés à tout le feu d'une contrescarpe[5] ? Nos pères, qui ne jugeaient pas une telle conduite utile au prince et à la patrie, étaient-ils sages ou insensés ? Et nous-mêmes, quels héros célébrons-nous dans notre histoire ? Un Guesclin, un Clisson, un Foix, un Boucicaut[6], qui tous ont porté l'armet[7] et endossé une cuirasse. Qui pourrait rendre raison[8] de la fortune de certains mots et de la proscription de quelques autres ?

*Ains* a péri : la voyelle qui le commence, et si propre pour

1. La *fraise* était une sorte de collet double et à godrons (plis ronds) qu'on portait au seizième siècle et au commencement du dix-septième. C'est probablement le même mot, par assimilation de forme, que *fraise*, fruit du fraisier.
2. Le *collet* était un ornement de linge qu'on mettait autrefois sur le collet du pourpoint, pour la propreté, et qu'on nommait aussi rabat.
3. Comme sous François I*er*.
4. Nom que l'on donnait autrefois à l'habit français qui a précédé les justeaucorps. C'est le participe passé pris substantivement de l'ancien verbe *pourpoindre*, poindre, piquer à travers, parce que le *pourpoint* était piqué, brodé.
5. Pente du mur extérieur du fossé, celle qui fait face à l'escarpe, muraille de terre ou de maçonnerie qui règne au-dessus du fossé du côté de la place, ital. *scarpo*, talus, de l'anc. haut-all. *scarp*, all. *scharf*, angl. *sharp*, aigu, tranchant. Par extension, *contrescarpe* désigne le chemin couvert et le glacis.
6. Du Guesclin (1314-1380), connétable de France sous Charles V. — Olivier de Clisson (1332-1407), connétable de France, sous Charles VI. — Gaston de Foix, surnommé Phœbus, vicomte de Béarn (1331-1391). — Jean le Maingre de Boucicaut, maréchal de France (1364-1421).
7. Armure de tête, diminutif de *arme*.
8. La transition paraît bien brusque.

l'élision, n'a pu le sauver ; il a cédé à un autre monosyllabe [1], et qui n'est au plus que son anagramme. *Certes* est beau dans sa vieillesse, et a encore de la force sur son déclin : la poésie le réclame, et notre langue doit beaucoup aux écrivains qui le disent en prose, et qui se commettent pour lui dans leurs ouvrages. *Maint* est un mot qu'on ne devait jamais abandonner, et par la facilité qu'il y avait à le couler dans le style, et par son origine, qui est française [2]. *Moult*, quoique latin [3], était dans son temps d'un même mérite, et je ne vois pas par où *beaucoup* l'emporte sur lui. Quelle persécution le *car* [4] n'a-t-il pas essuyée ! et, s'il n'eût trouvé de la protection parmi les gens polis, n'était-il pas banni honteusement d'une langue à qui il a rendu de si longs services, sans qu'on sût quel mot lui substituer ? *Cil* [5] a été, dans ses beaux jours, le plus joli mot de la langue française ; il est douloureux pour les poëtes qu'il ait vieilli. *Douloureux* ne vient pas plus naturellement

---

1. *Mais.* (Note de la Bruyère.) — *Ainsi* et *mais* sont deux mots très-différents. le premier vient de *antè*, avant ; et le second, de angl. *many*.

2. L'adjectif collectif *maint* vient du kimri *maint*, multitude, ou de *magis*, plus. l'ancien haut allemand *manag* ; allem. moderne, *manch* ;

3. *Moult* vient du latin *multùm*.

4. Voiture a été l'un des défenseurs de *car*, que des puristes voulaient proscrire de la langue. « *Car* étant d'une si grande considération dans notre langue, écrit-il à Mme de Rambouillet, j'approuve extrêmement le ressentiment que vous avez du tort qu'on veut lui faire ; en un temps où la fortune joue des tragédies par tous les endroits de l'Europe, je ne sais rien si digne de pitié que quand je vois que l'on est prêt de chasser et faire le procès à un mot qui a si utilement servi cette monarchie (allusion à la formule des actes royaux, *car tel est notre plaisir*), et qui, dans toutes les brouilleries du royaume, s'est toujours montré bon Français. Pour moi, je ne puis comprendre quelles raisons ils pourront alléguer contre une diction qui marche toujours à la tête de la raison et qui n'a point d'autre charge que de l'introduire ; je ne sais pour quel intérêt ils tâchent d'ôter à *car* ce qui lui appartient, pour le donner à *pour ce que*, ni pourquoi ils veulent dire avec trois mots ce qu'ils peuvent dire avec trois lettres. »

5. *Cil*, encore en usage au commencement du dix-septième siècle, et qui autrefois se disait aussi *cel*, est le masculin de *celle*, et vient de *ecce-ille*.

6. La plupart des mots que la Bruyère croyait sur le point de disparaître ont repris faveur.

de *douleur* que de *chaleur* vient *chaleureux* ou *chaloureux*: celui-ci se passe, bien que ce fût une richesse pour la langue, et qu'il se dise fort juste où *chaud* ne s'emploie qu'improprement. *Valeur* devait aussi nous conserver *valeureux*; *haine, haineux*; *peine, peineux*; *fruit, fructueux*; *pitié, piteux*; *joie, jovial*[1]; *foi, féal*; *court, courtois*; *gîte, gisant*; *haleine, halené*; *vanterie, vantard*; *mensonge, mensonger*; *coutume, coutumier*: comme *part* maintient *partial*; *point, pointu* et *pointilleux*; *ton, tonnant*; *son, sonore*; *frein, effréné*; *front, effronté*; *ris, ridicule*; *loi, loyal*; *cœur, cordial*; *bien, bénin*; *mal, malicieux*. *Heur* se plaçait où *bonheur* ne saurait entrer, il a fait *heureux*, qui est si français, et il a cessé de l'être : si quelques poëtes s'en sont servis, c'est moins par choix que par contrainte de la mesure. *Issue* prospère, et vient d'*issir*, qui est aboli. *Fin* subsiste sans conséquence pour *finer*, qui vient de lui, pendant que *cesse* et *cesser* règnent également. *Verd* ne fait plus *verdoyer*; ni *fête, fêtoyer*; ni *larme, larmoyer*; ni *deuil, se douloir, se condouloir*; ni *joie, s'éjouir*, bien qu'il fasse toujours *se réjouir, se conjouir*[2], ainsi qu'*orgueil, s'enorgueillir*. On a dit *gent*, le corps *gent*: ce mot si facile non-seulement est tombé, l'on voit même qu'il a entraîné *gentil* dans sa chute. On dit *diffamé*, qui dérive de *fame*[3], qui ne s'entend plus. On dit *curieux*, dérivé de *cure*[4], qui est hors d'usage. Il y avait à gagner de dire *si que* pour *de sorte que*, ou *de manière que*; *de moi*[5], au lieu de *pour moi* ou de *quant à moi*, de dire *je sais que c'est qu'un mal*[6], plutôt que *je sais ce que c'est qu'un mal*, soit par l'analogie latine, soit par l'avantage qu'il y a souvent

---

1. *Jovial*, italien *gioviale*, vient du latin *jovialis*, proprement qui appartient à Jupiter (*Jovis*). Jupiter était considéré comme cause de joie et de bonheur.

2. Tandis que d'autres mots que la Bruyère croyait perdus se sont rétablis dans l'usage, celui-ci est presque tombé en désuétude. Déjà il n'était que rarement employé au dix-septième siècle

3. *Fama.*

4. *Cura.*

5. Malherbe est l'un des derniers écrivains qui aient employé cette locution :

« *De moi*, toutes les fois que j'arrête les yeux. »
(Œuv., édit. Hachette, I, xxx, v. 45.)

6. Corneille a souvent employé *que* pour *ce que*. Ainsi, dans *Horace*, V, II :

« Le roi ne sait *que* c'est d'honorer à demi. »

à avoir un mot de moins à placer dans l'oraison[1]. L'usage a préféré *par conséquent* à *par conséquence*, et *en conséquence* à *en conséquent*, *façons de faire* à *manières de faire*, et *manières d'agir* à *façons d'agir*....; dans les verbes, *travailler* à *ouvrer*, *être accoutumé* à *souloir*, *convenir* à *duire*, *faire du bruit* à *bruire*, *injurier* à *vilainer*, *piquer* à *poindre*, *faire ressouvenir* à *ramentevoir*...; et dans les noms, *pensées* à *pensers*, un si beau mot, et dont le vers se trouvait si bien ! *grandes actions* à *prouesses*, *louanges* à *loz*, *méchanceté* à *mauvaistié*, *porte* à *huis*, *navire* à *nef*, *armée* à *ost*, *monastère* à *monstier*, *prairies* à *prées*...; tous mots qui pouvaient durer ensemble d'une égale beauté, et rendre une langue plus abondante. L'usage a, par l'addition, la suppression, le changement ou le dérangement de quelques lettres, fait *frelater* de *fralater*, *prouver*, de *vreuver*, *profit* de *proufit*, *froment* de *froument*, *profil* de *pourfil*, *provision* de *pourveoir*, *promener* de *pourmener*, et *promenade* de *pourmenade*. Le même usage fait, selon l'occasion, d'*habile*, d'*utile*, de *facile*, de *docile*, de *mobile* et de *fertile*, sans y rien changer, des genres différents : au contraire, de *vil*, *vile*; *subtil*, *subtile*, selon leur terminaison, masculins ou féminins. Il a altéré les terminaisons anciennes : de *scel* il a fait *sceau*; de *mantel*, *manteau*; de *capel*, *chapeau*; de *coutel*, *couteau*; de *hamel*, *hameau*; de *damoisel*, *damoiseau*; de *jouvencel*, *jouvenceau*; et cela sans que l'on voie guère ce que la langue française gagne à ces différences et à ces changements. Est-ce donc faire pour le progrès d'une langue que de déférer à l'usage ? Serait-il mieux de secouer le joug de son empire si despotique? Faudrait-il, dans une langue vivante, écouter la seule raison, qui prévient les équivoques, suit la racine des mots et le rapport qu'ils ont avec les langues originaires dont ils sont sortis, si la raison, d'ailleurs, veut qu'on suive l'usage[2]?

Si nos ancêtres ont mieux écrit que nous, ou si nous l'emportons sur eux par le choix des mots, par le tour et l'expression, par la clarté et la brièveté du discours, c'est une question souvent agitée, toujours indécise : on ne la terminera point en comparant, comme l'on fait quelquefois, un froid écrivain de l'autre siècle aux plus célèbres de celui-ci, ou les vers de

1. Dans le discours.
2. Vaugelas et ses commentateurs voulaient que l'on se soumît aveuglément à l'usage.

Laurent[1], payé pour ne plus écrire, à ceux de Marot et de Desportes. Il faudrait, pour prononcer juste sur cette matière, opposer siècle à siècle, et excellent ouvrage à excellent ouvrage, par exemple, les meilleurs rondeaux de Benserade ou de Voiture à ces deux-ci, qu'une tradition nous a conservés, sans nous en marquer le temps ni l'auteur[2] :

> Bien à propos s'en vint Ogier en France
> Pour le païs de mescréans monder :
> Jà n'est besoin de conter sa vaillance,
> Puisqu'ennemis n'osoient le regarder.
>
> Or, quand il eut tout mis en assurance,
> De voyager il voulut s'enharder ;
> En Paradis trouva l'eau de Jouvance,
> Dont il se sceut de vieillesse engarder
>     Bien à propos.
>
> Puis par cette eau son corps tout décrépite
> Transmué fut par manière subite
> En jeune gars, frais, gracieux et droit.
>
> Grand dommage est que cecy soit sornettes :
> Filles connois qui ne sont pas jeunettes
> A qui cette eau de Jouvance viendroit
>     Bien à propos.

---

> De cettuy preux maints grands clercs ont écri
> Qu'oncques dangier n'étonna son courage.
> Abusé fut par le malin esprit,
> Qu'il épousa sous féminin visage.
>
> Si piteux cas à la fin découvrit,
> Sans un seul brin de peur ny de dommage,
> Dont grand renom par tout le monde acquit,
> Si qu'on tenoit très-honneste langage
>     De cettuy preux.

1. Laurent, mauvais poëte, qui, de 1685 à 1688, avait raconté en vers les fêtes de la cour et les fêtes de Chantilly.
2. Ces deux rondeaux, composés l'un en l'honneur d'Ogier le Danois, héros des romans du cycle carlovingien, l'autre en l'honneur de Richard sans Peur, duc de Normandie (dixième siècle), sont des pastiches. Ils ont été probablement composés à la fin du seizième siècle, ou même plus tard, sous le règne de Louis XIII, à l'occasion d'un ballet ou d'un carrousel dans lequel auront figuré Richard sans Peur et Ogier le Danois.

Bien-tost après fille de roi s'éprit
De son amour qui voulentiers s'offrit
Au bon Richard en second mariage.

Donc, s'il vaut mieux ou diable ou femme avoir,
Et qui des deux bruit plus en ménage,
Ceulx qui voudront, si le pourront sçavoir
De cettuy preux.

---

## CHAPITRE XV

## DE LA CHAIRE

Le discours chrétien est devenu un spectacle. Cette tristesse évangélique qui en est l'âme ne s'y remarque plus : elle est suppléée par les avantages de la mine, par les inflexions de la voix, par la régularité du geste, par le choix des mots et par les longues énumérations. On n'écoute plus sérieúsement la parole sainte : c'est une sorte d'amusement entre mille autres; c'est un jeu où il y a de l'émulation et des parieurs.

¶ L'éloquence profane est transposée, pour ainsi dire, du barreau, où LE MAITRE, PUCELLE et FOURCROY[1] l'ont fait régner, et où elle n'est plus d'usage, à la chaire, où elle ne doit pas être.

L'on fait assaut d'éloquence jusqu'au pied de l'autel et en la présence des mystères. Celui qui écoute s'établit juge de celui qui prêche, pour condamner ou pour applaudir, et n'est pas plus converti par le discours qu'il favorise que par

---

1. Antoine Lemaistre, célèbre avocat au Parlement, mort en 1658 à Port-Royal, où il vivait dans la retraite depuis une vingtaine d'années. Il était le frère de Lemaistre de Saci, traducteur de l'Ancien Testament. — Bonaventure Fourcroy, poëte et jurisconsulte, mort en 1691. Il était l'ami de Molière et de Boileau. — L'avocat Pucelle est aujourd'hui moins connu que son fils René Pucelle, conseiller clerc au Parlement, auquel ses discours et son zèle contre la bulle *Unigenitus* ont valu quelque célébrité.

celui auquel il est contraire. L'orateur plaît aux uns, déplaît aux autres, et convient [1] avec tous en une chose, que, comme il ne cherche point à les rendre meilleurs, ils ne pensent pas aussi à le devenir.

Un apprentif [2] est docile, il écoute son maître, il profite de ses leçons, et il devient maître. L'homme indocile critique le discours du prédicateur, comme le livre du philosophe; et il ne devient ni chrétien ni raisonnable.

¶ Jusqu'à ce qu'il revienne un homme [3] qui, avec un style nourri des saintes Écritures, explique au peuple la parole divine uniment et familièrement, les orateurs et les déclamateurs seront suivis.

¶ Les citations profanes, les froides allusions, le mauvais pathétique, les antithèses, les figures outrées, ont fini : les portraits finiront [4], et feront place à une simple explication de l'Évangile, jointe aux mouvements qui inspirent la conversion.

¶ Cet homme que je souhaitais impatiemment, et que je ne daignais pas espérer de notre siècle [5], est enfin venu. Les courtisans, à force de goût et de connaître les bienséances, lui ont applaudi ; ils ont, chose incroyable! abandonné la chapelle du roi, pour venir entendre avec le peuple la parole de Dieu annoncée par cet homme apostolique [6]. La ville n'a

---

1. S'accorde.

2. Telle était jadis l'orthographe du mot *apprenti*. Boileau a dit au féminin (*Satire* X) :

« Vais-je épouser ici quelque *apprentive* auteur ? »

3. Le prédicateur dont la Bruyère proposait ainsi l'exemple était, disent les commentateurs, l'abbé le Tourneux, qui était mort en 1686. « Quel est, demandait un jour Louis XIV à Boileau, un prédicateur qu'on nomme le Tourneux ? On dit que tout le monde y court. Est-il donc si habile ? — Sire, répondit Boileau, Votre Majesté sait qu'on court toujours à la nouveauté : c'est un prédicateur qui prêche l'Évangile. »

4. Bourdaloue avait inséré dans ses sermons des portraits que chacun avait reconnus. Voyez page 11, note 3. Presque tous les prédicateurs l'avaient imité.

5. Voyez l'avant-dernière réflexion.

6. Le P. Séraphin, capucin. (*Note de la Bruyère.*) — L'éloge que fait la Bruyère du P. Séraphin avait déjà paru, lorsqu'il vint prêcher à la cour. Il y obtint un grand succès.

pas été de l'avis de la cour : où il a prêché, les paroissiens ont déserté ; jusqu'aux marguilliers ont disparu : les pasteurs ont tenu ferme ; mais les ouailles se sont dispersées, et les orateurs voisins en ont grossi leur auditoire. Je devais le prévoir, et ne pas dire qu'un tel homme n'avait qu'à se montrer pour être suivi, et qu'à parler pour être écouté : ne savais-je pas quelle est dans les hommes, et en toutes choses, la force indomptable de l'habitude? Depuis trente années on prête l'oreille aux rhéteurs, aux déclamateurs, aux *énumérateurs ;* on court ceux qui peignent en grand ou en miniature. Il n'y a pas longtemps qu'ils avaient des chutes ou des transitions ingénieuses, quelquefois même si vives et si aiguës qu'elles pouvaient passer pour épigrammes : ils les ont adoucies, je l'avoue, et ce ne sont plus que des madrigaux. Ils ont toujours, d'une nécessité indispensable et géométrique, trois sujets admirables de vos attentions : ils prouveront une telle chose dans la première partie de leur discours, cette autre dans la seconde partie, et cette autre encore dans la troisième. Ainsi, vous serez convaincu d'abord d'une certaine vérité, et c'est leur premier point ; d'une autre vérité, et c'est leur second point ; et puis d'une troisième vérité, et c'est leur troisième point : de sorte que la première réflexion vous instruira d'un principe des plus fondamentaux de votre religion ; la seconde, d'un autre principe qui ne l'est pas moins ; et la dernière réflexion, d'un troisième et dernier principe, le plus important de tous, qui est remis pourtant, faute de loisir, à une autre fois. Enfin, pour reprendre et abréger cette division et former un plan.... — Encore ! dites-vous, et quelles préparations pour un discours de trois quarts d'heure qui leur reste à faire ! Plus ils cherchent à le digérer et à l'éclaircir, plus ils m'embrouillent. — Je vous crois sans peine, et c'est l'effet le plus naturel de tout cet amas d'idées qui reviennent à la même, dont ils chargent sans pitié la mémoire de leurs auditeurs. Il semble, à les voir s'opiniâtrer à cet usage, que la grâce de la conversion soit attachée à ces énormes partitions [1]. Comment néanmoins serait-on converti par de tels apôtres, si l'on ne peut qu'à peine les entendre articuler, les suivre et ne les pas perdre de vue ? Je leur de-

---

1. Divisions. Voyez sur l'abus des divisions le *Deuxième dialogue sur l'éloquence* de Fénelon.

manderais volontiers qu'au milieu de leur course impétueuse, ils voulussent plus d'une fois reprendre haleine, souffler un peu, et laisser souffler leurs auditeurs. Vains discours, paroles perdues ! Le temps des homélies n'est plus, les Basile, les Chrysostome [1], ne le ramèneraient pas ; on passerait en d'autres diocèses pour être hors de la portée de leur voix et de leurs familières instructions. Le commun des hommes aime les phrases et les périodes, admire ce qu'il n'entend pas, se suppose instruit, content de décider entre un premier et un second point, ou entre le dernier sermon et le pénultième.

Il y a moins d'un siècle qu'un livre français était un certain nombre de pages latines, où l'on découvrait quelques lignes ou quelques mots en notre langue. Les passages, les traits et les citations n'en étaient pas demeurés là : Ovide et Catulle achevaient de décider des mariages et des testaments, et venaient avec les *Pandectes* au secours de la veuve et des pupilles. Le sacré et le profane ne se quittaient point ; ils s'étaient glissés ensemble jusque dans la chaire : saint Cyrille, Horace, saint Cyprien, Lucrèce, parlaient alternativement : les poëtes étaient de l'avis de saint Augustin et de tous les Pères ; on parlait latin, et longtemps, devant des femmes et des marguilliers ; on a parlé grec : il fallait savoir prodigieusement pour prêcher si mal. Autre temps, autre usage ; le texte est encore latin, tout le discours est français, et d'un beau français ; l'Évangile même n'est pas cité : il faut savoir aujourd'hui très-peu de chose pour bien prêcher.

¶ L'on a enfin banni la scolastique de toutes les chaires des grandes villes, et on l'a reléguée dans les bourgs et dans les villages pour l'instruction et pour le salut du laboureur ou du vigneron.

¶ C'est avoir de l'esprit que de plaire au peuple dans un sermon par un style fleuri, une morale enjouée, des figures réitérées, des traits brillants et de vives descriptions [2] ; mais ce n'est point en avoir assez. Un meilleur esprit néglige ces

---

1. Saint Basile (329-379), évêque de Césarée, et saint Jean Chrysostome (344-407), évêque de Constantinople, furent les plus éloquents des Pères de l'Église grecque. *Homélie*, en grec ὁμιλία, proprement conversation, vient de ὅμιλος, foule, lequel est lui-même formé de ὁμός, ensemble, et εἴλω, presser, faire entrer.

2. La Bruyère paraît avoir en vue les imitateurs malhabiles des Fléchier et des Mascaron.

ornements étrangers, indignes de servir à l'Évangile; il prêche simplement, fortement, chrétiennement.

¶ L'orateur fait de si belles images de certains désordres, y fait entrer des circonstances si délicates, met tant d'esprit, de tour et de raffinement dans celui qui pêche, que, si je n'ai pas de pente à vouloir ressembler à ses portraits, j'ai besoin du moins que quelque apôtre, avec un style plus chrétien, me dégoûte des vices dont l'on m'avait fait une peinture si agréable.

¶ Un beau sermon est un discours oratoire qui est dans toutes ses règles, purgé de tous ses défauts, conforme aux préceptes de l'éloquence humaine, et paré de tous les ornements de la rhétorique. Ceux qui entendent finement n'en perdent pas le moindre trait, ni une seule pensée; ils suivent sans peine l'orateur dans toutes les énumérations où il se promène, comme dans toutes les élévations où il se jette : ce n'est une énigme que pour le peuple.

¶ Le solide et l'admirable discours que celui qu'on vient d'entendre! Les points de religion les plus essentiels, comme les plus pressants motifs de conversion, y ont été traités : quel grand effet n'a-t-il pas dû faire sur l'esprit et dans l'âme de tous les auditeurs! Les voilà rendus; ils en sont émus et touchés au point de résoudre dans leur cœur[1], sur ce sermon de *Théodore*, qu'il est encore plus beau que le dernier qu'il a prêché.

¶ La morale douce et relâchée tombe avec celui qui la prêche; elle n'a rien qui réveille et qui pique la curiosité d'un homme du monde, qui craint moins qu'on ne pense une doctrine sévère, et qui l'aime même dans celui qui fait son devoir en l'annonçant[2]. Il semble donc qu'il y ait dans l'Église comme deux états qui doivent la partager : celui de dire la vérité dans toute son étendue, sans égards, sans déguisement; celui de l'écouter avidement, avec goût, avec admiration, avec éloges, et de n'en faire cependant ni pis ni mieux.

¶ L'on peut faire ce reproche à l'héroïque vertu des grands hommes, qu'elle a corrompu l'éloquence, ou du moins amolli le style de la plupart des prédicateurs. Au lieu de s'unir seulement avec les peuples pour bénir le ciel

---

1. La grammaire demanderait *leurs cœurs*.
2. En la prêchant.

de si rares présents qui en sont venus, ils ont entré [1] en société avec les auteurs et les poëtes, et, devenus comme eux panégyristes, ils ont enchéri sur les épîtres dédicatoires, sur les stances et sur les prologues; ils ont changé la parole sainte en un tissu de louanges, justes à la vérité, mais mal placées, intéressées, que personne n'exige d'eux, et qui ne conviennent point à leur caractère. On est heureux si, à l'occasion du héros qu'ils célèbrent jusque dans le sanctuaire, ils disent un mot de Dieu et du mystère qu'ils devaient prêcher. Il s'en est trouvé quelques-uns qui, ayant assujetti le saint Évangile, qui doit être commun à tous, à la présence d'un seul auditeur, se sont vus déconcertés par des hasards qui le retenaient ailleurs, n'ont pu prononcer devant des chrétiens un discours chrétien qui n'était pas fait pour eux, et ont été suppléés par d'autres orateurs, qui n'ont eu le temps que de louer Dieu dans un sermon précipité.

¶ *Théodule* a moins réussi que quelques-uns de ses auditeurs ne l'appréhendaient ; ils sont contents de lui et de son discours : il a mieux fait, à leur gré, que de charmer l'esprit et les oreilles, qui est de flatter leur jalousie.

¶ Le métier de la parole ressemble en une chose à celui de la guerre ; il y a plus de risque qu'ailleurs, mais la fortune y est plus rapide.

¶ Si vous êtes d'une certaine qualité, et que vous ne vous sentiez point d'autre talent que celui de faire de froids discours, prêchez, faites de froids discours : il n'y a rien de pire pour sa fortune que d'être entièrement ignoré. *Théodat* a été payé de ses mauvaises phrases et de son ennuyeuse monotonie.

L'on a eu de grands évêchés par un mérite de chaire, qui présentement ne vaudrait pas à son homme une simple prébende [2].

¶ Le nom de ce panégyriste semble gémir sous le poids des titres dont il est accablé; leur grand nombre remplit de vastes affiches qui sont distribuées dans les maisons, ou que l'on lit par les rues en caractères monstrueux [3], et qu'on

---

1. La règle des auxiliaires justifie l'emploi qui est fait ici d'*avoir* avec *entrer*, mais l'usage semble le condamner.
2. Ne vaudrait pas, à celui qui l'aurait prononcé, un simple canonicat.
3. Les prédications, ou du moins les oraisons funèbres, étaient, paraît-il, annoncées par des affiches, comme aujourd'hui les spectacles.

ne peut non plus ignorer que la place publique. Quand, sur une si belle montre, l'on a seulement essayé du personnage, et qu'on l'a un peu écouté, l'on reconnaît qu'il manque au dénombrement de ses qualités celle de mauvais prédicateur.

¶ L'oisiveté des femmes, et l'habitude qu'ont les hommes de les courir partout où elles s'assemblent, donnent du nom à de froids orateurs, et soutiennent quelque temps ceux qui ont décliné.

¶ Devrait-il suffire d'avoir été grand et puissant dans le monde pour être louable ou non, et, devant le saint autel et dans la chaire de la vérité, loué et célébré à ses funérailles? N'y a-t-il point d'autre grandeur que celle qui vient de l'autorité et de la naissance ? Pourquoi n'est-il pas établi de faire publiquement le panégyrique d'un homme qui a excellé pendant sa vie dans la bonté, dans l'équité, dans la douceur, dans la fidélité, dans la piété? Ce qu'on appelle une oraison funèbre n'est aujourd'hui bien reçue [1] du plus grand nombre des auditeurs qu'à mesure qu'elle s'éloigne davantage du discours chrétien, ou, si vous l'aimez mieux ainsi, qu'elle approche de plus près d'un éloge profane

¶ L'orateur cherche par ses discours un évêché : l'apôtre fait des conversions ; il mérite de trouver ce que l'autre cherche.

¶ L'on voit des clercs [2] revenir de quelques provinces où ils n'ont pas fait un long séjour, vains des conversions qu'ils ont trouvées toutes faites, comme de celles qu'ils n'ont pu faire, se comparer déjà aux VINCENT et aux XAVIER [3] et se croire des hommes apostoliques : de si grands travaux et de si heureuses missions ne seraient pas, à leur gré, payées d'une abbaye.

¶ Tel, tout d'un coup, et sans y avoir pensé la veille, prend du papier, une plume, dit en soi-même : « Je vais faire un livre, » sans autre talent pour écrire que le besoin qu'il a de

---

1. C'est ici un accord sylleptique; autrement, il eût fallu *reçu*.
2. Il s'agit d'ecclésiastiques chargés de la conversion des protestants.
3. Saint Vincent de Paul (1576-1660). — Saint François-Xavier (1506-1552), qui a été un des premiers disciples d'Ignace de Loyola et que l'on a surnommé l'Apôtre des Indes, fit d'éclatantes conversions dans les Indes orientales.

cinquante pistoles. Je lui crie inutilement : « Prenez une scie, *Dioscore*, sciez, ou bien tournez, ou faites une jante de roue ; vous aurez votre salaire[1]. » Il n'a point fait l'apprentissage de tous ces métiers. « Copiez donc, transcrivez, soyez au plus correcteur d'imprimerie, n'écrivez point. » Il veut écrire et faire imprimer ; et parce qu'on n'envoie pas à l'imprimeur un cahier blanc, il le barbouille de ce qui lui plaît : il écrirait volontiers que la Seine coule à Paris, qu'il y a sept jours dans la semaine, ou que le temps est à la pluie, et comme ce discours n'est ni contre la religion ni contre l'État, et qu'il ne fera point d'autre désordre dans le public que de lui gâter le goût et l'accoutumer aux choses fades et insipides, il passe à l'examen[2], il est imprimé, et, à la honte du siècle, comme pour l'humiliation des bons auteurs, réimprimé. De même, un homme dit en son cœur : « Je prêcherai, » et il prêche ; le voilà en chaire, sans autre talent ni vocation que le besoin d'un bénéfice.

¶ Un clerc mondain ou irréligieux, s'il monte en chaire, est déclamateur.

Il y a au contraire des hommes saints, et dont le seul caractère est efficace pour la persuasion : ils paraissent, et tout un peuple qui doit les écouter est déjà ému et comme persuadé par leur présence ; le discours qu'ils vont prononcer fera le reste.

¶ M. DE MEAUX[3] et le P. BOURDALOUE[4] me rappellent DÉMOSTHÈNES et CICÉRON. Tous deux, maîtres dans l'éloquence de la chaire, ont eu le destin des grands modèles : l'un a fait de mauvais censeurs, l'autre de mauvais copistes.

¶ L'éloquence de la chaire, en ce qui y entre d'humain et du talent de l'orateur, est cachée, connue de peu de personnes, et d'une difficile exécution. Quel art en ce genre pour plaire en persuadant ! Il faut marcher par des chemins battus, dire ce qui a été dit, et ce que l'on prévoit ne vous

---

1. Boileau, *Art poétique*, IV, vers 26 :

   « Soyez plutôt maçon, si c'est votre talent,
   Ouvrier estimé dans un art nécessaire,
   Qu'écrivain du commun et poëte vulgaire. »

2. A l'examen des censeurs royaux.

3. L'évêque de Meaux, Bossuet.

4. Le P. Bourdaloue, jésuite, né en 1633, mort en 1704, célèbre prédicateur. Voyez page 318, note 4.

allez dire. Les matières sont grandes, mais usées et triviales ; les principes sûrs, mais dont les auditeurs pénètrent les conclusions d'une seule vue. Il y entre des sujets qui sont sublimes ; mais qui peut traiter le sublime ? Il y a des mystères que l'on doit expliquer, et qui s'expliquent mieux par une leçon de l'école que par un discours oratoire. La morale même de la chaire, qui comprend une matière aussi vaste et aussi diversifiée que le sont les mœurs des hommes, roule sur les mêmes pivots, retrace les mêmes images, et se prescrit des bornes bien plus étroites que la satire. Après l'invective commune contre les honneurs, les richesses et le plaisir, il ne reste plus à l'orateur qu'à courir à la fin de son discours et à congédier l'assemblée. Si quelquefois on pleure, si on est ému, après avoir fait attention au génie et au caractère de ceux qui font pleurer, peut-être conviendra-t-on que c'est la matière qui se prêche elle-même, et notre intérêt le plus capital qui se fait sentir ; que c'est moins une véritable éloquence que la ferme poitrine du missionnaire qui nous ébranle et qui cause en nous ces mouvements. Enfin, le prédicateur n'est point soutenu, comme l'avocat, par des faits toujours nouveaux, par de différents événements, par des aventures inouïes ; il ne s'exerce point sur les questions douteuses, il ne fait point valoir les violentes conjectures et les présomptions : toutes choses néanmoins qui élèvent le génie, lui donnent de la force et de l'étendue, et qui contraignent bien moins l'éloquence qu'elles ne la fixent et ne la dirigent. Il doit, au contraire, tirer son discours d'une source commune, et où tout le monde puise ; et s'il s'écarte de ces lieux communs, il n'est plus populaire, il est abstrait ou déclamateur, il ne prêche plus l'Évangile. Il n'a besoin que d'une noble simplicité, mais il faut l'atteindre ; talent rare, et qui passe les forces du commun des hommes : ce qu'ils ont de génie, d'imagination, d'érudition et de mémoire, ne leur sert souvent qu'à s'en éloigner.

La fonction de l'avocat est pénible, laborieuse, et suppose, dans celui qui l'exerce, un riche fonds et de grandes ressources. Il n'est pas seulement chargé, comme le prédicateur, d'un certain nombre d'oraisons composées avec loisir, récitées de mémoire, avec autorité, sans contradicteurs, et qui, avec de médiocres changements, lui font honneur plus d'une fois. Il prononce de graves plaidoyers devant des juges qui peuvent lui imposer silence, et contre des adversaires qui l'interrompent; il doit être prêt sur la réplique; il parle en un même jour, dans divers tribunaux, de différentes affaires. Sa maison n'est pas pour lui un lieu de repos et de retraite, ni un asile contre les plaideurs; elle est ouverte à tous ceux qui viennent l'accabler de leurs questions et de leurs doutes : il ne se met pas au lit, on ne l'essuie point, on ne lui prépare point des rafraîchissements[1]; il ne se fait point dans sa chambre un concours de monde de tous les états et de tous les sexes, pour le féliciter sur l'agrément et sur la politesse de son langage, lui remettre l'esprit sur un endroit où il a couru risque de demeurer court, ou sur un scrupule qu'il a sur le chevet d'avoir plaidé moins vivement qu'à l'ordinaire. Il se délasse d'un long discours par de plus longs écrits, il ne fait que changer de travaux et de fatigues : j'ose dire qu'il est, dans son genre, ce qu'étaient dans le leur les premiers hommes apostoliques.

Quand on a ainsi distingué l'éloquence du barreau de la fonction de l'avocat, et l'éloquence de la chaire du ministère du prédicateur, on croit voir qu'il est plus aisé de prêcher que de plaider, et plus difficile de bien prêcher que de bien plaider[2].

¶ Quel avantage n'a pas un discours prononcé sur un ouvrage qui est écrit! Les hommes sont les dupes de l'action et de la parole, comme de tout l'appareil de l'auditoire. Pour peu de prévention qu'ils aient en faveur de celui qui parle, ils l'admirent, et cherchent ensuite à le comprendre : avant qu'il ait commencé, ils s'écrient qu'il va bien faire; ils s'endorment bientôt, et, le discours fini, ils se réveillent pour dire qu'il a bien fait. On se passionne moins pour un au-

1. Ce trait malicieux se retrouve dans la dixième satire de Boileau, qui fut composée trois ans après la publication de ce passage.
2. Montaigne avait fait la même comparaison : « La charge de prescheur, dit-il, luy donne autant qu'il luy plaist de loisir pour se préparer, et puis sa carrière se passe d'un fil et d'une suite sans interruption; là où les commoditez de l'advocat le pressent à toute heure de se mettre en lice, et les responses improuveues de sa partie adverse le rejectent de son bransle, où il luy fault sur le champ prendre nouveau party..... La part de l'advocat est plus difficile que celle du prescheur; et nous trouvons pourtant, ce m'est advis, plus de passables advocats que de prescheurs, au moins en France » (I, 10).

teur : son ouvrage est lu dans le loisir de la campagne, ou dans le silence du cabinet ; il n'y a point de rendez-vous publics pour lui applaudir, encore moins de cabale pour lui sacrifier tous ses rivaux, et pour l'élever à la prélature. On lit son livre, quelque excellent qu'il soit, dans l'esprit de le trouver médiocre ; on le feuillette, on le discute, on le confronte ; ce ne sont pas des sons qui se perdent en l'air et qui s'oublient ; ce qui est imprimé demeure imprimé. On l'attend quelquefois plusieurs jours avant l'impression pour le décrier ; et le plaisir le plus délicat que l'on en tire vient de la critique qu'on en fait : on est piqué d'y trouver à chaque page des traits qui doivent plaire, on va même souvent jusqu'à appréhender d'en être diverti, et on ne quitte ce livre que parce qu'il est bon. Tout le monde ne se donne pas pour orateur ; les phrases, les figures, le don de la mémoire, la robe ou l'engagement de celui qui prêche, ne sont pas des choses qu'on ose ou qu'on veuille toujours s'approprier. Chacun, au contraire, croit penser bien, et écrire encore mieux ce qu'il a pensé ; il en est moins favorable à celui qui pense et qui écrit aussi bien que lui. En un mot, le *sermonneur* est plus tôt évêque que le plus solide écrivain n'est revêtu d'un prieuré simple ; et, dans la distribution des grâces, de nouvelles sont accordées à celui-là, pendant que l'auteur grave se tient heureux d'avoir ses restes [1].

¶ S'il arrive que les méchants vous haïssent et vous persécutent, les gens de bien vous conseillent de vous humilier devant Dieu, pour vous mettre en garde contre la vanité qui pourrait vous venir de déplaire à des gens de ce caractère : de même, si certains hommes, sujets à se récrier [2] sur le médiocre, désapprouvent un ouvrage que vous aurez écrit, ou un discours que vous venez de prononcer en public, soit au barreau, soit dans la chaire, ou ailleurs, humiliez-vous ; on ne peut guère être exposé à une tentation d'orgueil plus délicate et plus prochaine.

¶ Il me semble qu'un prédicateur devrait faire choix, dans chaque discours, d'une vérité unique, mais capitale, terrible ou instructive, la manier à fond et l'épuiser ; abandonner

---

1. Il semble qu'ici la Bruyère, écrivain volontiers un peu sauvage, parle *pro aris et focis*, ce qui fausse légèrement sa logique.
2. A se récrier d'admiration.

toutes ces divisions si recherchées, si retournées, si remaniées et si différenciées; ne point supposer ce qui est faux, je veux dire que le grand ou le beau monde sait sa religion et ses devoirs; et ne pas appréhender de faire, ou à ces bonnes têtes, ou à ces esprits si raffinés, des catéchismes; ce temps si long que l'on use à composer un long ouvrage, l'employer à se rendre si maître de sa matière, que le tour et les expressions naissent dans l'action, et coulent de source; se livrer, après une certaine préparation, à son génie et aux mouvements qu'un grand sujet peut inspirer; qu'il pourrait enfin s'épargner ces prodigieux efforts de mémoire, qui ressemblent mieux à une gageure qu'à une affaire sérieuse, qui corrompent le geste et défigurent le visage; jeter au contraire, par un bel enthousiasme, la persuasion dans les esprits et l'alarme dans le cœur, et toucher ses auditeurs d'une tout autre crainte que de celle de le voir demeurer court [1].

¶ Que celui qui n'est pas encore assez parfait pour s'oublier soi-même dans le ministère de la parole sainte ne se décourage point par les règles austères qu'on lui prescrit, comme si elles lui ôtaient les moyens de faire montre de son esprit, et de monter aux dignités où il aspire : quel plus beau talent que celui de prêcher apostoliquement? et quel autre mérite mieux un évêché? FÉNELON en était-il indigne ? Aurait-il pu échapper au choix du prince que par un autre choix [2]?

---

## CHAPITRE XVI

## DES ESPRITS FORTS

Les esprits forts savent-ils qu'on les appelle ainsi par ironie? Quelle plus grande faiblesse que d'être incertain

---

1. Fénelon a développé plus tard les mêmes idées dans les *Dialogues sur l'éloquence*.
2. *Que*, signifiant *si ce n'est*, *autrement que*, était alors une tournure fort usitée. — Fénelon était, à cette époque, précepteur du duc de Bourgogne. Il ne devint archevêque de Cambrai qu'en 1695.

quel est le principe de son être, de sa vie, de ses sens, de ses connaissances, et quelle en doit être la fin? Quel découragement plus grand que de douter si son âme n'est point matière comme la pierre et le reptile, et si elle n'est point corruptible comme ces viles créatures? N'y a-t-il pas plus de force et de grandeur à recevoir dans notre esprit l'idée d'un être supérieur à tous les êtres, qui les a tous faits, et à qui tous se doivent rapporter; d'un être souverainement parfait, qui est pur, qui n'a point commencé et qui ne peut finir, dont notre âme est l'image, et, si j'ose dire, une portion, comme esprit et comme immortelle?

¶ Le docile et le faible sont susceptibles d'impressions : l'un en reçoit de bonnes, l'autre de mauvaises; c'est-à-dire que le premier est persuadé et fidèle, et que le second est entêté et corrompu. Ainsi, l'esprit docile admet la vraie religion; et l'esprit faible, ou n'en admet aucune, ou en admet une fausse : or l'esprit fort, ou n'a point de religion, ou se fait une religion; donc l'esprit fort, c'est l'esprit faible[1].

¶ J'appelle mondains, terrestres ou grossiers, ceux dont l'esprit et le cœur sont attachés à une petite portion de ce monde qu'ils habitent, qui est la terre; qui n'estiment rien, qui n'aiment rien au delà : gens aussi limités que ce qu'ils appellent leurs possessions ou leur domaine, que l'on mesure, dont on compte les arpents, et dont on montre les bornes. Je ne m'étonne pas que des hommes qui s'appuient sur un atome chancellent dans les moindres efforts qu'ils font pour sonder la vérité, si, avec des vues si courtes, ils ne percent point, à travers le ciel et les astres, jusques à Dieu même; si, ne s'apercevant point ou de l'excellence de ce qui est esprit, ou de la dignité de l'âme, ils ressentent encore moins combien elle est difficile à assouvir, combien la terre entière est au-dessous d'elle, de quelle nécessité lui devient un être souverainement parfait, qui est Dieu, et quel besoin indispensable elle a d'une religion qui le lui indique, et qui lui en est une caution sûre. Je comprends au contraire fort aisément qu'il est naturel à de tels esprits de tomber dans l'incrédulité ou l'indifférence, et de faire servir Dieu et la

1. « Rien n'accuse davantage une extrême faiblesse d'esprit que de ne pas connaître quel est le malheur d'un homme sans Dieu... rien n'est plus lâche que de faire le brave contre Dieu. » (Pascal.)

religion à la politique, c'est-à-dire à l'ordre et à la décoration de ce monde, la seule chose, selon eux, qui mérite qu'on y pense.

¶ Quelques-uns achèvent de se corrompre par de longs voyages, et perdent le peu de religion qui leur restait : ils voient de jour à autre un nouveau culte, diverses mœurs, diverses cérémonies. Ils ressemblent à ceux qui entrent dans les magasins, indéterminés sur le choix des étoffes qu'ils veulent acheter : le grand nombre de celles qu'on leur montre les rend plus indifférents ; elles ont chacune leur agrément et leur bienséance : ils ne se fixent point, ils sortent sans emplette.

¶ Il y a des hommes qui attendent à être dévots [1] et religieux que tout le monde se déclare impie et libertin : ce sera alors le parti du vulgaire ; ils sauront s'en dégager. La singularité leur plaît dans une matière si sérieuse et si profonde ; ils ne suivent la mode et le train commun que dans les choses de rien et de nulle suite [2] : qui sait même s'ils n'ont pas déjà mis une sorte de bravoure et d'intrépidité à courir tout le risque de l'avenir ? Il ne faut pas d'ailleurs que, dans une certaine condition, avec une certaine étendue d'esprit et de certaines vues, l'on songe à croire comme les savants et le peuple.

¶ Il faudrait s'éprouver et s'examiner très-sérieusement, avant que de se déclarer esprit fort ou libertin, afin au moins, et selon ses principes, de finir comme l'on a vécu ; ou, si l'on ne se sent pas la force d'aller si loin, se résoudre de vivre comme l'on veut mourir.

¶ Toute plaisanterie dans un homme mourant est hors de sa place : si elle roule sur de certains chapitres, elle est funeste. C'est une extrême misère que de donner à ses dépens, à ceux que l'on laisse, le plaisir d'un bon mot.

Dans quelque prévention où l'on puisse être sur ce qui doit suivre la mort, c'est une chose bien sérieuse que de mourir : ce n'est point alors le badinage qui sied bien, mais la constance.

1. Boileau a dit de même :
   « Faudra-t-il sur sa gloire *attendre* à m'exercer,
   Que ma tremblante voix commence à se glacer ? »
   (*Épître* I, v. 45.)

2. Dans les choses qui ne sont d'aucune importance ni d'aucune conséquence.

¶ Il y a eu de tout temps de ces gens d'un bel esprit et d'une agréable littérature, esclaves des grands dont ils ont épousé le libertinage et porté le joug toute leur vie contre leurs propres lumières et contre leur conscience. Ces hommes n'ont jamais vécu que pour d'autres hommes, et ils semblent les avoir regardés comme leur dernière fin. Ils ont eu honte de se sauver à leurs yeux, de paraître tels qu'ils étaient peut-être dans le cœur, et ils se sont perdus par déférence ou par faiblesse[1]. Y a-t-il donc sur la terre des grands assez grands, et des puissants assez puissants, pour mériter de nous que nous croyions et que nous vivions à leur gré, selon leur goût et leurs caprices, et que nous poussions la complaisance plus loin, en mourant non de la manière qui est la plus sûre pour nous, mais de celle qui leur plaît davantage?

¶ J'exigerais de ceux qui vont contre le train commun et les grandes règles, qu'ils sussent plus que les autres, qu'ils eussent des raisons claires, et de ces arguments qui emportent conviction.

¶ Je voudrais voir un homme sobre, modéré, chaste, équitable, prononcer qu'il n'y a point de Dieu ; il parlerait du moins sans intérêt[2] : mais cet homme ne se trouve point.

¶ J'aurais une extrême curiosité de voir celui qui serait persuadé que Dieu n'est point ; il me dirait du moins la raison invincible qui a su le convaincre.

¶ L'impossibilité où je suis de prouver que Dieu n'est pas me découvre son existence.

¶ Dieu condamne et punit ceux qui l'offensent, seul juge en sa propre cause ; ce qui répugne, s'il n'est lui-même la justice et la vérité, c'est-à-dire s'il n'est Dieu.

¶ Je sens qu'il y a un Dieu, et je ne sens pas qu'il n'y en ait point ; cela me suffit, tout le raisonnement du monde m'est inutile[3] : je conclus que Dieu existe. Cette conclusion est

---

1.  « Vois-tu ce libertin, en public intrépide,
    Qui prêche contre un Dieu que dans son âme il croit ?
    Il irait embrasser la vérité qu'il voit :
    Mais de ses faux amis il craint la raillerie,
    Et ne brave ainsi Dieu que par poltronnerie. »
    (BOILEAU, *Épître* III, vers 22.)

2. Puisqu'il n'aurait point commis les fautes qui seront punies au tribunal de Dieu.

3. « Le cœur a ses raisons que la raison ne connaît pas... C'est le cœur qui sent Dieu, et non la raison. » (PASCAL.)

dans ma nature ; j'en ai reçu les principes trop aisément dans mon enfance, et je les ai conservés depuis trop naturellement dans un âge plus avancé, pour les soupçonner de fausseté. — Mais il y a des esprits qui se défont de ces principes. — C'est une grande question s'il s'en trouve de tels ; et, quand il serait ainsi, cela prouve seulement qu'il y a des monstres.

¶ L'athéisme n'est point. Les grands, qui en sont le plus soupçonnés, sont trop paresseux pour décider en leur esprit que Dieu n'est pas : leur indolence va jusqu'à les rendre froids et indifférents sur cet article si capital, comme sur la nature de leur âme, et sur les conséquences d'une vraie religion ; ils ne nient ces choses ni ne les accordent ; ils n'y pensent point[1].

¶ Nous n'avons pas trop de toute notre santé, de toutes nos forces, et de tout notre esprit, pour penser aux hommes ou au plus petit intérêt : il semble, au contraire, que la bienséance et la coutume exigent de nous que nous ne pensions à Dieu que dans un état où il ne reste en nous qu'autant de raison qu'il faut pour ne pas dire qu'il n'y en a plus[2].

¶ Un grand croit s'évanouir, et il meurt[3] ; un autre grand périt insensiblement, et perd chaque jour quelque chose de soi-même avant qu'il soit éteint : formidables leçons, mais inutiles ! Des circonstances si marquées et si sensiblement opposées[4] ne se relèvent point[5], et ne touchent personne. Les hommes n'y ont pas plus d'attention qu'à une fleur qui se fane ou à une feuille qui tombe ; ils envient les places qui demeurent vacantes, ou ils s'informent si elles sont remplies, et par qui.

¶ Les hommes sont-ils assez bons, assez fidèles, assez équitables, pour mériter toute notre confiance, et ne nous pas faire désirer du moins que Dieu existât, à qui nous pussions

1. La Bruyère, en s'appropriant le raisonnement de Descartes, qui conclut l'existence de Dieu de ce que nous en avons l'idée, appuie davantage sur le sentiment.
2. C'est-à-dire aux approches de la mort.
3. Allusion à la mort subite de la Feuillade, de Louvois, de Seignelay, etc.
4. Rapprochées les unes des autres.
5. Ne sont pas remarquées.

¶ appeler de leurs jugements et avoir recours quand nous en sommes persécutés ou trahis ?

¶ Si c'est le grand et le sublime de la religion qui éblouit ou qui confond les esprits forts, ils ne sont plus des esprits forts, mais de faibles génies et de petits esprits ; et, si c'est au contraire ce qu'il y a d'humble et de simple qui les rebute, ils sont à la vérité des esprits forts, et plus forts que tant de grands hommes si éclairés, si élevés, et néanmoins si fidèles, que les LÉON, les BASILE, les JÉRÔME, les AUGUSTIN [1].

¶ Un Père de l'Église, un docteur de l'Église, quels noms ! quelle tristesse dans leurs écrits ! quelle sécheresse, quelle froide dévotion, et peut-être quelle scolastique [2] ! disent ceux qui ne les ont jamais lus. Mais plutôt quel étonnement pour tous ceux qui se sont fait une idée des Pères si éloignée de la vérité, s'ils voyaient dans leurs ouvrages plus de tour et de délicatesse, plus de politesse et d'esprit, plus de richesse d'expression et plus de force de raisonnement, des traits plus vifs et des grâces plus naturelles, que l'on n'en remarque dans la plupart des livres de ce temps, qui sont lus avec goût, qui donnent du nom et de la vanité à leurs auteurs ! Quel plaisir d'aimer la religion, et de la voir crue, soutenue, expliquée par de si beaux génies et par de si solides esprits ! surtout lorsque l'on vient à connaître que, pour l'étendue des connaissances, pour la profondeur et la pénétration, pour les principes de la pure philosophie, pour leur application et leur développement, pour la justesse des conclusions, pour la dignité du discours, pour la beauté de la mo-

---

2. Fénelon, dans ses *Dialogues sur l'éloquence*, a combattu ces préjugés contre les Pères.

1. Le pape saint Léon, qui combattit les hérétiques avec beaucoup de succès, et, en 452, par son éloquence, obtint d'Attila qu'il s'éloignât de Rome. — Saint Jérôme (né en Dalmatie en 331, mort en 420), passa la plus grande partie de sa vie dans la solitude, écrivit immensément, et fit la *Vulgate*, traduction latine de la *Bible* déclarée canonique par l'Église. — Saint Basile, surnommé *le Grand*, né à Césarée, en Cappadoce, vers l'an 329, et mort en 379, évêque de sa ville natale. — Saint Augustin (345-430), le célèbre évêque d'Hippone, l'auteur de la *Cité de Dieu*, des *Confessions*, etc., le premier des Pères de l'Église latine. Il naquit à Tagaste (aujourd'hui Tagelt), ville d'Afrique, et mourut à Hippone (aujourd'hui Bone, dans l'Algérie), dont il était évêque.

rale et des sentiments, il n'y a rien, par exemple, que l'on puisse comparer à S. Augustin, que Platon et que Cicéron.

¶ L'homme est né menteur[1]. La vérité est simple et ingénue, et il veut du spécieux et de l'ornement. Elle n'est pas à lui, elle vient du ciel toute faite, pour ainsi dire, et dans toute sa perfection ; et l'homme n'aime que son propre ouvrage, la fiction et la fable. Voyez le peuple : il controuve, il augmente, il charge, par grossièreté et par sottise ; demandez même au plus honnête homme s'il est toujours vrai dans ses discours, s'il ne se surprend pas quelquefois dans des déguisements où engagent nécessairement la vanité et la légèreté, si, pour faire un meilleur conte, il ne lui échappe pas souvent d'ajouter à un fait qu'il récite une circonstance qui y manque. Une chose arrive aujourd'hui, et presque sous nos yeux ; cent personnes qui l'ont vue la racontent en cent façons différentes ; celui-ci, s'il est écouté, la dira encore d'une manière qui n'a pas été dite. Quelle créance donc pourrais-je donner à des faits qui sont anciens et éloignés de nous par plusieurs siècles ? quel fondement dois-je faire sur les plus graves historiens ? que devient l'histoire[2] ? César a-t-il été massacré au milieu du sénat ? y a-t-il eu un César ? « Quelle conséquence ! me dites-vous ; quels doutes ! quelle demande ! » Vous riez, vous ne me jugez pas digne d'aucune réponse[3] ; et je crois même que vous avez raison. Je suppose néanmoins que le livre qui fait mention de César ne soit pas un livre profane, écrit de la main des hommes, qui sont menteurs, trouvé par hasard dans les bibliothèques parmi d'autres manuscrits qui contiennent des histoires vraies ou apocryphes ; qu'au contraire il soit inspiré, saint, divin ; qu'il porte en soi ces caractères ; qu'il se trouve depuis près de deux mille ans dans une société nombreuse qui n'a pas permis qu'on y ait fait pendant tout ce temps la moindre altération, et qui s'est fait une religion de le conserver dans toute son intégrité ;

1. L'auteur reproduit, pour les combattre, les raisonnements de ceux qui contestent l'authenticité des saintes Écritures.
2. Sophisme qui consiste à tirer une conséquence générale de faits beaucoup trop particuliers.
3. On dirait aujourd'hui : *Vous ne me jugez digne d'aucune réponse.* Au dix-septième siècle, on mettait souvent *pas* devant aucun, parce que le sens véritable d'*aucun* est quelque, quelqu'un, de *aliquis*, quelque, et *unus*, un.

qu'il y ait même un engagement religieux et indispensable d'avoir de la foi pour tous les faits contenus dans ce volume où il est parlé de César et de sa dictature : avouez-le, *Lucile*, vous douterez alors qu'il y ait eu un César.

¶ Toute musique n'est pas propre à louer Dieu et à être entendue dans le sanctuaire; toute philosophie ne parle pas dignement de Dieu, de sa puissance, des principes de ses opérations et de ses mystères : plus cette philosophie est subtile et idéale, plus elle est vaine et inutile pour expliquer des choses qui ne demandent des hommes qu'un sens droit pour être connues jusques à un certain point, et qui au delà sont inexplicables. Vouloir rendre raison de Dieu, de ses perfections, et, si j'ose ainsi parler, de ses actions[1], c'est aller plus loin que les anciens philosophes, que les apôtres, que les premiers docteurs; mais ce n'est pas rencontrer si juste, c'est creuser longtemps et profondément, sans trouver les sources de la vérité. Dès qu'on a abandonné les termes de bonté, de miséricorde, de justice et de toute-puissance, qui donnent de Dieu de si hautes et de [2] si aimables idées, quelque grand effort d'imagination qu'on puisse faire, il faut recevoir les expressions sèches, stériles, vides de sens; admettre les pensées creuses, écartées des notions communes, ou tout au plus les subtiles et les ingénieuses; et, à mesure que l'on acquiert d'ouverture dans une nouvelle métaphysique, perdre un peu de sa religion.

¶ Jusques où les hommes ne se portent-ils point par l'intérêt de la religion, dont ils sont si peu persuadés, et qu'ils pratiquent si mal !

¶ Cette même religion que les hommes défendent avec chaleur et avec zèle contre ceux qui en ont une toute contraire, ils l'altèrent eux-mêmes dans leur esprit par des sentiments particuliers, ils y ajoutent et ils en retranchent mille choses souvent essentielles, selon ce qui leur convient, et ils demeurent fermes et inébranlables dans cette forme qu'ils

---

1. On croit que la Bruyère avait ici en vue Malebranche, dont il trouvait peut-être présomptueuse la prétention de pénétrer dans les mystères du christianisme au moyen de ses principes philosophiques, dont Bossuet disait : *Pulchra, nova, falsa.*

2. *De* ne serait grammaticalement régulier que si les attributs se rapportaient à deux espèces d'idées, les unes hautes et les autres aimables.

lui ont donnée. Ainsi, à parler populairement, on peut dire d'une seule nation qu'elle vit sous un même culte, et qu'elle n'a qu'une seule religion ; mais, à parler exactement, il est vrai qu'elle en a plusieurs, et que chacun presque y a la sienne².

¶ Deux sortes de gens fleurissent dans les cours, et y dominent dans divers temps, les libertins et les hypocrites : ceux-là gaiement, ouvertement, sans art et sans dissimulation ; ceux-ci finement, par des artifices, par la cabale. Cent fois plus épris de la fortune que les premiers, ils en sont jaloux jusqu'à l'excès ; ils veulent la gouverner, la posséder seuls, la partager entre eux et en exclure tout autre : dignités, charges, postes, bénéfices, pensions, honneurs, tout leur convient et ne convient qu'à eux, le reste des hommes en est indigne ; ils ne comprennent point que sans leur attache³ on ait l'impudence de les espérer. Une troupe de masques entre dans un bal : ont-ils la main, ils dansent, ils se font danser les uns les autres, ils dansent encore, ils dansent toujours : ils ne rendent la main à personne⁴ de l'assemblée, quelque digne qu'elle soit de leur attention. On languit, on sèche de les voir danser, et de ne danser point : quelques-uns murmurent ; les plus sages prennent leur parti, et s'en vont.

¶ Il y a deux espèces de libertins : les libertins, ceux du moins qui croient l'être, et les hypocrites ou faux dévots, c'est-à-dire ceux qui ne veulent pas être crus libertins : les derniers, dans ce genre-là⁵, sont les meilleurs.

Le faux dévot ou ne croit pas en Dieu, ou se moque de Dieu ; parlons de lui obligeamment : il ne croit pas en Dieu.

¶ Si toute religion est une crainte respectueuse de la Divinité, que penser de ceux qui osent la blesser dans sa plus vive image, qui est le prince ?

¶ Si l'on nous assurait que le motif secret de l'ambassade des Siamois a été d'exciter le roi Très-Chrétien à renoncer au christianisme, à permettre l'entrée de son royaume aux *Ta-*

---

1. Comme tout le monde.
2. Exagération. Ces désaccords ne peuvent avoir lieu qu'en matière libre, et encore pas au point où le dit l'auteur.
3. Sans leur agrément.
4. Il faut entendre *aucune personne*, pour justifier le féminin qu'*elle* soit.
5. Ceux qui réussissent le moins dans ce genre-là, les hypocrites les moins habiles.

*talapoins*[1], qui eussent pénétré dans nos maisons pour persuader leur religion à nos femmes, à nos enfants et à nous-mêmes, par leurs livres et par leurs entretiens, qui eussent élevé des *pagodes*[2] au milieu des villes, où ils eussent placé des figures de métal pour être adorées, avec quelles risées et quel étrange mépris n'entendrions-nous pas des choses si extravagantes ! Nous faisons cependant six mille lieues de mer pour la conversion des Indes, des royaumes de Siam, de la Chine et du Japon, c'est-à-dire pour faire très-sérieusement à tous ces peuples des propositions qui doivent leur paraître très-folles et très-ridicules. Ils supportent néanmoins nos religieux et nos prêtres; ils les écoutent quelquefois, leur laissent bâtir leurs églises et faire leurs missions : qui fait cela en eux et en nous? ne serait-ce point la force de la vérité ?

¶ Il ne convient pas à toute sorte de personnes de lever l'étendard d'aumônier[3], et d'avoir tous les pauvres d'une ville assemblés à sa porte, qui y reçoivent leurs portions. Qui ne sait pas, au contraire, des misères plus secrètes, qu'il peut entreprendre de soulager, ou immédiatement et par ses secours, ou du moins par sa médiation ? De même il n'est pas donné à tous de monter en chaire et d'y distribuer, en missionnaire ou en catéchiste, la parole sainte : mais qui n'a pas quelquefois sous sa main un libertin à réduire et à ramener, par de douces et insinuantes conversations, à la docilité? Quand on ne serait pendant sa vie que l'apôtre d'un seul homme, ce ne serait pas être en vain sur la terre, ni lui être un fardeau inutile.

¶ Il y a deux mondes : l'un où l'on séjourne peu, et dont l'on doit sortir pour n'y plus rentrer; l'autre où l'on doit bientôt entrer pour n'en jamais sortir. La faveur, l'autorité, les amis, la haute réputation, les grands biens, servent pour

---

1. Nom donné par les Européens aux prêtres bouddhistes de Siam, de Pégu et du Laos. De *talapat*, nom, en siamois, du palmier, dont la feuille fournit la matière de l'éventail que ces religieux portent constamment à la main.

2. Sorte de pavillon consacré au culte des idoles chez certains peuples d'Asie ; la statue occupe le milieu du temple, ordinairement surmontée d'une construction en pyramide et chargée de dessins bizarres. Du persan, *but-khoda*, de *but*, idole, et *khoda*, maison.

3. De s'établir publiquement distributeur d'aumônes. On disait *aumônier*, *aumônière*, pour signifier qui donne souvent l'aumône.

le premier monde ; le mépris de toutes ces choses sert pour le second. Il s'agit de choisir.

¶ Qui a vécu un seul jour, a vécu un siècle : même soleil, même terre, même monde, mêmes sensations; rien ne ressemble mieux à aujourd'hui que demain[1]. Il y aurait quelque curiosité à mourir, c'est-à-dire à n'être plus un corps, mais à être seulement esprit. L'homme cependant, impatient de la nouveauté[2], n'est point curieux sur ce seul article; né inquiet et qui s'ennuie de tout, il ne s'ennuie point de vivre ; il consentirait peut-être à vivre toujours. Ce qu'il voit de la mort le frappe plus violemment que ce qu'il en sait : la maladie, la douleur, le cadavre, le dégoûtent de la connaissance d'un autre monde ; il faut tout le sérieux de la religion pour le réduire.

¶ Si Dieu avait donné le choix, ou de mourir ou de toujours vivre, après avoir médité profondément ce que c'est que de ne voir nulle fin à la pauvreté, à la dépendance, à l'ennui, à la maladie, ou de n'essayer des richesses, de la grandeur, des plaisirs et de la santé, que pour les voir changer inviolablement[3] et par la révolution des temps en leurs contraires, et être ainsi le jouet des biens et des maux, l'on ne saurait guère à quoi se résoudre. La nature nous fixe et nous ôte l'embarras de choisir[4]; et la mort, qu'elle nous rend nécessaire, est encore adoucie par la religion.

¶ Si ma religion était fausse, je l'avoue, voilà le piége le mieux dressé qu'il soit possible d'imaginer ; il était inévitable de ne pas donner tout au travers, et de n'y être pas pris : quelle majesté, quel éclat des mystères ! quelle suite et quel enchaînement de toute la doctrine ! quelle raison éminente !

. « Et si vous avez vescu un jour, vous avez tout veu : un jour est égal à tous les jours. Il n'y a point d'aultre lumière ni d'aultre nuict ; ce soleil, cette lune, ces étoiles, cette disposition, c'est celle mesmes que vos ayeuls ont jouye et qui entretiendra vos arrière nepveux. » (MONTAIGNE, I, 19.)

. Autrefois *impatient*, construit avec un complément, s'employait, comme le latin *impatiens*, pour dire qui ne peut souffrir.

3. Suivant une loi invariable.

4. « Nature nous y force. Sortez, dict-elle, de ce monde comme vous y estes entrez. Le mesme passage que vous feistes de la mort à la vie, sans passion et sans frayeur, refaictes-le de la vie à la mort. Vostre mort est une des pièces de l'ordre de l'univers ; c'est une pièce de la vie du monde. » (MONTAIGNE, I, 19.)

quelle candeur, quelle innocence de mœurs! quelle force invincible et accablante des témoignages rendus successivement et pendant trois siècles entiers par des millions de personnes les plus sages, les plus modérées qui fussent alors sur la terre, et que le sentiment d'une même vérité soutient dans l'exil, dans les fers, contre la vue de la mort et du dernier supplice! Prenez l'histoire, ouvrez, remontez jusques au commencement du monde, jusques à la veille de sa naissance: y a-t-il eu rien de semblable dans tous les temps? Dieu même pouvait-il jamais mieux rencontrer pour me séduire ? Par où échapper ? où aller, où me jeter, je ne dis pas pour trouver rien de meilleur, mais quelque chose qui en approche? S'il faut périr, c'est par là que je veux périr; il m'est plus doux de nier Dieu que de l'accorder avec une tromperie si spécieuse et si entière: mais je l'ai approfondi, je ne puis être athée; je suis donc ramené et entraîné dans ma religion; c'en est fait.

¶ La religion est vraie, ou elle est fausse[1] : si elle n'est qu'une vaine fiction, voilà, si l'on veut, soixante années perdues pour l'homme de bien, pour le chartreux ou le solitaire; ils ne courent pas un autre risque : mais si elle est fondée sur la vérité même, c'est alors un épouvantable malheur pour l'homme vicieux ; l'idée seule des maux qu'il se prépare me trouble l'imagination ; la pensée est trop faible pour les concevoir, et les paroles trop vaines pour les exprimer. Certes, en supposant même dans le monde moins de certitude qu'il ne s'en trouve en effet sur la vérité de la religion, il n'y a point pour l'homme un meilleur parti que la vertu[2].

1. C'est la règle des paris de Pascal, présentée avec une merveilleuse clarté.
2. « Pesons le gain et la perte, en gageant que Dieu est... Si vous gagnez, vous gagnez tout; si vous perdez, vous ne perdez rien. Gagez donc qu'il est, sans hésiter.... Il y a une infinité de vie infiniment heureuse à gagner.... Or quel mal vous arrivera-t-il en prenant ce parti? Vous serez fidèle, honnête, humble, reconnaissant, bienfaisant, sincère, ami véritable. A la vérité, vous ne serez point dans les plaisirs emportés, dans la gloire, dans les délices ; mais n'en aurez-vous point d'autres?... Je vous dis que vous y gagnerez en cette vie, et qu'à chaque pas que vous ferez dans ce chemin, vous verrez tant de certitude de gain, et tant de néant de ce que vous hasardez, que vous reconnaîtrez à la fin que vous avez parié pour une chose certaine, infinie, pour laquelle vous n'avez rien donné. » (PASCAL.)

¶ Je ne sais si ceux qui osent nier Dieu méritent qu'on s'efforce de le leur prouver, et qu'on les traite plus sérieusement que l'on n'a fait dans ce chapitre. L'ignorance, qui est leur caractère, les rend incapables des principes les plus clairs et des raisonnements les mieux suivis. Je consens néanmoins qu'ils lisent celui que je vais faire, pourvu qu'ils ne se persuadent pas que c'est tout ce que l'on pouvait dire sur une vérité si éclatante.

Il y a quarante ans que je n'étais point, et qu'il n'était pas en moi de pouvoir jamais être, comme il ne dépend pas de moi, qui suis une fois, de n'être plus. J'ai donc commencé, et je continue d'être par quelque chose qui est hors de moi, qui durera après moi, qui est meilleur et plus puissant que moi. Si ce quelque chose n'est pas Dieu, qu'on me dise ce que c'est [1].

Peut-être que moi qui existe n'existe ainsi que par la force d'une nature universelle qui a toujours été telle que nous la voyons, en remontant jusques à l'infinité des temps [2]. Mais cette nature, ou elle est seulement esprit, et c'est Dieu ; ou elle est matière, et ne peut par conséquent avoir créé mon esprit ; ou elle est un composé de matière et d'esprit, et alors, ce qui est esprit dans la nature, je l'appelle Dieu.

Peut-être aussi que ce que j'appelle mon esprit n'est qu'une portion de matière qui existe par la force d'une nature universelle, qui est aussi matière, qui a toujours été, et qui sera toujours telle que nous la voyons, et qui n'est point Dieu [3]. Mais du moins faut-il m'accorder que ce que j'appelle mon esprit, quelque chose que ce puisse être, est une chose qui pense, et que, s'il est matière, il est nécessairement une matière qui pense ; car l'on ne me persuadera point qu'il n'y ait pas en moi quelque chose qui pense pendant que je fais ce raisonnement. Or, ce quelque chose qui est en moi et qui pense, s'il doit son être et sa conservation à une nature uni-

---

1. Ce raisonnement a été développé par saint Augustin dans les *Soliloques*, ch. viii, par Descartes, dans sa troisième *Méditation*, par Bossuet dans son livre *De la connaissance de Dieu et de soi-même*, et par Fénelon dans son *Traité de l'existence de Dieu*.

2. Objection ou système des libertins. (*Note de la Bruyère.*) La réponse vient ensuite.

3. Instance des libertins. (*Note de la Bruyère.*) Suit la réponse.

verselle, qui a toujours été et qui sera toujours, laquelle il reconnaisse comme sa cause, il faut indispensablement que ce soit à une nature universelle, ou qui pense, ou qui soit plus noble et plus parfaite que ce qui pense ; et si cette nature ainsi faite est matière, l'on doit encore conclure que c'est une matière universelle qui pense, ou qui est plus noble et plus parfaite que ce qui pense.

Je continue, et je dis : Cette matière telle qu'elle vient d'être supposée, si elle n'est pas un être chimérique, mais réel, n'est pas aussi imperceptible à tous les sens ; et si elle ne se découvre pas par elle-même, on la connait du moins dans le divers arrangement de ses parties, qui constitue les corps, et qui en fait la différence : elle est donc elle-même tous ces différents corps ; et comme elle est une matière qui pense selon la supposition, ou qui vaut mieux que ce qui pense, il s'ensuit qu'elle est telle du moins selon quelques-uns de ces corps, et, par une suite nécessaire, selon tous ces corps, c'est-à-dire qu'elle pense dans les pierres, dans les métaux, dans les mers, dans la terre, dans moi-même, qui ne suis qu'un corps, comme dans toutes les autres parties qui la composent. C'est donc à l'assemblage de ces parties si terrestres, si grossières, si corporelles, qui toutes ensemble sont la matière universelle ou ce monde visible, que je dois ce quelque chose qui est en moi, qui pense, et que j'appelle mon esprit ; ce qui est absurde.

Si, au contraire, cette nature universelle, quelque chose que ce puisse être, ne peut pas être tous ces corps, ni aucun de ces corps, il suit de là qu'elle n'est point matière, ni perceptible par aucun des sens ; si cependant elle pense, ou si elle est plus parfaite que ce qui pense, je conclus encore qu'elle est esprit, ou un être meilleur et plus accompli que ce qui est esprit : si d'ailleurs il ne reste plus à ce qui pense en moi, et que j'appelle mon esprit, que cette nature universelle à laquelle il puisse remonter pour rencontrer sa première cause et son unique origine, parce qu'il ne trouve point son principe en soi, et qu'il le trouve encore moins dans la matière, ainsi qu'il a été démontré, alors je ne dispute point des noms ; mais cette source originaire de tout esprit, qui est esprit elle-même, et qui est plus excellente que tout esprit, je l'appelle Dieu.

En un mot, je pense ; donc Dieu existe [1] : car ce qui pense en moi, je ne le dois point à moi-même, parce qu'il n'a pas plus dépendu de moi de me le donner une première fois qu'il dépend encore de moi de me le conserver un seul instant : je ne le dois point à un être qui soit au-dessus de moi, et qui soit matière, puisqu'il est impossible que la matière soit au-dessus de ce qui pense : je le dois donc à un être qui est au dessus de moi et qui n'est point matière ; et c'est Dieu.

¶ De ce qu'une nature universelle qui pense exclut de soi généralement tout ce qui est matière, il suit nécessairement qu'un être particulier qui pense ne peut pas aussi admettre en soi la moindre matière : car, bien qu'un être universel qui pense renferme dans son idée infiniment plus de grandeur, de puissance, d'indépendance et de capacité, qu'un être particulier qui pense, il ne renferme pas néanmoins une plus grande exclusion [2] de matière, puisque cette exclusion dans l'un et l'autre de ces deux êtres est aussi grande qu'elle peut être et comme infinie, et qu'il est autant impossible que ce qui pense en moi soit matière qu'il est inconcevable que Dieu soit matière : ainsi, comme Dieu est esprit, mon âme aussi est esprit.

¶ Je ne sais point si le chien choisit, s'il se ressouvient, s'il affectionne, s'il craint, s'il imagine, s'il pense : quand donc l'on me dit que toutes ces choses ne sont en lui ni passions, ni sentiment, mais l'effet naturel et nécessaire de la disposition de sa machine préparée par le divers arrangement des parties de la matière, je puis au moins acquiescer à cette doctrine [3]. Mais je pense, et je suis certain que je pense : or, quelle proportion y a-t-il de tel ou de tel arrangement des parties de la matière, c'est-à-dire d'une étendue selon toutes ses dimensions, qui est longue, large et pro-

---

1. Descartes avait dit : « Je pense, donc j'existe. » La Bruyère dit : *donc Dieu existe ;* et il fait voir la justesse de cet enthymème.

2. « *Renfermer une exclusion* » est une locution bizarre.

3. Ce sentiment était celui de Descartes que la plupart des philosophes du dix-septième siècle ont adopté ou du moins respecté. Bossuet, dans son *Traité de la connaissance de Dieu et de soi-même*, expose les raisons qu'on peut apporter pour et contre, et n'ose se décider. Il incline cependant beaucoup vers le sentiment redevenu universel après l'avoir été durant des siècles, qui voit dans les animaux autre chose que des automates.

fonde, et qui est divisible dans tous ces sens, avec ce qui pense ?

¶ Si tout est matière, et si la pensée en moi, comme dans tous les autres hommes, n'est qu'un effet de l'arrangement des parties de la matière, qui a mis dans le monde toute autre idée que celle des choses matérielles ? La matière a-t-elle dans son fond une idée aussi pure, aussi simple, aussi immatérielle, qu'est celle de l'esprit ? Comment peut-elle être le principe de ce qui la nie et l'exclut de son propre être ? Comment est-elle dans l'homme ce qui pense, c'est-à-dire ce qui est à l'homme même une conviction qu'il n'est point matière ?

¶ Il y a des êtres qui durent peu, parce qu'ils sont composés de choses très-différentes, et qui se nuisent réciproquement. Il y en a d'autres qui durent davantage, parce qu'ils sont plus simples ; mais ils périssent, parce qu'ils ne laissent pas d'avoir des parties selon lesquelles ils peuvent être divisés[1]. Ce qui pense en moi doit durer beaucoup, parce que c'est un être pur, exempt de tout mélange et de toute composition ; et il n'y a pas de raison [2] qu'il doive périr : car qui peut corrompre ou séparer un être simple et qui n'a point de parties [3] ?

¶ L'âme voit la couleur par l'organe de l'œil, et entend les sons par l'organe de l'oreille ; mais elle peut cesser de voir ou d'entendre, quand ces sens ou ces objets lui manquent, sans que pour cela elle cesse d'être, parce que l'âme n'est point précisément ce qui voit la couleur, ou ce qui entend les sons ; elle n'est que ce qui pense. Or, comment peut-elle cesser d'être telle ? Ce n'est point par le défaut d'organe, puisqu'il est prouvé qu'elle n'est point matière ; ni par le défaut d'objet, tant qu'il y aura un Dieu et d'éternelles vérités : elle est donc incorruptible.

¶ Je ne conçois point qu'une âme que Dieu a voulu remplir de l'idée de son être infini et souverainement parfait doive être anéantie.

---

1. Ce principe est la base de la science chimique.
2. Régulièrement il faudrait : *pour qu'il doive périr.*
3. Rien ne peut corrompre ni séparer un être, mais son auteur pourrait le laisser rentrer dans le néant ; il suffirait pour cela qu'il cessât de le conserver.

¶ Voyez, *Lucile* [1], ce morceau de terre, plus propre et plus orné que les autres terres qui lui sont contiguës : ici, ce sont des compartiments mêlés d'eaux plates [2] et d'eaux jaillissantes ; là, des allées en palissade [3] qui n'ont pas de fin, et qui vous couvrent des vents du nord ; d'un côté, c'est un bois épais qui défend de tous les soleils, et d'un autre un beau point de vue ; plus bas, une Yvette, ou un Lignon, qui coulait obscurément entre les saules et les peupliers, est devenu un canal qui est revêtu [4] ; ailleurs, de longues et fraîches avenues se perdent dans la campagne, et annoncent la maison, qui est entourée d'eau. Vous récrierez-vous : « Quel jeu du hasard ! combien de belles choses se sont rencontrées ensemble inopinément ! » Non, sans doute ; vous direz au contraire : « Cela est bien imaginé et bien ordonné ; il règne ici un bon goût et beaucoup d'intelligence. » Je parlerai comme vous, et j'ajouterai que ce doit être la demeure de quelqu'un de ces gens chez qui un NAUTRE [5] va tracer et prendre des alignements dès le jour même qu'ils sont en place. Qu'est-ce pourtant que cette pièce de terre ainsi disposée, et où tout l'art d'un ouvrier habile a été employé pour l'embellir, si même toute la terre n'est qu'un atome suspendu en l'air, et si vous écoutez ce que je vais dire ?

1. Cette leçon s'adresse sans doute à l'élève de la Bruyère, c'est-à-dire au duc de Bourbon. Le morceau de terre dont il s'agit est le parc de Chantilly.

2. Bassins.

3. Allées d'arbres taillés de manière à ce qu'ils forment un mur de verdure.

4. Les eaux de la Nonette et de la Thève, jusque-là perdues dans les marécages, furent enfermées dans un canal par les ordres de Condé, et se transformèrent en cascades et en « jets d'eau qui ne se taisaient ni jour ni nuit, » selon l'expression de Bossuet. Le Lignon et l'Yvette, que la Bruyère nomme à leur place, sont deux petites rivières dont l'une prend sa source dans les montagnes du Forez et se jette dans la Loire, et dont l'autre naît aux environs de Rambouillet, et passe à Chevreuse, Orsay, Longjumeau, etc. Le roman d'*Astrée* a donné quelque célébrité au Lignon. (SERVOIS.)

5. André le Nostre, ou Lenôtre, architecte et dessinateur des jardins du Roi, né à Paris en 1613, mort en 1700. Il fut chargé de la distribution des jardins et du parc de Versailles ; embellit ou créa ceux de Clagny, de Chantilly, de Meudon, de Saint-Cloud, de Sceaux, des Tuileries, et l'admirable terrasse de Saint-Germain.

Vous êtes placé, ô Lucile, quelque part sur cet atome ; il faut donc que vous soyez bien petit, car vous n'y occupez pas une grande place : cependant vous avez des yeux, qui sont deux points imperceptibles ; ne laissez pas de les ouvrir vers le ciel : qu'y apercevez-vous quelquefois ? La lune dans son plein ? Elle est belle alors et fort lumineuse, quoique sa lumière ne soit que la réflexion de celle du soleil : elle paraît grande comme le soleil, plus grande que les autres planètes et qu'aucune des étoiles. Mais ne vous laissez pas tromper par les dehors ; il n'y a rien au ciel de si petit que la lune : sa superficie est treize fois plus petite que celle de la terre, sa solidité quarante-huit fois ; et son diamètre, de sept cent cinquante lieues, n'est que le quart de celui de la terre : aussi est-il vrai qu'il n'y a que son voisinage qui lui donne une si grande apparence, puisqu'elle n'est guère plus éloignée de nous que de trente fois le diamètre de la terre, ou que sa distance n'est que de cent mille lieues [1]. Elle n'a presque pas même de chemin à faire en comparaison du vaste tour que le soleil fait dans les espaces du ciel [2] ; car il est certain qu'elle n'achève par jour que cinq cent quarante mille lieues [3] : ce n'est par heure que vingt-deux mille cinq cents lieues, et trois cent soixante et quinze lieues dans une minute. Il faut, néanmoins, pour accomplir cette course, qu'elle aille cinq mille six cents fois plus vite qu'un cheval de poste qui ferait quatre lieues par heure ; qu'elle vole quatre-vingts fois plus légèrement que le son, que le bruit, par exemple, du canon et du tonnerre, qui parcourt en une heure deux cent soixante et dix-sept lieues [4].

1. Les chiffres que donne la Bruyère dans cette argumentation ne sont pas tous rigoureusement exacts. Ainsi le volume ou la solidité de la lune est 49 fois moindre que le volume ou la solidité de la terre ; son diamètre est de 797 lieues ; elle est à moins de 96,000 lieues de la terre, etc.

2. La Bruyère fait donc tourner le soleil autour de la terre : il n'adopte pas le système de Copernic, que Galilée n'avait pu faire triompher, et que Descartes n'avait osé professer publiquement. Il y fera toutefois allusion un peu plus loin.

3. Il faut en compter plus de 600,000, si l'on se place, comme la Bruyère, dans le système où l'on suppose que la terre est immobile. En réalité, la lune ne fait guère que 20,000 lieues par jour de 24 heures.

4. Ce chiffre est au-dessous du chiffre exact ; le son parcourt plus de 300 lieues en une heure.

Mais quelle comparaison de la lune au soleil pour la grandeur, pour l'éloignement, pour la course ! vous verrez qu'il n'y en a aucune. Souvenez-vous seulement du diamètre de la terre, il est de trois mille lieues ; celui du soleil est cent fois[1] plus grand, il est donc de trois cent mille lieues. Si c'est là sa largeur en tous sens, quelle peut être toute sa superficie ! quelle sa solidité ! Comprenez-vous bien cette étendue, et qu'un million de terres comme la nôtre ne seraient toutes ensemble pas plus grosses que le soleil[2] ? Quel est donc, direz-vous, son éloignement, si l'on en juge par son apparence? Vous avez raison, il est prodigieux ; il est démontré qu'il ne peut pas y avoir de la terre au soleil moins de dix mille diamètres de la terre, autrement moins de trente millions de lieues : peut-être y a-t-il quatre fois, six fois, dix fois plus loin ; on n'a aucune méthode pour déterminer cette distance[3].

Pour aider seulement votre imagination à se la représenter, supposons une meule de moulin qui tombe du soleil sur la terre ; donnons-lui la plus grande vitesse qu'elle soit capable d'avoir, celle même que n'ont pas les corps tombant de fort haut ; supposons encore qu'elle conserve toujours cette même vitesse, sans en acquérir et sans en perdre ; qu'elle parcourt quinze toises par chaque seconde de temps, c'est-à-dire la moitié de l'élévation des plus hautes tours, et ainsi neuf cents toises en une minute ; passons-lui mille toises en une minute

1. Cent dix fois.
2. Le volume du soleil est 1,400,000 fois plus gros que celui de la terre ; sa masse est 355 fois plus grande que celle de la terre.
3. Cette distance est de 38 millions de lieues. — « Que l'homme contemple donc la nature dans sa haute et pleine majesté ; qu'il éloigne sa vue des objets bas qui l'environnent ; qu'il regarde cette éclatante lumière mise comme une lampe éternelle pour éclairer l'univers ; que la terre lui paraisse comme un point au prix du vaste tour que cet astre décrit, et qu'il s'étonne de ce que ce vaste tour lui-même n'est qu'un point très-délicat à l'égard de celui que ces astres qui roulent dans le firmament embrassent. Mais si notre vue s'arrête là, que l'imagination passe outre : elle se lassera plutôt de concevoir que la nature de fournir. Tout ce monde visible n'est qu'un trait imperceptible dans l'ample sein de la nature. Nulle idée n'en approche. Nous avons beau enfler nos conceptions au delà des espaces imaginables : nous n'enfantons que des atomes au prix de la réalité des choses. » (PASCAL.)

pour une plus grande facilité ; milles toises font une demi-lieue commune ; ainsi en deux minutes la meule fera une lieue, et en une heure elle en fera trente, et en un jour elle fera sept cent vingt lieues : or, elle a trente millions à traverser avant que d'arriver à terre ; il lui faudra donc quarante et un mille six cent soixante-six jours, qui sont plus de cent quatorze années, pour faire ce voyage. Ne vous effrayez pas, Lucile, écoutez-moi : la distance de la terre à Saturne est au moins décuple de celle de la terre au soleil ; c'est vous dire qu'elle ne peut être moindre que [1] de trois cents millions de lieues, et que cette pierre emploierait plus de onze cent quarante ans pour tomber de Saturne en terre.

Par cette élévation de Saturne, élevez vous-même, si vous le pouvez, votre imagination à concevoir quelle doit être l'immensité du chemin qu'il parcourt chaque jour au-dessus de nos têtes : le cercle que Saturne décrit a plus de six cents millions de lieues de diamètre, et par conséquent plus de dix-huit cents millions de lieues de circonférence [2] ; un cheval anglais qui ferait dix lieues par heure n'aurait à courir que vingt mille cinq cent quarante-huit ans pour faire ce tour.

Je n'ai pas tout dit, ô Lucile, sur le miracle de ce monde visible, ou, comme vous parlez quelquefois, sur les merveilles du hasard, que vous admettez seul pour la cause première de toutes choses. Il est encore un ouvrier plus admirable que vous ne pensez ; connaissez le hasard, laissez-vous instruire de toute la puissance de votre Dieu. Savez-vous que cette distance de trente millions de lieues qu'il y a de la terre au soleil, et celle de trois cents millions de lieues de la terre à Saturne, sont si peu de chose, comparées à l'éloignement

---

1. *De* fait pléonasme avec *que* : aujourd'hui *de* s'emploie seul pour les comparaisons de mesures.
2. La planète Saturne, qui est 800 fois plus grosse que la terre, et qui est 9 fois 1/2 plus loin qu'elle du soleil, se meut, à 366,000,000 de lieues du soleil, dans une orbite qu'elle décrit en 29 ans, 5 mois, 14 jours. Du temps de la Bruyère, on croyait que Saturne était la grande planète la plus éloignée de notre système planétaire. Herschell a découvert en 1781 la planète Uranus, qui est 19 fois plus loin du soleil que la terre, et enfin M. Galle a découvert en 1846, sur les indications de M. Leverrier, la planète Neptune, qui est 30 fois plus loin du soleil que la terre.

qu'il y a de la terre aux étoiles, que ce n'est pas même s'énoncer assez juste que de se servir, sur le sujet de ces distances, du terme de comparaison ? Quelle proportion, à la vérité, de ce qui se mesure, quelque grand qu'il puisse être, avec ce qui ne se mesure pas ? On ne connaît point la hauteur d'une étoile ; elle est, si j'ose ainsi parler, *immensurable*[1] ; il n'y a plus ni angles, ni sinus, ni parallaxes, dont on puisse s'aider. Si un homme observait à Paris une étoile fixe, et qu'un autre la regardât du Japon, les deux lignes qui partiraient de leurs yeux pour aboutir jusqu'à cet astre ne feraient pas un angle, et se confondraient en une seule et même ligne, tant la terre entière n'est pas espace par rapport à cet éloignement. Mais les étoiles ont cela de commun avec Saturne et avec le soleil : il faut dire quelque chose de plus. Si deux observateurs, l'un sur la terre et l'autre dans le soleil, observaient en même temps une étoile, les deux rayons visuels de ces deux observateurs ne formeraient point d'angle sensible. Pour concevoir la chose autrement, si un homme était situé dans une étoile, notre soleil, notre terre, et les trente millions de lieues qui les séparent, lui paraîtraient un même point : cela est démontré.

On ne sait pas aussi la distance d'une étoile d'avec une autre étoile, quelque voisines qu'elles nous paraissent. Les Pléiades se touchent presque, à en juger par nos yeux : une étoile paraît assise sur l'une de celles qui forment la queue de la grande Ourse ; à peine la vue peut-elle atteindre à discerner la partie du ciel qui les sépare, c'est comme une étoile qui paraît double. Si cependant tout l'art des astronomes est inutile pour en marquer la distance, que doit-on penser de l'éloignement de deux étoiles qui en effet paraissent éloignées l'une de l'autre, et à plus forte raison des deux polaires ?

1. Le mot *immensurable* est ancien dans la langue ; nous en avons rencontré un exemple dès le quatorzième siècle : « L'espace est *immensurable*. » (DEGUILEVILLE, *Roman des trois pélerinages*, f° 139, r°, col. 1). *Incommensurable* n'est pas du tout son équivalent ; il se dit de deux lignes comparées l'une à l'autre, et qui n'ont point de mesure commune, quelque petite qu'elle soit. Le côté du carré est *incommensurable* avec sa diagonale, la distance qui nous sépare de la voie lactée est *immensurable*. L'usage n'a pas adopté ce mot nécessaire, malgré des réclamations souvent répétées. *Immesurable*, employé par quelques écrivains, est, au fond, le même mot.

Quelle est donc l'immensité de la ligne qui passe d'une polaire
à l'autre? et que sera-ce que le cercle dont cette ligne est le
diamètre? Mais n'est-ce pas quelque chose de plus que de
sonder les abîmes, que de vouloir imaginer la solidité du globe,
dont ce cercle n'est qu'une section? Serons-nous encore surpris que ces mêmes étoiles, si démesurées dans leur grandeur, ne nous paraissent néanmoins que comme des étincelles? N'admirerons-nous pas plutôt que d'une hauteur si prodigieuse elles puissent conserver une certaine apparence, et
qu'on ne les perde pas toutes de vue? Il n'est pas aussi
imaginable combien il nous en échappe. On fixe le nombre
des étoiles ; oui, de celles qui sont apparentes; le moyen de
compter celles qu'on n'aperçoit point, celles, par exemple,
qui composent la voie de lait[1], cette trace lumineuse qu'on
remarque au ciel, dans une nuit sereine, du nord au midi, et
qui, par leur extraordinaire élévation, ne pouvant percer jusqu'à nos yeux pour être vues chacune en particulier, ne font au
plus que blanchir cette route des cieux où elles sont placées[2]?

Me voilà donc sur la terre comme sur un grain de sable qui
ne tient à rien, et qui est suspendu au milieu des airs : un
nombre presque infini de globes de feu d'une grandeur
inexprimable et qui confond l'imagination, d'une hauteur qui
surpasse nos conceptions, tournent, roulent autour de ce grain
de sable, et traversent chaque jour, depuis plus de six mille
ans, les vastes et immenses espaces des cieux. Voulez-vous
un autre système, et qui ne diminue rien du merveilleux? La
terre elle-même est emportée avec une rapidité inconcevable
autour du soleil, le centre de l'univers[3]. Je me les représente,

---

1. On disait indifféremment *voie de lait* et *voie lactée*.
2. 5,000 étoiles seulement sont visibles à l'œil d'un pôle à l'autre;
mais le télescope en fait découvrir infiniment plus, et les astronomes
affirment qu'il en existe des milliards, dont une centaine de mille ont
été cataloguées pour servir de repère aux observations des mouvements des planètes et des comètes.
3. Le soleil n'est pas le centre de l'univers, mais seulement de
notre système planétaire : la Bruyère répète à tort l'expression que
l'on employait d'ordinaire. Après avoir donné pour point de départ à
son argumentation le système qui avait encore le plus grand nombre
de partisans, il en vient à celui de Copernic, de Galilée, de Gassendi,
que Fontenelle avait exposé, en 1686, dans ses *Entretiens sur la pluralité des mondes*, avec le système de Descartes sur les tourbillons

tous ces globes, ces corps effroyables qui sont en marche; ils ne s'embarrassent point l'un l'autre, ils ne se choquent point, ils ne se dérangent point : si le plus petit d'eux tous venait à se démentir et à rencontrer la terre, que deviendrait la terre? Tous au contraire sont en leur place, demeurent dans l'ordre qui leur est prescrit, suivent la route qui leur est marquée, et si paisiblement à notre égard, que personne n'a l'oreille assez fine pour les entendre marcher, et que le vulgaire ne sait pas s'ils sont au monde. O économie merveilleuse du hasard! l'intelligence même pourrait-elle mieux réussir? Une seule chose, Lucile, me fait de la peine : ces grands corps sont si précis et si constants dans leur marche, dans leurs révolutions et dans tous leurs rapports, qu'un petit animal relégué en un coin de cet espace immense qu'on appelle le monde, après les avoir observés, s'est fait une méthode infaillible de prédire à quel point de leur course tous ces astres se trouveront d'aujourd'hui en deux, en quatre, en vingt mille ans. Voilà mon scrupule, Lucile; si c'est par hasard qu'ils observent des règles si invariables, qu'est-ce que l'ordre? qu'est-ce que la règle?

Je vous demanderai même ce que c'est que le hasard[1] : est-il corps? est-il esprit? est-ce un être distingué des autres êtres, qui ait son existence particulière, qui soit quelque part? ou plutôt n'est-ce pas un mode, ou une façon d'être? Quand une boule rencontre une pierre, l'on dit : c'est un hasard; mais est-ce autre chose que ces deux corps qui se choquent fortuitement? Si par ce hasard ou cette rencontre la boule ne va plus droit, mais obliquement; si son mouvement n'est plus direct, mais réfléchi; si elle ne roule plus sur son axe, mais qu'elle tournoie et qu'elle pirouette, conclurai-je que c'est par ce même hasard qu'en général la boule est en mouvement? ne soupçonnerai-je pas plus volontiers qu'elle se meut ou de soi-même, ou par l'impulsion du bras qui l'a jetée? Et parce que les roues d'une pendule sont déterminées l'une par l'autre à un mouvement circulaire d'une telle ou telle vitesse, examinerai-je moins curieusement quelle peut être la cause de tous ces mouvements, s'ils se font d'eux-mêmes ou

---

1. Guillaume de Tyr, historien des croisades, dit que le *hasard* est une sorte de jeu de dés qui fut trouvé pendant le siége d'un château de Syrie nommé *Hasart*, dont il prit le nom.

par la force mouvante d'un poids qui les emporte? Mais ni ces roues, ni cette boule, n'ont pu se donner le mouvement d'eux-mêmes[1] ou ne l'ont point par leur nature, s'ils peuvent le perdre sans changer de nature : il y a donc apparence qu'ils sont mus d'ailleurs, et par une puissance qui leur est étrangère. Et les corps célestes, s'ils venaient à perdre leur mouvement, changeraient-ils de nature? seraient-ils moins des corps? Je ne me l'imagine pas ainsi; ils se meuvent cependant, et ce n'est point d'eux-mêmes et par leur nature. Il faudrait donc chercher, ô Lucile, s'il n'y a point hors d'eux un principe qui les fait mouvoir; qui que vous trouviez, je l'appelle Dieu.

Si nous supposions que ces grands corps sont sans mouvement, on ne demanderait plus, à la vérité, qui les met en mouvement, mais on serait toujours reçu à demander qui a fait ces corps, comme on peut s'informer qui a fait ces roues ou cette boule ; et quand chacun de ces grands corps serait supposé un amas fortuit d'atomes qui se sont liés et enchaînés ensemble par la figure et la conformation de leurs parties, je prendrais un de ces atomes et je dirais : Qui a créé cet atome? Est-il matière? est-il intelligence? A-t-il eu quelque idée de soi-même, avant que de se faire soi-même? Il était donc un moment avant que d'être ; il était et il n'était pas tout à la fois ; et s'il est auteur de son être et de sa manière d'être, pourquoi s'est-il fait corps plutôt qu'esprit? Bien plus, cet atome n'a-t-il point commencé? est-il éternel? est-il infini? Ferez-vous un Dieu de cet atome[2]?

¶ Le ciron[3] a des yeux, il se détourne à la rencontre des objets qui lui pourraient nuire ; quand on le met sur de l'ébène pour le mieux remarquer, si, dans le temps qu'il mar-

---

1. La grammaire exige *d'elles-mêmes,* et veut pareillement le féminin pour le reste de la phrase.

2. La Bruyère expose avec une dialectique entraînante les idées de Platon et de Descartes.

3. C'est ce qu'on appelle la preuve de l'existence de Dieu par les infiniment petits. Pascal aussi s'est servi du ciron dans son argumentation, et nous a montré « dans la petitesse de son corps des parties incomparablement plus petites, des jambes avec des jointures, des veines dans ces jambes, du sang dans ces veines, des humeurs dans ce sang, des gouttes dans ces humeurs, etc. » Cette démonstration se trouve aussi dans le *Traité de l'existence de Dieu,* par Fénelon.

che vers un côté, on lui présente le moindre fétu, il change de route : est-ce un jeu du hasard que son cristallin, sa rétine et son nerf optique ?

L'on voit dans une goutte d'eau que le poivre qu'on y a mis tremper a altérée, un nombre presque innombrable de petits animaux, dont le microscope nous fait apercevoir la figure, et qui se meuvent avec une rapidité incroyable comme autant de monstres dans une vaste mer ; chacun de ces animaux est plus petit mille fois qu'un ciron, et néanmoins c'est un corps qui vit, qui se nourrit, qui croît, qui doit avoir des muscles, des vaisseaux équivalents aux veines, aux nerfs, aux artères, et un cerveau pour distribuer les esprits animaux [1].

Une tache de moisissure de la grandeur d'un grain de sable paraît dans le microscope comme un amas de plusieurs plantes très-distinctes, dont les unes ont des fleurs, les autres des fruits ; il y en a qui n'ont que des boutons à demi ouverts ; il y en a quelques-unes qui sont fanées : de quelle étrange petitesse doivent être les racines et les filtres qui séparent les aliments de ces petites plantes ! Et si l'on vient à considérer que ces plantes ont leurs graines, ainsi que les chênes et les pins, et que ces petits animaux dont je viens de parler se multiplient par voie de génération, comme les éléphants et les baleines, où cela ne mène-t-il point ? Qui a su travailler à des ouvrages si délicats, si fins, qui échappent à la vue des hommes, et qui tiennent de l'infini comme les cieux, bien que dans l'autre extrémité ? Ne serait-ce point celui qui a fait les cieux, les astres, ces masses énormes, épouvantables par leur grandeur, par leur élévation, par la rapidité et l'étendue de leur course, et qui se joue de les faire mouvoir ?

¶ Il est de fait que l'homme jouit du soleil, des astres, des cieux et de leurs influences, comme il jouit de l'air qu'il respire, et de la terre sur laquelle il marche et qui le sou-

---

1. « Les *esprits* sont les parties les plus volatiles du corps, qui servent à faire toutes ses opérations. Les esprits *animaux* sont les corps très-subtils et très-mobiles contenus dans le cerveau et dans les nerfs; ils sont les auteurs du sentiment et du mouvement animal. » (*Dict. de Trévoux.*) La théorie des esprits animaux est depuis longtemps délaissée par la science.

tient ; et s'il fallait ajouter à la certitude d'un fait la convenance ou la vraisemblance, elle y est tout entière, puisque les cieux et tout ce qu'ils contiennent ne peuvent pas entrer en comparaison, pour la noblesse et la dignité, avec le moindre des hommes qui sont sur la terre, et que la proportion qui se trouve entre eux et lui est celle de la matière incapable de sentiment, qui est seulement une étendue selon trois dimensions, à ce qui est esprit, raison, ou intelligence. Si l'on dit que l'homme aurait pu se passer [1] à moins pour sa conservation, je réponds que Dieu ne pouvait moins faire pour étaler son pouvoir, sa bonté et sa magnificence, puisque, quelque chose que nous voyions qu'il ait fait [2], il pouvait faire infiniment davantage.

Le monde entier, s'il est fait pour l'homme, est littéralement la moindre chose que Dieu ait fait pour l'homme ; la preuve s'en tire du fond de la religion : ce n'est donc ni vanité ni présomption à l'homme de se rendre sur ses avantages à la force de la vérité ; ce serait en lui stupidité et aveuglement de ne pas se laisser convaincre par l'enchaînement des preuves dont la religion se sert pour lui faire connaître ses priviléges, ses ressources, ses espérances, pour lui apprendre ce qu'il est et ce qu'il peut devenir. — Mais la lune est habitée ; il n'est pas du moins impossible qu'elle le soit [3]. — Que parlez-vous, Lucile, de la lune, et à quel propos ? En supposant Dieu, quelle est en effet la chose impossible ? Vous demandez peut-être si nous sommes les seuls dans l'univers que Dieu ait si bien traités ; s'il n'y a point dans la lune ou d'autres hommes, ou d'autres créatures que Dieu ait aussi favorisées ? Vaine curiosité ! frivole demande ! La terre, Lucile, est habitée ; nous l'habitons, et nous savons que nous l'habitons ; nous avons nos preuves, notre évidence, nos convictions, sur tout ce que nous devons penser de Dieu et de nous-mêmes ; que ceux qui peuplent les globes célestes, quels qu'ils puissent être, s'inquiètent pour eux-mêmes ; ils ont leurs soins, et nous les nôtres. Vous avez, Lucile, observé

1. *Se passer à* signifie se contenter de.
2. Ni dans cette phrase ni deux lignes plus loin, la Bruyère n'a fait accorder le participe.
3. Voyez, dans les *Entretiens sur la pluralité des mondes*, les ingénieux chapitres que Fontenelle a consacrés à l'hypothèse qui de la lune et des planètes fait des terres habitées.

la lune, vous avez reconnu ses taches, ses abîmes, ses inégalités, sa hauteur, son étendue, son cours, ses éclipses : tous les astronomes n'ont pas été plus loin. Imaginez de nouveaux instruments, observez-la avec plus d'exactitude : voyez-vous qu'elle soit peuplée, et de quels animaux ? ressemblent-ils aux hommes ? sont-ce des hommes ? Laissez-moi voir après vous ; et si nous sommes convaincus l'un et l'autre que des hommes habitent la lune, examinons alors s'ils sont chrétiens, et si Dieu a partagé ses faveurs entre eux et nous.

¶ Tout est grand et admirable dans la nature ; il ne s'y voit rien qui ne soit marqué au coin de l'ouvrier ; ce qui s'y voit quelquefois d'irrégulier et d'imparfait suppose règle et perfection. Homme vain et présomptueux ! faites un vermisseau que vous foulez aux pieds, que vous méprisez : vous avez horreur du crapaud, faites un crapaud, s'il est possible. Quel excellent maître que celui qui fait des ouvrages, je ne dis pas que les hommes admirent, mais qu'ils craignent ! Je ne vous demande pas de vous mettre à votre atelier pour faire un homme d'esprit, un homme bien fait, une belle femme ; l'entreprise est forte et au-dessus de vous ; essayez seulement de faire un bossu, un fou, un monstre, je suis content.

Rois, monarques, potentats, sacrées majestés, vous ai-je nommés par tous vos superbes noms ? grands de la terre, très-hauts, très-puissants, et peut-être bientôt *tout-puissants seigneurs*, nous autres hommes nous avons besoin pour nos moissons d'un peu de pluie, de quelque chose de moins, d'un peu de rosée : faites de la rosée, envoyez sur la terre une goutte d'eau.

L'ordre, la décoration, les effets de la nature, sont populaires[1] ; les causes, les principes, ne le sont point. Demandez à une femme comment un bel œil n'a qu'à s'ouvrir pour voir, demandez-le à un homme docte.

¶ Plusieurs millions d'années, plusieurs centaines de millions d'années, en un mot tous les temps, ne sont qu'un instant, comparés à la durée de Dieu, qui est éternelle : tous les espaces du monde entier ne sont qu'un point, qu'un léger atome, comparés à son immensité. S'il est ainsi, comme je l'avance, car quelle proportion du fini à l'infini ? je demande : Qu'est-ce que le cours de la vie d'un homme ? qu'est-ce

---

1. Sont connus de tous.

qu'un grain de poussière qu'on appelle la terre? qu'est-ce qu'une petite portion de cette terre que l'homme possède et qu'il habite? — Les méchants prospèrent pendant qu'ils vivent. — Quelques méchants, je l'avoue. — La vertu est opprimée et le crime impuni sur la terre. — Quelquefois, j'en conviens. — C'est une injustice[1]. — Point du tout : il faudrait, pour tirer cette conclusion, avoir prouvé qu'absolument les méchants sont heureux, que la vertu ne l'est pas, et que le crime demeure impuni ; il faudrait du moins que ce peu de temps où les bons souffrent et où les méchants prospèrent eût une durée, et que ce que nous appelons prospérité et fortune ne fût pas une apparence fausse et une ombre vaine qui s'évanouit ; que cette terre, cet atome, où il paraît que la vertu et le crime rencontrent si rarement ce qui leur est dû, fût le seul endroit de la scène où se doivent passer la punition et les récompenses.

De ce que je pense, je n'infère pas plus clairement que je suis esprit, que je conclus de ce que je fais ou ne fais point, selon qu'il me plaît, que je suis libre[2]. Or, liberté, c'est choix, autrement une détermination volontaire au bien ou au mal, et ainsi une action bonne ou mauvaise, et ce qu'on appelle vertu ou crime. Que le crime absolument soit impuni, il est vrai, c'est injustice ; qu'il le soit sur la terre, c'est un mystère. Supposons pourtant, avec l'athée, que c'est injustice : toute injustice est une négation ou une privation de justice ; donc toute injustice suppose justice. Toute justice est une conformité à une souveraine raison : je demande, en effet, quand il n'a pas été raisonnable que le crime soit puni, à moins qu'on ne dise que c'est quand le triangle avait moins de trois angles ; or, toute conformité à la raison est une vérité ; cette conformité, comme il vient d'être dit, a toujours été ; elle est donc de celles que l'on appelle des éternelles vérités. Cette vérité, d'ailleurs, ou n'est point et ne peut-être, ou elle est l'objet d'une connaissance ; elle est donc éternelle, cette connaissance, et c'est Dieu.

Les dénoûments qui découvrent les crimes les plus cachés, et où la précaution des coupables pour les dérober aux yeux

1. Objection que les incrédules faisaient contre la Providence.
2. en effet, la meilleure preuve que l'on puisse donner de la liberté humaine, c'est que chacun de nous en a le sentiment.

des hommes a été plus grande, paraissent si simples et si faciles qu'il semble qu'il n'y ait que Dieu seul qui puisse en être l'auteur ; et les faits d'ailleurs que l'on en rapporte sont en si grand nombre, que s'il plaît à quelques-uns de les attribuer à de purs hasards, il faut donc qu'ils soutiennent que le hasard, de tout temps, a passé en coutume.

¶ Si vous faites cette supposition [1] que tous les hommes qui peuplent la terre, sans exception, soient chacun dans l'abondance, et que rien ne leur manque, j'infère de là que nul homme qui est sur la terre n'est dans l'abondance, et que tout lui manque. Il n'y a que deux sortes de richesses, et auxquelles les autres se réduisent, l'argent et les terres : si tous sont riches, qui cultivera les terres, et qui fouillera les mines ? Ceux qui sont éloignés des mines ne les fouilleront pas, ni ceux qui habitent des terres incultes et minérales ne pourront pas en tirer des fruits. On aura recours au commerce, et on le suppose. Mais si les hommes abondent de biens, et que nul ne soit dans le cas de vivre [2] par son travail, qui transportera d'une région à une autre les lingots ou les choses échangées ? qui mettra des vaisseaux en mer ? qui se chargera de les conduire ? qui entreprendra des caravanes ? On manquera alors du nécessaire et des choses utiles. S'il n'y a plus de besoins, il n'y a plus d'arts, plus de sciences, plus d'invention, plus de mécanique. D'ailleurs cette égalité de possessions et de richesses en établit une autre dans les conditions, bannit toute subordination, réduit les hommes à se servir eux-mêmes, et à ne pouvoir être secourus les uns des autres, rend les lois frivoles et inutiles, entraîne une anarchie universelle, attire la violence, les injures, les massacres, l'impunité [3].

Si vous supposez, au contraire, que tous les hommes sont pauvres, en vain le soleil se lève pour eux sur l'horizon, en

---

1. Saint Jean Chrysostome avait déjà fait cette ingénieuse comparaison entre deux cités de fortune tout à fait inégale ; Bossuet l'a reproduite et développée dans son beau sermon *Sur l'éminente dignité des pauvres dans l'Église.*

2. Forcé de vivre.

3. Presque tout ce passage est une paraphrase du *Plutus* dont la donnée repose justement sur cette idée que la pauvreté, mais non la misère, est l'âme de la société (voir *Plutus*, scène entre la Pauvreté, Chrémyle et Carion).

vain il échauffe la terre et la rend féconde, en vain le ciel verse sur elle ses influences, les fleuves en vain l'arrosent et répandent dans les diverses contrées la fertilité et l'abondance ; inutilement aussi la mer laisse sonder ses abîmes profonds, les rochers et les montagnes s'ouvrent pour laisser fouiller dans leur sein et en tirer tous les trésors qu'ils y renferment. Mais si vous établissez que, de tous les hommes répandus dans le monde, les uns soient riches et les autres pauvres et indigents, vous faites alors que le besoin rapproche mutuellement les hommes, les lie, les réconcilie : ceux-ci servent, obéissent, inventent, travaillent, cultivent, perfectionnent ; ceux-là jouissent, nourrissent, secourent, protégent, gouvernent : tout ordre est rétabli, et Dieu se découvre.

¶ Mettez l'autorité, les plaisirs et l'oisiveté d'un côté ; la dépendance, les soins et la misère de l'autre : ou ces choses sont déplacées par la malice des hommes, ou Dieu n'est pas Dieu.

Une certaine inégalité dans les conditions, qui entretient l'ordre et la subordination, est l'ouvrage de Dieu, ou suppose une loi divine : une trop grande disproportion, et telle qu'elle se remarque parmi les hommes, est leur ouvrage, ou la loi des plus forts.

Les extrémités sont vicieuses, et partent de l'homme ; toute compensation est juste, et vient de Dieu.

¶

Si on ne goûte point ces Caractères, je m'en étonne[1] ; et si on les goûte, je m'en étonne de même[2].

1. Parce que la satire y divertit le lecteur aux dépens du prochain.
2. Parce que l'auteur entreprend d'instruire et de moraliser le lecteur et que chacun peut trouver sa part dans ces attaques contre tous les vices et tous les travers.

FIN DES CARACTÈRES.

# NOTES COMPLÉMENTAIRES

#### POUR LE CHAPITRE DES ESPRITS FORTS.

Nous ajouterons ici quelques rapprochements à ceux que nous avons déjà établis entre la Bruyère et les écrivains qu'il a imités ou avec lesquels il s'est rencontré dans cet important chapitre que l'auteur, en le plaçant le dernier, a voulu faire regarder comme le but et la conclusion de son ouvrage. Voir la préface du Discours de réception à l'Académie.

Page 328 : « Les esprits forts savent-ils qu'on les appelle ainsi par ironie ? » — Bossuet parle des esprits forts avec le même dédain : « Dieu a mis dans son Église une autorité seule capable d'abaisser l'orgueil et de relever la simplicité, et qui, également propre aux savants et aux ignorants, imprime aux uns et aux autres un même respect. C'est contre cette autorité que les libertins se révoltent avec un air de mépris. Mais qu'ont-ils vu, ces rares génies ? qu'ont-ils vu plus que les autres ? Quelle ignorance est la leur ! et qu'il serait aisé de les confondre, si, faibles et présomptueux, ils ne craignaient d'être instruits ! Car pensent-ils avoir mieux vu les difficultés à cause qu'ils y succombent, et que les autres qui les ont vues, les ont méprisées ? Ils n'ont rien vu ; ils n'entendent rien ; ils n'ont pas même de quoi établir le néant auquel ils espèrent après cette vie, et ce misérable partage ne leur est pas assuré. »

(*Oraison funèbre d'Anne de Gonzague*, I.)

Page 331 : « Qu'ils eussent de ces arguments qui emportent la conviction. » — Bossuet porte le même défi aux incrédules avec une familiarité pleine de verve et de grandeur : « Mais, hommes doctes et curieux, si vous voulez discuter la religion, apportez-y du moins la gravité et le poids que la matière demande. Ne faites point les plaisants mal à propos dans des choses si sérieuses et si vénérables. Ces importantes questions ne se décident pas par vos demi-mots et par vos branlements de tête, par ces fines railleries que vous nous vantez, et par ce dédaigneux souris. Pour Dieu, comme disait cet ami de Job, ne pensez pas être les seuls hommes, et que

toute la sagesse soit dans votre esprit dont vous nous vantez la délicatesse. Vous qui voulez pénétrer les secrets de Dieu, çà, paraissez, venez en présence, développez-nous les énigmes de la nature ; choisissez ou ce qui est loin, ou ce qui est près, ou ce qui est à vos pieds, ou ce qui est bien haut suspendu sur vos têtes. Quoi! partout votre raison demeure arrêtée ! Partout ou elle gauchit, ou elle s'égare, ou elle succombe! Cependant vous ne voulez pas que la foi vous prescrive ce qu'il faut croire. Aveugle, chagrin, dédaigneux, vous ne voulez pas qu'on vous guide et qu'on vous donne la main. Pauvre voyageur égaré et présomptueux, qui croyez savoir le chemin, qui vous refusez la conduite, que voulez-vous qu'on fasse ? »
(*Sermon sur la divinité de la religion.*)

Page 337 : « Qui fait cela en eux et en nous ? ne serait-ce point la force de la vérité ? » — Voir Lacordaire, xxiv° *Conférence sur l'apostolat, considéré comme vertu réservée à l'Église catholique.*

« Même page : « Ce ne serait pas être en vain sur la terre, ni lui être un fardeau inutile. »

Ἀλλ' ἧμαι παρὰ νηυσίν, ἐτώσιον ἄχθος ἀρούρης.
(HOMÈRE, *Iliade*, XVIII, 104.)

« Mais puisqu'il faut enfin que j'arrive au tombeau,
Voudrais-je, de la terre inutile fardeau,
. . . . . . . . . . . .
Attendre chez mon père une obscure vieillesse ? »
(RACINE, *Iphigénie*, I, II.)

Page 336 : « Ont-ils la main, ils dansent. » — Dans certaines danses, *avoir la main* signifie conduire la danse, et *rendre la main*, cesser de conduire la danse.

Page 343 : « Je ne conçois point qu'une âme que Dieu a voulu remplir de son être infini et souverainement parfait doive être anéantie. » — C'est Platon qui le premier indiqua cette preuve de l'immortalité de l'âme, on la trouve assez longuement développée dans le *Phédon*.

Page 345. Le P. Gratry a écrit sur les étoiles des pages magnifiques qu'il serait intéressant de rapprocher du morceau de la Bruyère.

Pages 345, 346, 347. La Bruyère a imité dans ces pages un morceau célèbre de Pascal : « Que l'homme ne s'arrête donc pas à regarder simplement les objets qui l'environnent.

Qu'il contemple la nature entière dans sa haute et pleine majesté; qu'il considère cette éclatante lumière, mise, comme une lampe éternelle, pour éclairer l'univers; que la terre lui paraisse comme un point, au prix du vaste tour que cet astre décrit, et qu'il s'étonne de ce que ce vaste tour n'est lui-même qu'un point très-délicat à l'égard de celui que les astres qui roulent dans le firmament embrassent. Mais si notre vue s'arrête là, que l'imagination passe outre. Elle se lassera plutôt de concevoir, que la nature de fournir. Tout ce que nous voyons du monde n'est qu'un trait imperceptible dans l'ample sein de la nature. Nulle idée n'approche de l'étendue de ces espaces. Nous avons beau enfler nos conceptions, nous n'enfantons que des atomes, au prix de la réalité des choses. C'est une sphère infinie dont le centre est partout, la circonférence nulle part. Enfin c'est un des plus grands caractères sensibles de la toute-puissance de Dieu, que notre imagination se perde dans cette pensée..... Mais pour présenter à l'homme un autre prodige aussi étonnant, qu'il recherche dans ce qu'il connaît les choses les plus délicates. Qu'un ciron lui offre par exemple dans la petitesse de son corps des parties incomparablement plus petites, des jambes avec des jointures, des veines dans ces jambes, du sang dans ces veines, des humeurs dans ce sang, des gouttes dans ces humeurs, des vapeurs dans ces gouttes; que divisant encore ces dernières choses, il épuise ses forces et ses conceptions, et que le dernier objet auquel il peut arriver soit maintenant celui de notre discours. Il pensera peut-être que c'est là l'extrême petitesse de la nature. Je veux lui faire voir là-dessus un abîme nouveau. Je veux lui peindre non-seulement l'univers visible, mais encore tout ce qu'il est capable de concevoir de l'immensité de la nature, dans l'enceinte de cet atome imperceptible. »

Page 348 : « On ne sait pas la distance d'une étoile d'avec une autre étoile. » — On dit : la *distance* d'un lieu *à* un autre, la *distance entre* ces deux lieux; on ne dira pas la *distance d'avec*, comme on dit la *différence d'avec*.

Page 349 : « La solidité du globe. » — *Solidité* s'est dit, en termes de physique, pour *volume* des corps, en tant que ce volume est exprimé par un nombre : « Le globe terrestre, dont la *solidité* n'est que de 12,305,103,160 lieues cubiques. »

(Buffon., *Théor. de la terre*.)

# DISCOURS

PRONONCÉ DANS

# L'ACADÉMIE FRANÇAISE

LE LUNDI QUINZIÈME [1] JUIN 1693.

## PRÉFACE

Ceux qui, interrogés sur le discours que je fis à l'Académie française le jour que j'eus l'honneur d'y être reçu, ont dit sèchement que j'avais fait des caractères, croyant le blâmer, en ont donné l'idée la plus avantageuse que je pouvais moi-même désirer : car, le public ayant approuvé ce genre d'écrire où je me suis appliqué depuis quelques années, c'était le prévenir en ma faveur que de faire une telle réponse. Il ne restait plus que de savoir si je n'aurais pas dû renoncer aux caractères dans le discours dont il s'agissait ; et cette question s'évanouit dès qu'on sait que l'usage a prévalu qu'un nouvel académicien compose celui qu'il doit prononcer le jour de sa réception de l'éloge du roi, de ceux du cardinal de Richelieu, du chancelier Séguier, de la personne à qui il succède et de l'Académie française. De ces cinq éloges, il y en a quatre de personnels ; or, je demande à mes censeurs qu'ils me posent si bien la différence qu'il y a des éloges personnels aux caractères qui louent, que je la puisse sentir et avouer ma faute. Si, chargé de faire quelque autre harangue, je retombe encore dans des peintures, c'est

---

[1] On disait plutôt *quinzième de juin*, en sous-entendant *jour*. Aujourd'hui on emploie le nombre cardinal sans préposition.

alors qu'on pourra écouter leur critique et peut-être me condamner ; je dis peut-être, puisque les caractères, ou du moins les images des choses et des personnes, sont inévitables dans l'oraison, que tout écrivain est peintre, et tout excellent écrivain excellent peintre.

J'avoue que j'ai ajouté à ces tableaux, qui étaient de commande, les louanges de chacun des hommes illustres qui composent l'Académie française, et ils ont dû me le pardonner, s'ils ont fait attention qu'autant pour ménager leur pudeur que pour éviter les caractères, je me suis abstenu de toucher à leurs personnes, pour ne parler que de leurs ouvrages, dont j'ai fait des éloges publics plus ou moins étendus, selon que les sujets qu'ils y ont traités pouvaient l'exiger. J'ai loué des académiciens encore vivants, disent quelques-uns. Il est vrai ; mais je les ai loués tous : qui d'entre eux aurait une raison de se plaindre ? C'est une coutume toute nouvelle, ajoutent-ils, et qui n'avait point encore eu d'exemple. Je veux en convenir, et que j'ai pris soin de m'écarter des lieux communs et des phrases proverbiales usées depuis si longtemps pour avoir servi à un nombre infini de pareils discours depuis la naissance de l'Académie française. M'était-il donc si difficile de faire entrer Rome et Athènes, le Lycée et le Portique dans l'éloge de cette savante compagnie ? *Être au comble de ses vœux de se voir académicien ; protester que ce jour où l'on jouit pour la première fois d'un si rare bonheur est le jour le plus beau de sa vie ; douter si cet honneur qu'on vient de recevoir est une chose vraie ou qu'on ait songée ; espérer de puiser désormais à la source les plus pures eaux de l'éloquence française ; n'avoir accepté, n'avoir désiré une telle place que pour profiter des lumières de tant de personnes si éclairées ; promettre que, tout indigne de leur choix qu'on se reconnaît, on s'efforcera de s'en rendre digne* : cent autres formules de pareils compliments sont-elles si rares et si peu connues que je n'eusse pu les trouver, les placer, et en mériter des applaudissements ?

Parce donc que j'ai cru que, quoi que l'envie et l'injustice publient de l'Académie française, quoi qu'elles veuillent dire de son âge d'or et de sa décadence, elle n'a jamais, depuis son établissement, rassemblé un si grand nombre de personnages illustres par toutes sortes de talents et en tout genre d'érudition qu'il est facile aujourd'hui d'y en remarquer ; et que, dans cette prévention où je suis, je n'ai pas espéré que cette

## PRÉFACE.

compagnie pût être une autre fois plus belle à peindre, ni prise dans un jour plus favorable, et que je me suis servi de l'occasion, ai-je rien fait qui doive m'attirer les moindres reproches? Cicéron a pu louer impunément Brutus, César, Pompée, Marcellus, qui étaient vivants, qui étaient présents; il les a loués plusieurs fois; il les a loués seuls, dans le sénat, souvent en présence de leurs ennemis, toujours devant une compagnie jalouse de leur mérite, et qui avait bien d'autres délicatesses de politique sur la vertu des grands hommes que n'en saurait avoir l'Académie française. J'ai loué les académiciens, je les ai loués tous, et ce n'a pas été impunément : que me serait-il arrivé si je les avais blâmés tous ?

*Je viens d'entendre*, a dit Théobalde [1], *une grande vilaine harangue qui m'a fait bâiller vingt fois, et qui m'a ennuyé à la mort*. Voilà ce qu'il a dit, et voilà ensuite ce qu'il a fait, lui et peu d'autres [2] qui ont cru devoir entrer dans les mêmes intérêts. Ils partirent pour la cour le lendemain de la prononciation de ma harangue ; ils allèrent de maisons en maisons ; ils dirent aux personnes auprès de qui ils ont accès que je leur avais balbutié la veille un discours où il n'y avait ni style ni sens commun, qui était rempli d'extravagances, et une vraie satire. Revenus à Paris, ils se cantonnèrent dans divers quartiers, où ils répandirent tant de venin contre moi, s'acharnèrent si fort à diffamer cette harangue, soit dans leurs conversations, soit dans les lettres qu'ils écrivirent à leurs amis dans les provinces, en dirent tant de mal, et le persuadèrent si fortement à qui ne l'avait pas entendue, qu'ils crurent pouvoir insinuer au public, ou que les caractères faits de la même main étaient mauvais, ou que s'ils étaient bons, je n'en étais pas l'auteur, mais qu'une femme de mes amies m'avait fourni ce qu'il y avait de plus supportable. Ils prononcèrent aussi que je n'étais pas capable de faire rien de suivi, pas même la moindre préface ; tant ils estimaient impraticable à un homme même qui est dans l'habitude de penser et d'écrire ce qu'il pense, l'art de lier ses pensées et de faire des transitions.

Ils firent plus : violant les lois de l'Académie française, qui défend aux académiciens d'écrire ou de faire écrire contre

---

1. Théobalde est, sans aucun doute, Fontenelle, qui faisait partie de l'Académie depuis deux ans.
2. Et un petit nombre d'autres.

leurs confrères, ils lâchèrent sur moi deux auteurs associés une même gazette[1]; ils les animèrent, non pas à publier contre moi une satire fine et ingénieuse, ouvrage trop au-dessous des uns et des autres, *facile à manier, et dont les moindres esprits se trouvent capables*, mais à me dire de ces injures grossières et personnelles, si difficiles à rencontrer, si pénibles à prononcer ou à écrire, surtout à des gens à qui je veux croire qu'il reste encore quelque pudeur et quelque soin de leur réputation [2].

Et en vérité je ne doute point que le public ne soit enfin étourdi et fatigué d'entendre, depuis quelques années, de vieux corbeaux croasser autour de ceux qui, d'un vol libre et d'une plume légère, se sont élevés à quelque gloire par leurs écrits. Ces oiseaux lugubres semblent, par leurs cris continuels, leur vouloir imputer le décri universel où tombe nécessairement tout ce qu'ils exposent au grand jour de l'impression ; comme si on était cause qu'ils manquent de force et d'haleine, ou qu'on dût être responsable de cette médiocrité répandue sur leurs ouvrages. S'il s'imprime un livre de mœurs assez mal digéré pour tomber de soi-même et ne pas exciter leur jalousie, ils le louent volontiers, et plus volontiers encore ils n'en parlent point; mais s'il est tel que le monde en parle, ils l'attaquent avec furie. Prose, vers, tout est sujet à leur censure, tout est en proie à une

---

1. *Le Mercure galant*, comme la Bruyère prend soin de le dire dans une note. Les deux associés sont de Visé et Thomas Corneille. Dans le récit qu'il avait fait de la séance de réception de la Bruyère, de Visé avait servi ses propres rancunes tout en servant celles de Fontenelle et de Thomas Corneille. Il n'avait pu, pour son compte, oublier le mépris avec lequel l'auteur des *Caractères* s'était exprimé sur le *Mercure* (voyez le chap. des *Ouvrages de l'Esprit*, p. 25) ; et de leur côté, le neveu et le frère du grand Corneille avaient été profondément blessés des termes dans lesquels il avait loué Racine en entrant à l'Académie.

2. De Visé l'avait accusé d'avoir « voulu faire réussir son livre à force de dire du mal de son prochain, » d'avoir mis à profit « le désir empressé qu'on a de voir le mal que l'on dit d'une infinité de personnes distinguées, » d'avoir « calomnié toute la terre, » d'avoir obtenu son admission à l'Académie par les plus fortes intrigues qui aient jamais été faites, » etc. De telles accusations expliquent et excusent la vivacité avec laquelle la Bruyère répondit à la diatribe du *Mercure*.

haine implacable, qu'ils ont conçue contre ce qui ose paraître dans quelque perfection et avec les signes d'une approbation publique. On ne sait plus quelle morale leur fournir qui leur agrée; il faudra leur rendre celle de la Serre ou de Desmarets [1], et s'ils en sont crus, revenir au *Pédagogue Chrétien* et à la *Cour Sainte*. Il paraît une nouvelle satire écrite contre les vices en général, qui, d'un vers fort et d'un style d'airain, enfonce ses traits contre l'avarice, l'excès du jeu, la chicane, la mollesse, l'ordure et l'hypocrisie, où personne n'est nommé ni désigné, où nulle femme vertueuse ne peut ni ne doit se reconnaître [2], un BOURDALOUE en chaire ne fait point de peintures du crime ni plus vives ni plus innocentes [3] : il n'importe, *c'est médisance, c'est calomnie*. Voilà, depuis quelque temps, leur unique ton, celui qu'ils emploient contre les ouvrages de mœurs qui réussissent : ils y prennent tout littéralement, ils les lisent comme une histoire, ils n'y entendent ni la poésie ni la figure ; ainsi ils les condamnent; ils y trouvent des endroits faibles : il y en a dans Homère, dans Pindare, dans Virgile et dans Horace : où n'y en a-t-il point ? si ce n'est peut-être dans leurs écrits. BERNIN [4] n'a pas manié le marbre ni traité toutes ses figures d'une égale force; mais on ne laisse pas de voir, dans ce qu'il a moins heureusement rencontré, de certains traits si achevés, tout proches de quelques autres qui le sont moins, qu'ils découvrent aisément l'excellence de l'ouvrier : si c'est un cheval, les crins sont tournés d'une main hardie, ils voltigent et semblent être le jouet du vent; l'œil est ardent, les naseaux soufflent le feu et la vie; un ciseau de maître s'y retrouve en mille endroits ; il n'est pas donné à ses copistes ni à ses envieux d'arriver à de telles fautes par leurs chefs-d'œuvre : l'on voit bien que

---

1. Jean Puget de la Serre (1600-1665), très-fécond et très-médiocre auteur, que Boileau a souvent raillé. Voyez sur Desmarets, page 118, note 7.
2. La dixième satire de Boileau.
3. Voyez page 318, note 4.
4. Il était récemment arrivé à Versailles une statue équestre de *Curtius*, par le Bernin, sculpteur italien, mort en 1680, qui avait été l'objet de vives critiques. Cette statue se trouve à l'extrémité de la pièce d'eau des Suisses, à Versailles.

c'est quelque chose de manqué par un habile homme, et une faute de Praxitèle.

Mais qui sont ceux qui, si tendres et si scrupuleux, ne peuvent même supporter que, sans blesser et sans nommer les vicieux, on se déclare contre le vice ? Sont-ce des chartreux et des solitaires ? sont-ce les jésuites, hommes pieux et éclairés ? sont-ce ces hommes religieux qui habitent en France les cloîtres et les abbayes ? Tous, au contraire, lisent ces sortes d'ouvrages, et en particulier, et en public, à leurs récréations ; ils en inspirent la lecture à leurs pensionnaires, à leurs élèves ; ils en dépeuplent les boutiques, ils les conservent dans leurs bibliothèques. N'ont-ils pas les premiers reconnu le plan et l'économie du livre des *Caractères* ? N'ont-ils pas observé que, de seize chapitres qui le composent, il y en a quinze qui, s'attachant à découvrir le faux et le ridicule qui se rencontrent dans les objets des passions et des attachements humains, ne tendent qu'à ruiner tous les obstacles qui affaiblissent d'abord et qui éteignent ensuite, dans tous les hommes, la connaissance de Dieu ; qu'ainsi ils ne sont que des préparations au seizième et dernier chapitre, où l'athéisme est attaqué, et peut-être confondu ; où les preuves de Dieu, une partie du moins de celles que les faibles hommes sont capables de recevoir dans leur esprit, sont apportées ; où la providence de Dieu est défendue contre l'insulte et les plaintes des libertins ? Qui sont donc ceux qui osent répéter contre un ouvrage si sérieux et si utile ce continuel refrain : *C'est médisance, c'est calomnie !* Il faut les nommer : ce sont des poëtes ; mais quels poëtes ? des auteurs d'hymnes sacrés ou des traducteurs de psaumes, des Godeaux ou des Corneilles[1] ? Non, mais des faiseurs de stances et d'élégies. Voilà ceux qui, par délicatesse de conscience, ne souffrent qu'impatiemment qu'en ménageant les particuliers avec toutes les précautions que la prudence peut suggérer, j'essaye, dans mon livre des *Mœurs*, de décrier, s'il est possible, tous les vices du cœur et de l'esprit, de rendre l'homme raisonnable et plus proche de devenir chrétien. Tels ont été

---

1. Antoine Godeau (1605-1672), évêque de Grasse et de Vence, a traduit les *Psaumes* en vers français. Corneille a publié une traduction en vers de l'*Imitation de Jésus-Christ*, qui a eu le plus grand succès auprès de ses contemporains.

les Théobaldes[1], ou ceux du moins qui travaillent sous eux et dans leur atelier.

Ils sont encore allés plus loin : car, palliant d'une politique zélée le chagrin de ne se sentir pas à leur gré si bien loués et si longtemps que chacun des autres académiciens, ils ont osé faire des applications délicates et dangereuses de l'endroit de ma harangue où, m'exposant seul à prendre le parti de toute la littérature contre leurs[2] plus irréconciliables ennemis, gens pécunieux[3], que l'excès d'argent ou qu'une fortune faite par de certaines voies, jointe à la faveur des grands qu'elle leur attire nécessairement, mène jusqu'à une froide insolence, je leur fais à la vérité à tous une vive apostrophe, mais qu'il n'est pas permis de détourner de dessus eux pour la rejeter sur un seul, et sur tout autre[4].

Ainsi en usent à mon égard, excités peut-être par les Théobaldes, ceux qui, se persuadant qu'un auteur écrit seulement pour les amuser par la satire, et point du tout pour les instruire par une saine morale, au lieu de prendre pour eux et de faire servir à la correction de leurs mœurs les divers traits qui sont semés dans un ouvrage, s'appliquent à découvrir, s'ils le peuvent, quels de leurs amis[5] ou de leurs ennemis ces traits peuvent regarder, négligent dans un livre tout ce qui n'est que remarques solides ou sérieuses réflexions, quoiqu'en si grand nombre qu'elles le composent presque tout entier, pour ne s'arrêter qu'aux peintures ou aux caractères ; et, après les avoir expliqués à leur manière et en avoir cru trouver les originaux, donnent au public de longues listes, ou, comme ils les appellent, des clefs ; fausses clefs[6], et qui leur sont aussi inutiles qu'elles sont injurieuses aux personnes dont les noms s'y voient déchiffrés, et à l'écrivain qui en est la cause, quoique innocente.

1. En écrivant les *Théobaldes*, de même qu'en écrivant les *Godeaux*, les *Corneilles*, la Bruyère suit l'orthographe latine, condamnée depuis par notre grammaire, qui pour ce cas n'admet point le pluriel.
2. Il y a ici un accord sylleptique ; dans la littérature, la Bruyère a vu les littérateurs.
3. Voir page 122, note 2.
4. *Sur tout autre* n'est pas clair.
5. On dirait aujourd'hui *qui de leurs amis*, ou *lesquels de leurs amis*, à cause de la détermination du substantif.
6. Cette inversion est à la fois un jeu de mots et un trait satirique.

J'avais pris la précaution de protester, dans une préface, contre toutes ces interprétations, que quelque connaissance que j'ai des hommes m'avait fait prévoir, jusqu'à hésiter quelque temps si je devais rendre mon livre public, et à balancer entre le désir d'être utile à ma patrie par mes écrits, et la crainte de fournir à quelques-uns de quoi exercer leur malignité. Mais, puisque j'ai eu la faiblesse de publier ces *Caractères*, quelle digue élèverai-je contre ce déluge d'explications qui inonde la ville et qui bientôt va gagner la cour ? Dirai-je sérieusement, et protesterai-je avec d'horribles serments, que je ne suis ni auteur ni complice de ces clefs qui courent ; que je n'en ai donné aucune ; que mes plus familiers amis savent que je les leur ai toutes refusées ; que les personnes les plus accréditées de la cour ont désespéré d'avoir mon secret ? N'est-ce pas la même chose que si je me tourmentais beaucoup à soutenir que je ne suis pas un malhonnête homme, un homme sans pudeur, sans mœurs, sans conscience, tel enfin que les gazetiers dont je viens de parler ont voulu me représenter dans leur libelle diffamatoire ?

Mais, d'ailleurs, comment aurais-je donné ces sortes de clefs, si je n'ai pu moi-même les forger telles qu'elles sont et que je les ai vues ? Étant presque toutes différentes entre elles, quel moyen de les faire servir à une même entrée, je veux dire à l'intelligence de mes remarques ? Nommant des personnes de la cour et de la ville à qui je n'ai jamais parlé, que je ne connais point, peuvent-elles partir de moi et être distribuées de ma main ? Aurais-je donné celles qui se fabriquent à Romorantin, à Mortagne et à Belesme, dont les différentes applications sont à la baillive, à la femme de l'assesseur, au président de l'élection, au prévôt de la maréchaussée et au prévôt de la collégiale ? Les noms y sont fort bien marqués ; mais ils ne m'aident pas davantage à connaître les personnes. Qu'on me permette ici une vanité sur mon ouvrage : je suis presque disposé à croire qu'il faut que mes peintures expriment bien l'homme en général, puisqu'elles ressemblent à tant de particuliers, et que chacun y croit voir ceux de sa ville ou de sa province. J'ai peint, à la vérité, d'après nature, mais je n'ai pas toujours songé à peindre celui-ci ou celle-là dans mon livre des *Mœurs*. Je ne me suis point loué au public pour faire des

# PRÉFACE.

portraits qui ne fussent que vrais et ressemblants, de peur que quelquefois ils ne fussent pas croyables et ne parussent feints ou imaginés : me rendant plus difficile, je suis allé plus loin ; j'ai pris un trait d'un côté et un trait d'un autre ; et, de ces divers traits qui pouvaient convenir à une même personne, j'en ai fait des peintures vraisemblables, cherchant moins à réjouir les lecteurs par le caractère, ou, comme le disent les mécontents, par la satire de quelqu'un, qu'à leur proposer des défauts à éviter et des modèles à suivre.

Il me semble donc que je dois être moins blâmé que plaint de ceux qui, par hasard, verraient leurs noms écrits dans ces insolentes listes, que je désavoue et que je condamne autant qu'elles le méritent. J'ose même attendre d'eux cette justice, que, sans s'arrêter à un auteur moral qui n'a eu nulle intention de les offenser par son ouvrage, ils passeront jusqu'aux interprètes, dont la noirceur est inexcusable. Je dis en effet ce que je dis, et nullement ce qu'on assure que j'ai voulu dire ; et je réponds encore moins de ce qu'on me fait dire, et que je ne dis point. Je nomme nettement les personnes que je veux nommer, toujours dans la vue de louer leur vertu ou leur mérite ; j'écris leurs noms en lettres capitales, afin qu'on les voie de loin et que le lecteur ne coure pas risque de les manquer. Si j'avais voulu mettre des noms véritables aux peintures moins obligeantes, je me serais épargné le travail d'emprunter des noms de l'ancienne histoire, d'employer des lettres initiales, qui n'ont qu'une signification vaine et incertaine, de trouver enfin mille tours et mille faux-fuyants pour dépayser ceux qui me lisent, et les dégoûter des applications. Voilà la conduite que j'ai tenue dans la composition des *Caractères*.

Sur ce qui concerne la harangue, qui a paru longue et ennuyeuse au chef des mécontents, je ne sais en effet pourquoi j'ai tenté de faire de ce remercîment à l'Académie française un discours oratoire qui eût quelque force et quelque étendue. De zélés académiciens m'avaient déjà frayé ce chemin ; mais ils se sont trouvés en petit nombre, et leur zèle pour l'honneur et pour la réputation de l'Académie n'a eu que peu d'imitateurs. Je pouvais suivre l'exemple de ceux qui, postulant une place dans cette compagnie sans avoir jamais rien écrit, quoiqu'ils sachent écrire, annoncent dédaigneusement, la veille de leur réception, qu'ils n'ont que deux mots à dire et qu'un moment à parler, quoique capables de parler longtemps et de parler bien.

J'ai pensé, au contraire, qu'ainsi que nul artisan n'est agrégé à aucune société ni n'a ses lettres de maîtrise sans faire son chef-d'œuvre, de même, et avec encore plus de bienséance, un homme associé à un corps qui ne s'est soutenu et ne peut jamais se soutenir que par l'éloquence, se trouvait engagé à faire, en y entrant, un effort en ce genre, qui le fît aux yeux de tous paraître digne du choix dont il venait de l'honorer. Il me semblait encore que, puisque l'éloquence profane ne paraissait plus régner au barreau, d'où elle a été bannie par la nécessité de l'expédition, et qu'elle ne devait plus être admise dans la chaire, où elle n'a été que trop soufferte, le seul asile qui pouvait lui rester était l'Académie française ; et qu'il n'y avait rien de plus naturel, ni qui pût rendre cette compagnie plus célèbre, que si, au sujet des réceptions de nouveaux académiciens, elle savait quelquefois attirer la cour et la ville à ses assemblées, par la curiosité d'y entendre des pièces d'éloquence d'une juste étendue, faites de main de maîtres, et dont la profession est d'exceller dans la science de la parole.

Si je n'ai pas atteint mon but, qui était de prononcer un discours éloquent, il me paraît du moins que je me suis disculpé de l'avoir fait trop long de quelques minutes : car, si d'ailleurs Paris, à qui on l'avait promis mauvais, satirique et insensé, s'est plaint qu'on lui avait manqué de parole ; si Marly[1], où la curiosité de l'entendre s'était répandue, n'a point retenti d'applaudissements que la cour ait donnés à la critique qu'on en avait faite ; s'il a su franchir Chantilly[2], écueil des mauvais ouvrages ; si l'Académie française, à qui j'avais appelé comme au juge souverain de ces sortes de pièces, étant assemblée extraordinairement, a adopté celle-ci, l'a fait imprimer par son libraire, l'a mise dans ses archives ; si elle n'était pas en effet composée *d'un style affecté, dur et interrompu*, ni chargée de louanges fades et outrées, telles qu'on les lit dans les *prologues d'opéras*, et dans tant

1. Le château de Marly, où venait souvent le roi suivi d'une partie de sa cour.
2. Le prince de Condé et le duc de Bourbon, fils et petit-fils du grand Condé, habitaient Chantilly.

d'*épîtres dédicatoires*, il ne faut plus s'étonner qu'elle ait ennuyé Théobalde. Je vois les temps, le public me permettra de le dire, où ce ne sera pas assez de l'approbation qu'il aura donnée à un ouvrage pour en faire la réputation, et que, pour y mettre le dernier sceau, il sera nécessaire que de certaines gens le désapprouvent, qu'ils y aient bâillé.

Car voudraient-ils, présentement qu'ils ont reconnu que cette harangue a moins mal réussi dans le public qu'ils ne l'avaient espéré, qu'ils savent que deux libraires ont plaidé[1] à qui l'imprimerait, voudraient-ils désavouer leur goût et le jugement qu'ils en ont porté dans les premiers jours qu'elle fut prononcée? Me permettraient-ils de publier, ou seulement de soupçonner, une tout autre raison de l'âpre censure qu'ils en firent, que la persuasion où ils étaient qu'elle le méritait? On sait que cet homme d'un nom et d'un mérite si distingué[2], avec qui j'eus l'honneur d'être reçu à l'Académie française, prié, sollicité, persécuté de consentir à l'impression de sa harangue par ceux mêmes qui voulaient supprimer la mienne et en éteindre la mémoire, leur résista toujours avec fermeté. Il leur dit *qu'il ne pouvait ni ne devait approuver une distinction si odieuse qu'ils voulaient faire entre lui et moi; que la préférence qu'ils donnaient à son discours avec cette affectation et cet empressement qu'ils lui marquaient, bien loin de l'obliger, comme ils pouvaient le croire, lui faisait au contraire une véritable peine; que deux discours également innocents, prononcés dans le même jour, devaient être imprimés dans le même temps.* Il s'expliqua ensuite obligeamment, en public et en particulier, sur le violent chagrin qu'il ressentait de ce que les deux auteurs de la gazette que j'ai cités avaient fait servir les louanges qu'il leur avait plu de lui donner à un dessein formé de médire de moi, de mon Discours et de mes *Caractères;* et il me fit, sur cette satire injurieuse, des explications et des excuses qu'il ne me devait point. Si donc on voulait inférer de cette conduite des Théobaldes, qu'ils ont cru faussement avoir besoin de comparaisons et d'une harangue folle et décriée pour relever celle de mon collègue, ils doivent répondre, pour se laver de ce soupçon, qui les déshonore, qu'ils ne sont ni courtisans, ni dévoués à la faveur, ni

---

1. L'instance était aux requêtes de l'Hôtel. (*Note de la Bruyère.*)
2. L'abbé Bignon. Voy. p. 370, note 1.

intéressés, ni adulateurs; qu'au contraire ils sont sincères, et qu'ils ont dit naïvement ce qu'ils pensaient du plan, du style et des expressions de mon remerciment à l'Académie française. Mais on ne manquera pas d'insister et de leur dire que le jugement de la cour et de la ville, des grands et du peuple, lui a été favorable. Qu'importe? Ils répliqueront avec confiance que le public a son goût et qu'ils ont le leur; réponse qui ferme la bouche et qui termine tout différend. Il est vrai qu'elle m'éloigne de plus en plus de vouloir leur plaire par aucun de mes écrits; car, si j'ai un peu de santé avec quelques années de vie, je n'aurai plus d'autre ambition que celle de rendre, par des soins assidus et par de bons conseils, mes ouvrages tels qu'ils puissent toujours partager les Théobaldes et le public.

# DISCOURS

# A L'ACADÉMIE FRANÇAISE

Messieurs,

Il serait difficile d'avoir l'honneur de se trouver au milieu de vous, d'avoir devant ses yeux l'Académie française, d'avoir lu l'histoire de son établissement, sans penser d'abord à celui à qui elle en est redevable [1], et sans se persuader qu'il n'y a rien de plus naturel, et qui doive moins vous déplaire, que d'entamer ce tissu de louanges qu'exigent le devoir et la coutume, par quelques traits où ce grand cardinal soit reconnaissable, et qui en renouvellent la mémoire

Ce n'est point un personnage qu'il soit facile de rendre ni d'exprimer par de belles paroles ou par de riches figures, par ces discours moins faits pour relever le mérite de celui que l'on veut peindre, que pour montrer tout le feu et toute la vivacité de l'orateur. Suivez le règne de Louis le Juste [2] : c'est la vie du cardinal de Richelieu, c'est son éloge et celui du prince qui l'a mis en œuvre. Que pourrais-je ajouter à des faits encore récents et si mémorables ? Ouvrez son Testament politique [3], digérez cet ouvrage : c'est la peinture de son esprit ; son âme tout entière s'y développe ; l'on y dé-

---

1. Le cardinal de Richelieu.
2. Louis XIII fut surnommé *le Juste*, dès son enfance, au dire de plusieurs contemporains, parce qu'il était né sous le signe de la Balance.
3. Le *Testament politique de Richelieu* fut publié à Amsterdam, en 1687. Foncemagne a doctement prouvé, à l'encontre de Voltaire, l'authenticité de ce *Testament* dont il a donné l'édition la plus complète, 1764, précédée d'une *succincte narration* de toutes les grandes actions du règne de Louis XIII, depuis 1624 jusqu'en 1641.

couvre le secret de sa conduite et de ses actions; l'on y trouve la source et la vraisemblance de tant et de si grands événements qui ont paru sous son administration ; l'on y voit sans peine qu'un homme qui pense si virilement et si juste a pu agir sûrement et avec succès, et que celui qui a achevé de si grandes choses, ou n'a jamais écrit, ou a dû écrire comme il a fait.

Génie fort et supérieur, il a su tout le fond et tout le mystère du gouvernement; il a connu le beau et le sublime du ministère ; il a respecté l'étranger, ménagé les couronnes, connu le poids de leur alliance; il a opposé des alliés à des ennemis; il a veillé aux intérêts du dehors, à ceux du dedans; il n'a oublié que les siens : une vie laborieuse et languissante, souvent exposée, a été le prix d'une si haute vertu ; dépositaire des trésors de son maître, comblé de ses bienfaits, ordonnateur, dispensateur de ses finances, on ne saurait dire qu'il est mort riche.

Le croirait-on, Messieurs ? cette âme sérieuse et austère, formidable aux ennemis de l'État, inexorable aux factieux, plongée dans la négociation, occupée tantôt à affaiblir le parti de l'hérésie, tantôt à déconcerter une ligue, et tantôt à méditer une conquête, a trouvé le loisir d'être savante, a goûté les belles-lettres et ceux qui en faisaient profession. Comparez-vous, si vous l'osez, au grand Richelieu, hommes dévoués à la fortune, qui, par le succès de vos affaires particulières, vous jugez dignes que l'on vous confie les affaires publiques ; qui vous donnez pour des génies heureux et pour de bonnes têtes; qui dites que vous ne savez rien, que vous n'avez jamais lu, que vous ne lirez point, ou pour marquer l'inutilité des sciences, ou pour paraître ne devoir rien aux autres, mais puiser tout de votre fonds. Apprenez que le cardinal de Richelieu a su, qu'il a lu; je ne dis pas qu'il n'a point eu d'éloignement pour les gens de lettres, mais qu'il les a aimés, caressés, favorisés; qu'il leur a ménagé des priviléges, qu'il leur destinait des pensions, qu'il les a réunis en une compagnie célèbre, qu'il en a fait l'Académie française. Oui, hommes riches et ambitieux, contempteurs de la vertu, et de toute association qui ne roule pas sur les établissements et sur l'intérêt, celle-ci est une des pensées de ce grand ministre, né homme d'État, dévoué à l'État ; esprit solide, éminent, capable dans ce qu'il faisait des motifs les plus relevés et qui tendaient au bien public comme à la gloire de la monarchie ; incapable de concevoir jamais rien qui ne fût digne de lui, du prince qu'il servait, de la France, à qui il avait consacré ses méditations et ses veilles.

Il savait quelle est la force et l'utilité de l'éloquence, la puissance de la parole qui aide la raison et la fait valoir, qui insinue aux hommes la justice et la probité, qui porte dans le cœur du soldat l'intrépidité et l'audace, qui calme les émotions populaires, qui excite à leurs devoirs les compagnies entières ou la multitude. Il n'ignorait pas quels sont les fruits de l'histoire et de la poésie, quelle est la nécessité de la grammaire, la base et le fondement des autres sciences ; et que, pour conduire ces choses à un degré de perfection qui les rendît avantageuses à la république, il fallait dresser le plan d'une compagnie où la vertu seule fût admise, le mérite placé, l'esprit et le savoir rassemblés par des suffrages. N'allons pas plus loin : voilà, Messieurs, vos principes et votre règle, dont je ne suis qu'une exception.

Rappelez en votre mémoire, la comparaison ne vous sera pas injurieuse, rappelez ce grand et premier concile où les Pères qui le composaient étaient remarquables chacun par quelques membres mutilés, ou par les cicatrices qui leur étaient restées des fureurs de la persécution ; ils semblaient tenir de leurs plaies le droit de s'asseoir dans cette assemblée générale de toute l'Église : il n'y avait aucun de vos illustres prédécesseurs qu'on ne s'empressât de voir, qu'on ne montrât dans les places, qu'on ne désignât par quelque ouvrage fameux qui lui avait fait un grand nom, et qui lui donnait rang dans cette Académie naissante qu'ils avaient comme fondée[1]. Tels étaient ces grands artisans de la parole, ces premiers maîtres de l'éloquence française ; tels vous êtes, Messieurs, qui ne cédez ni en savoir ni en mérite à nul de ceux qui vous ont précédés.

L'un[2], aussi correct dans sa langue que s'il l'avait apprise par règles et par principes, aussi élégant dans les langues étrangères que si elles lui étaient naturelles, en quelque idiome qu'il compose, semble toujours parler celui de son

1. Tout ce passage est excessif, emphatique et banal.
2. L'abbé de Choisy, qui a traduit l'*Imitation de Jésus-Christ*.

pays : il a entrepris, il a fini une pénible traduction que le plus bel esprit pourrait avouer, et que le plus pieux personnage devrait désirer d'avoir faite.

L'autre [1] fait revivre Virgile parmi nous, transmet dans notre langue les grâces et les richesses de la latine, fait des romans qui ont une fin, en bannit le prolixe et l'incroyable, pour y substituer le vraisemblable et le naturel.

Un autre [2], plus égal que Marot et plus poëte que Voiture, a le jeu, le tour et la naïveté de tous les deux ; il instruit en badinant, persuade aux hommes la vertu par l'organe des bêtes, élève les petits sujets jusqu'au sublime : homme unique dans son genre d'écrire ; toujours original, soit qu'il invente, soit qu'il traduise ; qui a été au delà de ses modèles, modèle lui-même difficile à imiter.

Celui-ci [3] passe Juvénal, atteint Horace, semble créer les pensées d'autrui et se rendre propre tout ce qu'il manie ; il a, dans ce qu'il emprunte des autres, toutes les grâces de la nouveauté et tout le mérite de l'invention. Ses vers, forts et harmonieux, faits de génie, quoique travaillés avec art, pleins de traits et de poésie, seront lus encore quand la langue aura vieilli, en seront les derniers débris : on y remarque une critique sûre, judicieuse et innocente, s'il est permis du moins de dire de ce qui est mauvais qu'il est mauvais.

Cet autre [4] vient après un homme loué, applaudi, admiré, dont les vers volent en tous lieux et passent en proverbe, qui prime, qui règne sur la scène, qui s'est emparé de tout le théâtre : il ne l'en dépossède pas, il est vrai ; mais il s'y établit avec lui : le monde s'accoutume à en voir faire la comparaison. Quelques-uns ne souffrent pas que Corneille, le grand Corneille, lui soit préféré ; quelques autres, qu'il lui soit égalé : ils en appellent à l'autre siècle ; ils attendent la fin de quelques vieillards qui, touchés indifféremment de

---

1. Segrais (1625-1701), traducteur de l'*Énéide* et des *Géorgiques*. La traduction de l'*Énéide* avait seule été publiée alors. — Les romans auxquels fait allusion la Bruyère sont *Zayde* (1670) et la *Princesse de Clèves* (1678). On les regarda quelque temps comme l'œuvre de Segrais, qui ne fit qu'aider de ses conseils Mᵐᵉ de la Fayette, l'auteur véritable.

2. La Fontaine.

3. Boileau.

4. Racine.

tout ce qu. rappelle leurs premières années, n'aiment peut-être dans *Œdipe* que le souvenir de leur jeunesse.

Que dirai-je de ce personnage [1] qui a fait parler si longtemps une envieuse critique et qui l'a fait taire; qu'on admire malgré soi, qui accable par le grand nombre et par l'éminence de ses talents ? Orateur, historien, théologien, philosophe, d'une rare érudition, d'une plus rare éloquence, soit dans ses entretiens, soit dans ses écrits, soit dans la chaire; un défenseur de la religion, une lumière de l'Église, parlons d'avance le langage de la postérité, un Père de l'Église ; que n'est-il point ? Nommez, Messieurs, une vertu qui ne soit pas la sienne.

Toucherai-je aussi votre dernier choix [2], si digne de vous ! Quelles choses vous furent dites dans la place où je me trouve ! Je m'en souviens; et, après ce que vous avez entendu, comment osé-je parler ? comment daignez-vous m'entendre ? Avouons-le, on sent la force et l'ascendant de ce rare esprit, soit qu'il prêche de génie et sans préparation, soit qu'il prononce un discours étudié et oratoire, soit qu'il explique ses pensées dans la conversation : toujours maître de l'oreille et du cœur de ceux qui l'écoutent, il ne leur permet pas d'envier ni tant d'élévation, ni tant de facilité, de délicatesse, de politesse : on est assez heureux de l'entendre, de sentir ce qu'il dit, et comme il le dit; on doit être content de soi, si l'on emporte ses réflexions et si l'on en profite. Quelle grande acquisition avez-vous faite en cet homme illustre ! A qui m'associez-vous !

Je voudrais, Messieurs, moins pressé par le temps et par les bienséances qui mettent des bornes à ce discours, pouvoir louer chacun de ceux qui composent cette Académie par des endroits encore plus marqués et par de plus vives expressions. Toutes les sortes de talents que l'on voit répandus parmi les hommes se trouvent partagées entre vous. Veut-on de diserts orateurs, qui aient semé dans la chaire toutes les fleurs de l'éloquence, qui, avec une saine morale, aient employé tous les tours et toutes les finesses de la langue, qui plaisent par un beau choix de paroles, qui fassent aimer les

---

1. Bossuet.
2. Fénelon, qui avait été reçu à l'Académie peu de temps avant la Bruyère.

solennités, les temples, qui y fassent courir : qu'on ne les cherche pas ailleurs, ils sont parmi vous. Admire-t-on une vaste et profonde littérature qui aille fouiller dans les archives de l'antiquité pour en retirer des choses ensevelies dans l'oubli, échappées aux esprits les plus curieux, ignorées des autres hommes ; une mémoire, une méthode, une précision à ne pouvoir, dans ces recherches, s'égarer d'une seule année, quelquefois d'un seul jour sur tant de siècles : cette doctrine admirable[1], vous la possédez ; elle est du moins en quelques-uns de ceux qui forment cette savante assemblée. Si l'on est curieux du don des langues, joint au double talent de savoir avec exactitude les choses anciennes, et de narrer celles qui sont nouvelles avec autant de simplicité que de vérité, des qualités si rares ne vous manquent pas et sont réunies en un même sujet. Si l'on cherche des hommes habiles, pleins d'esprit et d'expérience, qui, par le privilége de leurs emplois, fassent parler le prince avec dignité et avec justesse ; d'autres qui placent heureusement et avec succès, dans les négociations les plus délicates, les talents qu'ils ont de bien parler et de bien écrire ; d'autres encore qui prêtent leurs soins et leur vigilance aux affaires publiques, après les avoir employés aux judiciaires, toujours avec une égale réputation : tous se trouvent au milieu de vous, et je souffre à ne les pas nommer[2].

Si vous aimez le savoir joint à l'éloquence, vous n'attendrez pas longtemps ; réservez seulement toute votre attention pour celui qui parlera après moi[3]. Que vous manque-t-il enfin ? Vous avez des écrivains habiles en l'une et en l'autre oraison ; des poëtes en tout genre de poésies, soit morales, soit chrétiennes, soit héroïques, soit galantes et en-

1. Cette science admirable.
2. Ces éloges s'adressent aux personnages obscurs comme académiciens, mais illustres par leur rang et leurs dignités. C'étaient : Toussaint de la Roze, secrétaire de cabinet qui imitait si bien l'écriture de Louis XIV, qu'il écrivait presque toutes les lettres *autographes* de ce monarque ; François de Clermont-Tonnerre, évêque de Noyon, Nicolas Colbert, archevêque de Rouen ; le duc de Coislin, et de Caillières le diplomate.
3. François Charpentier (1620-1702), membre de l'Académie française et de l'Académie des inscriptions. Il répondit à la Bruyère au nom de l'Académie, dont il était le directeur.

jouées ; des imitateurs des anciens ; des critiques austères ; des esprits fins, délicats, subtils, ingénieux, propres à briller dans les conversations et dans les cercles. Encore une fois, à quels hommes, à quels grands sujets m'associez-vous!

Mais avec qui daignez-vous aujourd'hui me recevoir [1]? Après qui vous fais-je ce public remerciement? Il ne doit pas néanmoins, cet homme si louable et si modeste, appréhender que je le loue : si proche de moi, il aurait autant de facilité que de disposition à m'interrompre. Je vous demanderai plus volontiers : A qui me faites-vous succéder? A un homme QUI AVAIT DE LA VERTU.

Quelquefois, Messieurs, il arrive que ceux qui vous doivent les louanges des illustres morts dont ils remplissent la place, hésitent, partagés entre plusieurs choses qui méritent également qu'on les relève. Vous aviez choisi en M. l'abbé de la Chambre [2] un homme si pieux, si tendre, si charitable, si louable par le cœur, qui avait des mœurs si sages et si chrétiennes, qui était si touché de religion, si attaché à ses devoirs, qu'une de ses moindres qualités était de bien écrire. De solides vertus, qu'on voudrait célébrer, font passer légèrement sur son érudition ou sur son éloquence; on estime encore plus sa vie et sa conduite que ses ouvrages. Je préférerais en effet de prononcer le discours funèbre de celui à qui je succède, plutôt que de me borner à un simple éloge de son esprit. Le mérite en lui n'était pas une chose acquise, mais un patrimoine, un bien héréditaire, si du moins il en faut juger par le choix de celui qui avait livré son cœur, sa confiance, toute sa personne, à cette famille, qui l'avait rendue comme votre alliée, puisqu'on peut dire qu'il l'avait adoptée, et qu'il l'avait mise avec l'Académie française sous sa protection [3].

---

1. L'abbé J.-B. Bignon, petit-fils du savant Jérôme Bignon, avait été nommé à la place de Bussy-Rabutin, et fut reçu le même jour que la Bruyère.

2. L'abbé Pierre Cureau de la Chambre était fils de Martin Cureau de la Chambre, auteur des *Characlères des passions*. Quoiqu'il n'eût jamais écrit, il fut reçu à l'Académie en 1670. Il mourut en avril 1693, ne laissant que quelques sermons et trois discours prononcés à l'Académie.

3. Le chancelier Séguier avait le titre de protecteur de l'Académie française.

Je parle du chancelier Séguier. On s'en souvient comme de l'un des plus grands magistrats que la France ait nourris depuis ses commencements. Il a laissé à douter en quoi il excellait davantage, ou dans les belles-lettres, ou dans les affaires ; il est vrai du moins, et on en convient, qu'il surpassait en l'un et en l'autre tous ceux de son temps. Homme grave et familier, profond dans les délibérations, quoique doux et facile dans le commerce, il a eu naturellement ce que tant d'autres veulent avoir et ne se donnent pas, ce qu'on n'a point par l'étude et par l'affectation, par les mots graves ou sentencieux, ce qui est plus rare que la science, et peut-être que la probité, je veux dire de la dignité. Il ne la devait point à l'éminence de son poste ; au contraire, il l'a anobli : il a été grand et accrédité sans ministère, et on ne voit pas que ceux qui ont su tout réunir en leurs personnes l'aient effacé.

Vous le perdîtes il y a quelques années, ce grand protecteur : vous jetâtes la vue autour de vous, vous promenâtes vos yeux sur tous ceux qui s'offraient et qui se trouvaient honorés de vous recevoir ; mais le sentiment de votre perte fut tel que, dans les efforts que vous fîtes pour la réparer, vous osâtes penser à celui qui seul pouvait vous la faire oublier et la tourner à votre gloire [1]. Avec quelle bonté, avec quelle humanité ce magnanime prince vous a-t-il reçus ! N'en soyons pas surpris, c'est son caractère ; le même, Messieurs, que l'on voit éclater dans toutes les actions de sa belle vie, mais que les surprenantes révolutions arrivées dans un royaume voisin et allié de la France [2] ont mis dans le plus beau jour qu'il pouvait jamais recevoir.

Quelle facilité est la nôtre pour perdre tout d'un coup le sentiment et la mémoire des choses dont nous nous sommes vus le plus fortement imprimés [3] ! Souvenons-nous de ces jours tristes que nous avons passés dans l'agitation et dans

---

1. A la mort du chancelier Séguier (28 janvier 1672), l'Académie pria Louis XIV d'accepter le titre de protecteur de l'Académie.

2. L'Angleterre.

3. *Être imprimé d'une chose*, pour signifier en avoir une forte impression, est une locution vieillie. Molière a dit :

« Et pourtant Trufaldin
Est si bien *imprimé* de ce conte badin. »
(*L'Étourdi* III, 2.)

le trouble, curieux, incertains quelle fortune auraient courue un grand roi, une grande reine, le prince leur fils, famille auguste, mais malheureuse, que la piété et la religion avaient poussée jusqu'aux dernières épreuves de l'adversité. Hélas! avaient-ils péri sur la mer ou par les mains de leurs ennemis? Nous ne le savions pas : on s'interrogeait, on se promettait réciproquement les premières nouvelles qui viendraient sur un événement si lamentable. Ce n'était plus une affaire publique, mais domestique; on n'en dormait plus, on s'éveillait les uns les autres pour s'annoncer ce qu'on en avait appris [1]. Et quand ces personnes royales, à qui l'on prenait tant d'intérêt, eussent pu échapper à la mer ou à leur patrie, était-ce assez? ne fallait-il pas une terre étrangère où ils pussent aborder, un roi également bon et puissant qui pût et qui voulût les recevoir? Je l'ai vue, cette réception, spectacle tendre [2] s'il en fut jamais! On y versait des larmes d'admiration et de joie [3]. Ce prince n'a pas plus de grâce, lorsqu'à la tête de ses camps et de ses armées, il foudroie une ville qui lui résiste, ou qu'il dissipe les troupes ennemies du seul bruit de son approche.

S'il soutient cette longue guerre [4], n'en doutons pas, c'est pour nous donner une paix heureuse, c'est pour l'avoir à des conditions qui soient justes et qui fassent honneur à la nation, qui ôtent pour toujours à l'ennemi l'espérance de nous

---

1. M<sup>me</sup> de Sévigné écrivait, l'un de ces jours où les nouvelles les plus contradictoires arrivaient à la cour, le 29 décembre 1688 : « Jamais il ne s'est vu un jour comme celui-ci. On dit quatre choses différentes du roi d'Angleterre, et toutes quatre par de bons auteurs : Il est à Calais; il est à Boulogne; il est arrêté en Angleterre; il est péri dans son vaisseau; un cinquième dit à Brest; et tout cela tellement brouillé qu'on ne sait que dire;.... les laquais vont et viennent à tous moments; jamais je n'ai vu un jour pareil.... »

2. Attendrissant.

« Qui ne serait touché d'un si *tendre spectacle*? »
(Corn., *Polyeucte*, V, vi.)

3. La reine d'Angleterre et le prince de Galles arrivèrent à Saint-Germain le 6 janvier 1689; Jacques II les rejoignit le lendemain. Louis XIV était venu recevoir lui-même la reine et le roi.

4. La guerre contre la ligue d'Augsbourg, qui avait commencé en 1689.

troubler par de nouvelles hostilités. Que d'autres publient, exaltent ce que ce grand roi a exécuté, ou par lui-même, ou par ses capitaines, durant le cours de ces mouvements dont toute l'Europe est ébranlée, ils ont un sujet vaste et qui les exercera longtemps. Que d'autres augurent, s'ils le peuvent, ce qu'il veut achever dans cette campagne. Je ne parle que de son cœur, que de la pureté et de la droiture de ses intentions; elles sont connues, elles lui échappent. On le félicite sur des titres d'honneur dont il vient de gratifier quelques grands de son État : que dit-il? qu'il ne peut être content quand tous ne le sont pas, et qu'il lui est impossible que tous le soient comme il le voudrait. Il sait, Messieurs, que la fortune d'un roi est de prendre des villes, de gagner des batailles, de reculer ses frontières, d'être craint de ses ennemis; mais que la gloire du souverain consiste à être aimé de ses peuples, en avoir le cœur, et par le cœur tout ce qu'ils possèdent. Provinces éloignées, provinces voisines, ce prince humain et bienfaisant, que les peintres et les statuaires nous défigurent [1], vous tend les bras, vous regarde avec des yeux tendres et pleins de douceur; c'est là son attitude : il veut voir vos habitants, vos bergers, danser au son d'une flûte champêtre sous les saules et les peupliers, y mêler leurs voix rustiques, et chanter les louanges de celui qui, avec la paix et les fruits de la paix, leur aura rendu la joie et la sérénité.

C'est pour arriver à ce comble de ses souhaits, la félicité commune, qu'il se livre aux travaux et aux fatigues d'une guerre pénible, qu'il essuie l'inclémence du ciel et des saisons, qu'il expose sa personne, qu'il risque une vie heureuse : voilà son secret et les vues qui le font agir; on les pénètre, on les discerne par les seules qualités de ceux qui sont en place, et qui l'aident de leurs conseils. Je ménage leur modestie : qu'ils me permettent seulement de remarquer qu'on ne devine point les projets de ce sage prince; qu'on devine, au contraire, qu'on nomme les personnes qu'il va placer, et qu'il ne fait que confirmer la voix du peuple dans le choix qu'il fait de ses ministres. Il ne se décharge pas entièrement sur eux du poids de ses affaires; lui-même,

---

1. Parce qu'ils le représentent toujours en costume de guerrier et de conquérant.

si je l'ose dire, il est son principal ministre : toujours appliqué à nos besoins, il n'y a pour lui ni temps de relâche, ni heures privilégiées : déjà la nuit s'avance, les gardes sont relevées aux avenues de son palais, les astres brillent au ciel et font leur course; toute la nature repose, privée du jour, ensevelie dans les ombres; nous reposons aussi, tandis que ce roi, retiré dans son balustre [1], veille seul sur nous et sur tout l'État. Tel est, Messieurs, le protecteur que vous vous êtes procuré, celui de ses peuples.

Vous m'avez admis dans une compagnie illustrée par une si haute protection. Je ne le dissimule pas, j'ai assez estimé cette distinction pour désirer de l'avoir dans toute sa fleur et dans toute son intégrité, je veux dire de la devoir à votre seul choix; et j'ai mis votre choix à tel prix, que je n'ai pas osé en blesser, pas même en effleurer la liberté, par une importune sollicitation. J'avais d'ailleurs une juste défiance de moi-même, je sentais de la répugnance à demander d'être préféré à d'autres qui pouvaient être choisis. J'avais cru entrevoir, Messieurs, une chose que je ne devais avoir aucune peine à croire, que vos inclinations se tournaient ailleurs, sur un sujet digne, sur un homme rempli de vertus, d'esprit et de connaissances, qui était tel avant le poste de confiance qu'il occupe, et qui serait tel encore s'il ne l'occupait plus [2]. Je me sens touché, non de sa déférence, je sais celle que je lui dois, mais de l'amitié qu'il m'a témoignée, jusques à s'oublier en ma faveur. Un père mène son fils à un spectacle : la foule y est grande, la porte est assiégée; il est haut et robuste, il fend la presse; et, comme il est près d'entrer, il pousse son fils devant lui, qui, sans cette précaution, ou n'entrerait point, ou entrerait tard. Cette démarche, d'avoir supplié quelques-uns de vous, comme il a fait, de détourner vers moi leurs suffrages, qui pouvaient si justement aller à lui, elle est rare, puisque, dans ces circonstances, elle est unique, et elle ne diminue rien de ma reconnaissance envers

1. Le lit des princes était entouré d'une balustrade, que le plus souvent l'on nommait *balustre*.
2. Simon de la Loubère, gouverneur du fils du ministre Pontchartrain. Il fut nommé à l'Académie peu de temps après la Bruyère. Il était fort savant et avait publié, au retour d'un voyage qu'il avait fait dans le royaume de Siam avec le titre d'envoyé extraordinaire, une description intéressante de ce pays.

vous, puisque vos voix seules, toujours libres et arbitraires, donnent une place dans l'Académie française.

Vous me l'avez accordée, Messieurs, et de si bonne grâce, avec un consentement si unanime, que je la dois et la veux tenir de votre seule munificence [1]. Il n'y a ni poste, ni crédit, ni richesses, ni titres, ni autorité, ni faveur, qui aient pu vous plier à faire ce choix : je n'ai rien de toutes ces choses, tout me manque. Un ouvrage qui a eu quelque succès par sa singularité, et dont les fausses, je dis les fausses et malignes applications pouvaient me nuire auprès des personnes moins équitables et moins éclairées que vous, a été toute la médiation que j'ai employée, et que vous avez reçue. Quel moyen de me repentir jamais d'avoir écrit?

1. Variante : magnificence.

FIN

# TABLE ANALYTIQUE

### DES MATIÈRES CONTENUES DANS LES CARACTÈRES DE LA BRUYÈRE ET DE THÉOPHRASTE

N. B. — Les morceaux qu'on étudie et apprend par cœur le plus généralement sont marqués d'une croix (†).

## A

*Abbaye*, 298.
*Abbés* mondains, 347.
*Abstrait*. Esprit *abstrait*, 69.
*Académie française*. Son éloge, 360. — Réunit tous les genres de talents, 377 et suiv.
*Action*. Le motif seul fait le mérite des actions, 53. — Les meilleures actions s'altèrent par la manière dont on les fait, 167.
*Admirer*. Les hommes se lassent d'admirer toujours les mêmes personnes, 253.
*Affectation*. Suite de l'oisiveté, 233.
*Affiches* des prédicateurs, 322.
*Affliction*. Comment on sort d'une grande affliction, 60.
*Aimer*. N'aimer que soi, 221.
*Air* spirituel, beauté des hommes, 246.
ALEXANDRE, 48.
*Ambassadeurs*, 244.
*Ambitieux*. Reste toujours tel, 65. — A plusieurs maîtres, 148.

*Ambition*. Suspend les autres passions, 101.
*Ame*. Ames nobles, 103. — Ames malignes, 201. — Ames faibles, n'ont point de grands défauts, 235.
*Amis*. Il ne faut regarder dans ses amis que la vertu qui nous attache à eux, 44. — C'est assez pour soi d'un fidèle ami, 61. — Comment il faut vivre avec ses amis, 91 et suiv.
*Amitié*. Analyse de ce sentiment, 59.
*Amour*, comparé avec l'amitié, 59.
*Amourette*. Se marier par amourette, 298.
*Amphibies* (hommes), 139
AMYOT, 24.
*Ancêtres*. Nos ancêtres ont-ils mieux écrit que nous ? 315
*Anciens* comparés aux modernes, 8, 9.
*Antithèse*. Opposition de deux vérités qui se donnent du jour l'une à l'autre, 33.
ANTONIN, 241.

*Apostoliquement.* Prêcher apostoliquement, 328.

*Apôtre* (l') fait des conversions, 323.

*Architecture* gothique, 7.

*Arrogance*, tient lieu de grandeur, 203.

*Arrogant*, 249.

*Art.* Sa perfection, 7. — militaire, 175. — mécanique; procure plus d'avantage que les belles-lettres, 239.

*Artisans*, 35.

*Astres.* Sont dirigés dans l'infini par une puissance divine, 319.

*Athéisme.* N'existe pas, 332.

*Atomes.* Ne se sont point faits eux-mêmes, 351.

Augustin (saint), 333.

*Auteur.* Ce qu'il faut pour être auteur, 5-6. — Réflexions sur les auteurs, 7 et suiv.

*Automate.* Le sot est automate, 231.

*Avare*, 105. Vie des avares, 222.

*Avarice.* Oubli de l'honneur et de la gloire, quand il s'agit d'éviter la moindre dépense, LXVII.

*Avenir.* Vie future, prouvée par l'inégale répartition des biens sur cette terre, 96.

*Avocats.* Comparés aux prédicateurs, 324-326.

# B

*Babil.* Intempérance de langue qui ne permet pas à un homme de se taire, XLVII.

*Bachelier.* Plongé dans l'étude des quatre premiers siècles, 253.

*Badiner* avec grâce, 66.

Balzac, 19, 24, 35.

*Barbare.* Nous sommes barbares pour quelques peuples, 241.

Basile (saint), 338.

*Bâtiments.* L'amateur de bâtiments, 276.

*Beau-père*, 79.

*Bel esprit.* Sa définition, 241. — Beaux-esprits attachés au service des grands, 331.

Belleau (Remy), 21.

*Belles-lettres.* Disposition des hommes à l'égard des sciences et des belles-lettres, 239.

Benserade, 316.

Bernin, sculpteur, 365.

*Bienfaisance, bienfait*, 60, 61.

*Biens.* Diverses façons dont les hommes s'y prennent pour obtenir les biens qu'ils souhaitent, 62.

*Bienséance.* Réflexions sur la bienséance, 211.

Bignon, 241, 378.

Boileau-Despréaux, désigné sous le nom de Damis, 16. — Son éloge, 376.

*Bonheur.* Nous le cherchons hors de nous-mêmes, 203.

Bossuet, 324, 377.

Bouhours, 16.

Bourdaloue, 324, 365.

*Bourgeois* de Paris. Vivent mollement, 125-126.

*Bourgeoisie.* Comment elle s'est élevée, 161.

Boursault, désigné sous le nom de Capys, 16.

*Bravoure.* Familière aux personnes nobles, 166.

*Brelans* publics, 107.

*Bruit.* Le contraire des bruits qui courent est souvent la vérité, 247.

Bruno (saint). Sa vie peinte par Lesueur, 108.

*Brutalité.* Férocité qui se rencontre dans nos manières d'agir et qui passe jusqu'à nos paroles, LIX. — Peut être le vice d'un homme d'esprit, 219.

# C

*Cabale.* Demande de l'esprit, 153. — Cabales dramatiques, 28.

*Campagne.* La nature est pour ceux qui l'habitent, 264.

*Capricieux* (homme), 200.

*Caractère* fade, 66. — Le caractère change par les habitudes, 201-202.

CARACTÈRES par noms d'individus : †*Acis*, ou le diseur de phébus, 67. — *Adraste*, le libertin qui se fait dévot, 233. — *Æmile* ou le grand homme de guerre, 48. — *Alain*, personnification du sot, 231. — *Alcippe*, ou le poli par vanité, 213. — †*Antagoras*, ou l'homme processif, 226. — *Antisthène*, ou l'auteur dégoûté, 242. — *Antisthius*, ou l'écrivain philosophe, 255. — *Argyre*, ou la sotte, 214. — †*Arrias*, ou l'homme universel, 69. — †*Arsène*, ou l'homme content de lui-même, 11-12. — *Basilide*, ou le nouvelliste, 177. — *Capys*, ou le juge du beau style, 16. — †*Carro-Carri*, ou le charlatan, 308-310. — *Celse*, ou l'homme important, 51. — *Champagne*, ou le partisan, 93-94. — *Chrysippe*, ou le riche parvenu, 96. — †*Cimon* et *Clitandre*, ou les gens empressés, 130-131. — *Cléante*, ou l'honnête homme qui se sépare de sa femme, 79. — †*Clitiphon*, ou l'homme chargé d'affaires, 91-92. — †*Cliton*, ou l'homme né pour la digestion, 224. — *Crésus*, ou l'homme ruiné, 93. — *Crispins* (les), ou les gens à équipage, 115. — *Criton*, ou l'homme plein de ses intérêts, 97. — †*Cydias*, ou le bel esprit de profession, 86-88. — †*Démocède*, ou l'amateur d'estampes, 274. — †*Démophile*, ou le nouvelliste pessimiste, 176. — *Diognète*, ou l'amateur de médailles, 274. — †*Diphile*, ou la manie des oiseaux, 276-277. — *Don Fernand*, ou le duelliste, 228. — *Drance*, ou le fat qui veut passer pour un favori, 64. — *Egésippe*, ou l'homme qui demande un emploi, 40. — *Ergaste*, ou le percepteur d'impôts insatiable, 96. — *Euripile*, ou le véritable bel esprit, 211-212. — *Eustrate*, ou le favori noyé, 279-280. — *Eutiphron*, ou le riche égoïste, 74. — *Fauste* et *Frontin*, ou les deux héritiers, 221. — *Géronte*, ou le vieux mari intestat, 221. — †*Giton*, ou le riche, 110. — †*Gnathon*, ou l'égoïste, 123. — *Hérile*, ou le citateur, 253-254. — †*Hermagoras*, ou l'homme qui ne sait rien de son époque, 85. — †*Hermippe*, ou l'esclave de ses commodités, 307. — *Iphis*, ou l'esclave de la mode, 281-282. — †*Irène*, ou la vieille consultant Esculape, 205. — *Lucile*, ou l'homme qui veut vivre avec les grands, 158. — †*Ménalque*, ou le distrait, 193-200. — †*Ménippe*, ou l'homme qui emprunte l'esprit des autres, 52. — *Ménophile*, ou l'homme faux, 139. — †*Mopse*, ou le sot indiscret, 50. — *N\*\*\**, ou le moribond à projets, 225. — †*Narcisse*, ou l'homme inutile et méthodique, 118. — *Nicandre*, ou le veuf qui veut se remarier, 88-90. — *Onuphre*, ou le faux dévot, 285 et suiv. — *Orante*, ou la plaideuse éternelle, 300. — *Oronte*, ou le mariage d'argent, 104. — †*Pamphile*, ou l'homme plein de lui-même, 169-170. — †*Périandre*, ou le parvenu embarrassé du nom de son père, 91. — †*Phédon*, ou le

pauvre, 110-111. — *Phédippe*, ou le vieillard raffiné, 223. — *Philante*, ou l'homme oublié, 157. — *Philémon*, ou l'homme qui affiche un grand luxe, 10. — *Ruffin*, ou l'homme sans passion, 225. — *Sannions* (les), ou les marchands qui ont pris des armoiries, 115-116. — *Sosie*, ou l'impudent, 93. — *Straton*, ou l'homme né sous deux étoiles, 151. — *Sylvain*, ou l'anobli, 91. — † *Téléphe*, ou l'homme qui s'exagère ce qu'il vaut, 230. — *Téléphon*, ou le grand que l'on ne peut définir, 159-160. — *Théagène*, ou le vicieux, 155. — *Théobalde*, ou l'auteur vieilli, 83. — *Théocrine*, ou l'auteur qui ne s'occupe que de lui, 13. — *Théodas*, ou l'auteur bizarre, 251. — *Théodat*, ou le froid prédicateur, 322. — † *Théodecte*, ou l'homme sans gêne, 70. — † *Théodote*, ou l'homme qui fait de rien une grande affaire, 143. — *Théodule*, ou le prédicateur, 322. — † *Théognis*, ou l'homme qui veut être bien avec tout le monde, 168. — *Théonas*, ou l'abbé qui veut être évêque, 140. — *Théophile*, ou l'homme qui veut gouverner les grands, 158. — *Théramène*, ou le riche à marier, 121-122. — *Timante*, ou le favori, 142. — *Timon*, ou le misanthrope, 234. — *Tite*, ou l'homme de mérite sacrifié à un favori, 296. — *Titius*, ou l'héritier déshérité par un codicille, 301, 305. — † *Troile*, ou le parasite, 71. — *Typhon*, ou l'homme qui fournit les grands de chiens et de chevaux, 306. — *Xantippe*, ou le courtisan imprévu, 147-148. — *Zélie*, ou la dévote, 288.
CATON, 257.
CÉSAR, 48.

*Chagrin* (esprit). N'est jamais content de personne, LXII.
CHAPELAIN, 238.
*Charges*. Inventées pour enrichir un seul aux dépens de plusieurs, 299.
*Charlatan*. En quoi il diffère du médecin, 308.
CHARPENTIER (François), 378.
CHOISY (abbé de), 375.
*Chevecier*, 297.
*Chiromancien*, 310.
CID. La tragédie du *Cid*, son éloge, 15.
*Clef*. Les clefs des *Caractères* ne sont point exactes, 367-368.
*Clerc* mondain, 321.
COEFFETEAU, 24.
*Colère* (homme), 200.
*Comédiens*. Leur condition, 238, 239.
*Compassion*, 61.
*Complaisant*. Celui qui cherche beaucoup moins ce qui est vertueux et honnête, que ce qui est agréable, XLIII.
CONDÉ, 232.
*Conditions*. Sont étrangement disproportionnées, 105.
*Confiance*, 60, 88.
*Connaissances*. Ceux qui embrassent toutes les connaissances n'en possèdent aucune, 275.
*Conseil*. Donner des conseils, chose inutile, 82. — Il y a dans les meilleurs conseils de quoi déplaire, 256.
*Conte*. La Fontaine, modèle des bons contes, 251.
*Conteur* (le) diffus, 70.
*Contrariété* des esprits, des goûts et des sentiments, 202.
*Contre-temps*. Ignorance du temps et de l'occasion, LVI.
*Conversations*. Ridicule de certaines conversations, 67. — Com-

ment on doit s'y comporter, 69. —
† En quoi consiste l'esprit de conversation, 73. — Les conversations ont été affadies par les romans, 84.

*Copiste*. Auteur né copiste, 36.

† *Coquillages* (l'amateur de), 277.

*Coquin*. Celui à qui les choses les plus honteuses ne coûtent rien à dire ou à faire, XLV.

CORNEILLE, 30-32, 45, 238. — Portrait, 251, 376.

*Cour*. Ne connaît pas la ville, XXII. — La cour est un théâtre de cabales, 41. — La jeunesse y plaisante grossièrement, 84. — Il est honorable de ne point la connaître, 127. — Ne peut être définie, 127. — Les grands y sont petits, 127. — Paraît admirable à la province, 127. — Ne rend pas content, 127. — L'air de cour est contagieux, 128. — Les aventuriers se produisent d'eux-mêmes à la cour, 129. — Les gens sans conséquence savent se rendre indispensables à la cour, 130. — Il faut à la cour être gentilhomme, 132. — On n'agit à la cour que par intérêt, 132. — La faveur fait changer les sentiments à la cour, 133. — On ne méprise pas toujours le mérite à la cour, 134. — On refuse son crédit à la cour d'une manière douce, 135. — Ce qu'on dit à la cour des gens en place, 135-136. — Comment on y congédie son monde, 137. — Pourquoi on y dit du bien des gens, 137. — Réflexions diverses sur la cour, 138-155.

*Court*. Demeurer court dans un sermon ou dans une harangue, 262, 328.

*Courtisans*. Les courtisans sont impénétrables, 127. — Sont enlaidis par la présence du prince, 128.
— † Caractère du courtisan, 130, 145-146. — Le courtisan comparé à une montre, 147. — Le visage du prince fait toute la félicité du courtisan, 149. — Le courtisan est dévot pour être à la mode, 283.

*Crapule* des grands et du peuple, 162-163.

*Critique* (la). N'est pas une science, 36.

*Critiques*. Antagonisme de leurs jugements, 13.

*Curieux*. On ne saurait épuiser tous les genres de curieux, 277.

*Curiosité*. Est une passion mesquine, 272.

## D

DAUPHIN (le), fils de Louis XIV, 263.

*Déclamateurs*. Obtiennent la vogue, 318, 319.

† *Défaut*. Les hommes n'avouent d'eux-mêmes que de petits défauts, 211. — On ne sent pas ses propres défauts, 256.

*Défiance*. Nous fait croire que tout le monde est capable de nous tromper, LXIII.

*Délicatesse*. Fausse délicatesse, 232.

*Dépense*. N'est pas réglée d'après le bien, 109-110.

DESCARTES, 248.

DESPORTES, 316.

*Despotique*. Le gouvernement despotique, 173.

*Détail*. Science des détails essentielle au bon gouvernement 186.

*Devins*, 310.

*Devoir*. Il n'y a que nos devoirs qui nous coûtent, 220

*Dévot* et *faux dévot*, 236, 283, 284, 285, 336.

*Dévotion.* 283, 284, 289, 290.

DIEU. Est méconnu par les esprits grossiers, 329. — Il n'y a personne qui puisse dire que Dieu n'est pas, 331. — † Preuves de l'existence de Dieu, 331. — On ne pense à Dieu que lorsqu'on est dans le pire état, 332. — C'est à Dieu que nous en appelons des jugements des hommes, 332. — Il ne faut pas vouloir rendre raison de Dieu, 335. — Ceux qui osent nier Dieu ne méritent pas qu'on le leur prouve, 340. — Dieu est un esprit, 340-341. — Preuves de l'existence de Dieu par les merveilles de la création, 341 et suiv. — Enfants des dieux, qualification donnée aux fils et petits-fils de roi, 49.

*Dignités.* Deux voies pour y arriver, 140.

DIOGÈNE LAËRCE (les proverbes de), XXXII.

*Discernement.* Combien l'esprit de discernement est rare, 252.

*Discours.* Ont de grands avantages sur les livres, 326-327.

*Disgrâce.* Rend les hommes plus traitables, 153. — Les hommes devraient être préparés à toute disgrâce, 203. — Éteint les haines, 259.

*Disgracié.* D'un homme disgracié rien n'est bien, 259.

*Dissimulation.* Sa définition, XXXVII.

*Docte* (homme). Ce que c'est, 47. — Les doctes obligés de se taire devant les riches, 239.

*Docteur.* Quel est l'homme qu'on appelle de ce nom, 47.

DORILAS. Désigne Varillas, 37.

*Douleur.* Grandes douleurs adoucies par des bagatelles, 205.

DU BARTAS, 21.

*Duel.* Manie des duels, 277-278.
*Dupes,* 204.

E

ÉCOLATRE, 207.

*Écrivains.* Les écrivains doivent avoir pour but l'instruction, 1. — Un écrivain ne doit faire entendre que de belles choses, 34. — Ce qu'il doit faire pour écrire nettement, 34. — Il doit toujours tendre à la perfection, 38.

*Éducation.* Il ne faut ni la négliger, ni tout en espérer, 258.

*Effronterie.* Causée par l'avarice, LI.

*Éloquence.* Ce que c'est d'après le peuple, 32. — Définie par la Bruyère, 32, 33. — Éloquence profane transportée dans la chaire, 317. — Quelles sont les véritables règles de l'éloquence de la chaire, 324-325.

*Emphase.* Gâte les plus grandes choses, 88.

*Empressement* (trop grand). Vaine affectation de marquer aux autres de la bienveillance par ses paroles et par toute sa conduite, LVII.

*Émulation.* Rapports et différences de la jalousie et de l'émulation, 215-216.

*Enfants.* Sont déjà des hommes, 207-208. — N'ont ni passé ni avenir, 208. — Leur caractère, 208. — Ont la mémoire et l'imagination, 208. — Ont une grande sagacité pour découvrir les défauts, 208. — Sont très-appliqués dans leurs jeux, 209. — Tout leur paraît grand, 209. — Commencent entre eux par l'état populaire, 209. — Raisonnent conséquemment, 209. — Il ne faut point les punir

des fautes qu'ils n'ont point commises, 209.
*Ennemis.* Comment on doit se conduire avec eux, 61, 62.
*Entêtement*, 235.
*Entretiens* ordinaires, 67.
*Énumérateurs*, 319.
*Envie.* Ote le bonheur, 203. — S'unit toujours à la haine, 216.
*Épargne* sordide. Passion de vouloir ménager les plus petites choses sans aucune fin honnête, LXII.
*Épithètes.* Mauvaises louanges, 17.
*Épouser* une femme avancée en âge, 299.
*Équité.* Combien elle est rare, 201.
ÉRASME, 1, 45.
*Érudition*, 239
*Espérer.* On se rend à discrétion à celui de qui l'on espère, 203.
*Esprit.* En quoi consiste l'esprit d'un auteur, 7. — Ce que les esprits vifs aiment en littérature, 14. — Rien n'est nouveau pour les gens d'esprit, 19. — Esprits médiocres, 33. — Esprits justes, 33. — Esprits vifs, 33. — Les esprits justes et doux excellent dans le médiocre, 35. — Les esprits subalternes ne sont que des magasins, 36. — Bien des gens ne se servent pas de l'esprit qu'ils ont, 40. — Le bon esprit nous découvre notre devoir, 41. — Esprits bornés, 49. — Esprits délicats, 66. — Défaut d'esprit, père des crimes, 201. — On ne sait point que l'on manque d'esprit, 211. — Esprit de société et de commerce, 247. — Esprit du jeu, 250. — Homme d'esprit, 250. — Esprits forts, ainsi nommés par ironie, 328.

*Estimer.* Les hommes veulent être estimés, 210.
EURIPIDE. Racine comparé à Euripide, 32.
*Expressions.* Il n'y en a qu'une bonne, comment il faut la saisir, 9.
*Extérieur* simple, 43.

## F

FAGON, médecin, 309.
*Famille.* Familles troublées par les défiances, 79. — Familles élevées par les jeux de la fortune, 109. — Les familles se réconcilient par l'intérêt, 148.
*Fat.* Fuir le fat, 76. — † Définition du fat, 218, 249.
*Faute.* On ne vit point assez pour profiter de ses fautes, 209. — Les fautes des sots leur sont utiles, 210.
*Faveur.* La faveur des princes ne suppose pas le mérite, 236.
FAVIER, 289.
*Favoris.* Comment on reconnaît qu'ils vont tomber, 153. — Réflexions qui les concernent, 183-185. — Ont un étrange compte à rendre de leur faveur, 256-257.
*Femmes.* Les femmes excellent à écrire des lettres, 19. — Les hommes et les femmes conviennent rarement sur le mérite d'une femme, 55. — Grandeur artificielle de quelques femmes, 55. — Pourquoi les femmes se fardent, 56. — Le blanc et le rouge les rendent affreuses, 56. — Femmes savantes, 58-59. — Les femmes sont extrêmes, 59. — Fausse délicatesse des femmes de la ville, 84. — Les femmes se promènent pour montrer de belles étoffes, 112.
FÉNELON, 328, 317.

*Feuille-rouge* (homme), laquais, 242.

*Financier.* Ce qu'on dit de lui quand il réussit, 91. — Sa dureté, 97.

*Finesse.* Définie et jugée, 152.

*Flatterie.* Est un commerce honteux qui n'est utile qu'aux flatteurs, XXVIII.

† *Fleuriste.* Son caractère, 272.

*Fonds* perdu, bien perdu, 300.

FONTENELLE. Désigné sous le nom de Théobalde, 363.

*Fortune.* La fortune fait remarquer le mérite, 90. — Quelle sorte d'esprit il faut pour faire fortune, 98. — Comment on fait fortune, 99. — Quel est le fruit d'une grande fortune, 99. — Le meilleur moyen de faire fortune, 100.

*Fourbe.* Les fourbes croient que les autres le sont, 203.

*Fourberie*, 204.

FOURCROY. Jurisconsulte, 317.

*Fripons*, 108, 141.

## G

*Galerie* de peintures, 238.

*Gentilhomme.* Veut passer pour seigneur, 293.

*Gentillâtre*, 260.

*Glorieux* (le). Est un courtisan empressé, 12.

*Goût.* Il y a un bon et un mauvais goût, 6. — Goût des anciens, 8, 250.

*Gouvernement.* Parfait gouvernement, chef-d'œuvre de l'esprit, 188.

*Gouverner* les hommes. Il y a peu de règles générales pour bien gouverner, 188.

*Grand.* Des grands d'une république, LXXIII. — Caractère des grands, 41. — On ne prime pas avec eux, 81. — Comment ils assistent aux mystères de la religion, 149. — Mépris des grands pour le peuple, 159. — Réflexions diverses qui les concernent, 160-172.

*Grandeur.* Fausse grandeur, 53. — Véritable grandeur, 54. — Il y a une autre grandeur que celle qui vient de l'autorité et de la naissance, 323.

*Gravité.* Étudiée, devient comique, 246.

*Grimaud*, 241.

*Grossièreté.* Peut être le vice d'un homme d'esprit, 249.

*Guerre.* Ce que c'est, 174-175. — La guerre amuse le peuple, 176.

## H

† *Habile* homme, 249, 250.

*Haïr.* Nous haïssons violemment ceux que nous avons beaucoup offensés, 63.

HANDBURG. Désigne le P. Maimbourg, 37.

*Hasard.* Savoir se servir du hasard, 256.

*Héritier*, 104, 105.

*Héros.* Ne fait que le métier de la guerre, 47. — Distinction entre le héros et le grand homme, 48.

*Historien.* N'estime pas le poëte, 253.

HOMÈRE, 6, 7.

*Hommes.* L'homme doit être convaincu de son inutilité, 38. — Les hommes ne pénètrent pas le mérite des autres, 40. — L'homme ne doit se faire valoir que par lui-même, 41. — Homme de mérite; comment il se comporte quand il est en place, 42. — Ne fait point sa cour, 42. — L'homme de cœur fait son devoir simplement, 43. —

Les hommes vertueux composent seuls toute leur race, 44. — Le grand homme est de tous les métiers, 47. — L'homme d'esprit peut tomber dans quelque piége, 50. — Comment on peut gouverner les hommes, 64, 65. — Les hommes rougissent moins de leurs crimes que de leurs faiblesse, 65. — Hommes superbes, 159. — Hommes inaccessibles, 163. — Défauts des hommes, 192. — Les hommes vont de la colère à l'injure, 201. — Pourquoi les hommes ne composent pas une seule famille, 202. — Leurs mœurs sont changées par les événements, 202. — Il est ordinaire à l'homme de n'être pas heureux, 203. — Les hommes sont épineux sur leurs intérêts, 203. — Sont nés pour la douleur, 203. — Ce que feraient les hommes, s'ils étaient éternels, 205. — Hommes flatteurs, peu sincères, sans équité, pleins d'envie, de caprices et de préventions, 213. — Les hommes comptent presque pour rien les vertus du cœur, 215. — Admirent la bravoure et la libéralité, 215. — Homme tout d'une pièce, 217. — Hommes qui soutiennent facilement le poids de la faveur, 217. — Hommes qui jouissent sans modération des bienfaits de la fortune, 217. — Hommes différents d'eux-mêmes dans le cours de leur vie, 219. — Tout le mal des hommes vient de ne pouvoir être seuls, 220. — Les hommes semblent quelquefois ne pas se suffire à eux-mêmes, 220. — Ils rendent leur vie misérable, 220. — Comment l'on s'insinue auprès d'eux, 221. — Traitent les autres hommes avec férocité, 227. — Comment les hommes se conduisent à l'égard les uns des autres, 228-229. — Les hommes ont le même jour de petites joies et de petits chagrins, 229. — Ils ne suivent pas les mesures qu'ils prennent, 230. — Ils agissent mollement pour leur devoir, 230. — L'homme est inégal même avec un excellent esprit, 231. — Les hommes n'ont point de caractère suivi, 233. — Ils s'ennuient de ce qui les a charmés, 233. — Ils ont une bile intarissable sur les petits inconvénients, 233. — L'homme ne sait point rougir de soi, 234. — L'homme se mène par les yeux et les oreilles, 234. — Les hommes ne se goûtent pas les uns les autres, 236. — Il ne faut pas juger des hommes sur une première vue, 245. — Un homme de bien est respectable par lui-même, 246. — Homme de talent et de réputation, 246. — † Homme de bien, 249. — Honnête homme. Voir *Honnête*. — Les hommes aiment l'honneur et la vie, 261. — Les hommes sont plus sots que les animaux quand ils se font la guerre, 267-272. — Hommes forts contre les faibles, 303. — Hommes qui ne vivent que pour d'autres hommes, 331. — L'homme s'ennuie de tout, excepté de vivre, 338. — Il ne saurait à quoi se résoudre s'il avait le choix de mourir ou de toujours vivre, 338. — Il n'est point curieux de ce qui concerne la mort, 338. — Il existe par quelque chose qui est hors de lui, 340.

† *Honnête* homme, 249, 250.
Horace, 5.
*Hôtel* de Rambouillet, 83.
Hozier (d'), 293.
*Humeur*, écrire par humeur, 6.

— Trop négligée parmi les hommes, 200.

*Hyperbole*, 33.

*Hypocrisie*. Le masque de l'hypocrisie cache la malignité, 245.

## I

*Ignorance*. Inspire le ton dogmatique, 88. — État paisible où l'on se range en foule, 239.

*Impertinence*. Ne pas savoir se taire, principe de toute impertinence, 73.

*Impertinent*. Diseur de riens, XL. — Est un fat outré, 248.

*Important* (l'). Sa définition, 249.

*Impudence*. Profession ouverte d'une plaisanterie outrée, LIV.

*Impudent*. Celui qui ne rougit de rien, LIV.

*Incommode* (homme). Synonyme de fâcheux, LXV.

*Incertitude* de conduite, 193.

*Incivilité*. Effet de plusieurs vices, 200.

*Inconstance* de cœur, 193.

*Indiscrets* (les), 88.

*Inégal* (l'homme), 193, 200.

*Infatué*. L'homme infatué de soi, 70.

*Inhumanité*. Tient lieu de fermeté, 203.

*Injustice*. — Bizarrerie et vanité, causes de l'injustice, 257.

*Inquiétude* d'esprit, 193.

*Insectes* (l'amateur d'), 277.

*Instruction*. Tardive instruction, LXXIV.

*Intérêt*. Plus fort que l'amitié, 201.

*Irrésolution*, 193.

## J

*Jeu*, 107, 108, 131, 133.

JODELLE, 21.

*Jugement*. Jugement sur les personnes, doit se faire d'après la règle de Descartes, 248. — Comment nous sommes vengés des mauvais jugements que l'on fait sur nous, 248.

*Juges*. Leur devoir et leur métier, 301. — Réflexions qui les concernent, 301. — Le métier de juge se fait sans apprentissage, 301, 302. — Besogne des juges serait simple s'il n'y avait point de testaments, 304.

*Justesse* d'esprit, 9-10.

## L

LA BRUYÈRE. Détails qu'il donne sur la composition de son livre, 1-4. — Son portrait sous le nom d'Antisthius, 255. — N'a voulu offenser personne dans ses *Caractères*, 264. — Loue les académiciens vivants, 362. — Ce qu'il dit des critiques auxquelles a donné lieu son discours à l'Académie française, 363. — Cabales auxquelles il a été en butte, 363-364. — Proteste contre les fausses interprétations auxquelles son livre a donné lieu, 367-368. — Défend son discours à l'Académie française contre les critiques auxquelles il a donné lieu, 367-368.

LA CHAMBRE (Pierre-Cureau de), 379.

LA FONTAINE, 241, 251, 376.

LAMOIGNON, 241.

*Langues*. L'on ne peut charger l'enfance de la connaissance de trop de langues, 310. — Les langues sont la clef des sciences, 241.

LA ROCHEFOUCAULD, grand moraliste, XXXII.

LEBRUN (Charles), peintre, 166.
LEMAITRE, avocat, 317.
LÉON (saint), 333.
*Lettres*, 19.
*Libéralité*. En quoi elle consiste, 81.
*Liberté*. En quoi consiste la vraie liberté, 263.
*Libertins*. Il y en a deux espèces, 336. — Fleurissent dans les cours, 336.
LINGENDES, 232.
† *Livres*. L'amateur de livres, 27.
*Logique* Comparée avec l'éloquence, 32.
*Lois*. Ne cadrent pas toujours avec l'opinion des hommes, 308.
LORENZANI, 289.
*Louanges*. Ne doivent pas être rejetées indifféremment, 78.
*Louer*. Il en coûte de louer ce qui est le plus digne de louanges, 236.
LOUIS XIV. Son éloge, 266-267, 380 et suiv.
LULLI, 45, 166.

## M

*Magie*, 310.
*Magistrats* qui imitent les petits-maîtres, 114-115.
*Malheur*. Avoir quelque chose à se reprocher, seul malheur, 230.
MALHERBE, 19, 22, 35.
*Malhonnêtes* gens, 201.
*Maltôtier*, 260.
*Manière*. Les manières sont ce qui fait que les hommes décident de vous en bien ou en mal, 77.
*Marâtre*, 80.
*Marchands*. Sont habiles à tromper, 100.
MAROT, 20, 22, 316.
*Matière*. Discussion sur la matière comparée avec l'esprit, 312-343. — La matière ne peut contenir la notion de l'esprit, 343.
*Médecins*. Sont raillés et bien payés, 308. — Quel est le bon médecin, 308.
*Médiocrité*. Est insupportable en certaines choses, 6.
*Médiocrité* d'esprit, 234, 249.
*Médisance*. Sa définition, LXXV.
*Mémoire*. Hommes qui ne cultivent que leur mémoire, 275-276.
*Menteur*. L'homme est né menteur, 334.
*Mépriser*. Nous méprisons qui nous méprise, 229.
MERCURE. Désigne Bontemps, premier valet de chambre du roi, 243.
*Mercure galant* (le), 25.
*Mérite*. N'est pas une recommandation suffisante pour parvenir, 38-39. — Est méconnu par les hommes, 39-40. — S'allie à une grande modestie, 42. — Donne plus d'éclat que les titres, 45. — Le mérite se devine réciproquement, 81. — Sentir le mérite et le bien traiter, 164.
*Mésintelligence* entre l'esprit et le cœur, 217.
*Métaphore*. Synonyme de comparaison, 33.
*Métier*. Le métier de la parole ressemble à celui de la guerre, 322.
MIGNARD, 45.
*Misère*. Il y a des misères qui saisissent le cœur, 101.
*Mode*. Notre assujettissement aux modes découvre notre petitesse, 272. — Homme à la mode dure peu, 278. — Le grand jeu met les hommes à la mode, 279. — Gens à la mode ressemblent à la fleur. — Il y a au-

tant de faiblesse à fuir la mode qu'à l'affecter, 280. — Critique des modes du dix-septième siècle, 281. — Les hommes négligent la mode dans leurs portraits, 282. — Les modes sont extrêmement variables, 282-283.

*Modération.* Laisse les hommes dans l'obscurité, 264.

*Modestie* simulée, 43. — † La modestie relève le mérite, 43. — Fausse modestie, raffinement de la vanité, 211. — En quoi consiste la modestie, 212. — Le voile de la modestie couvre le mérite, 245.

*Mœurs.* On a tout dit à leur sujet, 5.

Moïse, 7.

Molière, 19, 211.

*Mondains.* Ce que l'auteur appelle ainsi, 329.

*Monde.* N'estimer les choses du monde que ce qu'elles valent, 229. — Il y a deux mondes, il faut choisir, 337.

Montaigne, 23.

*Moquerie.* Indigence d'esprit, 82. — † Est l'injure qui se pardonne le moins, 214.

*Morale.* Ouvrages de morale, 6. — La morale relâchée tombe avec celui qui la prêche, 321. — Morale sévère plaît aux gens du monde, 321.

*Mort.* Se fait sentir à tous les moments, 205.

*Mot.* Diseurs de bons mots, 150. — Fortune et proscription de certains mots, 312.

*Motif.* Le motif fait le mérite des actions des hommes, 53.

## N

*Naissance.* Il est heureux d'en avoir, 44.

*Naturel.* Une belle femme est aimable dans son naturel, 216.

*Nobles*, 290, 291, 293, 294. — Noble de province, 228.

*Noblesse.* Est peu de chose si elle n'est pas vertu, 275.

*Noces*, 123.

*Nom.* Il y a des gens qui portent plusieurs noms, 293. — Comment on change son nom, 293, 294.

*Nouvelliste.* Conteur de fables, XLIX. — Réflexions sur le nouvelliste, 17.

## O

*Oiseaux.* Amateur d'oiseaux, 276.

*Opéra*, 25, 26.

*Opiniâtreté*, 235.

*Opinion.* Les opinions des hommes changent tous les vingt ans, 259.

*Oraison* funèbre. Est mieux reçue à proportion qu'elle s'éloigne davantage du discours chrétien, 323.

Orange (prince d'). Son portrait, 265. — Sur son usurpation, 270.

*Orateur.* Peu estimé par le poëte, 253. — La principale partie de l'orateur est la probité, 302.

*Orgueil.* Passion qui fait que de tout ce qui est au monde l'on n'estime que soi, LXX. — Hommes gonflés d'orgueil, 236.

*Orientaux*, 244.

Ossat (d'), 240.

*Ostentation.* Passion de faire montre d'un bien ou d'avantages qu'on n'a pas, LXVII.

*Ouvrage.* Distance prodigieuse entre un bel ouvrage et un ouvrage parfait, 15. — Un ouvrage est bon quand il élève l'esprit, 15. — Le bon, le mauvais et le pire dans les ouvrages d'esprit trouvent des partisans, 238.

## P

*Palais*, 109.
*Panégyriste* à la mode, 322, 323.
*Parchemins* inventés pour convaincre les hommes de leur parole, 204.
Paris. Ce qu'on y fait dans les promenades publiques, 111. — Paris, singe de la cour, 122. — On y vit avec une grande mollesse, 125-126.
*Parler*. Parler bien, parler aisément, parler juste, parler à propos, 74. — Parler peu, 233.
*Parleur* (grand), XLVII.
*Parole*. La parole sainte n'est plus écoutée sérieusement, 317.
*Partial* (homme), 248.
*Partisans*. Il ne faut pas approfondir leur fortune, 95. — Emploi de leur vie, 97.
Pascal. Grand moraliste, XXXII. — Cité, 232.
*Passions*. Sont menteuses, 65. — Quel est le plus grand triomphe de la passion, 65. — Les passions tyrannisent l'homme, 101. — Font l'embarras dans les grandes villes, 204.
*Pauvre*. Est bien proche de l'homme de bien, 100.
*Pauvreté*. Mère des crimes, 201.
*Pensions*. A qui on les donne à la cour, 289.
*Père* du peuple. C'est la définition d'un roi, 187. — Il y a d'étranges pères, 202. — Pères de l'Église, leur éloge, 333.
*Perfidie* des femmes. Ce que c'est, 57.

*Personnes* (jeunes). Affaiblissent leurs avantages naturels par des manières affectées, 55.
*Petits*. Les petits se haïssent les uns les autres, 160. — Haïssent les grands, 160. — Vertus inutiles des petits, 217.
*Peuple*. Admire ce qu'il ne comprend pas; — Prévention du peuple en faveur des grands, 155. — Le peuple comparé avec les grands, 162. — Parle en termes magnifiques des parvenus, 236.
*Peur*. Mouvement de l'âme qui s'ébranle ou qui cède, en vue d'un péril vrai ou imaginaire, LXXI.
*Philosophe* (le) poursuit en écrivant un but élevé, 17. — Il n'est pas bon de passer pour philosophe, 255.
*Philosophie*. Convient à tout le monde, 229. — Quelle est la meilleure philosophie, 255.
*Physionomie*, 246.
*Piété*. Piété fastueuse, 280.
*Piquant*. Gens piquants et amers, 75.
Pison, 257.
*Pitié*, 61.
*Place*. Places à la cour, réflexions diverses qui les concernent, 138. — Portrait d'un homme qui vient d'obtenir une place à la cour, 140. — Comment doivent se conduire les hommes en place, 164, 184.
*Plaisant*. Raillerie froide des mauvais plaisants, 14. — Le bon et le mauvais plaisant, 66.
*Plaisanterie*. Déplacée dans un homme mourant, 330.
Platon, 7.
*Plénipotentiaires*. Leur caractère, 179-183.

23.

*Poésie* chantante, 238.

*Poëtes.* Font des vers pompeux et vides, 6, 253.

*Pointilleux* (homme), 200.

*Politesse.* Définie, ses avantages, 77-78. — Politesse de l'esprit et des manières, 240.

*Politique.* Grand politique, 256.

*Portée.* Il faut connaître la portée des hommes pour excuser leurs torts, 201.

*Praticien.* Ce que c'est que la conscience, 302.

PRAXITÈLE, 365.

*Prédicateur.* Les prédicateurs ont changé la parole sainte en un tissu de louanges, 321-322. — Prédicateurs sans talent ni vocation, 323-324. — Comment les prédicateurs doivent préparer leurs sermons, 327-328.

*Prélat* qui remplit tous les devoirs de sa charge, 245.

*Présent.* Gens qui abusent du présent, 153.

*Prévenir.* Homme sujet à se laisser prévenir, 248.

*Prince.* Le prince religieux, 289. — Le prince est la plus vive image de la Divinité, 336.

*Prophète.* Homme qui est prophète dans son pays, 252.

*Provinciaux* (les), 81.

*Pruderie* des femmes, 57.

*Prune.* L'amateur de prunes, 273.

PUCELLE. Avocat, 317.

*Pudeur.* Le mérite a de la pudeur, 249.

*Puissant.* Pourquoi l'on doit se taire sur les puissants, 172.

*Puristes* (les), Comment ils causent, 72-73.

## Q

*Quartiers.* Preuve des quatre quartiers, 294.

*Querelleur* (homme), 200.

*Question* (torture). A quoi elle sert, 302.

QUINAULT, 233.

## R

RABELAIS, 22.

RABUTIN (Bussy), 16.

RACAN, 22, 376.

RACINE, 31-32, 166.

*Raillerie.* Notre goût pour la raillerie et notre colère contre ceux qui nous raillent, 214.

*Raison* Son développement et sa capacité, 207. — La raison est une, 234.

*Réconciliation.* Signe de mort, 221.

*Reconnaissance*, 59, 65.

*Réformé.* Air réformé, air austère, 246.

*Régner.* Il faut de grands dons du ciel pour bien régner, 189-191.

*Réhabilitation.* Signification de ce mot au dix-septième siècle, 291.

† *Religion* chrétienne. Crue et soutenue par les plus grands esprits, 333. — Comment elle confond les esprits forts, 333. — Les hommes, qui défendent la religion avec zèle l'altèrent par leurs sentiments particuliers, 335-336. — † La religion serait, si elle était fausse, le piége le mieux dressé que l'on pût imaginer, 338. — La vertu est le meilleur parti pour l'homme, dans la double hypothèse de la fausseté ou de la vérité de la religion, 339.

*Rengorgement*, 82

*République.* État populaire ; —

Des maux divers qui existent dans une république, 173-174.

*Réputation.* On s'élève contre ceux dont la réputation commence, 252.

*Résidence*, 289.

*Riche.* Ne vit pas toujours content, 90. — Il est difficile de tourner en ridicule un homme sot et riche, 91. — Homme riche par son savoir-faire, 253.

RICHELIEU, 185, 232, 240, 362, 373, 374.

*Richesse.* Les richesses sont possédées à titre onéreux, 93.

*Ridicule.* Le ridicule part d'un défaut d'esprit, 249. — Réflexions concernant le ridicule, 249.

*Rire.* Rire des gens d'esprit, privilège des sots, 82. — Il y a des gens qui rient de tout, 213.

*Robe.* Dissension entre la grande et la petite robe, 113-114. — Un homme de robe n'est plus le même à la cour, 115.

*Roi.* Savoir parler aux rois, 150. — Peu de personnes sont capables de conseiller les rois, 160. — Qualités qui distinguent un grand roi, 189-191.

RONSARD, 19, 21.

*Roture*, 292.

*Roturier*, 290-291.

*Rouge* (homme). Laquais, 242.

*Rural.* Choses rurales ignorées des citadins, 124.

*Rusticité.* Ignorance grossière des bienséances, XLII. — Peut être le vice d'un homme d'esprit.

## S

*Sacré.* Le sacré et le profane mêlés ensemble dans les livres et dans l'éloquence de la chaire, 320.

*Sage.* Ce que c'est que son oisiveté, 42. — Ne tient qu'à la gloire qui naît de la vertu, 51. — Légistes, docteurs, médecins deviendraient presque inutiles si les hommes pouvaient se donner tous le mot de devenir sages, 237. — Motifs d'une sage conduite, 256.

*Saint.* Hommes saints dont le seul caractère est efficace pour la persuasion, 324.

*Salut.* Ce qu'on appelle dans le monde un beau salut, 296.

SANTEUL. Son portrait, 251. — Sous le nom de Théodose, 251.

SARRAZIN, 280.

*Savant.* — Savant et pédant, synonymes aux yeux de plusieurs, 239. — Prévention contre les savants, 239.

*Savantasse*, 260.

*Savoir.* Intempérance de savoir, ses inconvénients, 275.

*Savoir-faire*, 160.

*Sciences.* — Qui ne sont que des remèdes aux maux produits par notre malice, 237.

*Scolastique.* Bannie des chaires des grandes villes, 320.

*Secret.* Ce qui en rend capable, 88. — On révèle les secrets à son insu, 88.

SEGRAIS, 376.

SÉGUIER (le chancelier), protecteur de l'Académie française, 379-380.

*Seigneur.* Affecte la principauté, 290.

*Sens.* Bon sens, 250.

*Sentiment.* Il est difficile d'amener les autres à nos sentiments, 5.

*Serments.* Sont malséants dans la conversation, 73.

*Sermon.* Ce qu'on appelle un beau sermon est une énigme pour le peuple, 221.

*Sermonneur* (le). Parvient plus vite que l'écrivain, 327.

*Siège*. Gens de robe et de finance allant voir un siége, 261-262.

*Singularité*. Esprit de singularité, 237.

*Sociable*. Ce qui rend le plus sociable, 65.

*Société*. Plaisir de la société, 82.

SOCRATE, 50. — Désigne la Bruyère, 253.

*Sœurs* grises, 221.

*Soldat*. Différence du soldat chez les Romains et chez nous, 47.
— Meurt inconnu, 166.

*Solliciter* pour les autres, 152.

SOPHOCLE. Corneille comparé à Sophocle, 32.

*Sortilége*, 310.

*Sot*. — Le sot ne fait rien mcome un homme d'esprit, 50.
— Sot riche et accrédité, 90. —
— N'est qu'une machine, 231. — Le sot gagne à mourir, 231. — Un sot est celui qui n'a pas ce qu'il faut d'esprit pour être fat, 248. — Réflexions sur le sot, 249.

*Sottise*. Éviter une sottise rafraîchit le sang, 209. — Réflexions sur la sottise, 249.

*Souverain*. Sa condition, ses devoirs, 187. — Comparé à un berger, 188.

*Souveraineté*. Ses avantages et ses dangers, 188.

*Stoïcisme*. C'est un jeu d'esprit, 192.

*Stupide*. Sot qui ne parle point, 246.

*Stupidité*. Pesanteur d'esprit qui accompagne nos actions et nos discours, LVIII.

*Style*. S'est perfectionné comme l'architecture, 7.

*Sublime*. En quoi il consiste, 33.

*Succès*. Charme les hommes, 265.

*Suffisant*. Gens brusques, inquiets, suffisants, 75. — Définition du suffisant, 249.

*Superstition*. Crainte mal réglée de la Divinité, LX.

*Synonymes*. Ce que c'est, 33.

## T

*Table*. Grand qui tient table deux fois le jour, 257.

*Talent*. Talents ordinaires qui sont d'un grand usage, 216-217.
— Réflexions sur le talent, 250.

*Temps*. Le vieux temps, 258.
— Ceux qui emploient mal le temps se plaignent de sa brièveté, 262. — Le véritable emploi du temps mal jugé par les sots et par les gens d'esprit, 263.

TÉRENCE, 19.

*Testaments*. Réflexions qui les concernent, 303, 304, 305.

*Textes*. Leur étude ne peut être trop recommandée, 311.

*Théâtre*. Réflexions sur le théâtre, 26-30.

THÉODAS, désigne Santeul, 251.

THÉOPHILE, 19.

THÉOPHRASTE. Histoire de sa vie et de ses ouvrages, XXIII-XXXII. — Ses *Caractères* comparés à ceux de la Bruyère, XXXII-XXXIV.

*Transposés* (termes), 37.

TROPHIME, désigne Bossuet ou le Camus, évêque de Grenoble, 45.

*Tyrannie*. Il ne faut pas de science pour l'exercer, 173.

## U

*Usage*. L'usage apprend les devoirs et les bienséances attachés aux lieux, aux temps, aux personnes, 247.

## V

Valeur (fausse), 260.

Vanité (sotte). Passion inquiète de se faire valoir par les plus petites choses, LXVI. — Réflexions sur la vanité, 210, 213, 233.

VARRON, 237.

VAUBAN, 260.

Vérité. Ce que fait faire la force de la vérité, 337.

Vertu. Se suffit à elle-même, 278.

Veuve. Épouser une veuve, 101.

Vices de l'âme, 193. — Il y a des vices naturels et d'autres que l'on contracte, 201. — Les vices partent d'une dépravation du cœur, 249.

Vie. Courte et ennuyeuse, se passe toute à désirer, 202. — Misérable, 205. — Comment les hommes aiment la vie; la gloire préférée à la vie, 261.

Vieillard. Pourquoi les vieillards sont avares, 222. — Les vieillards sont d'un commerce difficile, 222. — Ne s'accommodent pas de la solitude, 222. — Sont attachés au passé, 222. — Multiplient leurs rides par la paresse ou la négligence, 223. — Vieillard qui a vécu à la cour, trésor inestimable, 223.

VIGNON, 45.

Vilain homme. Homme d'une extrême malpropreté et d'une négligence blessante dans sa personne, LXIV.

Ville. La petite ville, 81. — La ville est partagée en diverses sociétés, 112.

VIRGILE, 7.

Visites, 123.

VOITURE, 19, 24, 280, 316.

Voyages. Font perdre à certaines gens le peu de religion qu'ils avaient, 330. — L'amateur de voyages, 275.

Vues courtes, esprits bornés, 49.

## X

XIMENÈS, 210.

## Z

ZÉNOBIE, reine de Palmyre. Sa magnificence, 108, 109.

ZOÏLE, 10.

FIN DE LA TABLE ANALYTIQUE.

# TABLE DES MATIÈRES

Notice.................................................... I

## LES CARACTÈRES DE THÉOPHRASTE.

| | | |
|---|---|---|
| Discours sur Théophraste........................ | | XXI |
| Avant-Propos de Théophraste.................... | | XXXV |
| Les Caractères de Théophraste.................. | | XXXVII |
| I. | De la dissimulation............................ | XXXVII |
| II. | De la flatterie................................. | XXXVIII |
| III. | De l'impertinent, ou du diseur de riens....... | XL |
| IV. | De la rusticité................................ | XLII |
| V. | Du complaisant, ou de l'envie de plaire....... | XLIII |
| VI. | De l'image d'un coquin........................ | XLV |
| VII. | Du grand parleur.............................. | XLVII |
| VIII. | Du débit des nouvelles........................ | XLIX |
| IX. | De l'effronterie causée par l'avarice......... | LI |
| X. | De l'épargne sordide.......................... | LII |
| XI. | De l'impudent, ou de celui qui ne rougit de rien.. | LIV |
| XII. | Du contre-temps............................... | LVI |
| XIII. | De l'air empressé............................. | LVII |
| XIV. | De la stupidité............................... | LVIII |
| XV. | De la brutalité............................... | LIX |
| XVI. | De la superstition............................ | LX |
| XVII. | De l'esprit chagrin........................... | LXII |
| XVIII. | De la défiance................................ | LXIII |
| XIX. | D'un vilain homme............................. | LXIV |
| XX. | D'un homme incommode.......................... | LXV |
| XXI. | De la sotte vanité............................ | LXVI |
| XXII. | De l'avarice.................................. | LXVII |
| XXIII. | De l'ostentation.............................. | LXVIII |
| XXIV. | De l'orgueil.................................. | LXX |
| XXV. | De la peur, ou du défaut de courage........... | LXXI |
| XXVI. | Des grands d'une république................... | LXXIII |
| XXVII. | D'une tardive instruction..................... | LXXIV |
| XXVIII. | De la médisance............................... | LXXV |

## LES CARACTÈRES OU LES MŒURS DE CE SIÈCLE.

| | | |
|---|---|---:|
| Préface des Caractères | | 1 |
| I. | Des ouvrages de l'esprit | 5 |
| II. | Du mérite personnel | 38 |
| III. | Des femmes | 55 |
| IV. | Du cœur | 59 |
| V. | De la société et de la conversation | 66 |
| VI. | Des biens de fortune | 90 |
| VII. | De la ville | 111 |
| VIII. | De la cour | 127 |
| IX. | Des grands | 155 |
| X. | Du souverain ou de la république | 172 |
| XI. | De l'homme | 192 |
| XII. | Des jugements | 235 |
| XIII. | De la mode | 272 |
| XIV. | De quelques usages | 290 |
| XV. | De la chaire | 317 |
| XVI. | Des esprits forts | 328 |
| | Notes complémentaires pour le chapitre des esprits forts. | 358 |

## DISCOURS PRONONCÉ A L'ACADÉMIE FRANÇAISE.

| | |
|---|---:|
| Préface | 361 |
| Discours à l'Académie | 373 |
| TABLE ANALYTIQUE DES MATIÈRES | 385 |

GAUME et Cⁱᵉ, éditeurs, 3, rue de l'Abbaye, à Paris.

# HISTOIRE

DE LA

# LITTÉRATURE FRANÇAISE

DEPUIS

## LE XVIᵉ SIÈCLE JUSQU'A NOS JOURS

PAR

### Frédéric GODEFROY

Ouvrage couronné par l'Académie française

2ᵉ *édition*. 10 vol. in-8............ 65 fr.

### XVIᵉ SIÈCLE

Prosateurs et Poètes. 1 vol. in-8.

### XVIIᵉ SIÈCLE

Prosateurs. 2 vol. in-8.
Poètes. 1 vol. in-8.

### XVIIIᵉ SIÈCLE

Prosateurs. 1 vol. in-8.
Poètes. 1 vol. in-8.

### XIXᵉ SIÈCLE

Prosateurs. 2 vol. in-8.
Poètes. 2 vol. in-8.

En terminant le très remarquable compte rendu qu'il vient de consacrer à l'*Histoire de la Littérature française* de Frédéric Godefroy, M. Francisque Bouillier, membre de l'Institut, inspecteur général de l'instruction publique, s'exprime ainsi :

« D'ailleurs, ce qui vaut mieux que nos éloges et ce qui doit atténuer la sévérité de quelques-unes de nos critiques, ce sont les prix qu'a décernés l'Académie française à M. Godefroy et les encouragements de juges plus compétents que nous à continuer son ouvrage jusqu'au bout. « M. Godefroy, a dit M. Nisard, n'est pas seulement un lexicographe, un grammairien, un érudit, c'est encore un littérateur. Il a publié sur nos plus éminents prosateurs du xvie et du xviie siècle deux volumes que l'Académie française a couronnés. C'est le commencement d'un grand ouvrage qui s'étendra jusqu'à nos jours. » Ce grand ouvrage a été mené à bonne fin, et même déjà revu et réédité par son laborieux et infatigable auteur. Il convient à tous ceux qui s'intéressent aux lettres françaises, en France et à l'étranger, et particulièrement aux jeunes gens qui ont fini leurs études, aux gens du monde instruits et à tous les professeurs de littérature. D'ailleurs M. Godefroy en a fait plusieurs abrégés ou réductions, semblables à des ruisseaux dérivés d'un grand lac, qui le mettent à la portée d'un plus grand nombre et l'adaptent à presque tous les degrés de l'enseignement dans les établissements d'instruction publique. Il en a donné un abrégé en trois volumes, d'où il a retranché le xvie siècle et les extraits. D'un autre côté, avec les extraits il a fait un certain nombre de volumes de morceaux choisis qui sont réellement dignes de cette épithète et bien proportionnés à chaque cours, inférieur, moyen ou supérieur, dans la succession des études. De là un vaste ensemble, aujourd'hui entièrement achevé, où le bien l'emporte beaucoup sur les imperfections et qui a répondu jusqu'à la fin à ce qu'en attendaient M. Nisard et l'Académie française, dès les deux premiers volumes. Nous serions heureux de contribuer pour notre part au succès d'un ouvrage digne d'une si grande estime. »

GAUME et C¹ᵉ, éditeurs, 3, rue de l'Abbaye, à Paris.

## Lettre de Mgr DUPANLOUP, évêque d'Orléans

« Mon cher ami,

« ... Je voudrais pouvoir vous dire tout le bien que je pense de votre livre, et j'en pense beaucoup, soit que je le considère comme une histoire de la littérature française, soit que je l'envisage comme un recueil classique d'études et de modèles de style...

« Autant j'admire ce que vous avez déployé de méthode et de sagacité, autant je suis effrayé de ce qu'il vous a fallu de lecture, de mémoire et de persévérance pour faire une pareille œuvre. Tous les auteurs dont vous avez parlé, les innombrables ouvrages dont vous rendez compte, que vous analysez, discutez, rapprochez, comparez et jugez, on voit que vous les avez lus, comme on ne lit guère aujourd'hui, du commencement à la fin, avec la plus consciencieuse et la plus sévère attention. Et c'est là, à mes yeux, le premier mérite de votre ouvrage : votre érudition n'est pas de seconde ou de troisième main : vous avez le courage d'aller aux sources. Votre critique y a gagné de l'ampleur, de la mesure, de la sûreté, et je ne sais quelle fraîcheur et quelle originalité de goût et de style dont j'ai été charmé.

« Quelques-uns disent que l'érudition tue le goût. Je ne saurais souscrire à cette opinion depuis que je vous ai lu ; et je n'admire pas moins, dans ce que j'ai vu de vos trois volumes, la pénétration critique et les fermes et saines appréciations, que la recherche et la connaissance des textes.

« Vous apportez, en effet, dans vos jugements, une mesure, une équité et une fermeté qu'on rencontre rarement dans la littérature courante. Vous discutez, avec autorité et sans pédantisme, les jugements des principaux oracles de la critique ; vous adoptez et confirmez leurs opinions quand elles vous paraissent justes, mais sans vous y attacher servilement. Vous savez unir ainsi le respect des maîtres à l'indépendance de jugement que doit garder tout homme qui pense par lui-même. Et vos jugements, quels qu'ils soient, nouveaux ou personnels, ou conformes aux idées reçues, sont toujours fortement motivés. Sans rien sacrifier de la juste liberté de votre esprit, vous savez comprendre qu'il y a des traditions, une autorité, des principes en littérature comme en toute chose.

« Un autre mérite de votre livre, et qui le distingue de beaucoup d'œuvres analogues, c'est son originalité. J'y trouve des études vraiment neuves. Ce qui me fatigue dans plusieurs histoires littéraires que je connais, et ce qui me met en défiance contre celles que je ne connais pas, ce sont les jugements tout faits et les éternelles redites. Vous, mon ami, vous avez su, sans multiplier les pages, approfondir vos matières, et par là être aussi neuf que solide. Vos lecteurs puiseront dans chacune de vos études une science de bon aloi, et se déprendront de ces fausses idées qui courent pour ainsi dire la littérature, recueillies et répétées par des critiques sans portée et des écrivains sans valeur. Enfin, — et pour achever par là ce jugement d'ensemble sur votre œuvre, — votre manière d'écrire, la langue que vous parlez, plaira par sa fermeté sa clarté, sa précision et son élégante correction... »

† Félix, *évêque d'Orléans.*

GAUME et Cⁱᵉ, éditeurs, 3, rue de l'Abbaye à Paris.

## Lettre de M. Louis VEUILLOT

« Mon cher Monsieur,

« Je viens de lire le tome II de votre HISTOIRE DE LA LITTÉRATURE FRANÇAISE, et j'ai hâte de vous féliciter, ainsi que vos intelligents éditeurs. Ils peuvent maintenant s'applaudir à tous égards d'avoir accepté un si long travail d'un auteur à son début. Un tel début vaut de longs succès.

« Ce deuxième volume est supérieur au premier, déjà si digne d'éloges. La matière est mise en œuvre avec plus d'aisance et plus puissamment rajeunie. Que d'aperçus totalement nouveaux dans ce champ si fréquenté ! J'attendais beaucoup de votre connaissance si approfondie et peut-être unique de la langue et de la littérature française ; dès à présent votre ouvrage dépasse tout ce que j'attendais.

« Je n'ai vu nulle part de meilleures appréciations, plus saines, plus nettes, plus neuves de nos écrivains célèbres ou ignorés ou méconnus. Toutes ces notices se communiquent réciproquement leur mérite et forment un ensemble où les juges les plus sévères ne trouveront que bien peu de choses à contester.

« J'ai lu avec un intérêt et un profit particuliers vos notices sur MAINTENON, SÉVIGNÉ, BOSSUET, FÉNELON, RACINE prosateur, FLÉCHIER, MALEBRANCHE, LOUIS XIV, BAYLE ; je nommerais tout.

« Quant à FÉNELON et FLÉCHIER, ce sont des révélations : le caractère du premier, l'importance historique des lettres du second, surprendront beaucoup de lecteurs qui croyaient bien connaître ces grands écrivains. MALEBRANCHE et d'autres, souvent nommés et allégués, mais fort peu étudiés, deviennent des personnages vivants.

« Le choix des morceaux pris de chaque auteur est parfait, et donne toujours une leçon de morale ou d'histoire en même temps qu'une leçon de littérature. Vous avez sagement fait d'apprécier plus longuement les grands et de citer davantage les moindres.

« Vous savez ce que je pense de votre érudition en matière de langue et de grammaire. Je ne la compare à nulle autre. Les notes abondantes qui accompagnent vos notices et les morceaux choisis la manifestent dans toute son étendue et dans toute sa solidité.

« Enfin, mon cher Monsieur, mon avis est que vous nous donnez un *excellent* COURS DE LITTÉRATURE FRANÇAISE, *très complet* et *supérieur à tout ce que nous possédons*. Je n'ai pas besoin de dire combien je vous loue d'en avoir su faire un recueil de lectures irréprochables et que l'on peut mettre dans toutes les mains.

« Courage : ne reculez devant aucune difficulté ; poussez à bonne fin cette belle et utile entreprise. Donnez-nous un bon troisième volume sur le XVIIIᵉ siècle et ne vous arrêtez qu'après avoir épuisé le XIXᵉ siècle, qui vous offre une carrière si vaste et si importante.

« Vous êtes trop vraiment savant pour n'y pas entrer avec profit pour tout le monde, et vos jugements, dictés par un goût sûr et une grande probité, vous feront plus d'obligés que d'ennemis. Vous aborderez ensuite les poètes, et là encore vous nous direz du nouveau sur une foule de sujets où depuis longtemps nous n'entendons plus que l'ignorance et le lieu commun.

« J'ai lu les premières feuilles de votre *Lexique de la langue de Corneille*. Cette œuvre est digne de vous, et, en disant cela, je veux beaucoup dire. Que de lecteurs seront étonnés des belles et vertes leçons de français que Corneille, grâce à vous, rend à Voltaire !

« Croyez-moi, mon cher Monsieur, votre dévoué disciple et ami.

LOUIS VEUILLOT.

Gaume et Cie, éditeurs, 3, rue de l'Abbaye, à Paris.

## MANUEL DU BACCALAURÉAT SPÉCIAL

# LEÇONS

SUR LA

# LITTÉRATURE FRANÇAISE

Depuis les origines jusqu'à nos jours

ACCOMPAGNÉES DE

# MORCEAUX CHOISIS

et suivies

D'ÉTUDES GÉNÉRALES ET DE NOTICES

SUR LES

# LITTÉRATURES ÉTRANGÈRES

PAR

**Frédéric GODEFROY**

Auteur de l'*Histoire de la Littérature française
depuis le XVIe siècle jusqu'à nos jours.*

1 vol. in-12............................ 4 fr.

GAUME et Cⁱᵉ, éditeurs, 3, rue de l'Abbaye, à Paris.

## Lettres du frère Pol de Léon, directeur de l'École Saint-Joseph de Dijon

### à l'éditeur des Leçons sur la Littérature française

Monsieur,

Le nouvel ouvrage que M. Frédéric Godefroy vient de publier sous ce titre : *Leçons sur la littérature française, depuis les origines jusqu'à nos jours*, etc., est sans contredit le meilleur manuel du baccalauréat spécial qui ait paru jusqu'ici. L'histoire de nos gloires littéraires, si pleine d'intérêt par elle-même, y est complétée par des études générales sur les différents genres et sur les siècles marqués par les transformations successives du génie et du langage français. Ces leçons synthétiques renferment en quelques pages substantielles tout ce qu'il est important de connaître, avec des aperçus qui frappent par leur justesse et leur nouveauté. Les extraits des chefs-d'œuvre de nos grands écrivains sont habilement choisis et analysés avec cette sûreté de goût, cette finesse, ce ferme bon sens et surtout cet esprit chrétien qui caractérise l'éminent auteur de cet ouvrage. Les élèves de nos pensionnats trouveront là des appréciations toujours saines et justes : rien n'est plus propre à former leur esprit et leur jugement. Les dernières leçons sont consacrées aux littératures étrangères, elles renferment de courtes notices sur les principaux écrivains qui les ont illustrées et des fragments de leurs meilleures œuvres.

En somme, ce précis résume prodigieusement d'idées : « Chaque leçon, dit un professeur, prise en particulier, intéresse si vivement qu'on la trouve toujours trop courte ; mais on ne tarde pas à se convaincre que dans cet ouvrage toutes les parties sont admirablement proportionnées. Quant au style, personne n'ignore que M. Godefroy est un des maîtres de notre langue, et que, sous ce rapport, ses œuvres sont des modèles.

Vous désiriez connaître mon opinion sur les *Leçons de littérature*, je vous l'exprime ici en toute franchise et simplicité. Je puis ajouter que, pour ma part, je suis heureux d'avoir enfin une bonne histoire abrégée de la Littérature, à mettre entre les mains de nos jeunes gens. Que l'éditeur et l'auteur acceptent ici l'hommage de ma parfaite gratitude.

Agréez, Monsieur, l'assurance de mon profond respect.

Frère Pol de Léon.

# COURS GRADUÉS

DE

# LITTÉRATURE FRANÇAISE

Par Frédéric GODEFROY

(Grand prix GOBERT en 1883)

---

**Histoire de la littérature française**, depuis le XVIᵉ siècle jusqu'à nos jours, par Frédéric GODEFROY. *Ouvrage couronné par l'Académie française.* 2ᵉ édition, 10 vol. in-8°.... 65 fr.

**Abrégé de l'histoire de la littérature française**, 3 vol. in-8°................................................. 18 fr.

Ces trois volumes peuvent être acquis séparément et comprennent :

**Histoire de la littérature française** au XVIIᵉ siècle. 1 vol. in-8°.................................................. 6 fr.

Dans ce volume, divisé par genres, l'auteur a synthétisé toutes les notions d'histoire littéraire, de biographie et de critique qu'il importe de posséder sur les grands classiques et sur tous les écrivains de quelque valeur, prosateurs et poètes, du XVIIᵉ siècle. L'intérêt que des extraits importants donnent à la grande *Histoire de la Littérature* de Frédéric GODEFROY a été remplacé ici par la vivacité de l'exposition et par la multiplicité des aperçus.

**Histoire de la littérature française** au XVIIIᵉ siècle. 1 vol. in-8°.................................................. 6 fr.

Ce volume se recommande aux mêmes titres que l'*Histoire de la Littérature au XVIIᵉ siècle*. Il peut aussi bien que le précédent être mis entre les mains des jeunes gens et des jeunes filles, parce que l'auteur a apporté le soin le

GAUME et C⁰, éditeurs, 3, rue de l'Abbaye, à Paris.

plus scrupuleux à éviter tout détail, à écarter toute idée qui ne conviendrait pas à la jeunesse chrétienne.

## Histoire de la littérature française au XIX⁰ siècle. 1 vol. in-8°............................................... 6 fr.

Ces trois volumes in-8° sont intermédiaires entre les cours classiques gradués et la grande *Histoire de la Littérature française* de Frédéric GODEFROY. Ils sont aujourd'hui adoptés, pour les hautes classes, dans d'importantes maisons ecclésiastiques, et peuvent continuer à l'être, malgré la publication du Cours supérieur. Dans un grand nombre d'autres établissements d'éducation chrétienne, ils sont recommandés aux élèves, placés dans leurs bibliothèques, donnés en prix, et partout ils sont lus et goûtés.

Ces volumes, à la fois si instructifs et si intéressants, conviennent aussi aux bibliothèques municipales, scolaires, paroissiales. Ils peuvent très avantageusement être donnés comme livres d'étrennes, et beaucoup de personnes du monde ne les liront pas sans être attachées et charmées.

## Morceaux choisis des Prosateurs et Poètes français des XVII⁰, XVIII⁰ et XIX⁰ siècles, présentés dans l'ordre chronologique, gradués et accompagnés de notices et de notes:

COURS PRÉPARATOIRE (1ᵉʳ âge). 1 vol. in-12 cartonné.. 1 fr. 20

Ce *Cours préparatoire*, composé avec le soin le plus attentif et le plus scrupuleux de la quintessence des bons auteurs, offrira aux jeunes enfants des deux sexes que l'on commence d'initier à l'étude de la langue française, un recueil de lecture *très attachantes et très variées*, et leur servira d'exercices de mémoire. Il fournira texte aux maîtres et maîtresses pour quantité d'explications de morale, de grammaire, de style, d'histoire et de géographie.

1ᵉʳ COURS. 1 vol. in-12 cartonné (8⁰, 7⁰, 6⁰)........... 2 fr. 75

L'objet de ce volume qui réunit, dans l'ordre chronologique, prosateurs et poètes, n'est pas seulement d'offrir au jeune enfant, garçon ou fille, un choix utile, intéressant, varié, riche et neuf de morceaux à lire et à apprendre par cœur, mais de l'initier déjà, selon la portée de son âge, à la connaissance de l'histoire de la Littérature française.

2º Cours. 1 vol. in-12, cartonné (5ᵉ et 4ᵉ).............. 3 fr. 75

Ce volume est composé sur le même plan que le précédent ; mais les morceaux sont plus étendus et plus forts, les notices littéraires sont beaucoup plus développées ; l'enseignement de la littérature commence véritablement ; et pour cela même, les maîtres, dans la prose et dans les vers, de nos trois siècles littéraires, sont seuls introduits.

Cours supérieur. 2 vol. in-12, cartonnés (3ᵉ, Seconde et Rhétorique ................................................... 7 fr. 50

Le jeune homme qui fait ses humanités, la jeune fille qui termine ses études trouveront dans ces deux volumes, l'un de prosateurs et l'autre de poètes, une ample et magnifique matière pour l'exercice de leur mémoire, pour la formation de leur goût et de leur sens littéraire, pour la culture de leur imagination et de toutes leurs facultés les plus élevées.

## Morceaux choisis des Poètes et Prosateurs du ixᵉ au xvᵉ siècle. 1 vol. in-12, cartonné.................. 3 fr. 75

Ce volume a pour objet de répondre à la fois aux prescriptions du baccalauréat des humanités et à celles du baccalauréat spécial.

Pour le moment, le programme du baccalauréat de l'enseignement secondaire n'exige que la connaissance de la *Chanson de Roland* et des *Mémoires de Joinville* sur la vie de saint Louis. Mais il suppose que les élèves ne seront pas restés étrangers aux différents siècles de notre vieille littérature.

Avec la surcharge actuelle des programmes, bien peu d'humanistes auront le loisir d'étudier en entier ces deux ouvrages. Notre volume leur offrira sur l'un et l'autre des notions littéraires suffisantes et leur en présentera au moins les morceaux les plus importants. Et pour la *Chanson de Roland*, en particulier, tous les extraits seront reliés entre eux par des *analyses* précises, de telle sorte que la trentaine de pages que nous consacrons à notre première grande épopée nationale pourra suppléer à la lecture, presque impossible dans les classes du poème complet.

Les aspirants au baccalauréat spécial qui auront lu et étudié tout l'ensemble du présent volume auront sur les grandes époques et sur les principaux auteurs du moyen âge des notions assez solides pour qu'elles ne s'effacent plus de leur esprit, et pour qu'ils soient excités un jour, dans leurs moments libres, à revenir sur ces études si heureusement remises en honneur aujourd'hui.

Toutes les obscurités que renferme le texte seront expliquées en bas de page, et ces explications, pour la plus grande commodité de l'élève et aussi du professeur qui lui-même n'aurait pas été suffisamment préparé, seront répétées presque toutes les fois que ces difficultés se représenteront. En outre, un *glossaire* final reproduira toutes ces *notes*, avec accompagnement d'éclaircissements étymologiques et grammaticaux.

Au début du livre l'on trouvera une *grammaire* assez simple pour être comprise de ceux mêmes qui ne savent pas le latin, et, nous l'espérons, assez exacte pour satisfaire à toutes les exigences de la philologie.

## Morceaux choisis des Poëtes et Prosateurs du xvi⁰ siècle.
1 vol. in-12.,............................................ 3 fr. 75

*Ouvrage prescrit par le Nouveau Programme du baccalauréat ès lettres.*

Ces morceaux sont accompagnés de notices développées sur chaque auteur, de notes grammaticales, littéraires et historiques, précédés d'une grammaire abrégée de la langue du xvi⁰ siècle, et d'études générales sur l'état de la Poésie et de la Prose à cette époque, et suivis d'un Glossaire explicatif et étymologique de tous les termes sortis de l'usage, qui se rencontrent dans ce volume.

*Tous ces ouvrages sont adoptés pour les Bibliothèques scolaires communales et paroissiales et pour les distributions de prix, dans les lycées et établissements d'instruction secondaire.*

### DU MÊME AUTEUR :

*Études sur les principaux collèges chrétiens.* 1 gr. v. in-8⁰. 4 fr.

# ÉDITIONS CLASSIQUES
## ANNOTÉES

PAR

### Frédéric GODEFROY

(Grand prix Gobert en 1883)

BOILEAU. — Œuvres poétiques. 1 vol. in-12..... 3 fr. »
BOSSUET. — Oraison funèbre d'Henriette d'Angleterre. 1 vol. in-12......................................... » fr. 50
CORNEILLE. — Le Cid. — Horace. 1 vol. in-12.... 1 fr. 30
FÉNELON. — De l'Éducation des filles. — Analyse critique du Livre II de l'*Émile* de J.-J. Rousseau. 1 vol. in-12. 1 fr. 30
LA BRUYÈRE. — Les Caractères. 1 vol. in-12...... 3 fr. 25
LA FONTAINE. — Fables choisies. 1 vol. in-12.... 3 fr. 25
— — — 1 vol. in-18.... » fr. 50
— — Livre VII. 1 vol. in-12.... » fr. 50
MOLIÈRE. — Les Femmes savantes. — Le Bourgeois gentilhomme. 1 vol. in-12........................ 1 fr. 30
RACINE. — Britannicus. — Athalie. 1 vol. in-12. 1 fr. 30
VOLTAIRE. — Charles XII. 1 vol. in-12........... 2 fr. 50
— Lettres choisies. 1 vol. in-12...... 3 fr. 50
THÉÂTRE CLASSIQUE. 1 vol. in-18.................. 4 fr. »

GAUME et C¹ᵉ, éditeurs, 3, rue de l'Abbaye, à Paris.

## NOUVEAU COURS
# DE GRAMMAIRE FRANÇAISE
### Conforme au programme de 1882
### Par Frédéric GODEFROY
### (Grand prix GOBERT en 1883

## COURS ÉLÉMENTAIRE
1 vol. in-12...................... 60 cent.

Comme complément de mes publications pour l'enseignement de la langue et de la littérature françaises, on m'a demandé, de divers côtés, de donner un cours complet de grammaire. On pensait que je devais y être tout particulièrement préparé, d'abord par une longue pratique de l'enseignement, et ensuite par mes vastes travaux philologiques.

Je me suis décidé à embrasser ce nouveau labeur, et dès aujourd'hui, je donne le Cours préparatoire de grammaire élémentaire. Le second et le troisième cours ne tarderont pas à paraître, si ce premier essai est agréé de ceux pour qui je l'ai entrepris.

L'on verra dès maintenant notre méthode. Clarté aussi parfaite que possible, extrême simplicité, suppression de tout ce qui n'est pas absolument nécessaire, exacte conformité aux nouveaux principes de la science grammaticale, et dégagement complet de toute prétention métaphysique : voilà ce que nous avons voulu.

Les maîtres diront si nous avons réussi.

## 2ᵉ COURS
1 vol. in-12........................ 1 fr. 25

Notre second Cours, sous un volume très mince, offre une grammaire complète. Tout le nécessaire, mais rien que le nécessaire.

Ce qui n'appartient pas véritablement à la grammaire a été rigoureusement écarté.

La grammaire est une science assez indépendante pour qu'elle se présente toute seule.

C'est aussi une science assez difficile pour qu'on doive la dégager de ce qui la complique et l'encombre.

On ne trouvera dans cet ouvrage que des principes clairs et précis, que la constatation des lois véritables du bon usage.

Pour le rédiger tous les travaux autorisés ont été consultés ; mais nous avons voulu qu'il eût son caractère bien à lui.

Les maîtres les plus expérimentés nous en ont garanti l'exactitude scientifique ; nous souhaitons que ceux qui s'en serviront aient lieu de nous remercier des soins que nous avons pris pour la rendre facile à apprendre et à retenir.

# NOUVEAU COURS
# DE GRAMMAIRE FRANÇAISE
## Par Frédéric GODEFROY

## COURS SUPÉRIEUR

1 vol. in-12............................ 1 fr. 80.

Il est inutile aujourd'hui de dire ce que c'est que la grammaire historique, et de démontrer l'importance de l'étude historique de la grammaire : cet enseignement est entré dans l'usage général.

Nous n'avons donc qu'à expliquer brièvement ce que nous nous sommes proposé en composant, après plusieurs autres, une grammaire française historique.

Quatre points principaux ont été les objets constants de nos efforts :

1° Comme dans le second Cours, écarter avec toute la rigueur des principes scientifiques ce qui n'appartient pas à la grammaire proprement dite, c'est-à-dire tout ce qui est affaire de style et de rhétorique.

2° Ne mettre dans un chapitre que ce qui est propre à ce chapitre ; et ne pas tomber dans la faute si commune de parler du verbe là où il s'agit du pronom, de la préposition là où il s'agit de la conjonction, de l'adjectif là où il s'agit de l'adverbe, etc.

3° N'introduire de remarques historiques que ce qui explique les règles actuelles ou s'y rapporte essentiellement ; ne jamais céder à la fantaisie de faire étalage d'érudition en sortant des bornes du sujet.

4° Toujours justifier l'usage actuel ou montrer l'usage des xvi°, xvii° et xviii° siècles, par des exemples, pris de première main, des grands écrivains des diverses époques.

Ici le lexicographe devait apporter un grand secours au grammairien ; mais à livrer ses trésors il a tâché de mettre autant de discrétion que de largesse.

Malgré toutes les fautes qui ont pu nous échapper, nous présentons cette grammaire avec une certaine confiance, étant persuadé qu'elle est plus riche de choses essentielles que toutes celles, même les plus volumineuses, qui ont été publiées jusqu'à cette heure.

GAUME et Cⁱᵉ, éditeurs, 3, rue de l'Abbaye, à Paris.

# THÉATRE CLASSIQUE
### ÉDITION ANNOTÉE A L'USAGE DES PENSIONNATS ET DES COLLÈGES

PAR

### Frédéric GODEFROY

1 vol, in-12................., 4 fr.

On possède diverses éditions du théâtre classique, — des éditions abondantes en notes, en renseignements biographiques, grammaticaux ou autres, pris, repris, transmis avec scrupule et fidélité. Il en manquait une qui fût essentiellement critique et littéraire, qui donnât, en même temps que l'impression nette de la belle poésie, le sentiment historique des grandes tragédies françaises. Condensant avec une extrême rigueur de longues études précédemment faites par nous sur Corneille, Racine, Molière, Voltaire, nous avons pris soin de marquer d'une manière exacte et sobre les événements saillants de la vie des poètes et des principales beautés de leurs œuvres. A cet aperçu général nous avons joint des notices particulières, où sont rappelés les circonstances qui provoquèrent la création de nos chefs-d'œuvre dramatiques, les rapports qu'ils présentent avec les conceptions de l'antiquité, l'influence qu'ils eurent sur l'esprit des contemporains et l'accueil qu'ils en reçurent. Enfin, pour ajouter plus de clarté au développement naturel de chaque tragédie, pour le rendre perceptible à toute intelligence, nous avons donné à part une analyse expressive et succincte de la pièce. Tels sont, en résumé, les éléments propres de cette édition classique.

GAUME et C⁽ᵉ⁾, éditeurs, 3, rue de l'Abbaye, à Paris.

*Sous presse :*

# HISTOIRE
## DE LA
# LITTÉRATURE FRANÇAISE
## AU MOYEN AGE
### (IX-XV⁽ᵉ⁾ SIÈCLE)

Par Frédéric GODEFROY

(Grand prix GOBERT en 1883)

2 vol. in-8............................................ 12 fr.

### SOMMAIRE DE LA TABLE DES MATIÈRES

INTRODUCTION. — Aperçu général sur la littérature du moyen âge. — Formation de la langue. — Grammaire.

La Chanson de Geste; — les Poèmes historiques; — la Poésie lyrique; — la Poésie satirique; — Théâtre; — Histoire; — Récits et nouvelles en prose; — Récits de voyages; — la Littérature religieuse et la Littérature morale (poésie et prose); — les Traductions en vers et en prose; — la Littérature didactique en vers et en prose; — Littérature scientifique.

GAUME et Cⁱᵉ, éditeurs, 3, rue de l'Abbaye, à Paris.

# ANNUAIRE
## DE
# L'ENSEIGNEMENT LIBRE
## Pour 1890

15ᵉ *année*. 1 vol. in-18.................. 3 fr.

 *L'Annuaire de l'Enseignement libre* (Paris, Gaume, 1 vol. in-18, 3 fr. paraîtra le mois prochain.
 Ce sera la treizième année de son existence. Le constater, au milieu des difficultés actuelles, c'est attester son opportunité. En effet, pour tous ceux qu'intéresse l'enseignement, professeurs, pères de famille, jeunes gens, c'est un recueil indispensable. Ils trouvent là tous les renseignements sur les facultés de l'État, sur les congrégations vouées à l'enseignement primaire, sur les établissements libres d'instruction secondaire et sur les instituts catholiques; puis les lois nouvelles, les règlements en vigueur, la liste chronologique des arrêtés et circulaires les plus importants concernant l'instruction.
 Les éditeurs, qui consacrent leurs efforts, leurs soins et leur temps aux publications destinées à l'enseignement libre, *n'ont pas les ressources de la centralisation administrative* pour se procurer tous les documents dont l'exactitude et l'étendue font le mérite de leur manuel. Ils sont obligés de les recueillir eux-mêmes avec une peine infinie dans chaque établissement. Il est donc à désirer que MM. les Directeurs répondent au zèle persévérant de l'Administration de *l'Annuaire de l'Enseignement libre*, en faisant remplir les fiches imprimées qui leur sont soumises à chaque rentrée et en les renvoyant par la poste dans le plus bref délai sous pli cacheté, à M. Gaume, 3, rue de l'Abbaye, à Paris.

1515-89. — Corbeil, Imprimerie Crété.

www.ingramcontent.com/pod-product-compliance
Lightning Source LLC
Chambersburg PA
CBHW071721230426
43670CB00008B/1078